川村　肇
荒井明夫［編］

就学告諭と近代教育の形成

勧奨の論理と学校創設

東京大学出版会

Shugaku Kokuyu (Proclamations for
Encouraging School Attendance) and the
Rise of Modern Education in Japan
Hajime Kawamura and Akio Arai, Editors
University of Tokyo Press, 2016
ISBN978-4-13-056224-9

はしがき

明治五（一八七二）年、太政官は学制を発令し、全国に五万を超える小学校を設立する計画を立て、実行に移し始めた。しかしこれは、近代日本における小学校の嚆矢ではない。すでに明治維新を迎えて各地域では、様々な学校を設立して新しい時代への対応を模索しており、政府も府県施政順序などの文書で学校設立を働きかけていた（明治二年）。藩校もその多くは江戸時代ではなく、明治維新後に設置されており、教育対象を武士身分以外にも広げ、教育内容も洋学が取り入れられるなど、地域によってその具体的な姿は異なるものの、ほぼ一様にその充実が図られつつあった。

この学制発令を挟む時期に全国で様々な就学告諭が出されていた。すなわち民衆の就学を促したり、「学問」に従事させたりするための説得の論理を含む、多くの言説が流布されていた。こうした事実は戦前から知られていたが、その紹介は断片にとどまり、全国的な実態は二〇世紀に入ってもなお不明なままであった。学制発令後、僅か五年ほどのうちに、今日の小学校数を上回る二万五〇〇〇もの小学校を設立したこの動きはどうして作り出されたのか。学校化社会とも称されるまでになった初発の契機はどこにあるか。未だに私たち教育史家はその答えを模索しているが、就学告諭とそれをめぐる様々な動きの中に、その理由の一端を見つけることができるのではなかろうか――。

今から一〇年ほど前に、こうした問いを意識しながら、第一次就学告諭研究会を組織し、共同した資料収集と研究の成果を、二〇〇八年に『近代日本黎明期における「就学告諭」の研究』（荒井明夫編著、東信堂）にまとめることができた。そこでは全国から四〇〇を超える就学告諭関連資料を収集分析して学校創設に関する状況を叙述し、資料の一覧を提示した。

第二次就学告諭研究会は、第一次研究会による右の研究成果の刊行を受け、さらなる研究の進化をめざして二〇〇九年四月に発足した。本書は、第二次研究会会員（一六名）による共同研究の成果報告である。

第二次研究会は、研究会会員の約半数が交替し、第一次研究会の成果を継承しつつ、収集した就学告諭を地域の中で読み込み、地域の就学構造の中に位置付けること、諸外国の学制・義務教育制度成立史への視野を広げることをめざした。そして二〇一五年九月の本書執筆の協議まで二〇数回の例会を重ねてきた。

本書第二部の地域事例研究は、右の就学告諭を地域の中で読み込み、地域の就学構造の中に位置づけようとする試みである。第一次研究会による『「就学告諭」の研究』では京都府・滋賀県・福井県・愛媛県の四府県だった事例研究も、本書では度会府（県）・秋田県・飾磨県・筑摩県・奈良県・熊本県、の六府県を採り上げることができた（以下、論文執筆者―杉浦由香里、森田智幸、池田雅則、塩原佳典、高瀬幸恵、軽部勝一郎）。事例研究には採り上げなかった地域についても可能な限り資料紹介などを心がけた（三木一司、熊澤恵里子）。

諸外国への視野を広げるという点では、二〇〇九年七月の第二回研究会例会で、西洋政治思想史（フランス革命史）専攻の瓜生洋一教授（大東文化大学・故人）を招いて研究交流し、同年の第五三回教育史学会大会（於名古屋大学）では「学制――日本とフランス」と題するコロキウムを企画、天野知恵子教授（愛知県立大学）を招いて研究交流を行った。本書における第一部の論文はその成果に連なっている（杉村美佳、長谷部圭彦）。

本書のもう一つの成果は、第一次研究会の成果を批判的に継承した点にある。検討を重ねる中で研究会会員の共通認識となっていったのは、原点ともいうべき「就学告諭とはなにか」という問題が改めて議論されなくてはならない、ということであった。

　第一次研究会による『「就学告諭」の研究』では定義・発信者・告諭の受け手・時期区分など、それなりに諸概念を整理したが、第二次研究会では研究を進める中で第一次研究会の定義そのものを見直すことが必要だと結論づけた。その詳細は、本書の論文に委ねるが、第一次研究会が収集し定義した就学告諭を再度われわれ自身の手で全部を見直し、より厳密に定義付けして、新たに確定できたことは大きな成果であると考えている（大間論文）。これによって就学告諭関連資料一覧表その他の面目を新たにすることができた。これは『「就学告諭」の研究』の水準を遥かに超えて、今後の学制研究の基礎をなす資料論的な到達でもあると自負している。

　その上で『「就学告諭」の研究』でも試みたが、そこではなし得なかった就学告諭の全体的視野からのテーマ別横断分析をより深く行った。すなわち、「告諭」という勧奨方法に着目した情報伝達方法から就学告諭の分析視点を導くこと（宮坂朋幸）、学制布告書を基準として就学告諭の論理的遷移を整理すること（川村肇）、告諭の「立身・出世」というタームに着目してその歴史的意義と限界を指摘すること（大矢一人）、告諭の中の「強迫性」を読み取り一八八〇年代以後の就学政策との連続性を考察すること（荒井明夫）、などである。総じて本書は、日本における近代教育の形成過程の最初期を、就学勧奨の論理と学校創設の地域における史的交渉の実相を通じて描くことになった。

　地域と学校の関係が問われ、学校の存立基盤の問い直しが迫られている中、教育史研究のみならず広く教育学界に問題提起できれば幸いである。

二〇一五年九月

編者　荒井明夫
　　　川村　肇

就学告諭と近代教育の形成――目　次

第三部　資料編

論文編凡例

一　本書は第二次就学告諭研究会の研究成果であるため、第一次研究会の研究成果、荒井明夫編著『近代黎明期における「就学告諭」の研究』（東信堂、二〇〇八年）に言及する箇所が多い。それゆえ本書で同書に言及するときは、各章初出を除いて単に『「就学告諭」の研究』と略記する。

二　学制が発令された明治五（一八七二）年はその年末に太陽暦を採用した年であり、それ以前は西暦との対比が単純にはできない。それゆえ本書では和年号を使用し、適宜西暦を（　）内に補った。ただし、日本以外の地域を扱う論文では主として西洋暦を用いている。

三　旧漢字は原則として新漢字に改めた。ただし変体仮名や仮名遣いは原文のままとした。判読不能な文字は□で示した。

四　就学告諭に本書で統一して用いる資料番号をふっている。番号のふり方については資料編凡例を参照されたい（四四四頁）。第一次研究会においても資料番号をふっていたが、その後、就学告諭の整理が進んだため、新たに番号をふり直した。新しい告諭番号は、旧番号と区別するため、〔新資1-1〕などと告諭引用の最後に記述した。また第一次研究会で就学告諭として扱った資料のうち、第二次研究会で就学告諭と判定されず、したがって新資料番号がふられなかった資料は、旧資料番号を用いて〔旧資1-1〕などと記述した。

五　一般名詞でもある学制と、法令としての学制とを区別するため、後者に「　」を付することがあるが、本書では学制という術語は頻出する。それゆえ一々「　」を付することは煩雑であると判断し、単に学制と記述する。また学制は、学制布告書（従来「被仰出書」などと呼ばれてきた文書）と学制章程からなるものとし、用語もそのように統一して記述する。

第一部　就学告諭とその論理

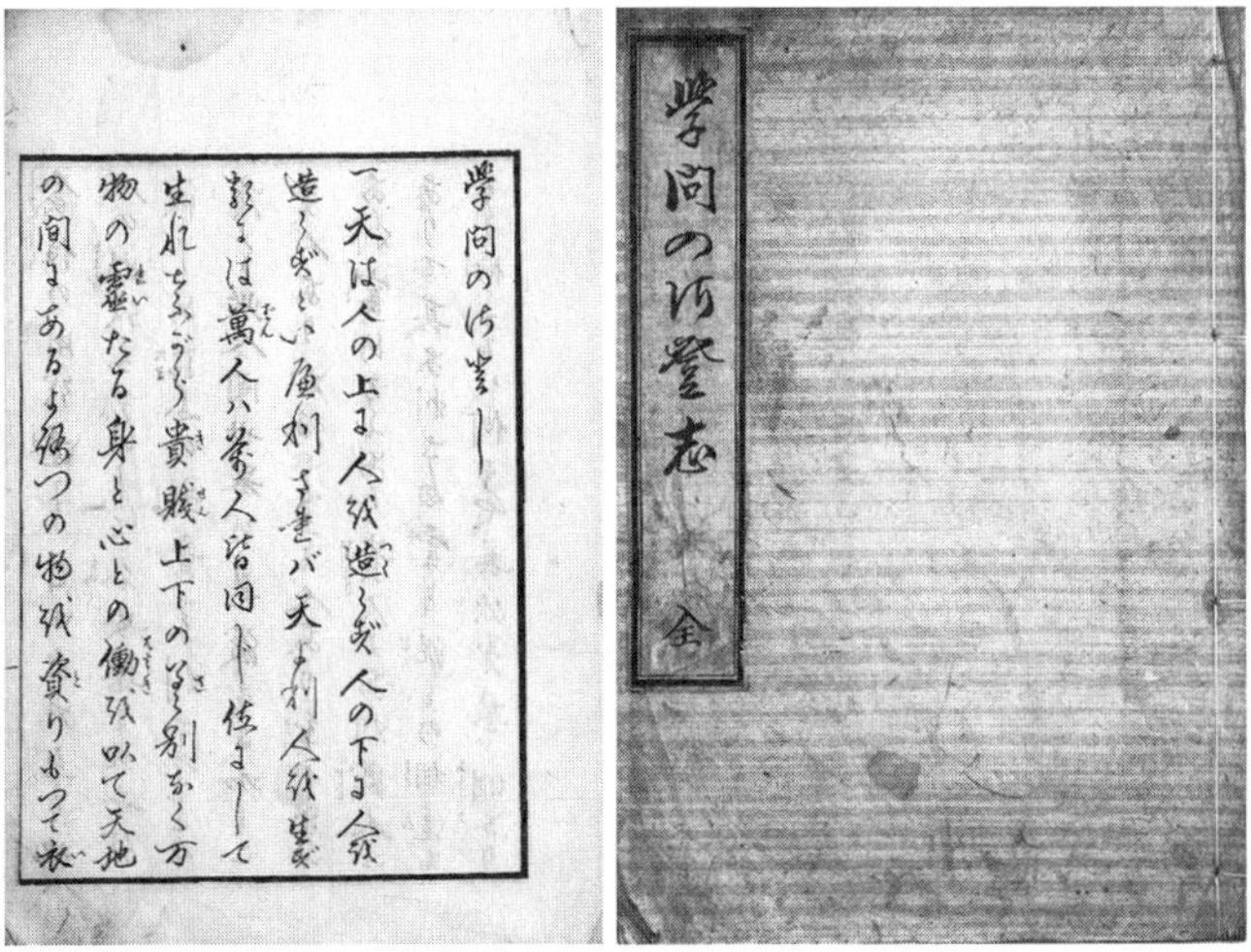
『学問のすすめ』

第一部では、就学告諭を横断的に検討することによって、その全体的な特徴や傾向を示すとともに、就学告諭研究の新たな分析視角を提案した。

まずは就学告諭を再定義した（第一章）。第二次就学告諭研究会では、新発見史料も含めた事例研究を積み重ねていくなかで、就学告諭の定義を再検討する必要に迫られた。そこで、荒井明夫編著『近代日本黎明期における「就学告諭」の研究』（東信堂、二〇〇八年。以下『「就学告諭」の研究』と略す）で曖昧さを残した対象時期や「就学」が指し示す内容の再吟味によって、同著の序章第一節・第二節を乗り越えることを目指す（第一章）とともに、第一次就学告諭研究会ではほとんど検討されなかった告諭の文書形式など、その形式的な特徴や周知方法に着目することによって、序章第三節を批判的に再検討した（第二章）。

次に、就学告諭の内容（論理）を横断的に分析した（第三章、第四章、第五章）。下達すべき新たな情報を「告げる」だけでなく、「諭す」（受信者を説得する）ことが就学告諭の基本的性質だとすれば、その論理の解明が必須の課題となる。しかし、就学告諭は各地域の指導者層が作成した文書だけに、その多様性にこそ特徴がある。そこで、一つの定まったモデルである学制布告書と多様な就学告諭群を比較検討するという方法を採ることによって、就学告諭の全体的な特徴や傾向を示した。『「就学告諭」の研究』序章第二節で行ったキーワード分析の弱点を踏まえた新たな分析方法を採用し（第三章）、就学勧奨の論理として見逃せないながらも同著では詳細に検討されなかった「立身・出世」言説に着目（第四章）、また同著にはなかった視点である「強迫性」を分析すること（第五章）などによって、第一次研究会の成果を乗り越えることを目指した。

続いて、第二次研究会の新しい試みとして、学制や就学告諭を、同時代の「世界（史）」のなかに位置づけてみた。とくにこの時期に強い影響を受けたと考えられるアメリカにおける就学勧奨の論理との比較（第六章）や、日本とはかなり異質な世界に属しつつも、教育法の共時性という点で格好の素材を提供するオスマン帝国との比較（第七章）によって、日本の学制や就学告諭の特徴を浮き上がらせることを目指した。

最後に附論として、第二次研究会において新旧の資料を総点検するなかで発見された就学告諭のいくつかの特徴と、主要な先行研究となった竹中暉雄（本研究会会員）著『明治五年「学制」――通説の再検討』（ナカニシヤ出版、二〇一三年）の初出論文の精読によって得られた知見を示した。

以上が第一部の概要であるが、さらに各章で展開されたところを紹介しておく。

第一章（大間敏行担当）では、第一次研究会の成果も含めた先行研究を、就学告諭の定義の変化に着目して詳細に跡付け、第二次研究会の成果の概要を示した。とりわけ、本書における就学告諭の定義を「明治新政府樹立より教育令公布以前の時期において、府藩県の官員あるいは管内各地域における指導者層によって作成された、人民の就学行動の喚起を目的とした説得的論理を有する文書」としたことは特筆しておかなければならない。

第二章（宮坂朋幸担当）では、告諭という就学勧奨の方法に着目した。「従来の日本教育史研究では「辺隅小民ニ至ル迄」政策が浸透していく過程とその方法は殆ど対象とされてこなかった」（『「就学告諭」の研究』一五頁）という問題意識を引き継ぎ、主に筑摩県と滋賀県の事例を具体的に検討することによって、「触」や「回状」といった文書伝達の際には人が人を「諭す」という行為が徹底されていたこと、就学告諭を実際に告げ諭す場には、その就学告諭の効果を最大限高めるような工夫が施されていたことが明らかとなった。このような、口話と活字、両者の利点を併せ持った告諭という方法の特徴を指摘したことによって、就学告諭研究の新たな分析視角を提示した。

第三章（川村肇担当）では、学制布告書を基準とした新たな分析方法によって就学告諭の全体的な特徴や傾向の把握を目指した。まず告諭と呼ぶにふさわしい就学告諭を八三件選抜し、それらを学制布告書発令前後に分類した。そして、就学勧奨言説の文部省モデルともいうべき学制布告書を基準として、その論理が発令後の就学告諭（六一件）

の論理にどのように敷衍させられていったのかを検討し、さらに、発令以前の就学告諭（二三件）の論点遷移と比較した。その際、設定したのが学制布告書に見られる一八の論点である。この方法によって、発令後であっても学制布告書と一致する論点は三つ程度、一致率は二割ほどであったことなどが明らかとなった。それほどまでに多様な就学告諭にあって、注目すべき論点として再確認されたのが、半数近くの告諭に採用されていた「立身・出世」に関連する論点と、「邑に不学の子なく家に不学の人なからしめんことを期す」る論点であった。

第四章（大矢一人担当）では、立身・出世に関するタームに着目し、立身と出世とを分けた前掲竹中著『明治五年「学制」』を踏まえた上で、四民平等・立身・出世を説く就学告諭を分析した。これらの就学告諭は、明治に入り、名目的には四民平等となったものの、現実的にはさまざまな差が存在する世の中において、その差を生むのは「学問（勉強）をしているか否か」である、と説いて就学を勧奨するとともに、色濃く残る身分制に対する民衆啓蒙の役割も担っていた。また、立身は国恩に報いることであるという考え方は見られるものの、たとえ出世を説く就学告諭であっても、官職や洋行・留学以外の出世を示すことはできなかったという限界を持っていたことも明らかとなった。

第五章（荒井明夫担当）では、就学告諭の中の強迫性の論理と内容に着目した。これまで、一八七〇年代は「就学督励」の時代（佐藤秀夫）とされてきたが、文部省が発した就学の奨励・勧奨の文書である学制布告書にさえ強迫性が見られること、府県レベルにおいては、一方で就学告諭を発して就学勧奨・奨励政策を採りながら他方で就学督責政策を同時に採用していたこと、さらには、就学告諭の内容自体に強迫性が認められることを具体的に明らかにした。また、「就学督責」の時代とされてきた八〇年代にも奨励・勧奨政策が内包されていたことを指摘することによって、七〇年代からの連続・非連続という分析視角を提示した。

第六章（杉村美佳担当）では、日本の就学告諭に見られる就学勧奨の論理とアメリカのマサチューセッツ州における就学勧奨言説とを比較した。『「就学告諭」の研究』で新たに設定された「親に対する就学勧奨」という視点を引き継いで、就学告諭とマサチューセッツ州教育長ホレース・マンらを中心とした教育指導者の就学勧奨・強制言説やその方法を比較検討することによって、日本の教育熱心を指摘するとともに、「国」を飛び越えて独自にアメリカ諸州の強促就学法を取り入れた京都府知事槇村正直の「就学法略則九ヵ条」が「国」に不認可とされていたことなどを明らかにした。

第七章（長谷部圭彦担当）では、学制と同時期に公布された教育法のうち、オスマン帝国の公教育法（一八六九）を取り上げ、両者の比較を通じて、学制を比較史的・世界史的に位置付けるための糸口が探られた。日本では知られることの少ないオスマン教育史の概観と、学制と公教育法の、構成と理念における比較から、両法の共通点と相違点がいくつか明らかにされたが、とりわけ、人々を分かつ第一の基準の平準化と教育法の関係は、今後さらに深めるべき論点であろう。

附論一（大間敏行担当）では、就学告諭に見られる女子教育に関する記述に着目し、とくに明治八、九年の就学告諭は『文部省報告』第三号の記事への応答として作成されていたという共通性を指摘した。就学告諭の言説を横断的に分析する際の新たな基準を発見するとともに、その地域的展開の一事例を示した。

附論二（川村肇担当）では、学制布告書には見られない自由という単語を持つ就学告諭に着目した。江戸時代において否定的（消極的）に用いられていた自由が、就学告諭では積極的な意味でも用いられるようになっていたこと、さらに、自由民権期にはその意味が再逆転して、否定的な意味を持たされている例も見られたことの意味を考察した。

附論三（森田智幸担当）では、竹中暉雄「『学制』に関する諸問題――公布日、頒布、序文の呼称・正文について」（前掲竹中著所収）に触発され、法制度史の観点から学制や就学告諭を再評価することの意義を説いた。公布概念から離れて学制を再検討すべきとする本論の主張は、竹中も参加した研究会で発表されており、前掲竹中著『明治五年「学制」』にもそれが反映している。

以上の通り、第一部では、近代日本において民衆を学校に行かせる論理や方法がいかに準備され、表出されたのかをさまざまな角度から検討した。歴史の立場から、学校設立の前提となる「何故学校に行くのか」という現代教育におけるアクチュアルな問いの解明に取り組むことで、日本の近代教育の形成過程の一端を就学告諭の論理の側面から明らかにしようと試みた。

（宮坂朋幸）

第一章　就学告諭とは何か——就学告諭の再定義

はじめに

本章は、本研究会が検討対象としている「就学告諭」と称される史料について、その定義という最も根幹の部分に関する議論を深めることを目的としている。「就学告諭」の語自体は、学術的な用語として確立されており、従来一定の共通理解を前提として使用されてきた。しかし、就学告諭研究会の結成以来[1]、著しい進展を見せた就学告諭研究によって、その概念は大きく動揺している。この学術用語について、改めてその定義から見直されるべき状況が生起したのである。

加えて、ここには第一次研究会から持ち越した課題も存在する。二〇〇八年に刊行された『近代日本黎明期における「就学告諭」の研究』では、「総数四〇〇を超える就学告諭を収集した」と述べ、その成果を誇った[2]。それまで「言及ないし紹介程度」にとどめられていた就学告諭という史料そのものを検討対象とし、全国的な悉皆調査の実施によって大々的な史料収集を行った初めての試みであり、この共同研究によって得られた知見は、就学告諭に対する従前の理解を大きく進展させることに寄与した。しかしながら、調査によって収集された多種多様な関連史料を検討するうち、従来の就学告諭の定義に限界が認められ、新たな定義を構築する必要性が研究会内で共有されたものの、調査による史料収集とその報告を主軸とした第一次研究会においては、定義に関する議論を十分に突き詰めることができなかった。そのため、前著の資料編に収められた「就学告諭」とされる史料の性格が一定でなく、「総数四〇〇を超える」という認識の妥当性について、改めて検証する必要が生じたのである。

このような課題意識及び前提状況を背景として、本章では就学告諭の再定義を試みる。具体的に論じたのは、以下の三点である。①第一次研究会以前の就学告諭に対する認識も含め、就学告諭の定義をめぐる経緯とその問題点を明らかにすること、②第二次研究会で議論された内容を踏まえ、改めて就学告諭を定義しなおすこと、③新たに規定された就学告諭の定義に従って本研究会が収集した史料を判定し直し、就学告諭史料の再整理を行うこと。

本書には、本章で論じた新たな就学告諭の定義に基づき、改めて精査された資料編を収載している。前著で就学告諭として収録されているのに、本書では就学告諭と認められなかった史料もある。就学告諭と就学告諭でない史料をどのように判別するのか、これは非常に難問であったが、本研究会が収集した就学告諭の数を成果として誇った以上、「就学告諭とは何か」という問いに挑むことは研究会として最低限の義務と考える。本章は、第一次研究会から持ち越したこの課題に対する精一杯の解答である。

一　従来の定義とその問題点

（一）第一次研究会以前――「学制受け止め文書」としての就学告諭

就学告諭はいかに認識され、定義されてきたか、まずはこの点から確認していこう。この作業にあたっては、第一次研究会発足以前の就学告諭理解と、第一次研究会によって新たに把捉された就学告諭理解とを区分して整理することでより明確になると思われる。第一次研究会以前の理解については、前著においてもまとめられており重複する部分も多いが、あえて再度の整理を試みた。

就学告諭の定義に関連して、最も早い言及・紹介の例としては、海後宗臣「日本近代学校史」[3]や、国民精神文化研究所『日本教育史資料書』第五輯[4]が挙げられる。前者においては、「近代学校観」の形成過程が論述されるなかで、群馬県と滋賀県の就学告諭が紹介されており、後者は資料集形式で、「第六編　最近世」の「第二章　教育の理想」の項において、青森県、茨城県、愛媛県、神山県、熊谷県、佐賀県、滋賀県、静岡県、長崎県、奈良県の就学告諭が収録されている。

ここで海後は、「多くの府県に於ては学制に基く学校施設を実施するに当って就学の論告を発し、近代学校の考え方を講述し、総ての人がこの学校教育を受くべきものなることを説いて居る」と述べている。[5]「学制に基く学校施設を実施するに当って」発された「就学の論告」という理解、ここに就学告諭の概念の原型が表れているとみてよいだろう。なお、後者の『日本教育史資料書』において「〇〇県就学告諭」として紹介される一方で、「日本近代学校史」の本文では、「群馬県の就学諭告」「滋賀県の諭告」というように、「諭告」の呼称が用いられているが、そこに明確な区分はない。

このように、海後によってその概念の原型を提示された就学告諭は、以後も明治初期を対象とした教育史研究においてしばしば引用され、内容について言及されてきたが、その呼称と概念の両面において一種の共通理解が構築される契機になったと考えられるのが、一九七二年に刊行された『日本近代教育史事典』（以下、『事典』）であった。学制期の教育政策を象徴する諸項目の一つに「就学告諭」が掲げられ、大田倢による解説が附された。その全文を以下に示す。[6]

明治五年の「学制」を施行するに際し、学制序文（被仰出書）の趣旨を解説して学校の設立と就学の奨励のために各県で管内の人民に示した説諭。就学告諭のなかには、むしろ学制序文の趣旨に反して「学制」が富国強兵策の一環として一般人民の文明化の役割をうけもつという政府の立場を端的に伝えているものもある。例えば、山梨県就学告諭は「御趣旨の在る所に向ひ教育の道を大事と心得世の文明を進め国の富強を助けて遂に皇威の海外に輝かん時を期す」とのべ、愛知県就学告諭は「各自奮起して智識を拡充し皇国の為に勉励すべし」といっている。また筑摩県権令永山盛輝は就学督励の説諭で「夫学校は天下富強の基。衆人一身一家を保全し、家屋を繁栄し、土地を蕃殖するは皇国の大基礎にして、学校にあらずんば何を以て天下富強の基とせんや（略）父兄たるもの能く此意を体して、幼童をして就学せしむべし」とのべている。

この解説から、就学告諭が有する性質についてまとめると、以下のようになろう。

①就学告諭は、「学制序文（被仰出書）」の趣旨を解説した「説諭」である。
②就学告諭は、「学校の設立と就学の奨励」が目的である。
③就学告諭は、各県において、「管内の人民」に示された。
④就学告諭のなかには、「学制序文の趣旨に反して」、富国強兵を推進する政府の立場を端的に伝えたものがある。

以上のうち、④は「説諭」の内容に関しての説明であるから、就学告諭の枠組みに関する説明としては①②③で完結する。海後によって提示された就学告諭の原型的概念が、ここで事典の項目として発展的に整理されたことは、就学告諭研究史において画期的な意味を持つといってよい。

さて、①②③のうち就学告諭の性質規定にあたってとくに着目したいのは①である。①は、就学告諭の起点に学制を置き、学制布告書の趣旨を解説したものが就学告諭であると明記した。(7) これは換言すれば、学制布告書の趣旨を解説していないものは就学告諭ではなく、学制布告書以前に就学告諭は存在しない、ということになる。後述するように第一次研究会では、史料収集の結果、この点に疑義を投げかけることとなった。その他の点では、②は就学告諭のいる。
目的、③は就学告諭の発信形式とその対象にかかわる言及であるが、いずれも曖昧さを多く含んだ表現にとどまっている。

就学告諭の起点に学制布告書を置くこと、これが海後以来、就学告諭に対する認識の基底に存在したことは確かである。そして、そうした理解が学制布告書の末尾二行への注目から生まれたことも論を俟たない。周知のように、学制布告書においては、身分・性別にかかわらず全ての学齢児童に就学を求める趣旨を述べた後、「右之通被　仰出候条地方官ニ於テ辺隅小民ニ至ル迄不洩様便宜解釈ヲ加ヘ精細申諭文部省規則ニ随ヒ学問普及致候様方法ヲ設可施行事」との但し書きが付された。このことが、各府県において就学告諭が作成される直接的な契機となったと理解され、上述してきたような就学告諭の起点として位置づけられるようになったのである。

戸田金一が就学告諭をさして「学制受け止め文書」と表現したことは、このことを端的に示しているといえるだろう。[8] 戸田は、上述の学制布告書末尾二行に触れながら、「この政府の期待と任務の遂行に応じるべき意志を示すもの、いわば学制受け止め文書といってよいものが、諸府県において公布される」と述べ、全国の「学制受け止め文書」を内容別に分類して紹介した。戸田自身は、直接的には「就学告諭」という表現を用いていないが、戸田によって紹介された諸資料は、他の先行研究および本研究会が就学告諭と呼ぶものに他ならない。

戸田による分類のなかで目を引くのは、「学制に先行してほぼ同主旨の理念を開陳したもの」という枠組みが設けられていることである。「学制受け止め文書」として類似の資料を検討する中で、戸田は同類の文書が学制以前から作成されていたことに着目した。それも分類のひとつとして設定したわけであるが、この分類では学制以前に発行された文書も、あくまでも「学制受け止め文書」の一種として位置付けられている。

（二）第一次研究会による定義の拡張と限定

第一次研究会以前においては、学制以前に作成された同種の資料があることを確認しながらも、就学告諭とは学制布告書の末尾二行を受けて作成された文書であるという認識が一般的であった。しかし、第一次研究会では、そうした従来の認識に疑問が投げかけられ、就学告諭の対象時期について大きな変更を迫っている。

『就学告諭』の研究』序章第一節において、荒井明夫は就学告諭の定義に関わって次のように述べている。

本研究は、府・藩・県の地域政治指導者たちが、幕末・維新期から府県統合がほぼ今日の形になる一八七六（明治九）年までの期間において学問奨励・学校設立奨励のために発した言説である就学告諭を可能な限り収集し、そこで用いられた論理を分析することを目的としている⑨。

本研究は、就学告諭を従来のように学制布告書を受けた補足的な文書・言説と捉えてはいない。そうではなく、「幕末・維新期から学制期を経て府県統合が一段落する一八七〇年代後半までの一〇年間を対象とし、地域指導者によって発せられた学びに就くことを奨励した文書・言説」と捉えた⑩。

これは明らかに、『事典』における大田の定義に変更を迫るものであった。「学制序文（被仰出書）の趣旨を解説して」と述べることで対象時期を学制期と措定していた従来の定義に対し、「幕末・維新期から府県統合がほぼ今日の形になる一八七六（明治九）年までの期間」が就学告諭の対象時期であるという、新たな枠組みを提示したのである。

しかし、この新たな枠組みを設定することの妥当性については、二つの問題を考えなければならない。一つは、「幕末・維新期から」という始期の問題であり、もう一つは、「府県統合がほぼ今日の形になる一八七六（明治九）年まで」という終期の問題である。

始期の問題については、学制以前から存在していた「就学」を「告諭」する文書の扱いが最大の論点となる。就学告諭を学制布告書の末尾二行に対する応答であると認識している限りは、学制以前に作成された同種の資料は視野から外されることになる。しかし、この種の資料の存在を多数確認していた第一次研究会では、学制以前に出された同種の文書も就学告諭であると把握しなおすことが、今後の就学告諭理解に必要であるとの判断に至った。

柏木敦は、学制布告書に表現された「学習の論理」を八点にまとめたうえで、それぞれの論理は学制布告書以前の就学告諭においてすでに見出せると指摘している。(11) 例えば、学問が立身の財本であるという論理は、「学校ヲ興スハ、他人ノ為ナラス、近クハ一身一家ヲ保全シ、土地ヲ繁栄ニシ、遠キハ天下富強ノ一端ヲ補助シ」（新資27－2）（明治五年四月）などの部分に見られるし、学問を士人以上のものと見做すのは誤りだという論理は、「学ハ人倫日用ノ道ヲ学フノミ豈ニ貴賤尊卑ノ別アランヤ」（新資32－1）（明治四年）などに見られた。そして、これらは学制以前において決して特殊な論理ではなく、むしろ「学制布告書が示した教育像・学習像は、特に目新しいものではなかった」と結論付けられている。就学告諭の対象時期を学制以前にまで拡大することで、その連続や断続への着目も就学告諭研究のテーマとなりうることが示されたといえる。

第一次研究会では、就学告諭の対象時期について始期を遡った一方、終期に関しては逆に従来の認識よりも時期を狭める方向に進んだ。『事典』は終期を明記したわけではないが、「学制序文（被仰出書）の趣旨を解説して」という記述から読み取るかぎり、その対象時期は学制期全体に及ぶと解釈するのが自然であろう。それに対し、『「就学告諭」の研究』では「府県統合が一段落する一八七〇年代後半まで」という新たな終期が提案されている。

対象時期以外の部分としては、「学問奨励・学校設立奨励のために発した言説」、「学びに就くことを奨励した文書・言説」と就学告諭の作成目的を規定し、「府・藩・県の地域政治指導者たち」「地域指導者によって発せられた」

と作成者の社会的地位を規定した。これらは『事典』で規定された就学告諭の性質と大きく異なるわけではないが、『事典』との明確な差異としては、「学問奨励」「学びに就く」という表現に着目できよう。荒井は定義に関する前述の文脈において、「そもそも就学には学問に就くことと学校に行くこと、の両義がある」[12]と述べている。つまり、第一次研究会によって捉え直された「就学」の概念は、必ずしも学校への就学に限らないことを含意している。

(二) 定義をめぐる問題点の整理と考察

以上のように、就学告諭の定義をめぐっては、海後らによる紹介以来、一定の共通認識のもと使用されてきた「就学告諭」(あるいは「就学諭告」) の語があり、これが『事典』の刊行によって教育史上の一用語としてその定義を確立したという経緯があった。その後三〇年を経て、改めて就学告諭を研究の俎上に乗せたのが第一次研究会であり、そこでは全国悉皆調査により収集された資料の吟味をふまえて、従来の定義に疑問を投げかけ、新たな定義が提案されることとなった。

表1は、『事典』と『「就学告諭」の研究』両書における就学告諭の定義に関する記述から、ポイントとなる事項をそれぞれ抽出し、表にまとめたものである。『「就学告諭」の研究』にある作成者への言及が『事典』にはなく、逆に『事典』にある発信対象への言及が『「就学告諭」の研究』にはないといった異同も対照的で興味深いが、ここではひとまず置いておく。

両者の重要な差異は、やはり就学告諭の対象時期、そして「就学」の範囲に関わる部分で顕著に表れている。対象時期について、その始期を『事典』は学制の発令に求め、『「就学告諭」の研究』は「幕末・維新期」と広げた。終期については、『事典』に明確な言及はないものの、学制期全体(教育令公布以前)と捉えるのが自然な文脈であり、一方の『「就学告諭」の研究』は明治九(一八七六)年と区切っている。

表1　就学告諭の定義の比較

書　名	『日本近代教育史事典』	『「就学告諭」の研究』
対象時期	学制期全体(「学制序文(被仰出書)の趣旨を解説」したものが就学告諭であるとの解説から)	幕末・維新期から府県統合がほぼ今日の形になる1876(明治9)年まで
作成の目的	学校の設立と就学の奨励のため	学問奨励・学校設立奨励のため
作成者	言及なし	府・藩・県の地域政治指導者たち
発信対象	管内の人民	言及なし
「就学」の範囲	小学校への就学	広く「学びに就く」ことを含める
「告諭」の形式	言及なし	言及なし

では始期と終期、それぞれの妥当性についてはどうか。

始期の設定に関しては、『事典』の定義はもはや説得力を失ったように思われる。就学告諭を「学制序文（被仰出書）」の趣旨を解説した「説諭」としてのみ理解しようとする視点では、学制以前の就学告諭の存在を正しく位置づけることができない。学制布告書の末尾二行によって就学告諭作成の契機が生まれたと考えるのではなく、むしろ就学告諭を作成して人民に学問を奨励するという行政的慣習がすでにあって、布告書はそうした実態を踏まえて末尾二行で学制の敷衍を意図したと考えるべきであろう。とはいえ、『「就学告諭」の研究』の「幕末・維新期」という表現も漠然としている。「幕末」のとらえ方によって、就学告諭の性質は大きく変化してしまう可能性がある。例えば、一九世紀半ばには多くの藩で人材育成を目的とした藩校設立と学問奨励が行われていたが、これらの学問奨励まで就学告諭と認識してしまうことは、従来の概念と比較してさすがに飛躍し過ぎている。

終期の設定に関しても問題点はある。『「就学告諭」の研究』では「府県統合が一段落する」明治九年を就学告諭の終期として提示した。しかし、「府県統合が一段落する」ことがどうして就学告諭の終期と関係するのか、説得的な説明はされていない。

就学告諭の終期はどこに定めるべきであろうか。次の文書は、明治一二（一八七九）年一一月二七日に秋田県から出されたものである。[13]

夫れ国家の隆替は人材の消長に由り人材の消長は教育の良否に由る。抑明治五年学制頒布ありしより、教育の道漸く進み、人々較々自立の志気を振起するに至れり。於是今般更に教育令を発せられ、其規模を宏にし其綱目を寛にして以て彌自治の精神を暢達せしめ、益々教育の盛大ならしむ。然るを其規綱の簡易なるより、或は教育をして緩慢ならしむるものとせば、実に誤認の甚しきと云うべし。故に能く教育令の旨趣を玩味し父兄たるもの朝旨を体認し以て其責任を尽し申すべく此旨論達候事

明治十二年十一月廿七日　秋田県権令石田英吉代理秋田県少書記官小野修一郎

九月二七日の教育令公布を受け作成されたこの文書は、学制から教育令への変更を告知するとともに、一般の父兄に対し、教育の重要性を説いてその振興を図ろうとする、内容面から見る限り就学告諭とするにふさわしい史料である。このように、「就学」を「告諭」した文書は、教育令期以降にも散見される。就学告諭の終期をいかなる根拠に基づいて定めるのか、なんらかの基準が必要であろう。

また、「就学」という語の示唆する範囲に関しても、『「就学告諭」の研究』は従来の認識に疑問を投げかけた。「就学」を学校に行くことに限定せず、広く「学（問）に就く」ことと把握したのである。しかし、ではどこまでを「学（問）に就く」行為と捉えるかは単純に判断できない。実際に史料をみていくと、この問題が非常に厄介な広がりと深さを持っていることに気付かされる。これについては、次節で具体例とともに検討したい。

最後に、これは『事典』でも『「就学告諭」の研究』でも言及されなかった点であるが、就学告諭の定義を考えるにあたっては「告諭」という文書形式にも留意するべきであろう。「告諭」とは何であろうか。明治期の『法令全書』では、規則や通達と同列に告諭が並び番号を付されており、告諭も法令の一種であったかのように扱われている。[14] 一方で、ことばとしての「告諭」に対する意識については、宮坂朋幸が滋賀県令松田道之による「告諭」と「制令」の区別を紹介している。[15] それによると、「告諭」は「制令」と異なり人民に対する強制力（一八三九―八二）がないもの

であるという理解が存在していたようである。しかし、そうした理解が一般化できるものか、現時点で判断することは難しく、一義的に「告諭」という文書の形式を規定することは困難といえる。とはいえ、便宜的にせよ文書形式にも何らかの基準がなければ就学告諭を厳密に把捉できない。この点も、考えるべき問題の一つであろう。

以上、就学告諭の定義をめぐる論点を抽出してきた。さしあたって解決が必要な問題は、対象時期の設定に関わる問題、「就学」の範囲に関わる問題、「告諭」の形式に関わる問題、の三点に絞られるといってよい。先行研究の克服を目指した第一次研究会の就学告諭定義にも、十分に突き詰められていないところがあった。次節では、これらの問題に解決を与えるべく論を進めたい。

二　再定義の試み

（一）対象時期の設定をめぐって

前節において、従来の就学告諭をめぐる定義の問題点を論じてきた。要約していえば、第一次研究会以前の定義では、第一次研究会が収集した多様な就学告諭資料に対応することができないという問題点が存在する一方で、第一次研究会によって新たに提案された定義にも不十分なところが見られた。

本節では、前節で抽出した三つの論点に絞って、改めて就学告諭の定義について考察を進めていく。もちろん、就学告諭の定義は研究会全体に関わる重大な問題であり、第二次研究会においてもしばしば議論が重ねられた。よって本節の叙述は筆者の独断というわけではなく、研究会の議論を踏まえたうえでの筆者なりの〝まとめ〟という形になっている。

まずは対象時期の設定について。論点はすでに挙げたとおりで、始期・終期ともに従来の定義には難点が存在することを確認した。始期については、前著で提起されたように、就学告諭を学制以前からの連続した視点で把握することは妥当と考えられる。しかし、どこまで遡って始期を設定するべきか。「幕末維新期」と曖昧に濁した前著の定義では先述したような問題点が出てくることを踏まえ、さらなる明確化が必要である。研究会の結論を先に言えば、王政復古の大号令（慶応三年一二月九日）以降を就学告諭の対象時期として設定しよう、ということになった。

前節で述べたように、単に学問を奨励するだけならば、幕末期の各藩には教育をめぐって多様な動きがみられる。しかし、そこまで就学告諭の範囲を拡張してしまうと、これは研究テーマそのものが全く異質になってしまう危険性が高かった。もちろん歴史的な連続性という観点からすれば、そこまで目配りすること自体は有意義であろうが、就学告諭の定義に関わっては飛躍し過ぎると考えられたのである。

この始期の決定にあたって重視されたのは、見定めるべき就学告諭の本質として、特定の階層に限らず全ての人民が就学勧奨の対象であること、そしてそのような勧奨政策が全国規模で展開された、という点であった。そのため、明治新政府の発足をもって始期の線を引くのが妥当と考えられたのである。ただしここでは、何をもって新政府の発足とするかという議論を深めるところまでは至らず、便宜上の区分として王政復古の大号令を取り上げたに過ぎない。

一方、終期については、第一次研究会の一八七六（明治九）年という提案に十分な説得力が認められなかったことは既述のとおりである。しかし、「就学」を「告諭」している資料が発見されるかぎり、どこまでも終期を延長していくことは、始期の無限定の延長への批判と同様に適切ではないと考えられた。また、終期をそのように延長したとして、本研究会の調査の射程がそこまで届いていない現状では、定義そのものが無責任な机上の空論となってしまう可能性もある。あくまでも、収集された資料分析に基づいた根拠ある知見をもとに、本書における定義は決定されなければならない。

そうした点から、終期については法令としての学制の効力が切れるまで、すなわち教育令が公布される一八七九（明治一二）年九月二九日までを、本書で分析対象とする就学告諭の時期と定めることにした。始期が学制以前に拡大されたことにより、就学告諭が学制布告書の解説文書であるという性格を免除された以上、学制期にこだわらなければならない理由も論理的には消滅したといってよい。しかしながら、収集された資料の大部分が学制期に収まっている現状において、教育令期以降を就学告諭の対象時期とすることには慎重にならざるをえなかった。もちろん、今後の研究の進展により、始期や終期の設定が変更されることは歓迎されるべきと考える。

（二）「就学」の範囲をめぐって

つぎに、「就学」の範囲をめぐる問題を考えたい。これはすなわち、「就学」とは誰を、どのような状態に置くことか、という問題である。

多くの府県で見られた事例であるが、新聞の購読あるいは読み聞かせにより開化を進めようとの試みもあった。そこでは、新聞を読む行為が学問に準ずるものとして推奨されることも少なくない。第一次研究会で提起されたように、学校へ通う行為に限らず広く「学びに就くこと」を就学として捉えるならば、新聞の購読や読み聞かせによって知見を広めようとする行為も「就学」と呼んでよいのではないか、との主張も成り立つことになろう。

またこの時期には、文部省の教育政策と並行して教部省による国民教化政策が展開され、各地では教導職の説教を聴聞するように諭す文書が回達されている。教導職による説教の目的は、三条教憲に基づき人民を教化することにあったが、「学に就く」の解釈によってはこうした説教聴聞を勧める文書も就学告諭の一種と位置づけられる余地があるのではなかろうか。

「就学」という語を広く解釈した第一次研究会の定義は、それ自体一定の説得力を持つものの、学校へ行くこと以外に広がる「就学」を史料として把捉し、それらを奨励した文書も就学告諭と位置づけることは、これまた収拾のつかない事態に陥る危険性が高い。少なくとも、現時点においてわれわれ第二次研究会が踏み込める領域ではなかった。

結果として、第二次研究会では、「就学」の拡大解釈が就学告諭そのものの解釈に混乱を生起させることをおそれ、学校（教育機関）へ通う行為を「就学」と見做す従来の一般的な認識に帰着することを改めて選択した。先に挙げた例のような学びは、本研究では「就学」の埒外と判定し、就学告諭には数えないこととした[16]。

「就学」を教育機関へ通う行為に限定するとして、次にその教育機関の種類も問題となる。従来の定義においては、この点が意識された節はない。しかし、学制を念頭に置いていた『事典』の定義からすれば、おそらくは小学校（初等教育機関）への就学が前提にあったと推測される。

しかし、史料収集の結果、そこに一定の割合で初等教育機関以外の学校への就学を告諭する文書も存在することが見出された。それらは、中学校であったり、師範学校であったり、医学校であったりと、その対象は様々である。左は、そのうち医学校への就学を告諭した福岡県の史料である[17]。

（本県達）
今般医学校病院教官雇入相成候ニ付テハ別紙告諭書ヲ以テ小前末々迄右校院教官雇入ノ旨趣ヲ納得セシメ其子弟ノ内医業相当ノ者有之候ハ、其父兄ニ暁喩ヲ加ヘ入校勤学為致様取計可申尚又病院ニ於テ専ラ内外諸科ノ治療致儀ニ付其ノ病症ノ難易ヲ論セス入院可致是亦小前末々ヘ懇篤相示可申依之入舎規則病院定則幷ニ舎則学則（舎則学則其書逸ス故ニ今　暫ク之ヲ欠ク）相添此段及布告候事

（別紙布告）
夫レ一人病ニ罹レハ其身固ヨリ苦痛ニ堪ヘス家内親族之カ為ニ家業ヲ止メ看護薬石莫大ノ金銭ヲ費ス唯其頼ム所ハ医者祈ル所ハ薬功ノミ然ルニ医ニ上工名手ナク薬ニ精製良品ナク庸医粗剤ヲ以テ疾ニ臨ム其十日ニ平愈スヘキ病モ荏苒臥蓐数旬尚起サザルア

リ又其生路ヲ得ヘキ疾モ遂ニ斃ル、ニ至ルアリ家産之ニ由テ傾キ田野之カ為ニ荒蕪シ路途之カ為ニ乞丐ヲ出ス此其由ル所常ニ病人多キト又其非命ニ斃ル、モノ多キカ故ナリ今夫土地ノ広キ人民ノ多キ天寿ヲ保テ老死ニ就クモノ十中ニ三ニ過キス其余ハ蓋非命ニ死スル者ナリ其非命ニ死スル者ハ医ニ上工名手ナク薬ニ精製良品ナキノ依テ致ス所ナリ抑天地間至宝至貴ノ人身ヲシテ加此非命ニ斃レシム豈ニ怨ムヘキノ甚シキニ非スヤ之ニ因テ一昨年小倉中津市中ニ医学校病院ヲ置キ医術ヲ研究セシメ人民ノ非命ヲ救ハシム而シテ人民蒙昧当時校院ノ何物タルヲ知ラス爾来人智稍文明ニ向ヒ其功験ヲ知ル者アリ既ニ宇佐郡ニ於テ会社病院ノ挙アリト雖モ之ハ他県盛大ノ校院ニ比較スルニ規模極テ狭小ナリ未タ以テ人民ノ非命ヲ救フニ至ラス因テ先般小原省三ヲ東上セシメ更ニ教官三名ヲ招キ之ヲ小倉中津ノ校院ニ分任シ又時々宇佐郡会社病院ニ臨マシム管内苟モ医ヲ以テ業トスル者其最寄校院ニ出席シテ其講筵ニ預リ学ハ愈日新ノ原理ヲ探リ術ハ益進歩ノ妙技ヲ窮メンコトヲ要ス夫医ハ古人モ人ノ司命ト云ヘリ人身死活廃起ノ権其掌握ニ在リ豈因襲陳腐ノ学術ヲ以テ自ラ足レリトスルノ理アランヤ追々試験ヲ以テ其学術ノ優劣ヲ別ツヘキナリ夫疾病ノ伝染暴発スルヤ一家一村其患ニ罹ル果シテ誰カ身上ニアルヤ固ヨリ前知スヘカラス其発スルニ臨テ下工庸医ノ能ク救ヒ得ヘキニ非ス嗚呼人生一日モ欠クヘカラサル者ハ良医ナリ今管内区村其良医ニ乏キ者ハ実ニ人民一般ノ不幸之ヨリ大ナルハナシ故ニ区長ニ於テ凡ソ一小区一名ノ割ヲ以テ其村々戸長里掌ト協議ヲ遂ケ子弟ノ将来ニ見込アル者ヲ選ヒ学費ヲ助ケ入校生徒タラシムヘシ此レ人民一般他年ノ幸福今日之レカ基ヲ創ムルナリ若夫レ学術依然トシテ尚往日ノ陋習ニ安着セシメ憤起進修文明ノ皇化ヲ蒙ラシメザル我輩県官区戸長何ノ面目アツテ
朝廷人民ノ間ニ立ツヲ得ンヤ管下人口三拾余万其非命ニ斃レ破産止村ヲ招キ且其人智蒙昧他県ノ下風ニ立ツ豈啻ニ損害ノミナランヤ亦可恥可嘆ノ至リニ非スヤ由テ此ノ告諭ニ及フモノナリ〔旧資40－7〕

「就学」を「告諭」しているという点では、非常に充実した内容の「就学告諭」である。ただし、これを就学告諭と見做してよいかについては研究会内で議論があった。この点を確認する前に、もう一つ史料を紹介しよう。左は、明治七年一月に茨城県で出された、士族へ向けられた就学の告諭である(18)。

> 夫レ士ハ学問シテ道ヲ知リ開化ノ上等ニ位スル者ナリ故ニ民智ノ進否ハ政府ノ措置如何ニ因ルト雖トモ士族ノ率先ニ関スル蓋シ亦尠シトセズ曩キニ管下私学ノ設ケアリ而シテ微々振ハザル所以ノモノハ夫ノ蠢爾タル農商実ニ学問ノ何物タルヲ知ラザレバナリ嗚呼斯時ニ方リ士ノ子弟アルモノハ先ツ学ニ就シメ其余有アルモノハ先ツ金ヲ醵シ以テ維持ヲ図リ盛大ヲ要スルコトアラバ向キノ蠢爾知ラザルモノ漸ク其尾ニ附キ微々振ハザルモノ畢イニ盛大ヲ致スニ到ラン故ニ官ノ今日管下士族ニ望ム所ノモノ概ネ此ノ如シ冀クハ取締三長勉励以テ斯旨ヲ尽サンコトヲ因テ告諭ス〔旧資8‐6〕

士族は「開化ノ上等ニ位スル」立場であるがゆえに、率先して就学および学事に対する醵金に勤しむべきとの趣旨が述べられた告諭である。しかしながらこれも、就学告諭と見做すかについては議論の対象となった。

両史料に共通した問題は、告諭の対象者が限られた階層であるというところにあった。士族対象の告諭はもちろん、医学校やその他の中等以上の学校への就学を促した告諭も、明治初年の状況を鑑みれば、対象者の極めて限定されたものであったといえる。就学告諭の始期の問題を考える際に述べたように、本研究会では就学告諭の本質として、全人民が学びの対象者とされるようになった点を強く意識することとした。これは、海後以来の就学告諭認識において、暗黙の裡に継承されてきた概念でもあり、現段階においてそこからの逸脱は、就学告諭研究の確かな蓄積という観点において果して有益であろうかと懸念されたためである。

結果として、先に掲げた二つの史料は、いずれも本書の定義においては就学告諭とは見做さないことに決定された。純粋に「就学告諭とは何か」を議論するうえでは異論もあろうが、本書では、第一次～第二次の研究会で実際に収集された史料とその過程で重ねられた議論に鑑み、先行研究からの具体的な一歩を踏み出すことを目指してあえて就学告諭の範囲を限定することとした。その結果、本書における就学告諭とは、全ての子弟が対象となる初等教育機関への就学に限定される概念として規定されることとなった。とはいえ、紹介した史料に代表されるように、この時期には初等教育機関以外の学校への就学を告諭した文書も多数存在していることに留意が必要である。

(三)「告諭」の形式をめぐって

最後に「告諭」の形式について考えたい。これもまた一義的に規定することの非常に困難な問題である。先述したように、明治初年においては法令用語の区別が未分化な状態があり、太政官および各省から出された布告布達類に混じって、「〜ヲ告諭ス」という見出しが付されていることは珍しくなかった。どのような形式を具備したものが当時「告諭」と呼称されたのか、管見のかぎりでそうした規定を見つけることはできなかった。

そこで本研究会では、「告諭」の一般的な意味に立ちかえり、収集された資料を改めて見直すことで、「告諭」の形式に関する問題への解決を試みた。「告諭」の意味について、『日本国語大辞典』では、「告げさとすこと。言い聞かせること。また、そのことば。諭告」[19]と説明されている。また「告」と「諭」、それぞれの漢字の意味については、「告」が「広くことばで人に話しきかせる」、「諭」が「さとす。わからない点やしこりをとり除いて教える。人にいいきかせて教えみちびく」[20]との説明がある。

「告」は本来、報告・密告といった語にみられるように、下位の者から上位の者への伝達の意味も有していたが、そこから派生して広く伝えることを意味するようになった。また、「諭」は本来的に上位から下位への方向性を包含する字である。これらから、「告諭」であるための条件を、(a)権力関係において上位の者から下位の者への伝達という方向性を有すること、(b)ただし単なる命令の伝達ではなく、対象者の納得・得心を目的とした説得的な論理によって構成されていること、の二点が満たされなければならないと定めた。

こうして告諭の形式を規定したうえで前著の資料編を見直すと、その条件を満たさずに収録されている資料が複数発見された。これらも、本書の資料編では就学告諭から除外している。

表2　本書における就学告諭の定義

対象時期	始期：王政復古の大号令(慶応3年12月9日) 終期：教育令公布(明治12年9月29日)
作成の目的	管内人民子弟の就学行動の喚起(漠然とした学問の勧奨は除外し、教育機関への就学につながるものに限る)
作成者	府藩県の行政機関に所属する官吏あるいは管内各地域における指導者層(区長・戸長など)
発信対象	人民(士族など特定階層のみへの呼びかけは除外)
「就学」の範囲	初等教育機関への就学、士庶共学に限定
「告諭」の形式	上述の作成者にあたる立場の人間から出された権威的性格を有する文書。ただし、単なる命令・通達ではなく、就学を喚起するための説得的な論理が文章に包含されていなければならない。

(四) 本書における就学告諭の定義

以上のように、対象時期、「就学」の範囲、「告諭」の形式という三つの視角から、本書が就学告諭として扱う文書の定義について論じてきた。表2はこれをまとめたものである。

すなわち本書において就学告諭とは、①(王政復古の大号令を一応の起点とする)明治新政府の発足から教育令公布までの時期において、②府藩県の官員あるいは管内各地域における指導者層によって作成された、③初等教育機関への就学行動の喚起を目的とした説得的論理を包含する文書、とまとめられる。この三点の条件を満たしたとき、その資料は就学告諭と判定されることになる。

繰り返しになるが、ここで本書の定義から外れた資料が、必ずしも就学告諭と呼べないわけではない。例えば中学校や医学校、師範学校等への就学を促した説得的な論理を有する文書を就学告諭と呼称することに、本質的な不都合が存在するわけではない。もちろん、教育令期以降に作成されたものについても同様である。

しかしながら、本書では就学告諭の対象をそこまで拡大して定義することをあえて避けた。その理由は、就学告諭研究会として調査し、収集できた資料の限界によるところも大きい。士族へ就学を呼びかけた告諭や中等教育以上の学校への就学を呼びかけた告諭、新政府発足以前や教育令以後に作成された告諭など、断片的にはその姿を捉えたものの、全体像を描くにはまだ調査不足といわざるを得ない。本書では、従来の就学告諭に対する理解をまずは一歩進めることを目指して就学告諭の定義をあえて限定的に定めた。今後、研究の進展とともに、改めて就学告諭の定義を見直す作業が必要となることも、十分に考えられることである。

三　就学告諭資料の再整理

（一）新たな定義に基づく就学告諭資料の判定

第二節までの作業で、就学告諭の再定義という難問に一応の決着を見た。以後、本書において就学告諭と呼称される資料は、前述の定義に基づいて研究会が再判定作業を行ったうえで認定したものを指すこととする。

第二次研究会では、この再定義作業の後、改めて収集した資料が就学告諭にあたるか否かの判定を行った。本節では、この就学告諭資料の再判定作業を中心に論じる。再判定の対象となったのは、前著の資料編一覧表に記載された全ての資料と、第二次研究会で個別に再調査された結果、新たに発見された就学告諭と思しき資料である。ここからは、本書資料編と対照しながら読んでいただけるとわかりやすいだろう。

今回対象となる資料全てを、大きくA、B、Cと分類した。それぞれの判定基準は以下のとおりである。

A　本書で定めた就学告諭の定義を満たしている資料（これを就学告諭と呼ぶ）

B　Aの条件は満たしていないが、その資料の存在によって、周辺で就学勧奨の説諭（行為としての就学告諭）が行われたことが推測される資料

C　就学告諭に関連する資料ではあるが、AとBの判定基準に当てはまらない資料

さらに、就学告諭（A）と判定された資料の中から、とくに内容が充実しており、その全文を本書資料編で紹介す

る価値があると判断したものをAAと表記し、Aの内から抽出した。[21]また、判定部分が「―」となっているものは、同一資料の重複等の判断によって、他に統合・削除されたものである。

B判定についてはもう少し説明を補いたい。就学を勧奨する説得的な論理を直接に含みこんだ文書を就学告諭として本書では位置づけたわけであるが、第一次研究会において収集され資料編一覧表に収録された資料のなかには、この説得の論理が十分でないと判断されるものが少なくなかった。それらには今回、A判定をつけることはできなかったが、Aと判定されなかった資料のなかには、文書そのものに説得の論理は含まれていないものの、説諭の実施を指示した資料やその周辺で説諭が実施されたことを推測させるような資料が散見された。これらは、〝文書としての就学告諭〟ではないが、〝行為としての就学告諭〟の存在を示唆する資料と位置づけることができる。今回、B判定としたのはこうした性質を持つ資料である。

例えば、明治六年五月に神奈川県権令大江卓（一八四七―一九二一）より県内各区の区長副区長宛に出された文書では、小学校の設立方法に関する通達の後、「右之趣得其意小前末々迄無洩落相達し此触書別紙受印せしめ早々順達留村より可相返者也」〔旧資14―7〕との記述がある。[22]この文章自体には小学校設立や就学の必要性を説く説得的な論理は見られないが、この通達を受けた区長副区長たちがこの後就学勧奨の行為を行ったことが推測される。実際、就学告諭の〝現場〟では、説諭の内容が文書として記録されないままに就学勧奨が実施された事例も多くあったであろう。説諭の内容―そこに包含された就学勧奨の論理―までは判明しないものの、説諭が行われた事実を強く示唆するものとして、この資料はB判定となる。

また、Bと判定された具体的基準のひとつとして、学制が別紙として添付された例についても触れておきたい。学制発令直後、末尾二行の但し書きに素早く反応した府県のなかには、管内への就学勧奨にあたって、学制布告書自体を添付して説諭を指示したところが少なくなかった。例えば宮城県からは、「今般、学制御改正ノ儀ニツキ別紙ノ通リ出ダサレ候フ間、追ツテ学校造立教則御布告相成リ候条コレアリ候間、厚ク奉戴シ子弟ヲシテ学ニ従事セシメテ其ノ身ノ財本ヲ相立ツ可キ事」〔旧資4－2〕との布達が学制発令後に出されている。[23]本文に「別紙ノ通リ」とあるように、この布達には学制が付属した状態で配付ないし回覧されたのであろう。

この場合、添付された学制布告書まで含めて考えれば、そこには十分な就学勧奨の論理が包含されていると判断され、これを就学告諭（A）と判定することも可能となる。しかし本書においては、別紙として添付された学制布告書の就学勧奨論理は、その資料に包含される就学勧奨の論理とは見做さないことと判断した。あくまでも当該府県あるいはその管内において作成された文章のみを就学告諭判定の材料としている。

こうした基準によって判定作業を行った結果、前著一覧表掲載の資料と今回新発見の資料の中から、就学告諭としての体裁を満たしていると判定されたものは、二二八件となった。そしてその内から、論理の充実度、資料としての面白さを評価され、全文を紹介することになったもの（AA判定）が、八六件ある。この八六件を対象として、就学告諭という資料にどのような論理的傾向性がみられるかを分析したものが、本書収載の川村論文である。[24]

（二）就学告諭の作成年代別傾向

就学告諭の再判定作業に一応の決着を見たことで、ここにきてようやく就学告諭分析の下地が整ったといえよう。A判定以上、すなわち就学告諭と認定された資料が二二八件ということは、前著の「総数四〇〇を超える」との記述からみればほぼ半減という結果になった。とはいえ、対象とする期間、「就学」の範囲、「告諭」の形式といった項目を厳密に絞ったうえで、それでも二二八件もの資料が就学告諭と判定されたことは、第一次研究会からの着実な蓄積を示すものといえる。

本書で再判定された就学告諭をもとに、今後新たな研究成果が誕生することを期待したいが、本章においても残さ

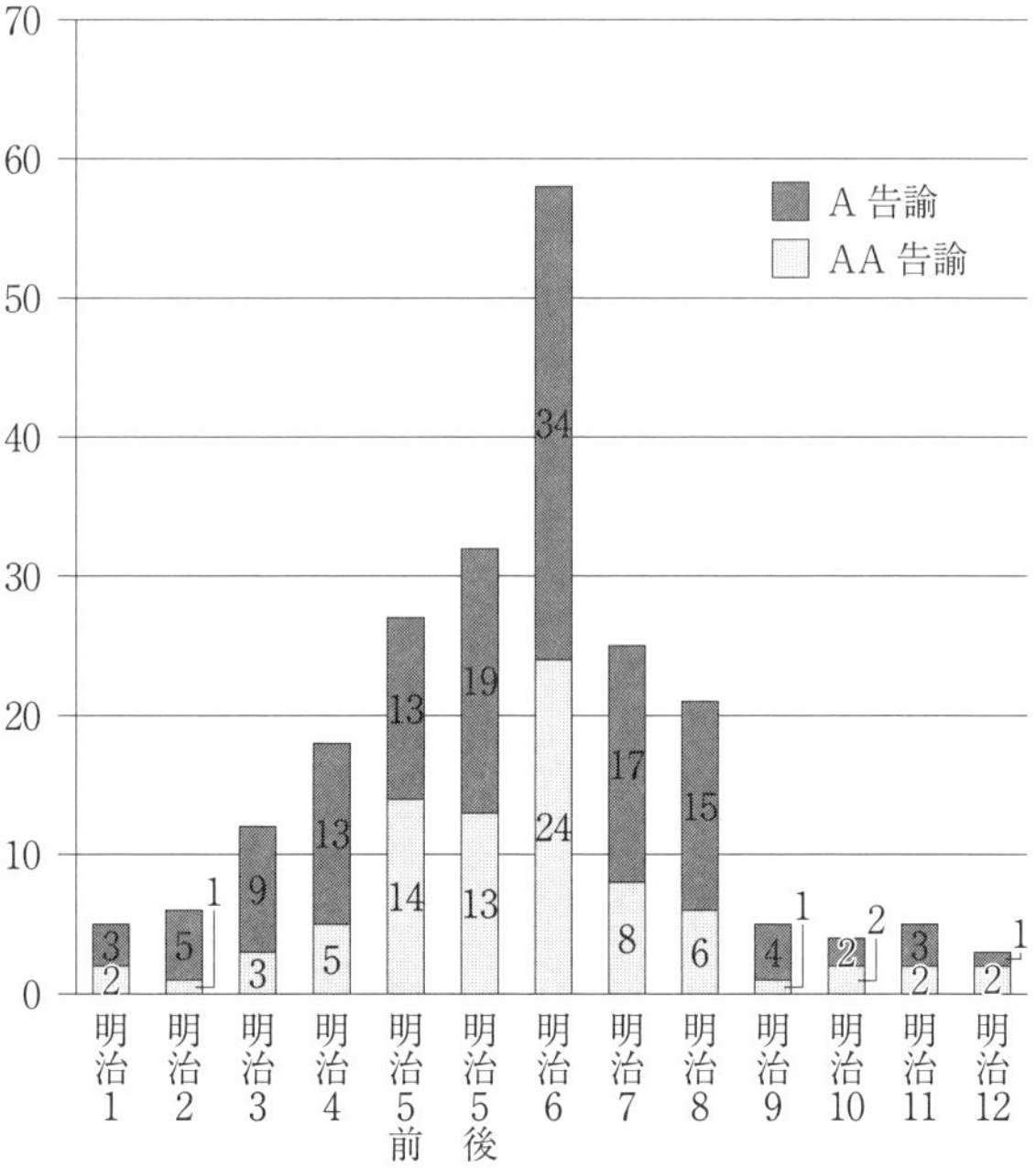

図1　就学告諭の年代別グラフ

れたわずかな紙幅で再判定された就学告諭について若干の言及を行っておきたい。

収集された就学告諭資料を用いて数量的・横断的な観点からこれを分析することは、第一次研究会の時点から強く関心を持たれた課題であった。研究会の中では様々な分析手法の検討もされたが、成果として採用するに至らなかったものもある。前著にて三木一司執筆の「収集した資料の性格[25]」は、そうした第一次研究会当時の関心を集約した論文といえるだろう。

三木は、研究会において収集された資料のうち九六点を対象に、予め象徴的なキーワードを多種設定しておき、それを各資料の本文から抽出後その出現回数を検討し、またそれを都道府県別にまとめ就学告諭の特色を炙り出そうとするなど、様々な方法で量的分析を試みている[26]。これらの試みの結果については、就学告諭の再定義と資料の再判定を経てその母数自体が大きく変動した現在においては、それほどの意味を持ち得ない。しかし、こうした数量的分析は、就学告諭の再判定作業を終えた今後にこそ活かされなければならない視点である。

さて図1は、就学告諭が作成された年代に着目し、その分布をグラフに表したものである。就学告諭数は各年別に集計しているが、明治五（一八七二）年のみは学制発令以前（一〜七月）と以後（八〜一二月）に区切って構成した。

学制発令後に作成された就学告諭数においては、やはり明治五年後半と六年の突出が際立っている。五年後半は八月からのわずか五ヶ月ながら、明治六年に次いで二番目の作成数となっているし、六年に至ってはまさに頭一つどころか二つ三つ抜けている状況が一目瞭然である。このことは、明らかに就学告諭作成において学制発令が重大な契機であったことを示唆している。先行研究が「学制受け止め文書」という性質で就学告諭を把握してきたのも納得のいくところである。

表3　明治9年以降の就学告諭作成府県

明治 9年	秋田(1)	富山(1)	愛媛(1)	大分(1)	長野(1)
10年	青森(2)	愛媛(1)	岡山(1)		
11年	山口(2)	埼玉(1)	佐賀(1)	大分(1)	
12年	沖縄(2)	群馬(1)			

※(　)内の数字はその年に作成された就学告諭の数。

その一方で、グラフからは就学告諭を「学制受け止め文書」とのみ理解することの問題点も読み取れる。それは、学制発令の五年八月に向かうように、就学告諭作成数が明治元年から右肩上がりに増加しているという事実である。明治四年に新設された文部省によって学制改革が予告される以前から、各府藩県では人民に対する就学勧奨の施策が着実に展開されていたのである[27]。学制発令後に作成された就学告諭の数は確かに際立って多いが、それ以前からの増加も無視することはできない。就学告諭にとって、学制発令は起点ではなく、ピークであったと理解することもできるだろう。

学制発令直後の約一年間を就学告諭作成数の頂点とする一方、明治九年以後の急激な減少も目を引くところである。教育令が公布される明治一二年には三件の就学告諭が確認されているが、そのうち二件は教育令公布後に出された沖縄県のものであるため、実質的には一件となる[28]。

この急激な減少については、現時点では明確な説明を持たず、各府県の事例研究の進展による解明を待ちたい。表3は、明治九年以後に就学告諭を出した府県の一覧であるが、この極めて数の少ないなかで、大分、青森、山口、愛媛では二件ずつ確認されている（沖縄は除外）。すなわち、明治九年以降に就学告諭を作成した府県は、実際の件数以上に少ないということである。このような偏りが何によって生じたか、解明は今後の課題である。

おわりに

本章では、就学告諭の定義をめぐる従来の見解を整理しつつ、新たな定義の構築を試みた。「就学」や「告諭」の語が示唆する内容・範囲について、このような微細な議論は、『日本近代教育史事典』で「就学告諭」の項目が執筆される時点では必要なかったのかもしれない。しかし、第一次研究会によってこれまでにないほどに大量の就学告諭関連資料が収集された結果、収集された史料が就学告諭であるか否かの判定基準がどうしても必要となってしまったのである。

第一次研究会においても新たな定義の必要性は認識されていたものの、諸般の事情により議論が十分に尽くされるまでには至らなかった。そのため、就学告諭の新たな定義を確定させることと、確定した定義に基づいて資料編を再度精査することは、第二次研究会における重要なテーマの一つとなった。本章は、第二次研究会で多くの時間を割いて検討された就学告諭の定義に関わる議論を、筆者が代表して集約したものである。

本文で述べたように、本章では対象時期、「就学」の範囲、「告諭」の形式という三つの観点から就学告諭を定義付けた。しかしその過程で、第一次研究会では就学告諭と判定されていた史料を就学告諭から除外しなければならないケースも少なからずあった。その中には、小学校以外の教育機関への就学を奨める文書や、対象時期以外に出された就学勧奨の文書などがあり、これらは告諭としての内容は充実しているだけに研究会員の頭を悩ませることとなった。しかし結果としては、就学告諭と見做すべき資料の条件を優先し、その条件を満たしたものだけを就学告諭として数えた。

定義を確定させたことにより、これまで研究会内で曖昧に位置付けられていた資料を明確に腑分けすることができるようになり、就学告諭の数量的把握に大きく道を開くことができた。定義のあり方には異論もあるだろうが、ここで示された就学告諭の定義が絶対普遍のものであるなどとは、本研究会でも考えていない。あくまでも、本研究会が収集した史料をもとに、現時点での最善を模索した結果に過ぎない。今回、本研究会の定義する就学告諭から除外された史料の中にも、当然のことながら興味深い史料は多数存在する。資料編一覧表には、それらも含め、前著で一覧表に収録した史料は全て掲載されている。本研究会の成果が、さらなる研究への呼び水となることを期待している。

（1）就学告諭研究会は、二〇〇一年三月の第一回例会以来、定期的に例会を重ね、その成果として二〇〇八年に『近代日本黎明期における「就学告諭」の研究』（東信堂）を上梓した。この成果をもって研究会は解散したが、その後、就学告諭研究のさらなる進展を目指して二〇〇九年四月より第二次就学告諭研究会が発足した。

（2）荒井明夫編、東信堂、二〇〇八年、七頁。以後、前著あるいは『「就学告諭」の研究』と表記する。

（3）『海後宗臣著作集　第四巻　学校論』東京書籍、一九八〇年、所収。初出は、『現代教育学大系　原論篇　第八巻』一九三六年。

（4）国民精神文化研究所、一九三七年。なお、本資料書の監修は当時研究部長研究嘱託であった吉田熊次であり、第五輯の解説、校正には海後宗臣があたっている。

（5）前掲、『海後宗臣著作集』六〇～六一頁。

（6）平凡社、一九七二年、三～四頁。

（7）学制の条文に先立って付された太政官署名入りの文章については、「被仰出書」「学制序文」「学制布告書」等、様々な呼称が存在する。本書では前著からの呼称を継承し、学制布告書と表記している。

（8）戸田金一『秋田県学制史研究』みしま書房、一九八八年。
（9）荒井明夫「研究の課題と方法」『「就学告諭」の研究』六頁。
（10）同前、七頁。
（11）柏木敦「学制以前以後の就学告諭」『「就学告諭」の研究』六〇〜六一頁。柏木によってまとめられた「学習の論理」八点は以下のとおりである。「(a)学問は立身の財本。／(b)すべての人間のすべての営為には、学問が関わっている。／(c)学問には学校が必要である。／(d)学問を士人以上のためのもの、「国家」のためのものと捉えるのは誤りである。／(e)学制と教則を文部省が示す。／(f)性差・身分差なく全人民は学校に行かねばならない。／(g)親は愛育の情を深め、子弟を学校に行かせよ。行かせないのは親の「越度」だ。／(h)学問・学校については自弁せよ」。
（12）前掲、荒井論文、七頁。
（13）「告諭」（「明治十二年本県布達留」）。二〇一一年九月十七日就学告諭研究会における森田智幸氏の報告資料より引用。
（14）例えば、明治三年の『法令全書』の目次においては、太政官第五百二十四号として「鴉片烟禁止ノ儀ヲ在留支那人ニ告諭ス」とある。
（15）本書第一部第二章宮坂論文参照。
（16）ただし、資料の中には、学びの必要性について説得的に述べながら、学校へ行くことに直接的な言及がされていない場合がある。これらは機械的に除外することはせず、事例ごとに検討したうえで、就学告諭と判定したものもある。
（17）『福岡県史料17』。明治七年六月二二日。
（18）「士族の教育関与の件告諭」（『茨城県史料　近代政治社会編Ⅰ』一九七四年）。
（19）小学館、二〇〇六年。
（20）『漢字源』学習研究社、二〇〇六年。
（21）AAと判定された就学告諭については、資料編に全て本文を採録している。四四五頁以下を参照のこと。
（22）「小学舎設立につき督励のこと」『神奈川県教育史　資料編　第一巻』。
（23）「宮城県就学告諭」『宮城県教育百年史』五六五頁。

(24)　本書第一部第三章「学制布告書と就学告諭の論理」参照。
(25)　『「就学告諭」の研究』序章第二節。
(26)　三木によると、出現回数を基準にしたとき、「言説分析を行う上で重要となるタームは、学問、小学、学校、学科、教則、女子、母、愛育、人民、外国、文明、父兄、風俗、身を立、国家、恥であることが明らかになった」とされている（同前、二五頁）。
(27)　文部省創設は明治四年七月一八日で、その後九月に立て続けに出された文部省からの布達には、「今般学制致改革候ニ付」と明言されている（『法令全書』明治四年、八九七～八九八頁）。
(28)　沖縄県は琉球処分により、明治一二年にようやく明治政府の統治下におかれた。そうした事情から、沖縄における最初の就学告諭が確認されるのはこの年の一二月である。これは教育令公布後であり、本書の就学告諭の定義からは外れるが、他の府県と異なる特殊な事情に鑑み、就学告諭として収録することとした。

（大間敏行）

第二章　「告諭」という方法——筑摩県・滋賀県を中心として

はじめに

本章の課題は、明治初期の地域指導者層が就学を勧奨するときに施した工夫や仕掛けについて、「告諭」という方法に着目して検討することである。

就学告諭はこれまで、主にその内容が分析の対象とされてきた。たとえば荒井明夫編『近代日本黎明期における「就学告諭」の研究』（東信堂、二〇〇八年）は、全国悉皆調査によって収集した数百種類の就学告諭の内容を主に分析することによって、「学びの勧奨」の論理やトピックの多様性を具体的に明らかにした。そしてその視線は、多様な論理やトピックによって管内の人々を「就学」へと導こうとする地域指導者層だけではなく、それを受け取る側である管内の人々にも向けられ、「近世社会を通じて量的にも質的にも広がりをみせた民衆の教育要求は、就学告諭というフィルターを通して、近代的な教育要求・学校設立の基盤へと方向付けられ、明治初期の開明的啓蒙政策の心的基盤を形成したと考えられる」（ⅱ頁）と指摘した。しかし、どれほど夥しい数の就学告諭を出したとしても、文書を配布しただけでは「心的基盤を形成」することはできないであろう。そもそも、「告諭」本来の目的は、その内容を「告げ諭す」ことにあるはずである。

就学告諭の内容をどのように告げ諭し、人々の「心」に届かせようとしたのか。その仕掛けをどのように準備したのか。明治初期の地域指導者層が「就学」を勧奨するときに施した工夫や仕掛けについて、「告諭」という方法に着目して検討することが本章の課題である。つまり、本章の主たる関心は「告諭」の内容よりも、その伝達形式にある。「告諭」を対象にするからには、それをいつ、誰が、どのような場で、どんな言葉で、どのように告げ諭したのかといった、周知方法の解明が必須になるからである。

もちろん、『「就学告諭」の研究』でも周知方法は検討されている（序章第三節＝軽部勝一郎担当）。ここでは、新潟県、飾磨県の布達周知の方法と合わせて、筑摩県の学制布告書周知の方法を概観することによって、「明治初年における布達の周知は読み聞かせることが主流であった」、「就学告諭の言説普及にあたっては、その読み聞かせあるいは口頭での説諭が大きな意味をもっていた[1]」と、言説普及の方法として「読み聞かせ」が重視されていたことが指摘される。「告げ諭す」という「告諭」本来の目的から考えてみれば、この指摘は妥当だと言える。しかしそうだとすれば、その「読み聞かせ」「口頭での説諭」「告げ諭し」がどのように企図（指示）され、実行されていたかを具体的に明らかにすることが、周知方法の解明にとって必須となると考えられるが、ここでは、主に文書の配布・回覧等の伝達方法を概観し、全国的な動向を推測するにとどまっている。

本章では、主に筑摩県（とくに後に岐阜県に加わる飛騨地方）と滋賀県を事例として、その具体的な様子を検討する。筑摩県は既述の通り『「就学告諭」の研究』で取り上げられてはいるが、県達の断片的な紹介にとどまり、「触」「回達」「回状」といった県から村吏へ、また村吏から村民への法令文書の伝達形式に重要な特徴が見られるにもかかわらず、その特徴やそれがどのように受け取られたのかについては検討の余地を残している。また、滋賀県についても小学校開校式において県令自らが就学告諭を読み上げた事例として紹介され、四つの「地域的事例研究」の一つとして取り上げられているにもかかわらず、初代滋賀県令松田道之（一八三九〜八二）が「制令」と「告諭」を使い分けていたことや就学告諭を「告げ諭す」場として選択した小学校開校式の特徴（工夫や仕掛け）とその意義については詳細に検討されていない。以下では、「従来の日本教育史研究では「辺隅小民ニ至ル迄」政策が浸透していく過程とその方法は殆ど対象とされてこなかった」[2]という『「就学告諭」の研究』の問題意識を引き継ぎ、この二県を主な事例とすることによって、就学の意義を確実に浸透させるためにとられた方法（その工夫や仕掛け）、その際に重視されたことを具体的に明らかにしたい。

一　筑摩県における文書伝達の方法――「触」「回達」「回状」

（一）学制布告書の周知の方法としての「村触」

本節では、筑摩県（とりわけ学校設立が遅れたため熱心な就学勧奨が行われた飛騨地方）を事例として、「触」「回達」（廻達）」「回状」という法令文書の伝達方法や、「説諭」「談」「解儀諭示」という「告げ諭し」方法、「熟覧」「会読」という学習方法に注目することによって、筑摩県が管下の人々の就学意識をどのように喚起しようとしていたのか明らかにする。

筑摩県は明治五年八月学制布告書の「地方官ニ於テ辺隅小民ニ至ル迄不洩様便宜解釈ヲ加ヘ精細申諭文部省規則ニ随ヒ学問普及致候様方法設可施行事」の指示に従い、同年九月にその解説文である「学問普及の為申諭し書」（新資20-5）を作成、配布するとともに、同月、学制布告書そのものを各村に伝える「村触案」を各出張所に送付した[3]。文部省の規則にしたがった「学問普及致候様方法」として、筑摩県は「触」という方法をとったのである。『国史大辞典』によれば、「触」は「広く知らせること。為政者の法令・制規を公布・示達すること、またはその書付」である。[4] つまり、「触」には「広く知らせる」という行為と、「書付」という文書の二つの意味があった。その意味構造は、「告げ諭す」という行為と「告諭（文）」という文書の二つの意味を持つ「告諭」と同様であると考えられる。そこで以下ではまず、明治五年九月一〇日に県が発信した「村触案」の文面をほぼそのまま使って出張所が出した回達（高山出張所は九月一九日、飯田出張所は一〇月二日）を検討する。

今般天下一般学制被　仰出別冊之通ニ候間、弥以学校造立之義ハ当今之急務ニ候条、村々長副始学校世話役等申合篤与熟覧之上御趣意体認可致、尚取調之上追々相達義可有之候得共為心得先以此旨相達候事

但　小校有之村々ハ長副村吏より其校江回達、長副始ハ勿論訓導方之者、世話役ニ而末々迄懇々説諭可致置事

前書之通相触候条既ニ開校相成候区ハ其校ニ而写取、未開校之区ハ戸長副之内ニ而写取、何月何日請取何月何日何剋次区江差送リ候段相認、早々順達留ヨリ可相戻もの也、

申十月二日　　筑摩県飯田出張所[5]

この回達は、別冊として学制布告書を付けた上で[6]、村長・副村長をはじめ学校世話役等は申し合わせてこれを「篤与熟覧」して御趣意を「体認」し、さらに「取調」の上、その後の「達」に備えるよう求めている。ただし、「小校」（郷学校）がある村は「長副村吏」からそこに回達し、訓導・世話役とともに、「末々」まで「懇々説諭可致置事」とされた。また、この「触」について、すでに学校を開校している区はそこで、未開校の区は「戸長副」が写し取り、「何月何日」に請け取り、「何月何日何剋（刻カ）」に次の区に送ったのかを記録し、「早々順達留ヨリ可相戻もの也」と指示している。[7]

県は一〇月一五日、高山出張所管下飛驒三郡の正副戸長らを元判事役所に呼び出して学制（「別紙太政官より之被仰出・文部省より之御達書」）を渡した。同月二九日、学校世話役を申し付けた五八名に対し、一区に一冊ずつ学制を下

げ渡した上で、「来ル十一月三日迄ニ一同篤と熟覧いたし置」と五日程度の期限を指定して「熟覧」を促し、「同日第三字《ママ》より一同出頭、於御書院ニ会読可致」と、一同による「会読」の実施が申し伝えられた(8)。

会読とは、江戸時代、全国各地の藩校や私塾などで広く行われていた「共同読書の方法」であり、「複数の参加者があらかじめ決めておいた一冊のテキストを、討論しながら読み合う(9)」中で、「ひとりひとりの理解力が自然にみがき上げられていく方式(10)」である。ここには、素読や講釈のような、上から下への一方向的な教授方法ではなく、お互いが対等な立場で討論する会読という学習方法(11)によって、学校事務を最先端で担う一人一人の学制理解を深めさせようという意図が見える。

(二)「回状取扱規則」──「詳細申伝へサスヘシ」

学制発令後、飛驒の正副戸長に届くまで約三ヶ月かかったことになるが、筑摩県はこのように、政府からの布告や達の内容を確実に伝達しようとしていた。しかし、県が発した回状を村役場の簿書に記しておくだけで、村中に触れない者もいた。それは「甚以等閑之致方不相済事ニ候」として、明治五年一一月、県は「回状取扱規則」を出した(12)。

回状取扱規則

第一則

一 御布告ニ及ヒ県庁之布令書到来セハ、役場附ノ簿冊ニ記し速ニ隣村へ送ルへし、右御布告・布令書等必着日ゟ二日以内ニ村中へ相回スへし、

但 日限等有之至急ノ回状ハ、即日村中江触示へきハ勿論タリ、

第二則

一 村中江ノ触方ハ別紙雛型之通取計、必名前下江印ヲ捺サス可シ、

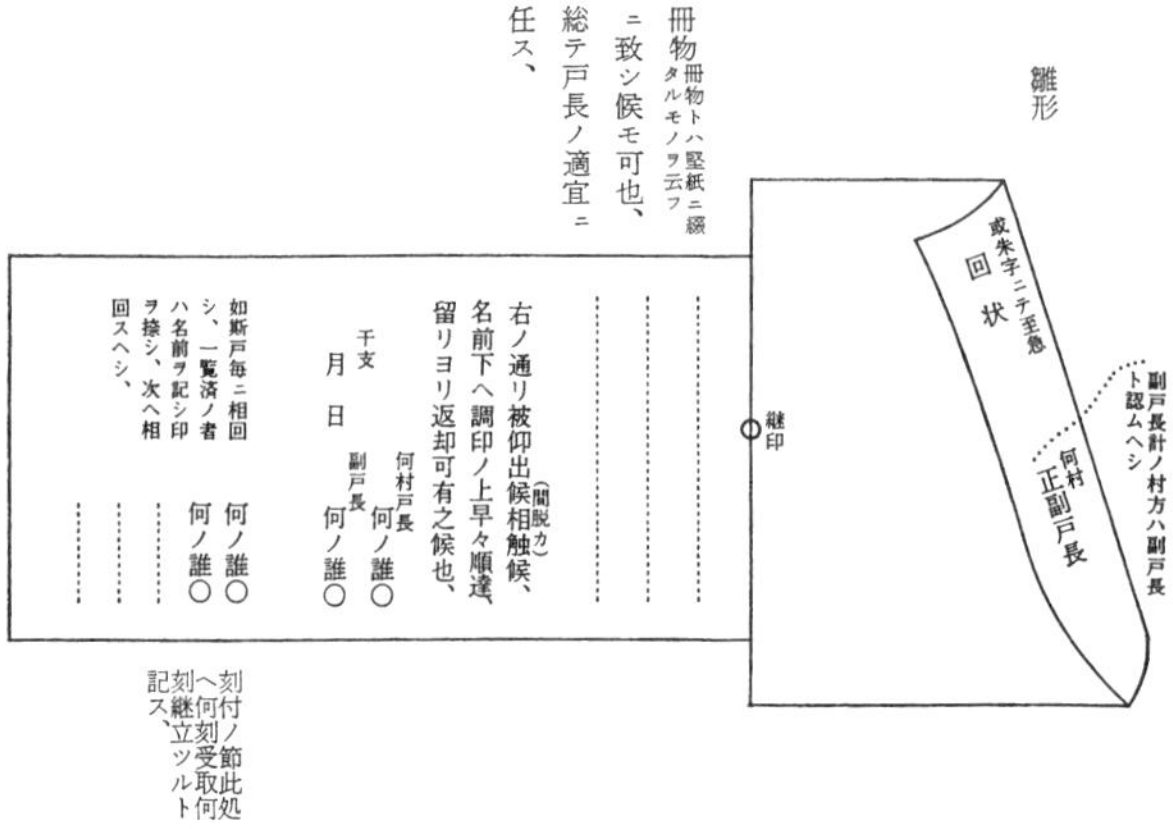

図１　「回状雛形」（『長野県史』近代史料編第二巻（三）、21頁）

第三則

一　村触之節不在之者ハ隣家或ハ組合之内ニ代印致サセ、帰宅上其ものゟ詳細申伝ヘサスヘシ、

第四則

一　調印済之上役場江戻リタル回状ハ、官員出役之序時々検査ヲ遂クへき条不散様取纏メ置ヘシ、

第五則

一　右ノ如ク規則相立タル上ハ堅ク守ルヘシ、若違犯且等閑ノ取計有之節ハ、正・副戸長ノ落度タルヘシ、以上

第一則で、到着した御布告や布令書等は役場の簿冊に記し速やかに隣村に送り、到着から二日以内に村内に回すこと、第二則で、別紙雛形の通りに、必ず名前の下に捺印することとされている。その雛形では記述方法が細かく指定され（図1参照）、刻付の場合には、受取と継立の刻を記すことまで指示されている。そして注目すべきは、受信側が不在の場合まで想定している第三則である。「村触」の際、不在の場合には隣家か組合の内の者に代印させ、不在者帰宅後に、その代印した者が詳細を申し伝えることとされるこの規定文から、①「村触」とは単なる文書の送付ではなく、人が人に文書を手渡すことを意味していたこと、さらに、②単に文書を手渡すだけでなく、その詳細を口伝えするよう命じられていたことがわかる。文書の伝達だけではなく、申し伝えるという行為が重視されていたのである。第五則では、このような規則を堅く守ること、もし「違犯且等閑ノ取計」があ

った場合には、正副戸長の落ち度であることが強調されている。

この「回状取扱規則」の前には、同年三月二七日「御布告書不漏様相触、尚板ニ認、高札場等へ可掛置旨」、翌明治六年一月一二日「御布告摺物一村二通可相渡旨」と、「管内触」の要領を達していた[13]。しかしそれでも「中ニハ現実奉載（戴カ）不致等、閑ニ差置候村々モ」あるというので、県は同年二月五日、それを「以ノ外ノ事ニ候」と強く否定した上で、「不日取調トシテ官員巡回」すること、そしてその際「若不行届ノ村々有之ニヲイテハ、戸長副ノ越度タルニ付、夫々可及処分」することを触れ、改めて各布達を指示通り適切に扱うよう念を押した。

このように筑摩県は政府・文部省からの指示を徹底すべく、その布告や布令の浸透を目指していたが、文部省は明治六年三月、各府県の学事に関する「告諭布達等」の中には不都合のものもあるとして、布達第二三号で「学制ニ照準シ齟齬不致候様」厚く注意して告諭するよう達した[14]。改めて「辺陬ニ至リテハ猶旧習ニ拘泥シ御趣意ヲ誤解スル輩モ不少」とみた筑摩県は同年四月、各校入学者に学制布告書（「壬申七月中二百十四号御布告書」）の写しを一枚ずつ渡し、「教官」が「懇々致説諭」よう達し、学制の趣旨徹底をはかった[15]。

(三)「諭す」という行為の徹底

この時期になっても経済事情等により学校設立が進まなかった飛騨地方[16]（本部は高山）に対して筑摩県は明治六年五月一〇日、福沢諭吉『学問のすゝめ』をおよそ一〇〇人に一冊程度、無料で配布し、「人民独力の気力」を鼓舞するとともに、学問の必要性を啓蒙し、小学校の設立を急がせた[17]。しかし、一ヶ月後の六月九日、高山出張所は、配布した『学問のすゝめ』を一向に読まない趣もあるとして、「組々惣代之者」を区会に呼び寄せ、日々これを読むように勧めるとともに、自分では読めない者には時々読み聞かせるように申し渡した。また同時に、新聞を読むことも勧め、高山町で買い置いている「日新真事誌」を日を決めて読みに来ること、わざわざ新聞を読むために出勤できないというのであれば、「日々午後一時間弁当休之処ニて、一同打寄、解読」すること、さらに、副戸長のなかで三、四日も出勤して来ない者は使いを立ててでも出勤することまで助言して、「何分ニも一同学問ハせねハならぬといふ心得」を持つように申し渡している[18]。

新聞の購読については、同年八月一〇日の県達で再度、学校がある村では学校で教員が講義することを、無い村では戸長らによる「解諭」を命じた。また続けて、政府からの布令や布達について、「各校教員・区長・学区取締・正副戸長・学校世話役等」が厚く申し合わせて、村内の者共を「老幼婦女子ニ至ル迄」学校或は戸長宅へ集めて「解儀諭示可致」ことはもちろんのこと、各村の中で「平生余隙有之者ハ、自宅ニ於テ、御布告書解説取計候儀ハ、是亦不苦候」として、「精々注意御趣意透徹候様可心掛」ことを命じた。「中央政府→地方行政担当者→人々というセクション毎に現実化してゆく強制性・強迫性は、むしろ地方行政担当者のレヴェルにおいて先鋭化されていた[19]」という柏木敦の指摘は妥当であろう。

それでも就学者が少ないことについて、県は「畢竟父兄タルモノ、心得違ハ言ヲ竢タス」と父兄の責任を確認しつつも、「未タ学区取締其他ニ於テ、学問ハ何タルノ趣意ヲ諭サヽルモアリ[20]」と、「学区取締其他」がその趣意を諭していない（「諭す」という行為がない）のだと断定し、「村家ニ不学ノ子弟無之様可致尽力もの也」と達した。ここでも、行為が重視されていることから、「尽力」とは「諭す」という行為に力を尽くすことであることがわかる。また、この県達も「相触候事」と指示され、これを受けた戸長から副戸長らに「廻状」として順達されている[21]。

その後も高山では、同年一一月二二日、出張所内の学問所である思誠館に区長三人・戸長五人を呼び出して、権大属ほか官員列席の中で権参事から「学校設立之御趣意、懇ニ御談有之」、三日後の二五日にも区長・戸長・副戸長・学区取締・世話役を呼び出して、「従三村様」から「学校設立之義、懇々御説諭有之」など、地方官から直接説諭があった[22]。こうして一二月二日、ようやく高山に小学校（煥章学校）が開校した。

以上のように、筑摩県では、学制布告書の趣旨を徹底するために、学制布告書そのものや県が作成した「学問普及の為申諭し書」（新資20－5）だけでなく、『学問のすゝめ』や新聞まで活用していた。しかも、それらの文書や達の伝達に際しては、必ず人と人とが直に接する機会を設けて、その詳細を口伝えで説明することを重視していた。つまり、各場面においてさまざまな「告げ諭し」が行われていたことになるが、ここには、人が発する言葉を介してこそ文書の趣旨が確実に伝達されるという考え方が見られる。さまざまな県達によって就学意識の喚起を目指した筑摩県権令永山盛輝（一八二六～一九〇二）が明治七年、新潟転任（明治八年）前の最後の年に採った方法が、自ら管下各村に赴き、村民と直に接して説諭することであったことも[23]、この文脈から説明可能である。

県行政のトップが自ら直接就学勧奨を行う例は他にも見られる。次節では、小学校開校式において県令自らが就学告諭を読み上げた滋賀県について検討する。

二　県令による就学告諭の告げ諭し――「告諭」の場としての開校式[24]

（一）初代滋賀県令松田道之による「制令」と「告諭」

松田道之（一八三九～八二）は鳥取藩の下級武士の家に生まれ、一七歳のときに豊後国日田の広瀬淡窓（一七八二～一八五六）門下に入った[25]。帰郷後、京都で尊王攘夷運動に奔走したのち、藩の選抜によって明治政府の徴士となった。徴士は、「新政府のとるべき政策について独創的な提案を為し、新政府もまたそれを採用することが多かった。そのため徴士らは競って学理の研究と政策の樹立に熱中し、従ってまた新国家建設のための開明的な思想に到達するのが通常であった」と言われ、「松田はその代表的な人物の一人であると見られている」と評価されている[26]。

松田はその後、内国事務局判事を経て、明治二年七月一三日から京都府大参事となり、番組小学校の建営にかかわった。そして大津県創設の明治四年一一月二二日から大津県令、滋賀県創設の明治五年一月一九日から滋賀県令となった[27]。県令就任直後に、地方議会の萌芽ともいえる「議事所」を全国に先駆けて開設したり、同年中に自ら提唱して大津に「欧学校」を創設しドイツ人夫婦を教師として雇い入れるなど、徴士らしい開明的な事績も多く、その書簡から、同世代の福沢諭吉（一八三五～一九〇一）と交流している様子も窺える[28]。

以上のような開明派官僚松田道之が、滋賀県令としての施政方針を示したのが「県治所見」（明治七年一月一一日）である[29]。本章の関心からあらかじめ指摘しておけば、ここに見られる「制令」と「告諭」の性質の違いに関する松田の見解は見逃すことができない。

「県治所見ヲ述テ滋賀県諸官ニ示ス」と題されたこの文書で松田は、まず、県令の職掌を「部下人民ヲ統括シテ其権利ヲ保護」することであると述べる。県令は「一県ノ代民理事者」というようなものであり、その「事」はすべて「民ノ事」故に、法に従って、これを施し、禁じ、許し、与え、取る権限を持つ。これが県令の「本分ノ義務」であり、「此他更ニ一義務ナシ」としたのである。

このように、権利・義務の観点から県令の職掌を制限した上で、続けて「告諭勧奨」の必要性も述べている。「人民」がいまだ開明に至らないので、「告諭勧奨」が必要になることもあるというのがその理由であるが、注意すべきは、これも一つの事務ではあるが「本分ノ義務」ではなく、「本分ノ義務」との「分界」を最もつつしまなければならないと主張したことである。そして、この「分界」を混同しないための基準は、「官民本分ノ権義ヲ明ニスル」ことにあるとした。

ここで「権義ノ大体ノ一端」として挙げられるのが、「事」を「人民」に施す方法としての「制令」と「告諭」である。松田は、「制令」に属するものと「告諭」に属するものを、「権義ノ本分」の違いという観点から説明している。

制令ニ属スルモノハ官宜シク令スヘキ権アツテ民宜シク奉スヘキ義アリ、則チ官民ノ義務上ニ属ス
告諭ニ属スルモノハ民之ヲ奉スルモ奉セサルモ専ラ其便宜ニ依ルノ権アツテ官亦其便宜ニ任スルノ義アリ、則チ官民ノ篤志上ニ属ス

「制令」は、「官」に命令すべき「権」、「民」に奉ずべき「義」がある。すなわち、官民の「義務」に属するものである。一方「告諭」は、「民」に奉ずるか否かを都合によって決める「権」、「官」にその都合に任せる「義」がある。すなわち、官民の「篤志」に属するものであるというのである。このように、「官民本分ノ権義」を明らかにした上で、それを誤ると、「人民自主自由ノ権利ヲ束縛シ保護ノ官却テ即チ妨害者トナル」として「嗚呼謹マスンハアルヘカラス」と強調した。この文脈から、より強調されているのは「民」の「権」の保護であることは明らかである。松田は、「地方保護ノ大趣意ヲ失フ」ことにならないよう、「官」の権限を制限した上で、「官」は「民」の権限を保護しなければならないと、県の官吏を戒めたのである。

以上の通り、松田道之は滋賀県政を執り行うとき「人民保護ノ主義」をとった[30]。「県治所見」で示した、県政の当面施行すべき事業の二〇項目中の一番目に「先ヅ県会議事ヲ興シ、次ニ区会、次ニ町村会ト順次ニ興シ、務メテ人民ニ権ヲ与へ、本分ノ義務ヲ任ゼシムル事」を挙げたように、「人民」に「権」を与えることによって、「本分ノ義務」を果たさせようとしたのである。この考え方は、学校の建営についても同様であった。

（二）小学校設立の勧奨――「立校方法概略」と「告諭管下人民」

「県治所見」内の二〇項目中一四番目に挙げられた「学校ヲ建ツル事」で松田は、「（すでに八四校の学校を開いた

とはいえ）人民未タ開明ニ至ラサルト民費ノ多キトニ依リ、学制ノ旨越《（ママ）》ノ如ク行フハ決シテカタシ」と、「学制」に準拠した学校を設立することの難しさを述べているが、「若シ之ヲ強テ行ハントスルトキハ、只名ニ趣ヒテ実事ヲ挙クル事カタシ」と、強制的に実行しても「実事」を挙げることは難しいとの考えを示している。また、最も注意すべきは「民費ノ増加ヲ防ク」ことであり、そのためには「先ツ其人民ノ意向ニ任シ、其開明ノ程度ニ随テ勧奨シ、之ヲ漫ニ強ユヘカラス、倣《（ママ）》ニ序々多少年月ヲ期スルノ事業トナス」と、やはり「漫ニ強ユ」ことを禁止し、多少の年月がかかることを容認している。

初めに「人民」の「権」や「意向」を認めるという考え方は、上記の通り、「告諭」という方法の考え方に通底する。松田は、「制令」とともに「告諭」を活用した漸進主義によって学校を建設しようとしたのであろう。以下、その象徴ともいえる滋賀県布令第一五九号を検証する。

滋賀県において、小学校設立に向けての県の動きが明確に確認できるのは、この滋賀県布令第一五九号（明治六年二月八日）からである。

滋賀県布令第一五九号

別紙告諭《コクユ》《さとしかき》書《ショ》普《アマ子》く頒布《ハンフ》《ふれ》候条其意《イ》《こゝろへ》を体し自今管下一般小学校取設《マフケ》可申其方法《ハウハフ》等ハ各所実地《ジッチ》之模様《モイヤウ》ニ依《ヨ》リ一様ニハ難ㇾ定ニ付凡ソ左之通リ之ヶ条ニ照準《セウジユン》《てりあハし》シ適宜《テキギ》《ほとよき》之見込相立て申出候事

但シ既ニ立《リツ》《かくかうをたつる》　校《カウ》之方法相立居候場所も猶此方法ニ照準シ更《サラ》ニ可申出事

立校方法概略

一　人家稠密幾《テウミツイク》町村接続《セツゾク》《つゞく》之土地ハ一区ニ一校可取設事

一　人家疎離《ソリ》《おふく》彼《カ》之町より此町彼ノ村より此村迄之間格別遠隔《エンカク》《へだつ》不《フ》便利《ベンリ》之土地ハ一区に必す一行を設くるニ不及候条一町内一村内ニ

而相応之教授者《ケウジユシヤ》相雇私学私塾《シガクシジユク》等相設候様見込可相立事

一　学校入費《ニラヒ》備《ソナ》へ方《志しやう》ハ戸《コ》別割《ベツワ》りにして一戸一ヶ年に何程宛《ヅヽ》出金ト定め尤も上中下に分ち貧富《ヒンフ》に応して相当に割賦《ワツプ》シ極貧窮《ゴクヒンキウ》之者除《ノゾク》レ之等之方法取設候乎

一　同断又ハ町内村内申合積講《ツミカウ》取結《トリムスビ》候乎有志《イウシ》之者申合会社取結候乎《カ》等之方法取設候乎

一　同断又ハ町内村内従来《ジウライ》《これまで》無用之入費《ニラヒ》を省略《セイリヤク》《はふき》シ相当積金出金等之方法取設候乎

一　教授者ハ相応之人物相撰《エラ》ミ其区総戸長より申出候へハ一応試検《シケン》《こゝろみ》之上可ニ差許一時宜《ジギ》により県庁ゟ差向ケ候儀も可有之事

一　場所ハ新タに建立候へハ此上もなき儀ニ候得共入費相懸リ迷惑《メイワク》ニ可有之依而当分之所相応之家屋敷借入候乎又ハ寺院借入候乎何れニても不苦候事

一　立校願出候節ハ其区内之絵図面並戸数人口学校入費備《ソナ》へ方之方法相添へ区内各町村戸長連印総戸長奥印シテ可申立事

但シ一町一村之私学私塾モ同様ノ振合を以可願出尤も活計《クワツケイ》《すきわひ》之為め一分一箇《コ》ニテ私塾相開候分ハ此例ニ非ス兼而布達之文部省規則ニ照準すべく事

一　開校之節ハ県庁官員出張開校式可ニ執行《トリヲコナフ》一儀と可心得事

但私学私塾相開候節ハ官員出張不致儀と可心得事

一　年ニ一度或ハ両度県庁官員出張各校生徒《セイト》《けいこにん》検査《ケンサ》《志らべ》いたし候事

但シ私学私塾生徒も同様検査いたし候事

一　教則《ケウソク》ハ県庁より可相渡事

一　追々ハ篤志《トクシ》寺院献金之内勧業社利益《リエキ》金之内其他県庁別額《ベツガク》《べつくち》方法之金等を以各所学校入費之何歩《ナニブ》分《フン》を助力いたし遣ハシ候儀も可有之事

右之條々可相心得事

右管内江無洩相達する者也
明治六年二月八日　　滋賀県令　松田道之

告諭管下人民

（本文省略。〔新資25—3〕参照）

明治六年二月　　滋賀県令松田道之

そして、この滋賀県布令の特徴は、「立校方法概略」の後ろに「別紙」として「告諭（書）」（「告諭管下人民」〔新資25－3〕）が添えられていること(31)、つまり、「制令」と「告諭」がワンセットにされていることである。「立校方法概略」はその名の通り、学校創立方法の概略を定めたものであるが、その前の書き出し部分で、「別紙告諭書」を普く頒布する「意」を心得て、「自今管下一般小学校取設可申」と命じるとともに、その方法については、「左ノ通リ之ヶ条」すなわち「立校方法概略」の一二ヶ条に照らして、各地でそれぞれの「実地之模様」に合わせた「立校」の「適宜ノ見込」を立てて申し出よと命じている。そして、ここで、「左ノ通リ之ヶ条」と記されていること、一二ヶ条の後、「右之條々可相心得事」として条文が結ばれているにもかかわらず、さらにその後に「右管内へ無洩相達する者也」と記されていることからも、「立校方法概略」はこの布令の本文の一部であることがわかる。

このように、滋賀県布令第一五九号には「制令」と「告諭」という性質の異なる二つの文書が含まれていた。これは学制布告書と、順序こそ違うが同じ構成である(32)。ただし、学制布告書とは異なり、二つの文書の末尾にそれぞれ日付と県令名が付され、違う文書であることを明示している。そして、その日付を見てみれば、「立校方法概略」を含んだ「制令」部分には「明治六年二月八日」と日付まで記述されているが、「告諭管下人民」では「明治六年二月」だけにされている。県からの正式な「布令」として出された前者に対して、それに添付された後者は、その後、「告諭」として県下に伝達されることを想定して、日付に幅を持たせたと考えることもできる。

滋賀県では、以上のように学校設立を勧奨した。「人民」の「権」や「意向」を認めていた松田道之は、「制令」によって学校の建営を総戸長（のちの区長）に命令するだけでなく、命令による「立校」という事態に対して、「管下人民」すなわち総戸長ら地方吏員も含めた村の人々の理解を求めるために「告諭」を添付するという方法をとったと考えられるのである。

「立校方法」が示されたこの布令の翌日（二月九日）、さっそく、小学校の「開校式」挙行に関する初めての布令が出され、滋賀郡の小学校で初めての「開校式」が行われた。そしてここで、県令による就学告諭の告げ諭しが行われた。次項ではこの「開校式」に注目する。

（三）厳粛な儀式としての「開校式」(33)

滋賀県では、明治六年二月七日滋賀県布令によって、「小学校開校式」の手順を示した（図2参照）。この式次第による初めての「開校式」が行われたのは、布令の四日後の二月一一日、滋賀郡南保町「第八小学校」（のちの打出浜学校）であった。その様子は以下のように記録されている。

当初開校式ヲ挙クルヤ県令松田道之参事榊原豊桑田源之丞学務官吏加茂伴恭河村祐吉正副総戸長区内各町戸長篤志出金者及ヒ教員礼服県令参事ハ烏帽子直垂ニシテ其他皆上下ヲ着用スヲ着シ生徒ハ多ク羽織袴ニシテ出校シ学務官吏総戸長ヲ先導セシメ正堂儀式ノ検閲ヲナシ一同正堂ニ集ル学務官吏名簿ニ就キ生徒ノ氏名点呼ヲナス県令校舎ノ開設ニ尽力セシ者ニ褒状ヲ授与シ世界及本朝地図各一軸ヲ其校ニ賜ハ

小学校開校式

一　当日午前第八時令参事学校専務官員当区正副総戸長当区内各村正副戸長篤志出金者教官等礼服着並生徒平服ニテ出校ス
　但各其控所ニ着席ス

一　次ニ学校専務官員正副総戸長ヨリ指揮シテ正堂〔此正堂ハ校中ニテ最モ濶ノ室ヲ以テ之ニ充ツ則講堂也〕儀式之諸具ヲ点検シ畢テ令参事ニ告ク

一　次ニ令参事学校専務官員正副総戸長正副戸長篤志出金者教官等並生徒正堂ニ出席椅子ニ踞ス
　但此時専務官員名簿ニ就テ之呼

正堂着席位置略図
　其校ノ広狭ニ応シテ適宜変更アルベシ

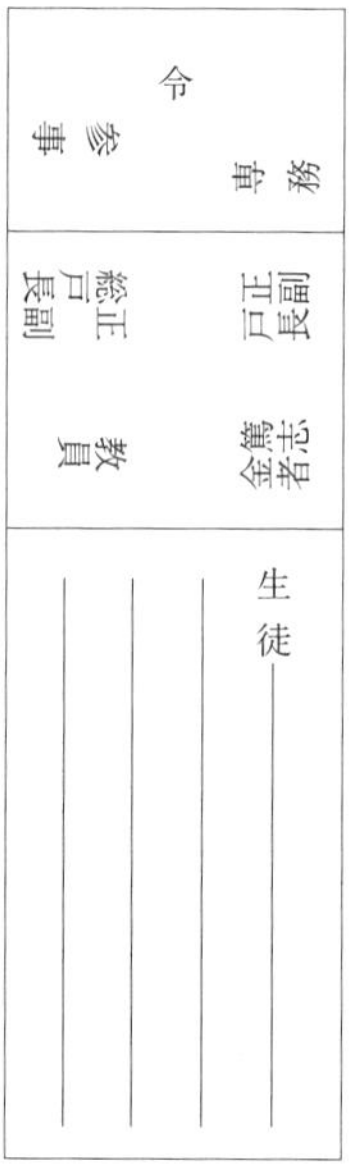

一　次ニ正副総戸長正副戸長篤志出金者ニ対シ建校尽力ノ褒詞書ヲ渡ス〔此時本人令ノ正面ニ向ヒ二ノ間江着席ス令褒詞ヲ読ミ了テ本人令ノ机前ニ進テ之ヲ取拝シテ退ク

一　次ニ世界地図本朝図之幅各一軸当校ニ附与スルノ旨ヲ以テ正副総戸長ニ渡ス
　此時進退
　周施同断

一　次ニ正副総戸長正副戸長篤志出金者教員生徒江熨斗ヲ取ラシメ了テ各復席

一　次ニ県令ノ告諭書ヲ読知〔専務之ヲ勤ム〕

一　次ニ学体読知〔専務之ヲ勤ム〕

一　次ニ孝経ヲ講ス〔当校講師之ヲ勤ム〕

一　次ニ各退校
　右之通相定候事
　明治六年二月七日　　滋賀県庁

図2　「小学校開校式」（番号2052「明治初年旧制小学校制史料編冊」収蔵番号289-28「里内文庫」栗東歴史民俗博物館蔵）

ル次ニ一同皆熨斗ヲ取ラシメ県令自ラ告諭書ヲ朗読シ学務官吏学体ヲ読過シ句読教師孝経一章ヲ講シ以テ其式ヲ閉ツ(34)

県令以下、県の官吏三名に加え、この地域の正副総戸長、区内各町戸長や篤志金出金者、教員がみな正装して列席し（図3参照）、生徒も布令では「平服」と指示されているにもかかわらず、「多ク羽織袴」で式に臨んでいた。また、「正堂」入場までの手順も示され、儀式の諸具の検閲や県令への報告、一同の先導を学務官吏総戸長が担当することにされていた。かなり厳かな雰囲気の儀式であったことがうかがえる。

全員が入場した後、最初に行われたのは、生徒の点呼であった。この学校の生徒総数二三一名中、何名の生徒が出席したのか定かではないが、生徒の出席状況の確認が第一とされたことは確認できる。次に「校舎ノ開設ニ尽力セシ者」に県令自ら「褒状」を授与し、学校の設置を称賛した。第二に、「設置者負担[35]」であった学校設置の実質的な負担者たちを慰撫したのである[36]。続いて、世界地図と日本地図を「当校ニ附與スルノ旨」をもって「正副総戸長」に渡した。ここから、学校の代表者は「正副総戸長」であったことがわかる。その後、列席したこの地域の人々全員に「熨斗[37]」が授与された。先述した「寺子屋的な儀礼」との連続からみれば、儀礼としての意味が強かったと考えることができるが、子どもたちが「束脩」を持参したという記録はない。つまり、開校に尽力した大人たちはともかく、子どもたちは特に何をしたわけでもなく、ただ学校に行っただけで「熨斗」をもらったことになる[38]。他校では、「熨斗」の他に、「各生徒へ赤飯煮染（焼豆腐蒟蒻小芋）を竹皮包ニテ贈与[39]」した例もあった。

山本信良は、「賞品の授与は、就学奨励や学事奨励にもっとも有効な方法と考えられていた[40]」、「明治一〇年代までの褒賞による学事奨励の方法は〔中略〕県が率先し、さまざまな工夫をこらして学事奨励に奔走している点に、その特色がうかがえる[41]」と述べている。滋賀県においても、上記のような厳粛な場で賞品や褒賞を与えられたことは、地域で学校を設置することや生徒が学校に登校することそれ自体が公の場で権威づけられる効果も持ったと考えられる。

図3 「直垂姿の県令」（鉅鹿敏子編『史料県令籠手田安定1』中央公論出版，1985年，より）

（四）告げ諭す場としての「開校式」

「熨斗」の授与に続いて行われたのが、「告諭管下人民」「学体」「孝経」という、三つの文書の読み聞かせであった。「告諭管下人民」〔新資25-3〕は、「人たるの道」を尽くすために実用的な学問が必要であることや文明が進歩した今こそ学ばなければならないことを述べ、それを教えるのは「父兄の責《せめ》」、学ぶのは「子弟の責」、監督保護するのは「官の責」としていた。そして、「父兄子弟」はこの意を心得て、一日も怠らず実用の学問に従事しなければならない、それが、管下一般に小学校を設置する理由である、と締め括った。つまり、この文書は、新しい実用的な学問の必要性を述べるとともに、三者の「責」を強調することによって、小学校設置に理解を求めた文書であった。これを、県令自らが朗読したのである。

次に学務官吏が読過した「学体」は、明治三年二月「大学規則」冒頭の「学体」に「滋賀県令松田道之」の名を付したものであった㊷。「大学規則」は「西欧近代の教育制度を参看して草定した㊸」、「新政府がはじめて公示した総合的な学校設置計画㊹」であり、「明治政権の教育政策が欧化に転じたこと、いわば教育における明治維新の開始を宣言した里程標として、教育史上に重要な意味を与えられている㊺」文書である。「学体」はその冒頭に掲げられていた。

学体

道ノ体タル、物トシテ在ラサルナク、時トシテ存セサルナシ、其理ハ則綱常、其事ハ則政刑、学校ハ斯道ヲ講シ、実用ヲ天下国家ニ施ス所以ノモノナリ、然ハ則孝悌彜倫ノ教、治国平天下ノ道、格物窮理日新ノ学、是皆宜シク窮覈スヘキ所ニシテ、内外相兼ネ、彼此相資ケ、所謂天地ノ公道ニ基キ、智識ヲ世界ニ求ムルノ　聖旨ニ副ハンヲ要ス、勉メサル可ン哉㊻

「学体」は、このように、「学校の実用性を端的に強調」し、「全体として『知識ヲ世界ニ求ムル』という開明的な学問＝教育観を宣明㊼」している。「大学規則」内の文書であるので、当然「大学」の目的を述べている。しかし京都府では、この「実用」と「開明」の強調という特徴を持った「学体」を小学校教育にも適用し、教育の綱領として、「始業式、入学式、及祝祭日等」に朗読させていた㊽。石島庸男は、「いろいろな機会に『学体』を生徒に読ませたことは、すでに体制的学校として立派な『モデル』に仕立てあげられつつあるようである㊾」と指摘した。明治二年七月から京都府大参事として小学校建設にかかわった経験をもつ松田道之は㊿、滋賀県下においても、そのような学校を目指すべく、京都府と同様の方法を採用したと考えられる。

三番目の「孝経」は『大津尋常高等小学校沿革史』[51]に「孝経一章」とだけ記されているが、京都府郡部の開校式では『孝経』の「首章」が講じられていることから、滋賀県でも『孝経』の最初の章である「開宗明義章第一」が講じられたと推定できる。

身・体・髪・膚、之を父母に受く。敢えて毀傷せざるは、孝の始めなり。身を立て道を行い、名を後世に揚げ、以て父母を顕わすは、孝の終わりなり。夫れ孝は親に事うるに始まり、君に事うるに中ごろし、身を立つるに終わる。大雅に云う、爾の祖を念うことなからんや。厥の徳を聿べ修む[52]

この部分を読み上げ、「孝」を実践し続けることで立派な人物になってその名を後世に伝えることが父母や祖先の誉れになる、と句読教師が講じたと考えられる。

ではなぜこの三つの文書がこのような順序で読まれたのか。県令松田道之が最も伝えたかったのは、はじめに自ら朗読した「告諭管下人民」であったことは明らかである。もちろん、その対象は出席者全員ではあるが、とりわけ学校設置にかかわった地元の大人たちであったと考えられる。この「告諭」の後で、小学校の「実用」と「開明」を強調した「学体」を学務官吏に読ませることは、その大人たちに対して彼らが設立した小学校の意義を補強することを意味したであろう。また、「身を立て」「名を後世に挙げ」ることが親孝行にもつながるのだとする「孝経」を句読師に講義させることは、生徒たちに対して、「告諭」とは違った視点から、「学問」をすることの意義を強調することになったと見ることができる。「孝経」だけが、長文の「告諭」や難解な「学体」ではとらなかった講義形式をとったのは、その主たる対象が生徒たちであったことの証左である。このように、この三つの文書の読み聞かせは、「告諭管下人民」の趣旨を二つの方向から補強する構成になっていたと考えられるのである。こうして「開校式」は閉じられたが、その後、「告諭管下人民」と「学体」は額に入れて正堂に掲げられた[53]。

(五)「開校式」に対する関心の変化

既述の通り、滋賀県では明治六年二月一一日以降、各学校で「開校式」が行われた[54]。ここで分析の対象とするのは、明治六年二月九日から明治八(一八七五)年六月一〇日の間に出された一八七通の「小学開校」通知(滋賀県所蔵)である[55]。これらの布令はほぼ同じ書式であった。次に示すのは、その最初の布令である。

来ル十一日午前第八時当区小学開校候条区内少年男女共凡ソ六歳ヨリ十五歳迄之者ハ不残必ス入学可致若不止得事故有之入学難致者ハ其段総戸長へ申出総戸長ヨリ当庁へ可申出詮議之上可及沙汰且又当人之望ニ依テハ敢テ年齢之長幼ニハ不拘入学可致候事

一　同断ニ付当日ハ午前第八時正副総戸長正副戸長篤志出金者教員等礼服着用出校可致事

右管内滋賀郡第三区町々へ無洩至急相達スル者也

明治六年二月九日　滋賀県令松田道之[56]

この布令では、開校の日時、入学対象者のおおよその年齢と「不残必ス入学可致」ことや開校式に出席すべき立場の人々とその服装を伝え、これを管内の町々へ「無洩至急相達スル」よう、「総戸長」に求めている。とくに「入学難致者」への対応を詳細に指示していることにも特徴がある。

このような布令が明治六年二月九日から明治八年六月一〇日の間に一八七通出されたのであるが、その開校式の日時はほぼ別々に設定されていた[57]。これは、「立校方法概略」第九項で「開校之節ハ県庁官員出張開校式可執行儀を可心得事」とされていることから、「県庁官員」が出席できるように調整された結果であると推察される。換言すれば、「県庁官員」の出席を義務付けるほどに開校式が重要視されたということになる。しかし、明治八年に入ると、同日時開催や、同時ではないが、一日に三校もの開校式が行われた日の例が見られるようになる（一日三校開催は明治七年一〇月にも一例ある）。また、布令自体も、それまでは一つ一つ毛筆書きだったものが、明治八年一月以降、印刷された定型の空欄を埋める形式に変わり（同年五月三〇日分の九通のみ手書き）、最後の布令である六月一〇日分まで計七一通が空欄補充形式となった。さらに、布令で指示される列席者の服装も、初めは「礼服」であったが、明治八年五月三〇日に「平服」に変わり、同六月八日には服装の指示自体がなくなった。

このように、明治八年に入ると、発信側の県が開校式にかかわる事務に慣れたかのような様子が見られるとともに、形式も徐々に簡略化の傾向を見せた[58]。同年六月一二日、県は「小学開校式之節ハ是迄其都度々々及布達候儀モ有之候処右ハ相廃止則左之通相達置候條以来可相心得事」という布令甲七〇号を出し、以後、「小学開校」に関する布令は廃止した[59]。つまり、開校式開催の手続きそのものも簡略化したのである。こうして、明治八年六月一〇日「浅井郡第一五区庄村ニ小学開校」が同形式による最後の布令となった。これは同時に、就学告諭を告げ諭す場としての開校式への関心も薄れていったことの表れのようにも思える。

おわりに

明治六年一二月三日、筑摩県の農家の女性から「金弐拾円」の寄付願いが提出された[60]。

一　金弐拾円

今ヤ物用時世ニ随テ変喚（換カ）シ、人知日ヲ追テ開化ス、諺曰、人学サレハ智ナシ、智ナキヲ愚人ト為トイヘトモ、私儀、素ヨリ避邑（僻カ）山間ニ生レ、無智ニシテ其教ノ教タルヲ知ラス、唯学文ハ六ヶ敷モノニテ、空理虚談ノ教ト心得シ処、豈図ヤ、先般学制御領（頒カ）布以来、学文ハ日用常行人民一日モ欠ベカラサル昌業起産ノ基ナル事、始テ承知仕、今般学校御創造アルハ実ニ歓喜雀躍ニ堪ヘス候、依之従来農間養蚕糸績ノ余銭貯置候分、聊ナカラ書面之通献納仕候間、学費御用度之内ヘ御加金被成下候様、此段謹奉懇願候、以上

右ひさ代
柏木酒㊞

明治六年十二月三日

筑摩県権令　永山盛輝殿

この書付の言葉遣いには、明らかに学制布告書の影響が見られる。永山権令は同月二四日に大蔵卿大隈重信（一八三八～一九二二）へ「御賞誉伺」を提出し、翌七年一月二七日には内務卿大久保利通（一八三〇～七八）から「木盃壱個」を下賜された。また、岐阜県歴史資料館には、明治九年九月一四日に煥章学校の生徒（一一～一五歳）が同一テーマで書いた作文「友人ノ怠惰ヲ忠告スル文」が一四本残されている。たとえば、一級生の今井吉太郎（当時一二年二ヶ月）は以下のような作文を書いた。

尺紙謹呈且夕冷気ヲ催シ漸々暖ヲ退クニ至リ貴君益御清穆奉賀候陳レバ近日帰県ノ友人ヨリ承レバ貴君遊宴ニノミ耽リテ毫モ勉励ヲ為サルノ由夫レ明治王政ヨリ各州ニ学校ヲ建築シ村ニ不学ノ戸ナク家ニ不学ノ徒ナカラシメントノ布告ヨリ何々ノ僻邑ト雖皆勉強セサルハ無シ然ルニ貴君ノ如キ留学シテ怠惰ナルハ恰モ光輝燦然タル玉ヲ捨テ石瓦ト同クスルニ均シ之ニ依テ爾後駿々（マヽ）乎シテヒト為護者雀躍ノ至ニ存候草々不白(61)

ここにも学制布告書の影響が見られる。つまり、明治一〇年に至るまでの間に、農家の女性や子どもにまで学制布告書の言葉遣いが届いていたのである。

本章で明らかにしたように、筑摩県では「触」や「回状」に伴って、人が人を「諭す」という行為を徹底すること

によって、「就学」の意義を上から下へと伝達するとともに、個人によるそれらの「熟覧」や複数の人が互いに対等な立場で討論する「会読」等によって、一人一人がその趣旨を把握（「体認」）することが執拗に求められた。そして、最終的には権令自らが村民を直接説諭した。また滋賀県では、小学校の開校式で県令自らが就学告諭を告げ諭すだけでなく、その場に「告諭」の効果を最大限高めるような工夫を施していた。そして、その「告諭」を額に入れて正堂に掲げるとともに、後に述べるように、小学生用のテキストとして刊行し、子どもたちにも読み習わせていた。しかし、だからといって、このような工夫や仕掛けによって、農家の女性や子どもが学制布告書の言葉遣いを覚えたのだと断言することはできない。

またたとえば、筑摩県が、長野県に統合される明治九年まで、就学率が常に全国トップであったことや、滋賀県の明治一〇年の小学校設置校数が全国三八府県中第八位[62]、就学率が四七・六五％（全国平均三九・八七％）であったこと、その「非識字率」が際立って低かったこと[63]といった「成果」の功績をすべて「告諭」という方法の採用に委ねることもできない。その厳密な意味での因果関係を証明できないからである。

しかし、明治九年になっても「至る所咿唔の声耳に絶えず」[64]といわれたような、「近代読者」以前の庶民には、「告諭」の直接的な告げ諭しは一定の効果を持ったと推察される。主に文学作品を分析することによって、「音読」する従来の読者とは異なる「黙読」する「近代読者」が成立する過程を追った前田愛は、リースマンの分析を援用して、木版印刷から活版印刷へと替わる明治初期を「口話コミュニケイションの段階から活字コミュニケイションの段階への過渡期、それもその最終期であった」と規定し、「印刷された文字は自律的な媒体（メディア）としての機能を充分に発揮しえず、口話コミュニケイションの複製ないしは再現の手段としての役割をなお兼帯していた時代なのである」と指摘した[65]。この時代を、リースマンがいうところの「活字が口話コミュニケイションを複製する手段として併用されていた時代」として位置づけたのである。

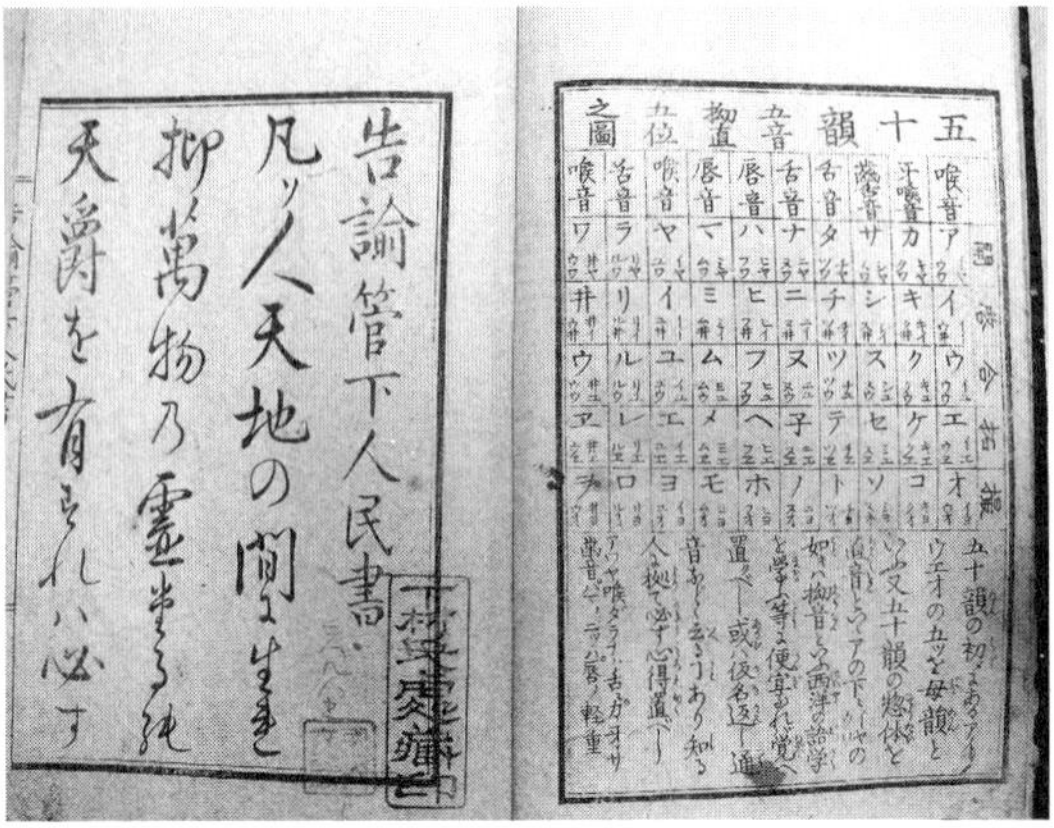

図4　「小学必読　県令告諭書」（番号2988「明治六年県令告諭　郡中市中制法」収蔵番号157-3「里内文庫」栗東歴史民俗博物館蔵）

この指摘を踏まえれば、「告諭」はまさに口話によって「告げ諭す」ことが先にあり、「告諭文」はそれを複製する手段として後から書かれたものと位置づけることができる。実際に、滋賀県の「告諭管下人民」〔新資25－3〕は布令とは別に、『小学必読　県令告諭書』という名で滋賀新聞会社から木版刷りで刊行されていた。そしてその見返しには「五十音韻五音拗直五位之図」が掲げられ、本文は縦一八×横一二センチの頁に約九文字×四行で書かれていた[66]（図4参照）。

本文の前に置かれた発音表と本文の大きめの文字という体裁から見れば、声に出して読むことを想定していたと考えるのが妥当であろう。開校式で県令自ら朗読したことはその模範の役割も果たしたと考えられる。宮澤康人が指摘する「教育における「声の文化」の優位[67]」から考えれば、その効果は文書を伝達するだけよりも大きかったと推測することができる。

本章で詳細に検討できたのは二つの県だけである。しかしこの二県の就学勧奨政策において、口話と活字、両者の利点を併せ持った「告諭」という方法が最大限に活用されていたことは確認できた[68]。全国に数百種類の多様な就学告諭が存在したことを考えれば、全国的に見ても、明治初期という「口話」から「活字」への過渡期において、「告諭」という方法が採られたのは、当然のことだったのかもしれない。

松田から県令職を引き継いだ籠手田安定（一八四〇〜九九）は明治一一年一一月、残り「三万八千三百九十人ノ不学児」対策として「就学奨励ノ告諭書」（滋賀県布令第二四九号）〔新資25－4〕を出した。『「就学告諭」の研究』では、全国的な傾向として「概ねこの頃（明治一〇年代が近づく頃―引用者注）になると、読み聞かせによる周知に代わって、文書を読ませることで周知を図ろうとする姿勢が強まってくるものと考えられる」と指摘されている。(69) しかし、明治一一年末に至ってもなお「告諭」という方法をとり、「休日になると必ず握り飯を腰に、忍びの姿で学校を巡り歩いて」いたという籠手田の姿(70)には、「告諭」という方法の効果に対するいまだ薄れぬ期待を感じることができるのである。

籠手田の教育政策だけでなく、他府県における「告諭」という方法の解明は今後の研究課題となるだろう。

(1) 荒井明夫編『近代日本黎明期における「就学告諭」の研究』東信堂、二〇〇八年、四五〜四六頁。
(2) 『「就学告諭」の研究』一五頁。
(3) 「学制村触につき高山出張所へ筑摩県達」明治五年九月一〇日『岐阜県教育史』史料編近代一、二〇〇三年、三頁。
(4) 『国史大辞典』三六七頁（執筆担当＝茎田佳寿子）。
(5) 「学制頒布につき趣意体認方筑摩県飯田出張所回達」明治五年一〇月『長野県史』近代史料編、第九巻、教育、一頁。
(6) 『長野県教育史』第九巻、史料編三、九一頁では、「別冊「学制」序文アリ」とされている。
(7) 『「就学告諭」の研究』四二頁、参照。ただし同著ではこれを学制布告書の回覧方法としているが、正確には、別紙「学制」を含めた「触」の回覧方法である。また、この回達自体も県からの指示に従ったのか、続けて「右八十月十四日昼九ッ時着同十九日大河原江発ス」と記録している。
(8) 「学制達書下付につき高山里正僚日誌」前掲『岐阜県教育史』五頁。
(9) 前田勉『江戸の読書会――会読の思想史』平凡社選書、二〇一二年、一二一〜一二三頁。
(10) 石川謙『日本学校史の研究』日本図書センター、一九七七年。

(11) 前掲、前田著書、参照。
(12) 「明治五年十一月　筑摩県回状取扱規則」『長野県史』近代史料編第二巻（三）、市町村政、二〇頁。
(13) 「自明治五年三月至同六年二月　県管内触要領布達」『長野県史』近代史料編第二巻（一）、県政、一七〜一八頁。
(14) 『編集復刻日本近代教育史料大系』〔公文記録（一）〕太政類典第二巻、龍渓書舎、一九九四年、七八頁。
(15) 「学制布告書教諭につき県達」明治六年四月、前掲『長野県教育史』一〇〇〜一〇一頁。なお、この布達が三月に出されたという記述もある。『長野県教育史』第一巻総説編一では、「毎校御布告書相渡ノ件」という史料から文部省布達と「同じ明治六年三月」と記述され（二五八頁）、『長野県史』近代史料編第二巻（一）は「自明治五年二月至同七年四月県行政沿革録」の明治六年三月「二十五日管下小学校ヘ告諭書ヲ渡ス」を掲載している（七〜八頁）。
(16) 飛驒三郡は明治四年一一月府県廃合によって高山県から筑摩県に編入された。明治五年一月には高山に出張所が置かれ、明治六年五月に筑摩県の第四中学区となった。
(17) 「明治六年高山町里正詰所日記（抄）」明治六年五月一〇日の記事、前掲『岐阜県教育史』史料編近代一、七頁、『岐阜県教育史』通史編近代一、一七八頁、参照。
(18) 同前、明治六年六月九日の記事。
(19) 『「就学告諭」の研究』七一頁。
(20) 前掲『長野県教育史』第九巻、一一二頁。なお、前掲『岐阜県教育史』史料編近代一（五七頁）の同史料では「学問ハ何タルノ趣意ヲ論サヽルモアリ」と記載されているが、この県達の受信者である区長・学区取締・正副戸長・学校世話役には、「論」ずることではなく、「諭」すことが求められていたと考えられるため、ここでは『長野県教育史』の史料を引用した。
(21) 「就学勧奨の筑摩県達につき廻状」明治六年一〇月、前掲『岐阜県教育史』史料編近代一、五七〜五八頁。
(22) 前掲「明治六年高山町里正詰所日記（抄）」明治六年一一月二二、二五日、一二月二日の記事。
(23) 永山盛輝の巡回説諭の様子は、同行者であった長尾無墨の「説諭要略」（明治初期教育稀覯書集成、唐沢富太郎編、第二輯三、雄松堂書店、一九八一年）に詳しい。本書第二部第四章も参照。
(24) 本節は宮坂朋幸「滋賀県における就学勧奨政策―「告諭」という方法―」『びわこ学院大学研究紀要』第二号、二〇一一年、を元にしている。

(25) 松田については、日本史籍協会編『百官履歴一』東京大学出版会、一九二七年（一九七三年覆刻）、森順次「初代滋賀県令松田道之」彦根大学経済学会『彦根論争』一五八・一五九号、一九七二年、『新修 大津市史』第五巻、一九八二年を参照。

(26) 前掲「初代滋賀県令松田道之」『彦根論争』一五八・一五九号、一五〇頁。

(27) その事績から「明治初期地方行政の功労者」とも評価される（前掲『新修 大津市史』第五巻、二九頁）。松田は明治八年三月二三日、内務卿大久保利通の抜擢により内務大丞に転出し「地方三新法」の起草にあたった。なお、「松田の業績の最大のものは、琉球処分官として三回にわたって渡航、琉球の廃藩置県の難事業を実現したことである」（同書、一六四頁）と言われるが、ここからイメージされる松田と、本章で扱う滋賀県令時代の松田の手法には隔たりがあるように思われる。鉅鹿敏子は『県令籠手田安定』（中央公論事業出版、一九七六年）で、「前県令松田は（中略）部下に対しても叱責怒号することもたびたびであった」（六二頁）、「進取的態度が、そのころの因習的人々の間に理解され得なかった」（六六頁）と述べる。今後、二〇〇九年一二月に発見された酒井明宛書簡（「琉球新報」http://ryukyushimpo.jp/news/storyid-153907-storytopic-6.html〈二〇一三年八月三〇日閲覧〉参照）と合わせて検討していきたい。

(28) 慶応義塾編『福沢諭吉書簡集』第一、二、三巻、岩波書店、二〇〇一年には、三通の松田宛書簡と松田急死に際しての遺族宛書簡が掲載されている。

(29) 以下、「県治所見」については、『滋賀県史』第五巻、一九八六年、四六七〜四六八頁、による。

(30) すでに明治四年一月「議事大意条例」で、同様の主張が見られ、「県庁ハ即ち県内人民の権利を保護し其福益を増加すべき為」に置かれるものであると述べている。「明治四年大津県議事大意条例」（「里内文庫」栗東歴史民俗博物館蔵）。

(31) 先行研究の大部分がこの順序を逆に記述していること、それによって、とりわけこの布令が文字通りの「令」であるという特徴を誤認することにつながりかねないことについては、前掲宮坂「滋賀県における就学勧奨政策」で詳述した。なお、この布令の別紙「告諭管下人民」にはルビはない。

(32) 川村肇は、「従来布告と考えられてきた部分は……例示に過ぎないとも言いうる。法令としての布告書の性格の面から見た布告書の本体は、逆に末尾の文章であると考えねばならない」と述べている。『「就学告諭」の研究』九八頁。

(33) 明治初年の開校式に関する先行研究は少ない。前掲宮坂「滋賀県における就学勧奨政策」と同「明治初年の開校式―京都府を事例として―」『教育文化』第一一号所収、参照。以下に主な先行研究の書名のみあげておく。佐藤秀夫『教育の文化史』第四巻、阿吽社、二〇〇五年、『日本の教育課題〈第五巻　学校行事を見直す〉』東京法令出版、二〇〇二年、山本信良・今野敏彦『近代教育の天皇制イデオロギー』新泉社、一九七三年、籠谷次郎「明治教育における学校儀式の成立―小学校祝日大祭日儀式規程をめぐって―」『日本史研究』第一三三号、一九七三年。

(34) 『滋賀県滋賀郡大津尋常高等小学校沿革史　上編』明治二四年一二月。なお、大津西尋常小学校（現長等小学校）の『沿革誌』もまったく同様の記述内容である。

(35) 竹中暉雄は、「「学制」の基本原則は「受益者負担」ではなく「設置者負担」であった」と指摘している。「「学制」（明治五年）をめぐる「受益者負担」論議」桃山学院大学『国際文化論集』三九、二〇〇九年（のち『明治五年「学制」――通説の再検討』ナカニシヤ出版、二〇一三年に載録）。

(36) 式後に「村吏等ヘハ晩餐ヲ饗」した学校もあった（草津尋常高等小学校『学校沿革誌』草津市立草津小学校蔵）。

(37) 前掲『新修 大津市史』第五巻（辻ミチ子担当分）では、「熨斗」に（武士の礼服）と説明書きを付けているが、その根拠は明示されていない。ここで例示される第八小学校（打出浜学校）は、教員が男四名、生徒総数が二三一名で、そのうち一二三名が女子生徒であり、「開校式」だけでなく、翌七年一月の「新年始業式」でも鏡餅や蜜柑とともに「熨斗」が与えられ、同九年四月一五日の新築による移転式のときにも「熨斗」と餅が与えられている（前掲『滋賀県滋賀郡大津尋常高等小学校沿革史』）。果たして、これだけの頻度でこの人数に（女子生徒にまで）「武士の礼服」を与えたのであろうか。ちなみに、他の沿革誌にもっとも多く登場するのは「結昆布」や「熨斗昆布」などの「昆布」であるが、これが「熨斗」なのかは不明である。

(38) 新しい学校が束脩を不要としたことやこのような式自体の意味については、滋賀県がモデルにした京都府を事例として、前掲宮坂「明治初年の開校式」で考察した。

(39) 前掲、草津尋常高等小学校『学校沿革誌』。

(40) 前掲、山本信良・今野敏彦、一四一頁。

(41) 同前、一四二頁。

(42)　これは京都府と同じやり方である。辻ミチ子『町衆と小学校』角川書店、一九七七年、一五八頁、参照。なお、『従創立明治七年二月至明治二十三年十二月　本校沿革誌　其一　尋常科下坂本小学校』（明治二四年一二月）には、「明治七年七月滋賀県令松田道之」と付された「学体」本文が記録されている。この『沿革誌』では冒頭に「学制布告文」を「勅諭」として掲載し、続いて「告諭管下人民」、三つ目に「学体」を掲載している。

(43)　井上久雄『増補　学制論考』風間書房、一九九一年、二六頁。

(44)　国立教育研究所編『日本近代教育百年史』第三巻学校教育一、一九七四年、三八頁。

(45)　佐藤秀夫『教育の文化史』第三巻、阿吽社、二〇〇五年、二五頁。

(46)　「大中小学規則上梓伺」『公文録』自己巳十二月至庚午四月大学伺。なお、旧字体は新字体にし、適宜読点を補った。また、前掲『従創立明治七年二月至明治二十三年十二月　本校沿革誌　其一　尋常科下坂本小学校』に掲載されている「学体」にも読点はなく、送り仮名や副詞に多少の違いはあるが、ほぼ同じ文章である。

(47)　前掲『日本近代教育百年史』第三巻、二八一頁。なお、「大学校規則」からの国学的な文言の削除については、前掲『増補　学制論考』（二三頁）に詳しい。井上は、「西欧的な学問体系による学科編成において洋学の優位が確固となるが、皇道主義による諸学の統一から実学主義による諸学の統一へ、すなわち大学の理念は皇道主義から実学主義へ転回する」と指摘している。また、大久保利謙は「国学中心の払拭と実用主義の強調」を「学体」の特徴としている。『大久保利謙著作集第四巻　明治維新と教育』吉川弘文館、一九八七年、三三〇頁。

(48)　「本府ノ教育綱領ハ学体ヲ以テ主眼トス学体ハ中学創定ノ時定メラレタル者ナレドモ小学校ヲモ包括シテ準由スヘキ通規」京都市小学校創立三十年記念会編『京都小学三十年史』第一書房、一九〇二年（一九八一年復刻）、一二頁。「学体は中学創立の時定めたるものなれども、小学教育にも適用し、教育の綱領として、始業式、入学式、及祝祭日等に朗読せしめたり」京都市編『京都小学五十季誌』一九一八年、三一〜三二頁。

(49)　石島庸男「京都番組小学校創出の郷学的意義」『講座　日本教育史』第二巻、第一法規出版、二六九頁。

(50)　前掲『新修　大津市史』第五巻、九六頁。京都府教育会編『京都府教育史　上』第一書房（一九八三年復刻）二六九頁によれば、上京第一七番組（待賢小学校）、上京第二四番組小学校（城巽小学校）の落成式にも出席している。

(51) 前掲、拙稿「明治初年の開校式」参照。
(52) 加地伸行『孝経』講談社学術文庫、二〇〇七年、一八〜二八頁。
(53) 前掲『滋賀県滋賀郡大津尋常高等小学校沿革史』。
(54) 小熊伸一「滋賀県の就学告諭」(『「就学告諭」の研究』所収)をはじめ、自治体史などの先行研究において「開校」に関する記述が混乱していることについては、それぞれが依拠する史料自体にも問題があることも含めて、前掲拙稿「滋賀県における就学勧奨政策」で詳述した。本稿では、そのような曖昧な「開校」の日ではなく、県庁に保存され、県の布令番号が付された公的な記録である「小学開校」通知(本文参照)に見られる「開校式」の日時に注目する。
(55) 自治体史や沿革誌には、これらの布令が示す日以外に開校式が行われた様子が伝えられているものもあることから、すべての開校式の布令が残っているわけではないと推察される。
(56) 明い36−163「小学校開校ニ付入学可致」『滋賀県歴史的文書』滋賀県所蔵。
(57) 前掲拙稿「滋賀県における就学勧奨政策」四五〜五〇頁の表参照。
(58) 各学校の『沿革誌』の記述にも、開校式への関心が薄れているかのような変化が見られた。前掲拙稿「滋賀県における就学勧奨政策」参照。
(59) 明い66−甲70「小学開校式ノ都度々々布達取止メ一般心得ヲ達ス」『滋賀県歴史的文書』滋賀県所蔵。
(60) 明治六年一二月三日「書付ヲ以奉願候」前掲『岐阜県教育史』史料編近代一、四五頁。なお、柏木酒は吉城郡河合村の人で、第二九大区受持の学区取締をつとめた。
(61) 岐阜県歴史資料館所蔵。
(62) 『文部省第五年報』二〇九頁。
(63) リチャード・ルビンジャー著、川村肇訳『日本人のリテラシー　1600-1900年』柏書房、二〇〇八年、二五七頁。
(64) 前掲『県令籠手田安定』五二頁。
(65) 前田愛『近代読者の成立』岩波現代文庫、二〇〇一年、一八六頁。
(66) 「明治六年県令告諭　郡中市中制法」(「里内文庫」栗東歴史民俗博物館蔵)。

（67）宮澤康人「西洋の教育文化における音声言語と書記言語の葛藤―教育史認識の「メディア論的転回」によせて―」辻本雅史編『知の伝達メディアの歴史研究―教育史像の再構築―』思文閣出版、二〇一〇年、五一頁。

（68）筑摩県における印刷技術の活用については、本書第二部第四章（塩原佳典担当）も参照。

（69）『「就学告諭」の研究』四九頁。

（70）前掲『県令籠手田安定』五三頁。

（宮坂朋幸）

第三章　学制布告書と就学告諭の論理

はじめに

第一次就学告諭研究会では、全国から数百の就学告諭を採集・整理し、さまざまな角度からその分析を行った。しかしまだ研究は緒に就いたばかりで、たとえば肝心の「就学告諭」の定義にも少なからず曖昧さが残り、荒井明夫編著『近代黎明期における「就学告諭」の研究』（東信堂、二〇〇八年）を上梓してその研究成果を発表した後、いくつかの貴重な指摘や批判を受けた(1)。

第二次研究会は、採集した就学告諭総てを再点検するところから調査・研究を始め、相当数の誤記、誤謬や重複、採集漏れ、その他が発見された。そうした作業や、就学告諭の定義に関連した検討の経過を含め、詳しくは本書別稿に譲る(2)。この過程を通じて、就学告諭研究は、収集することが一義的であった段階から、その採集と整理においても、地域に即して検討する点でも、質的に前進させることができたと考えている。

本章ではその成果を土台に、学制布告書と全国の就学告諭の論理の異同を調査することによって、その論点形成と論理遷移を明らかにしようとする。

その目的のために、学制発令以降に発せられ、学制布告書を敷衍し、あるいはそれを意識した就学告諭のうち、就

表1　本章の対象とする学制発布後の就学告諭分布一覧（数字は件数）

北海道	1	福井	1	広島	1
青森	2	山梨	2	山口	1
岩手	1	長野	1	徳島	1
秋田	4	静岡	2	愛媛	4
福島	2	愛知	1	高知	1
茨城	2	三重	2	福岡	1
群馬	3	滋賀	2	佐賀	1
埼玉	2	京都	1	長崎	1
千葉	2	大阪	3	大分	2
東京	1	奈良	1	宮崎	1
神奈川	2	和歌山	1	沖縄	1
富山	1	島根	2		
石川	3	岡山	1	合　計	61

表2　本章の対象とする学制発布前の就学告諭分布一覧（同上）

青森	1	滋賀	1	愛媛	1
福島	1	京都	1	福岡	1
群馬	1	大阪	2	佐賀	1
神奈川	1	兵庫	1	大分	2
福井	2	奈良	1		
岐阜	1	岡山	1		
愛知	2	山口	1	合　計	22

学を告諭した事実を示してはいるが、告諭内容やその論理が明確でないか、形式が告諭とは見られない資料を除き、実際に民衆に対してなされた告諭の論理を分析しうる資料を抜き出す。さらにそのうちから長さ（文字数）、論理的内容、形式といった諸点から、民衆に向けて、告げ諭す行為＝「告諭」と呼ぶにふさわしい資料を六一件選抜して、本章分析の対象とする。ほぼ同様の条件で発令前の就学告諭二二件を選び出し、併せて分析の対象とする。本書資料編には、そのようにして選抜した学制発令前後の就学告諭を掲載している。各告諭の全文は資料編に当たって確認されたい③。

　学制発令以後の就学告諭で採録した告諭の全国分布は表1の通りである。ここに採録されていない県は、北から山形、宮城、栃木、新潟、岐阜、兵庫、鳥取、香川、熊本、鹿児島の一〇県である。このうち熊本と鹿児島については従来就学告諭が確認されておらず、また第一次研究会でも発見できなかったが、第二次研究会の調査で告諭行為自体は存在したことが確認された。詳しくは別稿を参照されたい④。また、学制発令以前の就学告諭で本章の対象としている告諭の分布は表2の通りである。

　なお、告諭文書の文章の長さという基準については、内容との関連がある。すなわちその子弟に学問させること、学校に行かせることを民衆に受容させ納得させるための、説得の論理が含まれねばならない（と定義した）ので、単なる命令とは違い、ある程度の長さを必要とする。

学制布告書についていえば、その末尾にある地方官に向けて記述された部分（右ノ通リ被仰出候条以下）を除いて、民衆に対して告諭している部分の文字数は八六五字である。方や、右のようにして選抜した学制発令以後の「告諭」と呼ぶにふさわしいと判断して選抜した告諭の最長のものは、山梨県の学務課員小野泉が執筆した「学問のもとゐ」〔新資19－2〕（明治六年一〇月）の三二六七字、最短のものは石川県の告諭〔新資17－5〕（明治六年五月二日）で三七〇字である。[5] 長さの平均文字数は一〇五五字だが、二〇〇〇字を超えるような告諭や、五〇〇字を下回るような告諭はともに九件で、両端を除いた平均の数値は八五〇字程度になり、ほぼ布告書と同じ長さである。

同様に、学制発令以前の告諭のうち選抜されたものの最長は佐賀県の告諭〔新資41－1〕（明治四年七月一七日）で二七九八字、最短は大阪府の告諭〔新資27－3〕（明治五年四月）の三七一字である。[6] 長さの平均は一〇四一字だが、学制発令後の告諭の場合と同様の操作をして、二〇〇〇字以上と六〇〇字以下の両端四件ずつを除いた平均は、八一〇字程度である。

就学告諭の平均的な姿は、学制発令前後で大きな変化はなく、文字数の点ではほぼ学制布告書と同等の長さの文章であったと見てよいだろう。

ただし収集した資料には一次資料やそれにかなり近いものもあれば、句読点を補って翻刻したものもあり、それらが混在している。したがって、厳密に文字数を算出することにはあまり意味はなく、右はおおよその傾向を示すものである。また、文章の長さだけをとってみれば、学規や学校設立資金徴収関連資料の一部として入っていたりする告諭など、かなり長文のものも存在するが、あくまで「告諭」という行為とその論理に焦点を当てて分析する趣旨にかなったものを選抜した。したがってそこには意に反して筆者の主観と恣意性の混入が不可避的であることを自覚している。

本章では以上の資料を主たる対象として、第一に、学制布告書の論理が、どのように全国の就学告諭の論理へと敷衍させられていったのか、その論理的な遷移を検討する。第二に、学制発令以前の告諭の論点と学制布告書の論点とを比較するとともに、前節で検討した学制発令後の論点遷移と比較する。第三に、学制に関する最新かつ刺激的な論点に富む竹中暉雄の研究成果に胸を借り、そこで指摘されている学制布告書の論理的難点が、就学告諭ではどのように扱われているのかを調査し、併せてその論難されている点を批判的に検討する。[7] 以上の作業によって、全国各地の就学告諭の論点形成と論理遷移に迫る足掛かりを得たい。

一　学制布告書からの論点遷移

学制布告書の末尾で地方官が「便宜解釈ヲ加へ精細申諭」すよう命じられて作成した告諭の文章は、学制布告書をどのように敷衍したのか。その論理的な遷移をたどるために、まず布告書の論理を確認しよう。

三木一司は、第一次研究会で収集した就学告諭を対象に、その性格を分析した。[8] その際に用いられたのがキーワードによる分析である。まず就学告諭の中に見出されるキーワードを抜き出し、次にそれを、勧学、教育機関、カリキュラム、女子教育、身分、対外、親、学齢、風俗、立身・出世、国意識、その他、の一二種類にわたるカテゴリーに分類した。そしてその出現頻度を学制布告書と各地の告諭相互に比較し、特徴を炙り出すという手法である。

この手法による分析は、単語単位で学制布告書がどのように受け止められたのかを細やかに示す利点がある。しかし他方で、キーワードの出現頻度で内容の遷移を判断することになるため、キーワードの採り方によって、かなり数字が変わってしまうという弱点を抱えている。例えば、「貧乏破産喪家」という言葉について、それを二字熟語に分けてカウントするのか、六文字の一つの固まりとしてカウントするのかでは、三倍の開きが出てしまう。また、使われているキーワードが肯定的な意味で用いられているのか、否定的な意味で用いられているのかについても、出現頻度だけでは分からない。

そこで本章では、単語単位ではなく、理屈の一塊である論点単位で検討することとする。[9] すなわち前述した「右ノ通リ被仰出候条」以下を除いて、学制布告書に見られる論点は左記の通りであるが、本章ではそれを記述されている順に左記一八の論点に切り分けて検討する。

①立身昌業のためには、身を修め智を開き才芸を長ずることが必要だ
②身を修め智を開き才芸を長ずるには学問が必要だ
③学問は日用常行言語書算を初め、士官農工商百工、技芸及び法律政治天文医療に関連する
④人の営みに学問は不可欠
⑤不学だと、道路に迷い、飢餓に陥り、家を破り身を喪う
⑥学校は古くからあるが学び方が悪かった
⑦武士でまれに学ぶものも学問が立身の財本であることを知らなかった
⑧従来の学びは詞章記誦の末に趨り、空理虚談に陥り、高尚に見えたが役に立たなかった
⑨学問が役立たなかったため、文明が行き渡らず、貧乏破産喪家が多かった
⑩人は学ばなくてはならない、不学の人がないようにせよ
⑪学ぶには順序が大切だ
⑫父兄は愛育の情を厚くせよ
⑬子弟をして学に従事させよ
⑭男女の別なく小学に従事させよ
⑮子弟を小学に行かせないのは父兄の越度である

⑯学問は武士以上の事と考えるのは間違いだ
⑰「国家」のために学問するから資金を出せというのは間違いだ
⑱学費や衣食が支給されないと学ばないというのは間違いだ

これら一八の諸論点は、どのように全国各地の就学告諭の論理として敷衍されているだろうか。[10]

坂本紀子は、第一次研究会において、就学告諭の論理分析を担当し、就学告諭の学びの内容、学び方、そしてその必要性についての文言に焦点を当てている。[11] 坂本は学制布告書以降に出された就学告諭を検討し、「新しい学びは日常生活に実用的で「一生ヲ安楽ニ暮ラス」ための「有益」な内容であると説明されていた。学びは国家のためというよりも個人のためであることを学制布告書以上に強調し、人びとの日常生活における「安寧幸福」という願望に引きつけたことばを活用して、その「有益」性が説かれていた」と結論した。[12]

坂本論文では、全国から収集した就学告諭を総覧し、そこから特徴的な文言を抜き出す形で論じられている。本章ではそれを定量的に扱うことで、新しい知見を得たい。

まず、先に選抜した就学告諭六一件に内包されている論点を、一八点の学制布告書の論点と合致するところにマークしていくと、最大で一五点の一致を見る告諭文書が左記のように三件存在している。全体の論点一八点に対して一致する論点の割合を論点一致率と呼ぶことにすれば、この三件の論点一致率は八割を上回る。[13]

・山梨県県令藤村紫朗・学務官三谷恒による「学制解釈」(新資19－1)(明治六年六月二八日)。以下aとする。
・長野県「学問普及の為申諭し書」(新資20－5)(明治五年九月)。以下bとする。
・大阪府参事藤村紫朗・巡講師小野正巳による「学制解訳布告趣意及び学制解訳」(新資27－6)(明治六年一月一三日)。以下cとする。

右三件とも逐語的解釈だが、とくにaとcは学制布告書の文章を掲げた後に「此訳ハ」「解云」などとしてその解説を行ったものである。なお、aもcも藤村紫朗（一八四五〜一九〇八）が関与しているが、藤村は大阪府参事として府政に関係したあと山梨県令となり、双方で逐条解釈書を作成させている。両書は全く同じものではなく、cには解の冒頭に入れている用語の解説（例えば「其身ヲ立トハ、修行出精シテ吾身ヲ仕立テ上ルコトナリ」など）がaにはないなどの違いがある。しかし、大まかな論理展開が共通しているばかりではなく、「但従来沿襲の弊」以下の部分総てを解釈から外していることなど、一致しているところが多い。

続いて一致率が高いのは沖縄の一致点数八、茨城（新資8－2）、群馬（新資10－2）、神奈川（新資14－4）の各告諭の一致点数七などとなっている（図1参照。横軸の就学告諭番号は、県番号順、県内は発行時期順に就学告諭を並べて番号を振ったもの）。

反対に、全く論点を共有しない就学告諭も四件存在している。

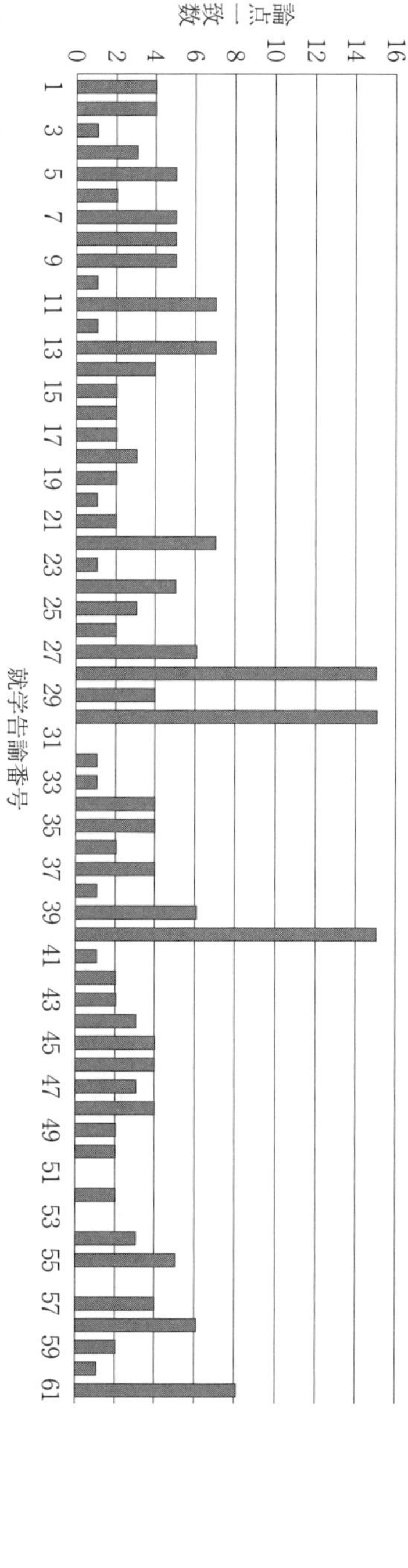

図1　学制布告書発布後の就学告諭の論点一致数

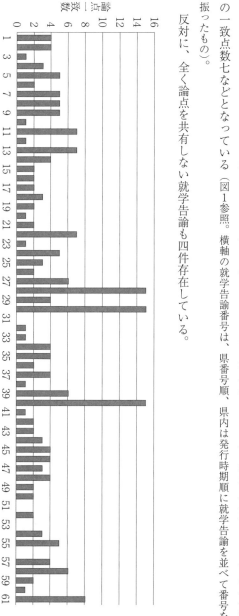

このうち静岡の「女子教育趣意書」〔新資22－1〕（明治六年三月）は、両文体で記されている三章構成の八〇〇字程度の文章である。そこではまず「男は外を治め女は内を治る古今の通誼」とされ「人倫之大義」のための教化が必要だと述べられた上で、家計やりくりの必要性から学ぶべきこと、子どもの教育の観点からの女子教育の必要性、三味線や歌踊りなどの「害」あるものではなく、日用の手習い、帳面、縫い針、算術などを身につけるべきだと述べている。かなり前近代的な考え方をベースにしていて、学制布告書の論点と接点を持たない。

愛媛の就学告諭は「安穏ニ一世ヲ渡」らせるために教育が必要だとしているが、そのためには金が必要だとして、遍路民衆に金のやりくりを求めた告諭である〔新資38－5〕（明治六年四月二五日）。具体的には地域性を反映させて、遍路に施すのを止めてその代わりに積立金を設けよとか、煙草を飲む時間と金を節約せよといった内容を記して興味深い。単語としては、「飢餓ノ道路ニ迷フ」など、学制布告書を想起させる表現もあるし、「安穏ニ一世ヲ渡」るということは、立身の結果だと読めないこともないが、論理内容としては一致点がないものと判断した。さらにもう一件の愛媛の告諭にも論点の一致がないが、これについては後述する〔新資38－7〕（明治八年五月一五日）。

佐賀県の告諭は明治一一年一〇月一八日付のものだが、そこでは「自由論説の流行」によって、学校を建てないのも自由だ、などとする「妄説」がまかり通っており、もってのほかだという趣旨のもので、学制布告書との一致点はない〔新資41－3〕[14]。

全体を平均すれば、一致点数は三・六で、一致率は二割ほどであるが、突出した数字があるため、一致数上位三告諭（一致数一五）と下位三告諭（一致数〇）を除いて平均すると、一致点数は三・二まで下がる。いわば平均的な就学告諭には、学制布告書と一致する論点は一八のうち三つ程度しか含まれていないということになる。

次に論点別に一致率を見ていく。論点の出現頻度と一致率は表3のようになる。

これを見ると、一番一致率が高い論点は、①「立身昌業のためには、身を修め智を開き才芸を長ずることが必要だ」という論点の約四六%で、ほぼ半数の就学告諭にこの論点が含まれていることを示している。続いて多いのは⑩「人は学ばなくてはならない」という論点であり、最も人口に膾炙している布告書の「邑に不学の子なく家に不学の人なからしめんことを期す」という部分を内容として含むもので、四割を超えている。

ちなみにこの両方の論点をともに内包している就学告諭は一五件あり、ほぼ四分の一の就学告諭にこの二つの論点が並んで現れていることになる。

続いて三割を超えているのは、⑭「男女の別なく小学に従事させよ」と、⑯「学問は武士以上の事と考えるのは間違いだ」の三割強で、ともに性や身分による教育からの排除を否定した論点である。

三割前後の一致率を見せているのは、③「学問は日用常行言語書算を初め、士官農工商百工、技芸及び法律政治天文医療に関連する」という、「汎学問論」とも言うべき論点が三割の就学告諭に見えている。[15]この他に②「身を修め智を開き才芸を長ずるには学問が必要だ」および⑧「従来の学びは詞章記誦の末に趨り、空理虚談に陥り、高尚に見えたが、役に立たなかった」という論点であり、それぞれ約三〇%と二六%強である。

これらに対して一致率が低いのは、⑰「「国家」のために学問するから資金を出せというのは間違いだ」という論点であり、就学告諭二件にしか見られず、諸論点の中で最も低い。

そのうちの一件秋田県の告諭は次のように述べている。「従来学校ハ国家才ヲ養フ士大夫以上講習ノ所トナシ一切官費ニ委セシ事ナレトモ世ノ文明ニ赴クニ従ヒ朝庭（ママ）今日ノ宜ヲ裁成アラセラレ学問ヲシテ天下ニ普及セシメ公平ノ法ヲ立ラレシコト故士民能其意ヲ体認シ其子弟ノ賢明ヲ希ヒ其郷里ノ繁盛ヲ望ム者ハ力ヲ戮セ心ヲ同フシ有志ノ者ハ人ヲ募リ有財ノ者ハ金ヲ納レ城市郷村各其大小ニ従ヒ多少小学ヲ設クヘシ」（新資5－2）（明治五年九月）。ここでは、直接的に国家のために学ぶことを否定しているわけではないが、旧時代の学校は「国家才」を育成するものであったから一切を官費に依存したが、今後は公平に教育することになったので、その旨を理解して自分たちのために力を尽く

表 3　学制布告書発布後就学告諭の論点別の論点出現回数・論点一致率

		1	2	3	4	5	6	7	8	9	10	11	12	13	14	15	16	17	18	19	20	21	22
告　論　番　号		1-3	2-7	2-11	3-5	5-2	5-4	5-5	5-6	7-2	7-3	8-2	8-5	10-2	10-5	10-6	11-1	11-3	12-1	12-4	13-3	14-3	14-4
論　点	①	1			1	1		1		1		1		1	1		1			1			1
	②		1		1				1					1									
	③					1	1	1		1		1		1				1					
	④		1											1					1				
	⑤	1								1		1				1							1
	⑥							1	1														
	⑦							1															
	⑧								1									1	1				1
	⑨																						
	⑩		1	1						1		1		1			1			1			1
	⑪	1													1								
	⑫												1	1	1								1
	⑬						1							1					1		1	1	1
	⑭		1		1			1	1			1				1						1	1
	⑮																						
	⑯					1			1	1	1	1			1								
	⑰					1																	
	⑱	1				1						1											
計		4	4	1	3	5	2	5	5	5	1	7	1	7	4	2	2	2	3	2	1	2	7

23	24	25	26	27	28	29	30	31	32	33	34	35	36	37	38	39	40	41	42	43	44
16-3	17-2	17-4	17-6	18-3	19-1	19-2	20-5	22-1	22-3	23-3	24-9	24-10	25-3	25-4	26-6	27-4	27-6	27-8	29-2	30-3	32-4
	1				1		1				1					1	1			1	1
				1	1		1							1			1		1	1	1
				1	1		1				1	1				1	1				
					1		1										1				
					1		1				1					1	1				
					1		1										1				
					1		1										1				
				1	1	1	1						1			1	1				

					1		1										1				
	1	1	1	1	1	1	1		1	1		1			1	1	1				
	1				1		1										1		1		
	1	1		1	1	1								1			1				
					1		1							1			1				
1	1		1		1	1	1							1			1				1
					1							1	1				1				
		1		1			1				1	1				1		1			
							1														
1	5	3	2	6	15	4	15	0	1	1	4	4	2	4	1	6	15	1	2	2	3

45	46	47	48	49	50	51	52	53	54	55	56	57	58	59	60	61	出現回数	一致率
32-6	33-10	34-3	35-3	36-1	38-4	38-5	38-6	38-7	39-3	40-2	41-3	42-3	44-3	44-5	45-5	47-2		
1	1	1	1				1			1		1	1			1	28	45.9%
1			1				1			1			1			1	18	29.5%
	1			1						1			1			1	19	31.1%
										1			1				8	13.1%
												1				1	12	19.7%
																	5	8.2%
																	4	6.6%
			1		1				1	1						1	16	26.2%
																	3	4.9%
1		1							1				1			1	26	42.6%
																	7	11.5%
	1												1			1	14	23.0%
	1													1			12	19.7%
1		1										1					20	32.8%
									1								5	8.2%
			1	1	1							1		1	1	1	20	32.8%
																	2	3.3%
																	3	4.9%
4	4	3	4	2	2	0	2	0	3	5	0	4	6	2	1	8	3.6	

して学校を設けよと述べている。「国家才」を柔らかく否定し、「各日用常行ノ務家職産業ヲ治ル事ヲ学フ為」だと、その個人的性格を強調している。⑯

続いて低いのは⑨「学問が役立たなかったため、文明が行き渡らず、貧乏破産喪家が多かった」という論点と、⑱「学費や衣食が支給されないと学ばないというのは間違いだ」という論点であり、ともに約五％（三件ずつ）である。前者の⑨「貧乏破産喪家が多かった」という論点は、⑤「不学だと、道路に迷い、飢餓に陥り、家を破り身を喪う」という論点と重なっており、そのためにこの論点を採用する告諭は少なくなっている。⑨と⑤両方の論点をともに記述している告諭は、前述した逐語的解釈を行っている三種類の告諭のみであったから、逐語的解釈をしているものを除けば、⑨「学問が役立たなかったため、文明が行き渡らず、貧乏破産喪家が多かった」という論点については他のどこにも敷衍されていないことになる。⑰

興味深いことに、従来の学びに対する批判が四分の一以上、一六件の就学告諭に採用されているにもかかわらず、その批判が武士（で稀に学んだもの）に向けられている論点を採用している告諭は四件に過ぎない。前代の教育についての批判の矛先は学び方そのものに向けられており、その担い手であった武士への言及には余り積極的ではなく、むしろ教育における身分制からの脱却や、新しい学問の日用性を押し出している姿を見て取ることができる。このことは、就学告諭の書き手の多くが地方官であり、旧武士層であった（と推察される）ことと関係があるのかもしれない。⑱

最後に、⑮「子弟を小学に行かせないのは父兄の越度である」という論点も五件と少なく、八％程度でしかない。⑲学問させること、そのために就学させることに強調点が置かれ⑫「父兄は愛育の情を厚くして、子弟を学ばせよ」が二三％、しかしそれに従わないでいることを責めるという論理展開はあまり多くないことになる。

右のことに関連して触れておく必要があるのは、文部省の指示である。従来から指摘されているが明治六年三月、文部省は布達第二三号を発し、全国で発せられている就学告諭の中には学制布告書を敷衍したものとしては趣旨が相応しくないものがある旨述べている。論点一致率からこれを考えれば、方や「国家」のための学問という論点がほとんど否定されておらず、他方で父兄の越度を強調してもいない、そのような就学告諭の傾向に警告を発したのではないかと考えることができる。

湯川嘉津美は文部卿大木喬任（一八三二～九九）が司法卿に転出する明治六年以前、学制の趣旨を直接父兄に示すために「父兄心得之事」を記したことを明らかにし、その内容を翻刻、紹介している[20]。そこには一〇条にわたる心得が記されているが、第二条と第三条で「愛育の情」を語って強調している。他方で「国家」およびそれに類した言葉はどこにも顔を出さず、もっぱら「貧乏破産喪家」「道路に迷い飢餓に陥」るという脅しの一方で、立身、立家、興産といった個人的な栄達を学問に結びつけて述べている。時期的にも大木が文部行政に最後に関わった時期に出された前述の文部省布達二三号の意図を、大木のこの心得に看取することができるとすれば、右本章の指摘の傍証ともなろう。

さて、右に「国家」のための学問がほとんど否定されていないと述べたが、ではそもそもなぜ学問し、また学校に行かねばならないのか。就学告諭ではそのことをどのような考え方に基づいて告げ諭したのであろうか。

このことを考えるために、学制布告書の諸論点からいったん離れて、分析対象の就学告諭の中に現れる、その理由や目的に関する原理を大きくまとめてグループ化すると、次のようになる。

- 立身、立家、興産などの個人的原理
- 国家、朝廷などの国家的原理
- 対外的原理
- 道徳的原理

・文明開化原理
・「母としての責務」
・その他

もちろんこれらの原理は、それぞれ独立したものではなく、ほとんどの就学告諭にはいくつかの原理が重複して現れている。

右のうち、「国、朝廷などの国家的原理」というのは、例えば「其学業ノ成就スルニ至テ第一国家ノ要器トナリ大ニ利益ヲ得テ各其老ヲ楽シムト」〔新資7－3〕（福島県、明治六年四月一三日）や「天恩と国恩とに報うるのしかたを明らめ」〔新資19－2〕（山梨県、明治六年一〇月。右訓を略す。以下同じ）といった告諭をしているものである。そしてそこには、「既ニ我日本ハ我日本ナルトキハ人々自奮テ之ヲ保護セサルヲ得ス自ラ之ヲ富強ニセサルヲ得ス之ヲ富強ニセント欲スルトキハ則之ヲ富強ニスル所以ノ法ヲ行ハサル可ラス」〔新資11－3〕（埼玉県、明治七年四月）など、立身から富国までを連続的、予定調和的に語ったり、国家や朝廷の恩に報いることを目的の一つにしたり、富国強兵を強調したりするものも数え上げた。その場合には、個人的原理と国家的原理の両方に数えている。

「対外的原理」というのは、主として西洋諸国を例に出しながら就学を迫るもので、例えば「我日本ノ外、西洋各国ノ強クシテ富メルト云ハ、人ノ知識ガ開ケタレバナリ、知識ノ開ケタル原ハ学問盛ナレバナリ。蒸気船、蒸気車、電信機、其他人ノ知レル利口発明ノ事ヲ工夫スルハ皆西洋ナリ。西洋人モ神ヤ仏ニハ非ズ。只、学問シテ知識ノ開ケタル人ノ多キ故、便利ノ事ヲ工夫シテ斯ク盛ニナレルナリ。各方油断セバ、前ニ云ヘル通リ、人ヨリ笑ハルルノミナラズ外国人ノ下人ニ使ハルコトトナレルモ計リ難シ」〔新資45－5〕（宮崎県、明治六年四月一六日）など、西洋諸国を手本として提示するものをいうが、この告諭のように、外国人に使役されるなどの脅迫的な言辞も含まれることがある。[21]

「道徳的原理」というのは、例えば「文字ナル者ハ名称ヲ記シ言辞ヲ叙べ事物ノ道理ヲ著明シ之ニ依リ倫常ノ重キヲ知リ是非ヲ別チモ出テ自ラ知覚ヲ増進スル者ニシテ」〔新資14－3〕（神奈川県、明治六年二月）などのような記述で、道徳性や品性の向上を目的とするものである。「母としての責務」というのは、賢母主義的な考え方をベースにしており、これも学制布告書とは異なっている。

「文明開化原理」というのは、文明開化や、智識を開くことなどを目的としているものである。

学制布告書では、「立身」など個人的原理と文明開化原理は述べられているが、「国家」のための学問については明確に否定しており、「朝廷」には触れていない。道徳的原理にも言及はない。[22]

右の就学理由の採用回数は、表4にあるように、順に四七、二六、一一、五、一九、三、四である。六一の全体に対する比率は、七七％、四三％弱、一八％、八％弱、三一％、五％、七％弱などとなっている。[23]

ここで「立身、立家、興産などの個人的原理」を理由とする告諭は八割近いが、先に見た告諭の論点出現頻度・一致率で、冒頭の「立身昌業」に関する論点の採用は五割を割っていた。両者の数字の大きな違いの理由は、論点出現頻度では一八もの論点があるために類似の論点を排除し、結果として狭く算出したのに対して、右の就学理由の場合には、広く理由をグループ化することで、個人的原理の中に含まれる範囲が拡大したためである。たとえば先の愛媛県の「安穏ニ一世ヲ渡」らせる告諭は、学制布告書との論点の一致は見られないと判断したが、就学目的については個人的原理の中に数えている〔新資38－5〕。

表4に示されているのは、圧倒的に個人的原理、つまり立身、立家、興産などの個人的栄達や個人的幸福に結びつけられて学問や就学の目的が語られているということであり、その点で先に引用した坂本の指摘は正しい。

しかし同時に見なくてはならないのは、国家や朝廷など国家的原理の採用頻度であり、それは告諭全体の四割以上を占めている。また、立身などの個人的栄達と同時に、あるいは連続的に国家的原理が語られている就学告諭は一九件あり、三割を超えている。つまり個人的原理に力点を置いた告諭が多い一方で、それとともに国家的原理を語る告

表4　学制布告書発布後就学告諭における就学目的採用回数・採用率

	1	2	3	4	5	6	7	8	9	10	11	12	13	14	15	16	17	18	19	20	21	22
告　諭　番　号	1-3	2-7	2-11	3-5	5-2	5-4	5-5	5-6	7-2	7-3	8-2	8-5	10-2	10-5	10-6	11-1	11-3	12-1	12-4	13-3	14-3	14-4
立身・家産など個人的原理	1	1		1	1	1	1		1	1	1		1	1	1	1		1	1	1		1
国家・朝廷など国家的原理		1		1		1		1						1		1	1	1	1		1	
単語としての朝廷など		1		1	1	1		1			1			1		1		1	1		1	1
対外的原理						1		1		1							1					
道徳的原理																					1	
文明開化原理								1		1		1	1	1						1	1	
文明開化など										1			1							1	1	
智識を開くなど								1		1		1		1								
母の責務												1										
その他																						

	23	24	25	26	27	28	29	30	31	32	33	34	35	36	37	38	39	40	41	42	43	44
告　諭　番　号	16-3	17-2	17-4	17-6	18-3	19-1	19-2	20-5	22-1	22-3	23-3	24-9	24-10	25-3	25-4	26-6	27-4	27-6	27-8	29-2	30-3	32-4
立身・家産など個人的原理					1	1	1	1		1	1	1	1	1	1			1	1	1	1	1
国家・朝廷など国家的原理		1					1					1		1			1		1	1		
単語としての朝廷など		1			1		1					1	1	1		1	1		1	1		1
対外的原理					1									1	1		1					
道徳的原理	1						1			1												
文明開化原理					1	1	1					1		1		1	1	1				1
文明開化など					1		1					1		1		1	1			1	1	
智識を開くなど					1	1		1				1	1				1	1			1	1
母の責務									1						1							
その他			1	1								1										

	45	46	47	48	49	50	51	52	53	54	55	56	57	58	59	60	61	採用回数	採用率
告　諭　番　号	32-6	33-10	34-3	35-3	36-1	38-4	38-5	38-6	38-7	39-3	40-2	41-3	42-3	44-3	44-5	45-5	47-2		
立身・家産など個人的原理	1	1	1	1	1	1	1	1		1	1	1	1	1		1	1	47	77.0%
国家・朝廷など国家的原理	1				1	1		1	1	1	1		1			1		26	42.6%
単語としての朝廷など			1		1			1	1	1	1		1	1		1		32	52.5%
対外的原理					1					1						1		11	18.0%

					1												5	8.2%
	1									1				1			19	31.1%
	1		1						1	1				1			17	27.9%
	1			1								1		1	1	1	19	31.1%
																	3	4.9%
				1													4	6.6%

諭が少なくなかったことも、その特徴であった。右に引用した埼玉県の告諭などがそれにあたっている。しかも、すでに大間敏行が指摘しているように、学制布告書で否定的に言及されていた「国家」およびそれに類した言葉は、就学告諭においてはむしろ積極的な価値を持つ言葉として言及されていたのである。㉔

学問や学校の目的として、個人的原理と国家的原理とを両立させるには、個人から国家へと同心円状に連続・拡大して語られる背景には朱子学的な思惟が関係ありそうではある。しかし、そうしたものとは別に、説得する相手によって二つの原理を使い分けていた可能性を示唆しているのが、愛媛県の就学告諭である。すなわち全く同じ日付で一般民衆に向けて語られた告諭と、各区戸長や学区取締に宛てて書かれた告諭の論理が異なっているのである。

すでに資料の一部は高瀬幸恵によって紹介されているが、その文体と論理の違いを明瞭にするために、以下全文を掲げる。㉕

乾第六拾五号　〔朱：坤第八十八号参考〕

学事告諭文

凡人のよにある貴賤賢愚の別ありて其貴きと賢きとは皆人の欲する所其賤きと愚かなるとは人の好まさるは人情の同しき所なり然るに其好まさる所の貧賤に苦しみ愚鈍に終り甚しきに至りては罪を犯して重きとがめを蒙るこれその一家長立たる者智識を磨き才芸を長する学問を忌きらひ入らさる事とのみおもひ誤りたる固陋無識の心より斯なり行終に子弟の生涯を誤るまことにおも

はさるの甚しきにあらすやこのゆへに人々其好める所の貴く賢からん事を欲せは子弟をして人民普通の学問たる小学の課業を出精せしめさるへからす子弟の学問なくして愚かなるは独り其子弟の恥のみならす則其父兄の恥はいふもさらなり我全国人民の父母たる
朝廷の御恥辱にして一家の安危全国盛衰のよりて生する所なり爰を以て御維新以来学制を頒布し大中小学校を設立し委托金を増加し今又府県に学務課を置き玉ひ主任の役人を置かれ学問筋の事一切同課に於て取扱候様被仰出全国一般教育行届候様との厚き
朝旨に候へは人々此儀を能々相弁へ子弟をして必す学校に入り出精せしむへく此旨告諭候事

明治八年五月十五日　愛媛県権令　岩村高俊〔新資38－6〕

坤第八拾八号

各区々戸長学区取締へ

今般四課の外特に学務の一課を増置せらるゝ
朝旨は他なし人民教育は今日の急務たるにより該事主任の官吏を置き専ら学事普及之成功を督責せらる就ては管下区戸長学区取締等に在ても更に此盛意を服膺し教育の道進歩候様一層戮力協議あるへく抑邦国の富強は人民の智識と品行とによる所にして人民の智識と品行とは其就学に原由せさるなし故に一人の利に暗き或は全州の汚辱を胚胎し一家の学ある忽闔邦の開化を振興するの道理なれは畢竟子弟の教育は家々の私事人々の随意する所に非す即ち我　日本帝国富強の基本なり伏て惟みるに前日文部委托の金額を倍し以て学資の欠乏を助け今日県官に主任を置き以て学務の挙らさるを責らる嗚呼
朝旨の在る所此の如し苟も人民たる者尚学事を度外に置き一日も猶予する条理万々無之固より人々報国の義務に候条精々厚く説諭を加へ教育急務たるの
朝旨速に貫徹候様各尽力可有之依て別紙告諭文相添此段相達候事

〔朱：別紙告諭ノ文ハ乾第六十五号ナリ〕

明治八年五月十五日　愛媛県権令　岩村高俊〔新資38－7〕

前者の告諭を単に乾、後者を同じく坤とする。使用されている文字や語句に注目すると、乾は平仮名が多く、語句も簡単なものが多いのに対し、坤は漢字や漢語が多用され、語句も難しい（服膺や戮力など）。これは乾の対象が一般の民衆であるのに対して、坤の対象が区戸長や学区取締などの下層役人であるのに対応している。

対照的なのは学校に行く理由である。乾で挙げられているのは、「貴く賢からん」人になることである。そうでないと、その子どものみならず、父兄の恥、ひいては国民の父母たる朝廷の恥になると述べる。そして「一家の安危全国盛衰のよりて生する所なり」と、個人から国家の問題までを連続的に語っている。しかしあくまで説得の出発点にあるのは「人」であり「一家」である。

これに対して坤は、「畢竟子弟の教育は家々の私事人々の随意する所に非す」として、私事ではないと述べている。坤は個人的な把握を否定し、「日本帝国の富強の基本」だと言い切っている。

片や個人の問題をまず語り、それが朝廷や国家にまで波及する問題だと諭すのに対し、他方、私事を否定して人々の勝手にはさせないとし、日本帝国の富強の基本だとする論理が使い分けられている。

これはまさに政府の意図（本音）と学制布告書（建前）の関係が反映したものに他ならない。それゆえに、区戸長学区取締に宛てて書かれた告諭の方には、学制布告書にある建前の論理は全く使われておらず、逆に国家富強という学制布告書から隠された本音を、積極的かつ前面に押し出して、すなわち学制布告書で否定的に語られていた「国家」を積極的に肯定して下層役人たちを叱咤したのであった。(26)

二　学制発令前の就学告諭と学制布告書

学制発令前に出されて本章の対象となっている就学告諭は本章冒頭に記した通り二一件ある。本節では、学制が発

11 26-1	12 27-2	13 27-3	14 28-2	15 29-1	16 33-3	17 35-1	18 38-1	19 40-1	20 41-1	21 44-1	22 44-2	出現回数	一致率
												0	0.0%
				1								2	9.1%
1											1	2	9.1%
												0	0.0%
	1							1				2	9.1%
						1						1	4.5%
												0	0.0%
	1		1	1		1						6	27.3%
												0	0.0%
												0	0.0%
												0	0.0%
					1							1	4.5%
1	1	1	1	1	1	1	1	1				16	72.7%
												2	9.1%
												0	0.0%
						1				1		3	13.6%
												0	0.0%
												1	4.5%
2	3	1	2	3	2	4	1	2	0	1	1	1.6	

令される前の就学告諭の論理はどのようなもので、それと学制布告書および発令以後の就学告諭の論理とは、どのような異同があるのかを調査する。分析の方法は前節と同様である。

まず、学制布告書一八の論点との一致は、表5のようになる。

一つの告諭について、重なって現れる論点は平均して一・六ほどで、二つ未満だが、むしろ学制布告書以前の告諭の中に、たとえ二つに満たないとはいえ、論点としては重なる部分が出ていることに注意を向けるべきだろう。そして多いものでは滋賀県の告諭に五つの論点が採用されている〔新資25－1〕（明治五年七月）。

後から出された学制布告書と重なった論点で注目すべきことは二つある。

まず最も出現回数が多かったのは⑬「子弟をして学に従事させよ」で、子弟を学校へ行かせるように説いた告諭を数えているため、七割以上の告諭に見出された。周知のように学制発令以前から沼津の学校や、京都の番組小学校、各地の郷校などが開校され、そこに身分を問わずに就学を勧める言説はすでに告諭という形をとって流布されていた。改めて学制

表5　学制布告書発布前就学告諭の論点別の論点出現回数、論点一致率

		1	2	3	4	5	6	7	8	9	10
告諭番号		2-2	7-1	10-1	14-1	18-1	18-2	21-2	23-1	23-2	25-1
論点	①										
	②										1
	③										
	④										
	⑤										
	⑥										
	⑦										
	⑧			1							1
	⑨										
	⑩										
	⑪										
	⑫										
	⑬	1		1	1	1	1		1		1
	⑭								1		1
	⑮										
	⑯										1
	⑰										
	⑱		1								
計		1	1	2	1	1	1	0	2	0	5

発令以前に少なくない学校がすでに設立されていたことを思い起こさせる[27]。

もう一つは⑧「従来の学びは詞章記誦の末に趨り、空理虚談に陥り、高尚に見えたが役に立たなかった」という論点である。すなわち江戸時代以来の学びに対する批判であって、これが四分の一を超える告諭六件に見られた。以下、その六件の部分で述べているところを見ておこう。

群馬県の告諭「何レモ年頃七八歳ニモ成候者ハ夫々相頼ミ読書筆算ノ稽古怠ラス可為致学文ノ道ハ実意ヲ本ト致シ候事聊文字識候迚猥ニ高遠ニ趨リ職業ニ怠リ候様成行候テハ却テ不宜事ニ候」〔新資10-1〕（明治二年五月）では、「実意」を旨として「読書筆算」を怠ることなく、「高遠」な学問は却って仕事から遠ざけてしまうという。

滋賀県の告諭「従来学者之中ニも一生涯書籍のミに心力を尽し口に高大無辺の道理を説き道学先生と唱へ又ハ詩賦文章を仕事として筆端花を翻す如く巧に綴りて風流才子と称すれど放蕩無頼にして一身一家之上も衆人之罵言を受け日用之事ハ庸人にも劣り治国之道に迂遠ニして世の用に不立者も間に者有之故学問と申せハ強ち読難き書物を読んで右様之真似す

る事と存るも蒙昧之下方なれバ無理ならざることなり」〔新資25-1〕（明治五年七月）では、「高大無辺の道理」を説く「道学先生」は「日用」のことさえできないと批判され、新しい世の中の学問とは違うと述べている。

大阪府の告諭「抑是迄学文ノ弊タル、花月ヲ翫ヒ、詩歌ニ長シ候迄ノ事ナレハ、父母モ其子弟ノ書ヲ読ムヲ嫌フモ理ハリナリ、今ノ学ハ是ニ異リ、第一智識ヲ開キ、行ヲ正シクシ、工ハ有用ノ良器ヲ発明シ、商ハ彼我有無ヲ通シ、時機ヲ察シテ宜ヲ制シ、利権ヲ他方ニ奪レサル為ナレハ、豈ニ同日ニシテ語ルヘケンヤ」〔新資27-2〕（明治五年四月）でも同様に今日の言葉で言えば、文学的に流れていた学問が批判され、新しい学問と同一のものではないと言われている。

兵庫県の告諭では「学問ハ能ク物ノ道理ヲ弁ヘ自ラ先ツ其行ヲ正シクシコレヲ我今日務ル所ノ職業ニ及シテ不正不明ノ事ナカランコトヲ要スルノ道ニシテタヾ六ケ敷文字ヲ読書キスルノミヲ以テ学問トハ云フヘカラスシカシ其六ケ敷文字ヲモ読習ヒ師タル人ノ講義ナトヲモ聞カサレハ其道理ヲ弁ヘ知リ難キ故ニ務メテ学問スヘキナリ」「学問ノ順序ハ先ツ手近ナル我国ノ事ヲ知リサテ漢学ヲ修業シサテ西洋窮理ノ学ニモ及ホスヘシ詩文章ハ学問ノ傍ニス可シ詩文章ノミニ耽リテ身ヲ修メ家ヲ斉フル学問ノ本意ヲ忘ルヘカラス」〔新資28-2〕（明治四年三月一六日）と、「六ケ敷文字ヲ読書」するのみが学問ではないとされながら、しかしその「六ケ敷文字ヲ読書」をしなければ、「道理」は知りがたいとされるが、やはり「文学」に流れることは批判されている。

奈良県の告諭「是迄ノ学風ハ詩賦古文ニ従事シテ空言補ヒ無キニヨリコノ習風ヲ改メ人々身家ヲ立テ日用ニ益有ル学問ヲ教ヘ導ケリ」〔新資29-1〕（明治五年六月）でも日用実用的な学問が推奨されている。

山口県岩国藩校の告諭は「当藩従来学校ノ設ケ全クナキニ非レ𪜈講習ノヿ或ハ空虚ニ亘リ全ク事情ニ離レテ有用ノ才ニ乏シ加ルニ世禄ノ旧弊学ハ唯士族ニ限リ博ク農工商ニ及ホサス畢竟ハ従来ノ文科トスル者専ラ漢土ノ経義文章ヲ講究スルヲ主トセリ」と旧来の学問が武士層に限られていたことと、その内容が空虚であり、「経義文章」の講究に限られていたことを批判する（新資35－1）（明治三年一二月）。告諭ではこのあと、武士層の素読ができるものや、民衆の識字能力のあるものの人口に対する割合を推測している。

　以上のように、学制布告書以前の告諭であっても、旧来の学問、儒教の形而上学や漢詩文など、日常生活との乖離が批判されていることが分かる[28]。そしてその論点は、この六件の告諭でほとんど共通していた。

　その他の論点では③「学問は日用常行言語書算を初め、士官農工商百工、技芸及び法律政治天文医療に関連する」という論点が右の論点と重なるが、出現するのは三件ほどであり、その他の論点もそれ以下である。

　次に、学問や学校に行く理由はどのように説かれているかを見てみよう。

　本節でも前節と同様の分類を行ったが、学制発令前の告諭では、「その他」に当たる内容のバラつきが少ないので、「親の恥」とグループ化した。これは子弟を学校に行かせないのは親の恥になる、という言説である。これも道徳的原理と言えないことはないが、道徳的原理の場合に対象となっているのは子どもたちであって親ではなく、ここでは別のものとして扱った。

　表6にあるように、最も多いのは国家的原理を説いているもので、七割弱にのぼる。続いて文明開化原理と道徳的原理が、前者が一件多いものの、ともにほぼ半数を占める。とくに、学制布告書に全く言及がない道徳的原理のこの割合の大きさは注目すべきである。その他、個人的原理と対外的原理が三割五分強、「親の恥」が一割四分弱であった。

　これを学制発令以降に出された告諭と比較してみると、個人的原理と国家的原理がほぼ逆転していることが分かる。その数字も、ともに倍近い開きがあることも共通している。

　国家的原理に関連して、朝廷などの「国家」との関係の説かれ方に変化はあるだろうか。告諭を瞥見していると、「朝廷」などの単語の使われ方には、政府や太政官などとも言い換えが可能なものが少なくない。そこで、朝廷、朝

11	12	13	14	15	16	17	18	19	20	21	22	採用回数	採用率
26-1	27-2	27-3	28-2	29-1	33-3	35-1	38-1	40-1	41-1	44-1	44-2		
1	1		1	1			1	1		1		8	36.4%
1	1	1	1		1	1		1	1	1	1	15	68.2%
	1				1	1		1	1		1	14	63.6%
			1			1						8	36.4%
	1		1		1	1	1				1	10	45.5%
	1	1		1	1	1	1		1		1	11	50.0%
		1			1	1	1		1		1	8	36.4%
	1	1		1		1			1		1	10	45.5%
												1	4.5%
		1										3	13.6%

旨、天朝、皇国、皇威、天恩、皇政、皇基、皇張、皇運、皇業、皇恩といった語句を告諭の中に検索した。その結果、学制発令以前の告諭の方が、バリエーションに富んでおり、右の「皇政」以下は学制発令以後の告諭には見られなかった。ただし、「天恩」のみ、学制発令以後の告諭二件に見られる。この結果については、表4と表6の中に含まれている。

まず学制発令以前の告諭では、「朝廷」あるいは「朝旨」などの単語は学制発令以前の一四の告諭に用いられており、国家的原理とグループ化した告諭一五の大半を占め、告諭全体の六割強に見られる。しかし、他方でそうした単語を使っていながらも、国家的原理を採用しているとは見られない告諭も四件あり、そうした単語を用いた告諭の三分の一弱である。

学制発令後の告諭では「朝廷」などの単語は三二件に用いられ、告諭全体の半数を超えている。そしてこれは、国家的原理とグループ化した告諭二五件という数字も超えている。この数字が逆転しているのは、前述同様「朝廷」などの単語を使っていながらも、国家的原理を採用しているとは見られない告諭が存在するからで、そうした告諭は九件あった。これは「朝廷」などの単語を用いた告諭の三分の一弱である。この数字は、学制発令前の結果とほぼ一致する。

この結果を考察すると、「朝廷」や「朝旨」等の単語については、出現頻度においてやや減少し、語句の種類も少なくなっているようだが、それをもってその就学告諭の論理における位置に変化を見出すことは難しい。すなわちこのことは、

表6　学制布告書発布前就学告諭における就学目的採用回数・採用率

	1	2	3	4	5	6	7	8	9	10
告　諭　番　号	2－2	7－1	10-1	14-1	18-1	18-2	21-2	23-1	23-2	25-1
立身・家産など個人的原理										1
国家・朝廷など国家的原理	1			1				1	1	1
単語としての朝廷など	1			1	1	1	1	1	1	1
対外的原理	1	1		1	1			1	1	
道徳的原理			1			1	1			1
文明開化原理	1			1	1					
文明開化など	1			1						
智識を開くなど	1			1	1			1		
母の責務								1		
親の恥	1	1								

学制の発令を境にして、学問や就学の目的として国家的原理を持ち出す告諭は大きく減ったにもかかわらず、朝廷を持ち出す告諭の割合やその用いられ方に大きな変化は見出しがたく、したがって就学告諭の論理においては朝廷の「国家」に対する位置に変化がなかったことを示唆している。

次に、文明開化原理は学制発令後、発令前の六割ほどに減っている。しかも注目すべきことは、文明開化や智識を開く、といった単語は学制布告書でも類似の単語が使われているにもかかわらず、学制発令前の方が割合では多く使用されており、単語ベースでも学制発令後は発令前の六〜七割程度に減少しているのである。学制発令後の時期の方が、発令以前の時期に比べて、文明開化という言葉の持つ影響力が減退したことも、その一要因であろう。

対外的原理も発令後は発令前の四割程度に減少している。このことは、「国家」のための学問を説く割合が減少したことに対応している。[29]

道徳的原理の減り方はより顕著で、学制発令以後になると六分の一程度になり、五件ほどの告諭にしか見られなくなる。

道徳的原理の内容はどうだろうか。

ここで「禽獣」という単語に注目してみよう。学制発令以前の就学告諭には、禽獣という単語が六件の告諭で用いられ、発令以後の就学告諭にも七件の告諭に用いられている。この禽獣という単語は儒教による教化に関連して、五倫・五常といった人倫＝人の道を弁えぬ人は禽獣に等しい、という文脈で用いられている象徴的な言葉である。この用いられ方は学制発令の前後で変化は見られない。例えば発令以前の告諭の例では「人倫ヲ破リ候モノハ、禽獣同様ノモノ故、不得止厳科ニ処セザルコトヲエサル様相成、誠ニ悲歎ノ至ニ不堪候」〔新資21－1〕（岐阜県、慶応四年七月一日）、あるいは「夫人ハ万物ノ霊也凡天地ノ間ニ生ル、者人ヨリ尊キハナシ人ノ禽獣ヨリ尊キハ容ノ異ナルニ非ス礼義アリ智識アルカ故ナリ」〔新資38－1〕（愛媛県、明治五年四月二二日）という。同様に発令後の告諭の例では「人の彼禽獣と殊なる所以のものは教に従ひ道に拠るに在るのみ今是の世界文明の時に遇ひふるき習はせにのミ泥ミ教へず学バず道理に昧く愚かにして年をくらすをよしとするは時勢の遷り変るを思はざるなり」〔新資19－2〕（山梨県、明治六年一〇月）などという。以上のことは、道徳に強調点を置いた告諭は激減しているが、同時に学制発令後数年のうちには、大勢としてまだ新しい道徳の原理を見出すに至っていないことが示されている。

告諭の内容が変化していることについて、右に指摘した理由以外、学制発令後、実際に学校の設立が進み、曲がりなりにも就学児童数も増加する中で、より的を絞った告諭が必要となって来た、という事情がある。そうした告諭は、かなり事務的な調子を帯びており、本節で扱う告諭らしい告諭の中には必ずしも入ってこないため、ここでこのことを数値化することはできないが、告諭の変化の要因としてさらに検討を加える必要がある。

三　学制布告書の「問題点」の遷移

本節では、学制発令後の就学告諭が、学制布告書の論理をどのように継承したのかを、さらに別の角度から検討してみよう。

第一次研究会がその研究成果を発表した後、竹中暉雄は学制布告書を検討の俎上にのぼせ、学制布告書の中に含まれる「虚偽」や「誇張」を指摘した上で、次の六点を学制布告書の問題点として列挙している[30]。

一、「従来学校の設ありてより年を歴ること久しと雖も或は其道を得さるよりして人其方向を誤り」の意味が理解しにくい。

二、「学問は士人以上の事とし農工商及婦女子に至つては之を度外にをき《ママ》学問の何物たるを弁ぜず」というのは、事実誤認ではないか。

三、「士人以上の稀に学ふ者」というのは事実に反しないか。

四、「国家の為にすと唱へ」て学問すれば、どうして「詞章記誦の末に趨り空理虚談の途に陥」ることになるのか。

五、「士人以上の稀に学ふ者」が「国家の為にすと唱へ」て学問して「空理虚談の途に陥」ることが「沿襲の習弊」で、それが「貧乏破産喪家の徒」が多い理由だとされているが、そうだとすれば、「士人以上の稀に学ふ者」に「貧乏破産喪家の徒」が多いことになるが、それは不自然ではないか。

六、「一般の人民他事を抛ち自ら奮て必ず学に従事せしむへき様心得へき事」の意味が取りにくく、誤解を招きやすい。

本章では、竹中の指摘する「問題」が就学告諭の段階でどのように受けとめられたのかを検討しながら、その「問題」の当否を含めて考察する。

そのためにまず、六一件の就学告諭を瞥見すると、ほとんどの告諭では、これらの「問題」は回避され、敷衍されていないことが見えてくる。そこで逐語的に解釈を加えた、前述三件（a・b・c）の就学告諭においてどのように扱われているかを中心的に見つつ、その他の告諭で言及があるものを補足しつつ検討していくことにする。

では第一点から順に検討していこう。

竹中は第一の「道を得」られなかった理由について、学制布告書の英訳を参照し、次の解釈を紹介している。

・学校の不備、あるいは間違った指導から（ニューヨーク・タイムズ紙）

・学校行政のやり方における何か思い違いのために（ヘンリー・ダイアー）
・学校が適切に管理されていなかったせいで（菊池大麓）
・間違った指導のせいで（吉田熊次）

これに対して逐語的解釈の就学告諭では、左記のように記されている。

aでは、「学問ノ仕方カ筋ノ立ヌヨリ竟ニ方角ヲ取リ違ヘ」。

bでは、「学校ハむかしよりありて久敷年ハ経たれとも教かたよろしからす」。

cでは、「学問ノ仕方カ悪キユヘ、皆皆方角目的ヲ取違ヒ」。

英訳に示された解釈のいずれとも異なって、教え方が悪かった、あるいは学問の仕方が悪かった、という解釈である。bでは直後に「今度文部省に於て学問の仕かたを定められ追て教方をも改正し触れ達しに及ふへきにつき」と続き、教え方、あるいは学問の仕方が悪かったのだから、今後は文部省が教え方を示す新しい学校で学べば良い、という文脈に連なっていき、学制布告書とは論理展開の順序を変えている。

右の他、神奈川県の告諭では、学制布告書そのままの文言を用いており、「問題」をそのまま継承している〔新資14‐4〕（明治六年三月）。また北海道の告諭では、「官ニヲイテモ従前教育之方法或ハ其宜ヲ得サルモノアリ」として、教育方法の問題だとしているが、文脈は大きく変更されている〔新資1‐3〕（明治八年三月五日）。

第二点目について。

竹中は、ニューヨーク・タイムズ紙の「農民、職人、商人、そして女性は、無知のまま置き去りにされ、そのために彼らは、教育とはどういうものなのかさえ知らなかった」という記事と、菊池大麓（一八五五～一九一七）、吉田熊次（一八七四～一九六四）の英訳（ほぼ直訳）を紹介している。さらに竹中は、文部省自身がこの部分を不都合に感じていたと指摘し、下層階級や女性も学問することがあったが、それは「限られた性質のもの」だという文部省の翻訳も紹介している。

逐語的解釈は次のように告諭する。

aでは、「其学問ト云フモ士ヨリ上ノ仕事ト極リ百姓町人ヤ婦女子ハセヌ事ニナリ来タリ学問ハ何ノ為ト云フ事ヲ弁ヘヌ事ニナリシト云フ事ナリ」。

bでは、「学問ハさむらひ以上の業とし百姓職人商人及ひ婦女子ニ至てハのけ物にして学問とハ何事なるを知らす」。

cでは、「農工商幷婦人女子ノ輩ハ学問ハイラヌコト無用ノモノナリト了簡違ヒヲナシ、学問トハ如何ナル物ヤ更ニ其道理ヲ知ラヌト云コトナリ」。

いずれも学制布告書に忠実に述べていて、菊池や吉田と同様である。

右の他、福井県の告諭もほぼ学制布告書通りに記されている〔新資18‐3〕（明治五年一〇月）。前項で触れた静岡の告諭も学制布告書の文言通りである。高知の告諭は「学問は専ら士人以上の事とし農工商及女子の如きは置て問はす」として、これもほぼ学制布告書とかわらない〔新資39‐3〕（明治八年三月）。三重県の告諭は「農商婦女子ニ至リテハ学問ハ自己ノ業ニ不係モノトシ之ヲ度外ニ措テ不顧是因襲ノ弊ニシテ自忘自棄ノ甚シキト謂ヘシ尤従前ノ学其実ヲ失ヒ大イニ方向ヲ誤リ」としている。その指すところは、従来の学問が実学ではなかったために、下層民衆や女性は学問とは無縁だった、ということである〔新資24‐9〕（明治六年九月）。

学制布告書と異なった論理展開をしているのは、次の二件の告諭である。

大阪府の告諭では、「唯学問ハ士人以上のことゝして農工商及女子の如きハ棄て顧ミす政府地頭亦殊更民をして暗愚を以却て之を悦べり」と述べており、愚民政策を取っていた幕藩権力の施策の問題があり、為政者の意図に沿ったものだと批判している〔新資27‐4〕（明治五年八月）。山口県の告諭では、「学問を従来士人以上一種の芸の如く心得て農や商は我の為すへき事とも思ハす其婦女子に至てハ士と雖も又学ふ事を知らす」と述べている〔新資35‐3〕（明治五年

ものと見てよい。

この点について竹中は、「寺子屋や私塾、郷学での教育のことを無視している」、「庶民のために出版されていた各種往来ものの存在もまったく考慮していない」と疑問を述べ[31]、「《遅れた日本》という認識を公式に外国に与えることになり、非常に都合が悪い」としている[32]。

しかしながら、学制布告書で下層階級や女性が弁えなかったとされているのは読み書きなどの初級の教育ではなく、「学問」である。学問が「日用常行言語書算」などとされたのは、まさにその学制布告書からのことであって、江戸時代の学問とは一般的には儒学（漢学）のことであった。例えば京都の告諭では、次のように述べられている。「此小学校ノ搆ト云ハ学文而已之為ニアラス便利ノ地ニ建営シテ手跡算術読書ノ稽古場ナリ儒書講釈心学道話之教諭処也組町集議之会所ナリ又或時ハ布告之趣意ヲ此処ニテ委細ニ説キ聞セ多人数之呼出シモ態々当府ヘ罷リ出終日ノ手間隙ヲ費サス共府ヨリ此処ヘ出張シ申渡ス事モアルヘシ」（新資26－1）（明治元年一一月二〇日）。「学文」（＝学問）と「手跡算術読書」の稽古、「儒書講釈」、「心学道話」の教諭を別のものとして扱っている。近世的用法はこのようであった。前節で旧社会の学びに対する批判を見たが、それはまさにこのことに対応している。一般民衆がそのような意味での学問から疎外されていたというのは、歴史的事実と見るべきだと考える。

しかも、読み書きのような教育ですら、江戸時代後期に至っても、とくに農村には大して普及していなかった[33]。日本語ですら読み書きが怪しいのであれば、漢文で書かれた書籍を読むことはとうてい叶わない。そうした事態は江戸時代の「二つの知」の現れと見ることもできよう。その二つの知の近代的合体を象徴している教育史上の歴史的文書こそ、右訓と左訓とを具有する両文体で記された学制布告書ではなかろうか[34]。そのように考えるのであれば、学制布告書も、それをそのままの論理で伝えた三種の就学告諭も間違ってはいない。なかんずく竹中が批判している前述した文部省訳はむしろ正鵠を射ていると評価できよう。

第三点目について。

竹中は直訳している吉田熊次を除いて、この部分を翻訳していないか、または暈した表現にしていると紹介している。

逐語的告諭では次のようになっている。

aでは、「士分以上ニテ適マヽ学問スルモノカアツテモ」。

bでは、「さむらひ以上の稀ニ学ふものも」。

cでは、「士分以上ノ者カタマタマ学問ヲスルモノモ」。

吉田と同じく学制布告書の通りに述べていずれもほとんど同一であり、敷衍というほどのことをしている訳ではない。その他の告諭では触れていないか、触れていても逐語的解釈のものとほぼ同様で、就学告諭全体としてこの部分には余り重きを置いていない印象を受ける。

第四点目について。

これに関しては、第一次研究会の研究成果として、筆者は学制布告書解釈に関する従来の研究に疑問を提示した。とくに布告書中の「国家」概念に着目して、それを『大学』八条目にある「治国平天下」の意味の国家であると捉えることによって、布告書の性格を「朱子学的な啓蒙主義」の産物ではないかと提起した[35]。

詳細は繰り返さないが、「国家」を「治国平天下」の意味の国家だと考えると、天下国家を空疎に論じるような実用的でない学問は「空理虚談」に陥っていた、という批判として意味が通じるものと筆者は考えている。この点、秋田県の就学告諭では、当該部分を「仮令十中一二稍傑出スル者アリテ業進ミ学就ルモ徒ニ浮華ニ趨リ坐上ニ治国平天下ヲ説キ或ハ高尚風流文雅ニシテ詞章ニ耽リ多クハ事務ニ疎ク日用ニ供ス可カラス実地上ニ於テ画キタル餅ノ終ニ啖フ可カラサルカ如シ」（新資5－6）（明治六年九月一三日）と解釈しており、筆者と同様の布告書理解と見てよい(36)。

この点に関して、逐語的解釈aとcは学制布告書の通りに記しているが、aは「国ノ為ニ学問ヲスルナト云テ」といい、cは「御国ノ為ニ学問スルナト云テ」としている。ほぼ「御」の有無が異なるだけだが、「御国」という以上少なくともcは、治国平天下の「国」という理解ではない。

bは両者とは異なって、次のように解釈している。「国家の為ニすと申はやし其身を立るの元手なる事を知らす或ハ詩を作り文をかき物覚えの末にはしにやくにも立ぬ空言理屈はなしのみちにおち口さきはかり立派に言廻し身の上ニ行ひて其学問を用立る事出来ぬもの多し」。すなわち、国家のためなのか、自分のためなのかという文脈と、空理虚談云々の文脈を、「或は」の直前の動詞を「元手なる事を知らす」と終止形にすることによって分けて展開し、そこに想定されるはずの因果関係を排除している。そのため、竹中の疑問とするような事態を避けている。しかし、同時にそれは学制布告書の論理展開を切断するものでもあった。けれどもこの告諭は、学制布告書の趣旨に倣って、国家のための学問を否定的にとらえている数少ない告諭でもあった。

第五点目について。

第五点目はやや複雑な論点であるが、逐語的解釈の告諭も、aとcは学制布告書の論理をそのまま踏襲している。これに対してbは、右に見たように文脈を分けて記述し、別々の二つを「これ仕来りのあしき癖ニして世の中開けす才智芸能長せすして家を潰し身を亡し貧乏者の多く出来る筈のもと也」と受けているので、士族層に「貧乏破産喪家」が多いという、竹中の指摘する学制布告書の論理的な弱点を避けることができている。

なお、先に本章では「逐語的解釈をしているものを除けば、⑨「学問が役立たなかったため、文明が行き渡らず、貧乏破産喪家が多かった」という論点についてはどこにも敷衍されていないことになる」と記した。すなわち、学制布告書の論理的弱点をそのまま継承した就学告諭は僅かに右の二件のみであった。

また、同じく先に「武士でまれに学ぶものも学問が立身の財本であることを知らなかった」という論点を採用している告諭が少なく、「前代の教育についての批判の矛先は学び方そのものに向けられており、その担い手であった武士への言及には余り積極的では」ない理由として、就学告諭の書き手のほとんどが士族出身だったからではないかと記したが、竹中の指摘する論理的な矛盾を看取して、そこに触れなかったのかもしれない。

第六点目について。

逐語的解釈のaとcは、前述したように、但し書き部分を解釈から丸ごと落としているので、この部分についての記述はない。

bは、「人民一同いらぬ事ハさし置自分よりはけみ振ひて学問いたす様心得へき事」と述べている。この解釈は竹中の指摘する三番目の誤読に近い[37]。

石川県の告諭では、「父兄タル者能々御趣意ヲ了解シ其子弟ヲシテ寸分ノ光陰ヲ愛ミ怠惰ニ陥ラシムルヿナク其業ヲ達シ其身ヲ立以テ国恩ニ報スヘク」と述べていて、子どもが怠惰にならぬようにさせるとともに、その子どもが立身して国恩に報ずることができるように、と解している〔新資17－2〕（明治五年八月）。自発性や、何事も差し置いて、という部分の解釈は落とされている。

右の二件の他には、自発的にその子どもを学問・就学させるような論理展開に関連している告諭は見当たらない。竹中の指摘するように、確かにこの部分の理屈は分かりにくい。しかしそもそも自発的に学校に行かせていないのだから告諭する必要があるわけで、親たちに自発性を発揮するようにこの理屈を敷衍することを求めても、分かりにくい以上に、それは無理難題に近いものであったろう。

おわりに

本章では、第二次就学告諭研究会で大幅に整理が進んだ就学告諭のうち、「最も告諭らしい告諭」であって、学制布告書以後に発布された告諭を六一件、学制発令以前に発布された告諭を二二件、それぞれ選抜して検討素材とした。

それらを用いて第一節では、全国の就学告諭の論点が、学制布告書の論点から、どのように遷移したのかを調べた。その結果、学制布告書の論点一八のうち、平均して三つほどしか採用されていないこと、採用された論点では、立身・出世に関連する論点と、「邑に不学の子なく家に不学の人なからしめんことを期す」る論点が半数近くの告諭に作用されて最多で、両者をともに含む告諭が二割を超えていた。また、武士の学び方に対する批判的論点は少なくないものの、批判の矛先は身分としての武士には向けられていないものが大半であった。学問や就学の目的として立身を掲げる告諭が八割近くと圧倒的多数ではあったものの、四割を超える告諭には国家や朝廷が、その目的として積極的に語られていたことも判明した。立身と国家と、一見相反する価値は、連続したものとして語られることも多かったが、なかには語る相手によって二つの論理を本音と建前のように使い分けていると見られる事例も存在した。

第二節では、学制発令以前の就学告諭と、学制布告書、さらに発令後の就学告諭の論点や目的を比較した。学制発令前の告諭はすでに設立されていた学校への就学を告諭するものであったから、就学勧奨という点では布告書と一致するものが多かった。また、旧時代の学びに対する批判的な記述は五分の一ほどの告諭に見られた。学問や就学の目的については、学制発令前の状況と逆転し、国家的原理を掲げるものが六割五分、個人的原理を掲げるものが四割であった。文明開化原理を採用する告諭は学制発令前に半数を超え、学制布告書に言及があるにもかかわらず、学制発令前はその六割に減少している。道徳的原理を掲げるものも半数にのぼったが、これも学制発令後に激減している。しかし国家原理に関連して調べた「朝廷」などの単語の使用法や位置づけには、学制発令前後で変化を見出すことはできなかった。また道徳的原理にもその前後に変化を見出しがたく、新しい道徳的原理による告諭はなされていなかったと考えられる。

第三節では、竹中暉雄の指摘する学制布告書の論理的難点が、どのように学制布告書にもたらされたのか、ということを検討した。逐語的に解釈している三件の告諭には多くその弱点が継承されていたが、その他の告諭にはほとんどその影響はなかったことが判明した。また、竹中の指摘する「問題」のうちの二つについては、異なった見方を対置して問題提起した。

以上の検討を総合して就学告諭の論理の遷移をまとめると、次のようになる。

学制発令前の告諭ではすでに設立していた学校への就学勧奨が多く（七割）、また旧時代の学問に対してその実用性に欠ける点が批判されていた（二割）。学問や就学の目的では、国家的原理ともいうべきものが多く（七割）、文明開化的原理や道徳的原理もともに多かった（約半数）。

学制布告書では、立身などの個人的原理と文明開化的原理が強調されていた。学制布告書は、発令以前の告諭の中にもすでに見られていた個人的原理（三割五分強）と文明開化的原理を吸い上げ、逆に大多数に含まれていた国家的原理を否定した。それに伴い、個人的原理と同程度存在していた対外的原理も表舞台から退場させられた。他方で、道徳的原理も汎学問論にその場所を譲り、顧みられなかった。

学制発令後の就学告諭では、学制布告書の論点一八点のうち、平均して僅かに三点ほどが踏襲されたのみであった。遷移が認められる論点では、立身出世に関する論点と、学問と学校を普及させる論点が多く、この両者を並び持つ告諭が学制発令後の平均的な告諭といってよい。学問と就学の目的に関しては、個人的原理を掲げるものが圧倒的多数を占めたが（八割弱）、同時に学制布告書では否定されていた国家的原理も少なくない告諭で採用されていた（四割強）。国家的原理は学制発令前の六割ほどになったが、それでも明確に学制布告書で否定されていた原理を掲げるものが多く出されていたこと、結果として学制布告書よりも、学制発令以前の論理を継承していたことは注目に値する。学制布告書の論理はほとんどこの点において敷衍されることはなく、論理的遷移は見られなかった。この他、文明開化的原理も学制発令前の六割に、道徳的原理は五分の一以下に、そして対外的原理は半分ほどにそれぞれ減少している。学制布告書が登場することで、立身などの個人的原理が地方官によって強く押し出されることになったことは間違いない。他方で国家的原理は学制布告書の論理を無視して残存し続けた。就学告諭の性格上、就学を勧奨する点では学制発令前後で共通することはいうまでもない。こうして就学告諭は、就学勧奨を土台として、旧時代の学問を否定しつつ、国家的原理でその目的を説くものから、学制布告書の発令を経て、個人的原理を説くものへと変化した。他方で国家的原理そのものは否定されず、個人から国家へと同心円状に拡大する論理をもって、国家的原理も少なからず説かれ続けたのであった。

(1)『「就学告諭」の研究』の合評会での梶山雅史、竹中暉雄両氏のコメント、およびそこでの参加者諸氏の発言、湯川嘉津美による書評（日本教育学会『教育学研究』第七六巻第一号、二〇〇八年）、竹中暉雄による書評（日本教育史研究会『日本教育史研究』第二八号、二〇〇九年）など。
(2) 本書では改めて就学告諭の定義を試みている。本書第一部第一章、参照。
(3) 告諭の選抜は第二次研究会の複数の会員の共同作業によるが、本章の記述の責任はもちろん筆者に帰属する。なお本書資料編には、発布時期が不明な告諭四件も併せて掲載している。
(4) 本書第二部第六章、同附論一、参照。
(5) 振り仮名や返り点、闕字の空白などは算入しなかった。割り注になっている部分は算入した。
(6) ここで用いる学制発令前の告諭一二一件のうち、愛知県の告諭〔新資23－2〕（明治五年五月）は、福沢諭吉の『学問のすゝめ』の初編末尾に文書を加えて告諭にしているものであるため、計算から除いている。

(7) 竹中暉雄『明治五年「学制」──通説の再検討』ナカニシヤ出版、二〇一三年。初出は「「学制」前文（明治五年）の再検討」桃山学院大学『人間科学』第四〇号、二〇一一年。
(8) 三木一司「収集した資料の性格」『「就学告諭」の研究』所収。
(9) 柏木敦は、学制布告書に見られる「学習の論理」を八点に分解し、それぞれの論点が学制発令以前の就学告諭にどのように出現するかを検討している。柏木「学制以前以後の就学告諭」『「就学告諭」の研究』所収。
(10) この論点の中には、内容から見て重複した論点も含まれているが、学制布告書自身がそのように重複した論点を抱えていることに由来する。そこからの遷移を検討しようとするため、重複した論点も、敢えてそのままにしている。竹中、前掲書、参照。
(11) 坂本紀子「教育の内容とその「有益」性」『「就学告諭」の研究』所収。
(12) 同前、一八三頁。
(13) 論点一致率などという言葉や分析方法を用いているわけではないが、この逐語的な解釈のある就学告諭三件については、すでに大間敏行が「「国家」意識の表出」『「就学告諭」の研究』所収、で触れており、その「国家」意識について分析を加えている。なお、論点の一致を判断するに際しても、筆者の主観が入り込む余地があり、以下に述べる比率も厳密なものではなく、おおよその傾向を示すものと理解されたい。
(14) 就学告諭の中の「自由」という言葉については、本書第一部附論二、参照。
(15) 汎学問論という捉え方については、川村肇「学制布告書の論理」『「就学告諭」の研究』所収、参照。
(16) もう一件の就学告諭は長野県の告諭〔新資20－5〕（明治五年九月）であり、学制布告書の論理に忠実である。大間、前掲論文、二三一頁以下参照。
(17) この点については、竹中暉雄の指摘に関連して後述する。
(18) この点についても、竹中の指摘に関連して後述する。
(19) 愛知県の発信年月日不詳の告諭には「小児六歳以上にして就学せざるは其父兄の越度たるべしとの御布告あり」とある〔新資23－4〕。

(20)　湯川嘉津美「学制布告書の再検討」『日本教育史研究』第三二号、二〇一三年。

(21)　大矢一人「モデル・脅威としての外国」『「就学告諭」の研究』所収、参照。なお、宮崎県のこの告諭「説諭二則」は、第一次研究会の時点でも富山県の告諭として扱われていたが、再調査の結果、宮崎県の告諭の一部分であることが判明した（『新聞雑誌』二三六号、明治六年四月一六日付）。本書第二部附論一、参照。全く同一の文書（の一部）が、富山県でも出された可能性はあるが、資料の裏付けがとれていないため、富山県からは外した。

(22)　もちろん、その「国家」が何を指しているのか、ということが次の問題となる。本章第三節、参照。

(23)　表中には、朝廷、文明開化、智識を開く、などの単語の採用回数・率も記入している。

(24)　大間、前掲論文、参照。

(25)　高瀬幸恵「愛媛県の就学告諭」『「就学告諭」の研究』所収。なお、もっぱら各区戸長や学区取締に宛てて書かれたものは、本書第一部第一章に定義した就学告諭の対象者から厳密に言えば外れるが、その各区戸長や学区取締は人民に向けて告諭することを前提としているため、研究会では就学告諭と判定した。

(26)　このことは、下層役人のところまでは、国家を優先させる思考が優勢だったことを示しているように思われる。

(27)　湯川嘉津美は「文部省学制原案」を検討する中で、文部省が「学問」にこだわり、「小学」に従事させるという学制布告書案に対して、学問に従事させるように変更することを主張したと指摘している。今ここにその余裕はないが、文部省が学校へ行かせることよりも学問に就かせることを重視したとも見えるこの対応はさらに深く検討する必要がある。湯川、前掲論文、参照。

(28)　柏木敦は前掲論文で、「学制布告書が示した教育像・学習像は、特に目新しいものではなかった」としている。六四頁。

(29)　大矢、前掲論文、参照。

(30)　竹中、前掲書、三二三頁。

(31)　同前、三二五頁。

(32)　同前、三二六頁。

(33)　この点、竹中はR・ルビンジャー（川村肇訳）『日本人のリテラシー　1600-1900年』柏書房、二〇〇八年、を注記して、いわゆる識字率は巷間言われているように高くなかったことを紹介している。識字の定義にもよるが、農村の男性で七％から二〇％程度であった。こうした事情を、本文前述山口県岩国藩校の告諭「学制ノ儀」は見事に活写している〔新資35－1〕（明治三年一二月）。
(34)　この江戸時代に二つに分裂していた「知」の近代的統合を象徴するのが両文体ではないかと指摘したのは、川村、前掲論文、九七頁。また川村筆『在村知識人の儒学』思文閣出版、一九九六年、第八章、参照。
(35)　川村、前掲論文、参照。また、国家意識については、大間、前掲論文、参照。
(36)　この他にも滋賀県の告諭が同様に記述している〔新資25－1〕（明治五年七月）。この告諭には本文前述のように学制布告書の論点との一致も比較的多く（五点）、文面から受ける印象からも学制発令後のものと見られないこともない。しかし告諭の日付が学制布告書と同月になっている上、告諭文中に「八月十五日迠ニ見込之筋逐一県庁江可申」とあるため、本章では学制発令以前に作成されたものとして扱った。ちなみに、春山作樹も同様の解釈をしていたと見られる。春山は学生布告書の当該する箇所に「治国平天下を口にするばかりで、時務を解しなかつた漢学主義教育を矯正する為めには適切な教訓であつた」とコメントしている（春山「教育改善の根本問題——立身の解釈修正」丁酉倫理学会『丁酉倫理学会倫理講演集』第三八五輯、一九三四年）。
(37)　三番目の誤読として竹中は「一般の人民は他事を抛ち自ら奮って、必ず就学するようにしなければならない」を挙げている。竹中、前掲書、三三二頁。煩雑になるので一番目、二番目の誤読は略す。

（川村　肇）

第四章　就学告諭にみる「立身・出世」

はじめに――課題の設定と分析方法

明治六（一八六九）年五月に発令された、佐賀県の就学告諭〔新資41－2〕には、「学問さへ成就せば立身出世は身につきたる者にて、悦びも楽しみも思ひのままになる」とある。「立身・出世」のために学問を行わせようとする露骨な論理である。

本章の目的は、就学告諭において「立身・出世」に関するタームがどれほどあり、それをどのように使用して民衆を学校にいかせようとしたかを明らかにするものである。民衆を学校にいかせる説得論理としての「対外」「国家」などについては、第一次就学告諭研究会の成果である『近代日本黎明期における「就学告諭」の研究』[1]に含まれているが、「立身・出世」については分析が進まず、掲載されなかった。しかし本書第一部第三章の川村論文によれば、就学告諭において、なぜ学校にいかねばならないのかという論理のなかで「立身」は最上位に位置している。やはり、検討すべき課題である。

就学告諭を分類して検討した以下の二つの先行研究では、「立身・出世」に関して次のような指摘をしていた。

まず、『日本近代教育百年史』第三巻（学校教育一、第二編第一章第一節）である。同節の「一 「学制」における初等教育の基本政策」において堀松武一は、学制布告書の画期的な理念を三つとりあげた。(2) 第一に「立身出世主義的な教育観」、第二に「教育における四民平等」、第三は「実利主義的な学問観」である。教育における四民平等について、堀松は次のように述べている。

「被仰出書」によれば、「学問ハ身ヲ立ルノ財本」であり、「人々自ラ其身ヲ立テ其産ヲ治メ其業ヲ昌ニシテ以テ其生ヲ遂ル」ためのものであり、（中略）しかもこのような立身出世のための教育は身分階層の如何を問わず、「一般ノ人民華士族卒農工商及婦女子」の区別なく平等にその機会を与えられるものであるとしたことは、それまで支配階級として三民の上に君臨し、ややもすれば学問を独占しがちであった士族階級の特権を剝奪し、平等に立身出世への機会を与えることになったことを意味するものであって、その後における明治期の教育が急速に発展をとげる一つの原動力となったと言って過言ではない。

また同節の「四　児童の就学」を執筆した佐藤秀夫は、学制布告書を受けて各府県などが民衆に発した就学告諭を六つに分類している。(3) そのうちの四つめが「最も多くかつ力を入れて論じられた」とする、「教育における封建的身分制の打破、四民平等」である。その例として滋賀県の告諭〔新資25－2〕（明治五年九月）、神山県の告諭〔新資38－4〕（明治六年二月二八日）、熊谷県の就学告諭〔旧資11－15〕（明治八年一一月一四日）、印旛県達〔新資12－1〕（明治五年九月）をあげている。

そして「それはまた一方で、「学問」による立身出世の可能性の喧伝という、民衆の世俗性に訴える表現をも伴なっていた」という五つめの分類とし、先述した佐賀県の就学告諭〔新資41－2〕とともに、青森県の就学告諭〔新資2－7〕（明治六年一〇月）を例にあげている。

最後に佐藤は就学告諭を、「多分に愚民意識を内に含んだ上からの啓蒙第一主義であ」るとし、「それゆえ啓蒙意識が先走って「学制序文」の枠を越え四民の「自由自主」や手放しの「立身出世」論」を主張するものなどが現れた、とする。これが六つめの分類である。

第二の先行研究は、竹中暉雄による『明治五年「学制」—通説の再検討—』である。[4] 第二章の「第二節　前文は「出世」の勧めをしているか」と「第六節　「出世」教育論のはじまりは」という節において、就学告諭の立身・出世に関しての指摘を行っている。

竹中はまず第二節において、以下のように立身と出世の定義をしている。

立身…自立して一人前になること。
出世…社会的な地位の上昇を伴って高い地位や身分につくこと。地位上昇という場合には、「丁稚」から「手代」「番頭」となるような同一の社会階層内での地位上昇と、農民から官僚へという社会階層間での地位上昇とがある。

そのうえで、学制布告書（竹中は「学制序文」とする）における「「立身」は「立身出世」とは関係なく「自立」と考えるべきだというのが、妥当な評価である」としている（七一頁）。「出世」という考え方は学制布告書にはもともと存在しないと結論づけているのである。

一方、第六節では、就学告諭においては「出世」という考え方が存在するとし、いくつかの告諭を紹介している。まず『日本教育史資料書』に収録されている一七件のうち、神山県・佐賀県・青森県の告諭がそれにあたるとする。これは、佐藤の引用と同じである。さらに、明治四年五月の松江藩〔新資32－1〕、明治五年六月の大分県〔新資44－1〕、明治五年七月の犬上県〔新資25－1〕・小倉県〔新資40－1〕、明治五年八月の石川県〔新資17－2〕など、すでに「学制」発令以前から直後にかけて「出世主義」を唱えているものが含まれる、とする。すなわち、これらの例は竹中のもともと考えていた仮説とは異なり、学制発令前後（明治五年八月）、さらに文部省布達第二三号布達（明治六年三月）以降も、継続して就学告諭には「出世」が用いられて、民衆を啓蒙したというのである。

以上の先行研究において、やはり「立身・出世」は学制布告書の重要な論理の根幹をなしており、検討すべき課題といえる。なお、いわゆる就学告諭を八つに分けて検討した戸田金一『秋田県学制史研究』第一章「第二節　府県による学制の受け止め」には「立身・出世」に関する指摘はない(5)。

そこで本章では、上記の竹中論をより詳しくみていくことにする。竹中は、『「就学告諭」の研究』資料編に掲載されている九四点を中心に分析を行っていると思われる。本章では、さらに、資料編に掲載されなかったものや第二次就学告諭研究会で収集したものも含めて検討する。

その際、「立身・出世」に関するターム、例えば、「身を立て」「家を興す」「家を破」「破産」「人材（人才）」「殖産」などに着目する。そして、学制布告書の以下の部分に着目して就学告諭を検討する。すなわち①「自ラ其身ヲ立テ其産ヲ治メ其業ヲ昌ニシテ以テ其生ヲ遂ルユエンノモノハ」、②「生ヲ治メ産ヲ興シ業ヲ昌ニスル」、③「身ヲ立ルノ財本」、④「家ヲ破リ身ヲ喪」、⑤「身ヲ立ルノ基タル、貧乏破産喪家」である。また、社会的な地位の上昇移動に関連する職業・身分などの文言、例えば「農商モ貴官トナリ」「朝廷之官員となれり」といった文にも着目する。

そのうえで、「立身・出世」論がある告諭の量、時間的な経緯の変化を分析し、「立身・出世」論の質的内容の検討などを行う。竹中の上記の指摘である「社会階層間での地位上昇」を狭義の「出世」ととらえ、就学告諭がどのように説いているかをみるのである。そのため、就学告諭を、大きく四民平等の記述がみられるもの、「立身」を説くもの、「出世」を説くものに分けて考察することとなる。最後にまとめとして、三つの視点からの分析を行う。

一　「立身・出世」の前提としての四民平等

（一）学制布告書における四民平等

「立身・出世」が行われる社会は、その前提として「教育における封建的身分制の打破、四民平等」が必要である。そのうえで佐藤のいう「「学問」による立身出世の可能性の喧伝という、民衆の世俗性に訴える表現」がでてくるのである。

それでは、学制布告書は四民平等をどのように記していたのだろうか。それは「自今以後一般ノ人民華士族卒農工商及婦女子必ス邑ニ不学ノ戸ナク家ニ不学ノ人ナカラシメン事ヲ期ス」である。就学告諭において学制解釈を示した山梨県では「今ヨリ後ハ華族モ士族モ百姓モ町人モ婦女子ニ至ルマテ此日本ニ生レタル者ハ皆学問ヲイタシ」（新資19－1）（明治六年六月二八日）とし、大阪府ではこの部分を「今日ヨリノチハ華族テモ士族テモ百姓町人モ婦人女子ニ至マデ、御国ノ中ニ生レシ者ハ、如何ナル田舎ノ三軒家テモ、学問ヲセヌ家ハ一軒モナク、如何ナル津津浦浦ノ三枚敷ノ家テモ、学問ヲセヌ者ハ一人モナキ様」（新資27－6）（明治六年一月一三日）と説明している。

（二）身分制を意識する就学告諭

四民平等の世の中となったとはいえ、士農工商の身分制意識はまだまだ根強く残っていた。そのため、学制布告書では四民すべて学校に行くべきだと明言しながらも、就学告諭では身分を意識したり、身分ごとに学問の意味を説明するものがある。まず学制布告書が発令される明治五年八月以前に、以下の福井の二つの例がみられる。前者は、市民を三階層に分けて「中戸以上」の者は子弟および父兄も郷学所に出席するように、とする。また後者は、身分にかかわらず学校に入ってもよいとしつつ、農家は農家なりに、商家は商家なりに頑張れ、と説いている。

今暫《しばら》く市民を三等《さんとう》に分《わか》ち最《もつとも》富る者を以て上戸《じようこ》とし其次を中戸《ちゆうこ》とし又其次を下戸《げこ》とし中戸以上の子弟は勿論父兄たる者も職業の暇《いとま》にハ精々《せいせい》郷学所へ出席《しゆつせき》せしめ下戸の分ハ其志《こころざし》《しぐわん》願《ねがい》にまかせ勝手《かつて》に出席致さしむ様〔新資18－1〕（明治三年九月）

農家にてハ耕作《こうさく》の道ハ勿論《もちろん》水利を興《おこ》し荒　蕪《くはうぶ》《あれたるとち》を拓《ひら》き菓　菜　桑　楮《くわさいさうちよ》《くだものなくわかふぢ》の類風土《とち》の宜に随ひ培　植《ばいしよく》《つちかいうえ》する事などを発明《はつめい》し商家にてハ商法を明らめ産業を広め総《そう》じて信義《しんぎ》を本とし姦　曲　私　利《かんきよくしり》《よこしまにゆがむみがつて》に陥らず永く富《とみ》を保《たも》つ事を旨《むね》とすべし是則身を守り家を保つの道にして先般の御規条ニも有之《これある》趣なれバ何れも慎《つゝし》んで執守《とりまも》り天　寵《ちよう》《てんのめぐみ》を得《え》ん事を心懸《がく》べき者也〔新資18－2〕（明治三年九月）

続いて学制布告書発令以後である。身分を意識したり、身分ごとに学問の意味を説明する告諭には、以下のようなものがある。最初の滋賀県の例は、身分について言及し「其の業について実用の学」という言い方をしている。二つめの北海道、三つめの名東県の例は、農夫には農夫の学問（勉強）と身分ごとに学問の意味があるとし、四つめの滋賀県の例は、その職業ごとにやるべきことをやれとする。

農商工共各其業ニ就テ実用之学科アリ〔新資25－2〕（明治五年九月）

農夫ハ農業を務ルハ専用之事ナレトモ文字を知らす筆算を学ハサレハ人たる之道ニ背き且農業とても其術ニ暗ケレハ空シク力を尽シテ収穫少キハ勿論時に　上より御触達面も弁へ難ケレハ不覚罪科ニ陥リ候儀も可有之〔新資1－1〕（明治五年一一月一八日）

植《うえ》もの育《そだ》てる農　人《のうにん》《ひやくしやふ》の学問家宅《がくもんかたく》を作る大工《だいく》の学問筆算習《がくもんひつさんなら》ふ商人《しやうにん》《あきひと》の学問深《がくもんふか》きに至《いた》れば天下《てんか》の政事天文地理《ごせいじてんもんちり》まで究《きわ》めざる所《ところ》なし其学《そのまな》ぶもの自分《じぶん》より生質《うまれつき》の得手《えて》を持出《もちだ》し一芸《いちげい》を研《みが》きあげなば誠《まこと》に一生《いつしやう》を安楽《あんらく》に送《おく》る基《もとゐ》とこそなるべけれ〔新資36－1〕（明治六年一

月）

各其職業を勉励《ベンレイ》し小ハ一身一家の事を謀《ハカ》り大ハ国家の公益《コウエキ》《をゝやけの利えき》世界の有用《イウヨウ》《用ニ立事》を謀るなり而して之をなす皆其智識《チシキ》を研《ミガ》き其の方法《ハウハフ》《しかた》を究《キハ》めざれバ難《カタ》し其智識を研き其方法を究ハむるハ則《スナワ》ち学問《ガクモン》にあるなり〔中略〕農《ノウ》は農事の学問 工《コウ》《しよく人》は工業の学問 商《あきうど》ハ商法の学問と謂《ヰ》ふが如く各其職其業に就《ツキ》て必ず其学問あり〔新資25－3〕（明治六年二月八日）

似たような例として、四民平等は強調しつつ特定の身分について、とくに言及しているという告諭を二つ掲げる。一つめは平民が就学しないのは「けしからん」とする石川県の告諭であり、二つめのものは平民が「士族の上に出よ」という宮崎県の告諭である。

士族ハ入学モ致シ候得共、平民ハ未夕目前ニ安ンジ、旧習ニ狎レ、学問ヲ以テ分外ノ事トシ、更ニ誘導ヲ捨置候輩モ有レ之様相聞エ〔新資17－4〕（明治六年二月）

抑、以往之形勢を熟考するに、従此后四民各才気を錬磨し、必ず士族の上に出ん事を欲す可し。是自然の勢なり。此時に当り、為士もの彼れか凌侮を受くへけんや〔新資45－2〕（明治五年三月二五日）

（三）四民平等を強調する告諭

（二）でみてきたような身分を意識する就学告諭がある一方で、やはり圧倒的に多いのは、四民が平等になったのだから「すべての者が学校へ行け」という告諭である。学制布告書の言い回しをそのまま使ったものも含めると多数ある。ここでは、「立身・出世」については言及していないが、四民平等について説く、学制布告書発令以前の告諭をいくつか掲げる。(6) 亀山藩、岩国藩、久居藩のものである。

上下兵士役員及ヒ市郡平民ノ子弟ニ至ル迄〔新資24－4〕（明治二年一〇月）

其天賦自然ノ者ニ於テハ毫モ上下貴賤ノ差別ナシ〔新資35－1〕（明治三年一二月）

当今士民工商ノ族類ヲ分ツト雖是族名而己ニテ其実ハ有識無識ヲ分ツニアリ〔中略〕士族ト雖モ農商ニ均シ〔新資24－6〕（明治四年二月）

明治維新により四民平等が叫ばれて、郷学校などへの入学が身分を超えて開かれた状況がわかる。

続いて、学制布告書発令以後の告諭である。(7) 最初の茨城県の例は、四民平等の定義を示した上で、官や農工商といったどのような身分でも学問をして「皇恩ニ報シ下ハ我家他日ノ幸福ヲ期」せとする。二つめの例が山梨県、三つめの例が敦賀県の例である。

夫人民ハ同シク皇国ノ人民ニシテ華士卒平民ト其称異ナリト雖トモ有力者ハ挙テ官ニ任セラレ無力者ハ退ケテ用ヒラレス又階級等差アルナシ之ヲ四民同権ト云フ〔中略〕子弟ノ輩ヲシテ或ハ官或ハ農或ハ工商何ナリトモ人々相当ノ学問ヲ習ハシ上ハ皇恩ニ報シ下ハ我家他日ノ幸福ヲ期ス可シ〔新資8－4〕（明治六年三月一八日）

今は華族《クワゾク》も士族《シゾク》も農工商女子までも同じ様《ヤウ》に書物算盤《ショモツソロバン》手習ひをバ学《マナ》バざれは世間《セケン》の交《マジハ》り通《ツウ》じがたく身《ミ》に取《ト》り家《イヘ》に取《ト》り国にとり損《ソン》多くして益《エキ》なし〔新資19－2〕（明治六年一〇月）

大政維新以来四民同一ノ権ヲ付与セラレ士ハ古ノ士ニアラス農工商亦古ノ農工商ニアラサレハ従テ四民一般斉ク学ニ就クヘキ旨云々ノ告諭アリシハ〔新資18－6〕（明治八年三月二三日）

学制布告書発令以後の告諭が少ないのは、四民平等を強調するそれが少なくなるわけではなく、二でみるように、「立身・出世」も含めて四民平等を説く就学告諭が多くなるからである。

以上、学制布告書発令以前以後を通して、四民平等を強調する就学告諭が出され続けたことを確認できた。

二　「立身・出世」論が見られる就学告諭

（一）「出世」の意味

竹中前掲書では「立身・出世」、とくに「出世」の方向性には二つの道があるとする。一つは「丁稚」から「番頭」となるような出世であり、「同一の社会階層内での地位上昇」である。もう一つが農民から官僚へという、身分制打破の上で出世をするという形である。すなわち、「社会階層間での地位上昇」である。

四民平等の世の中になったとしても、二つめの道だけということにはならない。自分が所属する社会階層の中で「立身」を図る道があるからである。よってここでは、一つめの道を、社会階層を超えることに言及はしないが「立身」を説く告諭とし、二つめの道を、社会階層を超えて「出世」するよう説く告諭としておさえる。

（二）学制布告書における「立身」の記述

それではまず、学制布告書において「立身」はどのように言及されているのであろうか。産業や「身の破滅」といった点まで含めて、その部分は「はじめに」で示したように五点あると思われる。それぞれを掲げ、さらに山梨県の「学制解訳」〔新資19-1〕と大阪府の「学制解訳布告趣意及び学制解訳」〔新資27-6〕の解釈を掲げる。なお傍線部は、「人能ク其才ノアル所ニ応シ」という、身分もしくは能力に応じてという前提をどのように説いているかをおさえるためのものである。これが、竹中が学制布告書における「立身」は「立身出世」とは関係なく「自立」と考えるべきだというが、妥当な評価である」とした根拠となっている部分である。すなわち、「出世」という考え方は学制布告書にはもともと存在しないとするのである。筆者もこれに同意する。

①「人々自ラ其身ヲ立テ其産ヲ治メ其業ヲ昌ニシテ以テ其生ヲ遂ルユエンノモノハ他ナシ」

↓山梨「此訳ハ人々カ他人ノ力ヲカラス銘々家蔵モ所持イタシ田畑モ蓄ヘ家族モ不自由ナク養育シテ一家ヲ立身代モヨク世渡リヲ立派ニシテ生涯ヲ暮スト云フモノハ外テハナイ」

↓大阪「解云、〔中略〕、其身ヲ立トハ、修行出精シテ吾身ヲ仕立テ上ルコトナリ、其業ヲ昌トハ、渡世家業ヲ繁昌サセルコトナリ、生ヲ遂ルトハ、一生涯ヲ安楽ニクラスコトナリ、サレハコノ御趣意ハ、凡ソ人間ニ生レタル者一人一人ニ他人ノ力ラヲカラス、己カ身ヲ立派ニ仕立テ上ケ、己カ身代ヲヨクシ、己カ家業ヲ繁昌サセ、一生涯ヲ安楽ニクラス様ニスル」

②「人能ク其才ノアル所ニ応シ勉励シテ之ニ従事シ而シテ後初メテ生ヲ治メ産ヲ興シ業ヲ昌ニスルヲ得ヘシ」

↓山梨「此訳ハ人ハ才トテ其人ニヨリ生レツキ役人ムキノ持前カアリ商ヒニムクモノモアリ細工ニ器用ナル者モアリ大キナ事ヲ考ヘル人モアリ物事ヲ細カニ了簡スル人モアリテ皆夫々向キ々々ノ相応スル学問ヲ勉メ励ミ其事ニノミ心ヲ込メテコソ身ヲ修メ物ノ道理カ分リテ家産モ能クナリ暮シ方モ立派ニ何不足ナク家富ミ栄ユル事カ出来ルト云フ事ナリ」

↓大阪「解云、〔中略〕、其才ノアルトコロニ応シ、勉励シテ之ニ従事ストハ、役人ニナル器量ノアルモノハ役人ノ学問ヲナシ、商法ノオアルモノハ商法ノ学問ヲナシ、農ハ農学、工ハ工学ヲナシ、吾器量ニ任セツトメハゲンデ学問ヲシタトコロデ、始メテ吾渡世モ安楽ニデキ、身代モ能クナリ、家業モ繁昌スルコトニナルト云御趣意ナリ」

③「学問ハ身ヲ立ルノ財本」

↓山梨「此訳ハ夫レテ此学問ト云フハ名ヲ揚ケ家ヲ起シ一生涯ヲ安楽ニ暮ス財本」

↓大阪「解云、財本トハモトデト云コトニテ、金銀ニナル種ナリ、人間万事スベテ本手ナシニ出来ル事ハ一モナシ、今学問ハ何ノ本手ニナルソトイヘハ、上ニ云如ク一生涯ヲ安楽ニクラシ、渡世実業ヲ繁昌サセル本手」

④「夫ノ道路ニ迷ヒ飢餓ニ陥リ家ヲ破リ身ヲ喪ノ徒ノ如キハ畢竟不学ヨリシテカヽル過チヲ生スルナリ」

↓山梨「此訳ハ我身ニテ我身ヲ養フ事モ出来ス人ノ門口ニ立テ食ヲ乞ヒ飢餓トテ終ニ飢エ死ニスルモノヤ又身持放蕩ニ流レテ職業ヲ勉メス公事訴訟ヲ好ミ或ハ遊芸ニ耽リ大酒ヲ好ミ博奕ヲ事トシ詰リ家屋敷モ田畑モ売払ヒ身ノ便ル所ナキニ至リテ悪業ヲ行ヒ御仕置ニ逢フヤウナモノカ世間ニ多ヒモノタカ、カクナリユクト云フハ学問ヲ致サヌヨリ物事ノ道理カ暗ク斯ル過チヲシテカスモノソト云フ事ナリ」

↓大阪「解云、道路ニ迷フトハ、路頭ニ立ツヲ云ヒ、飢餓ニ陥ルトハ、一粒ノ食物モナシニナルヲ云フ、凡ソ事ノ道理ニ暗ケレハ、身持放蕩ニ流レ易ク、自然家業ニ怠リ、無用ノ遊芸ニ耽リ、飲酒博奕ヲ事トシ、遂ニ家屋ヲモ典売シ、身ノ便ルヘキトコロモナク、路頭ニ迷ヒ飢ヘ凍ヘ詰リ、川沢ニ身命ヲ投スルカ、或ハ人ノ品物ヲ盗ミ御法度ニ触レ、御仕置ニ逢ヒ、父母ノ遺体ヲ失フカ、何レトモ無事ニ一生ヲ過スヲ得ス、斯クナルモノハ全ク不学ヨリシテノ間違チヤト云コトナリ」

⑤「又士人以上ノ稀ニ学フモノモ動モスレハ国家ノ為ニスト唱ヘ身ヲ立ルノ基タルヲ知スシテ或ハ詞章記誦ノ末ニ趨リ空理虚談ノ途ニ陥リ其論高尚ニ似タリト雖モ之ヲ身ニ行ヒ事ニ施ス事能ハサル者少ナカラス是則沿襲ノ習弊ニシテ文明普ネカラス才芸ノ長セスシテ貧乏破産喪家ノ徒多キ所以ナリ」

↓山梨「此訳ハ士分以上ニテ適マ々学問スルモノカアツテモ動モスレハ心得違ヲナシ国ノ為ニ学問スルナト云フテ学問ハ我身ヲ仕立テ上ケル財本トモ云フヘキ訳ナルヲ心得ス詩ヲ作リナニカシテ或ハ口先ハカリテムタ理屈ヲ云ヒ銘々思ヒ〱ノ末ニ馳セ身ニハ一ツモ行ヒ施ス事ヲセス是ハ古キ仕来ノ悪僻（ママ）ト云フ者ニテ世カ開ケヌ故学問カ用ニ立スシテ家ヲ失ヒ窮乏ノ者カ多キ訳テ有ルト云フ事ナリ」

↓大阪「解云、士分以上ノ者カタマタマ学問ヲスルモノモ、ヤヽモスレハ心得違ヒヲナシ、御国ノ為ニ学問スルナト云テ学問ハ元来我身ヲ仕立テ上ル根本ナルコトヲ少シモ心得ス、或ハ詩ニ耽リ文ヲ嗜ミ徒ラニ暗記誦読ニ心ヲ苦シマシメ、或ハ理窟ラシキコトヲ言ヒ其口先ハ中中及ハレヌ様立派ニアレトモ、之ヲ我身ニ行ヒ実際上ニ施ストキハ何ノ用ニモ立ヌモノ数多シ、コレハ是迄ノシキタリノワルグセト云モノニシテ、世カ開ケス学問ヲシテモ己カ才能ヲ延スコトカ出来ヌユヘ、終ニハ身代ヲツフシ家業ヲ失ヒ難渋スルモノ多シ、畢竟身ヲ立テ家ヲ興ス為ノ学問カ却テ身ト家ノ害ヲナスハ、全ク是迄ノ心得違ヒナリ、此ノ如キ学問ハセヌカ万万勝リタルコトナリ」

（三）学制布告書の文をほとんどそのまま使用する就学告諭

（二）のような学制布告書に対し、告諭ではどのように「立身」を説いているのであろうか。まずは、学制布告書の文をほとんどそのまま使用する例を示す。ここでは矢印のあとに、①から⑤のどの部分を使用しているか、おおよそのところを掲げた。多数の例があるため、①から⑤の初出の例をまず掲げる。(8) 福島、筑摩、堺県の例である。

産を興し業を昌ニ↓①②〔新資8-1〕（明治五年八月）

其身を立て渡世をはけみ一家繁昌し〔中略〕身を立渡世をはけみ一家繁昌して一生を暮す事を得へしされハ学問は身をたて家を繁昌にする稼《かせぎ》の元手ともいふへき者にして人たるもの必す学問せされハならぬもの也夫《か》の世間の道路に迷ひ門戸にたち飢に迫り或ハ家を潰《つぶ》し身をほろほす者の如き畢竟無学文盲より了簡違ひをなしかゝる者ニなる也↓①②⑤〔新資20-5〕（明治五年九月）

身《ミ》を立《タ》つるの方向《ハウカウ》《めあて》もわきまえず動《ヤヽ》もすれば家《イヘ》を破《ヤブ》り身を喪《ウシナフ》にいたる者小《モノスクナ》からず〔中略〕家産《カサン》《しんだい》を破《ヤブ》り」↓③④〔新資27-4〕（明治五年八月）

また、女子教育に関しても「今、子弟婦女子ヲ学問ニ従事セシムルハ、知ヲ開キ業ヲ得テ、身ヲ立、産ヲ興シ、安楽ニ生活ヲ遂ル資本ナレハ」→②〔新資3－5〕（明治七年一二月二三日）という岩手県の告諭がある。

最後に、学制の時期は終わったにもかかわらず、学制布告書とほとんど同じ言い回しをしている沖縄の例を掲げる。

身ヲ立テ産ヲ興シ生ヲ遂グルノ基礎ニシテ〔中略〕身ヲ立テ産ヲ興シ生ヲ安ニスル〔中略〕身ヲ破リ産ヲ失ヒ遂クル能ハサル→①④〔新資47－2〕（明治一二年一二月二〇日）

以上のように、学制布告書の文をほとんどそのまま用いた就学告諭は、学制布告書発令直後から沖縄の告諭の明治一二年末まで、長期にわたって数多く出されたのである。

（四）学制布告書の論理を使用する就学告諭

続いて、学制布告書の文はそのまま用いないが、論理は用いる告諭の例である。例えば、度会府の「人之人たる道を弁へ家をとゝのへ身を修め候儀」〔新資24－2〕（明治元年一一月）や奈良県の「身家ヲ立テ」〔新資29－1〕（明治五年六月）である。ともに学制布告書発令以前のものである。学制布告書発令以後のものでは、茨城県の「家職産業ヲ盛ンニスル」〔新資8－2〕（明治五年一〇月）の他、以下のようなものがある。最初の例は、石鉄県に出されたもので、女子も含めて「産業ノ昌盛ヲ欲セハ」としている。後者は岩手県のものである。

営業治産ノ道其児女子弟成長ノ后専ラ産業ノ昌盛ヲ欲セハ〔新資38－3〕（明治六年二月）

或ハ産ヲ破リテ家ヲ滅シ、或ハ生国ヲ逃亡シテ他邦ニ因ミ、流離艱難シテ不良心ヨリ遂ニ身ヲ亡スニ至ル。〔中略〕其家ヲ興シ、其身ヲ修メ、其産業ヲ昌ニナサシメ〔新資3－3〕（明治六年四月二日）

その他の例は注に回す。(9) 学制布告書の論理をほぼそのまま使用する就学告諭も、ある程度出されたことがわかる。

（五）社会階層移動はいわないが「立身」を説く就学告諭

続いて、「立身」を説く告諭である。学制布告書においては、竹中がいうように「立身」は「自立」を意味していると考える。就学告諭においても、次の（六）でみるような「出世」までは説かないが「立身」を説く告諭がある程度ある。まず学制布告書発令以前では、以下のようなものがある。すべてが「立身」とは逆に、学問をしないと○○というよくないことが起こるという説明を使う例である。最初の品川県の例は「其業を失い其身を誤る」というものであるし、二つめの例は筑摩県のもので、学校がないので「才徳ヲ存スル者」も地中に埋まっている、とする。三つめの大阪府の例は「学校がないと、人が破産する」という例である。

夫人は学せされハ父子兄弟親私の道を弁へす又家を興し産業を広むる其略に暗く只一時目前の利ニ趨り竟に其家を破り其業を失い其身を誤るに至る者不少、故に人の父兄たるものは務て其子を教其弟を教家を興し産業を広め父子兄弟親私の道を明かにせされハ愛慈する我子弟を傷い愛護する我家業を破ると謂うべし〔新資13－1〕（明治四年三月二九日）

国家ノ富強ヲ謀ルハ人民ノ智力ヲ磨励スルニ有之候得共僻地ニ至リ候テハ従前学校ノ設ケ等十分行ハレ兼候ヨリ雄飛ノ才徳ヲ存スル者モ若クハ池中ノ物ト相成候義モ可有之ト憂慮ニ不堪候〔新資20－2〕（明治五年二月二〇日）

況ヤ当地ノ如キハ、古来ヨリ日本三都ト称シ、今三府ノ一ニアリナカラ、学校ノ設ケ手薄ナルヨリ、人々時勢ト道理トニ暗ク、家業ヲ営ムモ眼前ノ利ノミニ走リ、動モスレハ失産破家ノ禍ヲ致サントス〔新資27－2〕（明治五年四月）

続いて、学制布告書発令以後のものをみていく。一つめが印旛県の例であり、二つめの新治県の例は、先の例と同様に、勉強をしなければ「破産をする」と説いている。三つめが熊谷県、四つめが広島県の例である。

人生一般学業ノ離ル可ラサル今更言ヲ待ス然ニ従前ノ習風当時貫属ト唱フルモノ而已殊ニ厚ク是ヲ遇シ農民等ノ貢租ヲ採テ給禄セシメ加之貢租ヲ費用ニ供シ以テ学業ニ就シメ農工商等ノ平民ニ於テハ棄テ問ハス真ニ不公不平ノ処置今般至公至仁ノ聖旨断然右等旧弊御改正四民同一一般ノ学制ヲ被為定殊ニ空理虚談ノ学風ヲ破リ士農工商着実有益ノ教則ヲ以テ御愛育被為成候ハ真ニ千載未曽有ノ隆時人民ノ幸福又奚ソ是レニ加フアラン宜ク御趣意ヲ奉戴シ衣食住ノ三ツヨリモ先第一ニ子弟ヲシテ学業ニ就シムベシ〔新資12－1〕（明治五年九月）

教サルニ於テヲヤ自棄自暴野蛮ノ醜俗ニ滔リ無知無業破産無頼彼ノ轎奴車夫ノ徒トナルハ必然ニシテ実ニ可憫ナリ〔新資12－2〕（明治五年一一月）

御維新以来、百般ノ習御釐正ニテ、四民ノ差別ナク、智識秀絶ノ者ハ名ヲ揚ゲ、家ヲ興ス可ク、今ノ四民ハ昔時ノ四民ニ非ザルハ、皆人ノ知ル所ナラズヤ。然レドモ学問ニ勉励スルニ非レバ、其天賦ノ智識ヲ啓発スルコト決シテ能ハザルナリ。故ニ昨壬申年、学制ヲ御発行ニ相成、有益実用ノ教則ヲ以テ、一般ノ人民ヲシテ蒙昧ヲ啓キ、智識ヲ発セシメ、各自ラ身ヲ立テ、家ヲ興サシム可キ、厚キ御布告モ有レ之〔新資10－5〕（明治六年一二月一八日）

元来学校ト云モノハ官ノ為ニ設ルニアラス全ク人民ノ為ニ設ルモノニシテ凡テ有子者ハ男女ニ限ラス幼稚ノ間ニ教育シ人々持前

ノ智識ヲ開カセ天理人道ヲ弁ヘテ親ヲ大切ニシ夫婦兄弟ノ中睦マシク近所朋輩ノ付合モ親敷シテ家業ヲ精出シ身代ヲ引興シ又銘々ノ才力次第ニテハ立身出世モ思ノマヽニ出来ル様ニ仕立ル場所ナレハ〔新資34‐6〕（明治七年六月八日）

最後の例は、本章の冒頭で引用した「学問さへ成就せば立身出世は身につきたる者にて、悦びも楽しみも思ひのまになる」〔新資41‐2〕と同様の言い回しである。

以上、社会階層移動はいわないが「立身」を説く就学告諭も、一〇程度は出ていることがわかる。埼玉県の例は学制布告書の論理に近いが、広島県のようにはっきりと「立身出世」という言葉を用いているものもある。

(六) 社会階層移動の「出世」を説明する就学告諭

最後に、学ぶことによって社会階層を超えて「出世」をすることができる、と説く告諭である。竹中も述べるように、このような論理は学制布告書発令以前からみられた。最初の松江藩の例は、階層移動とまでいえるかどうか迷うが、「本朝末廷ノ有用」とあるので掲げた。二つめは愛媛県、三つめは岩手県の例である。四つめの大分県の例は、四民平等の説明のあとに「商売も農業も漁猟も物産も人の家に奉公するにも政府に仕官するにも皆この学問をよりところ」とすると説き、五つめの犬上県や六つめの小倉県の例も、学問をすれば「朝廷ノ官員」ともなれる、と説いている。

夫レ人学ハサレハ以テ人タルヘカラス豈ニ貴賤尊卑ノ別アランヤ然ラハ農工商売ニシテ曽テ日用ノ事理ヲ解セス其レ可ナランヤ甚シキニ至リテハ己カ姓名スラ書シ得サル者アリ嘆スヘキノ至ナリ〔中略〕尚学問ノ蘊奥ヲ極メント欲スル者ハ修道館ニ入テ之ヲ学フヘシ其徳ヲ成シ其才ヲ達スル者ハ本朝末廷ノ有用ト為リ若シ不才ニシテ業ヲ成サヽルモ良僕良奴タルコトヲ失ハス教官及ヒ生徒能ク此意ヲ体認シテ怠慢アルコト勿レ〔新資32‐1〕（明治四年五月四日）

中ニモ格段ニ出精スル者ハ今此御一新ノ御代ニテ人才登用ノ秋ナレハ賤シキ業ヲスル者モ乍チ上ノ御採用ニ成リ位ヲ賜リ禄ヲ戴キ衆ニ秀立身シ父母ヲ自由ニ暮サセ先祖ノ名ヲ顕シ徳ヲ子孫ニ遺ス人間一代是ニ勝ル誉ナシ〔新資38－1〕（明治五年四月二日）

是マテハ大名ノ士ノト称シテ農商トハ種類ノ異ナルカ如シ故ニ官ノ事ニ拘ル情其家ニ生ル、者ノ職分トナリ居タリ今ヤ文明ノ世トナリテ如此ノ事ナシ学問アリ智識アリ行儀正キ者ハ其属族ニ拘ラズ大ニ御登庸アリ是能ク人ノ知ル所ナリ実ニ前古未曽有ノ有難キ御代ト云ヘシ〔新資3－2〕（明治五年六月）

学問とは唯むつかしき字を読むばかりの趣意にあらす博く物事の理を知り近く日用の便利を達するためのものなり士農工商の差別なく手習そろばんを稽古し地理窮理天文歴史経済修身の書をよみ商売も農業も漁猟も物産も人の家に奉公するにも政府に仕官するにも皆この学問をよりところとなして一事一物も其実を押へ平生学ひ得し所を活するの趣意にて〔新資44－1〕（明治五年六月四日）

華族士族《だいみやうさむらい》之家に生るれバ不才無智《ふさいむち》ニして役義《やくぎ》勤《つとま》り兼病身弱体《かねびやうしんじやくたい》にして戦場《せんじやう》之働《はたらき》も不叶《かなわず》治乱《ちらん》共職掌不立《しよくしやうたゝざる》者も矢張《やはり》高禄《こうろく》を食《はん》て遊　戯《あそびたはむれ》酒色《しゆしよく》ニ日を送《おく》り中ニ儘《まゝ》廉恥《はづかしい》を知り退《しりぞい》て農商《のうしやう》之業《わざ》を営《いとな》むと欲《ほっ》するも法度《ほうど》ありて自由《じゆう》なり難し又ハ農商《のうしやう》之内ニ才智《さいち》勝《すぐ》れて天晴《あつぱれ》なる人物《じんぶつ》ありとも表立《おもてだち》たる役人《やくにん》ニも難成《なりがた》けれバ志《こゝろざし》を呑《のん》で朽果《くちはつ》る外手段《ほかしゆだん》も無《なか》りしが難有《ありがたく》も今日之御政体《せいたい》ニ相成てハ華族士族《くはぞくしぞく》之身分たりとも其器量《そのきりよふ》なければ自分存付《ぞんじつき》之儘《まゝ》農商《のうしやう》之業《わざ》勝手《かつて》ニ営《いとな》まれ如何程《いかほど》下賤《いやしき》之匹夫《ひつぷ》たり共天質《うまれつき》正直《しやうしき》にして学問《がくもん》に達《たつ》し世之益《ゑき》になる人なれハ何時《なんとき》も　朝廷《ちようてい》之官員《くわんいん》となられ勅任奏任等《ちよくにんそうにんとう》尊貴《たつとき》之御役《やく》も其才徳次第《さいとくしだい》匹夫《ひつぷ》より被登《のぼらるゝ》道《みち》を被開《ひらかれ》たるハ誠《まこと》ニ前代未聞《これまてきかぬ》之難有《ありかたき》事ニ者無之哉斯《かゝ》る難逢御代《あいかたきみよ》に生れながら学問《がくもん》せざるハ禽獣《とりけだもの》ニも劣《おと》るべしと考《かんが》へて、御国恩《ごこくおん》を知《し》る有志《ゆうし》之者下に於て申合取《とり》設《もうけ》たる共《ちからを合せたる》　立之学校《がくこう》他之府県諸所《ふけんしよしよ》に出来《しゆつたい》せり〔新資25－1〕（明治五年七月）

才能アリテ学問スル人ハ草莽卑賤ノ間ニ起リ　朝廷ノ官員ニ列シ大ニ国家ノ補トナリ家名ヲ顕ハシ或ハ豪富農商トナリ其幸福ヲ国家ニ及スモノ不少又其学問ヲ好マス気随我侭スルモノハ酒色ニ耽リ博奕杯ヲ好ミ終ニハ国憲ヲ犯シ刑戮ニ罹リ父母親族ニ恥辱ヲ与フルモ甚タ多シ同シ人ニ生レ斯ク栄辱ノ別アルハ惟幼少ノ時善ク之ヲ教ユルト教ヘサルトニ因ル〔新資40－1〕（明治五年七月）

学制布告書発令以後においても、「出世」に関する言及がある就学告諭が出ている。まずは、社会階層移動には至らないが、「洋行できる」「留学できる」といった石川県、長崎県の例である。

士農工商ノ別ナク男女六歳以上ヲシテ学ニ就カシメ読書習字算術縫裁等ノ業ヲ習ハシメ追々学業ノ進歩ニ随ヒ中学ニ進ミ中学ヨリ大学ニ升リ夫ヨリ其人ノ勤勉ニ因リ洋行モ命セラルヘシ〔新資17－2〕（明治五年八月）

有志ノ人ハ愛眷姑息ノ情ヲ割キ其幼男童女ヲシテ万里ノ波濤ヲ超エ海外ニ留学セシムル者アリ〔新資42－3〕（明治六年二月一〇日）

また、勉強すれば「一身快適ノ位地」に昇れると説く小田県の例が次のものである。

其楽ヲ極ムルハ人々身ヲ修メ家ヲ斉ヘ事々物々ノ理ヲ究メ勉強上ヨリ遂ニ自主自由ノ権ヲ保チ一身快適ノ位地ニ昇ルニアラスンハ〔新資33－4〕（明治五年六月一五日）

そして、はっきりと「官員にもなれる」「登用される」「貴官となる」といった例が以下のものである。それぞれ、足羽県、秋田県、青森県、大阪府のものである。

若シ夫レ学生ノ天性才質ニ由り、博学多芸ニシテ或ハ学士トナリ官員トナリ医師トモナルベキモノハ大中学ニ入リ、ソノ科目ニ就テ別ニ習学致スベキナリ〔新資18－3〕（明治五年一〇月）

才芸学業傑出ノ者ハ一旦抜擢ヲ蒙リ登庸ヲ得レハ庶人モ忽高位ニ就キ大官ニ任ス功業四海ニ輝キ名誉ハ百代ニ伝フヘシ〔新資5－4〕（明治六年三月）

唯学ニテ才智アル者ハ農商モ貴官トナリ富人トナリ学ハスシテ才智ナキ者ハ士モ賤奴トナリ貧者トナル〔新資2－7〕（明治六年一〇月）

天下ニ百姓町人ヨリ興リテ立派ノ役人トナリタルモノ幾百人ソヤ、是即天地ノ常理ヲ追テ公平ヲ旨トシ、我子ニ愛憎ヲ置玉ハサル著シキ証拠ノ一ナリ〔新資27－8〕（明治六年一一月）

最後に、女性に関して「社会階層を越えての出世」を説く松江県の例を掲げる。学則にしたがって勉強していけば、紫式部や清少納言以上の才女が出ることもあろうというのである。ただし、三従の教えは守ることとされている。

今ヤ文学盛ニ行ハル、新大御代ニ当リテ女子ヲ教フルノ規則無クテハ得アラヌ業ナリケリ、故今新ニ女学校ヲ設ケテ四民オノ々々漏ル、コトナク女児ヲシテ学ニ入ラシム、今ヨリ以後此学則ニ随ヒテ勉メ学ハ、紫女清女ノ上ニ出ルモノモナトカ有ラサラン然テモ女ニ三従ノ道アリ假令学問成リヌトモイヨ、マス々々慎ミテ人ニ傲ルコト無クヨロシク婦徳ヲ治メ守ルヘキナリカシ〔新資32－2〕（明治四年一〇月五日）

これらの「出世」に関する就学告諭は一〇以上ある。この数が多いか少ないかを論じることは簡単にはできないが、少なくとも学制布告書の発令以前以後、そして文部省布達第二三号布達の発令以降も出されているのである。前掲の佐藤がいう「手放しの「立身出世」論」に含まれる告諭であるかもしれない。なお、こうした「社会階層移動の出世を説明する」告諭は、明治七年以降には出されていない。

おわりに――分析にかえて

（一）身分制と「立身・出世」の関係

明治維新により身分制が打破され、四民平等の世の中となった。平等となったのは、四民だけではなく、いわゆる被差別部落民などを含めての身分制、さらに、男女、貴賤などである（現実はともかく）。しかし、人には差がある。金持ちがいる一方で飢餓に陥ったり破産したりする者もいる。官吏になれたり、洋行できる者もいる。それはなぜかといえば、「学問（勉強）をしているか否か」という教育の差である。だから学校にいけ、と就学告諭は述べるのである。したがって、まず平等の世の中という背景があり、その上で人は「立身・出世」できるという構造が成り立つわけである。

続いて、「立身・出世」の構造について考えたい。二―（一）で述べたが、「立身」と「出世」という語は区別して考える必要がある。「立身」とは、自立して一人前になることであり、そのためには自分を磨かなくてはいけない。その際、自分を磨いたことによって地位が上昇した場合に「出世」となる。つまり「立身」によって結果として起こることが「出世」

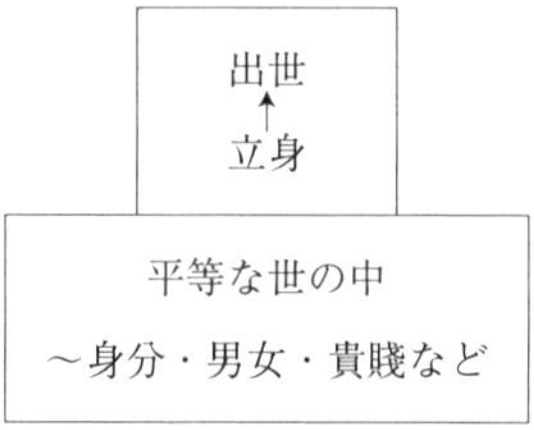

図1

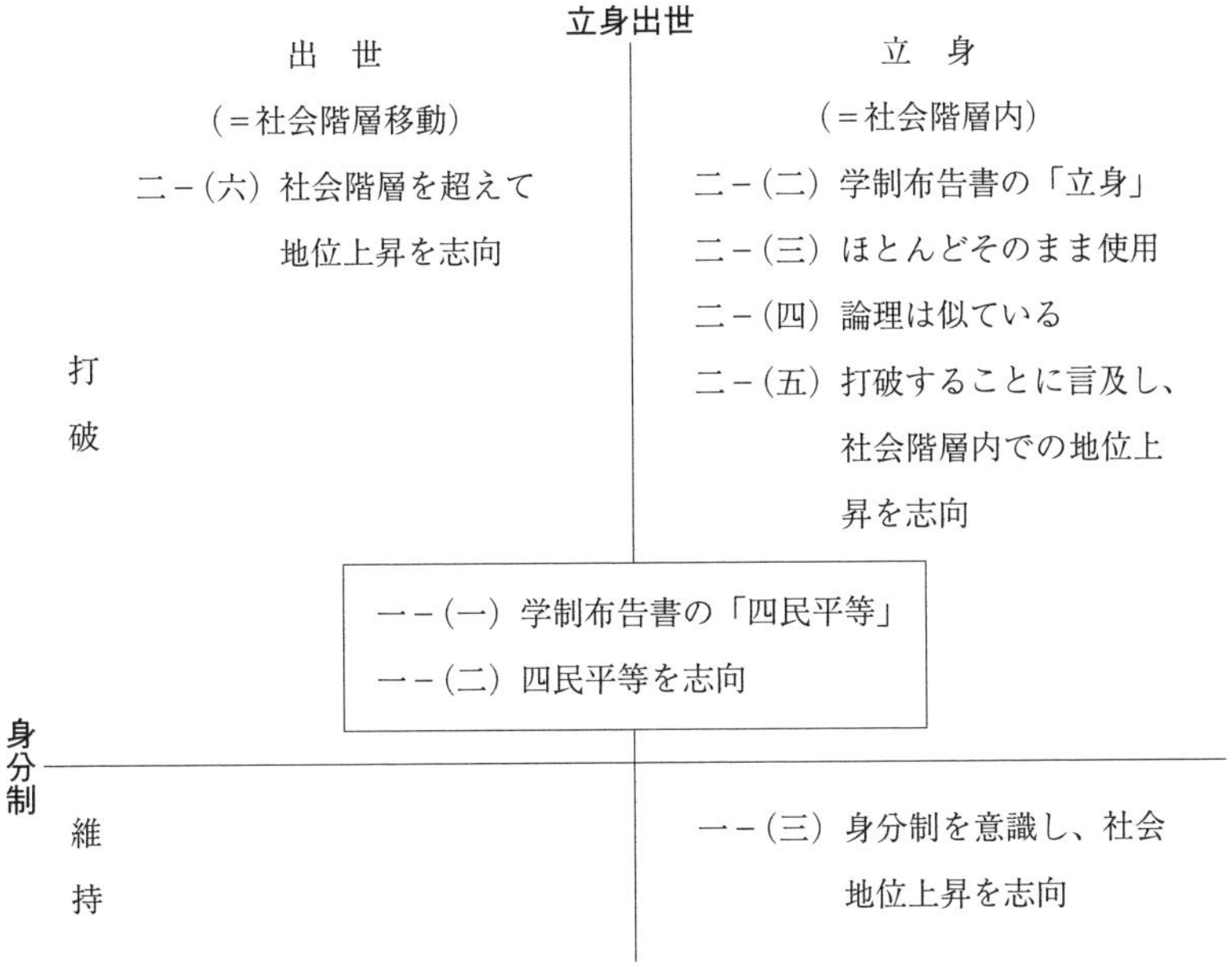

図2

である。

　以上二つのことをまとめると図1のようになる。

　しかし現実には、明治維新期に身分制は色濃く残っていた。そのため、啓蒙活動の一環として就学告諭などの文書が出されたわけである。とすると、身分制に関してどのようなスタンスに立つか（打破と維持）と、立身出世に関して「立身」（＝同一の社会階層の中で自立を図る）と「出世」（＝社会階層を超えて出世をする）という二つの軸を交差させた図2ができあがる。

（二）「立身・出世」の論がみえる就学告諭

　「立身・出世」論がみえる告諭の量は非常に多いといえる。それは学制布告書に、「立身」に関する記述があるためである。具体的に分類すると、上記の一―（二）が約一〇あり、一方で一―（三）は約一五、そして二―（三）や（四）はさらに多くあわせて五〇以上となる。また、二―（五）や（六）もある程度数が出されていることがわかる。

　時間的な経緯での変化に関してみると、学制布告書発令の以前以後、文部省布達二十三号布達発令以後も、「立身・出世」に関する就学告諭の内容に大きな変化はなく、量の増減もみられない。ただし、二―（六）については明治七年以降はみられないという特徴がある。

（三）日本型立身出世

門脇厚司は、「日本において「出世する」ということは、〈公〉に対する〈私〉のコミットの度合いが増大する過程である」、もしくは「〈公〉への〈私〉の吸収」であるとする[10]。すなわち、立身出世という「私」が国家への忠誠という「公」に向かうというのが、日本型立身出世の特徴であるとするのである。

さらに門脇は明治期の立身出世の意味の変遷を、明治維新期と明治中期（明治一八年を画期とする）、そして明治の終わり（日露戦争後）にわけて論じている[11]。明治維新期は「人々に対する立身出世に対する欲求を一気に噴出させた」（七頁）とし、「水平、上昇をともに含意する社会移動の活性化」の時期とする。しかし、明治一八年を画期とし、「立身出世の閉塞状況が意外に早く到来する」（九頁）という。人材登用の制度が確立したために「それまでの戦国的な立身出世状況は次第に線を細くしてゆき、文字通りわが身の自立を意味した「立身」は、既成の官職を経上る「出世」に転じていく」（一〇頁）とする。「多様でありえた立身出世の方途はその通路を狭められることと同時に通路の流れもまた次第に緩くなっていく」のである。そして日露戦争を一応勝利した日本は、「立身出世の矮小化ないし名目化」（一一頁）をむかえる。すなわち、一等国に仲間入りした故に精神的緊張を失い、個人主義傾向が強まる。「こうした時代状況のなかで、政府は治安の維持と人心の健全育成策を打ち出して」いくことになる。「立身出世が内包する個人主義的な側面は極力抑えられ、代って「修養」こそ「出世」の真髄とする」時代が来るのである。

就学告諭の時期は、まさに明治維新期にあたる。門脇のいう「立身出世に対する欲求が一気に噴出した」時期であり、それを上手に使い、民衆を学校にいかせようと、多くの就学告諭に「立身・出世」論が登場した。ただしその際の「出世」とは、門脇のいう「既成の官職」となるか、洋行・留学するというものであった。「出世」をうたう告諭ではあったが、多様な「出世」を示すことはできなかったのである。

しかし、就学告諭にみえる〈公〉そして「国家」は、多様な像を示していた。大分県と福岡県の告諭でそれをみてみたい。

百姓にても町人にてもこれまでの如く無智文盲に安んして自から侮を招くへからす元来其侮を受けしは上たるものの罪にあらす己か無智文盲に由て致せしことなれは今日より活たるまなこを開き我身も日本国中の一人と思ひ身分相応の徳義を修め身分相応の智恵を研き内には一家の独立を謀り外には一国の独立を祈りこの日本国を我一身に引請しものと心得て学問致すへきなり〔新資44－1〕（明治五年六月四日）

人々真之学問ヲ為シ一身ノ独立ヲナス時ハ独リ其身ノ富貴ノミナラス国富兵強所謂文明ノ域ニ進ムヘシ嗚呼学問ノ関係大ナル者ニアラスヤ故ニ今ヨリ学ニ志ス者ハ必ス先ツ日本国ヲ一身ニ担当シテ以テ勉励従事シ若シ我学問ナラサレハ日本ノ文明遂ニナラスト心得ヘシ〔新資40－2〕（明治五年一〇月）

学問をする際には、家の独立を考えるとともに、日本という国の独立を考えなくてはならないというのである。福沢諭吉の『学問のすゝめ』にある「一身独立して一国独立す」をモデルにしていると考えられる。近代的な「国家」像が示されているといえよう。ただし、「個人が独立しないと国家も独立できない」という福沢の意味するところを、国をより強調する形で説かれていることには留意したい。大分県の告諭にははっきりと「日本国」とあり、それはまさに近代国家たる「日本」であり、ついこの前まで国であった「藩」ではない。

しかし一方で、儒学にみられるような国家像もかいまみえる。明治五年九月の印旛県の達は次のように説いている。

真ニ千載未曾有ノ隆時人民ノ幸福又奚ソ是レニ加フアラン宜ク御趣意ヲ奉戴シ衣食住ノ三ツヨリモ先第一ニ子弟ヲシテ学業ニ就シムベシ是則一身ヲ立テ一家ヲ興スノ急務一身立テ一家興リ各家興テ一村興リ村市相興リテ御国威漸ク盛ニ誰カ凌侮スルコトヲ得ン〔新資12－1〕（明治五年九月）

一身→一家→一村市→国という流れで盛んになっていくという構造である。これは『大学』の八条目に示される「治国平天下」、すなわち、家が斉えば国が治まり、各国の政治が整えば最後には世界も平和になる、というものと同じ構造である。また、石川県の告諭にある「其業ヲ達シ其身ヲ立以テ国恩ニ報スヘク此旨厚ク可心得者也」〔新資17－2〕（明治五年八月）の「国恩」も、のちの日本に示される超国家主義のそれと同じであるとはいえないであろう。

現在から過去を振り返るならば、日本では「立身・出世」が超国家主義の「国家」に取り込まれてしまったことは確かであろう。筆者はすでに、『「就学告諭」の研究』所収の論文[12]において、モデルであるはずの外国が、日本が統治すべき「敵」となってしまうことを指摘した。すなわち、日本のもつ排他的ナショナリズムが就学告諭にかいまみえるのである。明治初期の時点で、「国」はどういうものであったのか。就学告諭における「国家」分析をさらに行って明らかにすべき課題といえよう。

（1）荒井明夫編著、東信堂、二〇〇八年。
（2）国立教育研究所編、一九七四年。なお堀松武一執筆で引用した部分は四七九頁である。
（3）同前、五九二～六〇〇頁。
（4）ナカニシヤ出版、二〇一三年。以下の引用については、煩雑になるので内注とする。

（5）みしま書房、一九八八年、二八～四五頁。

（6）それ以外に、「士農工商貴賤尊卑ノ別ナク」〔新資34－2〕、「士農工商之差別なく」〔新資20－1〕、「遍ク士庶ヲシテ」〔新資3－1〕、「人民平均制度ヲ創設スルニ若クハナシ」〔新資39－1〕、「四民の別なく」〔新資45－1〕、「衆士族庶卒民ニ至ル迄」〔新資41－1〕、「士農工商ノ別ナク」〔新資33－3〕などがある。

（7）それ以外に、「学校ハ四民教育ノトコロニシテ」〔新資28－5〕、「四民ヲシテ学問ノ方向ヲ弁ヘシム」「農ヤ商ヤ工ヤ六歳七歳ノ児童ト雖モ一日学ヘハ一日ノ用ヲナシ一年学ヘハ一年ノ知識ヲ開キ」〔新資5－6〕、「農工商其他の職業何に限らず」〔新資24－10〕などがある。

（8）それ以外には、時期順に「産業ヲ治ムベキ」→①②〔新資11－1〕、「人々自ら其身を立て産を治め業を昌にし」「各其才に応して勉励せハ身を立るの財本ともいふへし」→①③〔新資27－5〕、「学問は直に立身興家の財本たる所以を知り」→①③〔新資35－2〕、「産業を治め家職を興す事をハ知らさるもあり」「我か身を立家を興す財本」→①②③〔新資35－3〕、「其産を治め其業を昌にするの本」→①②〔新資30－2〕、「身を立て、産を治め、業を昌にし、以て生を遂るゆへん」→①②〔新資33－6〕、「大ニ家産ヲ興隆」→①②〔新資34－3〕、「其身ヲ立テ其産ヲ治メ其業ヲ昌ニシテ以テ其ノ生ヲ遂ル所」「生ヲ治メ産ヲ興シ業ヲ昌ニスル」→①②〔新資10－2〕、「身ヲ立テ名ヲ揚ルノ資本」→①②〔新資33－7〕、「其身を立て其産を治め其業を昌にして以て其生を遂るゆゑんのもの」「飢餓に陥り家を破り身を喪ふ」「身を立て家を興し其処を繁栄せしむるの基」→①③④〔新資7－2〕、「昌業起産ノ大本」→①②〔新資10－4〕、「営業治産報国」→①〔新資38－2〕、「身ヲ立テ産ヲ治メ業ヲ昌ンニシ以テ其生ヲ逐クル所〔中略〕産ヲ破リ家ヲ喪ヒ飢餓ニ陥ル」「身ヲ立ルノ財本」→①③④〔新資14－4〕、「生ヲ治メ産ヲ興シ」→①〔新資20－6〕、「産ヲ興シ」→①〔新資20－7〕、「産ヲ興シ活業繁昌」→①〔新資18－5〕、「身ヲ立生ヲ遂ル財本」→③〔新資22－2〕、「其身ヲ修メ立テ其ノ産ヲ治メ其業ヲ昌ニスル」→①②〔新資2－6〕、「身ヲ立産ヲ治メ業ヲ昌盛スル」→①②〔新資15－4〕、「各自身ヲ立テ、家ヲ興サシム」→①②〔新資10－5〕、「身ヲ立テ家ヲ興シ」→①②〔新資34－5〕、「其身ヲ立テ其産ヲ治メ其業ヲ昌ニシ以テ其生ヲ遂ル所以ノモノ」→①〔新資44－3〕、「立身治産昌業遂生之道〔中略〕飢餓ニ陥リ家ヲ破リ身ヲ喪フ」→①②④〔新資1－3〕、「其身を立て、其産を治め、其業を昌にして以て其生を遂るゆえんの道」→①〔新資20－12〕などがある。

（9）「破産無頼ノ徒」〔新資42－2〕、「家職産業ヲ治ル事」〔新資5－2〕、「一身一家ヲ経営シ」「生ヲ治メ産ヲ興シ業ヲ昌ニスルヲ得ヘシ」「諸業ノ繁昌ヲ致シテ」〔新資24－9〕、「各身ヲ立ル資本ニシテ」〔新資6－2〕、「家産ヲ興隆スル」〔新資26－4〕、「一身一家ノ財本」「破産喪家ノ徒」〔新資32－5〕、「各自産業ニ就クヘキモノ〔中略〕之ヲ学ハント欲スルモ何ソ産業ノ間ヲ得ヘケンヤ」〔新資22－3〕、「百業の基にて人々身を立つるの資本」〔新資39－3〕などがある。

（10）「日本的「立身・出世」の意味変遷―近代日本の精神形成研究・覚書―」『現代のエスプリ118　立身出世』至文堂、一九七七年、六六～八二頁。初出は『教育社会学研究』第二四集、東洋館出版、一九六九年である。

（11）「概説　立身出世の社会学」、同上『現代のエスプリ118』五～二一頁。

（12）大矢一人「モデル・脅威としての外国」。

（大矢一人）

第五章　就学告諭における「強迫性」の考察——就学「義務」論生成序説

はじめに——本章の目的

本章の目的は、一八七〇年代に地域指導者たちが発した就学告諭の中の、「強迫性」に着目してその内容と文言を整理することにある。それは、文部省および府県レベルでの初等教育政策における就学政策が、一八七〇年代から一八八〇年代にかけて転換したのではないか、というより大きな枠組みの仮説と課題意識に基づいている。この点を敷衍していえば、一八七〇年代の就学政策の基調は勧奨が中心で、一八八〇年代のそれは督責が中心となる、という捉え方である。この点は、後述するように先行研究でも指摘されている。課題としたいのは、一八七〇年代の就学政策を勧奨と規定しながら、その勧奨の中心的役割を果たした就学告諭の中に強迫性を考察するという点である。いいかえると一八七〇年代の勧奨政策の中に「強迫性」を捉え、一八八〇年代の就学督責政策との間での連続と非連続を考察し、地域指導者たちが発した就学告諭をあらためてその構造の中に位置付け、歴史的意義を明らかにすることである。

一八七〇年代を「就学督励」の時代、八〇年代を「強迫教育」の時代と特徴付けたのは佐藤秀夫である。[1] 佐藤の研究は、森文政期を公教育制度成立の画期として区分する当時の研究状況にあって、一八七〇年代と八〇年代の構造転換に注目するという意味において、先駆的業績であった。しかしながら、その分析は、中央政府の初等就学政策に限定されており、府県における初等就学政策の展開は、それほど単純に区分することはできない。なぜならば、一八七〇年代に展開される就学勧奨政策それ自体の中にすでに「強迫性」が内在しており、一八八〇年代に展開される就学督責政策の中に、七〇年代の政策であった勧奨の要素が含まれているからである。

具体的に述べると、一八七〇年代の初等就学政策は、府県レベルまでみると少なくとも二重構造となっている。すなわち、一方で就学告諭を発して就学勧奨政策を採りながら他方で就学督責政策をも僅かながら同時に展開し(2)、さらにいえば、就学告諭の内容自体に厳しく就学を説き、その内容において限りなく督責に近い告諭が少なからず存在する。

就学告諭の中で、全体としては勧奨の性格をもちながら、督責に近い表現で「強迫性」を醸し出している具体例として、学制布告書自体を採り上げてみよう。同布告書は、文部省が発した就学の勧奨の文書である。そこに「強迫性」を読み取ることができる。二例を指摘しておきたい。一つは「幼童の子弟は男女の別なく小学に従事せしめざるものは其父兄の越度たるべき事」で使用される「越度」である。これについて『大辞林』が「律令制で通行証を持たずに関を経ないで間道をぬけること、法に反すること」とあり、『難読語辞典』では「責任をとらねばならない失敗」、『歴史民俗用語よみかた辞典』では「近世の罪過の意味」と説明している。「オツド」と読むことはいずれも共通だとしている。つまり近代的な言い方をすれば、罰則を伴う罪過で違反、ということである。全体として就学を説きながら、それに従わない父兄に対しては強く責任を問うているわけである(3)。

もう一例は、文体が変化する「右之通被仰出候条」で始まる末尾の文章「地方官ニ於テ辺偶小民ニ至〔中略〕学問普及致候様方法ヲ設ケ可施行事」である。ここでは明らかに地方官に対して徹底した普及施策を上から指示・要請している。このように学制布告書は、全体として学びの自発的喚起・就学の勧奨・奨励を前面に出しながら地方官への学校普及施策の徹底と、幼童子弟に対する父兄の就学責任の追及を論理において内包していたのである。

文部省の意図や学制布告書が例示した範囲を超えて出された、多種多様な就学告諭が存在したことが指摘されている。[4]「強迫性」も例外ではなく、学制布告書や文部省の意図を超えた多様な「強迫性」を就学告諭の中にみて取ることができる。

本章の目的は、そうした就学告諭の全体像を明らかにしようとするものである。

なお、先に示した一八八〇年代に展開される就学督責政策の中に、七〇年代の政策であった勧奨の要素が含まれている、とした論点を簡単に説明しておきたい。

周知のように、明治一三（一八八〇）年第二次教育令は、第一次教育令を引き継ぎ「学齢児童」の「就学」を「父母後見人ノ責任」と規程しながら、課程修了の最低限を「一六週日以上」（第一五条）、「三箇年以上」（第一六条）と明確化し、続けて「但就学督責ノ規則ハ府知事県令之ヲ起草シテ文部卿ノ認可ヲ経」とした。そのモデルケースとして文部省は同一四年「達・第三号・就学督責規則起草心得」を制定した。この心得は、小学校への就学を行政がいかに管理するかを具体的に示したものである。その第五条に、「学務委員ハ小学校教員ノ報知ニ因リ欠席ノ多寡ヲ検査シ時々父母後見人等ニ就キ欠席ノ事故若クハ理由ヲ質シ其謂レナキニ於テハ篤ト将来ヲ戒諭シ或ハ更ニ其筋ノ説諭乞フコトアルヘシ」とある。ここでは「篤ト将来ヲ戒諭シ或ハ更ニ其筋ノ説諭」を求めている。説諭行為は継続しているのである。

つまり、一八七〇年代の就学政策は、①全体として勧奨政策が主流でありながらその一部にすでに督責政策がみられたこと、②その勧奨の中に「強迫性」がみられること、が特徴的である。他方、一八八〇年代の就学政策は、①全体として就学督責政策が主流でありながら、②そこに勧奨（説諭行為）を内包していたと捉えることができる。

本章は、こうした課題意識の下で、七〇年代に発せられた就学告諭の中の「強迫性」の論理と内容を分析するものである。

次に、ここで分析対象の告諭としたのは以下のとおりである。第一は学制布告書と同じ「越度」（あるいは「落度」）という文言を用いた告諭、第二は民衆の心性にわかりやすく就学を訴える言葉――子弟を就学させない親は「禽獣」に劣る、就学させない行為は「子弟を棄てる行為」、就学させないのは「父兄の恥」などとした告諭、第三は子弟の就学を「官や父兄の責任」などとする告諭、第四は就学を「権利と義務」とする告諭、である。さらに最後に就学行政の実際が示されている告諭と資料を採り上げ整理した。これらを通じて法制における「義務」制成立に先行して民衆の生活の中で「学校に行かねばならない」という強迫的観念がどのように形成されたかを明らかにする。

一　「越度」（「落度」）

学制布告書における「越度」の意味についてはすでに見たとおりである。ここでは学制布告書の解説を就学告諭として発した大阪府における就学告諭を素材にして「越度」がどのように解説されたかをみておこう(5)。該当部分について大阪府の告諭〔新資27－6〕は次のようにある（傍点引用者、以下同）。

御規則中ニハ幼童ハ六歳ヨリ男女ノ別ナク入学イタサセヨト見ユ、若入学セシメサルモノハ其父兄ノ越度トナリテ、御咎メヲモ蒙ムルヘキコト〔新資27－6〕

このように「越度」を「御咎メヲモ蒙ムルヘキコト」と解説し原文の意図を強めている。

同じ「越度」を用いた就学告諭には、愛知県〔新資23－4〕と、「越度」とともに「落戸」を用いた長野県〔新資20－13〕の、二例の告諭がある。愛知県の告諭は「小児六歳以上にして就学せざるは其父兄の越度たるべしとの御布告あり軽忽にすべからざるは固よりなり」（新資23－4）と学制布告書と同等の使い方をしている。

次の長野県の告諭は「落戸」「越度」という言葉を併用した例である。

> 夫々学校相立候上ハ受持学区内ニ生徒無クハ取締ノ越度村ニ生徒無クハ戸長世話方ノ越度、家ニ小学校生徒年齢ノ者有テ就学セザレバ戸主ノ落戸（ママ）、各職掌ニ依テ勉強セサレバ越度有之也（新資20－13）

この告諭は、学区取締・戸長世話役・戸主と明記した上で「落戸」「越度」をそれぞれ併用している点で特徴的である。

「はじめに」で確認したように「越度」は強い意味を発した言葉であるが、告諭として使用された例は意外にも少ない。むしろ多様な言い回しで「強迫性」が示されたとみるべきである。

二　民衆の生活用語を用いた「強迫性」

次に、民衆の生活水準に即してわかりやすい例を示し、その上で「強迫性」を示した告諭を検討する。ここでは（一）「禽獣」、（二）「子を捨てる」、（三）「恥」という言葉に注目する。とくにこれらの言葉が使われた文脈に着目して整理したい。

（一）「禽獣」を使用している告諭群

最初に「禽獣」を採り上げる。青森県・福島県・群馬県（埼玉県と同じ内容）・山梨県・岐阜県・滋賀県・京都府・岡山県・徳島県、の計一〇県一一の告諭で「禽獣」が使用されている（群馬と埼玉は内容が同じでも主体・対象が異なると判断した）。

「人と禽獣の違いを説明」する告諭

まず第一は「人と禽獣の違いを説明」する告諭である。この例として次の山梨県の告諭〔新資19－2〕がある。

人の禽獣に異なる所以を弁へ知るをいふなり禽獣すら餓て食ひ寒して冬こもり毛羽をかへて春秋をわたるハ凡て是レ人の衣もの食もの住居を索むるに等とし〔中略〕禽獣すら猶よく是の如し〔中略〕人の彼禽獣と殊なる所以のものは教に従ひ道に拠るに在るのみ〔新資19－2〕

人間は「教に従ひ道に拠る」点に禽獣と異なるのだという。ストレートな表現を避けているが、「教」「道」を否定するか気づかない場合には人間は「禽獣と同じ」だということになる。

「学びの否定は禽獣と同じ」という告諭

第二の告諭群はその「学びの否定は禽獣と同じ」だとする告諭群である。この例には福島県〔新資7－1〕・青森県〔新資2－2〕、岐阜県〔新資21－2〕・京都府〔新資26－2〕・岡山県〔新資33－2〕の告諭がある。

福島県の告諭は「父母タル者其子ヲ愛育スル自然之天性禽獣猶然」〔新資7－1〕と指摘し、青森県の告諭は「神州之北陬ニ僻在シ人民頑固習俗鄙野学術ノ貴フヘキヲ知ルモノ」が少数のために「人ノ父トナリ兄トナリ子弟ヲシテ学ハサラシム」ことがある、これは「子弟ヲ犬彘視スルナリ」、だから「学ハサレハ孝敬ノ道ヲ知ラスコレ罔極ノ恩ニ背キ其罪又鮮少ナラス」〔新資2－2〕という。他に、岐阜県〔新資21－2〕・京都府〔新資26－2〕・岡山県〔新資33－2〕の告諭があり、ここでは岐阜県の告諭を例示しておく。

親トシテ其子ヲ教育スルコトアタハズ〔中略〕親モマタ罪ナシト云ベカラス、如是親子共ニ人倫ヲ破リ候モノハ、名教ノ罪人禽獣同様ノモノハ〔新資21－2〕

結局のところ「人間学ばなければ禽獣と同じ」だということを説いている。

「禽獣にも劣ることを強調」する告諭

第三の告諭群は、人間から教育を取り去ると人間の特徴の否定になり「禽獣にも劣る」こととなるという告諭である。滋賀県は「斯る難逢御代に生れながら学問せざるハ禽獣ニも劣るべし」〔新資25－1〕と述べ、徳島県の告諭も「無学にして賤しきを耻とも思はず只仮初に衣食住とのみ思ふは世に益なき而已ならず果は第一の食にも離れ禽獣にも劣るべし禽獣にても食には困らぬものなり」〔新資36－1〕と端的に語る。

その他、群馬県〔新資10－5〕〔埼玉県〔旧資11－11〕も同じ〕・岡山県〔新資33－10〕も同じである。ここでは後者の例を挙げておく。

父兄タル者ノ此意ヲ体シ己義務タル子弟教育ニ一廉尽力、必子弟ヲシテ無智文盲ノ禽獣界ニ陥ラシムル勿レ。其禽獣ト雖モ教育ノ功能ニ依テハ犬ヲシテ書簡ヲ便タラシム〔中略〕諸禽獣ノ能ク芸能ヲ覚エ以テ人ノ経世ヲ助クルアリ、教エレバ禽獣ニ於テ然リ、教エサレバ人ニシテ禽獣ニ劣ルコトアリ、能く鑑ミルヘキナリ〔新資33－10〕

（二）「就学させないことは子弟を棄てること」とする告諭

次に、子弟を就学させないことは「子弟を棄てる」行為だとする告諭である。「子弟を捨てる」という文言を使用した告諭は次の群馬県の告諭〔新資10－4〕のみである。

> 日用常行ノ学ヲ起シ以テ人民ヲシテ昌業起産ノ大本ヲ得セシメムトノ仁慈愛育ノ御趣意ニ出候処或ハ区々ノ苦情抔申唱更ニ意ヲ加ヘサル向モ有之趣以ノ外ノ事ニ候是レ全ク父兄トシテ子弟ヲ捨ツルニ異ナラス歎カハ敷事ニアラスヤ〔新資10－4〕

（三）「恥」を使用している告諭群

最後に「恥」を使用した告諭をみておこう。この言葉を使用し告諭を発したのは、北海道・青森県・岩手県・秋田県・茨城県・富山県・福井県・山梨県・愛知県・滋賀県・京都府・兵庫県・岡山県・山口県・徳島県・愛媛県・福岡県・長崎県・大分県・宮崎県の、二〇道府県が発した合計二六の告諭がある。

問題としたいのは、何が誰に対して「恥」となるのか、という点で文脈が異なる点である。そこに注意して整理すると、①「朝廷・国家の恥」とする告諭群、②他地域との優越性を強調しそこで「恥」を使用した告諭、③「開明の良民として恥」とする告諭、④「自分の周囲の人間にとって恥」とする告諭、⑤「人として恥ない生き方を強調」する告諭、⑥「学ばないことは恥であることを強調」する告諭群、⑦「学問をはじめることは恥ではないことを強調」する告諭群、の七つに区分することができる。

「朝廷・国家の恥」とする告諭群

まず最初に、「朝廷・国家の恥」とした告諭群である。ここでは次の愛媛県の告諭〔新資38－6〕をみておこう。

> 子弟の学問なくして愚かなるは独り其子弟の恥のみならす則其父兄の恥はいふもさらなり我全国人民の父母たる　朝廷の御恥辱にして一家の安危全国盛衰のよりて生する所なり〔新資38－6〕

つまり、子弟―父兄―朝廷と繋げ、家と国家の盛衰を説明する。同様の例は、茨城県〔新資8－2〕・愛知県〔新資23－2〕・兵庫県〔新資28－2〕・宮崎県〔新資45－5〕の、計五例として確認できる。ここでは兵庫県の告諭を例示しておく。

> 国学・漢学ハ勿論西洋ノ学ヲモ広ク学フヘシ、当地ハ外国交際ノ港ナレハワキテ世間ノ人ヨリ早ク事物ノ学ニモ達シ、他国ノ人ニ勝ルヨフニスヘシ、無学文盲ニシテ西洋ノ人ナトニオトシメ侮ラル、事アリテハ、実ニ我国ノ恥辱トナリ、且ハ理ニ昧ラレケレハ何事モ損害ノミ多ク、終ニ土地ノ衰微ノ基トモナルヘシ、サレハ農商ノ輩ト雖モ必ラス学問ハス可キナリ〔新資28－2〕

他地域との優越性を強調しそこで「恥」を使用した告諭

次に「港のある地」として他地域との優越性を示し、そこから「他県に対して恥」とした告諭である。北海道の函館の告諭がそれである。

> 日本五港ノ一ニシテ他ノ府県ノ上ニ位シ如斯寥々トシテ有志ノ者無之ハ実ニ各県ノ官民ニ対シ恥ヘキノ至ナラスヤ〔中略〕人々協同ノ心ヲ以テ其義務ヲ履ミ各自貧富之分限ニ応シ金員ノ多寡ヲ不論醵金致各府県ノ人民ニ恥サル様可心掛候〔新資1－3〕

「開明の良民として恥」とする告諭

第三に当面の啓蒙の目的を「開明の良民」と示し、そうでないことを「恥」とする告諭である。ここでは二例確認できる。

最初に青森県の告諭〔新資2－11〕は、次のように説く。

今洽ク学田ヲ興シ〔中略〕漸次便捷ナル利用ノ器械ヲ施シ従来廃棄スル肥料ヲ必用ト為シ其宜シキニ投ズルアラバ原野ハ変ジテ良田トナリ〔中略〕意外ノ収穫ヲ見ル疑ヲ容レサルナリ如此ンバ人々稼穡ノ妙理ヲ知覚シテ自己進取ノ利ヲ興シ〔中略〕学校ハ隆盛ヲ極メテ邑ニ不学ノ戸ナク家ニ無学ノ人ナキニ至ラン於是カ一村一区繁昌ノ基ヲ開キ厚生利用ノ途確立シテ終ニ開明ノ良民タルニ恥ザル可シ」〔新資2－11〕

次の福井県の告諭〔新資18－6〕も同じである。

各父兄ニ於テ子弟教育ノ事ハ乃チ父兄ノ職分ニシテ一日モ忽ニ可カラザルコトヲ会得シ貴キハ賤キヲ諭シ富者ハ貧者ヲ扶ケテ校舎書籍器機等百事完全ヲ要シ他開明ノ人民ニ恥ヂザル様注意シ国勢振起ノ洪基ヲ開カハ於是乎〔新資18－6〕

「自分の周囲の人間にとって恥」とする告諭

第四に、「自分の恥であるとともに父兄など近い人間の恥」とする告諭群である。以下のように滋賀県〔新資25－4〕・京都府〔新資26－2〕・福岡県〔新資40－1〕の、三告諭にみることができる。ここでは京都府の告諭を例示しておく。

無筆無学文盲にて今日の用も辨し難く学業のつとめハ懶くて事ニ不自由の心となりゆき人を騙しあさむきてはては　御法度を背犯し心の置処もなくなりて父母兄弟に恥辱をあたへ家をやふるにいたるなり〔新資26－2〕

この告諭は、己の至らなさによって父兄や兄弟・親族に恥を与えているのであるということを具体的に指摘している。

「人として恥ない生き方を強調」する告諭

第五は、「人として恥ない生き方」の例である。例えば、岩手県の告諭は、「朝廷至仁ノ思召」の意図は「僻遠遐陬ノ子弟婦女子ニ至ル迄（中略）人ノ人タルノ理ヲ知ラサレハ、自恣ニシテ人ノ妨碍トナリ、怠惰ニシテ凍餓ニ至テ自ヲ恥ス」〔新資3－5〕と説明する。同様の告諭は、秋田県〔新資5－6〕・茨城県〔新資8－5〕・滋賀県〔新資25－3〕の、計四告諭にみることができる。秋田県の告諭を例示しておきたい。

> 一般ノ四民父兄能ク此意ヲ体認シ深ク朝廷愛育ノ御趣意ヲ奉シ東北一隅未開ノ地ト他ニ指笑セラレンコトヲ恥子弟輩ヲシテ悉ク学ニ就カシメヨ因テ以テ告諭ス〔新資5－6〕

「学ばないことは恥であることを強調」する告諭

第六に「学ばないことが恥づべきこと」を説明する告諭群である。富山県の告諭は「一般人民貧富男女之別ナク悉ク皆シラズンバアルヘカラザルモノナレハ小学年齢之児女ハ修学之時ヲ過マラズ終生人タルニ恥ザラシムベキ御趣意ニテ嚮ニ学制頒布相成」〔新資16－3〕と学制の趣意を解説している。また、岡山県の告諭も「今ヤ　王政一新日ニ開化ノ境ニ進歩ス、此際ニ当リ無智文盲ニシテ一世ヲ過スハ、実ニ天地ニ対シテ恥ベク万物ノ霊タル人間ノ道ニ非ルナリ」〔新資33－3〕としている。また、山梨県の有名な告諭「学制解訳」〔新資19－1〕は、学制布告書冒頭部分を次のように解説する。

> 先ツ第一御上ヲ敬ヒ国ノ恩ヲ知リ親ニ孝養ヲ尽シ家内ヲ治メ人ニ交ルニ信実ヲ以テシ慈悲ノ心ヲ失ハス我職分ヲ勉メ奢リヲ誡メ

恥ヲ知リ謙退ノ心ヲ忘レス身ノ養生ヲ専一トシ物事ニ堪忍スル等平常ノ行ヒ人ノ人タル自然ノ道ニ適ヒ智ヲ開キ才芸ヲ長スル〔新資19－1〕

その他同じ趣旨の告諭には、山梨県〔新資19－2〕・山口県〔新資35－3〕・徳島県〔新資36－1〕・福岡県〔新資40－2〕・長崎県〔新資42－3〕の、計八例の告諭にみることができる。ここでは山口県の告諭を例示する。

天より自由の権を稟《う》けたる事なれハ人の人たる所業を棄てゝ躬《ミづ》から営ます他力を頼ミ坐食して今日を送り其働きの出来さるハ人に於ての恥辱なりその恥ちをも知らすして身に生界の不自由を招き却て人を尤め天をも怨みたり〔新資35－3〕

これらの告諭では、家業を治めることができないこと、無学・礼儀を知らないこと、が恥として例示されている。

「学問をはじめることは恥ではないことを強調」する告諭群

第七に「学問することは天地に対する恥・人間の道に背くことではない」ことを強調している告諭である。全体で三例確認できる。例えば岡山県の告諭は「高尚ノ学ニ就キ文墨ヲ以テ事トシ上等社会ノ人ト業ヲ一ニセシ我等野民タリ農ニ工ニ商ニ自其職業ヲ勉ムレバ仮令無智文盲ナルモ何ゾ俯仰恥ツル事アラン」〔新資33－10〕と指摘している。つまり、「上等社会」の人間と一緒に学問することは「農工商」の人間にとって自らの無知文盲を曝け出すことになるが、それは何ら恥ではない、というのである。次の愛媛県の告諭は「今日ニテモ相応ノ身代ヲ持チ朝夕ノ衣食住ニ差支ナキ者ニテ能ク事ノ理ヲ弁僅ニ一夕ノ酒肴ヲ倹約シ四季ニ一枚ノ衣裳ヲ省テ此学費ニ寄附スル」行為が「管内ノ人民ヘ徳ヲ蒙ラシムルノミナラス日本国内ニ生レテ日本国人タルノ名ニ恥ルコトナ」〔新資38－4〕い行為だとしている（なお、大分県〔新資44－1〕と文体と用語は多少異なるものの文言が一致している）。

つまりここでの「恥」の使用例は、否定的使用例ではなく「恥じることではない」という肯定的使用なのである。

以上、ここでは民衆の生活水準で使用されている「禽獣」「子を捨てる」「恥」という言葉が使用されている告諭を採り上げ整理してみた。「禽獣」という言葉が一一例、「子を捨てる」が一例のみ、「恥」が二六例と、前にみた「越度」等に比して、また後で見るように、「責任や義務」という言葉に比して、はるかに使用例が豊富であり、告諭を発した指導者たちはどのような言葉が民衆に届くのか熟知していた。そして、これらの言葉の使用例からわかるように、民衆の心性において十分なる「強迫性」を醸成したのである。

三　就学告諭の中の教育の「責任」論

次に検討すべきは、ようやく近代国家の入り口に立った時、地域指導者たちが発した就学告諭の中の「責任」という言葉である。この言葉の場合、最も問題となるのは、誰が誰に対する「責任」なのかという点、つまり「責任を負う主体」が浮上する点である。以下この言葉を使用した告諭を考察する。この言葉を使用した就学告諭全体を概観した時、主として「父兄と官の両者の責任論」、「官の責任論」、「父兄の責任論」、の三つに区分することが可能である。なお、対象とする言葉は単に「責任」のみならず「責・任・職分・当務」まで広げた。

（一）「父兄と官の両者の責任」論

最初に「父兄と官の両者の責任」論を説く告諭をみておきたい。この告諭群には、福井県〔新資18－5〕・静岡県〔新資22－3〕・滋賀県〔新資25－3〕・京都府〔新資26－6〕の、四県四つの告諭がある。

福井県の告諭は「学区取締ハ勿論区戸長ニ於テ深ク御趣意ノ在ル所ヲ体認シ各家父兄ヲ懇諭シ各家父兄ニ於テモ学

事ノ忽ニスヘカラサル所以ヲ会得シ常々学校保護ノ任ヲ負ヒ其子弟ヲ督責勧奨シ」〔新資18－5〕と述べている。ここでは区戸長は父兄を、父兄は子弟を「督責勧奨」すべきと論じている。

静岡県の告諭は、「区戸長ハ勿論各父兄互ニ教諭勧奨シ一人タモ《（ママ）》尚不就学無之様可致」とし、不就学が改善しない場合「将来人民品行上於テ多少之損害有之義其責戸長父兄ニ帰シ」〔新資22－3〕と戸長父兄の責任を同列に論じている。

父兄と官の責任に加えて、子弟の責任を加えて論じている告諭は、次の滋賀県の告諭である。

> 今の父兄たる者眼前の愛に溺れ〔中略〕淫哇の風儀に陥らしむる等の悪弊間々有レ之開明の時節にハ不レ適のみならず結局終身の損害と成る也。実に可レ恐可レ慎故に之を教ゆるハ父兄の責也之を学ぶハ子弟の責也之を監督保護するハ官の責也此の三ツの者此の三ツの責共に免るべからず〔新資25－3〕

さて、就学に関する義務と責任を、最も体系的に論じたのは京都府の告諭〔新資26－6〕である。就学告諭における責任論を整理・考察することが目的の本章において最も重要な告諭の一つである。

京都府が発した就学告諭の分析には杉村美佳の先行研究があるが[6]、本告諭は採り上げられていない。また同府が発した告諭にはその数においても内容においても重要な論点が多々含まれており、様々な視点から分析が求められる。

この告諭も例外ではない。全文は長文なのでここでは論旨を簡単に振り返っておく。

見るべき目で読むべき字が読めなければ「野蛮廢疾ノ民」であるから老壮幼の区別なく「文学算術ヲ学ヒ知量ノ開拡」を求めるべきである、「日夜学校」が盛んになれば「邑ニ不学ノ戸ナク家ニ不学ノ人」がいない状況となり「教育ノ義務」がはじめて尽くされる、しかし「夜学」は深夜に及ぶため「遊蕩百端弊害」が予想されるが「長タル者之ヲ予防」すべきである、これこそ「区長ノ責任」である、「人智ヲ開明」するのは「区長義務」である、と。さらに

「学校ノ盛衰」は「区長精神ノ旺茶」に関わり「区長力ヲ教育ニ用キサルカ府庁之ヲ責サルヲ得ス是レ府庁ノ任」である。区戸長及役所の生徒掛の者は「朝廷育民ノ聖旨」をしっかり弁え「府庁ヲシテ人民保護ノ義務ヲ尽」くさせよ、という（資料編参照）。

「官」としての区長・府庁の「教育ノ義務」「人民保護ノ義務」に注目すべきである。

（二）「官の責任」論

次に「官の責任」論をみておこう。この論を展開した告諭群は、茨城県〔新資8－2〕・群馬県〔新資10－6〕・埼玉県〔新資11－1〕・富山県〔新資16－3〕・京都府〔新資26－6〕・愛媛県〔新資38－7〕・大分県〔旧資44－4〕の、七例がある。ここではその中から茨城県の告諭を例示し、埼玉県と愛媛県の告諭については論点を紹介する。

> 学制方法ノ如キハ尤モ民ヲ治ル者ノ任スヘキ処ナレハ官之ヲ指令セザルヲ得ス苟モ官ノ指令ナク県下ニ於テ子弟ニ学問ヲナス者少ナキ時ハ啻人民ノ恥辱ノミニアラス必ス国ニ破産貧窮ノ徒多ク百般ノ事随テ繁盛ナラザルニ至ル是学校ノ設ナクンバアル可ラサル所以ナリ既ニ其学校アリ其子弟アリ而シテ其方法ノ無キハ実ニ官ノ罪ニシテ其責免ル可ラズ〔新資8－2〕

ここでは官の責任を具体的かつ明確に指摘している。これに対し埼玉県の告諭〔新資11－1〕は、官庁の責任を明確にしつつも学費は人民が負担すべきであることを指摘することを忘れていない。さらに愛媛県の告諭〔新資38－7〕は、まず就学の重要性を「抑邦国の富強」と関連付けて捉え、だからこそ子弟の教育は「家々の私事人々の随意」ではないと説く。そこから官の役割と責任を「学事普及之成功を督責せらる就ては管下区戸長学区取締等」の責任であるという。官の責任は「人々報国の義務に候条精々厚く説諭を加へ教育急務」であることを徹底することという〔新資38－7〕。

いかにも「官の自負」が前面に出ている告諭である。同様な告諭には群馬県〔新資10－6〕と大分県〔旧資44－4〕、そして先に指摘した京都府〔新資26－6〕があるがここでは省略せざるをえない。なお、次の富山県の告諭も官の督責を強調するが、重点は就学の責任ではなく、資金不足で学校が設置できていないから督責せよ、という点にある。

各区ヨク官旨ヲ奉戴シ追々学校設置之場合ニ至リ献金等モ不少逐日隆盛ノ景況ニハ候得共資金未タ学校設置ノ便ヲ得セシムルニ足ラズ随而通学ノ生徒未タ学齢ノ半ニ満ズ創業ノ功未タ全ク奏セザルニ付厳重督責モ可致処〔新資16－3〕

（三）「父兄の責任」論

「母氏の責任」を説いた告諭がある。茨城県の告諭〔新資8－5〕で、次のように説く。

人ノ初メテ生ルヤ軟弱自ラ活ス能ハス飲食起居概ネ母氏ノ手ニ成リ以テ長スル事ヲ得ルニ至ル然前教育ノ初級ハ母氏ノ責任ニシテ将来人智ノ開明富国ノ大本母氏ノ丹誠ニ基ス是以テ女児教育ノ義ハ素ヨリ軽忽ス可カラサル要務〔新資8－5〕

女子教育の重要性を語った就学告諭の中で、将来子育てに関わるために女子教育が重要だとする告諭は、すでに分析されているが[7]、茨城の告諭の重要性は母の責任と捉えた点にある。

次に「父兄の責任」を論じた告諭をみておこう。この告諭群には、青森県〔新資2－6〕・石川県〔新資17－6〕・福井県〔新資18－6〕・三重県〔新資24－10〕・山口県〔新資35－3〕・高知県〔新資39－3〕の、六例がある。

青森県の告諭は「男女ニ限ラズ幼稚ヲ教育スルハ其父兄ノ任」〔新資2－6〕と捉えている。石川県の告諭は「不学文盲」の女子を「女子ノ常トシテ自ラ怪シマズ」放置した「父兄タル者ヲ責ムル」〔新資17－6〕と指摘する。福井県の告諭は「大政維新以来四民同一ノ権ヲ附与セラレ〔中略〕四民一般斉ク学ニ就クヘキ旨云々ノ告諭アリ〔中略〕各父兄ニ於テ子弟教育ノ事ハ乃チ父兄ノ職分〔中略〕父兄ノ当務尽セリト云フ」〔新資18－6〕と述べている。

つまり、「任」〔青森〕、「責ムル」〔石川〕、「職分・当務」〔福井〕という言い方で責任を明確化している。しかもその主体は「父兄」であり負うべき内容は「子弟の教育」であった。同様の告諭には、次のように三重県〔新資24－10〕・山口県〔新資35－3〕・高知県〔新資39－3〕の例がある。ここでは高知県の告諭を例示する。

人の父兄たる者は此御趣意に基き大にして国家の為め小にしては一家の為め各其子弟を奨励して学につけ相応其材を成就せしむべきは勿論〔中略〕通例の事は自分丈の始末の成る様教育すべきは父兄たる者の逃れぬ責任なり〔中略〕人民の劣弱なる国は自然外国より凌辱せらるゝ事故其国の民となりては面々勉強して世上の開化を進め富強の基を開き自国を保護する様心掛べき事〔新資39－3〕

以上、「責任」および「責・任・職分・当務」という言葉を使用した告諭を、「父兄と官の両者」〔四例〕、「官」〔七例〕、「父兄」〔七例〕と区分して整理してみた。

全体としてこれらの告諭は、文体がどちらかといえば固く、先の「禽獣」「子捨て」「恥」等の告諭と比してわかりやすさが欠落している。つまりこれらの告諭の発信者は、読み手を民衆というよりも行政官〔具体的には官員や区戸長〕として発信したのではないかと思われる。さらに区戸長は父兄を、父兄は子弟を「督責勧奨」すべきとした福井県の役割区分、「人民保護義務」が「官の責任」とした京都府の告諭、さらには「子弟教育は国家富強の基本」として捉え、そこから「官の責任」を論じた愛媛県の告諭、ほぼ同じ論理で父兄の責任を論じた高知県の告諭、などは学制布告書の論理を大きく超えた特徴的な告諭であるといえよう。

四　就学告諭の中の「権利と義務」

次に就学告諭の中の「義務と権利」について検討する。地域指導者たちは、「義務」や「権利ないし権」という用語を、就学告諭の中でどのように使用したのであろうか。

（一）「権利・権」を使用した告諭

最初に「権利ないし権」についてみておこう。これらの用語を使用した告諭群を発した府県は、青森県・秋田県・福島県・埼玉県・神奈川県・山梨県・静岡県・愛知県・三重県・京都府・兵庫県・山口県・福岡県・大分県、の一四府県である。また、これまで考察してきた告諭同様、これらの告諭も言葉とともにその文脈にも違いがある。言葉では「自由の権（利）」「独立の権（利）」「自主（の理）自由の権（利）」などで、文脈でも違いがある。そこで以下では文脈に着目して整理したい。

「自由＝反封建」と捉える告諭

この例には、秋田県〔新資5－6〕・兵庫県〔新資28－9〕・山口県〔新資35－3〕・福岡県〔新資40－2〕の四つの告諭がある。ここでは福岡県の告諭を例示する。

従前封建ノ時ハ数段ノ階級ヲ立テ自由ノ権力ヲ束縛セシヨリ職業モ亦其身沿襲ノ具トナリ私ニ営ミ私ニ変スルアタハス遂ニ有為ノ生ヲ空フスルハ頗ル天理ニ戻リ人情ニ背クノ甚シキ者ト云ウヘシ〔新資40－2〕

四例の告諭をみてすぐにわかることだが、「自由（自主）の権」を主張するが、それはいずれも封建制を否定する文脈の中で使われているという点である。

「文明が自由を導く」とする論理

次に「文明・学問の体得が自由を導く」とする告諭である。この告諭群には青森県〔新資2－11〕・福島県〔新資7－3〕・埼玉県〔新資11－3〕・神奈川県〔新資14－4〕・山梨県〔新資19－2〕・静岡県〔旧資22－9〕・愛知県〔新資23－4〕・京都府〔旧資26－5〕の、八つの告諭がある。このうち神奈川県〔新資14－4〕・静岡県〔旧資22－9〕は発せられた県は異なるが内容は同一である。ここでは福島県と、神奈川・静岡両県の共通の告諭を例示する。

戊辰之兵乱以来文学之道殆ンド廃シ人民之智識随ツテ狭ク只一日ノ安ヲ悦ブ様ナル弊習モ鮮カラズ人々自由ノ権ヲ持ナガラ我ト我ガ身ノ権ヲ失イ誠ニ歎カワシキ事ナラズヤ〔新資7－3〕

今ヤ文明ノ域ニ至リ於文部省已ニ定メラレタル所ノ学科教則ハ人間日用ノ実際ニ渉リ自主ノ理自由ノ権ヲ養成スルモノナレハ貴賤ヲ論セス男女ヲ問ハス日夜勉励之ニ従事シ以テ智ヲ開キオヲ長シ生ヲ治ムル所以ノモノ〔新資14－4〕〔旧資22－9〕

これらの告諭に共通するのは、学ぶことによって人間は自主自由になれるとする捉え方である。同時にそこには、学ばない人間を「無知蒙昧」として否定する愚民感、「家国を富」する「自由」（近代資本主義的自由）を含んでいる点に注目したい。

「四民同権」とする告諭

次の三重県の告諭〔新資24-9〕は、「権」を用いて平等を強調する告諭である。

今開明ノ盛世ニ遭遇シテ四民同権ヲ得各自才力ニ応シテ其需要ヲ充タセハ賢ナルモノハ富貴ヲ致シ愚ナルモノハ貧賤ニ窮苦ス
〔新資24-9〕

ここでは「四民同権」として平等が強調され、学ぶことに成功した「賢ナルモノ」が「富貴ヲ致」（=成功する）ことを説いている。

「児童教育を受くべき権利の保護」を主張する告諭

次の大分県の告諭〔新資44-5〕は、児童の教育を受ける権利を保護する必要性をいう他府県に例をみない告諭である。全文は資料編にあるので告諭の内容を整理しておこう。

学制以後学校設立・教育は発展し大分県内も例外ではない、しかし教育は「其功」が直ぐには見えない、わが国はこれまで武門の専政で、教育は武士以上に止まり庶民には無縁であった、だからこそ官は誘導を尽くすべきで、第五課（学務課のこと）を設置した理由である、人民に教育が急務である、学資負担の義務がある、教員の学術を鍛え生徒の進歩を計る、この三つは「真一」が重視してきた点だ、県政を担当した時から学務の委員を派出、自分もまた巡回誘導する旨意を諭達してきた、西南戦争の勃発で県庁は諸事多忙、学校は残破、教育は荒廃した、それを挽回しなければならない、「真一」は今般第五課各員を各地に「派駐」させ現地で「適宜誘導奨励」させ「其子弟ヲ挙ゲ悉ク之ヲ学ニ就カシメ以テ児童教育ヲ受クベキノ権利ヲ保護」する必要があること、そのため「巡回訓導ナル者ヲ置キ教員ノ授業ヲ整理シ教員ノ学術ヲ鍛錬セシメ以テ生徒ノ進歩ヲ計」らねばならない、「区戸長学区取締」は毎事派駐官員の協示を受けて人智の開発を勧め文明が進むことは今日「真一」が区戸長学区取締に望むところである、篤とこの旨意を「小前一同へ無漏様諭達可致候事」と。

これまで筆者らが収集してきた就学告諭の中で、これほどに近代的な性格（近代的教育観に基づく）の告諭は他に例がない。「責任」の項で紹介した京都府の告諭も「義務と責任」の用語を用いて系統的に「官の責任」を論じた画期的な告諭であるが、この告諭は「児童の教育を受ける権利の保護」という極めて近代教育思想を反映した告諭として画期的である。

この就学告諭には少なくとも二つの背景が考えられる。

第一に、この告諭を発したのは文中の「真一」から明らかなように、県令・香川真一（一八三五～一九二〇年）である。したがってこの告諭は彼の思想の反映である。香川は、岡山県に生まれた元岡山藩士・大参事で、一八七一年に第一回欧米視察団として欧米を視察している。大分県令として県会の立ち上げに尽力した人物で、国家の近代化について見聞を広め体験してきた人物である。

第二は、西南戦争後の明治一〇年代には明治初期の啓蒙思想が、上からの民衆教化と下からの民権運動という分岐の時期にあり、教育の世界でも、例えば『教育新誌』などで愚民感を基礎とした「民衆教化論」「強迫教育論」と「教育を天賦固有の権利」とする論争が展開されている[8]。大分県令・香川真一が発したこの告諭は、そうした時代状況の中で位置付け捉え直す必要がある。

（二）就学告諭の中の「義務」

次に就学告諭の中で、「義務」という言葉が使用された例を考察する。この用語を使用した告諭群には、北海道・青森県・宮城県・千葉県・神奈川県・京都府・岡山県・愛媛県・佐賀県・沖縄県の、一〇府県一二の告諭がある。

「義務と責任」を論じた京都府の告諭

まず最初に先に「責任」の項で検討した京都府の告諭〔新資26－6〕を今度は「義務」に焦点を合わせて簡単にみておこう。同告諭は「日夜学校ノ盛今ヨリ久ヲ持セハ所謂邑ニ不学ノ戸ナク家ニ不学ノ人ナキニ至リ教育ノ義務始テ将ニココニ尽シトス」という。学校が栄えて初めて「教育ノ義務」が尽くせるというが、その義務の主体は明確ではない。だが通学環境を整備するのは「区長ノ責任」で、「人智ヲ開明ニ誘導スルハ区長義務ノ要件」だと断ずる。そして「府庁之責」と「任」は区長が力を教育に用いることであり、「区戸長及生徒掛ノ者朝廷育民ノ聖旨ヲ体認シ各自其職ヲ曠シクスルナク府庁ヲシテ人民保護ノ義務ヲ尽」すべきだと指摘する。

「学費の支出義務」

「義務」の内実に目を転じてみると、「人民の学費支出義務」「人民の相互扶助義務」「人民公共の義務」「父兄の教育義務」「人民の報国義務」という考え方が以下の告諭で見ることができる。

まず最初に「人民の学費支出義務」を説く告諭を整理する。この告諭の例は、北海道〔新資1－3〕・青森県〔新資2－11〕・宮城県〔新資4－3〕の三例である。ここでは北海道の告諭を例示する。

> 各府県之如キ駸々トシテ進ミ今日小学設立之盛ナル一県ニ五百余所ニ及フモノアリ是皆人民ノ人トシテ一日モ学ナカルベカラサルヲ知ル所以ニシテ又学費納金ノ夥シキ一県ニ六七万ヨリ其最多キハ殆ト五十万円ニ至ルモノアリ是皆人民協同之心ヲ以テ其義務ヲ履ムモノニシテ固ヨリ当然ノ道ナリ〔中略〕人々協同ノ心ヲ以テ其義務ヲ履ミ各自貧富之分限ニ応シ金員ノ多寡ヲ不論醵金致各府県ノ人民ニ恥サル様可心掛候〔新資1－3〕

これらの三例の告諭に共通するのは、学費・月謝支払いの義務は父兄にあるとする点である。

教育を「相互扶助義務・人民公共の義務」の中で捉えた告諭

次に教育を「人民相互扶助義務」の中で捉えた告諭である。青森県〔新資2－7〕・千葉県〔新資12－4〕であるが、「人民相互扶助」を「人民公共の義務」という文言で捉えた佐賀県の告諭〔新資41－3〕もある。ここでは千葉県と佐賀県の告諭を例示する。

> 抑モ各学区内家ニ貧富ナキ能ハス夫レ家富ノ貧弱ヲ助タルハ固ヨリ交際上欠クヘカラサルノ義務ナリ苟モ人トシテ人タルノ義務ヲ欠クトキハ亦以テ　朝旨ニ負クモノト謂フ可シ汝等余カ先ノ喜悦スル所ヲ喜悦シ後ノ憂慮スル所ヲ憂慮シ　朝旨ヲ体認シ子孫ヲ顧念シ以テ其義務ヲ尽サンコトヲ冀望ス〔新資12－4〕

> 児女将来の禍福ハ早く已に就学すると就学せざるとに依て相決し加之善良の教員を傭ひ書籍器具を完備し教授上差支無之様維持保護するハ人民公共の義務たること固り言を待たず〔新資41－3〕

この二例の告諭は「相互扶助」「貧弱」を助けることは人間としての義務・「公共の義務」であると主張し、学業を充実させるために人たるの義務・公共の義務を発揮せよ、と学資金の拠出を相互扶助の義務として主張している。

「父兄の教育義務」を説く告諭

次に「父兄の教育義務」を説く告諭をみておこう。青森県〔新資2－10〕・岡山県〔新資33－10〕・沖縄県〔新資47－2〕の三例がある。岡山県と沖縄県の告諭を例示する。

学校ヲ設ケ子弟ヲ教育スルハ父兄タル者ノ義務ニシテ、欠クベカラザルノ一大要件タリ。〔中略〕父兄教育ノ義務ヲ尽クサシメ事業ヲ大成セントス〔中略〕父兄タル者〔中略〕己義務タル子弟教育ニ一廉尽力、必子弟ヲシテ無智文盲ノ禽獣界ニ陥入ラシムル勿レ〔中略〕上ハ聖恩ノ深キニ報ヒ下ハ各自ノ義務ヲ尽シ家ヲ興スノ基ヲ求ム可シ。〔新資33-10〕

是故ニ人ノ父兄タルモノハ仮令身賤ク家貧キト雖モ目前ノ難渋ヲ憂ヘス子弟ヲシテ余念ナク学問ニ従事セシメハ智識ヲ開達シ才芸ヲ伸張シ家産ヲシテ繁昌ナラシムルハ期シテ俟ツベク父兄タルモノモ又其義務ヲ尽セリト云フヘシ〔新資47-2〕

この三例の告諭は、「学費支出の義務」等と異なり「父兄の子弟への教育義務」を説いている点で特徴的である。

「報国義務」を説く告諭

最後に、「人民の報国義務」を説く告諭がある。神奈川県〔新資14-3〕・愛媛県〔新資38-2〕の二例である。ここでは神奈川県の告諭を例示する。

人ノ生ルヽヤ無知ナリ父母之ヲ教育シ其知覚ノ稍々開クルニ及ンデ〔中略〕子弟タル者ノ賢愚智闇ニ関係スル所万民教育ノ基礎トナル処ナレバ其責タル極メテ重大ト謂ツベシ〔中略〕各々其知覚ヲ増進シ其志願ヲ成就シ之ヲ大ニシテ国家ノ恩ニ報ヒ富強ノ術ヲ施シ皇威ヲ万国ニ誇耀シ〔中略〕人ノ父母タル者誰カ其子ノ此ノ如キヲ欲セザランヤ且其子無キ者モ夫々ノ義務ニシテ苟モ国家ノ益アル事〔新資14-3〕

教育を充実させることが国家の恩に報いること、国家の富強は「人民の智識と品行（すなわち教育）」が基礎なることを説いている。

以上、就学告諭において「権利」「義務」という用語を使用した告諭を検討した。使用した文脈に注意するとやはり微妙に異なることがわかる。

「権利」についていえば、言葉上は「自由の権（利）」「独立の権（利）」「自主（の理）自由の権（利）」などみることができるが、込められた意味は多様であった。つまり封建制を否定する、学問が人間を自由にする、「家国を富」する「自由」などがその含意であった。さらに大分県の告諭〔新資44－5〕は、近代教育思想に基づく告諭で他に例のない告諭であった。

「義務」についていえば、京都府の告諭〔新資26－6〕は、近代国家における行政の論理を反映した「義務と責任」用語を用いて系統的に「官の責任」を論じた画期的な告諭であった。さらに「義務」の内実を考察した場合、「義務」が意味するものとは、より具体的にいえば「人民の学費支出義務」「人民の相互扶助義務」「人民公共の義務」「父兄の教育義務」「人民の報国義務」という考え方を含意していたことがわかる。

五　就学行政指導の実態

最後に、就学行政指導の実態を示す資料を、就学告諭と、厳密にいえば就学告諭ではないが、就学行政の実際が判明する史料の中から示してみたい。

最初に青森県の就学告諭〔新資2－10〕である。同告諭は「今般学齢之子弟（満六歳以上満十四歳迄）調査致候得者、当田名部村ヲ始支村栗山、女舘、金谷等之各村中迄学齢之子弟三百八十余名ニ有之」と、就学実態の調査を窺わせる文言を示し、「子女ヲシテ文盲之域ニ陥ラセ候様ニテハ、父兄タル者ノ義務不相立」と父兄の義務を強調し「入学為致兼候者ハ其事情詳細取調、右期日迄ニ其学区取締手元へ申出候様可致候、右等ノ条件下々迄普ク徹底不致儀モ有之候ハヾ、学校係又ハ各村伍戸等ニ於テ厚ク説諭ヲ加ヘ」とある。就学実態を調査し、個別にかつ厳密に対応していた様子がわかる。

次の例は、今回厳密には就学告諭ではない、と判断した神奈川県での「就学督励と学費のため桑茶等栽培奨励」の資料である。同資料は「学制第十二章ニ基キ満六歳以上ノ小児ハ男女ノ別ナク必入校可為致若六歳以上之小児就学不致モノ有之候ハハ其父兄ヲ取糺其由ヲ学区取締エ届取締ヨリ県庁学務掛エ可申立候」〔神奈川県（旧資14－9、『就学告諭の研究』）四九一頁〕とある。その文言からいかにも厳しい「取糺」があったであろうと想定できる。

最後に、これも今回厳密な意味で就学告諭ではないと判断した福井県の資料である。すなわち「一　小浜敦賀武生鯖江粟田部福井松岡金津坂井港丸岡勝山大野ノ市街地ヘ出張ノ巡査学齢不就学ノ者ヲ権問説諭シテ漸次之ヲシテ学ニ就カシムルヲ要ス」として巡査が学齢不就学の者を「権問説諭」して就学させることを規定している。さらに「一授業時節学齢ニ近キ男女途中ニ徘徊遊嬉スルモノアラバ出会ノ巡査顔ヲ和ラゲ辞ヲ卑フシ先ツ其児ノ年齢ヲ問ヒ若シ学齢ナラハ何故ニ登校セザルヲ問ヒ答フルモノハ其答ヲ聴キ答サルモノハ再問セズ共々之ヲ其宅ヘ誘引シ其父兄ニ面シテ更ニ其事故ヲ聴キ事故ノ軽重ニヨリ後条ノ如ク処分スヘシ」と、巡査が不就学の児童を発見した時の父兄への面談と事情聴取、さらには処分にまで言及している。そして「一　学区取締或ハ戸長巡査ノ報知ヲ得ハ其父兄ヲ呼テ更ニ其事故ヲ権問シ百方勧奨シテ学ニ就カシムヘシ」〔福井県・旧資18－14〕と、学区取締と戸長・巡査による「父兄」への「権問」と就学勧奨を説いている。

これらの例は、就学告諭の中で強制性を示しながら、かなり厳しい就学行政が展開されていたこと、さらにはその指導には末端の警察官まで関わっていたことがわかる。

おわりに

一八七〇年代の就学政策は勧奨が中心であったが、その勧奨政策の中に「強迫性」を捉えようとすることが本章の目的である。ここまでの考察を整理すると、「越度」（＝「落度」）は意外にも使用例が少ない。逆に民衆の生活水準で使用されている「禽獣」「子を捨てる」「恥」という言葉が多用されている。これらの事実は「越度」に比し、またすぐ次で見た「責任や義務」という言葉に比し、はるかに使用例が豊富で理解しやすい言葉であった。いいかえると告諭を発した指導者たちは、どのような言葉が民衆に届くのか熟知していた。そして、これらの言葉の使用例からみても、民衆の心性において十分な「強迫性」を醸成したと思われる。

「責任」および「責・任・職分・当務」という言葉を用いた告諭は、その文体がどちらかといえば硬く、「禽獣」等を用いた告諭と比してわかりやすさが欠けている。これらの告諭の発信者は読み手を行政官（具体的には官員や区戸長）として想定したのではないか。その内容でいえば、区戸長・父兄・子弟の責任を論じた福井や滋賀県、「人民保護義務」が「官の責任」とした京都府、さらには「子弟教育は国家富強の基本」とし「官の責任」を論じた愛媛県、などは学制布告書の論理を超えた特徴的な告諭であった。

近代的概念である「権利」「義務」という言葉を用いた告諭を、文脈に注意して検討した。「権利」についていえば、「自由の権（利）」「独立の権（利）」「自主（の理）自由の権（利）」など言葉は多様だが込められた意味も多様であった。封建制を否定する、学問が人間を解放する、「家国を富」する「自由」などが具体的に言われていた。なかでも、大分県の告諭〔新資44-5〕は、児童の教育を受ける権利の保障を軸にした告諭で、他に例のない告諭であった。

「義務」についていえば、京都府の告諭は、近代国家における行政の論理を反映し「義務と責任」用語を用いて系統的に「官の責任」を論じた画期的な告諭であった。「義務」の内容では、「義務」が意味するのは、具体的にいえば

「人民の学費支出義務」、「人民の相互扶助義務」（「人民公共の義務」）、「父兄の教育義務」、「人民の報国義務」という考え方に区分できる。とりわけ、伝統的な共同体に依拠した相互扶助で「学費支出義務」を提起している点や、「子弟を教育する父兄の義務」など後の時代の「就学義務」の先蹤ともいうべきであろう。「報国義務」に至っては、子弟を教育するのは国家富強のためという考え方が根強く存在していたことのあらわれである。最後に、就学行政の実態を史料を示して検討したが、「責任」を課された官員たちは、就学を勧奨するという言葉以上に強い強迫姿勢で行政を展開したと思われる。

今後の課題についてまとめておきたい。今回の作業は、就学への「強迫性」を民衆の心性レベルで醸成する用語に着目して整理した。整理でしかすぎないため、今後に残された課題は多い。まず第一に、地域の中で読み説く必要性である。今回採り上げた用語・文脈を地域の中で検証し、地域民衆の就学行動との関係を把握したい。第二に、近代国家成立過程における明治啓蒙思想の展開という枠組みの中で、「権利・責任・義務」概念自身がどのように変化していったのかを深める課題がある。そして第三に「はじめに」で述べたように、一八八〇年代の就学督責政策の中の、不就学の子弟に対する父兄への就学説諭の内容を捉え、今回の成果との連続性を考察する課題である。

（1）佐藤秀夫「義務教育制度の成立と子どもたち」『法学セミナー増刊　教育と法と子どもたち』日本評論社、一九八〇年。

（2）いくつかの例を上げると、例えば山形県では明治六年七月に「学校事務仮規則」を発布し、その中で、学区取締による就学督責事務を規程している（『山形県教育史資料』第一巻、一九七四年）。また、石川県は明治九年「小学標旗掲揚方心得」を、山梨県は明治一〇年「就学牌授与条例」を定めている。これらの位置付けについては、拙稿「「就学督責」研究ノート（一）――一八七〇年代から一八八〇年代への教育構造転換に関する研究試論」『一八八〇年代教育史研究年報』第四号、二〇一二年、参照。京都府については明治九年「強促就学法」を定め不就学に関しての罰金を科す規程を定めたが、認可されなかった。

杉村美佳「京都府の就学告諭」荒井明夫編『近代日本黎明期における『就学告諭』の研究』東信堂、二〇〇八年、所収、三五五〜三五六頁。

（3）『大辞林（第3版）』三省堂、二〇〇六年。府川充男編『難読語辞典』太田出版、二〇〇五年。『歴史民俗用語よみかた辞典』日外アソシエーツ、一九九八年。

（4）すでに、学制布告書の論旨を超えた多様な就学告諭が存在していたことは、「第三章　就学勧奨の論理」『「就学告諭」の研究』各論文参照。

（5）山梨県の就学告諭（新資19－1）も学制布告書の解説であるが「越度」にはとくに解説がないため大阪府の例を用いた。

（6）前掲、杉村論文。

（7）河田敦子「女子教育の推奨」『就学告諭の研究』所収。

（8）堀尾輝久「明治『啓蒙』の学問・教育思想」『科学と思想』第一四号、新日本出版社、一九七四年（後に堀尾輝久『天皇制国家と教育——近代日本教育思想史』青木書店、一九八七年、第一章に再録）参照。

（荒井明夫）

第六章　就学勧奨の論理の日米比較

はじめに

本章は、近代黎明期の日米における就学勧奨の論理の異同について、主に「親」に対する勧奨に焦点を当てて考察することを目的とする。第二次研究会では、日本の就学告諭や学校設立の動きを欧米と比較し、比較教育史的視点から、日本人の「教育熱心」の特徴を浮き彫りにすることを一つの研究課題としてきた。比較対象国の一つであるアメリカ合衆国（以下、アメリカと略記する）は、例えば、一八七六（明治九）年に京都府権知事の槇村正直（一八三四～一八九六）が、アメリカ諸州の強促就学法に準じて就学法略則九ヶ条を定めたように、明治期日本の就学強制の動きに影響を及ぼした国である。

しかしながら、義務教育法が成立する以前のアメリカにおいては、近代黎明期の日本でみられたような、地域の政治指導者から地域民衆に向けて発せられた学びに就くことを奨励した文書や言説、すなわち、上から下へのベクトルを有する就学告諭の存在は、管見の限り見受けられない。その一方で、マサチューセッツ州の教育委員会年報のように、教育指導者が政治、経済、教育および宗教の各界の指導者や民衆に向けて発した、広く就学を勧奨した文書は存在する。

マサチューセッツ州教育委員会年報は、一八三七年にマサチューセッツ州初代教育長に就任したホレース・マン（一七九六〜一八五九）を中心に作成され、マサチューセッツ州の公教育改革の課題を州民全体に提示する目的で発行された。(1) マサチューセッツ州では、一八三〇年代後半から一八五〇年代初頭にかけて、合衆国初の義務教育法制定をより確固たるものにするために、州教育長のマンを中心に、熱心に就学の勧奨が行われていた。マンらは、教育の重要性について教育委員会年報や講話などを通して民衆に訴え、コモン・スクール（公立学校）への就学を勧誘してきた。(2) そして、こうした教育委員会年報におけるマンらの強制就学に関する言説は、政治、経済、教育および宗教の各界の指導者や民衆にとって、きわめて効果的であったという。(3)

周知のように、同州は、植民者であるピューリタンが、「民衆のための無月謝および万人共通の教育」を理念とし、民衆の学校教育を教会の設立と同様に最重要視した背景があり、(4) 一八五二年にアメリカ初の義務教育法が制定された。そして、そうした義務教育法の制定には、州教育委員会の年報の影響力が大きかったとされる。

このように、教育指導者層が就学強制を支持するようになった要因の一つとして、久保義三は、教育の経済的生産性の増大を挙げているが、その他にも教育委員会年報では、より説得力のある強制就学に関する言説が雄弁に語られ、その影響力が大きかったことを明らかにしている。(5) マンらが発した教育委員会年報のうち第五年報は、マサチューセッツ州だけでなく、ニューヨーク州の立法部が一万八〇〇〇部印刷し、州内に広く配布したほど、影響力を持つ文書であった。(6)

こうした教育委員会年報における就学勧奨と、日本の就学告諭を比較すると、特に「親」に対してどのように子どもの就学を勧奨したのか、という点について、その論理に差異があることが窺える。そして、こうした近代日米における「親」に対する就学勧奨の論理の異同を明らかにすることにより、両国の歴史的背景は異なるものの、日本の就学告諭の特色や、日本人の「教育熱心」の特徴を、より浮き彫りにすることができるのではないだろうか。

これまでの日米における就学勧奨の論理に関する先行研究を概観すると、『「就学告諭」の研究』において、小林啓子は、就学告諭における親概念の特徴を明らかにしている(7)。一方、久保義三は、マンの経済性生産論を中心に、彼の公教育思想の形成過程を綿密に明らかにしており、マンの就学勧奨の論理を検討する上で参考になる。しかしながら、両者を比較し、日本の就学告諭の特色や、日本人の「教育熱心」の特徴を、より浮き彫りするという試みは、これまでなされてこなかった。そこで、本章では、これまで就学告諭研究会で収集した日本の就学告諭と、アメリカのマサチューセッツ州でアメリカ初の義務教育法が制定されるに至るまでに、マンら教育指導者が発した就学勧奨に関する言説について、主に「親」の視点を中心に比較・分析し、近代日米における就学勧奨の論理の異同を考察したい。

なお、日本の就学告諭の分析にあたっては、主に、就学告諭研究会で収集した各都道府県の就学告諭を用いる。マンら教育指導者による就学勧奨の論理の分析にあたっては、先述の久保の研究を参考にしながら、マサチューセッツ州教育委員会第五年報、第一〇年報および第一一年報等を史料として用いる。

一　近代黎明期日本における就学勧奨の論理

第一次研究会では、「国家」、「外国」、「旧習の否定」、「親」、「女子教育」という五つの視点を設定し、収集した就学告諭の分析を行ってきた。すなわち、「国家」とは、「国家のために」など国家意識を強調させる就学告諭であり、各府県で作成された告諭に多くみられる論理である。次に、「外国」とは、民衆の対外危機感を就学と結び付けて勧奨する告諭であり、モデル・脅威としての「外国」にまつわる告諭を分析した。また、「旧習の否定」とは、学制布告書にみられる旧来の価値観の否定と就学勧奨とを結び付けた就学告諭である。「女子教育」では、学制布告書で重要視された女子の教育が就学告諭においてどのように強調されたのかを分析した。最後に、「親」に対してどのように就学を告諭したのか、という視点は、第一次研究会で設定した新しい分析視点であり、就学は「親の越度、責任、義務」、「強制と学問の必要性」という説明論理が用いられていたことが明らかとなった⑧。以下では、このうち、「親」に対する告諭にはどのようなものがあり、就学告諭において親がどのように位置付けられていたのかを確認しておきたい。

すでに、『「就学告諭」の研究』において明らかにされたように、就学告諭で親が言及される場合、「学資金の拠出主体としての親」、「子どもの就学への義務・責任主体としての親」などに大別される。各府県が親に学資金の拠出を説諭したのは、文部省からの補助金が不十分であり、学制布告書の趣旨にのっとり、親をはじめとした民力による学校設置維持を行う方針によるものと思われる。一方、「子どもの就学への義務・責任主体としての親」について、学制布告書では、「小学ニ従事セシメサルモノハ其父兄ノ越度タルヘキ事」と示され、長野県や愛知県でもこの「親の越度」を就学の根拠として論じた以下のような告諭が発せられた。

夫々学校相立候上ハ受持学区内ニ生徒無クハ取締ノ落度村ニ生徒無クハ戸長世話可方ノ落度、家ニ小学校生徒年齢ノ者有テ就学セザレバ戸主ノ落ド、各職掌ニ依テ勉強セザレバ落度有之也〔新資20‐13〕

前年来大中小学校創建の制あり小児六歳以上にして就学せざるは其父兄の越度たるべしとの御布告あり〔新資23‐4〕

このうち、前者の長野県の告諭には、未就学は、学区取締の越度→戸長の越度→戸主の越度というように、天皇→天皇政府→府県→区長→戸長→戸主という新しい権力構造がみられ、戸主＝親は、こうした権力体制の末端的な存在として位置付けられていたと考えられる。

一方、不就学児童の父兄に強制的な言葉を用いた告諭には、埼玉県の告諭などが挙げられる。この告諭では子どもに教育を受けさせない親は禽獣にも劣ると主張し、就学を強く促している。

　父兄として子弟ヲ教育スルヲ知ラス禽獣ニモ不及コト遠シト謂フ可シ〔旧資11－11〕

また、京都府の郡部で発せられた告諭では、以下のように、親が子どもを就学させないと子どもが禽獣のようになり、罪を犯し、親兄弟に恥辱を与え、ついには家を破るなど、就学不履行の悲惨な結末を親の心情に訴え、就学意識を啓発しようとしている。

　告諭之文

　習ひ性となるとは幼少の習ワせが生れつきのごとくになるといふことにて人の親たり子たるものゝ能く心得て服膺すへきいましめならすや馬の蹴るもむまのとかならずやむちや手綱もてすきまなくのりいれて足に隙のなきゆへにける事ならす故に馬の善意ハ駁御の道によるものなり幼童や少年に物学ひさするもまたこのことワりに近かるへし心や手足にひまあるゆへ遊興に増長し終にならひか性となりよからぬ心日ゝに月ゝに熾んになり折檻異見たひかさなれと固より文字をまなひされハ事の道理をしるよしなく却て親をののしるなとゝし月親の苦辛していつくしミ育てたるその子ハ稍くひとゝなれと一群の禽獣と類を同しくするのミならす無筆無学文盲にて今日の用も辨し
　御法度を背犯し心の置處もなくなりて父母兄弟に恥辱をあたへ家をやふるにいたるなりかかる悪道にふミ入るハ教なきならワせのあらたまらさる過ちならすやゆへに幼少の時よりして読書算筆すき間なく日夜朝暮に学はせて其餘暇にハ酒掃や進退給使のわさをならい心手足の隙なけれハ自然とならひ性となりとく長するに従ひて事ニ忍耐つよく成ゆき終に家も繁昌し先祖父母への孝行と人に敬ひ尊ひらる親たるものかかる道理を覚知して教の道に導くことそ子を愛するとハいふそかしこれを教へる方法ハ小学校より他に道なし〔以下略〕〔新資26－2〕

この告諭では、無筆無学文盲では人を騙し欺き、遂には御法度を犯し、家の破滅にいたる。ゆえに子どもに幼少時から読書算筆を日夜学ばせれば「ならひ性」となり、成長するにしたがって忍耐強くなり、家も繁昌する。親たる者はこの道理を自覚すべきであり、子どもを教え導く方法は小学校より他にはないと諭し、学問の必要性を説いた上で、就学を勧奨している。ここで登場する「親」も、戸主としての親であり、就学不履行の結末は、「家＝親が傾く」というように、儒教的な家概念の中に「親」を位置付けて就学を告諭していると考えられる。

また、子どもを学びに就かせることは「親の責任」と説いた告諭には、以下に示すように、高知県庁によって発せられた「告諭」（明治八年）や、滋賀県令松田道之（一八三九～八二）が明治六年に発した「告諭管下人民」などがある。

今小学普通の学科は六七歳より十三四歳まて学へは大概成就する仕組なれば男女に限らす学に就け日用書等を始め天地万物の大体中外各国の形勢等をも荒増心得させ通例の事は自分丈の始末の成る様教育すへきは父兄たる者の逃れぬ責任なり然るに民間の慣にて唯旧俗に安んし勉強出精もせす人生再ひ来らさる貴重の光陰を閑過し生涯貧困に終らんとする者も少なからす甚嘆かはしき事なり……殊に学問は百業の基にて人々身を立るの資本なれは子弟を教育するは財産の種を蒔くも同様にて其結果成熟の秋に至りては各父兄の所有なれは人の父兄たる者は資材を畜ます目前の愛に溺れす子弟を駆て学に就かしめ難有御趣意ニ奉答し後来の幸福をも希はさるへけんや〔新資39‐3〕

今の父兄《フケイ》《ちゝあに》たる者眼前《ガンゼン》の愛《アイ》に溺《オボ》れ其子弟たる者をして遊惰《ユウダ》《あそび事》に日月を送《オク》らせ或ハ之を教ゆるも不文明不開化の職業に従事《ジウジ》《よりしたがひ》いたさせ就中《なかんづく》女の子へハ専《モッハ》ら遊芸のみを教へ動《ヤヽモ》すれバ淫《ヰン》哇《ア》《みたりかはしきたわれこと》の風儀《フウギ》に陥《ヲチイ》らしむる等の悪弊間《アクヘイマ》々有レ之開明の時節に不レ適《かなハさる》のみならず結局《ケツキヨク》《つまり》終身《シウシン》《一生》の損害《ソンガイ》と成る也実に可レ恐可レ慎故に之を教ゆるハ父兄の責《セメ》也之を学ぶハ子弟の責也之を監督保護《カントクホウゴ》《きをつけまもる》するハ官の責也此の三ツの者此の三ツの責共に免《マヌカ》るべからず為《タメ》に今数百の言を述へ懇々告示《コン》《ねんごろつげしめす》す。凡そ父兄子弟たる者此の意《こゝろえ》を体《テイ》し前日の旧習《キウシウ》を去《サ》り日新の事業に注意《チウヰ》《きをつけ》し専《モツハ》ら実用《ジツヨウ》の学問に従事し一日も怠《オコタ》ること勿れ是管下一般各所《カクシヨ》に小学校を設《マフ》くる所以《ユヘン》《わけがら》なり〔新資25－3〕

さらに、子どもの就学は、「親の義務」であると説いた告諭には、沖縄県のものなどがある。沖縄県令鍋島直彬から明治一二年一二月二〇日に発せられた就学告諭は、すでに教育令が公布されているものの、沖縄の特殊事情に鑑み、学制布告書の理念が反映されている。

人ノ父兄タルモノハ仮令身賤ク家貧キト雖モ目前ノ難渋ヲ憂ヘス子弟ヲシテ余念ナク学問ニ従事セシメハ智識ヲ開達シ才芸ヲ伸張シ家産ヲシテ繁昌ナラシムルハ期シテ俟ツベク父兄タルモノモ又其義務ヲ尽セリト云フヘシ若シ之ニ反シテ朝夕目前ノ使用ニ叱駆シ教ヘス誡メス遂ニ子弟ヲシテ終身貧窶ノ域ニ陥リ痴騃ノ譏ヲ免レサラシムルハ父兄タルモノ愛育ノ情ニ於テ果シテ如何ソヤ今ヨリ後ハ寒村僻邑ニ至ルマデ前條ノ趣ヲ了解シ村ニ学ハサルノ家ナク家ニ学ハサルノ人ナカラシメ候様可心懸此旨管内へ諭達候事〔新資47－2〕

この告諭からは、学問に従事することにより、「家産ヲシテ繁昌ナラシムル」という論理がみられ、家制度の長として親を位置付け、家の繁栄のために就学を勧奨していることが窺える。

次に、第二次研究会で新たに発見された岩手県と高山県の告諭における就学勧奨の論理を確認したい。まず、岩手県から明治七年一二月に発せられた告諭には、「子弟の立身出世のために学資金を拠出するのは親として当然」という論理がみられる。

今、子弟婦女子ヲ学問ニ従事セシムルハ、知ヲ開キ業ヲ得テ、身ヲ立、産ヲ興シ、安楽ニ生活ヲ遂ル資本ナレハ、父兄タル者学校費用弁スルハ、固ヨリ理ノ当然タリト雖モ、朝廷又篤キ御仁恤ヲ以テ御委託金御恵ミアリ。実ニ難有事ニアラスヤ。父兄タルモノ豈袖手因循シテ、朝意ニ背ヲ得ンヤ。是ヲ以テ極窮ヲ除クノ外、各其分ニ応シ多少ノ金ヲ出シテ学校費用ノ資本ヲ立テ、学校ヲ隆盛ニセン事、父兄タル者、朝意至仁ノ御盛挙ニ対シ奉リ免ルヘカラサルノ勤ナリ。依之、今毎戸此意ヲ説諭シ以テ寄附金ヲ勧募ス〔新資3－5〕

次に、明治元年七月に岐阜県（高山県）で発せられた告諭では、親に対して以下のように就学を説諭している。

親トシテ其子ヲ教育スルコトアタハズ、悪事稔熟ノ時ニ至テ、他国ニ追ヒ出シ、剰ヘ他国ノ厄介ニ迄相成候ハ、親モマタ罪ナシト云ベカラス、如是親子共ニ人倫ヲ破リ候モノハ、名教ノ罪人禽獣同様ノモノニ付、急度厳科ニモ行フベキノトコロ、是迄教道相立申サザル儀ニ付、所謂不教而刑之ハ、民ヲ罔スル訳ニ相当リ候間、既往ノ事ハ深ク咎メズ候、今也大政一新、忠孝ヲ以テ被為立皇基首トシテ、孝子節婦ヲ賞シ、大学校御取立ニ相成、教化ヲ以テ先トナサレ候折柄、僻郷ノ小吏ニ至ル迄、名義ヲ講シ風俗ヲ政スヲ以テ、中興ノ第一義ト心得ズシテハ不相叶儀ニ付、急々学校ヲ建テ、国中ノ士民ヲ教諭致シ候間、皆々研精可致候、末々ノ貧民共学問致シ候コトアタハザルモノハ、雑講ニ出席シ、大義ヲ弁ヘ、不忠不孝ノ罪ニ陥ザル様心懸ケ可申候、若右様丁寧深切ニ教誨致シ候テモ、尚人倫ヲ破リ候モノハ、禽獣同様ノモノ故、不得止厳科ニ処セザルコトヲエサル様相成、誠ニ悲歎ノ至ニ不堪候間、何卒心得違無之様、士民一同ヘ呉々モ頼入候〔新資21－2〕

このように、高山県では、人倫を破り、子どもを就学させない親は、禽獣同様の大罪を犯しているため罰せられることもあると、儒教的道徳を強調して就学を強く説諭している。

以上、近代黎明期日本の各府県が、親に対して、子どもの就学をどのように説諭したのかに焦点を当てて確認してきた。以下では、アメリカにおける就学勧奨の論理の分析を行い、日本との比較検討を行いたい。

二　マサチューセッツ州における就学勧奨の論理

アメリカ公教育の発達に重要な役割を果たし、義務教育にも論及した代表人物として、先行研究においてマンと共に挙げられるのが、独立初期の政治指導者ジェファーソン（一七四三〜一八二六）である。ジェファーソンは、「未教育のままで過ごす子どもの公民権剝奪に対して、両親の奮起を強めること」[9]を提案し、国家が直接的に親に対してその子を就学させるように命令し、統制するという形での義務教育制度を回避した。そして、その代わりにわが子を未教育のまま成人させた時、その子の公民権が剝奪されるという間接的な規定によって、どの親もわが子を就学させるように誘導しようとしたとされる。[10]

一方、一八三七年にマサチューセッツ州にアメリカ最初の教育委員会が設置された際、初代の教育長として就任し、一九世紀前半のニューイングランドにおける教育指導者となったホレース・マンは、公教育の発展を阻止している要因は、児童労働による不就学と民衆による教育費支払いの不足にあるという認識の下、子どもの教育を受ける権利について、自然法の原理を根拠に主張したとされる。[11]すなわち、「マサチューセッツ州第一〇年報」において、次のように述べている。

自然の秩序や人間の諸関係の中に明白に示されているような神の意志は、この世に生まれるすべての子どもの教育権を、自然法（natural law）および正義（equity）の基礎の上に位置づけたのである。すなわち、それは、すべての子どもに対し、すべての家庭的、社会的、市民的、そして道徳的義務を果たすことができ、またできるだけ、そのような素地を養うような教育を受ける権利を、〔中略〕位置づけたのである。[12]

廃止することのできない自然法によって、すべての子どもは、その教育のために必要とされるだけの財産を社会から継承するのである。[13]

このように、マンは、自然法にもとづき子どもの受教育権利の行使を訴えている。マンは、このような子どもの社会的財産を継承する権利や受教育権の保障は、親の権利であり、義務であるとした。すなわち、「自分の子どもを教育することを無視するような両親は、〔中略〕親としての義務不履行（non-performance of his parental duties）によって、親としての権利を喪失する（forfeits his parental rights）⑭」と主張し、親の子どもの教育に対する権利意識と自覚を促そうとしていた。

また、マンの就学勧奨には、キリスト教の教義（プロテスタンティズム）を援用し、教育を施さなければ青少年は堕落し、親は大罪を犯したことになるとして就学を促す論理もみられる。

教育の経済的価値への寄与は、注目に値するものではあるが、〔中略〕天において栄光と幸福を享受するために頼らなければならない教育の価値の前には、それは無意味なものになってしまう⑮。教師になるまで彼は教育されなければならない。これに相反するコースは、我々が彼らに当然の遺産を与えないために、青少年を破滅に導くことになるだろう。その極端にまでいたると、一大虐殺をし、自己の権力を危険にいたらしめた悪王ヘロデの行為になるであろう⑯。〔中略〕次代を担う人たちの知性の啓発を拒否するものたちは、人類を堕落させる罪を犯したことになる⑰！

さらに、マンは、説諭の対象者によって巧みに勧奨の論理を違えて教育の価値を訴えた。すなわち、親に対しては、教育は義務であると説き、労働者に対しては、教育は立身出世を可能にし、不平等な階級的文化を解消し、一国全体の富を創造するものであると説き、信心深い人々に対しては、公立学校は道徳教育を行う唯一の教育機関であると主張した⑱。

このように、当初は「強制は、たとえそれが望ましいとしても、有効な手段ではない。強制ではなく啓発こそわれわれの手段である」としていたマンであったが、ヨーロッパ視察旅行の報告では、プロイセン等の義務教育制度の実際にも及び、就学の強制を専制政治の特権として、自由な政府と相容れないとするのは、大きな誤解であるとした。さらに、学校にすべての子どもたちを規則的に就学させたり、強制就学さえ企てることについて、法規制の必要性を強調するようになっていった。[19] マサチューセッツ州は、そもそも植民者であるピューリタンが、「民衆のための無月謝および万人共通の教育を」理念とし、民衆の学校教育を教会の設立と同様に最重要視した背景があったが、[20] マンの強制就学への働きかけによって、義務教育法の制定は確固たるものとなっていった。

以下では、「マサチューセッツ州教育委員会第一一年報」（一八四七年）を中心に、マンの就学勧奨の論理を分析してみたい。第一一年報は、一八五二年のアメリカ初の義務就学制度成立に決定的な影響を与えた重要文書であると評される。[21] 第五年報の主題が「教育の経済的効果」であり、マンが実業家に送付した質問状に対する実業家の回答と、それに対するマンの見解が示されていたのに対し、第一一年報の主題は、「州を社会的悪徳と犯罪から救い出すコモン・スクールの力」に関する論究であり、州内外の著名な教育者であるジョン・グリスカム、ディヴィッド・ページ、ソロモン・アダムス、ヤコブ・アボット、F・A・アダムス、E・A・アンドリュース、ロジャー・ハワード、キャサリン・ビーチャーら八名にマンが送付した質問状に対する回答と、それに対するマンの見解が中心に述べられている。マンの質問状の概要は以下の通りであった。つまり、「もしすべての学校が高度な知的・道徳的資質を備えた教員によって管理され、すべての子どもが四歳から一六歳まで毎年一〇カ月これらの学校に就学するとすれば、あなたたちの指導下にある子どもたちのうちどのくらいが社会に出た時、損失ではなく利益となり、恥辱とならず名誉となるよう教育され、訓練され得ると考えるか[22]」に関して意見を求めたものであった。第一一年報においては、社会の悪徳と犯罪を消滅させるために、八名の著名で経験豊かな教員の証言を得て、すべての子どもたちの義務就学制度を実現させようとしたのであった。[23]

例えば、ビーチャー女史は、マンからの質問状に対し、マンが提案した義務就学が施行されれば、「……すべての者が社会において尊敬しうる、裕福な構成員となり損じることはないと信じている」(24)と返答したのに対し、マンは、次のような見解を述べ、公立学校システムの意義を主張している。

悪の根源が人間の魂にあり、〔中略〕精神そのものの存在の始まりと時を同じくして存在し始め、成長するものであるのならば、まだ生まれぬヒョウが皮膚より先に斑模様を持ち、卵から生まれぬコカトリスが棘より先に毒を持っていることと同じく、生まれてくる前の全てのアダムの子孫が悪の根源を持っているということになる。これを信じる人々であれば、いや、信じていない人々でも、社会が嘆き苦悶している今、全ての悪徳と罪の一〇〇分の九九を追放するような影響力を発揮するであろう実際の変革を伴う公立学校のシステムを信じている。(25)

このように、マンは、ビーチャー女史の回答をもとに、公立学校システムが、社会の悪徳と罪を一掃するものであるとして、就学を勧奨したのであった。

また、続けて次のように述べ、教育は道徳と宗教の精神を涵養する国家の権利であり、どんな法律や保釈金よりも国家を守る上で安全であると主張している。

立派な教育は確かに、どんな法律の執行よりも、保釈金よりも安全である。(26)国家は機関にそれを託すことで、道徳と宗教の精神を彼らに植え付け、又は子ども達に善良な行いをするよう拘束する権利がある。

さらに、マンは、ペーリーという人物の言葉を引用して、無教育によって、「無知の動物的残忍性」を世に送り出すことの有害性を語っている。

ペーリーは、『教育を受けていない子ども（an uneducated child）を世界に送り出すことは、人間にとって有害なこと（injurious）である。これは凶暴な野良犬（a mad dog）又は野生の獣（a wild beast）を街中に出すようなものだ』と言った。〔中略〕悪意ある男は、あらゆる狂犬や野生の獣とは比べものにならないほど、世界に危害を与えるからである。伝染病に対する緊急の治療が必要なことと同じように、伝染する悪徳に対して処方箋が必要である。(27)

このように、マンは、無教育の子どもを社会に送り出すことは、野良犬や獣を町に送り出すのと同じくらい有害だと主張した。このペーリーという人物の発言を通して、マンは、すべての子どもの強制就学の根拠となる社会的基盤を、大変雄弁に語らしめた。そして、こうしたマンの就学勧奨の論理が、義務教育法制定の原動力になっていたとされる。(28)なお、無教育は「無知の動物的残忍性」を世に送り出すという論理は、先述の京都府の告諭〔新資26－2〕にもみられたが、京都府ではその結末として「家を破る」と説いたのに対し、マンは「世界に危害を与える」と主張した点に差異があり、注目される。

さらに、マンは著名な教育家たちの回答とそれに対するマン自身の見解を示した上で、以下のような義務教育法の素案を提示した。

この決定的な結果、若者の熱意が下がるという、非常に悪い傾向を抑止するための規約は、先行又は特定の規定された条件に当てはまる場合のみに誓約される。これらの条件は、以下の三点である。
①コモン・スクールは、現在のニューイングランドの制度の基本的原則により運営されなければならない。
②コモン・スクールは、非常に学識及び道徳の素質が高い人物により毎年一〇ヶ月の期間、教育が実施されなければならない。言い換えれば、全ての教師は、現在我々が第一級又は第一ランクとみなしている教員と同様の能力及び素質があるべきである。
③コモンウェルスにおける全ての青少年は、学校に定期的に出席しなければならない。それは、毎年一〇ヶ月間、四歳から一六

歳の青少年である。[29]

この素案によって、マサチューセッツ州が統制する教育制度において、四歳から一六歳のすべての子どもは、毎年一〇ヶ月間、高い能力と素質をもった教師によって教育されるという義務就学の原則が示されたといえよう。そして、こうした教育委員会年報での議論を受け、一八五二年に合衆国初の義務教育法が、マサチューセッツ州で成立した。その第一条と二条は、以下の通りであった。

第一条　八歳から一四歳までの子どもを保護する者は何人も、少なくとも一二週間、彼の居住している町あるいは市の公立学校に、その子どもを就学させるべきである。もしそのような町あるいは市の公立学校が、閉校されている場合は、何時でも、連続六週間、その子どもを就学させるべきである。

第二条　この法律の第一条の規定に違反するものは、何人たりとも告訴や起訴によって、二〇ドル以下の科料に処されるものとする。[30]

こうして成立した義務教育法の内容は、マンが構想したよりも、年間の就学期間や学齢の設定において低水準であったが、それには、当時のマサチューセッツ州の工業の発展と児童労働の状況を反映せざるを得なかった内実があるとされる。[31]

このようなマンらによる就学勧奨や就学強制、そして、州による義務教育法の制定を受け、マサチューセッツ州では、一八四九年に一九万三二三二人であった公立学校の全児童数が、一八六一年には、二二万四二五二人に増加していった。[32]

こうしてアメリカでは、マサチューセッツ州が義務教育法を制定したのを皮切りに、一八七〇年代には一四州、一八八〇年代には一〇州、一八九〇年代には七州とハワイが加わり、一九世紀末までに南部を除くほとんどすべての州で就学義務の立法化が進んだ[33]。就学義務の立法化に反対する議論は様々な立場から活発に展開されたが、とりわけ強調されたのは、就学義務が「本質的に非アメリカ的」であり、両親の個人的な自由に介入するものであるという批判であった[34]。ペンシルベニア州では、州知事のパティソンが、そうした理由で一八九一年と一八九三年に義務教育法案に拒否権を行使した。しかし、一九〇一年にインディアナ州の最高裁判所が「両親の最も重要な自然法上の義務の一つは、その子どもを教育するという責任であり、彼の負っている義務は子どもに対するのみならず、共和国に対する義務でもある」[35]と、州の義務教育に対する権限を確認した。

このようなインディアナ州の最高裁判所の判決にも、自然法の原理を根拠に子どもの教育を受ける権利を主張した、マンの就学勧奨の論理が継承されていると考えられる。そして、こうした論議を通じて、子どもの教育を受ける権利は、「両親の個人的な自由」に優先するものであり、これが不当に侵害される場合は、州が法律によってその権利を保障すべきであるという考え方が定着していったようである。

三　就学勧奨の論理の日米比較

以下では、これまで検討してきた近代黎明期における日本とアメリカの就学勧奨の論理を比較してみたい。「親」を対象とした告諭に焦点を絞ると、近代日本では、親の越度、責任、義務、儒教的道徳、立身・立家などの「家」の実利等といった論拠が用いられており、例えば長野県の告諭のように、未就学は、学区取締の越度→戸長の越度→戸主の越度というように、新しい権力体制の末端的な存在としての「戸主＝親」の越度であるという論理がみられた。また、京都府や沖縄県の告諭のように、就学不履行の結末は、「家＝親が傾く」というように、儒教的な家概念の中に「親」を位置付けて就学を告諭していたと考えられる。

一方、アメリカでは、第一に、ジェファーソンのように、親による子どもの公民権剝奪という間接的な規定によって就学を勧奨した事例、第二に、マンにみられたように、「神の意志が子どもの教育権を自然法と正義の上に位置づけた」とし、子どもの教育を受ける権利について、神の意志である自然法の原理を根拠に主張した事例、第三に、こうした子どもの社会的財産を継承する権利や受教育権の保障は、親の権利であり、義務であると勧奨した事例、第四に、キリスト教の教義を援用して就学を促す論理がみられた。こうしたマンの就学勧奨の論理をより詳しく検討すると、教育は道徳と宗教の精神を涵養するものであり、いかなる法律や保釈金よりも国家を守る上で安全であるとする主張がみられた。

このように、アメリカでは、公民権や自然法にもとづく受教育権を根拠として就学を勧奨していた一方で、日本では、児童の教育を受ける権利の保護を説諭した告諭は、第一部第五章で指摘されているように大分県の告諭〔新資44-5〕のみであった。アメリカにおいて就学勧奨の対象とされた「親」は、あくまでも共和国における一市民、一個人であったのに対し、日本の「親」は、天皇→天皇政府→府県→区長→戸長→戸主という新しい権力体制の末端的な存在としての「戸主＝親」であり、儒教的な家制度の中に位置付けられた「親」であったと考えられる。

最後に、第二次研究会の研究課題の一つである就学勧奨や就学強制に関する情報の世界的な伝播について、本章で明らかになった点を確認しておきたい。本章で取り上げた就学勧奨や強制に関する情報の伝播には、プロイセン→アメリカ→日本という構図がみられた。すなわち、先述のように、マンは、当初は「強制は、たとえそれが望ましいとしても、有効な手段ではない。強制ではなく啓発こそわれわれの手段である」という考えであったが、プロイセン等の義務教育制度を視察してから、就学の強制を専制政治の特権として、自由な政府と相容れないとするのは、大きな誤解であるとした。さらに、学校にすべての子どもたちを規則的に就学させたり、強制就学さえ企てることについて、法規制の必要性を強調するようになっていった[36]。そして、こうしたマンら教育指導者の就学勧奨や就学強制を受け、マサチューセッツ州では、一八五二年に合衆国初の義務教育法が成立したが、このような情報は、明治初期の日本にも伝播していた。

すなわち、一八七五（明治八）年七月に京都府権知事、一八七七年一月に知事に昇進した槇村正直は、一八七六年四月には、米国諸州の強促就学法に準じ、新しく就学法略則九ヶ条を定めて、その実施方を文部省に願い出た。その前文のみを以下に挙げる。

強促就学法之儀伺

御省雑誌明治八年第十号米国数育寮報告書抄訳ニ諸州強促就学法有之ニ依り別紙畧則相設管下一般ヘ致施行其罰金ノ如キハ機ニ臨ミ宜ニ適シ小ク懲シテ大ニ勧メ教育ノ御趣意速ニ普及候様致度此段伺出候宜敷御指令被下度候也

明治九年四月廿九日　京都府権知事槇村正直

大輔田中不二麿殿代理　（朱書）文部省御達留

文部大丞九鬼隆一殿〔旧資26－13〕

槇村が願い出た就学法略則九ヶ条には、①児童六歳以上一四歳の者は必ず学に就くべきこと、②学齢中一年に三ヶ月以上教育を受けない者は、一〇銭以上五〇円以下の罰金に処すること、③雇人は雇主に就学せしめる義務があること、④学齢者が授業時間中、市街を徘徊する時は、巡査がその住所姓名を質し、警務課を経て学務課に通知すること、などの規定が示されていた。

この就学法略則九ヶ条は、その前文によれば、「御省雑誌明治八年第十号米国数育寮報告書抄訳」に掲載された「諸州強促就学法」、すなわち一八七五年六月四日付『文部省雑誌』第一〇号に掲載された米国教育寮報告書抄訳「コンネクチカット州強促就学法、ニューハヴン府不就学ノ景況、インジアナ州強促就学法説、メーン州強促就学法、マサチュセット州強促就学法、ミシガン州強促就学法」の記事に準じて作成されたという。この「米国教育寮報告書」には、アメリカにおける就学強制の前提条件や問題点などについても記されていたが、京都府はこうした指摘は考慮せず、罰金や警察官による就学督促の制度のみを性急に導入しようとしたといわれる(37)。また、公民権剝奪や自然法を根拠とする就学の権利や義務という論理も移入されていない。その一方で、この就学法略則九ヶ条とマサチューセッツ州の義務教育法（一八五二年）を比較すると、四歳までを義務教育の対象としている点や、三ヶ月間の就学不履行の場合は罰金を科す点で一致している。

なお、槙村知事の願い出に対し、文部省は「伺之趣ハ目下施行難相成偽ト可心得候事」と指令し、認可を与えなかった。こうして、槙村知事の熱心な教育普及令は実現せずに終わった。しかし、槙村知事は、この論難の中でも教育普及の意を撓めず、一八七六年九月には教員並びに生徒の勤惰表を学務課に提出するよう命じ、一〇月には、各学校に就学者と不就学者の増減比較表の提出を命じたのであった。そして、その結果が学区取締等を通じて、府の方針による種々の就学督励案となって現れたといわれる(38)。

おわりに

以上、本章では、これまで就学告諭研究会で収集した日本の就学告諭と、アメリカ初の義務教育法が制定されるに至るまでに、ホレース・マンら教育指導者が発した就学勧奨に関する言説について、主に「親」の視点を中心に比較・分析し、近代黎明期の日米における就学勧奨の論理の異同を考察してきた。

両者の就学勧奨の論理を比較すると、アメリカでは、公民権や自然法にもとづく受教育権の保障を論拠として親に対して就学を勧奨していた一方で、日本では、児童の教育を受ける権利の保護を説諭した告諭は、大分県の告諭のみであった。すなわち、日本では公民権や自然法、キリスト教といった拠り所や、義務教育に関する法整備の動きもない中で、親の越度や責任、義務を訴える告諭や、儒教的道徳を強調する告諭、立身・立家などの「家」の実利を強調した告諭等のように、親の心情に訴える強迫性のある論理を駆使して就学を勧奨せざるを得なかったのではないかと考えられる。

また、無教育は「無知の動物的残忍性」を世に送り出すという論理は両国でみられたが、マンは、その結末として社会に悪徳と罪がはびこり、「世界に危害を与える」と主張したのに対し、京都府では親兄弟に恥辱を与え「家を破る」と説いたように、日本では「家」の盛衰を就学の論拠として勧奨した点に差異がみられるといえよう。

このように、歴史的、文化的、宗教的背景も異なる両者であったが、両国ともに様々な説得力ある説明論理を用いて、子どもたちを学校に行かせるよう、親に対して就学の勧奨・強制を行っていた点では共通していた。今後は、アメリカ諸州に研究対象を広げ、日米の就学勧奨や就学強制の論理の差異をさらに浮き彫りにしていきたい。

（1）久保義三『教育の経済的生産性と公共性――ホレース・マンとアメリカ公教育思想』東信堂、二〇〇四年、一一三頁。
（2）同前、一一一頁。
（3）同前、二二三頁、二八八頁。
（4）同前、四〇頁。
（5）同前、二二六～二四四頁、二八六～二八七頁。
（6）同前、一八四頁。
（7）小林啓子「就学告諭における親概念」『「就学告諭」の研究』、二九五～三〇九頁。
（8）同前。

(9) 梅根悟監修・世界教育史研究会編『世界教育史体系一七　アメリカ教育史Ⅰ』講談社、一九七五年、一五二頁。
(10) 同前。
(11) 同前。
(12) 梅根悟編・久保義三訳『世界教育学名著選一七　ホレース・マン 民衆教育論』明治図書、一九七三年、一九頁。*Tenth Annual Report of the Board of Education*, Boston, Durron and Wentworth, State Printers, 1847, p. 112.
(13) *ibid.*, p. 125.
(14) 前掲、世界教育史研究会編著、一五三頁。*Eleventh Annual Report of the Board of Education*, Boston, Durron and Wentworth, State Printers, 1848, p. 126.
(15) *Fifth Annual Report of Board of Education*, 1842, p. 116.
(16) *Tenth Annual Report of the Board of Education*, p. 123.
(17) *ibid.*, p. 125.
(18) 前掲、久保、一〇九～一一〇頁。
(19) 前掲、世界教育史研究会編著、一五三頁。*Eleventh Annual Report of the Board of Education*, p. 126.
(20) 前掲、久保、四〇頁。
(21) 同前、二三一頁。
(22) *Eleventh Annual Report of the Board of Education*, p. 56.
(23) 前掲、久保、二四四頁。
(24) *Eleventh Annual Report of the Board of Education*, p. 84.
(25) *ibid.*, p. 87.
(26) *ibid.*, p. 120.
(27) *ibid.*, p. 123.
(28) 前掲、久保、二八八頁。

(29) *Eleventh Annual Report of the Board of Education*, p. 88.
(30) 前掲、久保、二八八〜二八九頁。
(31) 同前、二九〇頁。
(32) 同前、二九二頁。
(33) 前掲、世界教育史研究会編著、二二一頁。
(34) 同前、二二七頁。
(35) 同前、二二九頁。
(36) 同前、一五三頁。*Eleventh Annual Report of the Board of Education*, p. 126.
(37) 竹中暉雄『囲われた学校——一九〇〇年 近代日本教育史論』勁草書房、一九九四年、一八頁。
(38)『京都府教育史』上、一九三八年、四二八頁。

（杉村美佳）

第七章　オスマン帝国から眺めた学制——学制（一八七二）と公教育法（一八六九）

はじめに

日本が明治維新（一八六八）を迎え、学制（一八七二）が発令された頃、世界の他の政治体においても、画期となるような教育法が公布されていた。公布年順に挙げるならば、ハプスブルク帝国ハンガリーの教育法[1]（一八六八）、同じくオーストリアの小学校法[2]（一八六九）、オスマン帝国の公教育法[3]（一八六九）、イギリスの教育法[4]（一八七〇）である。言うまでもなく、それぞれの法が制定された文脈は政治体ごとに異なり、こうした公布年の接近は、結局のところ偶然によるところが大きいようにも思われる。しかしその一方で、こうした共時性自体は興味深い現象である[5]。各政治体の個別の文脈に十分留意するのであれば、学制の特徴は、上記の教育法との比較を通じて、比較史的・世界史的な観点から考察することができるのではなかろうか[6]。

このような関心と見通しに基づき、本章では、オスマン帝国（一三〇〇頃～一九二二）の公教育法を取りあげ、学制との比較を試みたい。ここで日本の比較対象としてオスマン帝国を選択するのは、一見すると奇異に感じられるかもしれない。両国は、歴史的にも地理的にも文化的にも、その背景を大きく異にしているからである。たとえば、ここで仮に、教育とも大いに関わる宗教と文字に基づいてユーラシア大陸を大きく区分するならば、日本は、中国や朝鮮やベトナムや琉球とともに「儒教・仏教、漢字世界」に属し、オスマン帝国は、その領内に多数のキリスト教徒を抱え、「正教、ギリシア・キリル文字世界」の一部を含みつつも、支配者はムスリム（イスラーム教徒）であり、その領土の多くも「イスラーム、アラビア文字世界」に属し、しかもこの世界の精神的中核であるメッカ・メディナを領有していた。[7] 日本とオスマン帝国は、地理的に遠いだけでなく、このように文化的にもかなり異質な世界に属していた。

しかしながら、まさにこうした区分に従うならば、日本とオスマン帝国は、一八世紀後半以降その存在感を急速に増した「カトリック・プロテスタント、ラテン文字世界」に属していないという共通点を有する。この点において両国は、オーストリアやハンガリーやイギリスとは異なる位置にある。さらに、両国とも政治的独立を常に維持していたため、宗主国のモデルが排他的に流入する植民地とは異なり、改革に際してモデルを選択的に摂取することが可能であった。ただし、日本の学制は、明治維新という体制変革の直後に制定されたものであるのに対し、オスマン帝国の公教育法は、既存の政治体制を維持するための改革の一環であった。この点で両者は決定的に異なっているが、それでも上述の共通点に着目するならば、ここでオスマン帝国を取りあげるのも、さほど無理はないように思われる。

実際、これまでにも、日本とオスマン帝国の比較は行われてきた。[8] ただしその多くは、なぜ日本はいわゆる近代化に成功し、オスマン帝国は失敗したのかという関心のもとでの比較であった。本章は、近代化の成否ではなく、教育法の共時性に着目し、日本の教育史研究ではあまり馴染みがないものの、世界史を考えるうえで無視できない存在であり、しかも学制と同時期に教育法を制定したという点で恰好の比較対象であるオスマン帝国を取りあげ、学制を比較史的・世界史的観点から考察する糸口を得たい。

なお、本章は、他の章と異なり、就学告諭ではなく学制に焦点をあてている。これは、本書第一部第一章において定義されている就学告諭に相当するものを未だ見出し得ていないためであるが、今後、史料の網羅的な博捜によって「発見」される可能性は、なお残されている。[9] いずれにせよ本章では、就学告諭ではなく学制を主たる対象としたい。

一　オスマン教育史概観

それでは、オスマン帝国の公教育法とは、どのような法なのであろうか。そもそも、オスマン帝国における教育は、どのようなものであったのであろうか。本節では、学制と公教育法の比較に必要な範囲で、オスマン帝国とその教育を概観したい。[10]

一三〇〇年頃、アナトリアの西北の辺境に生まれたオスマン朝は、一四世紀中葉、ダーダネルス海峡を渡ってバルカン半島に進出した。東方から襲来したティムールとの戦いには敗北したものの、すぐに再興し、一四五三年にはビザンツ帝国を、一五一七年にはエジプトのマムルーク朝を滅ぼし、一五二九年にはハプスブルク帝国の都ウィーンを包囲するに至った。このように勢力を拡大したオスマン帝国には、ムスリムだけでなく、正教徒、アルメニア教会信徒、ユダヤ教徒といった「啓典の民」にあたる非ムスリムも多数存在していた。イスラーム法上の庇護民として位置付けられた彼らには、人頭税や行動制限などと引き替えに、固有の信仰や法や生活習慣の保持が許されていた。そして、信仰などを次世代に継承する営為である教育も、基本的にオスマン政府の干渉を受けることなく営まれ、一般信徒と宗教指導者を再生産していた。

オスマン政府は、ムスリムの学校教育にも直接的には関与せず、それは、イスラームの戒律と教学の専門家であるウレマー（アラビア語ではウラマー）の手に委ねられていた。ウレマーは、村や街区に置かれたメクテブ（同マクタブ）では、コーランの暗誦やアラビア文字の読み方などを教え、ある程度の規模の町であれば存在したメドレセ（同マドラサ）では、法学を中心に、コーラン学、ハディース学（預言者ムハンマドの伝承に関する学問）、神学、アラビア語文法学、論理学、修辞学など高度なイスラーム諸学を教授し、ウレマー層を再生産していた。メクテブでは、父兄が教師に束脩や謝儀を渡す慣習も見られたが、メクテブもメドレセも、基本的にイスラームに独特な財産寄進制度であるワクフによって設立、維持され、オスマン政府がこれらを直接管理していたわけではなかった。オスマン帝国において、教育は、ムスリムのものであれ非ムスリムのものであれ、政府が直接関与する領域ではなかった。

こうした状況に変化が訪れたのは、一八世紀後半以降のことである。オスマン帝国は、すでに一七世紀後半に二度目のウィーン包囲（一六八三）に失敗し、ハプスブルク帝国にハンガリーを割譲していたが（一六九九）、一八世紀後半のロシアとの戦役（一七六八〜七四）で大敗を喫し、クリム・ハン国の総主権を失うと、それまで握っていた優位性を喪失したことは誰の目にも明らかとなった。そしてこの戦争によって海軍が壊滅させられたため、その再建が急がれ、その一環として海軍技術学校が設立された（一七七六）。以後、セリム三世（在位一七八九〜一八〇七）による軍制改革の一環として陸軍技術学校（一七九三）が設けられ、マフムト二世（在位一八〇八〜三九）によるイェニチェリ廃止と新軍団創設（一八二六）後には、軍医学校（一八二七）と陸軍士官学校（一八三四）も設立された。このようにオスマン帝国では、対外的な危機に対応するための軍事改革の一環として、新しいタイプの学校が政府によって設けられた。

こうした新式学校は、当初は軍事部門に限定されていたが、一八三八年には文官養成校が設置され、非軍事の領域にも拡大した。同じ年には、これから設立すべき官立中学校（mekâtib-i rüşdiyye）を管理するための役職も設けられ、中学校の普及が目指された。また、大宰相の諮問機関として最高評議会も新設された。翌三九年には、公共事業審議会が意見書を提出し、学習内容ごとに児童をグループに分けたうえで一斉に教えるという、ベル・ランカスター方式の影響が見られる教授法のほか、教師の能力の調査とそれに基づく雇用、就学義務と罰則、救貧学校の設立と浮浪児の収容などが提案された。この意見書については、第三節において検討する。

マフムト二世はその直後に死去したが、新君主アブデュルメジト一世（在位一八三九〜六一）のもとでギュルハネ勅令（一八三九）が公布され、オスマン史上「タンズィマート」（「（再）組織化」の意、一八三九～七六）と総称される改革が開始されると、新式学校の設立と、それを統轄する行政機関の整備はさらに進められた。ただし、既存のメクテブやメドレセ、そして非ムスリムの各宗教共同体の学校も廃れることなく存続し、アメリカやフランスなどの伝道団も、布教活動の重要な一部として学校を設立していた。

ギュルハネ勅令自体は教育について言及していなかったが、最高評議会の建議に基づき、一八四五年に臨時教育審議会が設置されると、同審議会は、まずムスリムと非ムスリムの非軍事の学校を別々に構想した。そして非ムスリム、とりわけキリスト教徒に関しては、彼らがヨーロッパに留学し、彼の地で急進的な民族主義や自由主義と接触することを間接的に防止するために、イスタンブルに「諸学の学校（Fünûn Mektebi）」という機関を設立し、キリスト教徒をそこに囲い込もうとする計画が考案され、君主の裁可も得られた(11)。

しかしこの計画は実施されず、実際には、翌四六年に、臨時教育審議会の建議に基づく以下の計画が『官報』に掲載された。すなわち、非軍事の学校教育は、小学校、中学校、大学の三段階とし、大学はすべての臣民を受け入れること、そして常設の教育審議会を設置することである。その後の教育政策は、ほぼこの計画に沿って進められ、同年、常設の審議会として公教育審議会が設置され、大学もその校舎の建設が開始された。中学校も、当初はイスタンブルだけに置かれていたが、五〇年代以降、徐々に地方都市にも設けられるようになった。他方、新式の小学校は、この時点では設立されず、既存のメクテブが結果的に小学校として位置付けられた。そして、臨時教育審議会と公教育審議会によって制定された通達が小学校教師に配布され、六歳以上の児童の就学義務が命じられた。

こうしたなか、一八五三年に勃発したクリミア戦争（一八五三～五六）において、オスマン帝国は、イギリスとフランスとサルデーニャの参戦によりロシアに勝利したが、講和条約締結に先立ち、イギリスとフランスは、オスマン領内のキリスト教徒が置かれている不平等な処遇を改善するようオスマン政府に要求した。ムスリムを非ムスリムよりも優位に置くことは、そもそもイスラーム法に基づいているため、政府高官の意見も分かれたが、結局一八五五年に人頭税が廃止され、五六年にはムスリムと非ムスリムの法的な平等を明確に宣言した改革勅令が公布された。

この改革勅令には、宗教・宗派間の平等に加えて、「各宗教共同体は、教育、技芸、産業に関して、宗教共同体によって学校を設立することを許可されるが、この種の公的な学校の教育方法と教師の選任は、その委員が君主によって選ばれる、混成の教育委員会の監督と監察のもとに置かれること」(12)も明記され、実際に、ムスリムを議長とし、各宗教共同体の代表からなる混成教育審議会が設置された。オスマン教育史において極めて重要なのは、混成教育審議会を監督するために公学校監督官が新たに任命され、それが直ちに公教育大臣に改称されたことである(一八五七)(13)。官吏十数名も任命され、ここに公教育省が設置されたわけであるが、オスマン帝国の公教育省は、教育改革の進展によって設けられたというよりも、むしろ、ムスリムと非ムスリムの法的平等という社会秩序の劇的な変容を直接のきっかけとして設置されたのであった。そして既存の公教育審議会も公教育省のもとに置かれ、ここに、公教育省のもとに公教育審議会と混成教育審議会が配置されるという組織形態が整えられた。ただし、混成教育審議会は一八六四年に廃止され、公教育審議会がその役割を引き継いだ。

こうした教育行政組織の整備と並行して、新式学校の設立も進められ、中学校の教師を養成するための師範学校(一八四八)、地方官吏を育成するための行政学校(一八五九)、軍医ではない医師を養成するための医学校(一八六七)、新式小学校の教師を育成するための初等師範学校(一八六八)が、相次いで設立された。中学校も、公教育省が設置された一八五七年には、帝国全土で三〇校を数えた。こうした一連の新式学校のなかで一際目を引くのが帝室学校(一八六八)である。同校は、フランスの実学的なリセをモデルとして設立され、ほとんどの授業がフランス語で行われ、初代校長もフランス人であった。そしてムスリムと非ムスリムの共学が実現し、創設からしばらくは、むしろ非ムスリムの卒業生の方が多かった。同校は本来中等段階の学校であったが、後述するように大学が未だ本格的に開校していなかったこともあり、高等教育機関に類する存在でもあった。卒業生も、内務官僚や外務官僚として活躍する者が多く、他に、新式学校の教師、実業家、弁護士、医師など、社会的威信の高い職業に就いていた[14]。

他方、大学は、上述のように一八四六年に設立計画が公表されていたにもかかわらず、最初の講義が行われたのは十数年後の六三年であり、しかも校舎を財務省に譲渡することになったため移転したところ、そこで火事に遭い閉鎖された（一八六五）。ただし、移転が決定した際に、新校舎の建設は始められていた[15]。

初等教育はというと、公共事業審議会の意見書（一八三九）と小学校教師への通達（一八四七）を踏まえ、一八六八年に小学校改革法が制定され、六歳以上の児童の就学義務や、小学校教師が父兄に謝礼を要求してはならないことなどが定められたが、『官報』には条文の一部のみが掲載され、その公布は不徹底であった[16]。

公教育法が公布されたのは一八六九年のことであるが、オスマン帝国では、そのときまでに以上のような改革がすでに行われていたのであった。つまり公教育法は、遅くともマフムト二世期以来の、さらに遡れば一八世紀後半以来の改革を踏まえて制定された教育法であった。他方、日本の学制は、明治維新の僅か四年後に発令されていた。確かに、学制以前にも、大学規則および中小学規則（一八七〇）、そして本書の直接の対象である就学告諭もいくつか出され、また、江戸期に培われた知的土壌も無視できないが、改革の蓄積という点で、学制と公教育法は大きく異なっていた。

それでは、学制と公教育法は、条文の構成や教育理念、そして学校に関する規定においては、どのような点で共通し、また異なっていたのであろうか。学制の特徴を浮かび上がらせるためにも、公教育法をやや詳細に紹介しつつ、両者を比較してみたい。

二　構成

まず学制と公教育法の構成を確認しておきたい。学制は、明治五年八月二日（一八七二年九月四日）に、「人々自ラ其身ヲ立テ……」ではじまる学制布告書、「今般被仰出候旨モ有之……」ではじまり、府県の学校の廃止を命じた文書（以下「府県学校廃止の命令」）、全百九章からなる学制章程（章は条に相当）の三点が、太政官布告第二一四号として同時に発令された後、竹中暉雄が整理したように、二度の誤謬訂正のほか、いくつもの訂正、追加、削除がなされた[17]。そのため、末尾の章は第二一三章であるが、教育令が公布されて学制が廃された一八七九年の時点では、すでにいくつかの章が削除されているので、学制は実質的には一八八章から構成されていた[18]。こうした点に留意しつつも、とりあえず全二一三章からなる法として学制章程の構成を整理すると、表1のようになる。

表1　学制章程の構成

・学制（明治5年8月2日／1872年9月4日）
　大中小学区之事（1-19）
　学校之事（20）
　小学（21-28）
　中学（29-37）
　大学（38）
　（師範学校）（39）
　教員ノ事（40-47）
　生徒及試業ノ事（48-57）
　海外留学生規則ノ事（58-88）
　学費ノ事（89-109）
・学制二編（明治6（1873）年3月18日）
　海外留学生規則（110-153）
　神官僧侶学校ノ事（154-158）
　学科卒業証書ノ事（159）
・（明治6（1873）年4月17日）
　貸費生規則（160-176）
　（学校の設立）（177-181）
　（学士の称号）（182-188）
・学制二編追加（明治6（1873）年4月28日）
　（専門学校）（189-209）
　（献納）（210）
・（明治6（1873）年5月20日）
　（種痘）（211）
・（明治6（1873）年7月9日）
　（外国語学校）（212）
・（明治6（1873）年7月12日）
　（貸費生）（213）

※見出し語のうち、括弧で括ったものは筆者による。括弧内の数字は章の序数をあらわす。

条文数だけで言えば、留学生に関する条文が最多であり、二一三章中七五章（三五%）にもなる。すでに一八七一年二月（明治三年十二月）に海外留学規則が定められ、実際に留学生も幕末から送られていたが、人材の迅速な育成と留学生の監督のために、あらためて学制において詳細に規定されたのであった。他方、国内の学校に関しては、小学や中学についても、その種類および教科などが規定され、様々な専門学校についても「学制二編追加」において修業年限と講義科目が定められたが、大学については、第三八章で「学科」の「大略」が定められた他は、教員資格（第四二章）、留学生（第六三章、第七一章など）、学費（第九四章）、貸費生（第一六三章など）、学士の称号（第一八三章など）に関する条文で触れられる程度であった。

次に、公教育法の構成を見てみよう。公教育法は、一八六九年に公布された時点では全五編一九八条から構成されていたが、その後、高等小学校（mekâtib-i rüşdiyye）[19]について同法を補足する法が出されたり（一八七〇）、大学について新しい法が公布され、公教育法のうち、大学に関する条文が無効とされたりした（一九〇〇）。しかし前者は、条文の序数が公教育法と連続していないので、学制における「学制二編」や「学制二編追加」のようなものではなく、別の法として扱うべきであり、後者も、公教育法の公布から三〇年余り後のことであるため、学制の比較対象としては、公教育法が公布されたときの条文のみとするのが適切であろう。その構成を整理すると、表2のようになる。

表2　公教育法の構成

第1編　諸学校の部門と等級(1)
- 第1章　公学校(2)
  - 第1節　(初等教育機関)
    - 小学校(3-14)
    - 女子小学校(15-17)
    - 高等小学校(18-26)
    - 女子高等小学校(27-32)
  - 第2節　(中等教育機関)
    - 中学校(33-41)
    - 高等中学校(42-50)
  - 第3節　高等教育機関(51)
    - (高等)師範学校(52-67)
    - 女子師範学校(68-78)
    - 大学(79-128)
- 第2章　私学校(129-130)

第2編　教育監督の審議会
- 第1章　教育大会議(131-132)
  - 第1節　学術局(133-137)
  - 第2節　行政局(138-142)
- 第2章　州教育会議(143-152)

第3編　試験・証書・学位およびそれらの特権(153-177)

第4編　教員(178-191)

第5編　財務(192-198)

※見出し語のうち、括弧で括ったものは筆者による。括弧内の数字は条の序数をあらわす。

学制と同様に、まず条文数とその割合について見ると、四分の一にあたる五〇条が大学（Dârü'l-fünûn）に関連するものである。その背景としては、上述のように、大学が継続的な教育を行い得ていなかったという事情が考えられる。大学の再開が強く望まれたからこそ、ことさらに詳細に規定されたのであろう。

他方日本では、一八七〇（明治三）年に、文教政策の主導権をめぐって国学派と漢学派と洋学派が争い、前二者間の確執もあって、国漢両学を教授する大学本校が閉鎖され、洋学を講じる大学南校および大学東校が存続するという状況にあった。大学に関する条文が僅かであったのは、こうした混乱の直後に学制が制定されたことにも因るのであろう。学制と公教育法とで、大学に関する条文数が斯くも極端に異なっているのは、両国のこうした事情が考えられるが、それにしても学制と公教育法はこの点において対照的であり、一見すると、高度な学術を自国に導入するために、日本は留学生を派遣しようとし、オスマンは自国に大学を設立しようとしていたかのように見えてしまう。

しかし、オスマン帝国においても、留学生は当然派遣されていたのであって、これは、あくまで国内の学校体系と、それに関わる教育行政組織を整備するための法である公教育法に、それとは位相を異にする留学生に関する条文が組み込まれなかったというだけのことであろう。むしろ、国内の学校教育に関する法であるにもかかわらず、留学生に関する規定を盛り込み、しかもその割合が最多であるという学制の方が、教育法としてやや珍しいのかもしれない。

しかし、学制は、その名のとおり、あくまで「学」について定めた法なのではなかろうか。留学生に関する規定が大量に含まれているのは、当時の「学」のあり方を端的に示しているに過ぎず、これを「珍しい」と捉えるのは、教育令以降の法を基準とした見方であろう。学制は、国内における学校教育の整備と、国外への留学生の派遣の双方を規定し、しかも両者を、中学および大学の卒業証書に関する規定で結び付けた法であった[20]。

次に、条文とともに公布されたものについて見ると、学制の場合、これまで様々な説が出されているが、竹中暉雄による研究によって、その章程は、学制布告書および府県学校廃止の命令とともに、明治五年八月二日（一八七二年九月四日）に発令されたことが明らかにされている[21]。他方、公教育法は、ヒジュラ暦一二八六年レビーユル・エッヴエル月八日（一八六九年六月一八日）に君主によって裁可された後[22]、一八六九年八月一四日から二五日にかけて、一九八条からなる条文と、同法の審議に関わった国家評議会（最高評議会の後身）総会の報告書（mazbata）が、『官報』に六号にわたって掲載された[23]。学制布告書も公教育法の報告書も、条文とセットで史料に登場するため、一見すると両者は類似した文書にも見えるが、公教育法の報告書は、あくまで国家評議会総会の報告書であり、オスマン帝国の『法令集[24]』には収録されていない。太政官布告第二一四号の一部をなす学制布告書と、公教育法自体のなかには含まれない同法の報告書は、法的に異なる位置にある。しかし、条文には必ずしも明示されない、法にこめられた教育理念などを検討する際には、学制布告書も公教育法の報告書も、同様に重要な史料となる。本章では、法的な位置の相違に留意しつつ、以下の考察においてともに用いることとする。

三　理　念

学制布告書の教育理念については、これまでも幾度となく論じられてきたが、公教育法との比較の論点を明確にするためにも、ここであらためて検討したい。なお本章では、漢字と片仮名で記され、ルビが振られていない『布告全書[25]』所収のものを典拠とし、漢字の左右に読みと意味を併記する両文体の布告書は、あくまで当時の文部省の解釈と位置付ける。また、「之」などの指示代名詞は、煩雑にならない程度に指示内容を明示する。

布告書はまず、学校を設置する理由を述べる。それは、人々が自ら立身、治産、昌業して一生を遂げるには、身を脩め、智を開き、才芸を伸長する以外になく、脩身や開智や才芸の伸長は、学問によらなければ不可能であるから、というものである。そのうえで、日常の言語や算術にはじまり、すべての身分の者が関与するもの、そして高度な学術に至るまで、およそ人の営為で学問によらないものはないと、学問の重要性を強調する。

布告書はさらに、人はその才に応じて勉励し、学問に従事することによってはじめて、治生、興産、昌業することが可能なのであり、そうであるならば、学問は身を立てる財本とも言うべきものであるといい、学問の重要性に再度言及する。そのうえで、飢餓に陥ったり破産したりするような者は、結局学ばなかったからこのような過ちを生じさせてしまうのだ、とも言う。

このように学問の重要性をことさらに強調し、また、学校は設けられて久しいのだがと断ったうえで、布告書は、これまで人々が学問に対してとっていた以下のような姿勢を批判する。

①ある人は、その「道」を得ないためにその「方向」を誤り、学問は士以上の人々が行うことだと考えていた。

②農工商と婦女子に至っては、学問を考えに入れず、学問がどのようなものであるのかを弁えていなかった。

③士以上の者で稀に学ぶ者も、とかく、学問は天下国家のためにするのだと言い、学問が立身の基礎であることを知らなかったし、あるいは、詩歌や文章を記憶して暗誦するのだが、瑣末なことにこだわり、空虚な議論に陥り、その論は高尚に見えても、それを実践できない者が少なくなかった。

こうしたことが「事実」であるかどうかは、もちろん別に検討しなければならない[26]。ここでは布告書の論理を追うことを目指しているが、「道」と「方向」については、なお解釈が困難である。

布告書は続けて、①から③までのことは、因襲となっている悪弊（沿襲ノ習弊）であり、これが、文明が行き渡らず、才芸が伸長しないで、貧乏、破産、喪家の徒が多い理由であるとする。そして、それ故に人たる者は学ばなければならないと学ぶことを強調し、また、学ぶときは（之ヲ学フニハ）、その趣旨を誤ってはならないとも言う。先ほどは学問の重要性が強調されていたが、ここでは学ぶという行為に焦点があてられている。

以上を踏まえて、布告書は学制自体に言及する。すなわち、以上の理由から、この度、文部省において学制を定め、追々教則も改正し布告するので、今後、一般の人民は、必ず、村に不学の戸がなく、家に不学の人がいないようにすること、と言う。また、よく知られているように、「一般ノ人民」の直後には「華士族農工商及婦女子[27]」という註が加えられ、「一般ノ人民」とは、身分と性別を問わない、まさに「一般ノ人民」を指すことが明示される。

布告書は続けて、父兄はこうした考えをよく理解し、その愛育の情を厚くし、その子弟を必ず学に従事させること と言う。そしてこの箇所の細書には、高等な学問はその人の才能によるが、幼童の子弟を男女の別なく小学に従事させないのは、その父兄の「越度」であるとも記している。

この後、布告書には一字下げて但し書きが付され、因襲となっている悪弊（沿襲ノ弊）について再度述べられる。それは、学問は士以上の人が行うことだと考え、学問は天下国家のためにするものだと言い、それを理由に、学費や衣食の費用まで多くを官に頼り、これが支給されないのであれば学ばないと考え、一生を自ら棄てる者が少なくなかったという悪弊である。布告書は、こうしたことは皆、見当違いも（惑ヘルノ）甚だしいと批判する。そして、今後はこうした悪弊を改め、一般の人民が、他のことを抛ち、自ら奮って必ず学に従事させるよう心得ておくこと、と結んでいる。

学制布告書のうち、末尾の二行は地方官に宛てた命令であり、そこでは、地方官に対して、以上のことについて、すべての人々に洩れがないように、適宜解釈を加えて事細かに申し諭し、文部省規則にしたがって学問普及の方法を設け、それを実施することが命じられている。

以上から、学制布告書においては、学問および学ぶことの重要性が繰り返し強調されていたことが、あらためて理解される[28]。学問という学ぶ対象にせよ、学ぶという行為にせよ、つまりは「学」という字に集約される。前節において学制章程の構成を検討した際に、学制は文字どおり「学」について定めた法なのではなかろうかと論じたが、これは、本節における布告書の分析によって裏付けられよう。学制は、布告書において「学」を強調し、章程において、国内と国外における「学」を規定したのであった。

それでは、オスマン帝国の公教育法の報告書に示されている教育理念は、どのようなものであろうか。報告書は一二段落からなり、理念が記されているのは、主に第一段落から第三段落である。必ずしも明瞭な文章ではないが、学制布告書と同様に整理してみよう。

報告書は、その冒頭で、「世界の繁栄の根源は、学問（fünûn）と知識（ma'ârif）である」と明言する。そして、人類が文明（medeniyyet）によって可能な進歩を獲得することと、技術と産業（hiref ü sanâyi'）に関して有益な発明と施設を作り出すことは、学問（'ilm）と知識（ma'rifet）次第であるとする。ここでfünûnやma'ârifに「学問」や「知識」という訳語を与えるべきかどうかは追って検証するとして、「学問」と訳し得る語が、学制布告書と同様に公教育法の報告書にも登場していることに注目したい。

第二段落では、「学問と知識次第」とする理由が示される。それは、学問（'ilm）と知識（ma'ârif）は、技術と産業（hiref ü sanâyi'）の創出をもたらし、技術と産業は、人間社会にとって必要な物事を容易にする多くの有用な手段と成果の創出をもたらすから、というものである。そのうえで、文明の環に加わる諸国民や諸民族（dâ'ire-i medeniyyete dâhil olan milel ü akvâm）が、世界の富の宝庫の分け前に与ることは、人間の教育（terbiyet）の完全な手段を獲得することによって生じるのであり、それは明確な事実の一つであるとも言う。

そして第三段落では、「かくして、利益の明白なこの原則の真実性が検討されるたびに、そして臣民諸集団の能力の程度が観察されるたびに、オスマン帝国において学問（fünûn）と知識（ma'ârif）が普及することと、公教育（terbiyet-i 'âmme）が完全な状態になることの重要性は、明らかに揺るぎない」と述べられ、学問と知識の普及と公教育の完成の重要性が明言される。

以下、報告書は第一二段落まで続くが、第四段落以降は現状の問題点や公教育法の規定の要約や解説などであるので[29]、本節の検討課題である教育理念については、第三段落までの論点を対象とすることとしよう。その際、鍵となる語に充てた訳語について検討するが、これらはいずれもアラビア語起源の語であり、アラビア文字で記されたトルコ語（いわゆるオスマン語）に取り入れられたものである。本章では、すべてラテン文字に転写した。

まず、「学問」と訳した fünûn は、fenn という名詞の複数形であり、fenn には、一八五〇年に刊行された『土仏辞典』では、1. espèce, manière 2. art, science 3. finesse, ruse, stratagème という訳語が[30]、一八九〇年に刊行された『土英辞典』には、1. sort, kind, variety 2. art: practical science という訳語が[31]、それぞれ与えられている。ここでの fenn は art や（practical）science を意味すると考えられるので、fünûn は、一見すると、「学問」よりはむしろ「科学」と訳す方が適切であるようにも思われる。むしろその方が、直後の「技術」や「産業」とも繋がりやすくなり、同じく「学問」の語を充てた ʻilm との違いも明確になろう。

このように fünûn を「科学」とすることも十分に可能ではあるが、ここで公教育法の条文をも含めて検討すると、同法において最大の条文数が割り当てられていたのは、先に見たように大学であり、その正式名称は、fünûn をその名に含む「オスマンの諸学の館（Dârü'l-fünûn-ı ʻOsmânî）」であった（第七九条）。そしてこの大学は、哲文、法、理数の三学部を有するよう規定されていた（第八〇条）。これを考慮に入れると、報告書における fünûn は、「科学」や「技術」だけを意味しているのではなく、「科学」や「技術」はもちろん、哲学や文学や法学をも含めた「学問」を指していたようにも思われる。そして、そもそもイスラームにおける知のあり方を踏まえると、ここでの fünûn は、狭義の ʻilm（複数形は ʻulûm）と、やや対比的に用いられたとも考えられよう。ʻilm という語は、報告書においても ma'rifet（複数形は ma'ârif）とともに登場するので、次にこの二つの語を検討してみたい[32]。

まず ʻilm は、広義ではすべての知や学問を意味し、数学、医学、天文学など「科学」も含むが、狭義では、預言者ムハンマドの伝承に関する学問であるハディース学や、ムハンマドに下された啓示の解釈を通じて、神の意図を探求する法学（フィクフ）など、イスラームと直接関係する知や学問を意味している。ma'rifet も、イスラームに関わる知を意味する語であり、とくに哲学においては「神の認識」を意味する重要な概念である。分析的な狭義の ʿilm と直観的な maʿrifet は、ときに対比的に用いられるが、いずれもイスラームとの深い関わりのなかで用いられる語である。この点において、art や（practical）science を意味する fenn/fünûn は、本来、狭義の ʿilm や maʿrifet とは、かなり異なる印象を与える語である。

　しかし、ここでセットで登場している ʿilm と maʿrifet/maʿârif は、技術や産業との関連で用いられているため、宗教に限定された知というよりは、より広く「学問」と「知識」を意味しているように思われる。あるいは、ʿilm と maʿrifet/maʿârif を熟語として捉え、「知識」と訳すことも可能かもしれない。

　訳語の選定をさらに複雑にしているのが、maʿrifet の複数形である maʿârif が、まさにこの頃から「教育」の意味でも用いられるようになったことである。それまで「教育」を意味する語としては、報告書の第三段落でも用いられていた terbiyet などが使用されていたが、タンズィマート期以降、政府機関の名称や、何よりこの公教育法（Maʿârif-i ʿUmûmiyye Nizâmnâmesi）のタイトルが示しているように、maʿrifet の複数形である maʿârif も「教育」の意味で使用されるようになった。そのため maʿârif については、「知識」か「教育」か、文脈によって判断することになる。

　そして terbiyet を用いた熟語である terbiyet-i ʿâmme は、ʿâmme の男性形 ʿâmm の訳語として、『土仏辞典』では commun, universel, vulgaire が、『土英辞典』では 1. general, universal 2. common, public が充てられていることに基づき[33]、ここではとりあえず「公教育」としたが、この概念自体が検討の対象となるような語であるので、なお議論の余地があろう。オスマン帝国における「公教育」概念とその変遷については、さらなる検討が必要であるが、ここではさしあたり、公教育法は、そのタイトルには maʿârif-i ʿumûmiyye を用いつつ、その報告書には terbiyet-i ʿâmme を使用していたこと、つまり両者は、ある時期までともに用いられていたことを確認するにとどめておく。

　以上、公教育法の報告書の訳語について確認したが、ここから、報告書が、学問（fünûn）と知識（maʿârif）の重要性と、その普及を主張していたこと、そしてその学問とは、狭義の ʻilm とはやや対比的であるが、そうであるからといって科学や技術だけを指すわけでもない、つまり宗教性を否定するわけではないが、それが相対的に薄く、しかも狭義の科学にとどまらない学問全体を指していたことが理解されよう。逆に言えば、このような解釈が可能なように、報告書の作成にあたっては語句が慎重に選ばれたとも考えられよう。

ただし、このような主張や配慮が見られる文書は、公教育法の報告書が最初ではない。ちょうど三〇年前に提出された公共事業審議会の意見書（一八三九）も、その冒頭において、maʻârif や ʻilm/ʻulûm や fünûn を用いながら、同様の主張を展開していた。すなわち、「知識（maʻârif）と学問（ʻulûm）は、人類の偉大さと幸福の源であり、誇りと尊厳の源であり、いかなるときでも富と財の源であることは、理性と伝統の証によって確かめられ、存在し現前している産業と技術（sanâyiʻ ü hiref）が、ただ学問（ʻilm）によってのみ現出したこと、そして宗教諸学（ʻulûm-ı dîniyye）が来世の救済の手段であるように、他の諸学（fünûn）も人類社会の完成をもたらすことは、周知のことであり、また明白である」[34]と論じ、学問と知識、とりわけ「宗教諸学」とは異なるが、同様に重要なものとして位置付けた「諸学（fünûn）」を強調していた。公教育法の報告書は、すでに三〇年前に公表されていた意見書の見解を引き継いでいたのであった。

さてここで、公教育法の報告書と学制布告書の比較を試みるならば、両者はともに「学問」を強調していたが、学制の場合、その「学問」は、身を立てる「財本」や「基」であり、身分と性を問わず、「一般ノ人民」がすべて「従事」するものであった。つまり問題とされたのは身分と性と学問観であり、宗教に関わる配慮や理念を見出すのは、少なくとも布告書においては困難である[35]。

他方、公教育法の報告書は、学制と同様に「学問（fünûn）」を強調しつつも、身分や性、そして「立身」について、まったく言及していなかった。そして宗教については、教育理念が記された第一段落から第三段落までは直接言及していなかったが[36]、そこでは、すでに三〇年前に表明され、このたびも同様に、かなり慎重に選択されたと想像される語を使用しながら、宗教性が相対的に薄い学問全体の普及と、公教育制度の確立を主張していた。

オスマン帝国から眺めるならば、学制布告書の特徴は、単に宗教について言及がないということではない。公教育法の報告書も、教育理念が記された第一段落から第三段落までは宗教について直接の言及はなく、そこにあるのは、宗教的な知やその担い手を意識して慎重に選ばれたと想像される一連の語句である。学制布告書の特徴の一つは、学問の重要性を強調する際に、学問と宗教の関係という、オスマン帝国においては一筋縄ではいかない問題が綺麗に捨象されているところにあると言えよう。

四　小学校

それでは、学制と公教育法は、肝心の学校についてはどのように規定しているのであろうか。本節では、日本においてもオスマン帝国においても、人々がまず通うべきものとされた小学校に焦点をあてて比較してみたい。

学制において、学校は大学、中学、小学の三等に区分され（第二〇章）、小学校は「人民一般」が必ず学ぶべきものとされた（第二一章）。学制に基づく学校系統図を図1に示す。小学校はさらに数種類に分けられ、尋常小学のほか、女児小学、村落小学、貧人小学、小学私塾、幼稚小学、廃人学校、変則小学、家塾についても規定された（第二一、第二八章）。そして尋常小学校は上下二等に分けられ、下等小学は六歳から九歳、上等小学は一〇歳から一三歳までの男女が必ず卒業すべきものとされた。教授科目もそれぞれ定められ、下等小学では字綴（読幷盤上習字）、習字（字形ヲ主トス）、単語（読）、会話（読）、読本（解意）、脩身（解意）、書牘（解意幷盤上習字）、文法（解意）、算術（九々数位加減乗除但洋法ヲ用フ）、養生法（講義）、地学大意、窮理学大意、体術、唱歌（当分之ヲ欠ク）が、上等小学ではこれらに加えて、史学大意、幾何学大意、罫画大意、博物学大意、化学大意、生理学大意が教えられるよう規定された。また、「其地ノ形情」によっては、外国語学ノ一二、記簿法、図画、政体大意を斟酌して教えることも定められた（第二七章）[37]。

こうした小学校は、大学区―中学区―小学区という学区制に基づいて設置されるよう定められた。全国が八つ（第二章）、後に七つの大学区に区分され、一大学区に三二校の中学（第五章）、一中学区に二一〇校の小学が置かれることとされた（第六章）。そしてこの小学区や中学区が、小学や中学の設立・維持の費用を負担するよう規定された（第九八章）。

他方、公教育法において、学校は公学校と私学校に分けられ（第一条）、公学校は原則として三段階五種類に分けられた。すなわち、第一段階の小学校（mekâtib-i sıbyâniyye）と高等小学校（mekâtib-i rüşdiyye）、第二段階の中学校（mekâtib-i i'dâdiyye）と高等中学校（mekâtib-i sultâniyye）、そして第三段階の高等諸学校（mekâtib-i 'âliye）である（第二条）。このうち小学校と高等小学校は、以下で見るように宗教・宗派ごとの別学とされたが、中学校以上は、すべての宗教・宗派の子弟がともに学ぶ共学とされた。公教育法に基づく学校系統図は、図2を参照されたい。

小学校は、すべての、あるいは二つの街区と村において、少なくとも一校設置されるよう定められた。また、ムスリムと非ムスリムが混在する街区や村においては、別々に設置することも定められた（第三条）。そのために必要な設立・修繕の費用と、教師の給与と、その他の経費は、街区や村の宗教共同体（cemâ'at）によって支払われるよう規定され（第四条、第一九八条）、具体的な財源としては、ワクフ、富裕者からの援助、街区や村の共同負担が挙げられた（第一九八条）。

修業期間は、男子の場合七歳から一一歳までの四年間で、継続して就学することが義務とされたが（第八条、第九条）、免除規定も存在していた（第一三条）。教授科目は、新方式によるアルファベット、『コーラン』、『コーラン』読

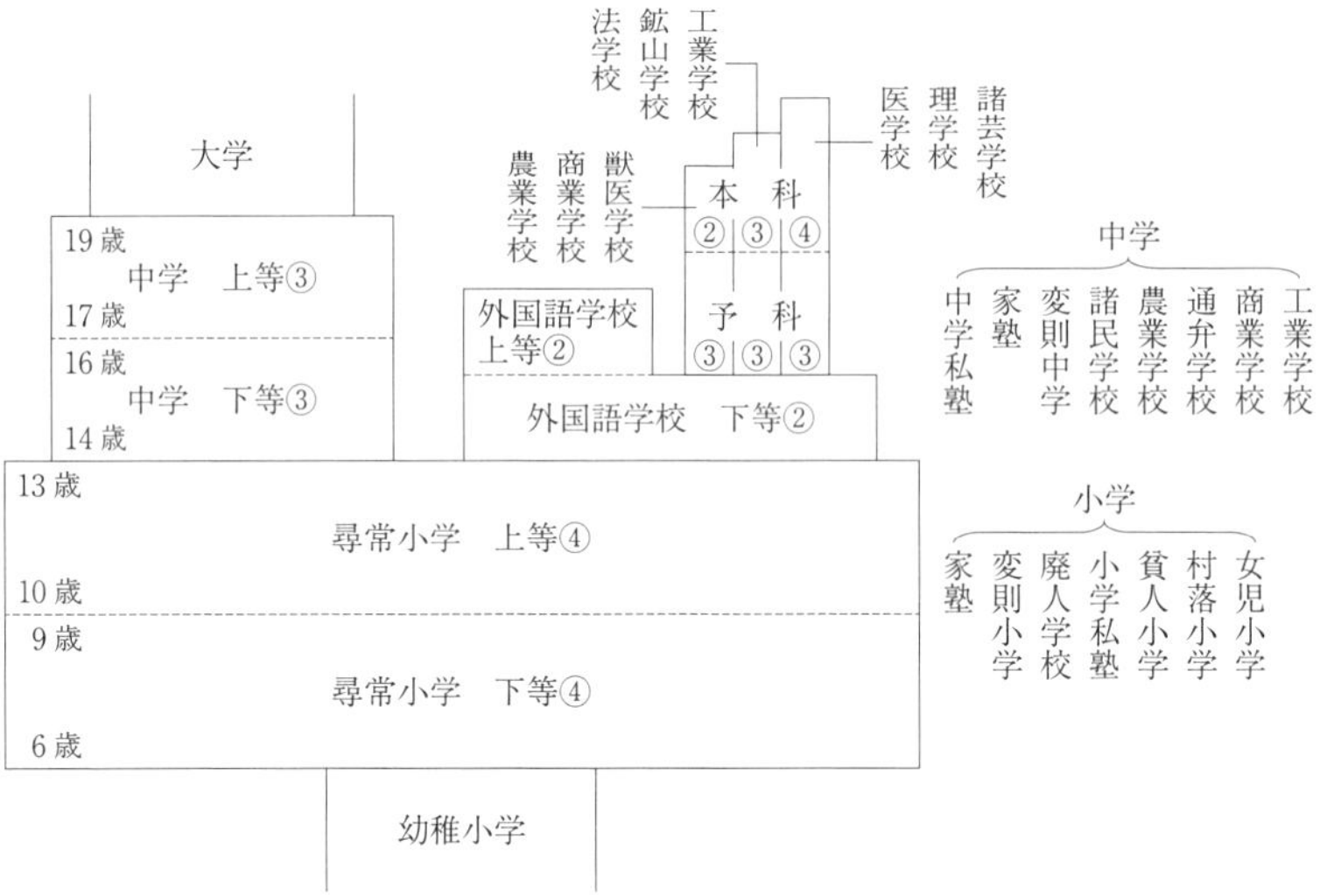

図1　学制章程に基づく学校系統図（筆者作成）

・丸囲み数字は、修業期間（年）を表す。ただし、尋常小学および中学の修業期間は、必ずしも明示されていない。・「誤謬訂正」を反映している。・師範学校および神官僧侶学校の位置は、条文からは確定できない。

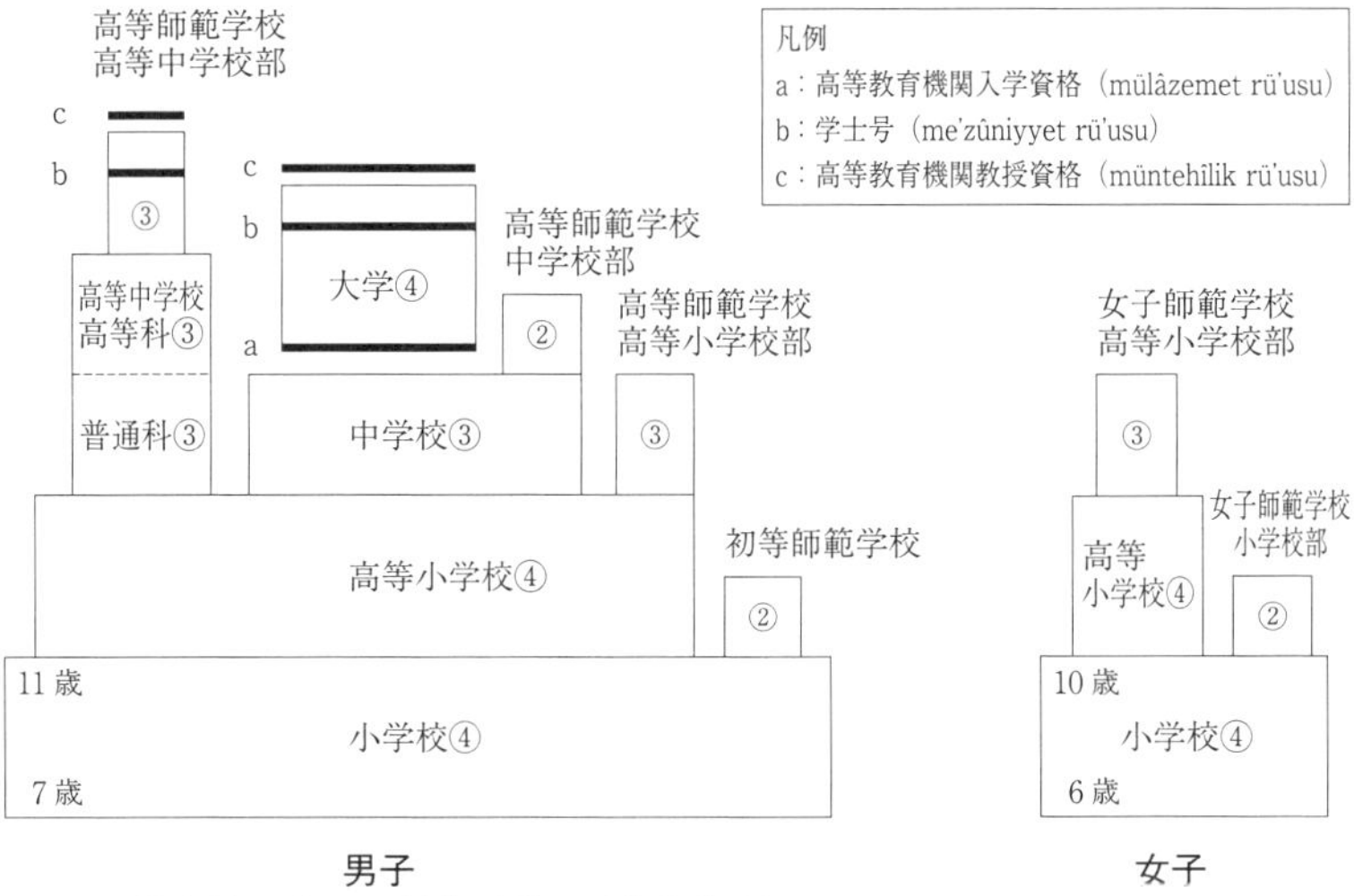

図2　公教育法に基づく学校系統図（筆者作成）

・丸囲み数字は、修業期間（年）を表す。・初等師範学校の修業期間は、条文から確定できないが、首相府オスマン文書館 İ.ŞD484 から判明する。

誦、道徳、教義概要、書き方、算数、初級オスマン史、初級地理、実用知識が挙げられていたが、非ムスリムの場合、アルファベットから教義概要までについては各宗教の長（rüesâ-yı rûhâniyye）によって決定されること、そして書き方から実用知識までについては自身の言語で学習することが定められた（第六条）。

男子よりも一年早く、六歳から一〇歳までの女子が通う女子小学校は、街区あるいは村に、ある宗教共同体（cemâ'at）専用の二つの小学校が存在し、当該地の異論がなければ、一つは男子に、もう一つは女子に割り当てられるよう定められた。これが実施できない場合は、女子小学校が設置されるまで、男子小学校に女子も受け入れられるが、男子との共学は認められなかった（第一五条）。教授方法や管理形態等に関しては、男子小学校の規定に従うものとされたが（第一七条）、教師と裁縫の教師は女性とされた。しかし女性教師が養成されるまでは、「老年で品行方正な男性」を教師に任命することは適法とされた（第一六条）。

こうした教師は、男子小学校にせよ女子小学校にせよ、法㊳に基づいて選抜・任命され（第五条）、各宗教の祝日と君主の即位記念日以外、朝と晩の二順の授業を継続的に教授することが義務付けられた（第八条）。全課程を終えた児童は、試験法㊴に基づいて卒業証書を得ると、無試験で高等小学校への入学を許可された（第一四条）。

高等小学校は、住民の宗教・宗派（以下、単に「宗教」）が単一の場合は五〇〇戸（hâne）以上の町に設置されるよう規定された。住民の宗教が多様であれば、同じ宗教の家が一〇〇戸以上存在する場合、他の宗教のものとは別の高等小学校が設置されるよう定められた（第一八条）。校舎の建設費や教員の給与などの経費は、すべて州の教育金庫から支出されるよう定められ（第一九条）、一校あたりの年額は最大四万グルシュとされた。各校には、児童数に応じて、第一教師一名から二名、第二教師一名から二名、監督官一名、門衛一名が配置された（第二一条）。

修業期間は四年で、その間に、宗教知識の基礎、オスマン語文法、正書法と作文、新課程によるアラビア語とペルシア語、算数、簿記、線画、数学の初歩、世界史とオスマン史、地理、体育、「学校所在地において相当程度使用されている言語」が教えられるよう定められた。商業地では、希望者で優秀な者には、第四学年でフランス語を教授することも許可された。非ムスリムの場合、すべての科目は各宗教共同体の言語によって教授され、自身の言語も教授されることと、宗教科目は、小学校と同様に、各宗教の長によって決定されることが定められた（第二三条）。

女子高等小学校は、大都市において、住民の宗教が単一の場合は、その宗教専用のものが一つ設置されるように、多様である場合は、当該宗教が五〇〇戸以上であれば、そのための学校が設置されるように定められた。ただし、新たに設立されるのは当面イスタンブルのみとされ、その後、州総督のいる街区に設立されるよう定められた（第二七条）。教師は女性とされたが、女子小学校と同様に、それが養成されるまでは「老年で品行方正な男性」から選ばれた（第二八条）。修業期間は男子と同様に四年であり、非ムスリムの子女には、各宗教共同体自身の言語で教授されることと、アラビア語文法とペルシア語文法の初歩に替えて自身の言語が教授されることと、宗派に関する授業は各宗教の長によって決定されることが決められた（第二九条）。

学校には、教師二人から四人の他に、裁縫の教師、音楽の教師、監督官、門衛が一人ずつ配置された。経費は最大で年額四万グルシュで、州の教育金庫から支払われるよう規定された（第三〇条）。小学校の卒業証書を有する者は無試験で入学できたが、持たない者も試験に合格すれば入学できた（第三一条）。また、管理形態などは男子の高等小学校の規定に従うこととされ（第三二条）、男子高等小学校の試験期間やその前後の休暇に関する規定（第二五条）は、女子高等小学校にも適用された。しかし、女子のための中学校は公教育法において想定されず、卒業試験に合格して卒業証書を得た者は無試験で中学校に進学できるが、不合格の者は、希望すれば一年に限り留年することを許される（第二六条）という規定は、男子のみのものであった。

以上、日本ではまだ知られることの少ない公教育法を紹介するためもあり、やや詳しく条文を整理したが、ここから学制と公教育法は、小学校の規定に関して言えば、先にも検討した宗教の点で大きく異なっていたことが理解されよう。すなわち、学制章程で規定された小学校には、宗教に関する科目かどうか判断の分かれる脩身[40]を除くと宗教科目が存在せず、宗教に関する規定も存在しないが、公教育法は、宗教を教授科目の筆頭に置いていただけでなく、宗教・宗派の別学を規定し、さらには非ムスリムの宗教と言語について、ことさらに言及していたのであった。これは、非ムスリムに対する配慮とも言えるが、同時に、非ムスリムの教育も「オスマン公教育体制」のなかに組み込まれたことを示していよう。第一節で見たように、タンズィマート期以前においては、ムスリムの教育も非ムスリムの教育も政府の関心の外にあったが、ここに、ムスリムだけでなく非ムスリムの教育も含むかたちで、臣民の学校教育が明確に法制化されたのであった。

他方、学制は、公教育法と比較すると、宗教色は確かに稀薄であった。しかし、学制が発令された明治初年は、「教育と教化、あるいは宗教との「交錯」に満ち満ちていた時代[41]」とも言われる。学制発令の数ヶ月前には教部省が設置され（明治五年三月）、すべての神官・僧侶を教導職に任命し、彼らに民衆の教化を担わせるという政策がとられていた。また、教員を兼務する僧侶も少なくなかったという[42]。そうした時代において、神官僧侶学校に関する条文（第一五四章〜第一五八章）を除き[43]、見事なまでに宗教を捨象した教育法が発令されたこと自体が、なお検討すべき課題であるように思われる。また、先に、学制は文字どおり「学」に関する法として捉えられると論じたが、「教」をめぐるこうした交錯を考慮に入れると、この法に「教」の字が用いられなかったことも、相応の意味を有するであろう。この頃の「教」には宗教のニュアンスが色濃く付着していたため、その使用が避けられたのではないだろうか。

おわりに

本章では、学制を、同法と同時期に公布された教育法の一つであるオスマン帝国の公教育法と比較することにより、学制を比較史的・世界史的な観点から考察する糸口を摑もうと試みた。第一節では、オスマン帝国の教育史を概観し、学制と公教育法は、公布の時期は接近していたが、明治維新の四年後に発令された学制と、十八世紀後半以来の教育改革の蓄積のうえに制定された公教育法は、当該国の教育史において大きく位置を異にしていたことを指摘した。第二節では条文の構成を比較し、学制は留学生に関する条文が、公教育法は大学に関する条文が、それぞれ最多であったこと、そして学制は、国内の学校教育と国外への留学生派遣をともに規定し、中学と大学の卒業証書を媒介に両者を連関させた法であったことを確認した。

第三節では、学制布告書と公教育法の報告書に見られる教育理念を比較し、学制布告書は、「学」の重要性を繰り返し強調していたこと、公教育法の報告書も、学問と知識の重要性とその普及を主張していたこと、そして布告書も、第三段落までの報告書も、ともに宗教について直接の言及が見られないことを指摘した。しかしながら、公教育法の報告書の場合は、宗教に言及がないというよりも、宗教的な知や宗教の担い手を意識して慎重に選択されたと想像される一連の語句を用いて、宗教性が相対的に稀薄な学問を推奨していたのであった。他方、学制布告書においては、こうした厄介な問題は見事に捨象され、学問は身を立てる財本や基であり、身分と性を問わず「一般ノ人民」が従事するものとされたのであった。第四節では、その一般人民が必ず通うべきものとされた小学校について学制と公教育法を比較し、両者はまさに宗教の点で大きく異なっていたことを指摘した。そして、学制自体の宗教色は稀薄だとしても、制定当時の日本は必ずしもそうではなく、そのような環境のなかでこのような学制が制定されたことの意義を再検討する必要性を提起した。

さて、第三節において見たように、学制の特徴の一つは、身分と性を問わない「人民皆学」とも言うべき方針であった。そして、学制の制定者が「人民皆学」を謳ううえで注意を喚起したのが身分と性であったことは、当時の日本において人々を分かつ基準が身分と性であったことを示している。このこと自体は当然に過ぎるが、オスマン帝国において人々を区分し、優劣の差を設けていた第一の基準が、身分や性ではなく宗教であり、しかもそれが、公教育法の一三年前の改革勅令によって、優劣の差が取り払われ、ムスリムと非ムスリムの法的平等が宣言されたことを視野に入れると、学制も公教育法も、人々を分かつ第一の基準が「平準化」されつつあったときに公布されたという共通点を指摘することができよう。そして学校教育は、学制において小学校が「人民皆学」の学校とされ、公教育法において中学校以上がムスリムと非ムスリムの共学とされたように、その「平準化」を推し進める装置でもあった。

それでは、本章において扱った以上の論点は、学制や公教育法と同時期に公布されたハンガリー、オーストリア、イギリスの教育法を視野に入れたとき、どのように展開し得るのであろうか。また、このように比較対象を拡大したとき、学制は世界教育史において、どのように位置付けられるのであろうか。研究のさらなる進展が望まれよう。

（1）　ハンガリーの教育法について、詳しくは、渡邊昭子「近代ハンガリーにおける諸教会と国家――一八六八年の「教育法」をめぐって」『東欧史研究』第二一号、一九九九年、三～二七頁、同「ハンガリーにおける教育法（一八六八年）の施行と制度的安定化――国家・教会・地域住民」『東欧史研究』第三一号、二〇〇九年、二～二四頁。

（2）　オーストリアの小学校法について、大津留厚「帝国・共和国・帝国――ウィーンのチェコ系小学校コメンスキー・シューレの現代史」駒込武・橋本伸也編『帝国と学校』昭和堂、二〇〇七年、九三～一二六頁、とくに九七～九八頁。

（3）　オスマン帝国の公教育法について、本章では触れられなかった点も含め、さらに詳しくは、長谷部圭彦「近代オスマン帝国における教育改革――教育行政と学校教育」東京大学大学院人文社会系研究科博士論文、二〇一一年、二〇～四四頁。

（4）　イギリスの教育法について、詳しくは、大田直子『イギリス教育行政制度成立史――パートナーシップ原理の誕生』東京大学出版会、一九九二年、とくに七七～一三二頁。

（5）　Mehmet O. Alkan, "Modernization from Empire to Republic and Education in the Process of Nationalism", in K. H. Karpat ed. *Ottoman Past and Today's Turkey*, Leiden, Boston, Köln, 2000; Benjamin C. Fortna, *Imperial Classroom: Islam, the State, and*

Education in the Late Ottoman Empire, New York, 2002.

（6）学制制定時に参照されたと考えられる他国の教育法については、古くから研究がなされてきた。尾形裕康『学制実施経緯の研究』校倉書房、一九六三年、とくに九三～一四一頁、寺崎昌男「学制・教育令と外国教育法の摂取」日本教育法学会編『世界と日本の教育法（講座教育法七）』総合労働研究所、一九八〇年、一三三～一五二頁。本章では、こうした「母法―子法関係」のなかに学制を位置付けるのではなく、学制と同時期に公布された教育法の一つであるオスマン帝国の公教育法と学制を比較することによって、学制の特徴を考えたい。公教育法が制定された際も、学制と同様にヨーロッパの教育法が参照されたと考えられるので、本章は、いわば子法同士の比較の試みである。

（7）文字に着目した世界区分について、鈴木董『オスマン帝国の解体――文化世界と国民国家』筑摩書房、二〇〇〇年、とくに一九～二八頁。

（8）Robert E. Ward, Dankwart A. Rustow ed., *Political Modernization in Japan and Turkey*, Princeton, 1968; メテ・トゥンジョク『トルコと日本の近代化――外国人の役割』サイマル出版会、一九九六年（原文日本語）。

（9）オスマン帝国の場合、各州の官報に就学告諭に相当する文書が掲載された可能性を否定しきれない。しかしその網羅的な閲読は甚だ困難である。首相府オスマン文書館に未刊行史料として収蔵されている可能性もあるが、その探索も今後の課題とせざるを得ない。

（10）オスマン帝国の教育史について、詳しくは、秋葉淳・橋本伸也編『近代・イスラームの教育社会史――オスマン帝国からの展望』昭和堂、二〇一四年、参照。

（11）「諸学の学校」について、詳しくは、長谷部圭彦「タンズィマート初期における対キリスト教徒教育管理構想」『東洋文化』第九一号、二〇一一年、二四三～二六一頁。

（12）*Düstur*, birinci tertib, Cilt I, [İstanbul], 1289, p. 11.

（13）この間の経緯について、詳しくは、長谷部圭彦「オスマン帝国における「公教育」と非ムスリム――共学・審議会・視学官」鈴木董編『オスマン帝国史の諸相』山川出版社、二〇一二年、三五二～三七六頁。

（14）帝室学校について、詳しくは、前掲、長谷部「近代オスマン帝国における教育改革」五四～七一頁。

(15) 大学について、詳しくは、長谷部圭彦「オスマン帝国の「大学」――イスタンブル大学前史」『大学史研究』第二五号、二〇一三年、八三～一〇二頁。
(16) 義務教育の法制化について、詳しくは、長谷部圭彦「オスマン帝国における義務教育制度の導入」『日本の教育史学』第五一号、二〇〇八年、八二～九四頁。
(17) 竹中暉雄『明治五年「学制」――通説の再検討』ナカニシヤ出版、二〇一三年、六～七頁。学制布告書をめぐる諸問題については、竹中暉雄と湯川嘉津美による論争が現在も継続している。日本史を専門としない筆者は、論争の行方を見守るほかないが、さしあたり本稿では、太政官外史局によって編纂された『布告全書』の記述に従うこととする。「竹中・湯川論争」については、以下の文献を参照。
　竹中暉雄「論評」『日本教育史研究』第三二号、二〇一三年八月、二九～三六頁。同「湯川嘉津美氏による拙著『明治五年「学制」―通説の再検討』書評への返答」『教育学研究』第八一巻第二号、二〇一四年六月、九三～九六頁。同「明治五年「学制」の法令上の種別について―湯川嘉津美氏の説への疑問」『人間文化研究（桃山学院大学）』第三号、二〇一五年十月、一七五～二〇六頁。

　湯川嘉津美「学制布告書の再検討」『日本教育史研究』第三二号、二〇一三年八月、一～二三頁。同「書評：竹中暉雄著『明治五年「学制」―通説の再検討』』『教育学研究』第八〇巻第三号、二〇一三年九月、四一～四四頁。同「竹中暉雄氏による拙稿「学制布告書の再検討」の論評に反論する―一次史料による史実の検証から」『日本教育史研究』第三三号、二〇一四八月、三七～五三頁。
(18) 前掲、竹中『明治五年「学制」』五頁。
(19) リュシュディエは、公教育法が公布されるまでは、小学校と大学の間の中学校を指していたが、公教育法では、小学校と中学校の間の高等小学校を意味していた。
(20) 天野郁夫『教育と近代化――日本の経験』玉川大学出版部、一九九七年、二六六頁（初出一九七七年）。
(21) 前掲、竹中『明治五年「学制」』二五頁。外史局編纂『布告全書』明治壬申八月。
(22) 首相府オスマン文書館 İ. MMS 1541.

（23）公教育法が掲載された『官報（*Takvim-i Vekâyi'*）』は、第一シリーズの以下の号である。1125（1286. Ca. 6/1869. 8. 14）; 1126（1286. Ca. 8/1869. 8. 16）; 1127（1286. Ca. 10/1869. 8. 18）; 1128（1286. Ca. 13/1869. 8. 21）; 1129（1286. Ca. 15/1869. 8. 23）; 1130（1286. Ca. 17/1869. 8. 25）.

（24）*Düstûr*, birinci tertib, Cilt II, [İstanbul], 1289, pp. 184–219.

（25）前掲、外史局編纂『布告全書』。

（26）前掲、竹中『明治五年「学制」』三三〇～三三三頁。

（27）よく知られているように、発令直後の誤謬訂正により「卒」が追加された。

（28）川村肇はこれを「汎学問論」と見ている。川村肇「学制布告書の論理」荒井明夫編『近代日本黎明期における「就学告諭」の研究』東信堂、二〇〇八年、七八～一〇五頁、とくに八五頁。

（29）第四段落から第十二段落までの概要は以下のとおり（数字は段落の序数）。四、現状の問題点　五、公教育法の要点　六、中学校の必要性　七、税金に加えて拠出金を徴集することの困難さ　八、学校・翻訳書・教師の必要性　九、法の漸進的実施　十、イスタンブルにおける教育改革　十一、小学校と高等小学校の宗教ごとの別学　十二、翻訳の充当金。

（30）T. X. Bianchi, J. D. Kieffer, *Dictionnaire Turc-Français*, t. II, seconde édition, Paris, 1850, p. 398.

（31）James W. Redhouse, *A Turkish and English Lexicon*, Constantinople, 1890, p. 1397.

（32）イスラームに関する語について、日本語では、大塚和夫他編『岩波イスラーム辞典』岩波書店、二〇〇二年、日本イスラム協会監修『新イスラム事典』平凡社、二〇〇二年、英語では、*The Encyclopaedia of Islam*, Second ed., 12vols., Leiden, 1986–2004 参照。

（33）Bianchi, Kieffer, *op. cit.*, p. 225; Redhouse, *op. cit.*, p. 1279.

（34）*Takvim-i Vekâyi'* 176（1254. *Za.* 21/1839. 2. 5）. 公共事業審議会の意見書の日本語訳は、秋葉淳「オスマン帝国におけるベル＝ランカスター教授法の導入――伝道団と近代軍」イスラーム地域研究東洋文庫拠点・科学研究費補助金基盤研究（C）「オスマン帝国における教育の連続性と変化（十九世紀～二十世紀初頭）」共催研究会「ベル＝ランカスター教授法の世界的流行――フランスとオスマン帝国」（二〇一一年一二月一八日、東洋文庫）における配付資料を参照した。

(35)　章程においては、「神官僧侶」が「神社寺院」で開く学校である「神官僧侶学校」に関する条文が存在する（第一五四章〜第一五八章）。
(36)　第一一段落においては、第四節で検討する、小学校と高等小学校における宗教・宗派ごとの別学が言及されている。
(37)　ここで挙げた講義予定科目は、「誤謬訂正」を反映している。その後さらに国体学が「小学両教科中」に加えられた。なお、各科目の下に記された註は括弧で示した。
(38)　ここで言う「法」は、教師に関する公教育法第四編を指す。そこでは、公立学校の教師は帝国の臣民であること（第一七八条）、初等師範学校の卒業証書を持たない者は教師に任命されないこと（第一七八条）、小学校の教師は、メドレセの学生と同様に徴兵の対象であるが、有能な者は免除されること（第一七九条）、などが規定された。
(39)　ここで言う「試験法」は、試験と卒業証書と学位に関する公教育法第三編を指す。公立学校の試験は、学年末試験、卒業試験、学位・資格試験の三種であり（第一五三条）、前二者の合格者には、それぞれ学年修了証書、卒業証書が授与された（第一五四条、第一五五条）。学位・資格試験は、高等教育機関入学資格、学士号、高等教育機関教授資格を取得するためのものであった（第一五七条）。
(40)　一八七三（明治六）年四月二八日に学制二編追加として出された、外国人教師に関する第一八九章に、「其他神教脩身等ノ学科ハ今之ヲ取ラス」とあるので、脩身は、学制章程において「神教」と近い存在として位置付けられていたようである。しかし、尋常小学の科目としての脩身は、オスマン帝国における小学校や高等小学校の科目としての宗教、つまりイスラームや正教やアルメニア教会やユダヤ教の初歩的な教義と、なお隔たりがあるようにも思われる。谷川穣が紹介する内田魯庵の回想によると、脩身の時間に「太閤記や義士伝の講釈」や、「鼠小僧や国定忠治の咄」がなされたときもあったという。谷川『明治前期の教育・教化・仏教』思文閣出版、二〇〇八年、七一頁、註四二。
(41)　同前、六頁。
(42)　同前、六〜七頁。
(43)　神官僧侶学校に関する条文は、一八七三（明治六）年三月一八日に学制二編として出されたが、およそ半年後に削除された。条文の追加から削除に至る経緯について、詳しくは、同前、四五〜五六頁。

追記

本章の内容の一部は、第一回九州大学文学部イスラム文明史学研究講演会（二〇一三年一〇月一二日）において報告した。参加者の皆様に御礼申し上げる。

（長谷部圭彦）

附論一　類似した就学告諭の作成契機——明治八・九年の女子教育に関する告諭から

収集した就学告諭資料を眺めてみると、異なる複数の地域から類似性の高い告諭が発見されることが間々ある。大阪府の「学制解訳」〔新資27－6〕と山梨県の「学制解訳」〔新資19－1〕はその代表的なものといえよう。[1]地理的に遠く隔てられた両地域から、非常に類似性の高い就学告諭が見出された背景には、藤村紫朗（一八四五〜一九〇八）という人物の存在があった。藤村は大阪府参事として、明治六年一月に府から出された「学制解訳」の作成に携わった後、異動して山梨県権令となり、同年六月に同県からも「学制解訳」を出したのである。[2]このように、一つの地域の歴史を追っていくだけでは見えてこない地域横断的な事象の連関が、就学告諭を通して明らかになるのは非常に興味深いことである。こうした視点は、就学告諭の横断的研究を深めていくにあたって、大きな可能性を感じさせるものといえよう。

さて本論では、異なる地域で類似の就学告諭が作成される契機となった一つの事例に着目して紹介したい。

就学告諭資料の中には、女子教育の振興を目的とした告諭が一定数みられる（表1参照）。女子教育のありかたに対する伝統的な価値観が各地に根強く残る一方で、「男女を論セス」同等な初等教育が必要であるという啓蒙的な論理も、明治初年には多く登場していた。もちろん男子に求められる教養と女子のそれとは、その原理を大きく異にしていたが、学制布告書に、「幼童の子弟は男女の別なく小学に従事せしめざるものは其父兄の越度たるべき事」と示されたように、法令上で父兄に対し女子の就学に対する責務が明記されたことは、女子教育史における一大画期であった。布告書の末尾二行を受けて作成された各地の就学告諭において、女子教育の振興が課題の一つとして受け止められたことは、いわば必然の帰結であったといえる。

しかしながら、女子教育振興を目的とした就学告諭の作成契機は、学制布告書だけではなかった。表1は、研究会が収集した就学告諭およびその関連資料の中から、女子教育の振興をとくに目的として出されたものを年代別に一覧にしたものである。学制発令後の明治五年から六年にかけて一定数の作成がみられるのは、就学告諭全体の年代別傾向とも対応しており納得のいくところであるが、その一方で八年から九年にかけてかなりの数が作成されていることに目を引かれる。この時期は就学告諭全体の作成数からみれば大きく減少した時期に当たり、そのなかで女子教育振興の就学告諭がこれだけ高い割合を示していることには、当然何らかの背景を考えるべきであろう。(3)

この問題を考えていくために、ひとまず明治八年に出された女子への就学告諭の本文を二件紹介しておく。(4)

甲第一一一号

管内之学事日ヲ追テ進歩致シ、各小学就学之男児昨年ニ比スレバ漸相増シ、加之夜学生徒二十歳前後之者渭南小学ニ於テハ百五十名ニ充、向島小学ニ小頭小学・存誠小学ニ於テハ各五十名ニ充ルニ至、盛ナリト謂ベシ、然ルニ本管内ニ於テハ、女児之学業ニ就候者甚少ク、却テ無用之舞・三味線等ヲ為習候ヲ親々之勤メト心得候者モ有之哉ニ相聞、以之外之事ニ候、今般文部省第三号報告ヲ看ルニ、東京府内エ女子師範学校設立ニ付、皇后宮ヨリ資金トシテ金五千円ヲ賜ヒ、尚女子之学業ヲ盛ニセヨトノ命、真ニ難有事ニテ、誰カ皇后宮之御仁恵ヲ悦ハサラムヤ、就テハ管内之女児就学年齢之者ハ、舞・三味線等無用之遊芸フ断然相止メ、小学ニ従事致サセ候様可致、然スシテ無用之慰ニ歳月ヲ送リ候得ハ、他日後悔スルトモ其甲斐無之事ニ候、依テ其親々ハ不申及、保什長ニ於テモ、其保什之間ニ有之女児モ男児同様学業ニ就シメ、他日後悔致シ候者無之様、厚注意致シ可申、此段相達候事

右之趣区内エ無洩可触示事
　明治八年二月廿八日
　　　　　　　　　　　　　　　　　　権令岡村義昌代理
　　　　　　　　　　　　　　　　　　三潴県参事水原久雄〔新資40－4〕

第百五十四号
　　　　　　　　　　　　　　　　　　区長　学区取締　戸長　教員
夫レ少年ノ教育ニ於ル素ヨリ男女ノ別ナシト雖トモ従来本邦ノ習慣ニシテ女児ノ教育十分ナラズ試ニ管下目今就学ノ女子ヲ計算平均スルニ未ダ五十分ノ一ニ至ラズ今ヤ文運隆盛ノ秋ニシテ豈軽忽ニ為スヘケンヤ既ニ本年二月女教振興ノ為東京府下ニ於テ女子師範学校設立ノ挙アリ忝クモ　皇后宮特慮ヲ以テ金五千円ヲ加資セラレ厚ク親諭セラルルト真ニ我国人民ノ幸福ナラスヤ冀クハ父母タルモノ此盛旨ヲ体認シ女児ト雖トモ必ス学ニ就カシメバ独リ其身ノ幸ナルノミナラズ後世幼稚教育ノ階梯トナリ以テ天賦ノ才識ヲ完フセシムルニ至ラハ其益ヲ得ル少カラザルベシ依之自今不学ノ男児ハ勿論女児ト雖トモ必ズ就学候様区内無漏懇篤説諭可致此旨相達候事
　明治八年五月二十四日
　　　　　　　　　　　　　　　　　　長崎県令　宮川房之代理
　　　　　　　　　　　　　　　　　　長崎県参事　渡辺　徹〔新資42－5〕

両資料とも、それぞれ自県内の学事景況について述べつつ女子教育の勧奨を告諭しているが、そこに共通して登場するのが、東京府の女子師範学校設立にあたって皇后より下賜金と「親諭」を受けたという記述である。この記述のもとになった事実は、明治八年二月一〇日発行の『文部省報告』第三号に記載されていた(5)。明治八・九年に作成された女子教育の告諭の多くは、この記事に反応して作成された就学告諭であったとみられるのである。表1では、本文から判断してこの記事に関連して作成されたと思われる告諭を☆印で示している。山形、福岡、島根、長崎、秋田、

表1　女子教育に関する就学告諭一覧

年	月	府県名	資料番号	表題ないし史料冒頭	
5		岡山県	33-3	一、男の子を養ひ女の子を育つるに	
5	9	滋賀県	25-4	凡ソ子弟之有者眼前ノ愛ニ	
6	3	浜松県	22-1	女子教育趣意書	
6	5	石川県	17-6	方今文部省学制ニ依レバ、一般ノ人民男女ヲ	
6	10	山梨県	19-4	学問のもとすゑ	
8	2	置賜県	6-5	女教ノ振興セサル可ラサル方今ニ在テ	☆
8	2	三潴県	40-4	甲第111号　管内学事日ヲ追テ進歩致シ	☆
8		島根県	旧32-14	女教ノ振興セサルヘカラサル方今ニ在テ	☆
8	5	長崎県	42-5	第百五十四号	☆
8	11	茨城県	8-5	第二百八拾九号	
9	10	秋田県	5-7	夫れ国家の隆替は教育の得失に由り	☆
9	10	静岡県	旧22-14	静岡県に女学校を設立すべし ※	☆

※資料番号の前に「旧」とあるものは、今回の研究会での就学告諭判定から外れたものである。

静岡と地域的には大きく隔たったこれらの府県の間で、このように同一の記事を契機として就学告諭が作成されたこの事例は、就学告諭を横断的にみていくことの面白さを象徴するものといえるだろう。

研究会においても、当初はこれらの告諭がある一つのニュースに基づいて作成されたものとは明確に認識されておらず、ただ漠然と、表現の類似した告諭があるとの認識にとどまっていた。しかし、改めて検討してみた結果、明治八・九年に出された女子向けの就学告諭のほとんどが、この皇后「親諭」への応答として作成されたものであることが発見されたのである。

最後に、これらの告諭を生み出すもととなった『文部省報告』第三号(明治八年二月一〇日発行)の記事について確認しておこう。

女教ノ振興セサル可ラサル方今ニ在テ一大要務トス故ニ東京府下ニ於テ女子師範学校設立ノ挙アリ此挙ヤ夙ニ　皇后宮ノ嘉尚セラルヽ所トナリ本月第二日文部大輔田中不二麿ヲ宮中ニ召シ女学ハ幼稚教育ノ基礎ニシテ忽略ス可ラサル者ナリ聞ク頃者女子師範学校設立ノ挙アリト我レ甚タ之ヲ悦ヒ内庫金五千円ヲ加資セントノ親諭アリ嗚呼世ノ婦女子ヲ勤メテ教育ノ根抵(ママ)ヲ培植セシメント欲セラルヽ特慮ノ懇ナル邦国人民ノタメニ祝賀セサル可ンヤ庶幾クハ其父母タル者心ヲ傾ケ此盛意ヲ体認シ女子ヲシテ此ニ従事セシメ其業日ニ就リ月ニ将ミ更ニ得ル所ヲ推拡シ遂ニ幼稚ノ教育ヲ善美ニシ以テ天賦ノ幸福ヲ

完了セン〓ヲ

『文部省報告』は、明治六年四月に創刊され、同一六年三月まで続刊された文部省の公告誌である。「学事ニ関スル一切ノ規則一般ニ布令スルモノ、外費用教育普及ノ形状学術進歩ノ模様等措弁ノ間其目的並緩急順序アル所以ノ着意人民一般承知可有之条件ヲ記載刊行頒布」することを目的としていたこの媒体には、達・布達に現れていない諸規則の制定・改廃など、他の史料では確認できない重要な史実が多く含まれているという[6]。『文部省報告』に収められている記事のうち、最も多くを占めているのは官立師範学校関係の記事で、ここで紹介したものもその中に含まれる。皇后直々の女子教育奨励であったことが各地の反響につながったことはもちろんであろうが、一方で、学制の発令から二年半が経過し、それぞれの管内で見えてきた学事奨励に関する課題とちょうど合致したことも、こうした就学告諭増産の大きな要因となったのではないだろうか。

本論では、異なる地域で類似の就学告諭が作成された事例の一つとして、女子教育に関する就学告諭を取り上げた。類似性の根拠が比較的わかりやすい事例ではあったが、このように就学告諭を横に読み込んでいくことで発見される新たな事実は、まだ資料の中に多く潜んでいるように思われる。今後の進展を期したい。

（1）両告諭の本文は、資料編に収録されているのでそちらを参照のこと。
（2）両告諭ともに、本文と別に藤村の署名で趣旨説明の達し書きが付されていることから、藤村の関与は明白である。
（3）就学告諭全体の各年別作成数とその傾向性については、第一部第一章の図1を参照。
（4）傍線部はいずれも引用者による。
（5）佐藤秀夫編『文部省報告　全　自明治六年至明治一六年　付『文部省雑誌　全本』株式会社歴史文献、一九八一年。

（6）　佐藤秀夫「解題―文部省報告に関する研究―」（同前書に収載）。

（大間敏行）

附論二　就学告諭中の「自由」の転回

全国各地の就学告諭では、学制布告書の論理と様々な点で異なった論理が採用されている。本書では、そうしたもののうち、学問や就学の目的に関連した論点について触れてきた。第一次就学告諭研究会でも、対外認識や風俗に関する問題、親概念や女子教育についての論理など、告諭独自の論理展開を分析してきた(1)。

ここでは、いくつかの就学告諭に用いられている「自由」という単語に絞り込み、それが用いられている文脈と意味を検討する(2)。

自由という概念については、近代日本における意味の変遷を扱った石田雄の優れた古典的研究がある(3)。それによれば、江戸時代、維新期、大正期、昭和戦前期、戦後期、現在のそれぞれで、自由という言葉の意味が異なっているという。そうだとすれば、就学告諭の場合には、書かれた時期の点から見て、江戸時代的な用い方と維新直後の用い方が混在していることになる。言葉の意味は、その時代に生きた人々が従来の意味に新しい意味を付加することで成立する。江戸時代の意味の継承と、新しく付加された意味との相違の背後に、自由を巡る当時の人々の考え方を看取できるだろう。

以上の視点に立って、就学告諭で用いられている自由という言葉を検索すると、学制布告書発布前の告諭二二件のうち、四件の告諭に五ヶ所使われている。また、学制発令後の就学告諭六一一件の告諭中、一二件の告諭に二〇ヶ所使

用されている。(4)

学制布告書以前の告諭では、次のような使われ方をしている。(5)

「賤シキ業ヲスル者モ乍チ上ノ御採用ニ成リ位ヲ賜リ禄ヲ戴キ衆ニ秀立身シ父母ヲ自由ニ暮サセ〔中略〕何分ニモ諸事ニ倹約シ不自由ヲ忍ラヘ若年ノモノニハ学文為致度モノ也」〔新資38－1〕（愛媛県、明治五年四月）。

同じ告諭の中のこの二つは、今日では後者のように「不自由」という形で、ほとんどもっぱら上に否定語を伴って用いられるが、この告諭の中では、生活状態を示す言葉とともに肯定的にも用いられて、「満ち足りた生活」を意味している。

もう一つは「人ノ妨ケヲナサスシテ自由安楽ニ其身ヲ立テ」〔新資29－1〕（奈良県、明治五年六月）、「農商漁夫ノ中ニテ不自由ナク仮名文字ノ書キ読ミヲ能スル者幾人ソヤ」〔新資35－1〕（山口県、明治三年一二月）に見られるもので、思いのまま、思いに任せて、などの意味であろう。この用法が、生活と結びつくと、右の満ち足りた生活という意味になるものと考えられる。

ここで使用する告諭には現れていないが、中国由来の「自由」は、江戸時代までは「勝手」という意味が優勢で、自分勝手などの否定的な印象の強い言葉だったとされている。(6) 後者はそうした使い方から派生したことを窺わせるが、右に見た告諭の中ではその意味合いを逆転させ、積極的な用法になっていることが注目される。「満ち足りた生活」という意味に至っては、否定的な意味は完全に消えている。

次に学制布告書以降の告諭での用法を見ていこう。

まず、近世以来の勝手という意味合いで使用されている例がある。

「況シテ女児ハ男児ト違ヒ拾四五才ニ至レハ夫々女工ニ従事シ、仮令志アルトモ男ノ様ニ勝手自由ニ学習スル事ハ出来兼」〔新資10－6〕（群馬県、明治一二年七月）。

右の自由は「勝手自由」という連語で用いられていることに見られるように、江戸時代以来の古い用法である。これは、明治一二年の段階になっても消えていないことがわかる。

続いて、思うに任せる、という意味で用いられているのが、次の例である。

「若シ万一此筋合ヲ弁マヘズ今ノ儘ニテ過シナバ有リ難キ朝廷ノ御布令モ読メズ世間ノ模様モ分リ兼ネ生涯不自由多カルベシ其不自由ハ偖置キ此近方ハ追々平民ニ至ル迄子供ニ学問サセル故今マデ門閥士族ト唱フル者モ不遠彼等ヨリ牛馬同様ニ使ハルベシ」〔新資45－5〕（宮崎県、明治六年四月一六日）。

二ヶ所ともに「不自由」と否定語を上につけて、思い通りにならないさまを意味している。自分勝手というのも思い通りにすることを表現するが、自分勝手の意味での自由は否定的・消極的な意味合いがあり、思うに任せるという場合には、そうした意味合いはない。

右のことを発展させて法と社会に適用し、比較的今日の用法に近いのが、封建的束縛からの自由を意味する用法である。

「従前封建ノ時ハ数段ノ階級ヲ立テ自由ノ権力ヲ束縛セシヨリ職業モ亦其身沿襲ノ具トナリ私ニ営ミ私ニ変スルアタハス」〔新資40－2〕（福岡県、明治五年一〇月）という例では、封建的束縛によって、思い通りにする権能、力が発揮できなかったと述べており、右の思いに任せる意味が社会的意味と結合している(7)。

これとはちょうど反対に、「其学問タルヤ学ヒ易ク成リ易ク文字算数ヨリ事物ノ理日用事務各其職業ニ切ナル科ヲ設ケ男女ヲ問ハス農ヤ商ヤ工ヤ六歳七歳ノ児童ト雖も一日学ヘハ一日ノ用ヲナシ一年学ヘハ一年ノ知識ヲ開キ且従来ノ拘束ヲ解キ自由ノ権利アルコトヲ知ラシメ浮華無用画餅ノ如キ学問ヲ掃除シ夢中ノ人ヲ呼ヒ醒シ実地上ニ施行シ漸次開明ノ域ニ進歩セシメント欲ス」〔新資5－6〕（秋田県、明治六年九月一三日）と、封建的束縛が解かれて思い通りにすることができるようになったという文脈で用いている例がある。

その他に、時期は前後するが「御一新前之景況華族士族之家に生るれバ不才無智ニして役義勤り兼病身弱体にして戦場之働も不叶治乱共職掌不立者も矢張高禄を食て遊戯酒色ニ日を送り中ニ儘廉恥を知り退て農商之業を営むと欲するも法度ありて自由なり難し」〔新資25-1〕（滋賀県、明治五年七月）と江戸時代を語る中で用いられたり、「刑罰ヲ正シ人民ノ自由ヲ有タシムルハ法律学ナリ」〔新資11-3〕（埼玉県、明治七年四月）と近代法に関連して用いられている例がある。それぞれ近世法による自由の束縛と近代法による自由の付与が表現されている。

以上に見たように「自由」は、学制布告書の発布された時期の前後には、江戸時代に持っていた「勝手」という否定的な意味を逆転させ、積極的な意味でも用いられるようになっていた。少なくともそういう言葉の用法で、当時の人々を説得できると地方官たちは考えていたことを示している。

しかし学制期を過ぎる頃にはもう一度逆転させられて否定的な意味合いを帯びるようになる。それを示しているのが次の告諭である〔新資41-3〕（佐賀県、明治一一年一〇月一八日）。

学制御頒布以来各区学校を設置し人々幸福を享くるの基礎漸相立候処近時自由論説の流行するや放僻邪恣の徒利害得失の如何を顧ミず世態人情の何物たるを弁へず私意の適する所自ら以て是なりと妄信じ甚しきに至りてハ我儘勝手を為すを自主自由と誤認し剰へ学校ハ人民共立のものなるに付之を立つるも立てざるも人民の自由なり学資金を出すも出さゞるも亦人民の自由なり費途多端の際寧ろ之を罷むるに若かざる抔と以ての外なる妄説を唱へ民心を惑乱して人智開進の障碍を為すもの往々有之哉の趣相聞誠以不都合の至りに候

この告諭の中で自由という単語は四ヶ所使われているが、右の引用の中にその総てが含まれている。

ここではまず「自由論説」という自由民権の意味での自由を持ち出している。そしてその「自由」が「我儘勝手」と言い換えられ、「私意の適する所自ら以て是なり」と理解されていることを難じて、それを「以ての外」だと切り捨てる。そしてそのことによって、同時に「自由論説」そのものも「妄説」と位置づけられることになる。その「妄説」は「人智開進の障碍」にさえなりゆくのだという。

民権運動の中でも、自由という言葉が自分勝手と理解されていたという指摘は以前からなされていたが、それはもちろん民権運動の担い手側だけではなく、それと対抗する権力者たちにも共有されていた。江戸時代以来の伝統的用法として、自由という言葉の意味の共通の土台であった。先に掲げた明治一二年の群馬県の告諭がそれを示している。

いったんは権力者自身の中にも存在していた自由という言葉の肯定的・積極的な用法は、本来封建制度の桎梏を打破した近代市民社会の新たな基礎の一つをなすべきものであったはずである。実際に学制発令前後の一時期、それは就学告諭の中に積極的価値を持つものとして立ち現れた。告諭の中に現れているということは、それを執筆する地方官などの支配層にそのように理解されていたばかりではなく、告諭される民衆の間でも同様の理解が成立していたことを示している。しかし自由民権運動という対抗的存在とその広がりによって再び自由は、否定的意味合いを帯びたものとして用いられることになった。

そもそも自由は、「〜からの自由」と「〜への自由」の両側面があるといわれる。[8] 前者は消極的な自由であり、後者は積極的な自由である。自由民権運動の自由は、政治への参加要求であり、近代国家形成の自由の主張を内包していた。それは例えば植木枝盛の革命権の主張によく見て取ることができる。日本の場合には、下からの民権運動を弾圧して、上からの近代化が進められた。その自由が否定されたということは、自由というものの半面（積極的な自由）がそもそも日本近代の土台にはならなかったことを意味している。[9] 民権運動の持っていた価値を共有する社会は訪れず、したがって近代社会全体に共通するはずの近代的価値は、上からの近代化に都合のよいものに限り、都合のよい範囲で与えられたに過ぎなかった。「自由」もまさにその一つであったが、その自由からはすでにその半面が喪われていたのであった。半面を喪失した自由がさらに制約されたのである。[10] これを別の角度から見れば、消極的な自由を成立させる土台としての市民社会は日本でなかなか形成されず、それゆえ消極的な自由の定着も進まなかった。

しかも自由民権運動との対抗によって、自由という言葉は、単に近代以前の水準に戻されたのではない。一度肯定的用法をぐった上で採用された否定的用法は、その意味の転回によって近世的否定用法とは一段違った意味を持つことになった。自分勝手程度のものから、「人智開進の障碍」〔新資41－3〕にまで通じるような危険性を内包させた意味への深化がそこに認められる。(11)

「自由」を含む告諭の使用例は、右のような事情の一端を示すものであり、それが民衆に向けて告諭されたものであることは、民衆の自由観にも何らかの影響を与え得ただろう。

(1) 大矢一人「モデル・脅威としての外国」、高瀬幸恵「旧習の否定」、小林啓子「就学告諭における親概念」、河田敦子「女子教育の推奨」、いずれも荒井明夫編著『近代黎明期における「就学告諭」の研究』東信堂、二〇〇八年、所収。

(2) 本論以外でも、就学の義務の観点から、本書第一部第五章で荒井明夫が告諭に用いられている「自由」に言及している。

(3) 石田雄『日本の政治と言葉（上）「自由」と「福祉」』東京大学出版会、一九八九年。

(4) 告諭の選抜については、本書第一部第三章、参照。

(5) 資料引用中の傍点は引用者による、また、ふり仮名などは省いた。以下同じ。

(6) 石田、前掲書、三五頁。例えば『徒然草』の中で吉田兼好は、盛親僧都を評して「世を軽く思ひたる癖者にて、よろづ自由にして、大方人に従ふといふことなし」としている（六〇段）。傍若無人の勝手な振る舞いを「自由」としている。

(7) ここでの「権力」という言葉は、今日の「権能」あるいは「能力」などの意味に近いと考えた。

(8) 石田雄はフランス型（国家を通じて自由を実現すると考える、単数形の liberté。思弁的・合理主義的接近方法）と、イギリス型（国家からの自由を重視する、複数形の liberties。経験的・非体系的接近法）とを対比して論じ、さらにドイツ型（フランス型に共通するが、より思弁的で個人主義を排したもの）とを絡めて考察している。石田、前掲書、三八頁以下。

(9) 石田は、下からの民権に失敗して「自由」理解を矮小化させていったことを指摘し、それがついには国権論へと傾斜していく姿を、大井憲太郎に即して描いている。同前、四六頁以下。

(10) 第二次大戦後、私事に閉じこもる形で消極的自由は浸透していくことになったが（マイホーム主義）、ここでもそれは自分勝手の「自由」と親和的であって、それゆえにそこには相変わらず否定的意味合いが幾分か含まれることになる。

(11) こう考える場合、Liberty や freedom の訳語として「自由」を宛てたことによって、後知恵ではあるが、こうした問題を当初から内包させることになった。

（川村　肇）

附論三　学制研究に対する就学告諭研究の意義――竹中暉雄論文へのコメント

本論は、学制研究の蓄積に学ぶことを通して、就学告諭の史料的価値、また、就学告諭を対象とした研究が学制研究にどのような意味をもつかについて考察したものである。[1] 小論では、とくに、竹中暉雄の論文「『学制』に関する諸問題――公布日、頒布、序文の呼称・正文について」に学び[2]、就学告諭研究のもつ可能性について論じる。

竹中論文は、法令としての学制[3]を対象に、主に「公布日」がいつだったのか、先行研究が「公布」と「頒布」を分けて記述してきたのはなぜだったのかについて分析している。

第一節、第二節では、法制史の研究（熊谷開作、石井良助、大久保利謙、国会図書館など）の蓄積において、法令としての学制は「太政官布告二一四号」であることがすでに定説となっていた一方で、教育史研究においては多くの場合「二日分割記述」が主流になってきたことが、先行研究の検討を通して指摘されている。第三節、第四節では、『法令全書』、『明治史要』、『憲法類編』、『文部省布達全書』、『布告全書』といった、現在手に入る限りの当時の法令状況を記録した文書を網羅的に検討することを通して、正確な「公布日」が八月二日だったことを指摘している。第五節から第七節では、『明治以降教育制度発達史』の検討を通して「不自然な形」で「頒布」が強調され正確な「公布日」について議論されなかったこと、「被仰出書」と呼ばれている部分は「内容的にも法令的にも「本文」に対する「序文」という関係にあり、しかも一部の同時代人もそう考えた用語である」ために「学制序文」が呼称として適切であることの二点を指摘し、最後に第八節では「学制序文」の正文としては、文部省が頒布した「解説版」ではなく「太政官布告第二一四号」を用いるのが適切であることを指摘している。

竹中も引用しているが、佐藤秀夫が「最も『蓄積』の豊かとされる『学制』の研究」にもまだまだ追求すべき課題が多く残されている(4)と指摘していたことを、本論文を通して改めて認識した。佐藤秀夫は『日本古文書学講座九　近代編Ⅰ』の中でも文部省関係文書は大正一二年九月以前の原文書類が関東大震災、太平洋戦争の中で全く残されていない状況にあり、「教育政策と行政施策」についての研究が困難になっていることも指摘している。私自身、無反省に制度史には蓄積があると思いこみ、本論文で検討が加えられているような「公布日」、「頒布」という言葉について考えるなど詳細な事実に対して考えが至っていなかったため、本論文は法令としての学制について考えるいい機会になった。

竹中論文における、「明治初期は法令名も用語も未だ確定しておらず、『頒布』が『公布』の意味で使用されている場合もあった」こと、また、「そもそも「頒布」と「公布」の区別が特に意識されているわけではなかった」時期の法令であるという指摘は、言われてみれば当然であるが、大変新鮮な指摘であった。竹中は以上のような法令の状況に対して、現行の法令に対して使用される「公布」という概念を参照軸として、法令としての学制を考察するという手法をとっている。検討する法令が法令に関する様々な規定が確立されていない時期の法令であり、かつ、大正一二年九月以前の文部省関係文書の原文書類が一切残されていない状況にあることに対して、「公布日」を確定するために、「公布」という概念を用いると同時に膨大な史・資料を用いることを通して分析する本論文の竹中の熱意には圧倒された。

しかし一方で、竹中が本論文で明らかにしたことは、現在法令に対して使用される「公布」という概念、「頒布」

という概念をそのまま用いるのではなく、「公布」や「頒布」という言葉を当時の文脈に位置づけ直して検討することによってこそ、より興味深い事実として浮かび上がってくると考えた。とくに以下の二点が興味深かった。第一は、学制が他の法令と比較して異質な性格を持っていること、第二は、学制布告書と学制章程における序文―本文の関係のことである。

まず学制が異質である点について考えてみたい。竹中は、学制布告書、学制章程は「太政官布告」として「公布」[5]され、「廃止」されるにもかかわらず、その「修正、追加、削除、改訂」は文部省によって行われている点を、学制の他の法令とは「少し異なる性格」として指摘する一方で、現代の「公布」、「頒布」概念から見たとき、太政官による学制の「公布」よりも文部省による「頒布」を強調することは「不自然」であり、その原因を文部省を中心とした制度史を記述しようとしたことに起因すると指摘する。

この「不自然さ」を確認するために、竹中が「頒布」を「不自然」に強調することを招いた根源としている『明治史要』[6]について検討してみたい。『明治史要』は太政官修史局によって一八七六（明治九）年に編さんされた編年体の史書である。『明治史要』は、当時、史実と認識したことが記述された編年体の史書であり、一八七六年当時太政官修史局が何を法令に対する行為と捉えていたのかを読み取ることができる。『明治史要』の記述の特徴をみると、「頒布」一回、「頒付」一回、「頒ツ」多数の使用が見られる一方で、「公布」は一回も見られなかった。「頒布」よりも多く見られるのは「令ス」「定ム」という表現であるが、様々な「規則」ができた場合には、「頒ツ」が多く使用されている。この記述形式をそのまま受け止めるなら、編さん当初は「頒ツ」、「頒布」したことが法令については重要な行為であったことが推測される。実際、『法令全書』における明治五年文部省第十四号の見出しは「学制ヲ頒チ処分ヲ稟候セシム」であり、その内容も「御布告書並学制章程」を「相渡」したことが記述されており[7]、『明治史要』がこちらを採用したのもうなずける。以上のことからは、当時の法令の世界が、「公布」するものであったのではなく、「令シ」「セシム」、「定メ」「頒ツ」ものであったと考えることが妥当であろう。『明治史要』が「頒布」を採用したことは、「定メ」「頒ツ」ものとして学制を捉えたことの表れであり、なにも「不自然」なことではない。

しかし、これをもって学制が他の法令と比較して「異質」ではないと言うわけではない。むしろ、『明治史要』における「頒布」の記述が「不自然」ではないということ、すなわち以上に見たように当時の法令は「令シ」「セシム」、「定メ」「頒ツ」ものとして認識されていたことを確認した上で、その法令世界にあっても、学制が「少し異なる性格をもって」おり、「頒布」が強調される法令としての学制こそ考察する必要がある点に着目したい。竹中は「現在では考えられない」と、現在のイメージと比較したときに学制の在り方が異質だということを指摘しているが、その異質さは、同時期のその他の法令との関係においても指摘することができる。

管見の限り、同時期に行われた徴兵令、地租改正については、「修正、追加」は「太政官」が中心になって行っており、学制のように修正、改訂を省が中心となって進めた「布告」は他に確認できなかった。さらに興味深いのは、法制史上では同じ「太政官期」すなわち「公文式」（一八八六年）以前の法令形式の中にあるにもかかわらず、教育令はその「修正、追加」などは太政官によって行われていることである。竹中の学制は「通常ではない」性格をもっていたという主張は、同時期のその他の法令との関係において指摘することが可能である。つまり学制は他の法令との比較において、文部省による「頒布」を強調すべき十分な理由があったと解釈すべきであろう。

ここで就学告諭研究会の関心にひきつけてみるならば、第一次就学告諭研究会では「「補足的」という位置づけから解き放つ」意図から、時期を「幕末維新期から一八七〇年代後半」という形で学制以前にまで拡大して解釈することを試みていたが[8]、就学告諭という史料群は、学制以後に限定した状況でも、「通常ではない」性格がどのようなものだったのかを明らかにする好史料群になり得る。他の法令と比べて異質な法令としての学制をどのように捉えるべきなのかを、就学告諭として普及する状況下から明らかにする研究は非常に興味深い。竹中論文では、この異質さを文部省の「意気込み」という言葉で指摘するにとどまっているが、就学告諭を通してより深く追求してみたい課題である。

次に、学制布告書と学制章程における「序文」と「本文」の関係について考えてみたい。

佐藤秀夫による、「法制上の原則からみても、上位法令である太政官布告と下位法令である文部省布達とが、序文—本文関係にあるとするのは奇妙である」という指摘に対して、竹中は、「件の文章は内容的にも法令的にも、『本文』に対する『序文』という関係に」あるということから「学制序文」と呼ぶのが良いという結論を導いている。なるほど佐藤秀夫による「序文—本文」を奇妙とする論理は、竹中が批判した、倉沢剛による、学制のような「重要な法規は文部省から布達されるのではなく、太政官から布告されるものである」とする論理と重なる点もある。この論理には確かに違和感があり、竹中ももちろんこの点にも違和感を覚えたのかと想像する。しかし、やはり法令の「序文」と「本文」と言われたとき、どんな関係を言っているのかわからない。「序文」と「本文」と言ったときに法令上の概念としてどのような合意があるのかわからないために序文—本文の関係とは非常にわかりにくい表現である。「序文」「本文」の関係の問題を考えるには佐藤秀夫が学制布告書、学制章程という呼称を用いるべきであると指摘した根拠である文部省布達第一四号（明治五年八月三日）の本文に戻る必要がある。文部省布達第一四号では、太政官布告を「御布告書」と称し、学制条章を「学制章程」と称していることはすでに佐藤秀夫が指摘したとおりである。(9)

御布告書、学制章程は実際に太政官布告第二一四号においてどのように記載されているのだろうか。竹中は、『法令全書』を、当時の形をとどめる『布告全書』と同じ形式で掲載してあるため「原史料」として引用するのに適しているとしている。それゆえ、『法令全書』により確認したい。『法令全書』では、「御布告書」の後に〇印があり、その後に「壬申七月　文部省」がついた文章が二件続く。文部省布達第一四号が言うように「御布告書」と学制章程は意識して区別されていたことがわかる。さらに、太政官布告第二一四号の「御布告書」にあたる部分で学制章程は「文部省規則」と呼ばれている。また、明治一九年「公文式」以前の太政官期法令を検討した岩谷十郎によると、明治四年七月二九日から明治六年五月二日にかけては「制度条例ニ係ル事件及ヒ勅旨特例等ノ事ノ事件」は太政官が「発令」⑩し、「制度条例ニ係ラサル告諭ノ如キ」ものは各省が「布達」⑪するという「全国一般ニ布告」される法令の発令主体の区別がなされていた。「布告」とは太政官のみができる法令の「発令」のことを指す。

『布告全書』と同一形式で掲載された『法令全書』において○印による区切りがあり法令が意識的に区別されていること、「布告」は太政官しか「発令」できなかったこと、学制布告書内で学制章程のことを「文部省規則」と記載していることを考えると、確かに現在法令に対して使用される「公布」概念を念頭に置くならば、公布日は八月二日になるが、当時の学制布告書、学制章程という呼称、布告という法令種別、学制章程が学制布告書内で文部省規則と呼ばれていたことなどを鑑みると、学制布告書は太政官が発令主体であり、学制章程は文部省が主体となった⑫とする解釈することが自然だと考える。学制布告書と学制章程は、別の法令であり、序文と本文の関係にある法令と解釈することには無理がある。

就学告諭において学制章程はどのような位置づけにあったのかについても見てみよう。『「就学告諭」の研究』で確認すると、学制布告書だけを告諭している就学告諭がほとんどである⑬。学制布告書と学制章程との関係をどう捉えていいのかということが就学告諭からも大きな課題として浮上する。

この課題に対する一つの仮説を、学制布告書の最後の二行の「右之通被仰出候條地方官ニ於テ邊隅小民ニ至ル迄不洩携便宜解譯ヲ加ヘ精細申諭文部省規則ニ随ヒ學問普及致候携方法ヲ設可施行事⑭」考えてみたい。二つのことの第一は「邊隅小民ニ至ル迄不洩携便宜解譯ヲ加ヘ精細申諭」すること、もう一つは「文部省規則ニ随ヒ學問普及致候携方法ヲ設可施行事」である。明治六年五月「結文例」から明治一九年二月「公文式」までの法令種別を念頭におき、より直近の法令種別、つまり「結文例」にもとづいた法令種別から考えると、全国一般に知らしめる「布告」と、諸省間、地方官にとどめる「達」の違いであるとも解釈できるのではないか。すなわち学制布告書は布告であり、学制章程は達であったという解釈も可能になる。しかしこれはあくまで仮説にすぎないし、明治五年八月の法令を明治六年五月の法令種別で考察してしまうということになり、解釈に無理があることは否めない。しかし、学制における学制章程の位置づけは、序文—本文と捉えることのできない関係があることは間違いないだろう。序文—本文関係からはずして考えることにより学制における学制布告書学制章程の関係をより深く考察し、学制の法令としての位置づけをも考察できると考える。このことを追求する上でも就学告諭という資料群のもつ意味は大きなものであるだろう。

以上、大きく二点について就学告諭の史料的価値とも関連づけながら竹中論文を読んでのコメントを述べた。現在法令に対して使用される「公布」という概念から考えたとき、確かに学制は明治五年八月二日に太政官布告第二一四号として公布されたと言えよう。しかし、公布の概念から解き放たれたとき、学制という法令の位置づけについてまだ検討すべき課題が多く残されている。就学告諭という史料群は制度史の問題領域においても大きな意義をもつ興味深い史料群である。

（1）　なお、学制研究として、湯川嘉津美「学制布告書の再検討」『日本教育史研究』第三二号、二〇一三年がある。湯川の研究は、史料学の知見を援用することにより、従来使用してきた史料が一次史料とみなすことはできず、それをもって法令形式等を議論することはできないことを指摘している。また、大隈文書内の史料との比較を通して、文部省の意図を浮かび上がらせている。本論は、竹中論文へのコメントを通して、学制に関する先行研究に対して就学告諭研究の意義を論じることをねらいとしている。その際、一次史料か否かという視点ではなく、とくに、明治前期の法令の発布、発令などの行為に焦点をあてて検討し直したものである。なお、本論は、二〇〇九年七月一四日の就学告諭研究会での報告を加筆修正したものである。

（2）桃山学院大学『人間科学』第三〇号、二〇〇六年。後、竹中『明治五年「学制」――通説の再検討』ナカニシヤ出版、二〇一三年、に収録。

（3）佐藤秀夫の「学制布告書」「学制章程」とする説に賛成であるが、ここでは、読みやすさを考慮して双方を合わせたものとして「学制」という表現を用いる。

（4）佐藤秀夫「教育史研究の検証―教育史像の改築をめざして―」藤田英典他編『教育学年報6　教育史像の再構築』世織書房、一九九七年、九六頁。

（5）なお、竹中は論文中で「公布」を用いているが、「学制」が出た当初「公布」という言葉はなかった。太政官「正院事務章程」（明治四年七月二九日）によると太政官布告は「発令」されるものである。

（6）『明治史要』について、本章では東京大学出版会から一九九八年に復刻された『明治史要　全』を使用した。

（7）日本法令索引〔明治前期編〕http://dajokan.ndl.go.jp/SearchSys/index.pl

（8）三木「収集した資料の性格」荒井明夫編『近代日本黎明期における「就学告諭」の研究』東信堂、二〇〇八年、二九頁。

（9）前掲、佐藤論文、九二頁。

（10）太政官「正院事務章程」（明治四年七月二九日）によると、法令を出す行為について、太政官は「発令」し、省は「布達」するという言葉を用いている。日本法令索引〔明治前期編〕http://dajokan.ndl.go.jp/SearchSys/index.pl

（11）岩谷十郎「日本法令索引〔明治前期編〕明治太政官期法令の世界」国立国会図書館、二〇〇六年、一四頁。

（12）太政官「正院事務章程」（明治四年七月二九日）により「発令」という言葉は太政官主体の法令にしか用いることができないので、文部省の行為については言及しなかった。

（13）『「就学告諭」の研究』資料編。

（14）日本法令索引〔明治前期編〕http://dajokan.ndl.go.jp/SearchSys/index.pl

（15）前掲、岩谷論文によると、「結文例」以後、法令は「全国一般ニ布告」するものと「諸省」「官員」に限るものと区別され、さらに法令主体の点から太政官による「全国一般ニ布告」するものを「布告」、諸省による「全国一般ニ布告」するものを

「布達」、「諸省」「官員」に限るものを「達」とすることと定められた。

（森田智幸）

第二部

地域における就学告諭と小学校設立

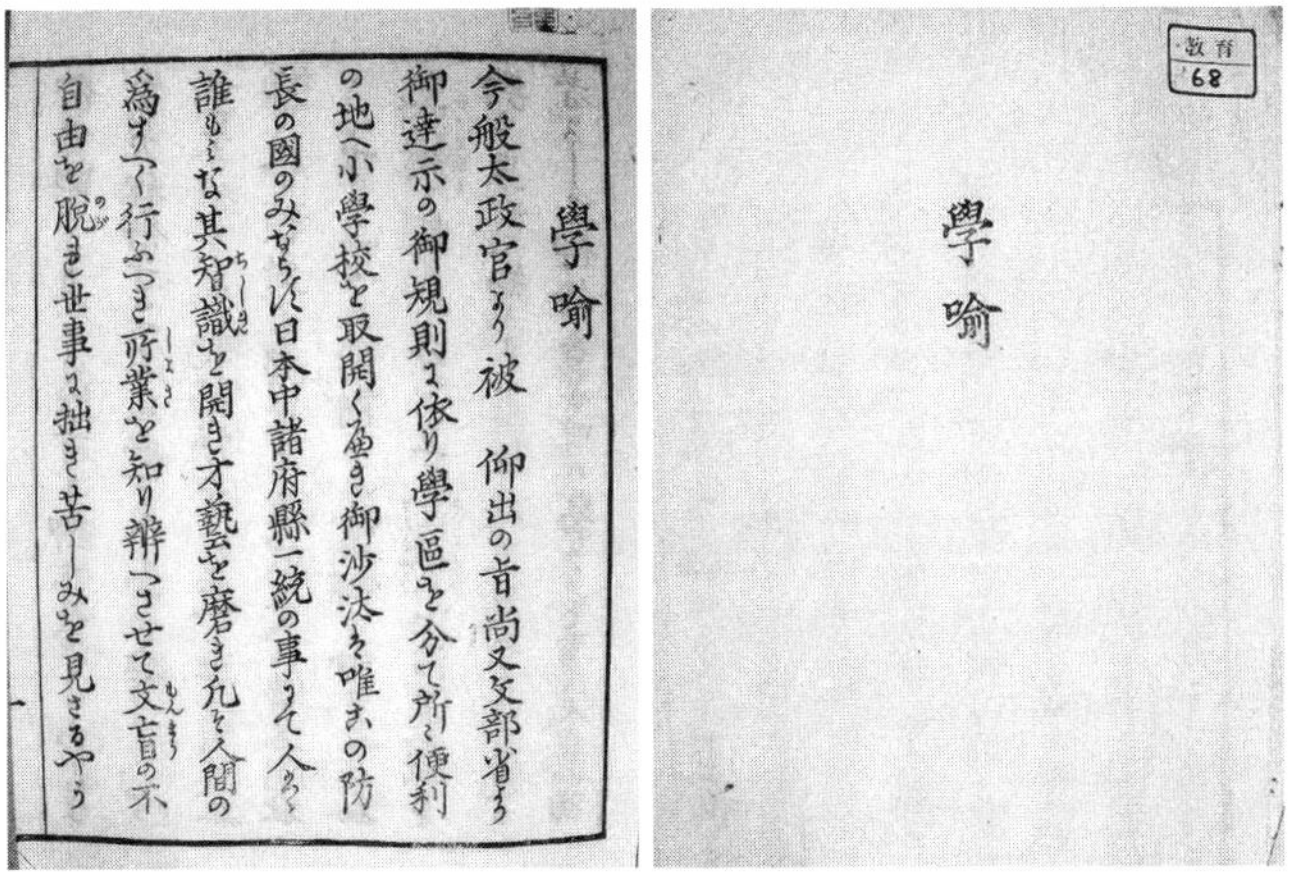
學喩

今般太政官より被　仰出の旨尚文部省より
御達示の御規則に依り學區を分て所々便利
の地へ小學校を取開くべき御沙汰にて唯其の防
長の國のみならず日本中諸府縣一統の事にて人々
誰もみな其智識《ちしき》を開き才藝を磨き凡そ人間の
為すべく行ふべき所業《しよさ》を知り辨へさせて文盲《もんもう》の不
自由を脱《のが》れ世事に拙き苦しみを見ざるやう

『学喩』

第二部では、度会（府）県、秋田県、飾磨県、筑摩県、奈良県、熊本県の六つの府県を取り上げ、それぞれの地域の就学告諭に着目しつつ、就学の勧奨や学校設立の奨励がいかに行われたのかを検証する。

第一部では、就学告諭を横断的に検討することによって、その全体的な特徴や傾向をとらえようとした。続く第二部では、就学告諭を縦軸に置き、就学勧奨の地域における実際を明らかにすることを趣旨としている。すなわち、就学告諭がどのような背景をもって作成され、就学勧奨や学校設立の奨励はどのように行われたのか、他方で行政によって行われる施策を地域の人々はどのように受け止めたのかを検証するのが第二部の役割である。

維新後の府藩県三治制から明治四年の廃藩置県へ、そしてその後も激しい行政区画の統廃合が続く政治的混乱のなかで、翌明治五年以降の学制の実施や就学告諭の趣旨の伝達は、多くの困難をともなった。以下の各章のなかで触れられるように、就学勧奨を任務とした地方官吏たちは、次のような現実的課題に直面した。

①近世の教育機関から、より広い階層の人々に門戸を開く教育機関への転換、ないしは小学校への移行をどのように図るか。

②地域住民の自発的な教育要求をどのように受け止め、小学校設立や就学につなげるか。

③効果的な就学勧奨の方法は何か。どのように就学告諭の趣旨を地域に普及・徹底させるか。

④どうしたら学校設立や維持のための資金が徴収できるか。

こうした現実的課題から透けて見えてくるのは、地方官吏が対峙していた地域の人々の姿である。それは教育要求を掲げる人々、それとは逆に就学の意義を見出せない人々、そして資金の供出を拒む人々などであった。こうした地域の人々の現実の姿に、地方官吏が目指す学校システムの建設はどのように相対したのか。以下の章はこうした観点に立脚している。そして第二部の最後に、史料紹介を中心とする附論として、宮崎県の就学告諭に関する新発見についての論考と、福井県の就学勧奨にみられる特色についての論考を付した。

各章および附論の概要を紹介しておこう。

第一章（杉浦由香里担当）では、明治維新期における度会（府）県の学校改革を取り上げ、近世の教育機関から小学校への移行期における学校の過渡的形態を、教育の実態に着目しつつ明らかにする。

第二章（森田智幸担当）では、秋田県を取り上げ、学制以前に地域の人々によって自発的に設立された学校が、学制後に学制に基づく小学校へと転換していく過程を検証する。

第三章（池田雅則担当）で扱う飾磨県も、学制以前に地域住民の教育要求を見ることができる地域である。しかし、こうした要求は必ずしも一枚岩ではなく、学制後の県の学事推進に対する地域住民の反応は多様であったことを明らかにする。

第四章（塩原佳典担当）では、地方行政機構における重層性とそこから生じる就学告諭の論理の多様性に着目する。筑摩県を事例として、学制前における県庁・県学務掛と学校世話役とが発した就学告諭の内容比較を行い、論理レベルでの相違を検証する。さらに、学制後に権令・官員と学区取締とが取り組んだ就学勧奨の実態把握から実践レベルでの相違を分析する。

第五章（高瀬幸恵担当）では、学制後の奈良県における就学勧奨を概観するとともに、学校設立資金の徴収という課題に対しての取り組みに注目した。奈良県では、廃仏毀釈により廃寺に追い込まれた寺の建物などを学校設立資金に充てる施策が取られていた。この施策の実態を検証する。

第六章（軽部勝一郎担当）は、現時点で就学告諭が確認されていない地域である熊本県を事例として取り上げた。学制期の熊本県における学制の伝達方法、就学奨励の全体像について検証するとともに、小学校設立の過程を明らかにする。

附論一（三木一司担当）では、「説諭二則」を中心としながら、宮崎県における就学勧奨について紹介する。先行研究では、富山県の就学告諭とされてきた史料であるが、資料調査により、宮崎県学務掛によって作成されたものであることが明らかとなった。明治六年に作成されたと推定される。今回新しく発見された部分の内容分析も行う。

附論二（熊澤恵里子）では、福井県の史料「壬申ノ学制」を取り上げた。これは、学制布告書の解釈覚書であり、元藩主松平慶永の手によって明治一三年頃に作成されたものと考えられている。この史料を通して、山間部ならびに貧困に喘ぐ人々を抱える福井県の地域の実情に配慮した就学勧奨の特色を考察する。

このように、各章および附論において検証の対象となる時期は、学制以前、学制以前から以後、学制後、さらには教育令期までというように異なっており、着眼点も章によって異なる。したがって、同じ手法に基づく地域研究を並列し、比較によって地域の特徴を明らかにする構成とはなっていない。また、これらの府県の検証によって、就学告論をめぐる就学勧奨の実際の全体像が把握できるとは言い難い。

しかしながら、以下の章ならびに附論を通して、行政が目指す学校システムの建設は、上から下へという一方通行で実施されたのではなく、地域の人々の実態との相互作用のなかで方向づけられてゆく過程を見ることができるだろう。教育の組織化を、地域の人々の教育要求あるいは拒否といった現実を孕むもの、いわば史的交渉の産物として、ダイナミックにとらえることを目指した。

（高瀬幸恵）

第一章　度会（府）県における学校の転回

はじめに

幕末維新期の「学校」の組織化をめぐっては、個別の事例研究の積み重ねの中で、藩校や手習塾あるいは郷学といった教育諸機関それぞれの性格と変容が明らかにされてきている[1]。そこでは、近世と近代との連続・非連続性に焦点をあて、いわゆる近代学校の生成過程を解明しようという試みがなされてきた。だが、川村肇が指摘するように、近世の教育諸機関と「学制」小学校という「崩壊以前の形態と完成した形態の固定した姿同士をいくら比較して論じても、変革期の実態が不明のままでは空論に終始する」わけで、「移行期の実態の解明」が必要とされている[2]。その際とくに留意しておきたいのは、熊澤恵里子が指摘しているように学制発令以前から「地方主導の学校改革が進行していた[3]」という事実であり、こうした動向も「近代学校教育の生成過程[4]」として把握する必要があるということである。

本章で取り上げる度会（府）県は、明治元年から明治五年の間に学校を設立・廃止、さらには再興しており、明治維新期[5]の過渡的形態を検討する上で恰好の事例と言いうる。しかしながら、従来の研究では、学制発令以前の度会（府）県における学校は、宮崎郷学校[6]の前史として簡単に触れられるにとどまり、その実態や設立・廃止の経緯が十分明らかにされてはいない。[7] また、明治四年を画期とする学校の基本的性格の転回についても、その意義が把握されてはこなかった。

そこで、本章では、次の四つの課題から度会（府）県下の学校の転回に迫りたい。[8] 第一は、度会（府）県において学校が設立されていく経緯を検討することである。第二は、度会（府）県の学校の教育実態を明らかにすることである。第三は、財政基盤に着目して度会県学校の廃止理由を解明することである。第四は、神宮改革と学制発令をふまえて宮崎郷学校の設立過程を整理することである。以上の検討を通じて、度会（府）県における学校の転回の歴史的意味を考察する。

本章で主に使用した資料は、「浦田家旧蔵資料」（神宮文庫所蔵）および「宇治山田市史資料」（伊勢市立図書館所蔵）と「三重県庁所蔵明治期文書」（三重県生活・文化部文化振興室県史編さんグループ所蔵）である。「浦田家旧蔵資料」は、寛永一二（一六三五）年から明治二六（一八九三）年にかけての内宮御師浦田大夫関係と浦田長民関係資料からなる。同資料は、浦田長民（後述）自身の立案による文書の草稿類や決裁された原文書、当時の要職者からの書簡類などで構成されている。また、「宇治山田市史資料」は、昭和四年に刊行された『宇治山田市史』を編纂するにあたって収集された資料を筆耕し集約したものである。[9]

一　度会（府）県における学校の設立

（一）度会（府）県の成立

明治元年七月六日に設置された度会府は、旧伊勢神宮領と信楽代官および山田奉行支配下の旧幕領を管轄する政府

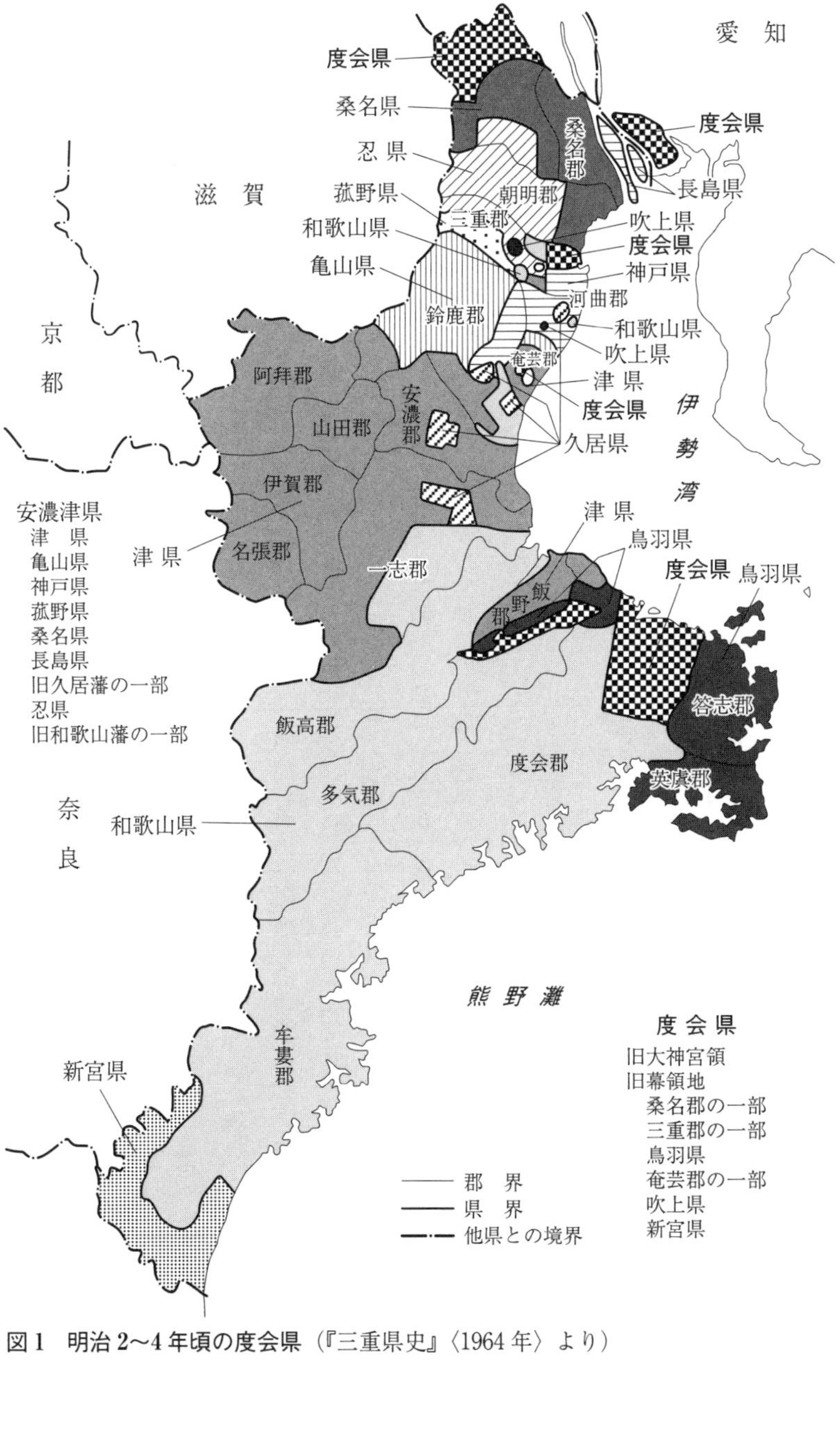

図1　明治2〜4年頃の度会県（『三重県史』〈1964年〉より）

直轄地として成立した。明治二年七月一七日には度会県へと改められるものの、旧幕領や名古屋藩・八田藩の所轄地等の編入は続き、多くの飛地を抱えることとなった[10]（図1）。度会府設置の同日、知府事に就任したのは公家出身の橋本実梁（一八三四〜八五）である。橋本は、度会県改称後も引き続き県知事として明治五年二月まで県政を担った。

度会（府）県の中心をなす旧伊勢神宮領は、神領ゆえ豊臣秀吉治下において検地が実施されず、江戸幕府の下でも諸役が免除された特権地域であった。また、伊勢神宮の内宮と外宮の門前町である宇治と山田は、全国に檀家をもつ伊勢神宮の御師《おんし》（師職）を中心に繁栄した地域でもあった。一般に師職には大きく四つの階層があったとされ、①代々両宮の禰宜職を世襲し神宮の祭祀に仕えた神宮家、②神宮門前町の自治組織を構成する宇治会合年寄家・山田三方年寄家、③山田内で居住する町の自治にのみ関わった町年寄家、④自治に関与せず御師として生業を営む平師職家に分けられる。さらに、その下に御師の手代として全国を廻檀する殿原などが位置づいていた。明治初年の宇治山田の戸数は約六〇〇〇戸であったという[11]。そのうち師職の戸数は六五六戸であり、山田には四八〇人、宇治には一九〇人の御師がいたとされる[12]。江戸幕府は、山田奉行[13]に神宮の警備や式年遷宮を取り仕切らせる一方で、山田と宇治に対してはそれぞれ山田三方・宇治会合という年寄家による自治を認める措置をとっていた。だが、度会府設置後の明治元年一二月二五日をもって、山田三方と宇治会合は廃止され、明治新政府の治下に組み入れられることとなった。

（二）浦田長民による「町政改革案」と大学校設置構想

度会（府）県における学校設立の端緒として、同府設置以前の明治元年二月二三日に出された猶林昌建による建言書があげられる[14]。猶林は「豊宮崎林崎ヲ大学校ニ被成度、思暦日之事」[15]と、伊勢神宮の外宮と内宮にあった豊宮崎文庫と林崎文庫[16]を「大学校」[17]として設立するよう神宮大宮司以下に説いている。

また、同様の提案が浦田長民（一八四〇〜九三）からもなされている[18]。浦田は、神宮権禰宜の出身であり、幕末期には京都に往来し三条家にも出入りしていた人物であった[19]。浦田は、度会府成立直後の七月二七日には一五条にわたる「町政改革案」[20]を認めている。浦田の「町政改革案」が度会府に提出されたか否かは定かではない[21]。だが、史料の冒頭に「太政御一新、度会政府御取建言路御洞開愚魯之私共へ御下問被為在候ニ付不顧僭越之罪鄙意左ニ奉申上候」とあることから、度会府の言路洞開策に応えて浦田が作成したものとみて間違いないだろう。浦田の改革案は、祭儀や諸制度および神職の革新といった神宮改革に関するものから、神宮護衛や宇治山田の施政に至るまで多岐に及ぶものであったが、その一つに「大学校」設置の提案があった(傍線引用者、以下同じ)。

一、林崎宮崎両文庫ヲ宇治山田ノ交界ニ地ヲ被為相大学校ニ被為立士民御教諭被為在旧来の学風之弊御一洗相成候様仕度奉存候其旨ハ　皇朝ノ古学主張仕候ものハ仁義忠孝聖教ノ為美ヲしらす儒ヲ学候ものハ　神州国体の貴キヲ忘ニ至此弊近来文明ノ世ニ押移リ追々釐正相成候得共方今之御時節ニ候得者猶更　皇朝ノ古道ハ即儒者ノ所謂五倫ノ道にて和漢の別なく処国体之貴ヲ弁シ廉恥節義の心ヲ養候様御教諭被為在度奉存候且又古人教民之遺言ニ効ひて町人百姓へは御制札条々ノ御文言ヲ能々講解訓導仕度左候ハヽ終ニ難薦の習風モ相除き自然移風易俗ノ場ニ可及歟と奉存候事

このように、浦田は、町政改革の一環として、林崎宮崎両文庫を「大学校」として取り立てるよう主張したのだった。そのねらいは、士民を教諭して「旧来の学風之弊」を取り除くことにあり、「皇朝ノ古道」は儒教の「五倫」を原理として国学と漢学の別なく「国体之貴ヲ弁シ廉恥節義の心」を養うように教諭したいと述べている。また他方で、「町人百姓へは御制札条々ノ御文言ヲ能々講解訓導仕度」と町人百姓に対しては制札の内容を教諭する必要性を指摘したのだった[22]。浦田が師職制度の改革を強く訴えていたこともふまえると、学校設立は神宮改革を見据えた師職制度改革の一環として構想されていたと考えることもできる。

　その後、浦田は、同月八日に度会府御用掛に採用され、同月一三日には度会府書記となった。さらに、一一月には

神祇兼学校曹長に任ぜられたのであった。[23] こうして浦田は同府下の施政と学校設立に深く関与していくことになった。

(三) 学校および教諭所の設立

明治元年一〇月、度会府は、林崎文庫と豊宮崎文庫をそれぞれ林崎学校と宮崎学校に取り立て、両学校を開校する旨を諭達した。

今般太政御一新ニ付林崎宮崎両文庫当府ノ学校ニ被取立諸事革正旧弊致一洗大宮司正権禰宜以下師職之輩者平生文学可研精処懶惰ノ風ニ相馴不当ノ事ニ候自今不拘老若致登堂神国ノ本教聖門ノ厚道遵奉不懈相勤可申候其余雖軽輩有志ノ者出席不苦候切磋琢磨進徳修業ノ者出来候ハヽ褒賜登庸可有之候此旨末々迄不洩様可申達者也

明治元年　十月

林崎学校

毎日自五ツ半時至九ツ半時　素読質問論談
三八　休日
一六ノ日　午前　延喜式祝詞講義　八羽志摩
同日　午後　論語講義　長山虎之助

宮崎学校

毎日自巳刻至午刻　素読論壇
四九　休日
一六ノ日　午前　古事記講義　御巫尚書
同日　午後　靖献遺言　龍三瓦[24]〔新資料24-1〕

すなわち、猶林や浦田が提案した「大学校」とはならなかったものの、「太政御一新」を受けた改革の一環として学校が設立されたことがわかる。ここでは、大宮司・正権禰宜以下師職の者は日常学問を考究すべきところ怠惰に流れている習慣を改め、今後は老若問わず学校に出席して「神国ノ本教聖門ノ厚道」に努めるべきことが説かれている。また、両学校では身分の低い者の出席も許可し、修業の出来次第では褒賞を授け登用するとされた。さらに、学校の教員には、浦田が「和漢の別なく」と提案したごとく、当地の国学者と漢学者が起用されたのだった㉕。加えて、同月、度会府は次のような「学規」を制定した。

学規

一　神人之道ハ祭ト教トニアリ神職以下別而此意ヲ体知シテ正直潔清忠孝礼譲　神ニ宜シク人ニ宜ク各其職業ヲ不失様可心掛事

一　師ヲ敬シ群ヲ楽ミ講習法ニ由リ進退礼ニ循ヒ務テ修徳之工夫可有之事

但学規ヲ犯シ教戒ニ背キ不行跡之者有之候ハヽ厳重責罰可申候事

一　凡生徒十歳以上三十歳以下毎日出席其他ハ講義之定日必出席其余日可為勝手事

但毎日五ツ半時ヨリ九ツ半時迄授業一六ノ日午前

皇朝学講義午後漢学講義

一　学科ハ素読質問講論ノ三等ニ分チ其才業ニ従テ教授可致事

但考課試業其勤惰之浅深ニヨリ学科進退可致事

一　席順之義ハ位階門閥ニ拘ハラス専ラ学業高下ヲ以テ可相定事

右之条ニ固可相守者也

辰十月　　度会府

「学規」の第一条に限っては詳細な解釈が付されている。それによると「神ノ道」とは天皇祖先の命令をあがめて国家を治め四季の祭祀を厳かにして慈悲に報いることであり、「人ノ道」とは孔子の教えに沿って庶民に五常の教えからはずれないよう導くこととされ、この「祭ト教トノ二ツ」が「神人之道」の基本とされた。そして「各其職其業」を失わないようにするために「神人ノ道ヲ学問スヘシ」と説かれている。また、「神職以下」とは「帝皇ノ大祖ト尊奉シ給フ神宮ニ親ク従事スル輩ハ勿論以下ノ族」[26]を意味し、「神地ノ民」として以上の趣旨をふまえるべきだと述べられていることから、学校の対象としてはもっぱら師職層が想定されていたと推測される。

学校へは一〇歳以上三〇歳以下の者が毎日通うこととされ、身分や家柄によらず、学業の可否によって席順を決めるとされた。豊宮崎文庫と林崎文庫は、従来上級神官子弟の修学の場であったとされるが[27]、度会府によって新たに設立された学校は身分の低い師職層へも門戸を拡げたとみられるのである。それは実際に、山田の祠官の子弟であり、御師の手代であったとみられる家柄出身の溝口幹（後述）[28]が両学校に通うことになった点からも指摘できよう。

さらに、翌一一月、度会府は「今般林崎宮崎温故堂之三学校取建大宮司以下神職之族者勿論末者軽輩ニ至ル迄学問出精可致候旨申達候処日々精勤之輩多分有之趣抑家業等ニ被□（判読不能）是迄不学之向者身を恥して出席不致由ニて依之六ヶ敷書籍講釈ニ者無之人之人たる道を弁へ家をとゝのへ身を修め候儀一文字不通之童子輩ニ至ル迄能々会得致候様平易為聴聞教諭可致旨三学校都講江申付候間貴賤老若と不拘毎月六之日八ツ時ゟ最寄之学校へ罷出可致聴聞候此旨末々迄不洩様可相達候事」[29]（新資24-2）という達を出した。要するに、度会府は、林崎学校、宮崎学校、温故堂[30]の三つを学校に取り立てたが、不学の者が身を恥じて出席しないため、難しい書籍を用いるのではなく文字が読めない子どもにもわかるような平易な聴聞でもって教諭するよう学校都講へ注意するとともに、身分の高低や年齢を問わず学校へ聴聞に来るべきよう説いている。つまり、師職層を日常学校に通わせる一方で、その他の者には、定日の講義を聴聞するように仕向けたのだった。

学校は盛況となったようで、開校して間もない一一月二二日には、度会府は講堂狭隘を理由に林崎学校と宮崎学校をそれぞれ法楽舎と笠井大夫宅に移転している。また、それに伴って校名も宇治学校[31]と山田学校へと改称した[32]。さらに、一二月には温故堂を廃止して山田学校に合併する一方、旧温故堂を小林教諭所として転用するとともに[33]、宇治山田に六ヶ所の教諭所を設置した[34]。

そして、明治二年の正月に改めて宇治学校と山田学校を開校すると、二月二日には度会府下人民に向けて学校および教諭所に出席すべき旨を次のように布告した[35]。

近古《なかむかし》以来之制ハ民を教化《おしゆる》するの方なく専ら法律を以て政を施し候故其弊《つゐへ》孝悌忠信を失ひ候様成行嘆敷儀ハ今般
太政御一新相成専ら教化を以て民を導き刑戮《つみとがしき》を免れしむへき厚き　御趣意に付当府ニおゐても学校を設け猶又教諭所取立候儀全
民庶《百姓町人》各自其身之為ニ候条篤と勘弁いたし教諭所式日講談之節者其最寄之村町可成丈出席可致聴聞候尤末々小前之者渡世方妨ケニ
不相成様心得可申此段申達候事
　但先達而布令之通男女別日ニ可致事
　二月　　度会府〔新資24－3〕

すなわち、旧来は人民を教え導く手段なく、ただ法律をもって政を行ってきたために「孝悌忠信」を失うという嘆かわしい弊害を招いたが、このたび「太政御一新」になり教諭によって人民を導くことで刑罰に処せられることのないようにするという御趣旨にもとづいて、当府でも学校や教諭所を設立したと説かれている。そのため、全ての百姓町人はそれぞれ「其身之為」と心得て教諭所にて定日講談が開催されるときには出席し、聴聞すべきこととされたのだった。このように、度会府における学校や教諭所の設立は、先に見た浦田の改革案に概ね沿うかたちで進められたとみられる。

二　度会府の学校における教育の実態

（一）学校の規則

それでは、度会府の学校における教育はどのようなものであったのであろうか。「学校規則案[36]」から学校のおおまかな概要を知ることができる。

一学問ノ大意ハ　大道ヲ講明スルヲ主トシ漢学洋学ヲ以テ之ヲ翼ケ其宜ヲ得テ早ク実地ニ施スヘキヲ要トス、故ニ虚文空論ヲ去リ詞華風流ノ瑣末ニ走ラス字義訓詁ノ細故ヲ事トセス専ラ大体ヲ知ラシムベシ

一入学ハ毎月初五日ニ定メ当日正服ヲ用ユ
但入学ノ輩ハ前月晦日マテ学校ヘ申出ス

一入学ノ日都講句読師正服シ鬟神ヘ酒食ヲ供シ徹シテ之ヲ入学生ニ授ケ自ラ入学簿ヘ姓名花押年齢ヲ録セシム

一論訂質問句読三寮ヲ立、論訂寮ハ都講督之句読師モ亦助之、質問寮モ都講督之句読師并論訂寮ノ甲科モ助之、句読寮ハ句読師督之論訂寮質問寮ヨリモ助之
但句読寮ハ各登堂次第名札ヲ句読師ニ達シ其順ヲ追テ句読ヲ授ク

一素読ハ孝経論語家語詩経書経易経春秋礼記皇朝史略日本政記十八史略カ通鑑監要ト順次ヲ追ヒ終テ其余ハ質問寮ヘ進ム
但右ノ順次ヲ経ズトモ慧敏ノ輩ハ句読師之ヲ察シ質問寮ヘ進ム

一句読寮ニテモ肄業稍長セシ輩ハ国体名義ヲ拝スル書、又ハ西洋仮名翻訳ノ書等解シ易キヲ授テ読マシム、其余ノ暇アラハ右人ノ奏議并名臣節士ノ詩文集ヲ読マシム

一質問寮ニテ粗文義ヲ解セシメ論訂寮ヘ進ム

一論訂寮ニテ研究セシメ其材ヲ察シ撰テ留学セシム

但留学ハ終日詰切リ一人口ヲ賜フ

一春秋両度知府事判府事出臨式学賞罰黜陟ヲ行セラル

一学科ハ業ノ成否ト平常ノ行トヲ察シテ定ム

但礼節進退起坐度ニ従ザル者ハ容赦セズ処置ス

一毎月朔講義ノ前都講学規ヲ読ミ聞シム

一毎月何ノ日ヲ式日トシ論訂寮ノ徒ハ輪講会読ス、質問寮モ亦之ニ加ル、都講皆督之時ニ臨テ句読師モ助ク

一和歌詩文ノ課題ヲ出シ毎月朔望ニ其作ヲ評シ甲乙ス、或ハ経書歴史ノ訳文ヲ出シ射覆セシム

但文法ヲ知リ筆力ヲ長スルヲ要ス風流滑稽ヲ禁ス

「学校規則案」では「学問ノ大意」は「大道」の講明にあるとしつつ漢学と洋学をその下に位置づけていることが注目される。『日本教育史資料』に掲載されている「度会府学校」の学規等にも「兵学洋学医学等モ学生ノ宜ク講究スヘキ所ナリ然トモ是ヲ学フノ法ハ先専ラ皇典并ニ漢籍ヲ研精シ大本ヲ立テ而後ヘ医学及ヒ翻訳ノ洋書ニ及フヘシ」[37]と定められている。ただし、同時に「若シ洋学ヨリ始ムレハ名義名分ハ□乎トシテ意ニ介セス舌左袵シテ而止ム」[38]と述べられていることからすれば、洋学の位置づけは消極的なものであったと考えられる。それは句読寮にて「国体名義ヲ排スル書、又ハ西洋仮名翻訳ノ書等解シ易キヲ授ケテ読マシム」というように、選択肢の一つとして位置づけられるにすぎないことからも指摘できよう。

また、「学校規則案」では、「実地ニ施ス」ことを重視して「虚文空論ヲ去リ詞華風流ノ瑣末ニ走ラス字義訓詁ノ細故ヲ事トセス」よう戒めている。このことは、先に浦田が学校設立の目的として「旧来の学風之弊」を一掃することを掲げていたことと一致する。しかしながら、他の規定を見る限り学校における学習形態は近世的な要素を多分に残存するものであったといえる。

さらに、学校の試験および評価について定めたとみられる「考試程式[39]」によれば、評価の基準は「上上」から「下下」までの九等に分けられており、「上上」から「中上」までの成績の者は「等ヲ進メ其分ニ応シ賞賜ス」と定められている。また、学業成績だけではなく普段の素行も評価の対象となっていた。例えば「上上」は「言行正大進徳修業同寮中ノ推服其人ニ帰スル分」とあり、他方「下下」は「校中ニテ教官ニ媚諂ヒ虚言ヲ搆ヘ人ヲ誹謗シ或又同寮ノ紙葦其他ノ品物ヲ羨ノ余ニ窃盗ノ意ヲ生スル分」とある。「中下」から「下下」は落第とされ、場合によっては「黜降責罰シ又ハ擯斥シテ登校ヲ許サズ」とされていた。

このような学校の規則は、学校関係者の間で吟味しながら作成されたものと考えられる。明治三年九月に浦田が作成した「山田学校々務取極条々[40]」について山田学校の関係者が検討している様子が「山田学校々務につき諮問書[41]」からみてとれる。興味深いのは、学校生徒の勤惰を監察するために県庁吏員を出校させることの可否が問われていることである。県庁吏員の出校に対しては「監察ヲ県吏兼帯ノ儀尤宜シク奉存候……只今マテ県吏兼帯ノ官員無之候ユヘ政教一致ニ相成カネ候儀ト奉存候[42]」と「政教一致」の観点から積極的に容認する者がいる一方、「監察ヲ置ハ可ナルニ似タルトモ却テ始終議論ノ生スル基カト存候[43]」と消極的な回答もあった。概ね「監察」の必要は認めつつも県庁吏員の出校については意見が割れている。しかし、少なくともこれらの史料から、学校が度会県庁と密接な関係を持ちつつ運営されていたことが指摘できよう。

加えて、「権訓読一員新ニ生徒之内ゟ撰出ニ而可被仰付候[44]」ことに関しては、「論訂寮ヨリ御任撰可然存候[45]」と学校生徒から人材登用を図ることを認める回答が寄せられていた。すなわち、学校開校時に「切磋琢磨進徳修業ノ者出来候ハヽ、褒賜登庸可有之候[46]」と諭達せられたごとく学校を通じた人材登用が実行されていたことがわかる。

（二）溝口幹の日記「日乗」にみる学校の実態

ここで、度会府における学校の教育実態を学び手の側からも検討してみたい。先に触れたが、山田の祠官の子弟であった溝口幹（一八五二～一九三三）の日記「日乗」[47]には、学校での学びの様子が記されている。[48]溝口は、度会府の学校教員に登用された御巫清直（一八一二～一八九四）と松田元修（一八二三～一八八一）に従前より師事していた。明治元年一一月一日、御巫に従って宮崎学校へ講釈を聴聞しに出かけたのをきっかけに溝口は学校に通い始めた。この日が溝口の初登校日であったとみられるが、本格的に学校へ通い出したのは、宮崎学校が笠井大夫宅へ移転し山田学校へと改称した後の同月二六日以降のことであった。ただし、その間も引き続き松田等の元に出入りしており、学校と並行して通っている。学校では『日本政記』を読み続けていたようだが、ときには『万葉集』の輪講などに参加していたようである。また、一二月七日の日記には「学校ニテ七八人素読ヲ教ル」とあり、下級生の指導にあたっていた様子がうかがえる。一二月一三日から家業のために学校を欠席し始めるが、それまでは毎日学校へ出席していた。

翌年二月四日より溝口は再び学校に通い出すが、山田学校に加えて宇治学校にも出入りするようになった。[49]それは、二月三日の日記に「雪柯先生曰都講試補ニ成リ明日宇治学校初テ出席為ル故ニ明日行テ呉ト曰フ」と記載されていることから、御巫に頼まれたためとみられる。[50]また、二月六日には「学校ニテ算盤稽古初ル」とあり、以後、学校では算盤を中心に学ぶ様子がみてとれる。[51]また、溝口は二月中に論訂寮に進級したとみられ、『論語』や『保健大記』の輪講にも参加するようになった。[52]このように、溝口の学びからも、「学校規則案」で掲げられていた漢籍が中心に学習されていたことが指摘できる。

さらに、三月二六日には、試験が実施されたようで、「元田五位神吉小介ノ前ニテ云フ也、素見読諳誦憐講ト三等ニ別チシ也、予近古史談曰フ」と試験の様子が記されている。溝口は優秀だったようで、翌月一六日には試験の褒賞を授かっている。[53]ところが、溝口は六月一一日より「今日ヨリ学校へ不行」と記し、学校へ通うのを突如としてやめてしまった[54]。だが他方で、従来通り松田や御巫の元へは通い続けた。

溝口の日記で注目されるのは、五月二一日に「親父阿美津戯場見物ニ行ク、学校出席ノ者幷ニ府掛リノ役人等不可行トノ布令故予不行也[55]」と記されていることである。すなわち、この記述から学校出席者と府役人に対して芝居見物が禁止されていたことがわかる。先に触れたように、学校では学業成績だけではなく日々の素行も評価の対象とされていたから、父に同行して芝居見物に行くのがためらわれたのだろう。このように、学校は師職の風紀改善の役割を実際に果たしていたと考えられるのである。

三　度会（府）県の学校の財政基盤

（一）度会（府）県の財政と学校資金

ところで、度会（府）県の学校設立のための資金は一体どこから捻出されていたのであろうか。まず、度会府の財政基盤から検討していきたい。

新たに発足した度会府には、実は財政的裏付けがほとんどなかった。明治初年の府県は、政府直轄地ゆえ「財政的にはいわば政府の出納機関」であり、府県の租税収入は「原則としてすべて国庫収入の性質をもつものであった」とされる[56]。府県費の出納方法は、明治元年八月七日に定められた置米制度によって、「府県において徴収した租税収入のうちより予め所要費の概算額を控除し、これを財源として経費の支弁」に充てることとされたが[57]、先に触れたように、度会府の管轄地は従前その大半が無税地[58]であったから置米制度そのものも十分に機能しなかったのではないかと考えられる。

実際、同年八月に度会府判事により提出された上申書には、府政運営に関する権限移譲に加え、同府財政について「本府管轄地神領ヲ除ク外僅高四千五百石許、実米千六拾石余過キス、知府事以下月給ヲモ弁スルニ足ラス……依之差向度会全郡丈ニテモ御復進相成度事」(59)と述べられている。要するに、度会府は、伊勢神宮領以外の管轄地による石高のみでは府政運営するだけの財源が不足しているとし、度会全郡を度会府に移譲して欲しいと申し出たのである。そこでは「度会郡高六七万石ハ有之趣三ツ物成として実米二万石也」と度会郡の石高から租税収入を実米二万石と想定し、そのうち一万三〇〇〇石を府政運営に宛て、残り七〇〇〇石を租税として上納する旨が提案されていた。

ところが、同年一〇月に政府からは下付されたのは御附属米一万石であった。すなわち、政府は「度会一郡僅之封境　神領ト相成候者不謂事ニ候、殊ニ宮司以下従来弊風不少趣全ク　神領御手薄ヨリ不都合之次第ニ立到候儀ニ付、今度府ヲ御取建之上ハ速ニ御改正至当御処置可有之処、国事御多端折柄故先当分之処辰九月ヨリ巳九月迄正米壱万石ヲ以被属其府候事」(60)と、神宮改革のための費用として明治元年九月から翌年九月まで御附属米一万石を下付したのである。度会府は、下付された御附属米一万石のうちの三分の一を当面使用し、残りの三分の二を翌二年の費用にまわすことにしていた(61)。

このように、度会府の財源は主に政府から下付された一万石の御附属米から成り立っていたのであり、学校の資金もここから捻出された。上述の度会府判事による上申書では、度会府は「府学用」として二〇〇石を計上する計画にあった。だが、御附属米が下付されると、明治元年九月から明治二年一〇月の間の学校職員の給料や諸費用として宇治学校と山田学校にはそれぞれ現米一五〇石ずつ、合わせて三〇〇石が下付された。また、明治二年一〇月から翌三年九月にかけては両学校に現米二〇〇石ずつを下付している(62)。さらに付言すれば、学校では束脩謝儀等を徴収していなかった(63)。つまり、学校はもっぱら政府の御附属米に依存して運営されていたのである。このように財政的側面からみても、度会（府）県の学校は神宮改革の一環として位置づけられていたと解釈することができる。

（二）新校設立計画と学校費用

明治三年六月、県庁移転に伴い宇治学校と山田学校を合併することとなり、新校舎建設まで山田の岩渕町にある光明寺に仮学校を設置することとなった(64)。浦田が橋本に宛てた書簡から同月一四日には仮学校開校の運びになっていたことがわかる(65)。また、同年一〇月には、宇治学校の会計であった小川民五郎より新校設立の建言書が浦田に提出されており、新校舎の建設が具体化されつつあったことが指摘できる。以下、小川から提出された建言書をみておきたい。

乍恐奉申上候
学政追々御興張、只今之形勢ニ候而者乍恐
朝廷人材御養育之　御趣意ニ相叶且神境之弊風モ改正可仕と職員ヲ辱シメ候、不肖之私式迄恐悦無限奉存候、然ルニ御開校已来
御都合ニ依リ仮学校と被為建候ニ付、自然沈着仕兼候、且寺院へ御合併等ニ付異論有之哉ニも承リ旁以隔靴掻〔痒〕と申次如
ニ御座候、既ニ四百石ヲ以テ被為附候得者、右之内御省略被為遊、断然新校御造立被為在度奉存候、則用度見込書ハ別紙ニ附
シ奉備　尊覧候、御評議之上御採用被為在候ハヽ、名義判然伺方得其宜不持候、御盛挙と可奉申、其上啄置之器モ出候ハヽ、啻神
境之事ノミナラズト奉存候、宜御採用被成下候様奉言上候、昧死恐皇謹言
午十月　　　小川民五郎

御用度見込書
現米　四百石
内
現米弐百五十石　現存之職員俸禄弐百四十七石四斗也、右之余欠員等有之節ハ書物等買入ノ手当トス
（下札）「現米四十石　督学一人　同二十二石五斗　教字三人　同四十石　教授二人　同十五石　教授二人

同廿六石　権教授二人　同七石　会計一人　同七十二石　訓読八人　同十二石九斗　使丁三人　同十二石　権訓読二人　〆二百四十七石四斗」

同　五十石　雑費小営繕幷御褒賞手当トス、只今迄ハ両様ニ分別有之候得バ過不足等有之右之通ニ候得者融通出来可申候

右之外書物買入等ハ前年之残金ヲ以テ手当トス

同　百石　新校造立之手当トス尤モ米相場高下アリトモ先講堂ヲ立其上右之会計ニ而三年之漸ヲ以造立候ハヽ必成就可仕と奉存候

合現米四百石也

猶、地ヲ撰ミ又者旧家買入等之都合モ可有之、右者御採用之上集議モ可有之候ニ付先大略而已奉申上候

小川民五郎

(下札)
小川会計ノ見込至極尤ニ存候、当年御附属米確定ノ上ハ猶モ熟儀イタシ百石ヲ以テ営造ニ取掛申度、地所ハ県庁側近ニテ撰出シ御伺可申上、学堂ニハ宇治ノ旧学校ヲ相用可然、右旧学校破却運送造立ノ費且地所買上引ナラシ等ノ費百石ニテハ引足リ不申候ハヽ翌年ノ分ヲ拝借シテ成功ニ相成候様仕度奉存候、猶モ追々可申上候事　十月十三日　(印)(浦田)[66]

このように、現在学校経費として計上している現米四〇〇石のうちから新校設立費用として一〇〇石を割り当てる計画になっていた。新校設立は、まず講堂の建設から着手し、三年計画で進められる予定だったようである。

注目すべきは、小川の見積書に付された浦田の意見書である。このとき浦田は、学校督学に就任していた。すなわち、浦田は、当年の御附属米が確定次第建設に着手するつもりであり、旧宇治学校を学堂に利用するための運送造立費や地所買上費が一〇〇石では足りない場合は翌年分からも拝借したいと申し添えている。つまり、ここから浦田は、今後も引き続き政府によって御附属米が下付されると見込んでいたことがわかる。このように、新校設立計画も、政

府の御附属米下付を前提として進められていたのである。

しかしながら、前述したように、政府から下付された御附属米は明治二年九月までであり、学校費用も明治三年九月までの分しか配分されていなかった。したがって、実のところ同年一〇月以降は、新校設立はおろか学校運営のための財政的裏付けをも全く欠いた状態にあったわけである[67]。案の定、度会県は、翌一一月には弁官に宛てて次のように学校入費の下付を願い出ている。

当県学校ノ議ハ元度会府ノ節ヨリ取建入費ハ一昨辰年御附属米一万石ノ内ヨリ差出シ来候処、当年ヨリハ右入費出方無之甚心配仕候、殊ニ当地ハ神職已下遊惰ノ者多分有之開闢已来ハ聊廉恥ノ端ニモ聞候ニ付追テ風儀相到リ可申ト存居候処、此後学校廃絶ニ及候テハ以前ノ遊惰ニ立戻リ可申哉ト深ク歎敷存候、右入費高一昨辰年ハ現米三百石昨巳年ハ同四百石差出シ来候へ共、以後ハ精々入費減少致シ一昨年通リ三百石ニテ取計候様可致候間、何卒格別ノ御沙汰ヲ以テ入費高御下ケ渡相成候様懇願仕候、此受宜御評議被下度候也[68]

すなわち、度会県は、これまで御附属米一万石のうちより学校費用を捻出してきたが、当年よりこうした入費がなくなるため、一昨年の学校費用と同額の三〇〇石を下付するよう再度政府に訴え出たのである。もっとも、三〇〇石では新校設立費用の見積もり四〇〇石に満たない。結局、度会県は、学校継続のための最低限の資金確保を優先し、新校の設立を見送らざるをえなかったとみられる。

四　度会県学校の廃止

しかし、上述の伺に対して度会県は、政府から何らの回答も得られなかったようである。そのため、今度は度会県知事橋本自らが、参議大隈重信（一八三八～一九二二）に宛てて学校入費に関する指令を催促する書状を出している。なお、この書状の差出年はこれまで不明とされてきたが、後述する資料との関係から明治四年の一月一一日に提出されたものと推定できる⑲。

兎角春寒難去候処弥御清健御奉職令遥賀候、然者旧冬在京中拝面委曲願置候当県学校之儀何分他県一般之御規則にてハ神宮之御名分且ハ神職等之教導如何あらんと不堪苦慮候、縦ひ願置候三百石之半数たりとも迅速御沙汰ニ相成候様御尽力被下度、半減なれハ半減之心得を以規則を立万事節略改制可致儀ニ有之候間一日も早ク致開校度志願ニ有之候、尤春来休校にて　御沙汰を相待居候事ニ有之候間、此段御亮察御尽力給候様伏而致希望候、先ハ右及歎願度不顧御繁務申入候、頓首百拝

正月十一日

追而何分ニも当県之儀ハ元〔度会〕府之間ニ伺済且ハ神廟之下ニ而農商のミを治る地方とも違ひ候廉を以別段之　御評議被成下候様偏懇願仕候、以上

橋本実梁

参議大隈公
　梧下

すなわち、橋本は、神職の地である度会県の特殊性を前面に出して度会県学校の入費について特別に協議するよう懇願している。橋本は、すでに願い出た三〇〇石の半数でも構わないので学校入費を下付して欲しいと述べ、半減ならば半減をふまえて節略し規則を立て直す旨を主張した。実際に、度会県では、学校職員の人員と給料の節減を試みようと算段していたようである⑳。また、橋本は、学校を一日も早く開校したいと訴える一方、春以降「休校」にして政府の回答を待つと述べている。事実、度会県は、翌日の一月一二日には、県下へ向けて「学校之義次第柄有之暫ク休校申付候間此段相達し候事㉑」と、学校を「休校」にする旨を達したのだった。

ところが他方で、度会県は、学校教員に対しては、学校を一旦廃止するとしてすでに一月一〇日付で解雇通知を出していたのである。(72) また同日、浦田も「学校一旦廃候ニ付是迄ノ職務差免候事」と学校督学を解任されたのだった。(73) 学校資金が工面できない以上、教職員を雇い続けることができなかったためであろう。つまり、表向きは「休校」としていたものの、実質的には廃校せざるをえない状況にあったといえる。

ただし、度会県にとっては、「休校」はあくまで一時的な措置に過ぎなかった点にも留意しておく必要がある。財政基盤の目処が立てば、度会県としては直ちに学校を開校する意志があったとみられるからである。それは、五月に再び弁官に宛てて学校開校にむけた入費下付を訴える伺を提出していることからも指摘できる。

民ヲシテ世体ヲ知リ倫理ヲ弁シ以テ法憲ヲ畏レシムルハ王政ノ先スル所ト承候、当地ノ儀ハ数百年神職長袖ノ弊ニテ、皆游手徒食其俗遊惰転薄唯利ニ之走リ筋骨ヲ労シ知識拡究スルヲ知ス、戊辰年実梁旧度会府知事拝命赴任候処、此弊ヲ矯スル術茫乎トシテ手ヲ下タス所ヲ知ラス、然処現米一万石御附属相成候ニ付、其内ヲ以テ学校ヲ興シ教官ヲ置キ闔郷ノ子弟ヲ駆テ之ヲ学ニ入、鼓舞進退督促勧励頗力ヲ尽シ些シク教化ノ端緒ヲ開キ、此末ハ遊惰軽薄ノ風習ヲモ漸次ニ消化スヘキ見込ニ有之候処、右御附属米昨午年迄ニ遣払相済此上ノ学費出方無之ニ付、昨冬東上ノ節大納言徳大寺幷参議大隈等へ右学費トシテ、当県租税ノ内ニテ百五十石被下置候様及懇願候処、御熟議ノ上御沙汰可相成趣、依之当正月ニ至一ト先閉校仕何分ノ御沙汰日夜相待居候儀ニ御座候、然処既ニ五ヶ月ヲ経テ未タ開校ノ期無之故、治下ノ士民議論紛々閉校ノ一事ヲ以テ諸政ヲ比擬シ、詰リ御命令ノ信用セサル姿ニ相成、諸向ニ差支出来地官ノ苦情実ニ不可言候、且当地ハ従来遊手徒食ニシテ過来候事故、方今一日学校ヲ欠キ候得ハ一日ノ遊惰軽薄ヲ増シ開化ノ進歩ヲ妨ルノミナラス、終ニ世休ヲ知ラス倫理ヲ弁セス法憲ヲ畏レサルニ至ルヘク候、一民ニテモ右様ノ儀有之テハ　国家ノ憂ニ候処況ヤ皇廟ノ下海内ノ注目スル所ニ於テヲヤ、方今　廟堂御多端　廷議一県学校等ノ事ニ可被及御時節ニ無之トハ存上候得共、前条申上候次第其関係スル処亦小々ニ非ス候間、不得止情状宜シク御賢察被成下至急御沙汰相成候様懇願仕候、以上

度会県知事

辛未五月　　　　　　　　橋本実梁

弁官御中[74]

要するに、度会県では御附属米一万石のうちから学校を設立し、村中の子弟に学校へ行くよう奨励してきたが、御附属米も明治三年までに消費し、学費を捻出することができなくなった。昨年の冬に大納言徳大寺実則（一八四〇〜一九一九）や参議大隈へ学校入費として一五〇石下付するよう願い出たところ、学校入費下付の指示があるものと理解したため、正月より一旦休校して政府の指示を待っていたにもかかわらず、結局五ヶ月の間何ら音沙汰もなく未だ学校開校の目処が立っていないと訴えたのである。加えて、学校閉鎖が県下で諸政への不信感を広げる要因になっていると述べ、学校資金を下付して欲しいと再び懇願している。

しかしながら、この度会県伺に対する政府の指令はまたも欠けており、度会県の再三の願い出が政府に聞き入れられることはついになかったとみられる。こうして度会県学校は廃止に至ったのであった。

五　宮崎郷学校への転回

（一）地域社会の変容

度会県学校の廃止は、度会県の財政基盤の問題だけではなく、政府による国家祭祀の再編によるところも大きいと推察される[75]。政府は、明治四年五月に太政官布告第二百三十四にて神社を国家祭祀に位置づけ、神社制度の再編成に着手した。そして、同年七月に神宮改革を挙行した[76]。これにより神社領地と神官世襲制が廃止されたのだが、最も大

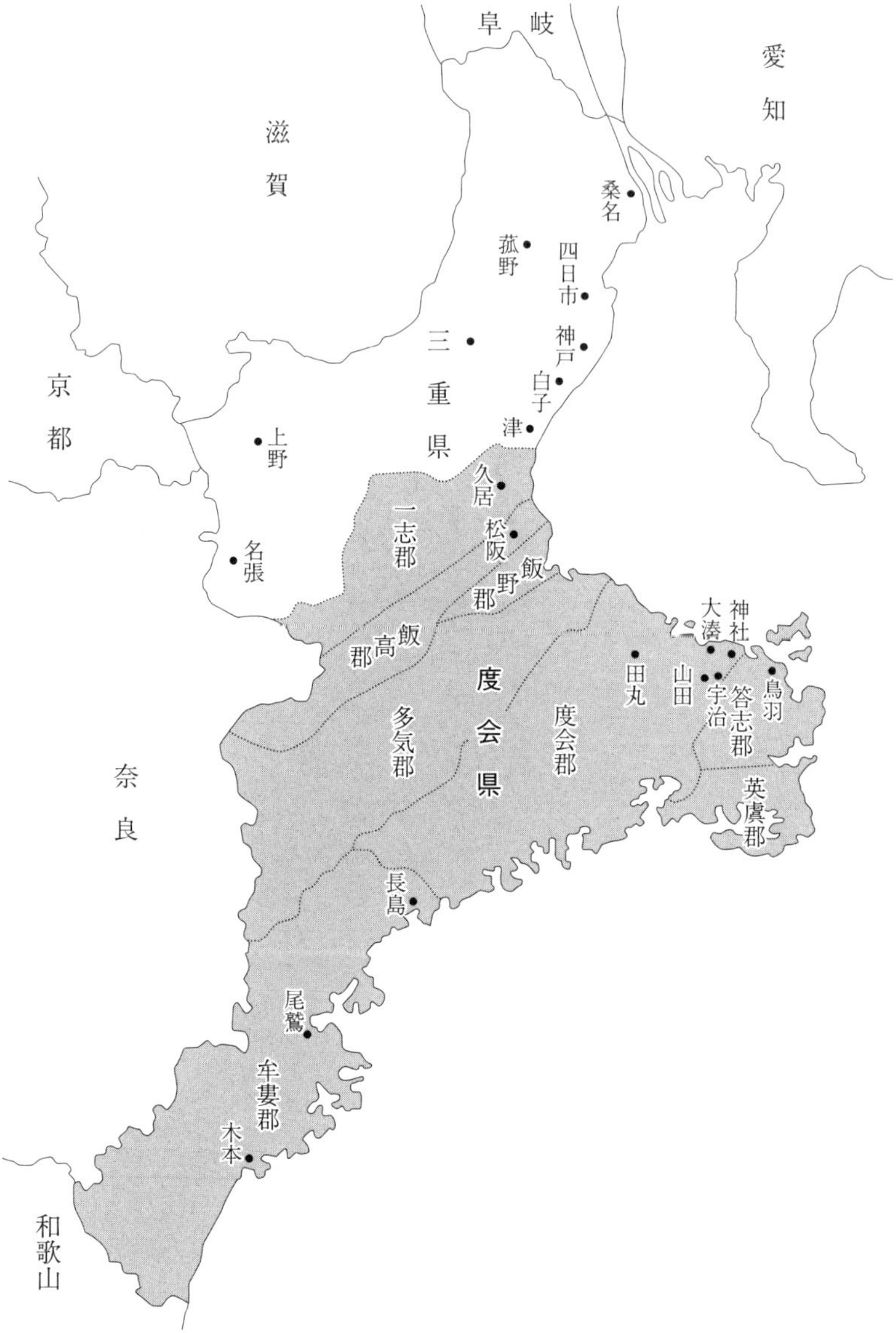

図2　明治4～9年頃の度会県（西田善男『三重県教員養成史』〈三重県郷土資料刊行会、1968年〉より）

きな変革は師職制度の廃止にあった[77]。師職廃止と大麻配布の禁止に伴って宇治山田全戸数の半数すなわち三〇〇〇戸近くが失職状態に陥ったとされる[78]。実際に、祠官の子弟であった溝口も家業を失い[79]、学校都講であった御巫は帰農している。このように家業を失った多くの者が流出したとされる。こうして神宮改革により旧来の師職制度が解体され、地域社会は新たな再編を迫られることとなったのである。

さらに、同年一一月の府県統合により、久居県や鳥羽県、和歌山県と新宮県の一部を合併して新度会県が発足した(図2)。このとき、北勢中勢にあった管轄地は安濃津県に引き継がれた。度会県令には引き続き橋本が就任したが、権参事に下山尚[80]、参事には群馬県参事であった安岡良亮(一八二五〜一八七六)が着任している。こうして度会県政の体制も少なからず変容することになったと考えられる。そして、このような地域社会の変容が度会県における学校再興において少なくない影響を及ぼしていくことになるのである。

(二) 宮崎郷学校の設立

度会県学校の廃止から一年、地域の有志者によって学校再興を求める気運が高まっていた[81]。明治五年五月には、下山と安岡の連名にて「船賃有余ヲ以テ郷校設立再伺書」が大蔵省へ提出されている[82]。ここには、「区中一同」から各区長の管轄下にあった宮川渡賃[83]を用いて「土地開化」のために「洋学郷学」を設立したいという申し出があったことが記されている。

こうした有志者の申し出を受けて度会県当局は郷学校設立に積極的に関与した。「宇治山田市史資料[84]」からは、郷学校設立の準備に伴って有志者と県当局との間で何度も調整が図られていたことがわかる。例えば、「英仏独」いずれの洋学を選定するかという伺いに対し、県当局は「洋学ハ英吉利学ヲ用ヒ学則ハ偏則ノ方可然哉」と回答しており、郷学校の基本的性格についても県当局の意向が強く反映していたことが推察できる。このほか郷学校の教授陣についても、県当局と相談の上で決定している。漢学教授に関して「何分固陋先生ニテハ時勢不適当」との理由で当地の学者が忌避されるだけでなく、①洋学教員は東京より雇用し鳥羽学校から助教を一名配属すること、②漢学教師は鳥羽、松阪、久居から適当の人物を選定すること、③皇学教師を改めること等が指示されている点が注目される。郷学校の校舎は、当初林崎文庫を転用する予定だったが、最終的には宮崎文庫を用いることに決定した。

宮崎郷学校の開校予定は八月五日であり、県当局は同月二日には文部省へ郷学校設立の許可申請を提出している。ところが、文部省から許可が下りたのは同月一九日のことであった。しかも、文部省が「教則等之儀ハ学制第四十三章ニ因リ経費之儀ハ第百九章第四号表式ニ準シ可申出事」と指示したため、度会県当局は学制の趣意をふまえた「仮掟書」を急遽作成している。注目されるのは、「仮掟書」には「郷校ハ不仰官費基立金ヲ主トシテ同志相会シ永久保続ノ方法ヲ設ケ」ると定められた点である。すなわち、既述してきたように度会府発足以来、学校資金は政府の御附属米を使用してきたが、ここにきて学校資金は「官費」に頼らないことが確認されたのである。そのためか、当初授業料は徴収しない方針であったにもかかわらず、月一二銭半を徴収することに変更されたのだった。また、学課も英学、支那学、算術を基本とすることと規定され、学校の内容も大きく変容した。

最後に、同月、度会県庁から達せられた宮崎郷学校への入学を勧奨する説諭をみておきたい。

先般宇治山田市中仮戸長以下有志之者同盟会議シ為土地開化私塾洋学校相創度願出候ニ付其筋江相伺候処伺之通御聞届ニ相成宮崎文庫ヲ以郷学校トシ英学洋算術且漢学習之四科教授致シ候抑学校ハ人才成立之基本ニ付此度更ニ学制被仰出ノ趣モ有之現今御施行之義ニモ無之候得共漸次各地方ニ於テ小学校可相設御趣意ニ有之且又従来ノ習弊ニテ学術修業ノ義ハ自家産業ノ外事トシテ不顧輩往々不少然ルニ方今ノ如ク日新文明ノ盛世ニ至リ百事旧貫ヲ是トシ候得者竟ニ固陋ノ俗ヲ洗滌スルノ期無之候一体洋学ノ義ハ能ク実地ニ渉リ其科目モ頗ル最多ニシテ凡ソ政治ノ大ナルヨリ衣服調味ノ末ニ至マデ皆学ナラサルハナシ故ニ壱人力ヲ以諸科ニ通スルヲ得サレトモ器ニヨリ分ニ応シ一術成業ノ上ハ家産ノ方法ヲ弁エ自主自由ノ権ヲ保ニ足ル茲ヲ以専ラ洋学御引立ノ御

趣意ニ候又人々ニ於テモ他ノ慫慂ヲ不待自ラ奮発シテ学ニ従事スルハ今日為人ノ道ニシテ天然ノ性ヲ尽スト云ベシ猶追々学制之御趣意可相達候得共到底官費ヲ以設立之筋ニハ無之ニ付現今子弟無之者ニテモ有志ノ輩協力熟議シ学校創立之資金ヲ設ケ以テ郷黌相開可申トノ御趣意ニ有之候因テ預メ前文ノ摘意注意致シ寄々有志ノ輩ヘ懇篤ニ可申就テハ現今宮崎郷校ニ於テ前条ノ四科開業教授候ニ付是又各区内有志之者エ入学修業候様説諭可致候此旨相達候事

壬年八月　　度会県庁

第六区　事務取扱　　第六区小一ノ区ゟ六ノ区迄　仮戸長中(85)〔新資24－8〕

すなわち、学制の趣旨を反映して、学校は「人才成立之基本」であると述べるとともに、洋学は実際上多岐に及ぶものであるがゆえに洋学を学べば一家の財産を築く方法と「自主自由ノ権」を保つことができると洋学を学ぶ意義を説いている。また、ここでは自ら奮起して学問に従事することが今日における「人ノ道」だと主張されている。さらに、学制をふまえて学校設立の資金には「官費」を充てないことが強調されている。このように、宮崎郷学校は、度会県当局の積極的関与の下で再興されていったわけだが、学校の基本的性格は地域社会の変容と学制発令を契機に大きく転回したのであった。

おわりに

以上、度会（府）県における学校の転回を検討してきた。度会（府）県では、同府設置直後から、浦田長民らによって、町政改革または神宮改革および師職制度改革の一環として「大学校」設立が訴えられていたことが明らかになった。こうした要求を背景に、度会府主導の下、実際に「太政御一新」を契機とする神宮改革の一環として学校や教諭所の設立が進められたのだった。新たに設置された学校は、従来のような上級神官の子弟だけを対象とするものではなく、身分の低い者の出席も許可されており、師職層全体に門戸が開かれ、学業次第で人材登用も図られていた。しかし、この時点では未だ既存の師職社会を前提にした改革にすぎなかったと評価しうる。学校の教育実態は、当地の国学者や漢学者を起用した漢籍を中心とする学びとなっており、近世の学習形態をほぼ踏襲するものであった。ただし、溝口幹の日記から学校が師職の風紀改善の役割を実際に果たしていたことは間違いなかろう。

ところで、こうした度会（府）県の学校を支えた財政基盤は政府の御附属米であった。つまり、度会（府）県の学校は、神宮改革のために下付された政府の御附属米に依存して成り立っていたのである。それゆえ、政府からの御附属米が途絶えると、度会（府）県では学校を維持することが困難となってしまう。明治三年一〇月には、政府の御附属米を当てにして新校設立計画が進められていたほどだが、翌年一月には一転して「休校」を余儀なくされる。度会県は、政府に学校入費の下付を再三訴えたが、聞き入れられることはなかった。こうして財政的な目処が立たないまま明治四年一月一二日の「休校」以来、度会県では学校を再開することができず、結果として廃止に至ったのであった。

しかし、その後、地域の有志者の申し出により宮川渡賃という民費を基金にして宮崎郷学校が再興されていくこととなった。宮崎郷学校は英学を主とする洋学校として設立されたが、これには度会県当局の意向が強く反映していた。つまり、宮崎郷学校の設立も度会県当局の積極的関与の下で進められたのである。宮崎郷学校の規則は、「学制」の趣旨をふまえて修正されたが、その際、学校資金については「不仰官費」ことが強調された。こうして、宮崎郷学校は、財形基盤においても学校の内容においても、学制発令以前の度会県学校とは基本的性格を異にするものとなった。

このように、明治維新期から度会（府）県下では、（府）県当局が一貫して学校設立に積極的に関与してきたのだが、神宮改革に伴う地域社会の変容および「学制」発令を契機に、学校の性格は大きく転回していったのである。

(1) 多田建次『日本近代学校成立史の研究——廃藩置県前後における福沢諭吉をめぐる地方の教育動向』(玉川大学出版部、一九八八年)、幕末維新学校研究会編『幕末維新期における「学校」の組織化』(多賀出版、一九九六年)、熊澤恵里子『幕末維新期における教育の近代化に関する研究——近代学校教育の生成過程』(風間書房、二〇〇七年)など。

(2) 川村肇『在村知識人の儒学』思文閣出版、一九九六年、二二頁。

(3) 熊澤前掲書、三頁。

(4) 同前、六頁。

(5) 本章では、明治元年から明治四年までを明治維新期として把握している。

(6) 宮崎郷学校の設立の経緯と実態については、西田善男『明治初期における三重県の外語学校』(三重県郷土資料刊行会、一九七二年)が詳しい。

(7)『宇治山田市史』下巻(一九二九年)、神宮司庁『神宮・明治百年史』上巻(一九六八年)、『伊勢市史』(一九六八年)、皇學館大学編『創立九十年再興十年皇學館大學史』(一九七二年)、『三重県教育史』第一巻(一九八〇年)、『伊勢市史』第四巻(二〇一二年)など。

(8) 本章は、拙稿「明治維新期度会府(県)における学校の設立と廃止—財政基盤に着目して—」(全国地方教育史学会紀要『地方教育史研究』第三三号、二〇一二年)に二節と五節を新たに加筆し、全体を再構成したものである。

(9) 一次資料とは言い難いが、同資料に掲載されている原資料の所在は現在のところ不明であるため、本章ではこれを利用した。

(10) 度会県は、明治四年一一月二二日の府県統合以降、一志以南の伊勢国・志摩国・紀伊国・牟婁群の一部を管轄することとなった。その後、明治九年四月一八日には三重県に統合されている。

(11)『宇治山田市史』上巻、一九二九年、三七三〜三七九頁。

(12) 西川順土「廃止前後の御師」『歴史手帖』第一二九号、名著出版、一九八四年、五九頁。

(13) 明治元年七月二七日に廃止された。

(14) 長崎出身の勤皇の志士とされる。生没年不詳。皇學館百二十周年記念誌編纂委員会編『皇學館百二十年史年表』二〇〇二年、一頁。
(15) 同前、六〜七頁。
(16) 慶安元（一六四八）年に、伊勢神宮外宮の神官出口延佳らによって神学および諸学の研修の場として開設され、自主的に運営されたのが豊宮崎文庫である。他方、林崎文庫は、内宮の宇治会合所の年寄らが山田奉行に補助金を申請して元禄三（一六九〇）年に設立された。
(17) 大橋博明によれば、慶応元（一八六五）年一二月には矢野玄道が薩長藩主に大学校設置を朝廷に奏上するよう建議したとされる。また、その際大学校は、各藩設置の皇学校の上に位置づけられ「神道ノ大道」を教諭するものとして構想されていたようである。ただし、これらの動向と度会府県の動きとの関連性は現在のところ不明である。大橋博明「明治への過渡期の教育二―皇学者の大学校計画と皇学所―」中京大学文化科学研究所『文化科学研究』第二〇巻第二号、二〇〇八年、四四〜四五頁。
(18) 浦田長民は神宮権禰宜出身、明治元年八月八日度会府御用掛となり、同月一三日には度会府書記に、一一月には神祇兼学校曹長となった。翌年一月九日には市政曹長を兼ねることとなり、四月一五日には度会府権判事、九月七日に度会県大属、翌八日に少参事となった。さらに、明治三年一月二〇日には両学校督学となったが、翌年一月一〇日廃校によって罷めたとされる。その後は神宮少宮司として神宮改革にあたり、明治一一年以降は度会郡・鈴鹿郡・奄芸川曲郡の郡長を歴任している。
(19) 藤井貞文「明治維新と神宮」神宮司庁前掲書、一三〜一六頁。
(20) 「町政改革案」七八〇「浦田家旧蔵資料」所収。
(21) これまで浦田の「町政改革案」は、橋本知事に提出されたとみなされてきた（神宮司庁前掲書、一六頁）。しかし、「浦田家旧蔵資料」所収の該当資料は下書きであって実際に提出されたものと解釈し難いため、実際に提出されたか否かは現時点では不明である。
(22) 浦田は、八月の「神宮改革建言書」においても、府庁移転の必要性を訴えるとともに「其側ニ大学校ヲモ被為建候様仕度」と再度大学校建設を提案している。「神宮改革建言書」七八一「浦田家旧蔵資料」所収。
(23) 「浦田長民辞令写」一八四二「浦田家旧蔵資料」所収。

(24) 宇治山田市役所「宇治山田市史資料　教育編壱」。

(25) 御巫尚書（清直）は、山田で神官や師職の上流の子弟を対象に「国学講義所」と「附属手習所」を営んでいた国学者であり、龍三瓦（一八二三〜一八九三）は、漢学者の橋村正礼（一七四三〜一八〇〇）に学び山口塾を山田で営んでいた山口凹巷（一七七二〜一八三〇）の外孫であった。また、八羽志摩（光謙）（一八三四〜一八七八）は宇治会合年寄家出身の国学者である。

(26) 「学規第一条詳解」五六五六「御巫家図書」所収（神宮文庫所蔵）。

(27) 前掲『三重県教育史』第一巻、一四一頁。また、山田には、国学者による私塾が多く存在していたようである。

(28) 溝口幹の日記「日乗」に記された学びの様子から、宇治・山田学校の一端を窺い知ることができる（松尾由希子「明治初年御師の継嗣における読書の意味―伊勢国溝口幹「日乗」の分析より―」『名古屋大学大学院教育発達科学研究科紀要（教育科学）』第五二巻第二号、二〇〇五年三月、九三〜一〇八頁）。

(29) 宇治山田市役所「宇治山田市史資料　教育編壱」。

(30) 温故堂は、元々は山田奉行所附属組同心の子弟を対象とした素読所であった。

(31) その後、宇治学校は、再び林崎文庫に戻すよう要請されたものの、講堂狭隘の問題が解消しなかったために、一二月にさらに法楽舎から宇治会合所へと移転した。

(32) 宇治学校には六〇人、山田学校には二〇〇人の生徒がいたようである。文部省総務局編『日本教育史資料七』一八九二年、八一六頁。

(33) 宇治山田市役所「宇治山田市史資料　教育編壱」。

(34) 今在家、古市、浦口、八日市場、岡本、河崎の六ヶ所の町会所を教諭所に定め、貧富年齢問わず男女別に定日講談を聴聞するよう達が出されている。「明治二年己巳正月　御布告　神祇兼学校曹」（三重県生活・文化部文化振興室県史編さんグループ所蔵）。

(35) 「明治二年己巳正月　御布告　神祇兼学校曹」。

(36) 「学校規則案」一六四五「浦田家旧蔵資料」所収。同資料の作成時期は不明である。

(37) なお、『日本教育史資料』に掲載されている度会府学校の学規等は「学校規則案」の内容と一部重なっている。

(38) 文部省総務局編『日本教育史資料七』一八九二年、八一四頁。
(39)「考試程式」一六五〇「浦田家旧蔵資料」所収。以下、引用は同史料による。
(40)「山田学校々務取極条々」一六六二「浦田家旧蔵資料」所収。
(41) 本史料は、「山田学校々務取極条々」の内容について学校関係者それぞれの考えが付け加えられたものである。「山田学校々務につき諮問書」一六六四「浦田家旧蔵資料」所収。
(42)「山田学校々務につき諮問書」一六六四「浦田家旧蔵資料」所収。
(43) 同前。
(44)「山田学校々務取極条々」一六六二「浦田家旧蔵資料」所収。
(45)「山田学校々務につき諮問書」一六六四「浦田家旧蔵資料」所収。
(46) 宇治山田市役所「宇治山田市史資料　教育編壱」。
(47) 名古屋大学大学院教育発達科学研究科学校環境学研究室『溝口幹「日乗」(一)』(二〇〇六年) および愛知学院大学・教育環境史研究会『溝口幹「日乗」(二)』(二〇〇八年) を参照のこと。
(48) 前掲『溝口幹「日乗」(一)』四一～四七頁。以下、引用は同資料による。
(49) 前掲『溝口幹「日乗」(二)』七頁。
(50) このとき御巫清直は都講に就任している。「学職表」一六四八「浦田家旧蔵資料」所収。
(51) 前掲『溝口幹「日乗」(二)』八～一七頁。
(52) 同前、八、一一、二三頁。
(53)「試業ノ褒賞賜マハル、先ニ三朱頂戴シ後、又特賞百疋頂戴ス」とある。前掲『溝口幹「日乗」(二)』一九頁。
(54) 前掲『溝口幹「日乗」(二)』二六頁。ただし溝口幹の履歴には明治元年一一月から明治三年七月まで山田学校に在籍していることになっている。仲新ほか著「東海地方における近代学校の発達―愛知県教員履歴調査報告―」『名古屋大学教育学部紀要』第一〇巻、一九六三年、七一頁。
(55) 前掲『溝口幹「日乗」(二)』二三頁。

(56) 安藤春夫『封建財政の崩壊過程』酒井書店、一九五七年、二七～二八頁。
(57) 府県はこの置米金によって経費を支弁する一方、租税を完納する際には「経費勘定帳を大蔵省に提出して置米金の収支を明らかにした」という。このように、当時の府県の租税収入は「原則としてすべて国庫収入の性質をもつものであった」のである。前掲、安藤著書、二八頁。
(58) 神宮領であった度会郡・多気郡の一七ヶ村や二見七郷は租法の対象にならず、山田奉行支配地であった宇治山田も無税地であったとされる。『三重県史　資料編近代一　政治・行政』ぎょうせい、一九八七年、八九頁。
(59) 「度会府判事より伊勢神宮之始末上申ス」四〇―一二「大木喬任文書」所収（国立国会図書館憲政資料室所蔵）。
(60) 「度会県史稿附録度会府史稿別記」「府県史料三重十三」所収（国立公文書館所蔵）。
(61) 同前。
(62) 同前。
(63) 文部省総務局編『日本教育史資料七』一八九二年、八一六頁。
(64) 宇治山田市役所「宇治山田市史資料　教育編壱」。
(65) 「書翰」一二七八九「浦田家旧蔵資料」所収。
(66) 「新校造立についての建言書」一六五一「浦田家旧蔵資料」所収。なお小川民五郎の経歴や生没年は不明である。
(67) 実際には、度会県財政自体が逼迫しており、度会県は、明治三年五月に「昨年ハ　御沙汰無御座候ニ付一昨年ノ残米ヲ以テ取計置候ヘトモ最早残米モ無御座候間猶又来ル十月ヨリ相応ノ被属米被為在候様希候也」と御附属米を下付するよう弁官に願い出ている。「太政類典草稿第一編　慶応三年～明治四年　第百六十七巻理財官省使経費金府県経費金」所収（国立公文書館所蔵）。
(68) 「度会県下学校入費下付ヲ乞フ」「太政類典第一編　慶応三年～明治四年　第百五十四巻理財経費予算」所収（国立公文書館所蔵）。
(69) 「度会県学校に特別の取計らひ」R一二三八「大隈文書」所収（早稲田大学図書館所蔵）。なお本章では国立国会図書館所蔵の複写資料を参照した。

(70)「学校職員構成案」一六四六「浦田家旧蔵資料」所収。
(71) 宇治山田市役所「宇治山田市史資料　教育編壱」。
(72)「八羽常陸山田学校関係職辞令」一八八三「浦田家旧蔵資料」所収。
(73)「浦田長民辞令写」一八四二「浦田家旧蔵資料」所収。
(74)「学校入費御下渡ノ儀ニ付願」「公文録　明治四年　第百十巻　辛未五月～七月　度会県伺（二）」所収（国立公文書館所蔵）。
(75) 羽賀祥二『明治維新と宗教』筑摩書房、一九九四年、一四七～一五二頁。
(76) 阪本是丸「明治初年の神社改正問題―大小神社取調と神宮御改革―」『神道研究紀要』第七輯、一九八三年五月、七頁。
(77) 阪本前掲論文、二五頁。
(78) 神宮司庁前掲書、七一頁。西川順土「廃止前後の御師」『歴史手帖』第一二九号、名著出版、一九八四年。
(79) 溝口はその後、尾張知多郡小鈴谷村に移住して「小鈴谷義校」を興し、教師として生計を立てたとされる。松尾前掲論文、一〇〇～一〇一頁。
(80) 下山尚は福井藩士であり、明治四年に福井県少参事から度会県参事となった。生没年不詳。
(81) 神宮造営職にあった高矢部静古（一八三六～没年不詳）からは「神宮近傍へ学校新築之件建言」が提出されている。西田前掲書、八頁。
(82) 宇治山田市役所「宇治山田市史資料　教育編二」。
(83) 宮川渡賃とは、宮川の渡船料のことを言う。徳川時代には参宮人馳走として無賃となり、その費用は宇治山田の師職より支出されていたが、後には惣町中の人民の負担となった。明治に入って官費により建設された板橋が明治二年に流失して以降、再び有賃となったため、年々余剰金が生じるようになったようである。
(84) 宇治山田市役所「宇治山田市史資料　教育編二」。以下、引用は同資料による。
(85)「明治五年御布告書写」「越賀文書三」所収（三重県総合教育センター所蔵）。

（杉浦由香里）

第二章　明治初期秋田県における郷学の変容——就学告諭の地域的展開

はじめに

本章の主題は、明治初期秋田県において自発的に設立された地域の学校が、秋田県による就学勧奨施策をどのように受け止めたのかを分析することを通して、学制布告書を受けて出される県による告諭のどのような論理が学校設置者にとって新しい学校像として受け止められたのかを明らかにし、そのことを通じて、学制布告書から県官吏へ、県官吏から地域の人々へという、就学勧奨の論理の地域への展開の様相を明らかにすることである。

人民に対して就学を勧奨する文書として定義される就学告諭書は、学制布告書以前から各地域で出されていた。荒井明夫らは、分析対象を廃藩置県以前の「府藩県三治制期」にまで広げることにより、学制布告書を補足する文書としての学制布告書から、地方官吏や地方名望家層により発せられた学びに就くことを奨励した文書・言説として再定義した(1)。

就学告諭の再定義は、身分や職業、またそれによる文化の差を超えた教育の空間の成立という意味における近代公教育の起点を、学制布告書とする立場にも再考を促す。柏木敦は(2)、学制布告書以前の就学告諭と学制布告書の論理を、人々の学びへの近接に対する自発性喚起のための論理に焦点を当てて分析し、学制布告書以前に出された就学告諭の論理においてすでに男女や身分の差別のない教育の構想が存在したことを明らかにした[3]。荒井明夫らは、これら就学告諭史料の収集と分析を通して、学制布告書を出発点とするのではなく、学制布告書自身、それ以前に出されていた就学告諭の論理の影響を受けているのではないかという仮説を提示するに至っている[4]。

地域における学校設立事例に目を向けてみるなら、学制布告書以前から、身分や職業、また、文化の差を超えた教育の構想が「郷学」において成立していた。郷学研究の嚆矢ともいえる石川謙は、『日本庶民教育史』の中で、『史資料』を中心史料に、いくつかの都道府県の自治体史を加えて分析し、とくに「庶民教育機関としての郷学」について、藩校と手習所とを統合し、「明治時代の『小学校』」へつなぐ教育機関として位置付けている[5]。また、稲垣忠彦は、郷学の教育内容を分析し、藩校と寺子屋を混成した教育内容を組織し、身分と階級の境界を超えた学校であったことを指摘している[6]。また、拙稿が明らかにしたように、郷学は、内容、方法の点から、学制布告書に基づいて構想された小学校には包含されない、初等教育以上のレベルの教育の構想をもっていた[7]。

就学告諭が、地域の人々の就学を告げ諭す文書・言説であるならば、郷学を設立、運営していた人々は、どのような論理を受け、小学校の設立に着手するようになったのだろうか。すでに設置されていた郷学と学制布告書の構想に基づく小学校の間にはどのような違いがあったのか。学制布告書以前から、身分と階級の境界を超えた教育機関として設置されていた郷学の設立、運営した人々による就学告諭の論理の受容を検討することは、学制布告書の就学勧奨の論理、県による就学勧奨の論理が、最終的に人々にどのように受け止められたのかを明らかにすることにつながるだろう。

本章では、就学勧奨の論理の地域への展開の様相を、秋田県鹿角郡花輪村（現鹿角市）に設立された花輪郷学校を対象として明らかにする。花輪郷学校は、明治五年七月一日、旧郷学校寸陰館の教師を中心とする有志によって開校した教育機関である[8]。花輪郷学校関連史料は、鹿角市立花輪図書館の川村家文書に未整理資料を除いても全一七点保管されている。川村家は、花輪郷学校の前身花輪寸陰館時代からの教師川村左学（一八四一―一九一三）[9]の家系である。なかでも、明治五年六月二五日から明治六年一月までの記録である『郷学校日記　第一号』と明治六年十月までの入学者が記録されている『秋田県花輪郷学校入学簿』は、当時の様子を記録する貴重な資料である。とくに、『郷学校日記　第一号』には、秋田県からの達、役所へ出向き「口上」を受けてきたことなどが記録されており、秋田県による指令が実際の学校にどのように届いていたのかを知る手がかりとなる。これらの史料を中心として、日記上に記録された布達や告諭とそれに対する学校の対応を読みとることができる。

本章では、以上の史料に基づいて、次の二つの課題を明らかにする。第一に、県がどのような告諭を出していたのか、またその論理がどのようなものであったのかという点である。第二に、県による告諭を郷学がどのように受け止めていたのか、史料に基づいて明らかにすることである。これらの課題を通して、学制布告書から県官吏へ、県官吏から地域の人々へという、就学勧奨の論理の地域への展開の様相を明らかにする。

一　秋田県による本部学校構想と花輪郷学校

（一）秋田県による本部学校構想

秋田県[10]は、明治五年四月二四日、秋田県成立後初の教育の構想である布達「第廿一番」を達している。秋田県は、布達「第廿一番」の布達に続き、「掲示書」「学則」を定め、同年五月二日「本部学校[11]」と称される学校を開校した[12]。

布達「第廿一番」は以下のように学校設立の主旨を説明している。

第廿一番

壬申四月廿四日

学校ノ儀専ラ人才ヲ教育シ風俗ヲ正シウスルノ御趣意ニ付追々文部省御規則モ御発令可相成先以学則改革諸学分局来月二日ヨり開校相成候条志次第所学ノ局ニ付、勤学可致候勉励ハ勿論学派ヲ立テ私党ヲ結候様ノ義決テフ相成諸道兼学ノ心得ヲ以テ講習可致候依て士族ヨリ平民ニ至迄吟味ノ上入学指許候条通学並寄宿共其段学校エ可願出候事

但従前学校エ罷出来候者ハ別段願出不相成及何ノ局ヘ罷出度段舎長迄届可申出候

一医院病院同断ニ付寄宿療養等願ノ者士族卒平民ニ至迄男女共同院エ可願出候事

（中略）

右ノ趣区内不洩様[13]可相達候事

壬申四月　秋田県庁〔旧資5－2〕

布達「第廿一番」に言う「従前学校」とは、明治二年に秋田県が再興した藩校明徳館を指している。本布達では、再興した明徳館の「学則」の「改革」であることが宣言されている。「学則」の改革は、「諸道兼学」の方針と、四民に対する学校の開放の二点に読みとることができる。

布達「第廿一番」に構想された学校は、再興した明徳館よりも多くの人を対象としていた。本部学校やその分校には、「士族より平民に至迄」の入学が認められた。対象とする年齢層は一六、七歳以上を対象とした[14]。明徳館において、「局」で学ぶ生徒、講習を受ける生徒は一六、七歳以上の生徒と定められていたのと同様に、布達「第廿一番」において「諸学分局」を「諸道」を講習する場であるとしている[15]。

学ぶ内容についても変化がみられる。再興した明徳館では経書と歴史が学びの中心にあったが、布達「第廿一番」では、「諸道兼学」の方針が掲げられ、皇学、漢学、洋学を兼ねて学ぶ必要性が主張された。「掲示書」「学則」は

「諸道兼学」の方針として次のように言及している。

是迄ノ学派ニ不泥皇国ノ書籍ヲ始漢籍歴史諸子百家西洋書翻訳等何ニテモ書生独力次第致熱覧候様可被心添候事[16]（掲示書より、引用者註）

學ハ道ヲ明ニスル所以ナリ当ニ博学詳説其正ヲ得ルヲ要スヘシ方今文明ノ運ニ会シ中外諸學並ヒ建チ同ク行ハレ其名ヲ立テ科ヲ設クル異ナル者アルカ如シト雖モ其要治己人ノ道成徳達才ノ教ニ出テス皆以テ神化ヲ恢宏シ皇道ヲ隆盛スルニ足ル学者宜ク講習研精シテ朝廷養士育才ノ盛意ニ副スヘシ努力セサルヘケンヤ

諸學歸ヲ同フシテ塗ヲ殊ニス致ヲ一ニシテ慮ヲ百ニス故ニ講習ノ間或ハ異同ノ説ナキコト能ハス學者宜シク愼思明弁シテ私見ヲ去リ公論ヲ取ルヘシ門戸ヲ張リ学派ヲ争フコト勿レ[17]（「学則」より、引用者註）

「掲示書」は、一つの学問にこだわり、その学問だけを学ぶ状況から脱し、「皇国」「漢」「西洋」などの学問を広く学ぶことの必要を述べる。「学則」においてもその方針は変わらない。「博学詳説」を求め、学び手に対して「中外諸学」それぞれの「公論」をとり、学ぶことを求めた。本部学校構想は、市民に対する就学問のすすめであり、その際に「諸道兼学」の方針にそって学ぶことを求める構想であった。

「秋田県史料」では、本部学校開設に伴い、各地に分校を仮設したと記録されている。[18]分校設置場所として湯沢、院内、横手、角館、角間川、刈和野、檜山、能代、大館、十二所、本荘、矢島、亀田、象潟、鹿角が指定されており、以後検討する鹿角郡も分校を設置した地域として捉えられていた。

(二) 本部学校構想と花輪郷学校の設立

盛岡藩に属していた鹿角郡は、維新後、明治二年一一月に江刺県に編入された。鹿角郡花輪村では、明治三年三月に郷学校花輪寸陰館が設立された⑲。花輪寸陰館は、七歳から六五歳までという幅広い年齢の入学者が集まり(表1)、入学者の数が示すように農工商の子弟に開かれていた(表2)。入学者は、素読、復読に加え、輪講、また、和歌会、詩会、文会など藩校、私塾で見られる学習方法で学んでいた⑳。

明治四年一一月、廃藩置県を受けて鹿角郡は秋田県に編入された㉑。明治五年六月、有志が費用を醸出し設置したのが花輪郷学校である。花輪郷学校の開設時に秋田県から届いた達では、以下のように記録されている。

夫修身斉家道ヲ正ウスルハ学問ニ阿リ古キ諺ニモ人ノ知ヲ増スハ書ヲ読ムニ不如ト云ヘリ已ニ江刺県ニ於テ郷学校ヲ設置有志ノ輩勤学候処当県ト相成候以来廃校ニ立至り歎ケ敷事ニ候古今條理文明ノ際会人才教育開化ノ途須臾モ遅ニスベカラズト雖モ本県ニ於テ未ダ学校一定ノ規則相定マラヌ折柄今般幸ヒニ有志ノ輩開校ノ遅々タルヲ憾ミ学費ヲ償ウ可キノ旨ヲ官ニ告グ依テ学校取立来朔日ヨリ開館及ビ候間有志ノ徒ハ掛リノ者ヘ一応届ノ上入校三課ノ内銘々志ス処ノ学課ニ附修行イタシ他日成立邦家ノ御

表1

年齢	人数	年齢	人数
7	1	32	1
8	2	34	1
10	2	35	2
11	8	37	1
12	11	40	1
13	14	41	1
14	8	42	2
15	8	43	3
16	7	44	1
17	6	46	2
18	6	48	1
19	5	50	1
20	2	53	1
21	3	54	2
22	2	56	1
23	2	58	1
24	1	62	1
25	1	65	1
26	1	不明	104
27	1		
28	1		
29	1	計	220

※『鹿角市史』第3巻(上)458頁による。

表2

階層	人数
元給人	41
元陪臣	34
元与力	2
神官	36
僧侶	5
医師	5
農工商	88
鉱業	3
村役人	4
官員	2

※ 表1に同じ。

用ニ立候様心掛可キ事
三課　素読　手習　数学

内藤　調一
川村　左学

右ノ者共へ助教、副助教申付ケ候条、当人共へ問合ノ上入校修行イタス可キ事[22]〔新資5-1〕

花輪郷学校の設立は、江刺県に属していた際に設置された郷学校花輪寸陰館の再興、本部学校構想における分校の設置という二つの意味をもっていた。本達では、秋田県に編入される際に郷学校、すなわち花輪寸陰館が廃止されたこと、秋田県において一定の規則が定まっていないことを理由に、有志が学費を出資することにより花輪郷学校が設立されたという有志にとっての設立の意味が記されている。また、助教、副助教として任命された内藤調一（一八三二―一九〇八）、川村左学の両人は、花輪寸陰館時代の教師である。花輪郷学校の記録である「郷学校日記　第一号」の六月二五日付の最初の記事にも、益子権大属に「学則法令等取調差出可申旨御達ニ付左之通相調差出候事」と記録されており、すでに「学則」や「法令」が定められ、教育活動が行われていたことを推察させる。

同時に、花輪郷学校の教育活動は秋田県に認可されたことも読みとれる。内藤調一、川村左学の任命権者は秋田県であり、また、「郷学校日記　第一号」の六月二五日付の最初の記事も、益子権大属から内藤、川村両人にそれぞれ助教、副助教を任命する達があったことが記録されている[23]。すでに自発的に教育活動を始めていた花輪郷学校の教育を秋田県が追認するという形になっており、秋田県の就学勧奨施策と花輪郷学校の実践との距離はほとんどなかったと言えよう。

（三）花輪郷学校の教育内容・教育方法

益子権大属に差し出したとする花輪郷学校の学則では、花輪寸陰館の際の学則よりも、初学者向けの教育内容・方法を中心として構成されている。学則は以下の通りである。

一、毎日朝六ツ時より五ツ時迄素読、四ツ一時読書、九ツ一時手習、八ツ一時算術、七ツ時より休息、暮六ツ時より五ツ時迄後読。
一、四・九ノ日、八ツ時講釈、助教副助教勤之
一、二・七、九ツ時暗写、手習師司之
一、三ノ日、九ツ時精書、手習師司之
一、五・十、四時諸生輪講、助教副助教督之
一、一・六休日、但し六ノ日ハ内外洒掃御役休暇
一、毎日朝五ツ時より助教副助教出所、九ツ時迄読書を司る。九ツ時より手習師代り教へ、八ツ時より算術代り教へ、七ツ時退散
一、当直之者毎日七ツ時より出所、翌朝素読迄相勤候事(24)

学則によると、花輪郷学校の教育は、手習と算術とを担当する「手習師」と、講釈と輪講とを担当する「助教」「副助教」とで担ったことを読みとれる。手習師に誰が任命されたのか、記録上明らかにすることはできないが、「郷学校日記　第一号」では、七月一三日から開業したとされており、実際に教育活動が行われていた(25)。また一方で、講釈、輪講の課業も設けられており、素読よりも高度な学びの機会が用意されていた。花輪郷学校の教育は、寺子屋の教育と藩校・私塾の教育を混交した教育の機会を、地域の人々に提供しようとするものであった。

花輪郷学校の入学者からもそのことを読みとれる。花輪郷学校の開校式は七月一日に行われ、明治五年中に七三名、明治六（一八七三）年中には二二名が入学した[26]。入学生徒の年齢は、六歳から二〇歳までで、一〇歳前後が中心であった[27]（表3）。花輪郷学校設立時の達は「夫修身斉家道ヲ正ウスルハ学問ニ阿リ」という文言で始まっている。この言葉を借りるならば、花輪郷学校は、手習をする人々から講釈や輪講をする人々に至るまでの、地域の「学問」の機関として設置された。

二　学制布告書の受容と花輪郷学校

（一）秋田県による学制布告書の受容

文部省は、明治五年八月の学制布告書と同時に従来の学校の悉皆廃止という文部省布達第一三号を発令した。これに対して秋田県は明治五年九月、「布達第百拾一番」を達し以下のように述べている。

今般文部省ニ於而学制被相定追々教則ヲモ御改正人才御教育之儀厚ク御手入可有之候処従来府県ニ於而設来候学校一途ナラズ不都合之儀モ不少依而一旦悉令廃止新ニ被定候御主意ニ従ヒ更ニ学校設立可致候段御布令ニ付此度従前学校令廃止候併学校之儀ハ人生一日モ不可欠事ニ候故御布令に本付学校更張之儀夫々取調之事件有之文部省ヘ相伺追而施設に可及候故夫迄之処ハ子弟輩各其師之家塾ニ就キ不怠勉学可有之万一御主意ヲ取失ヒ学業荒廃ニ及候様之儀有之候而ハ不済事ニ候故、父兄之者篤ク相心得子弟輩ヘ能々申諭シ猶更勉強ヲ加ヒ学業益々相励ミ学校再建教則御発行ヲ相待候様可致候事

但皇漢学之儀ハ管内家塾モ不乏候得共洋学之儀ハ近来開学ニ相成候故家塾モ無之子弟輩修業ニ可相難候條当時在県之教員ヲ以而教場相設置候故志願之者ハ其門ニ入リ受業可有之候尤自費ヲ以而修業可致候事[28]〔旧資5－3〕

秋田県は「布達第百拾一番」の中で、従前から設置されていた学校に対して以下のように対応することを求めている。第一に、従前の学校は廃止するという対応、第二に、「御布令」にそって学校を設置するまでに、家塾などで学びつづけるという対応、第三は、学校を再建するための教則を待つという対応である。この布達からは、学制布告書における二つの要求、すなわち「辺隅小民ニ至迄不洩便宜解釈ヲ加ヘ精細申諭」こと、「文部省規則ニ従ヒ学問普及致候様方法ヲ設可施行」することのうち、後者に対して対応しようとした意図を読みとれる。

表3

年齢	人数	年齢	人数
6	1	16	6
8	6	17	3
9	14	18	3
10	10	19	2
11	9	20	1
12	8	不明	6
13	10		
14	3		
15	12	計	94

※『秋田県花輪郷学校入学簿』より作成。

秋田県はまた、前者の対応、すなわち「辺隅小民ニ至迄不洩便宜解釈ヲ加ヘ精細申諭」ことについても対応した。以下に示すのは、布達第百拾一番と同時に秋田県により発せられた学校設立を促す告諭である。以下、長文になるが全文を掲げる。

学問ハ士農工商貴賤男女ヲ分タス各日用常行ノ務家職産業ヲ治ル事ヲ学フ為ナレハ人タル者誰カ学ニ就カサルヘキ故ニ今般文部省ニ於テ学制ヲ更張セラレ全国ヲ八大区ニ分チ其中ニ二百五十六ノ中学区五万三千七百六十ノ小学区ヲ設クルノ制ヲ立テ僻邑遐陬ニ至ルマテ学校アラサル所ナク窮民賤隷ニ至ルマテ学問セサル者ナカラシム然レハ其学校ナル者ハ衆人ノ為ニ立タル者ナリ今人其子弟ヲ師家或ハ私塾ヘ依託シテ其教育ヲ受クルトキハ則謝金塾費ヲ出シテ其師ニ報スルハ必然ノ事ナリ学校ハ唯公ケニ置キ広ク設ケタルノミニテ師家私塾ト其理二致アルニ非ス生徒教授ヲ蒙リ啓蒙ヲ受クルノ恩ヲ思フトキハ受業料ヲ出シテ其労ニ報セサルヲ得ス士人我子弟ヲシテ知識ヲ開キ才芸ヲ長セシムルヲ思フトキハ学費ヲ出シテ後生ヲ勧メサルヲ得ス富家ノ者郷俗善美ニ趣ムクヘキ吾産業ノ繁盛ナルヲ思フトキハ学資ヲ納メテ学校ヲ保護セサルヲ得ス故ニ学校ハ官費ヲ不仰民費ヲ以テ維持スルハ当然ノ理ナリ従来学校ハ国家才ヲ養フ士大夫以上講習ノ所トナシ一切官費ニ委セシ事ナレトモ世ノ文明ニ赴クニ従ヒ朝庭今日ノ

宜ヲ裁成アラセラレ学問ヲシテ天下ニ普及セシメ公平ノ法ヲ立ラレシコト故士民能其意ヲ体認シ其子弟ノ賢明ヲ希ヒ其郷里ノ繁盛ヲ望ム者ハ力ヲ戮セ心ヲ同フシ有志ノ者ハ人ヲ募リ有財ノ者ハ金ヲ納レ城市郷村各其大小ニ従ヒ多少小学ヲ設クヘシ其力ノ及ハサル所及ヒ規則方法等ヲ定ムルカ如キハ申出ルニ向ヒ県庁ヨリモ沙汰ニ及フヘキ故相共ニ勤勉奨励シテ今日文明隆昌ノ化ヲ賛成スルヲ要スヘシ依テ此旨告諭ニ及フ者也

壬申九月(29)〔新資5－2〕

この告諭において秋田県は以下の五つの論理をもって「小学」の設置を諭している。第一に、学問は士農工商、貴賤、男女の差別なく、全ての人が学ぶべきものであること、第二に、学問は日用常行の務、家職産業を治めるために学ぶものであること、第三に、学校は国家官吏を養成するところではなく、人民のために設置するものであること、第四に、人民のために設置するものであるため、官費に依存するのではなく、授業料や学費を自ら拠出するのが道理であること、第五に、学問を天下に公平に普及しようとする朝廷の意図を汲み、士民ともに、志有るものは人を募り、財有るものは資金を納めることである。第五の朝廷の意図を汲むという点は学制布告書の論理とはずれるものの、第一から第四の論理については学制布告書とほぼ重なっている。学制布告書における二つの要求に、忠実に対応したと言えよう。

(二)　従前学校の廃止と花輪郷学校の継続

秋田県布達第百拾一番による従前からある学校の廃止という対応の達は、花輪郷学校にも伝わった。『郷学校日記第一号』には、九月一八日付で以下の記録が残されている。

一、九月十八日調一左学寿御用之趣ニ付御役所へ罷出候所益子権大属殿御達左ニ

内藤　調一　川村　左学　大里　寿

此度学校廃サレ候ニ付右係官御用明合成候条此段相達候也

壬申九月

秋田県(30)

花輪郷学校も、従前からある学校の廃止という対応の影響を受けていた。この記録によると、助教、副助教であった内藤調一、川村左学、学校主簿であった大里寿（一八三三―一九〇六）は、役所に出向き、益子権大属により、学校廃止に伴い秋田県により任命されていた職を免職となった達を受けた。

しかし、花輪郷学校の教育は継続していた。「郷学校日記　第一号」の九月一八日付の記事は、さらに、以下のように続いている。

口上

右之通御沙汰ニ候得共有志ヨリ相集候金子モ有之ニ付是迄之通教導可致旨御沙汰ナリ

御布告

（以下、明治五年九月の秋田県による告諭の同文掲載のため省略、引用者註(31)）

九月一八日、内藤、川村、大里の三人は、学校廃止に伴う免官の達を受けると同時に、「口上」、すなわち、口頭による「御沙汰」を受けた。口頭で伝えられた文言が、秋田県により布達第百拾一番と同時に出された告諭（新資5－2）であった。内藤、川村、大里の三人は、益子権大属による告諭を「御布告」として捉え、「御布告」を「是迄之

通教導可致旨」、すなわち、これまで通り教育を続けるという意味で解釈していた。

記録上、実際に教育活動が続いたことがわかる。「郷学校日記　第一号」では、明治五年一〇月二九日には校舎が佐藤新之助宅から川村左学宅へと移ったこと、明治六（一八七三）年三月には漢籍の講釈、素読に関する試験が行われていたことが記録されている。(32) また、『郷学校入学簿』からは、明治六（一八七三）年一〇月には二名が入学したことを確認することができる。(33)

花輪郷学校は、花輪寸陰館以来、四民に開かれた学校であった。「官費」に仰ぐことなく、有志の拠金によって維持される学校でもあった。花輪郷学校の継続は、「口上」としてなされた告諭と大きく矛盾しない。秋田県布達第百拾一番でも、「文部省へ相伺追而施設に可及候」、「夫迄之処は、子弟輩各其師之家塾に就き不怠勉学可有之」とも言っており、新たな学校設置へと切り替える必要性はなかった。

三　郷学校から小学校へ

（一）秋田県の就学勧奨施策の転換

秋田県布達第百拾一番における対応の一つであった、「御布令」にそって学校を設置することに対して、秋田県は、明治六（一八七三）年二月、文部省に対して学制布告書にそった学校の設置について伺を行った。その中で秋田県は、当面の学校設置構想として、教員や書籍等がそろわない状況を考慮し、秋田町に二校、横手、大舘、本荘にそれぞれ一校、合計五校を「小学之体裁」で開校し、その後、十二所、阿仁、能代、角間川、角館にも小学校を設置する構想であったが、教員や規則を整備することが困難であるため、まずは家塾同様のもので対応することを報告した。(34)

しかし、この時点で秋田県は小学校の設置を重視していなかった。秋田県は、県内に洋学を学ぶ場が少ないことを課題とし、洋学を学ぶ機会の創出に取り組んでいた。先に掲げた秋田県布達第百拾一番では、それぞれ学業に励むことを求めたうえで、皇漢学に関する家塾の存在に対して、洋学を学ぶ機関の欠如を指摘し、近来開学することを宣言している[35]。資金の配分についても洋学を学ぶ機会の創出に力を入れていたことがわかる。秋田県は洋学校の設置維持のための資金を、当初小学校の設置を目的として文部省より配布された委託金から拠出していた。委託金は本来小学校設置のために配布されていた資金である。『明治六年十月秋田県庁日誌』によると、委託金の半額である金二五七六円七四銭九厘七毛を一八七三年度の洋学校の費用として用いていた[36]。

小学校設置を重点課題としたのは、国司仙吉が県令として着任して以後である。国司は以下のように文部省に対して新たな教育施策の指針に関する伺をした。

当県下ニ於テ是迄変則中学相設開学罷在候処御規則ニ照準不都合之儀モ有之候ニ付右ハ相廃シ即其ノ教員書器ヲ以師範学校相設小学教員取立別紙略則小学教則ヲ施行致シ先以管内郡村戸籍区分一小区へ一小学建校致度候猶追々人民ヲ勧奨終に御規則之通建校致度候條此段相伺候以上

明治六（一八七三）年八月十八日　秋田県令　国司仙吉

文部省少亟　西潟訥　殿

（右指令）八月十八日付

可為伺之通候事但師範学校開業之際ニ於イテハ学制第百七十七章ニ照ラシ委曲可被伺出候事[37]

伺において秋田県は従来の洋学校を「変則中学」として捉え、廃止することを文部省に報告している。加えて、師範学校を設立して小学校教員を養成すること、さらには一小区へ一小学校の設置を推進し、人民に勧奨を行うことを述べている。

明治六（一八七三）年九月には、「小学略教則」を定め、それと同時に以下のような告諭を出した。

（前略）曩ニ管内一般ニ論ズルニ此旨ヲ以テシ雑税免除ノ内金若干ヲ出シ其費用ニ給セシム人民皆其旨ニ従イ金ヲ出スコトヲ肯ンス今（一字分空白）朝廷ノ御趣意を奉遵シ其募金を御委託ノ金ニ併セ校費ノ資本トシテ各区ニ小学ヲ置キ管内一般遐陬僻地山間孤島ニ至ル迄学ナキノ区ナク学ビザルノ人ナク学ニ入ラザルノ児童ナカラシメント欲ス然ドモ正則ノ教則ハ遽ニ施行シ易カラザルヲ以テ別紙ノ通実地上ニ施行シ易キ簡易ノ略教則ヲ設ケ一般ニ分布シ四民ヲシテ学問ノ方向ヲ辨ヘシム故ニ其学問タルヤ学ビ易ク成リ易く文字算数ヨリ事物ノ理日曜事務各其職業ニ切ナル科ヲ設ケ男女ヲ問ハズ農ヤ商ヤ工ヤ六歳七歳ノ児童ト雖モ一日学ベバ一日用ヲナシ一年学ベバ一年ノ知識ヲ開キ且従来ノ拘束ヲ解キ自由ノ権利アルコトヲ知ラシメ浮華無用画餅ノ如キ学問ヲ掃除シ夢中ノ人ヲ呼ビ醒シ実地上ニ施行シ漸次開明ノ域に進歩セシメント欲ス一般ノ士民父兄輩能ク此意ヲ体認シ深ク朝廷愛育ノ御趣意ヲ奉シ東北一隅未開ノ地ト他ニ指笑セラレンコトヲ恥ジ子弟輩ヲシテ悉ク学ニ就カシメヨ因テ以テ告諭ス

明治六年九月十三日(38)〔新資5-9〕

この告諭では、明治五年九月の秋田県による告諭に比べて以下の三つの論理が新たに諭されている。第一に、「子弟」ではなく児童を対象とするということ、第二に、「略教則」に則ることで六歳七歳の児童も学べるような学び易い課程となるということ、第三に学校に行かせることに尽力することである。

（二）秋田県による説諭

告諭で述べている論理と重なるように、実際に、小学校設置数の増加にも着手した。すでに明治六（一八七三）年二月に県は、小役銀と呼ばれた雑税の半額を免除し、その代わりに、免除額の半額を学校と病院を設立するための資本金として納めることを、人民の自発的な献納という形式で求める告諭を戸長にあててだした[39]。

秋田県による就学勧奨施策の転換は、各地域の記録からも読みとれる。

八郎潟の北東部に位置する山本郡鵜川村の児玉辰右衛門による日記を見てみよう[40]。「明治六年酉一月　日記」の記録には、明治五年九月の県布達第百拾一番が筆写されているが、それによる対応は記録されていない[41]。明治六（一八七三）年三月三日付の記事には、同六年一月の県布達に基づく学齢児調査が記録されている[42]。同六年三月一五日付の記事には、権大属が鵜川村にやってきて、正副戸長立会のもと説諭したことが記録されている[43]。説諭の内容が大きく六点記録されているうち、第一として掲げられているのが「郷役減銀之内―御布告之通り学校・病院へ献納」であり、同年二月の告諭に応じて権大属が直々に説諭していたことがわかる[44]。同年九月二五日付の記事では、区長である川井忠雄から最寄りの村々に学校を設置するよう「重く被仰含」こと、また、「志之者献金致候様共被仰含」ことが記録されている。さらに一〇月一六日には、秋田県権令国司仙吉が森岡村にある扱所（村の役場）に来て、正副区長、正副戸長らを宿へ呼び出し、「学校早々可相設事」と説諭したことが記録されている[45]。

なお、鹿角郡大湯村にも明治八（一八七五）年一月に権大属が説諭に来たことが記録[46]されるなど、秋田県による資本金の献納と学校設置の説諭が盛んに行われた。

（三）花輪郷学校から花輪学校へ

明治六（一八七三）年九月の「小学略教則」の制定、また、それに伴う告諭など、秋田県の施策の展開に対して花輪郷学校はどのように対応したのだろうか。

花輪郷学校の教育活動の記録である「郷学校日記　第一号」は、六月二三日の記録で終わっており、当時の反応を知ることができない[47]。そのため、花輪郷学校の教師として、また、学校主簿として中心的にかかわっていた、川村左学の対応を検討することを通して、花輪郷学校の対応を明らかにしよう。

花輪郷学校の学校主簿であった川村左学は、秋田県が明治六（一八七三）年十月に新たに設置した教員養成機関である伝習学校で、新たな教則を学ぶという対応をとった。川村は、当時学生であった折戸亀太郎、齊藤鱗道とともに、同年九月の伝習学校の授業生の公募に応募し、採用された[48]。川村、折戸、齊藤の三名は、明治七（一八七四）年一月三一日に帰村すると、小学校開設の準備を始めた。二月五日から四〇日間、教育手伝志望者一七名に対して、教科や教授法を伝達した[49]。花輪村に新たに設置された小学、花輪学校は、三月一七日には花輪村大町公用宿において授業を開始し、四月二日、秋田県に学校開設届を出した[50]。小学校設立伺によると、教則は「秋田県小学教則略」となっており、伝習学校で学んできた新たな略教則による学校ができたことになる。鹿角郡では同時に、花輪寸陰館の出張所があった毛馬内村の毛馬内学校、久保田村の久保田学校、尾去沢鉱山の又新学校が設置認可された[51]。

また、川村は、学校を学齢児童が入学する教育機関として位置付けた。この開設願には、入学生徒の見込数が四〇〇人と記録されている[52]。花輪郷学校の九四人から急激に増えた原因は、入学生徒の見込数として学齢児童を換算したからだろう。秋田県では、明治六（一八七三）年一月の布達第九番により各地で学齢児童調査が実施された[53]。

明治六（一八七三）年九月以後の花輪郷学校は、学校の運営の中心的存在であった川村が伝習学校へ行き、新しい教則を採用する、また、学校の対象生徒を学齢児童とするなどの対応を見せた。秋田県は、明治六（一八七三）年九月の告諭により、学齢児童を対象とすること、「小学略教則」に則り、学びやすい課程を採用すること、学校に行かせることに尽力することを新たに求めた。学校運営資金の準備、学校設立の説諭を行うなど、具体的な施策も講じられた。明治五年九月の告諭では教育活動を継続した郷学は、小学校へと転換した。明治六（一八七三）年九月以後、川村ら郷学の設立や運営にかかわった人々を動かしたのは、広く「学問」を普及するという論理でもなく、学校の費用は自弁すべきだという論理でもなかった。学校は、児童を対象とした場所であり、学びやすい課程を設置する場所であるという学校観にあった。

おわりに

本章では、鹿角郡花輪村に設立された花輪郷学校を対象として、とくに、告諭を中心とする就学勧奨施策をどのように受容したのかを分析することを通して、就学勧奨の論理の地域への展開の様相を明らかにしてきた。

秋田県は就学告諭において学制布告書の論理に、忠実に対応しようとした。明治五年九月の告諭は、学問は士農工商、貴賤、男女の差別なく、全ての人が学ぶべきものであること、学問は日用常行の務、家職産業を治めるために学ぶものであること、学校は国家官吏を養成するところではなく、人民のために設置するものであること、そのため、官費に依存するのではなく、授業料や学費を自ら拠出するのが道理であることなどを説いていた。

学制布告書以前から設立されていた花輪郷学校は、この告諭を受けて、教育活動の継続を選択した。すなわち、花輪郷学校の教育活動に携わる人々にとって、秋田県が明治五年九月に諭した告諭の論理は新しいものとしては受け止められなかった。むしろ、自身の教育活動の裏付けともなるものであった。この時点では、身分や階級を超えて「学問」をすること自体が地域の関心事として共有されていた。

一方、明治六（一八七三）年九月に、「小学略教則」の制定に伴って出された就学告諭に対しては、新しい教則を採用する、また、学校の対象生徒を学齢児童とするなど、花輪郷学校の運営にかかわった人々は教育活動を変更するという対応を見せた。この対応は、翌年三月の花輪学校の開設につながる。

明治六年九月の告諭と、学校運営資金の確保、県内各地での県官吏による説諭などの就学勧奨施策は、花輪郷学校の教育活動に携わる人々に大きな変革を迫るものであった。明治五年九月における対応と比較するなら、明治六（一八七三）年九月の告諭は、学校は、学齢児童を対象とした場所であり、学びやすい課程を設置する場所であるという点において新たな学校観・学問観を提示していた。多様な年齢の人々が、手習、素読、また、その上の課程である輪講や会読、講釈を学ぶ場所としての学校ではなく、学齢児童が、学びやすい順序に基づいて学ぶ場としての学校の設置が進められた。地域の関心事は、広く「学問」をする場の設置・運営から、教育課程や対象生徒の年齢という点において、学びやすい順序に基づいて地域の児童が学ぶ場の設置・運営へと分化したのである。

最後に、花輪郷学校の助教であった内藤調一、学校主簿であった大里寿が明治六（一八七三）年九月以後どのような対応をしたのかについて、言及しておこう。

内藤湖南の父にあたる内藤調一は、花輪郷学校の閉鎖後、毛馬内の茶室老梅庵育焉亭に青少年を集め、指導したという。(54)また、大里寿は、明治六（一八七三）年十月、花輪郷学校の廃止が達せられた後、花輪村の長福寺において、花輪寸陰館で漢学を担当していた人物である石垣柯山を師匠とする漢学塾を開いた。(55)これら私塾の教育の実態は現在ではほとんどわからない。しかし、花輪郷学校が担保していた、地域における「学問」の学びの機会を保障しようとしたのだろう。一方、小学校の設置に重点を置く秋田県では、児童の就学の妨げとなる私塾を含む家塾に対して、設置認可しないという厳しい措置が講じられた。(56)学齢児童のための、学びやすい順序に基づいて学ぶ場としての小学校の設置が公共的な関心事項となる一方で、その後の地域における「学問」の学びは、私的な事柄へと分化する分岐点でもあったとも言えよう。

（1）　荒井明夫編『近代黎明期における「就学告諭」の研究』東信堂、二〇〇八年、六〜一七頁。
（2）　佐藤学「「義務教育」概念の歴史的位相――改革のレトリックを問い直す」日本教育学会『教育学研究』第七二巻第四号、二〇〇五年、四三一〜四四三頁。

(3) 柏木敦「学制以前以後の就学告諭」『「就学告諭」の研究』五二～七七頁。
(4) 『「就学告諭」の研究』四三八頁。
(5) 石川謙『日本庶民教育史』(新装版)玉川大学出版会、一九九八年、一七二頁。本章では石川謙『日本庶民教育史』(新装版)を用いた。初版本は一九二九年に刀江書院から出版されている。
(6) 稲垣忠彦「郷学校の発展と学習内容」『帝京大学文学部紀要教育学』第二八号、二〇〇三年。
(7) 森田智幸「「学制」以前に設立された「郷学」における中等教育レベルの教育課程の構想」教育史学会『日本の教育史学』第五三集、二〇一〇年、四～一六頁。
(8) 『鹿角市史』第三巻(上)、鹿角市、一九九一年、四六四頁。
(9) なお、以後生没年については、判明した人物のみ記入している。
(10) 現在の秋田県域は、明治四年七月一四日の廃藩置県による佐竹氏を藩主とする久保田藩域、本荘、矢島、亀田、象潟など小藩が分立していた由利地域の統合を経て、同年一一月二日に南部藩領であった鹿角を加えて成立した。児玉幸多監修『秋田県の歴史』新版県史シリーズ五、山川出版社、二〇〇一年、二七六～二七七頁。
(11) 「本部学校」という名称は「府県史料・秋田県史料」にだけ使用されている。当時の県布達に「本部学校」という名称は用いられていない。「秋田県史料」の執筆者が分校に対する本校として「本部学校」と記述したことが考えられるが、本章では便宜上「本部学校」と称して記述する。
(12) 『秋田県史稿　県治の内 学校の部』佐藤秀夫監修『府県資料二』ゆまに書房、一九八〇年所収、三頁。
(13) 布達「第廿一番」明治五年四月二四日『明治五年　管内布達控』秋田県公文書館蔵。
(14) 「旧秋田藩学制」『日本教育史資料　第一巻』八五八～八五九頁。
(15) 前掲布達「第廿一番」。
(16) 「掲示書」明治五年五月二日、『秋田県史料　四』国立国会図書館内閣文庫所蔵(秋田県公文書館の複写版を使用)。
(17) 「学則」明治五年五月二日、前掲『秋田県史料　四』所収。
(18) 前掲『秋田県史稿　県治の内 学校の部』三頁。

(19) 同前、四五四頁。
(20) 「寸陰館規則見込書」明治三年三月、川村元家文書、鹿角市立花輪図書館蔵。
(21) 前掲『鹿角市史』第三巻（上）、四五三～四六三頁。
(22) 同前、四六四頁。
(23) 『郷学校日記　第一号』川村元家文書、鹿角市立花輪図書館所蔵。
(24) 前掲『郷学校日記　第一号』。
(25) 同前。
(26) 『郷学校日記　第一号』川村元家文書、鹿角市立花輪図書館所蔵。
(27) 『秋田県花輪郷学校入学簿』川村家文書、鹿角市立花輪図書館所蔵。
(28) 「第百拾一番」明治五年九月『明治五年　管内布達控』秋田県文書館蔵。
(29) 『内閣文庫　秋田県史料2』秋田県文書館蔵。
(30) 前掲『郷学校日記　第一号』。
(31) 同前。
(32) 同前。
(33) 前掲『秋田県花輪郷学校入学簿』。
(34) 秋田県『秋田県史　資料編　明治下』秋田県、一九六〇年、五九二頁。
(35) 「第百拾一番」明治五年九月『明治五年　管内布達控』秋田県公文書館蔵。
(36) 「督学局へ願（明治六年洋学校費用）」明治六年十月『明治六年十月　秋田県庁日誌』。

御委託金受払概算調

一　金二五七六円七四銭九厘七毛　御委託金額五一五三円四九銭九厘ノ半額当四月中御渡ノ分

此払

金一七八七円六一銭五厘七毛　是は本年四月ヨリ九月迄諸訳書並洋書買上代
金一九円九千四厘四毛　是ハ同断書籍運送費
金九四九円六六銭七厘　是ハ英学教師月給六〇円ヅツ両人六月ヨリ九月迄、同断月給四十円一人四月ヨリ九月迄、数学教師月給三〇円一人四月ヨリ九月迄ノ分
金二六四円　是は同断旅費日当
金三七円七五銭　是ハ英学教師二名着県後賄料一日一人ニ付金二五銭ヅツ九月迄ノ分
合金　三〇五八円一二銭七厘一毛
差引
金四八一円三七銭七厘六毛　不足

(37)「学校之儀に付伺」明治六年八月一八日『官省指令原書留』秋田県公文書館蔵。
(38)『管内布達留　明治六年』秋田県文書館蔵。
(39)「秋田県布達第三十三番」明治六年二月八日『管内布達留　明治六年』。
(40)この日記は、秋田大学八郎潟研究委員会『八郎潟―干拓と社会変動―』創文社、一九六八年において、戸田金一が紹介・翻刻した史料である。なお、元の史料は秋田県文書館の児玉家文書として整理されている。本章では、戸田の翻刻史料を参照しながら、文書館において日記から史料の収集を行った。
(41)「明治六年酉一月　日記」秋田県文書館蔵。
(42)「明治六年酉三月　日記」秋田県文書館蔵。
(43)同前。
(44)同前。
(45)「明治六年酉十月　日記」秋田県文書館蔵。
(46)前掲『鹿角市史』第三巻（上）四七六頁。

(47) 前掲『郷学校日記　第一号』。
(48) 同前、四八五頁。
(49) 『花輪小学校百周年記念誌』五二頁。
(50) 同前、五二頁。
(51) 前掲『鹿角市史』第三巻（上）四七七頁。
(52) 「第五課学務掛事務簿」明治七年、秋田県文書館所蔵。
(53) 「管内布達控」明治六年、秋田県文書館蔵。たとえば、先の児玉辰右衛門の日記では、明治六年三月三日に学齢児調査が行われたこと、また、その結果が記録されている（前掲『八郎潟―干拓と社会変動―』五四六頁）。
(54) 同前、四六九頁。
(55) 同前、四六八頁。
(56) 戸田金一『秋田県学制史研究』みしま書房、一九八八年、四一一～四二〇頁。

（森田智幸）

第三章　飾磨県における学校設置をめぐる県と地域

はじめに

本章のねらいは、飾磨県における学校設置をめぐる県と地域との相互反応のあり方とその推移について明らかにすることである。第一次研究会で軽部勝一郎は、就学告諭の周知方法について飾磨県の例も含めて横断的に論じた(1)。本章では、飾磨県に地域を絞った上で、地域からの反応やその後の県の対応をも含めて論じることとする。

飾磨県は明治四年一一月の府県統合によって誕生し、明治九年八月に兵庫県に統合されるまで存続した。旧姫路藩、旧明石藩、旧龍野藩、旧赤穂藩などの旧播磨国一円を領域とした県である（図1）。県庁は姫路に置かれた。

飾磨県はわずか五年足らずしか存続しなかった県であるが、学制期における学校設置過程を考える上で特筆すべき動向を示した。まずは学制当初における県の学務体制である。県では、干渉主義的な啓蒙官僚のひとりとして挙げられる森岡昌純（一八三四～九八）とその部下が、学制に忠実な形での小学校設立を強力に推進した。布達や巡回などを通して県より発せられた強いメッセージに対しては、肯定的にせよ否定的にせよ回避的にせよ、地域の側は何らかの反応を示さざるをえなかった。そして示された反応に対して県は新たなメッセージを地域に投げ返した。飾磨県においては、県と地域との応答の形と推移が如実に読み取ることができる。新政府の啓蒙政策の一環としての学制実施過

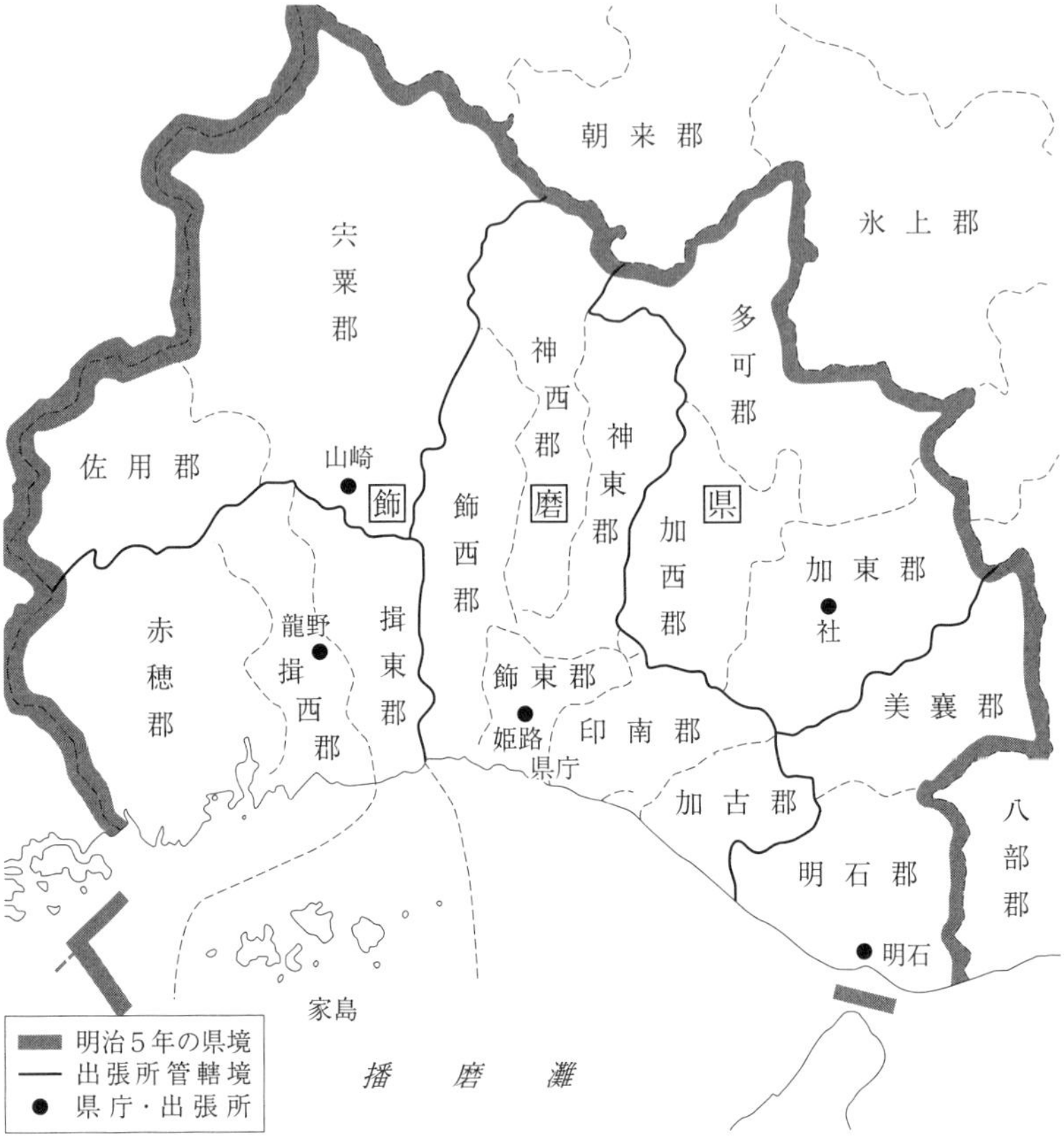

図1　飾磨県の管轄図（『姫路市史　第5巻上 近現代1』より）

程について府県に照準を絞りながら検討する場合、教育史研究では学制実施過程の「受容と拒否」という視座から把握がされてきた。本章は、その様相について飾磨県を対象としながら検討するものとなる。

先行研究では、開化政策を急進的に進めた森岡個人の性格が注目されてきた[2]。ただし本章では、森岡のみを学校設置推進における主人公として前面に出すだけではなく、官吏にも注目しながら学校設置推進の過程を取り上げたい。また自治体史の枠内で論じられてきた先行研究では、地域からの反応の多様性を幅広く取り上げて比較的に論じる視点や県全体を横断的に論じる視点に不十分さがあった。

本章では、県の行政組織や学務の体制、および県を構成した地域全体を見渡したい。

第一節では、学制以前の県における学校設置について論じる。第二節では、学制発令から明治七年六月ごろまでの県の学校設置推奨と地域からの反応について取り上げる。第三節では、それ以降の学校設置推奨の修正と地域からの反応について取り上げる。

史料は、現存する飾磨県の布達類や自治体史に掲載された地方史料を主に用いる。なお本章において生没年が付されない人物は、その生没に関する情報が不明な者である。

一　学制発令以前の学校設置をめぐって

先の廃藩置県の太政官布告によって誕生していた姫路県に対して、明治四年一一月二日に「播磨国一円管轄被仰出候事」と指令が出された。すなわち、龍野・林田・明石・赤穂・三日月・小野・山崎・安志・三草の各県、および他国に官衙があった諸県の管轄地が姫路県に統合されることになった。姫路県参事に任命された土肥実光（旧丸亀藩士）は、任命早々の一一月八日に、県名を姫路県より飾磨県へと改めた。ここに飾磨県が誕生した。本節では、播磨国の中心だった姫路県および飾磨県における学制以前の学校設置をめぐる動向について触れたい。

（一）旧藩学校への対応

学制までの姫路県および飾磨県は、従前の学校制度を活かしながらの改良に努めていた。

府県統合前の身分解放の流れを受けながら就学の機会を拡大し、それを管内に広く呼びかけていた。県は明治四年九月一九日に、旧藩校を改革するとともに、二階町、仁寿山、飾万津、高砂の四ヶ所に郷校を設けることを触れた。(3)

姫路県は大庄屋をはじめとする地域の統治者に対して、子弟が郷校に入学して勉学に出精するように「村々小前末々迄不洩様」触れ伝えるように求めた。

郷校が設置されることになった場所の多くは旧藩以来の教育史の由来がある場所であった。二階町は姫路市中にあり、旧藩時代には隣町（元塩町）に熊川舎という郷校が置かれていた。熊川舎は上層町民の子弟が「人たる道を弁へ、孝悌を初、礼儀、商法を正シ」、市中の風儀を整えるために設けられたという(4)。仁寿山には、姫路藩家老の河合隼之助が藩主より与えられた土地に設置した学問所があった。学問所は文政二年に設置され天保一三年に閉じられ、維新後は神職の修学所となっていた。学問所は私設ではあったが藩士向けのものであり、藩校の支校と位置づけられていた(5)。高砂には、申義堂という郷校が設けられていた。高砂町の大年寄などの有力者に運営され町人や医師の子弟が通っていたという。飾万津（飾磨）の地には旧藩の郷校は確認できないが、瀬戸内に面する姫路藩の港として賑わっていたことから、設置場所に選ばれたのだろう。

この触書で重要な点は、庶民向けだった郷校と藩士向けだった藩校を接続させたことである。郷校には八歳より出席し素読を受けることが求められていた。素読の書目は『大統歌』『五倫各義』『皇国地理略』『世界国尽』『祝詞』『古史成文』『大学』『中庸』『知環啓蒙』であった。往来物から、四書、祝詞文や翻訳洋書までが列挙されていた。これらの書目の素読を卒業した者は、つづいて講習生となり『皇朝史略』『十八史略』『地球説略』の通読が課された。そして通読が一定の水準に達して学黌（旧藩校好古堂）での試験に合格した者は、旧藩校への通学が認められた。

庶民への旧藩校解放の流れは、一ヶ月後に出された触書にも示された。姫路県は旧藩校の好古堂について、明治四年一〇月二九日に次のように触れ出した(6)。

一　学黌ハ智見ヲ広メ才芸ヲ長ニスルノ場ニシテ全国之人民貴賤ニ不拘何レモ可心掛義ニ候得は、追而各所ニ郷黌ヲ可被設は勿

論ニ候得共差当り平民中志願之者は現今学黌江出席差許候間、勝手次第其掛へ可願出事
一　演武場右同断之事
右之通在町不洩様相達可申事[7]〔新資28－3〕

姫路県は、間もなく各所に郷校を設けることに触れつつ、「才芸ヲ長ニスル」のは「貴賤」にかかわらず心がけるべきことであるから、平民も旧藩校（学黌・演武場）に出席することを認めた。

この触書が出されたわずか二日後に府県統合がなされたので、実効性はなかっただろう。だが身分解放の流れを受けて就学の機会を大きく広げ、管内に呼びかけたという点において、時代状況に応じた県の学校政策の転換としてこれらの触書は重要なものとして捉えられる。

さて府県統合後に誕生した飾磨県は、学制以前より独自の学事推奨を行おうとしていた。県には当初土肥参事が着任していたが、一二月二七日には上級の中島錫胤権令（一八三〇～一九〇五、旧徳島藩士）が着任した。するとまず明治五年一月に学校と演武場に対して、追って処置を下すまで従前の「事務取扱」を行うように達した。また、姫路県以外の諸県から受け継いだ学校や演武場についても「一般之御規則」を定めるまでは、姫路県同様に従前の「事務取扱」をするように達した[8]。

だが二月になると、県は「管内旧県々学校制度区々不一定」のために「暫時閉校」した。これは文部省が「御規則」を達すまでの間に、文部省に先んじて「当県限粗一定適宜之学制」を定めようとしたからであった。県は慎重に事業を進めるために、一度文部省より回答をもらうまで暫定的に閉校したのであった。県は「教育之道」は一日たりとも廃絶することがあるべきではないと考えていた[9]。しかし三月になっても文部省より回答が来なかったようだ。管内には「教育之道」は一日たりとも廃してはならないと改めて強調している。そして「管内限り学則」を設けたいと

文部省に伺っている旨を説明し、「御沙汰」があり次第開校すると布告した⑽。

この後学制発令までの動きは不明である。また、この時に県が想定した独自の学校制度についても明らかではない。とはいえ学制発令直後まで権令を務めた中島錫胤は、次節でみるように即座に学校設置に動いていた。県は学事改良と奨励に対して積極的な方針をもちつづけていたとみてよい。

（二）民間における郷校設置構想

このように県は、学制発令以前より郷校の設置を計画し身分を超えて入学を呼びかけた。他方で、民間の中からも学制発令以前より郷校の設置を呼びかけた事実があったことは注目すべきである。たとえば、明治五年五月に地域の有力者とみられる人物が周囲に郷校設置構想を説いた「郷校開社概言」という次の文書が残されている。

夫人生なからにして貴賤の別なし、成長するニ随ひ教と学ひとニよりて限なき智識をも開き、自ら人ニも勝れ賢智の人とニも仰かれ尊まる事なり、賢者ハ貴く愚者賤しく天地自然の等級有、如何も（と脱）なすへからさるの定理なれとも、従来の旧弊一国内にして人の種類分り門地ヲ以て人を尊ひ尊卑を別ちし事にて、たまたま才あり学ある人といへど門地なけれは□下僚ニ沈み、或は村野ニ老死して人徒ニ憾を呑のミならす、此弊風の為ニ開化の進歩を妨しこと数百年なりしに

御維新の初め断然此（こそ）悪弊を改、門（に脱）地にて人を採るの旧習を一洗し、賢是尊み惟を是挙る道開致したる事ハ実ニ御美政ならすや、係る世に生れ出たる社人生の大幸して難有事なれ、此時ニ当り華士族たる人有素より己か素業をはげみ家門の辱を取らさることく心懸、農業商法を以て生となすの人わ其難有御趣意を厚ク奉載（戴）し家業に余力ある人わいふも更也、聊ケ業の暇な成（衍カ）身ニも心懸に寄てハ学ハるゝ事なれは人の人たる道□申ニ及ハすわか受得たる智識を磨きての尊爵を収め人生の二□栄を窮め、名を海の内外ニも輝さむ事社願ふへき事なれ、是則忠孝の道ニ叶ひ且　皇国富強の大基礎も皆爰ニ生する事ニして　皇恩に報ひ奉るの道は又此外ニあるへ□ん、大小学校の御定ハ追而御規則も被仰出へきなれど此明時ニ逢ひなから徒ニ公の御世話をのみ待居るへき事

ならむや、西洋の法ニ習ひ願くハ速ニ可成社を結ひ近きわたりに一郷校を開き漢洋の栄の学わ更なり、手跡算術等日用手近の学ひ初め天文歴（暦）術地理経済銘々其欲する断（所カ）の学課業も此校中ニ於る成業に至ル如く夫々達学の教師を迎へ盛大の事業を開き　国恩の万一ニも報ひ奉る事社願ハしけれ、是偏ニ有力者の懸力ニあらあら（衍カ）すんは事成功ニ至るへからす、此余輩の諸君子の協心戮力を希ふ所なり、凡校中規則計算賢（皆カ）の衆評を得かため左に書載ス、伏希クハ明裁を待ツト云爾[11]〔新資28－4〕

この文書は円尾貞斉と児玉一欟という人物が出したが、かれらの背景は明らかでない。また、この文書に先だって県の指示や啓発があったのか、もしくはかれらによるまったくの自発性によるものなのかについても明らかでない。しかし県が郷校を設置し学事に積極的な姿勢を示した状況において、地域の有力者の一部にも郷校設立に積極的に動く者がいたということだけは確かめられる。

本来、人は生まれながらにして「貴賤の別」はなく、教えと学びによって「等級」が定まる「定理」であるが、これまでの数百年は「門地」をもって人の「尊卑」を分かつ「弊風」であったと、「郷校開社概言」はいう。しかし「御維新」によってこの「旧習」は改まり、「心懸」によっては「名を海の内外ニも輝さむ事」もできるようになったと称賛する。学に励むことは「忠孝の道ニ叶ひ」かつ「皇国富強の大基礎」ともなり「皇恩」に報いることであると強調している。

「大小学校」についての規則は追って出されるというが、「徒ニ公の御世話をのみ待居るへき事」ではなく、「速ニ結社して近隣の渡りに郷校を開こうと呼びかける。だが「有力者」の協力によらなければ郷校の事業は成功しないので、まずは郷校運営の素案を示し周囲の批評を願った。

政府や県の支援を頼ったり命令を待ったりせずに自力で学校を開くよう呼びかけたことや、身分を問わず「有志の徒」を入学させ西洋の学術を教授しようとしたことについては、後の学制布告書の理論との共通性を持っている。他方で、それぞれの学業と成功の成果を「忠孝」「皇恩」や「国恩」に収斂させる点は異なっている。

文書では右に引用文した箇所につづいて、学問構成や教員構成に関する構想が掲げられている。そこでは、六歳か七歳から入学させること、「支那学」「皇学」に加えて「算学」「筆学」が設けられること、さらには外国人教師を招いて正則（ネイティブ）による洋学を教授させ、助教には通弁や訳書の講習をさせようとしていた。たとえ結社が円滑に進んだとしてもそのままの実施は不可能といえる。だがこの自由な学校構想からは、学制以前より学事推進への積極的呼応の気運と力量が地域の有力者の一部には準備されていたことが見て取れる。

二　学制直後の小学校設置をめぐって

（一）就学告諭と学務体制

こうして県および地域において学事への積極的な姿勢がみられるなか、学制が発令された。太政官布告二一四号学制は明治五年八月二日に発令された。飾磨県は、その到着まもない八月一五日に管内に向けて学校設立を呼び掛ける布告および「諭告」を発した。

学制布告書の但し書きには、地方官が学制布告書に「適宜解釈」を加えてその趣旨を諭すよう記されていた。飾磨県は学制を頒布するにあたって、「諭告」と標題づけられた就学告諭を管内に触れ出した。

諭　告

学校ハ四民教育ノトコロニシテ、筆算語学句読ヨリ万国普通ノ芸能ニ至ルマテミナコ、ニ於テ教授、加之農工商ヨリ有司事ト雖トモ是又学ニアラサレハ研究スルコト能ハス、コレ万国学校ノ設ケアル所以ナリ、今般文部省ニ於テ御規則ヲ被為立、各管内区ニ不学ノ戸ナク家ニ不学ノ人ナキ様被致度御趣意ニ付、民庶ヨリ其旨ヲ奉載（戴）、貧富ヲ不論相共ニ同心協力シテ各区内ニ数ケ所ノ小学校ヲ創立スヘシ、是ヲ小学区ト名ク、四民ソノ子弟ヲ教育スルカ為メニ設クルモノナリ、故ニ成丈ケ官費ヲ不仰一切民費ニテ保護教育ノ方法ヲ相立ヘシ、コレ今日ノ急務ナリ

右之趣正副戸長ニ於而下々江不洩様懇篤ニ説論（諭）致シ先般触渡候通至急見込ヲ相立可申出候事

壬申八月〔一五日〕

飾磨県[12]〔新資28－5〕

「諭告」の内容を学制布告書と比較すると、前代の教育の弊害について批判した中間部分を除いた箇所を要約していた。「諭告」の前半部分は、学制布告書の「其身を立て」という趣旨はやや弱まっているが、学制布告書の冒頭部分における学校および学問の必要性を働きかける箇所と合致していた。また後半の「今般文部省に」以下の部分は、学制布告書の「今般文部省に於て」以下に合致していた。すなわち、「貧富」を問わず「四民」すべての子弟に教育を受けさせることを求めた点、および「官費」を仰がずに「一切民費」にて学校を維持する方法を立てるように求めた点である。

飾磨県は、速やかかつ忠実に学事を推進した。まず、右記の「諭告」と同日の八月一五日に県は、「四民一般布告」という布告を出した[13]。布告では「今般管内一般ニ学区ヲ相定メ中小学校取設候条見込有之ものハ県庁十里内本八月晦日、十里外来九月十日迄ニ無遅延可申出事」とされ、姫路より一〇里以内については八月末まで、一〇里以遠については九月一〇日までに学校設置の見込みを申し出るように命じた。

また県は一一月になると、一五〇から一六〇戸をもって一小学区と定めるように達した[14]。人口六〇〇人あたり一校の小学校を設けるという学制の指針にほぼ合致した形での学校設立を推進しようとしたのであった。加えてこの達で

は、一一月末日までの届け出を町村に求めた。県は同月に「小学校設立大意」という学校設置の指針も示し、寄付金および積金を基に学校を運営するように呼びかけた。県の急進的でありかつ学制に忠実な学事推進の姿勢が見受けられる。

こうした県の学事推進の姿勢を支えた体制や行政の仕組みはどのようなものだったのだろうか。八月一五日の「諭告」などを達した時は学制以前からの中島権令が県の統治にあたっていたが、八月二七日に辞任した。そして二週間ほどの期間をおいた九月一五日に森岡昌純が参事として着任した。右記の通り、一一月になっても県の急進的な姿勢が継続していることからは、首長の交代によって県の学事に関する方針が転換したわけではないことがわかる。森岡については、その県運営の全体的な手法より強権的かつ干渉的な官僚として描かれてきた経緯があった。右記した急進的な学事推進の背景についても森岡の人格からの影響をみることも可能ではあろう。だが、学事に関していえば中島以来の方針が継続しているわけであり、その急進的な学事推進の背景を森岡の人格のみに帰すことはできないだろう。その体制の中身も確認していく必要がある。

まず注目すべきは、学制前後の学事を担った官吏である。学制発令直前であり中島権令末期の明治五年七月時点の学務担当官吏は、新川県（現富山県）士族の大野尚大属（明治五年七月八日任官、一〇等）および静岡県士族の高梨正太郎（明治五年七月一三日任官、一三等出仕）であった[15]。このうち高梨は一〇月に学務担当から離れた[16]。代わって京都府平民の福井太七郎が明治六年一月一三日に一三等権少属として学務担当に充てられた[17]。

以後紹介する学事推進に関わる文書には大野大属の名においての布達もみえる。また、福井は京都府平民とあるが出生は越中富山であった。当時京都府官員として出仕していた福井は大野の知遇があった。そして大野より呼び寄せられたという[18]。明治六年時点で四七歳であった。福井は京都府官吏も務め洋算に長けていた。飾磨県で教員を務めるためには、かれから伝習を受けることが義務づけられていたようだ[19]。福井は官吏とはいえ算術教師としての役割を担っていた[20]。これより飾磨県における学制推進は、大野大属が中心であったといえる。後の史料でも「明治五年八月学制発行ノ時ニ当リ権令森岡氏ハ赴任日浅ク且ツ従前事務ノ錯綜ヲ整理セン為メ学務ノ業ハ専ラ属官ニ委任セリ」とある[21]。

つづいて学事推進の体制について触れたい。学制当初の飾磨県の学事推進における命令系統において地域側の主たる窓口になっていたのは、小区の長であった。飾磨県における大区小区制の実施は、まず明治五年六月二〇日における大区および小区の設定にはじまった。大区は従来の郡とまったく同じとなり従前の一六の郡がそのまま大区として設定された。また大区には実体のある役所や大区長のような役職は置かれず、有名無実であった。ゆえに小区が行政上大きな役割を果たした。小区には集会所と「戸長」が一名置かれた。明治七年七月段階で一二五の小区が置かれた[22]。大抵の場合旧来の大庄屋層が戸長に就いたという。そしてその下に「副戸長」、「副戸長試補」が置かれた。副戸長は戸長の補助として小区あたり三名から四名程度置かれることが想定された。副戸長試補も副戸長と同様に戸長を補助するものであって、小区を構成する村の数に対して必要な限りにおいて置かれた。つまり旧来の自然村の長と同様な地位にあり、庄屋クラスの人物が就いたという。そして、これらの下にさらに五〇戸あたり一名の「保長」や五戸あたり一名の「伍長」も置かれた。

ちなみに明治七年の一〇月から一一月ごろに役職名などが変更になっている。大区の実体がなかったのは従前通りだが、小区の事務所は区務扱所（それ以前には一時「村務扱所」とも称された）と「区長」が置かれ、その下に補佐役の「副区長」一名と「書役」一名が置かれた。そして町村には戸数に応じた数の「戸長」が置かれた。

さて、飾磨県には教育行政の命令系統における地域側の窓口である「学区取締」等も置かれていたが、その存在感は薄かった。県は明治六年四月時点で大区あたり一名、すなわち一六名の「学区取締」を置いた。またその下に「学校取扱方」や「学区取調」といった役職も置いた。明治六年二月には、ある学区が県に教員任命を願い出る（提出先は大野大属）にあたって、明石郡の「学校取扱方」が奥印を付していた㉓。また明治五年一一月には赤穂郡および佐用郡の「学区取調」六名が任命されたという史料が残されている㉔。この史料によれば、学区取調は学校設置や小学区の設定を打ち合わせ調整する役割だったとみられる。こうした記録からは、地方教育行政の担当者が存在していたことは確認できる。しかし学制発令直後期における県の教育関係の布達には、宛名に教育行政関係の職名は含まれていなかった。また、これらの教育行政担当職は実際に機能しなかったようで、学区取調については早くも明治六年六月には廃されていた。また学区取締も明治七年七月に小区の長（戸長）の兼務とされた㉕。

飾磨県における学制当初の学事推進体制は、学務担当である大野大属を主軸として一般行政の系統に重きを置きながら展開されたといえる。

（二）地域からの反応

飾磨県は学制発令を触れ知らすと同時に、早急に学校設置の見込みを申し出るよう管内に「四民一般布告」を出した。この布告に対する地域側の反応はどのようなものがあったのだろうか。残されている史料からは、積極的な反応を速やかに示す者もいれば、反応が鈍い者、さらには県からの督促に形ばかりの対応をする者まで、幅広い反応があったことがうかがえる。

積極的反応

まずは積極的な反応を示した事例を取り上げたい。県の指示に速やかに最も早く反応したのは、姫路城下の士族であった。県の布達には、学校設立に関わる住民からの寄付行為を「奇特」なものとし、その名および寄付した金員を広く触れ知らすことが頻繁に行われていた。記録上最も早い寄付行為に関する布告は明治五年九月の「壬申第九号」

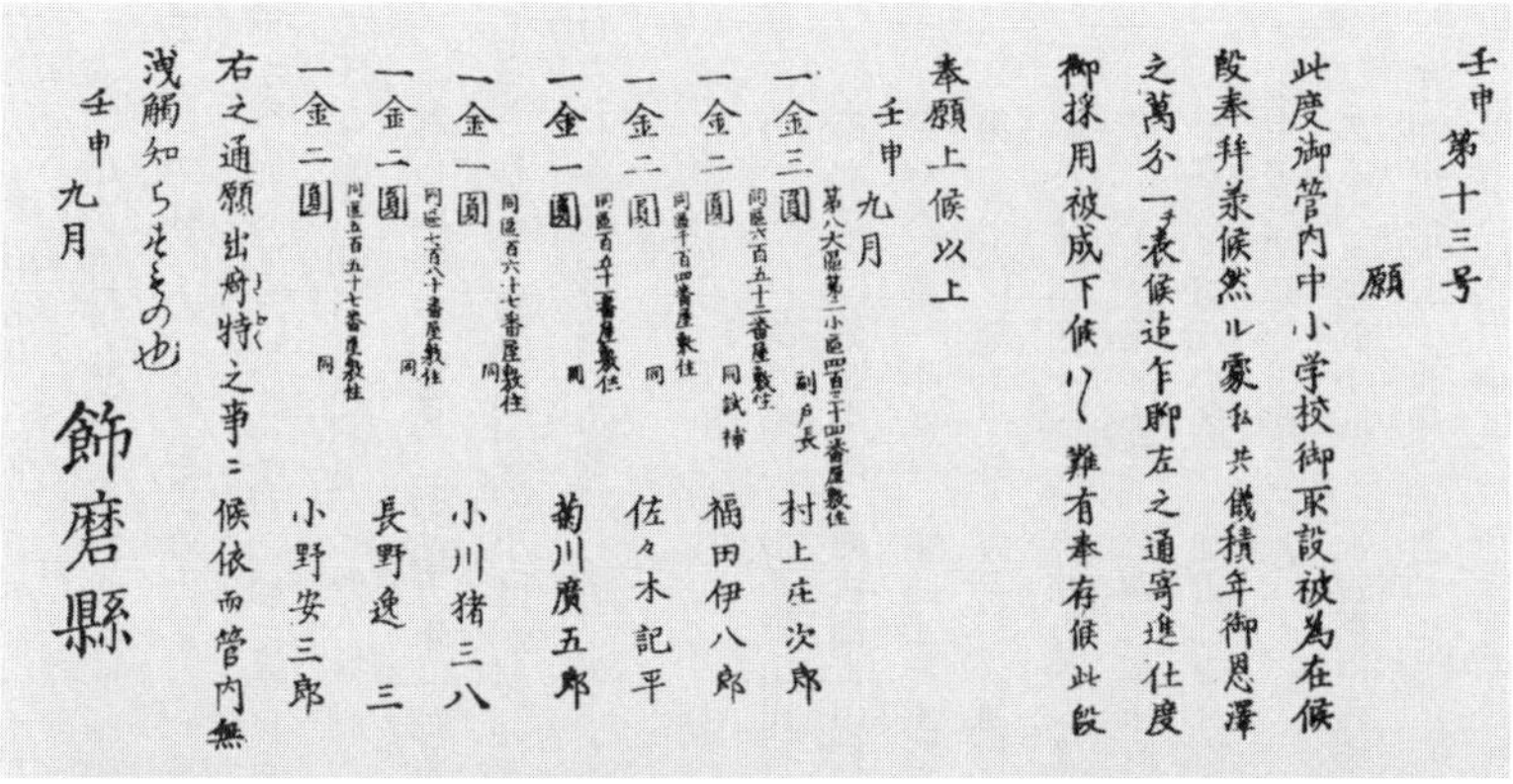

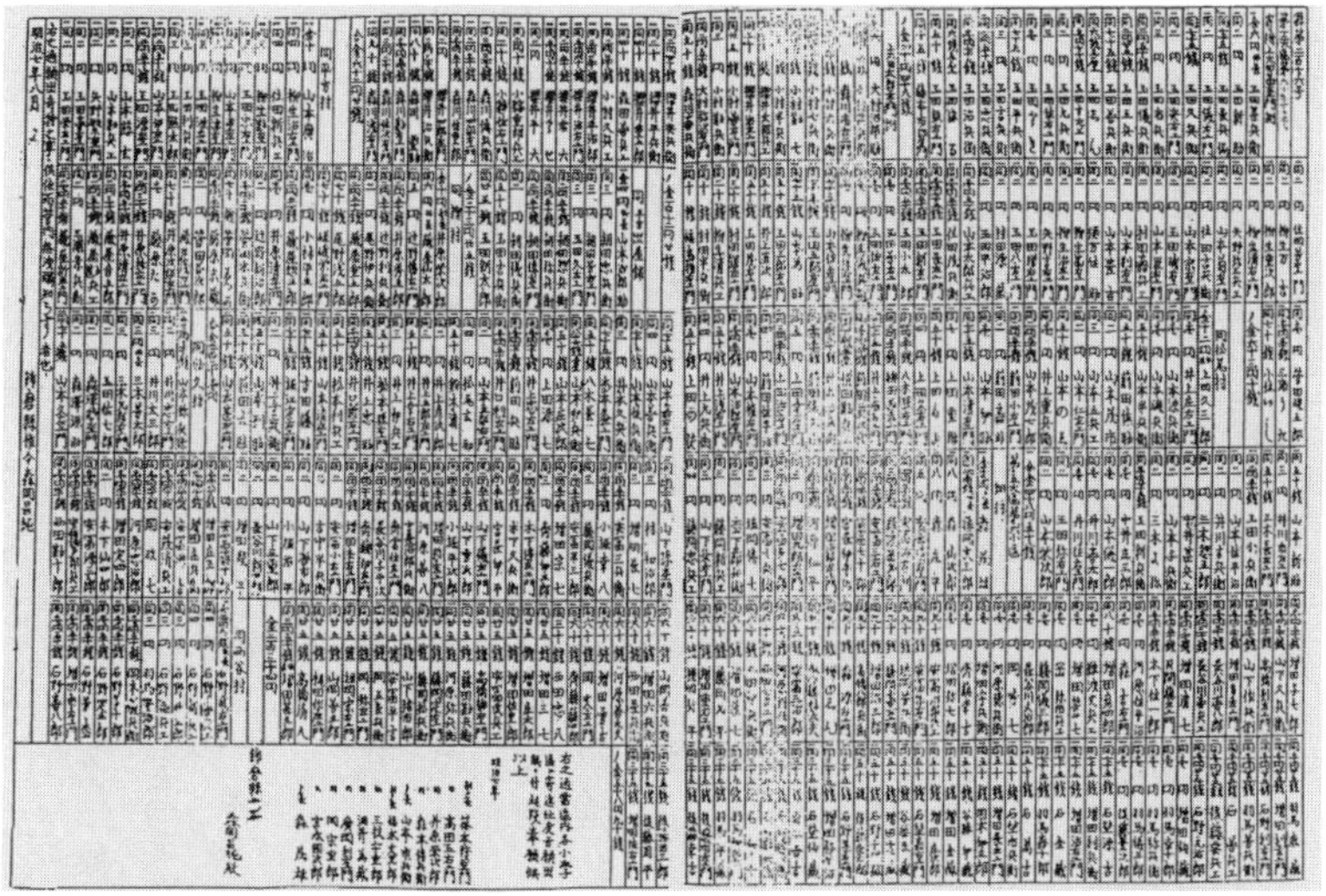

図2　明治5年（上）と明治7年（下）の寄付金人名録の比較（『飾磨県布達一』『飾磨県布達四』より）

および「壬申第十三号」である。「壬申第九号」では姫路城下の士族屋敷地に住む士族二名が、それぞれ米一俵と金一〇〇疋を寄付した。県は「今般中小学設立《せつりつ》《とりたて》ニ付右金米致寄進度段願出奇特《きとく》之事ニ候、依而管内《くわんない》無洩触知らすもの也」とかれらの行為を褒め称えた[26]。つづく「壬申第十三号」については図2の上部をみてほしい[27]。副戸長や副戸長試補が率先して学校設立のために金員を寄付した。かれら「奇特」なる者の名は、木版に刻まれ大量に印刷されて県内くまなく告知されたのだった。

これらに引き続き、明治五年一〇月から一一月にかけて、次に挙げる地区より金員の寄付がされたことが広く触れ知らされた。姫路周辺の小区が多いが、士族集住地や加古川といった町場以外の町村からの申し出もあったことが注目される（括弧内は市制町村制下の主な自治体名[28]）。

壬申第二五号　壬申一〇月

第一三大区第八小区　揖西郡山田村など（余部村・御津村）

第一一大区第四小区　飾西郡青山村など（高岡村・安室村・余部村）

第八大区第一小区　姫路士族屋敷地（姫路市）

第一六大区第一小区　宍粟郡皆河村など（富栖村・安師村）

第八大区第四小区　姫路町内（姫路市）

第一一大区第五小区　飾西郡延末町など（津田村・手柄村・荒川村）

第六大区第三小区　加古郡寺家町など（加古川町）

壬申第三四号　壬申一〇月

第六大区第五小区　加古郡中西条村など（八幡村・加古新村）

壬申第三九号　壬申一一月

第六大区第二小区　加古郡備後村など（尾上村・別府村）

寄付行為および寄付者を管内に広く知らせて誉め称えるだけでなく、県は国からの褒賞を引き合いに出した学資寄付の奨励も行っていた。明治六年六月七日に大蔵省宛てに金穀を寄付した者に「御褒賞」を下されるように上申をした㉙。

文部省は明治六年二月一二日の第一四号にて有志が学資献金した際は委細を届け出るように達した。県はこの達に基づいて寄付があった事実について文部省に届出をしていた。明治六年六月の「県第二百十号」では「子弟教育の道を相扶け候ハ冥利にも相叶ひ甚奇特の」至りであるので、「是迄寄付金等差出候面々ハ多少を不分文部省へも御届に及ひ置候」と告知した。そして「文部省伺済」を受けた県は、小学校建設につき一〇円以上の金員を寄付した者に対して、一〇円につき二五銭の割合の褒賞を下されるように大蔵省まで願い出たのであった。『飾磨県史料』には、寄付者の人名録が残されている。そこには第三大区（現加東郡）を中心とした約四五〇人に上る一〇円以上の寄付者が挙げられている㉚。たとえば、印南郡大塩村（現姫路市）では三六名の寄附者の名が挙がっているが、戸長一名、副戸長二名、副戸長試補二名の他は役職名がない者であった。三六名の数は村全体にすれば一部かもしれないが、役付きの者以外にも寄付の拡がりがあったことがわかる。県の伺いに対して大蔵省は、明治六年八月三一日に追って盃を下渡すると回答した㉛。そして後日に、寄付額に応じて銀杯もしくは木杯が下された㉜。県は国からの賞与という栄誉をも引き合いに出して、学事への地域の積極性を引きだそうとしたといえる。

さて、飾磨県の布告で奇特なこととされた学事推進活動は寄付行為に限られない。さらには、自宅にて自力による学校開業を申し出る者もいた。たとえば、第三大区第九小区（現小野市）の林忠左衛門は、明治五年一一月に自力での自宅開業を願い出て聞き届けられた㉝。林については「学制御改正各区建黌之御趣意ヲ速ニ奉戴」して「奮励」したことが「衆庶ニ先チ」た「奇特」だとして褒め称えられた。また、自宅での学校設立を強く勧めた副戸長試補の妻の言動を称えた戸長による建言を布告本文に付して管内に知らせた場合もあった。

壬申第五十一号

第六大区加古郡第八小区　副《ふ（ママ）》戸《こ》長試補《ちようしほ》大澤村《おほさわむら》農《のう》大辻理平《おほつぢりへい》妻《さい》つぎ儀、今般各区《こんはんかくく》■■■小学設立《せつりつ》《とりたて》学問《がくもん》の急務《きふむ》《いそぐ》にして暫時《ざんじ》《しばらく》も不可忽《ゆるかせにすべからざる》の厚《あつ》き御趣意《ごしゆい》を速《すみやか》ニ奉体《ほうたい》し、殊《こと》に其居宅《そのきよたく》を以て学校《がくかう》ニ取用《とりもちひ》度旨懇々《こんこん》《ねんごろに》夫《おつと》の心を勧奨《くわんしやう》《はげます》して会所へ申出候趣、其志《そのこころざし》世《よ》の婦人《ふじん》に超越《てうえつ》し及び今日の模範《もはん》《てほん》とも可相成儀奇特《きどく》之事ニ付別冊写《べつさつうつし》相添《あひそへ》管内無レ洩触《ふれし》知らすもの也

壬申十一月

飾磨県参事森岡昌純

建言

第六大区加古郡
第八小区大澤村
副戸長試補
大辻理平
妻　つぎ
当申三十七歳

今般各区小学校を可設立《せつりつすべく》《とりたて》御布告《ごふごう》を遵奉《しゆんほう》《まもり》し各協議《おのおのけふぎ》《あひだんし》之上速《すみやか》ニ第一第二ハ建黌《けんこう》ニ相及ヒ第三学区内《がくくない》大澤村《おほさわむら》ハ置《ち》校便宜《かうべんぎ》《がくかうをおくニよき》の地《ち》ニ候得共、相当《さうたう》の場所《ばしよ》無之彼是遅延《かれこれちえんちえん》ニ相成候處、理平儀種々尽力周旋《しゆしゆじんりよくしうせん》《ほねおり》致し因循《いんしゆん》ニ経過《けいくわ》すべき時ニ非《あら》ずと歎息《たんそく》の余《あま》り妻《さい》つぎニ商議《しやうぎ》ニ及候處、其妻の曰方今《はうこん》朝廷《てうてい》より庶民《しよみん》の智識《ちしき》を開《ひら》き各《おのおの》其所《そのところ》を得《え》せしめんとの篤《あつ》き御趣意《ごしゆい》感戴《かんたい》ニ余りあり、殊《こと》ニ便宜《べんぎ》乃地《ち》ニ際《さい》し候段大幸《たいかう》の事ニ候間自宅《じたく》を以仮小学校《かりせうがくこう》ニ当《あて》られ候様強《しい》て相勧《あいすゝ》め候ニ付、理平も其志ニ随《したが》ひ集会所ニ於て右始末《しまつ》を語《かた》り御採用《ごさいよう》ニも相成候ハヽ、愚妻《ぐさい》の喜《よろ（ママ）》び不過之《これニすぎず》段懇願《こんぐわん》いたし候、元来区内《ぐわんらいくない》人民共頑固《ぐわんこ》にして文明開化《ぶんめいかいくわ》の公議《こうぎ》を不弁《わきまへず》建校の美事《びじ》《よきこと》を誹謗《ひはう》《そしる》いたす者不少《すくなからず》、況《いは》んや婦人《ふじん》ニ於

るをや、つぎ儀衆庶《しやうしよ》《ほうほう》ニ独歩《とくほ》《さきだち》し其志《こころざし》の善美《ぜんび》なる事実《ことじつ》ニ感激《かんげき》に堪《たへ》す、依之乍恐言上仕候以上

明治五年壬申十一月　戸長　今里已南　印〔新資28－6〕

戸長による建言部分では、すでに小区内で二校の小学校設置が決まったのに自らの小学区では適当な場所が決まらず設置が滞っていることに、大沢村副戸長試補の大辻理平は困っていた。そんな夫に対して「朝廷」からの学制発令に感じ入っていた妻のつぎは、自宅を小学校に充てることを強く提案した。理平もその提案に従い、小区の採用するところとなったという。この経緯について小区戸長の今里已南は、住民には文明開化の意義を理解せずに学校設立をはじめとする諸事業を「誹謗」する者も少なくないにもかかわらず、女性であるつぎが、他に先んじて文明開化を深く理解していることに感激したことを申告した。この建言を付した布告本文は、学制の趣意を「奉体」した「今日の模範」たる「奇特」な者として誉め称えた。

このように学制当初より地域の一部には積極的な呼応の動きがみられたことがわかる。そして県は、そうした行為を模範的な行為であり奇特なものとして広く知らせ誉め称えることを通して、さらなる積極性が引き出されることを期待していたといえよう。

消極的反応

しかし、こうした県の宣伝が繰り返されたことの裏を返せば、地域には県の思うような学事への積極性を示さない者も少なくなかったということである。実際に、県の刺激に対して鈍い動きしかしない、もしくは都合よくやりすごすような動向もみられた。次の史料をみてほしい。

先般其区々エ巡廻学校取設之義相達置候処千々（干今カ）何等之義も不申出、小前末々迄御趣意貫徹候哉否之程も難斗、彼是延日ニ相成、甚不都合ニ候間、別紙雛形之通リ相認正副戸長ハ勿論保長ニ至迄無洩調印致し、御用之度匆々可差出、此旨相達候事

但至急建黌方法相立是又可申出事

壬申十月十四日　　　　学校掛

大野大属

十一第区より十五第区迄

右刻付ヲ以相廻し止リヨリ匆々返却可有之事

差上申御請書之事

一　今般学校御創設之

御趣意篤ト御説諭之旨一々承知奉畏候、早速小前末々迄無遺漏御趣意貫徹候様私共ヨリ委曲申諭、速ニ学校相設ケ万端御指揮ヲ相受一般学ニ従事可為致候、依之御受書奉差上候、以上

――――

――村保長

――副戸長試補

――副戸長

――戸長

大野大属殿(34)

この史料からは、県からの学校設置の見込みを申し出るように地域に布告した「四民一般布告」の趣旨が、必ずしもこれまで取り上げてきた事例のようには浸透貫徹していなかったことがわかる。大野大属は学制および「四民一般布告」を達しても何ら反応がないばかりか、その趣旨が「小前末々」まで貫徹しているかどうかもわからないまま日にちばかりが過ぎていることを嘆いている。そして地域の町村に学制および「四民一般布告」の趣旨が「小前末々」まで説諭されたこと、および学校設置の指揮を執り学校設立の見込みを立てることを確約させるために、「別紙雛形」に示されている小区および各町村の代表者の念書を取り付けさせた。

しかし、雛形のある形ばかりの念書を回送したところで、果たしてどれだけの督促の効果があったのかは定かではない。「小前末々」までの説諭にしろ、実際に趣旨が貫徹するまでの粘り強い説諭がなされたのであろうか。その情報は、住民の目と耳にどれだけ届いたのだろうか。

飾磨県が発した布達のなかには、学事に限らず地域への命令徹底を求めるものが少なくなかった。県は明治七年五月に第一〇八号として「民間配達方順次」という布告物の配布普及の徹底を求める布告を出した。頭書きでは次のように述べている。

従来布告物普及致さゝるより第一

朝旨の在る所を了解せす随て頑陋の風相改まらす愚民共に至てハ知らすしらすに犯則の罪に陥り候輩間々有之実に憫然之至に候、依て今般更に詮議を尽し於庁中其掛りを置き専ら布告之事に従事せしめ候、就而ハ民間配達方別紙之通相定候條各此旨を了得し不都合無之様可致候此段及布達者也(35)

文の冒頭にあるように、発した布告物が必ずしも普及していないことを県は問題視していた。命令の趣旨を理解せず従前の風俗が改まらないばかりか、命令が届いてさえいない住民は知らず知らずのうちに法を犯すような場合があることを歎いた。県は「民間配達方順次」を定め、情報伝達の徹底のために以下のような対策を取った。まず布達がある場合は、小区戸長から選ばれた県庁在勤の戸長（庁詰戸長）が遅延なく布達を配布する。布達を受ける側の各小区では戸長もしくは副戸長より「布告掛り」を一名置いて責任を負わせる。届いた布達は小学校にて「説示」された。そして教員（学校掛と呼ばれた）が、戸長らの立会のもとで毎月一〇日に「布告説示」をする任を負うこととなった。小区内各町村の代表者にあたる保長は各戸一名の「説示」への臨席を求めた。また布達は学校に三〇日間掲示されるだけでなく、各戸へ配布されることも求められた(36)。なお本論の主旨からすこし外れるが、教員が児童への教育だけでなく地域への情報伝達者としても期待されたことは、後の時代とは異なる当時の教員に課された役割を考える上で重要である。

さて、小区の長などの代表者たちは、「民間配達方順次」が出たことでそれまでの命令に対する厳格適正でない態度（適当な態度というべきである）を改めたのだろうか。県は翌年の明治八年二月から三月にかけて二点の布達を出した。二月一〇日に出された「丙第二十八号」では、布達類は「順布之都度速ニ部内回達」しなければならないにもかかわらず、「中ニは其手数ヲ厭ヒ数日分取束一時回達候向も有之」ことは「職掌上無謂事」であるので「向後右様心得違無之様速ニ回達部内普ク了承候様注意」するように命じた(37)。また、三月三〇日に出された「乙第百五十二号」は次のように布達した。

諸達布告ヲ普及セシムルハ区戸長共職務上之至要人民ニ在テハ関係甚大ノ件ニテ是迄度々指令ニ及フト雖モ、即今猶掲示所体裁ヲ初メ説示等ニ至ル迄式ニ戻り等閑ニ打過候向モ有之趣ニ相聞如何ノ事ニ候、猶又此度左之廉々改メテ相達候間厚注意可致候、以後時トシテ官員出張実地検査ニ及可ク万一其節旧ニ依り相改メサル者於有之ハ屹度処分ニ及儀モ可有之候条此旨預テ相達候事

〔中略〕

説　示

定日　五ノ日

時間　午後第六時ヨリ八時マテ説示畢ツテ猶ホ余暇アラハ諸新聞紙ヲ説聞スヘキ事

説示人幷拝聴人ノ姓名ヲ記スヘキ事

但一ケ月纏メ布告挂へ差出事

境界ヲ定メ男女席ヲ異ニスヘキ事㊳

これまで「度々指令」してきたにもかかわらず「民間配達方順次」が「等閑」に付されている状況を問題にしている。対策として「時トシテ」官吏が「出張実地検査」することで布達説示の徹底を図ることについて、処分をちらつかせながら宣言している。さらにこの布達では、「説示」の際には「拝聴人」の姓名を記し県に提出するように求めた。

一見しただけでも、とうてい実現困難な策が提示されているあたり、小区や村の代表者には情報伝達に忠実ではない者が少なくなかったこと、および住民に至ってはどれだけ情報が伝達されているのかさえおぼつかない状況だったことが見え透いてくる。

このように県は、現実には政策の円滑な実施に困難を抱えていた。とはいえ、学制発令早々からの学校設置の督促

が曲がりなりにも功を奏したのか、明治七年一月の時点において県内で八五八校もの開業願書が文部省まで届けられたという(39)。だが、これは学校普及の実態を示したものではなかった。学校の形ばかりの設置や水増しといえる手段を採り、県からの厳格な学制実施と学校設置の督促をやりすごす小区があったようだ。

県もこのことに気づいていないわけではなかった。先に取り上げた明治六年六月の「布達二百十号」で県は、次のように述べている。

学校建置の儀ハ太政官より委細の御達これあり、人々知識を開き産業を盛昌ならしむる難有　御主意なるハ各々承知の事にこれあり、猶又先般当県にて説得に及ひ候次第も有之所何れも　御主意を奉し爾来各区内に於て夫々開校に相成り一段の事に候、然る處中にハ名のみにして実未た相行ハれ兼候向も有之哉に相聞へ如何の事に候、今一層尽力を以て早々実効を奏し候様厚可相心得事(40)（以下略）

学制布告書の趣旨に従った学校開校が進んでいることを肯定的に理解する一方で、なかには「名のみにて」実質が伴っていない学校もあることに注意を促していた。ここで県が注意しているのは設立された一校ごとの教育の質の問題である。右記の引用につづいて、県は各小区の正副戸長に対し学校の「盛衰興廃」はかれらの「尽力と不尽力とに依る」ので、学区取締に頼らずに「勉励を以て時々立廻り取締り共と協力いたし保護周旋」するように自発的努力を求めた。さらに布達の末尾では「追々文部省より検査の為め官員出張之趣御達有之且当庁よりも時々巡廻を以見分を可遂候条、其節名実相違の儀有之候てハ不相済儀に付不都合無之様予め相心得可申事」と述べ、外からの圧力もちらつかせながら地域が学事推進を引きだそうとした。

しかし小区によっては、県がここで指摘しなかったような設置状況もみられた。たとえば、飾東郡松原村（現姫路市）は、戸数三六四戸と人口一五八七人を数え、立業・成身の二校が設置された。ところが明治七年の書上げをみると、両校合わせた生徒数が五二名とされているのに対して、成身学校のみの分として記された生徒数もまた五二名と同数であった。実際には両者は名のみ別立てとされ、実体は同一であったといえる。(41) また揖東郡新在家村（現姫路市）は、明治七年頃には学齢児童三六六名、うち就学児童数二〇三名という多人数を抱えていた。そのため名目上は村内を三小学区に分かち、旭洋、揖港、亀淵の三校を置いた。だが学校についての書上げには教師一名、助教一名のあわせて二名しか教員がいなかった。つまり、村に一校のみが設立されたか、複数あったとしてもそれぞれ独立したものではなく、村で全体としてまとめて経営されていたものであったとみられる。(42)

さて、先に県の学事推進に対して地域のなかに積極的姿勢がみられたことの傍証として、学資金寄付者の事例を挙げた。かれらは奇特な者として誉め称えられ、さらなる学事推進の手段として活用されていたが、そうした県の手法は明治六年になっても継続した。学資寄付者を褒賞する布達が、明治六年から明治七年にかけて、寄付元が判明する分のみで次に挙げる数だけ出されたことが確認される。(43)

明治六年四月県第一三六号　第三大区第八小区
明治六年五月県第一四五号　第三大区第一小区
明治六年五月県第一七〇号　第三大区第五・第六・第七・第九小学区
明治六年一〇月県第三二四号　第一一大区第五小区
明治六年一二月県第四一五号　第一大区第二小学区・第四大区第一小学区
明治六年一二月県第四三六号　第四大区第五小学区
明治七年二月県第一四号　第六大区第六小学区
明治七年三月県第六八号　第二大区第五小区
明治七年五月県第一一一号　第七大区第七・第二小学区外

明治七年五月県第一一三号　第一二大区第七小学区外（前欠）
明治七年六月県第一一四号　第五大区第三小学区外
明治七年六月県第一三七号　第五大区第二小学区
明治七年七月県第一六三号　第五大区第二小学区外
明治七年七月県第一八七号　第一二大区内各小学区
明治七年八月県第二一六号　第一二大区第六小学区・第五大区第六小学区
明治七年八月県第二一七号　第一二大区第六小学区

しかしながら、明治六年以降のこの種の布達には明治五年のものと大きな違いがあった。先に紹介した明治五年の布達については、寄付者として名が上がっているのは小区や町村の住民の長などの代表的な人物が主であった。それに対して、明治六年以降の布達については、町村内のほぼ全ての戸から寄付者が出ていた。たとえば明治六年一〇月の第一一大区第五小区（飾西郡・現姫路市）の各村についていえば、亀山村は八五戸中七九人、飯田村は四五戸中四二人、栗山村は五〇戸中四四人、町坪村は七五戸中六五人、井ノ口村は四九戸中一九人、苫編村は八四戸中六五人、付城村は三五人中三〇人が寄附者として名が挙げられていた。金額の多少はあるが、ほとんどの家が寄付に応じていた。㊹なかには積極的に寄付に応じる者もいたには違いないだろうが、ほぼすべての家の子どもが学校に通学したとはいえない時代を考えても、寄付をすべきという表向きの規範が存在するなかで渋々寄付に応じた者も少なくなかったのではないだろうか。先に取り上げた図2の上部と下部を見比べての通り、明治五年の布達と明治六年以降の布達の形式も大きく異なっていた。寄付者の数イコール県の施策の浸透度の高さとまで判断することには慎重にならざるをえない。

三　小学校設置推進の修正

（一）問題の露呈と実質化のための対策

以上みてきたように、学制当初の積極的な学事推進は、一方で地域からも積極的な反応を呼び起こしたが、他方では形ばかりの学校設置、校数の水増しや名ばかりとみられる「寄付」といった消極的、表面的な反応ももたらした。先に記したように学制当初の学事を推進したのは大属の大野尚であったが、明治七年になると地域における実質を伴わない学事定着状況が問題視されたようだ。大野は明治七年六月に免官され、これ以降、学事の実質化に向けた修正が加えられていった。

督学局より大視学の奥田栄世と中書記の赤川知機が第三大学区の巡回として、明治八年五月中旬に飾磨県の視察に訪れた㊺。その際の報告が『文部省第三年報』に「督学局年報一」として掲載された。ここに前後の経緯が記載されている。

先に紹介したように、明治七年一月の段階で森岡権令名にて八五八校の小学校開業願書が文部省まで提出された。ここに記された生徒、教員ほか書籍器械等の設備、かつ資金維持の方法について、文部省として感心せざるをえなかったという。そのことを思い、期待感をもって飾磨県を巡視した督学局員は、現実を目の当たりにして失望を禁じえなかった。

而シテ今其実際ニ臨ミ之ヲ推問スレハ明治七年一月ノ開業願書ハ到底有名無実ナルヲ免レスシテ同年ノ統計ハ大ナル違算ナリト云ハサルヲ得サルナリ、蓋同県官員ハ明治五年ノ発令ニ応シ学制ノ公規ニ則トリ人口戸別ヲ計リ学区ヲ区画シ区戸長取締ヲ促シテ学校ヲ建設セシメタリシカ、民力ノ堪ルヤ否ヲ計ラサリシヲ以テ区戸長等ハ一時ノ呵責ヲ免レン為メニ一校ノ門柱ニ二三或ハ四五校ノ標牌ヲ掲ケ適宜ノ名称ヲ付シテ主務ノ官員ヲ欺ケリ、故ニ官員ハ其虚標タルヲ察セス徒ニ名称ノ数ヲ算シテ遂ニ文部省ニ開業ノ許可ヲ請フニ至レリ、是レ其違算ヲ統計ニ来ス源因ニシテ予等ノ失望スル所以ナリ、凡ソ事此ノ如ク政府ノ情民心ニ徹セス人民ノ欺罔官吏之ヲ察スルナクンハ其事果シテ如何ソヤ(46)

つまり、大野らの官吏が学制に則った学事推進を積極的に行ったが、町村では対応に困っていた。町村は「一時ノ呵責」を免れるために一校の門柱に数本の名ばかりの標牌を掲げ、あたかも学校が県の指示の通りに設立されたように装った。官吏のほうは、虚飾された学事推進を真に受け、そのまま文部省に申し出ていたという。先に紹介した場当たりで名ばかりの学校設立が、事もあろうか督学局員の目に触れてしまった。督学局員があえて報告に記したあたり、名ばかりの学校設立が例外ではなかったことをうかがわせる。

大野尚は明治七年六月五日に免官された。また知遇のあった同僚の福井太七郎も同年八月一三日に職を免ぜられた。そしてかれらに代わって、六月二五日にそれまで吏生であった久保春景が学務担当の官吏に任じられた（一五等）。久保は森岡権令と同じ鹿児島県出身の士族であった。久保は森岡の信任を得たようで、一年後の明治八年一〇月には、早くも一一等に昇任した(47)。久保はその後、一八八二年には飾磨県が廃された後に森岡が権令（のち県令）として異動した兵庫県の御影師範学校の校長となった。八四年には文部省権少書記官、八八年には文部省大臣秘書官（奏任三等）にまで出世した。人事を刷新したことからも、森岡が学事の実質化のために方針転換を図る強い意図があったことが推察できる。

県は明治七年六月より速やかに実地調査に入った。すると督学局員が記述した問題を発見した。県は官吏を派遣して「虚名ノ標牌」を除かせて、実質を得させようとしたという(48)。明治七年一〇月には文部省に伺い出の上で、官吏を派遣し実地の景況に応じて学校の再編に乗り出した㊾。だが明治八年三月には文部省に次のように申し出て聞き届けられている。

学校統計表等之儀ニ付願学校統計表之儀本月中可及御届之処、本県小学建設之法区分煩砕或ハ数十戸ニシテ壱校ヲ置クノ類有之、却テ無益ノ入費ヲ来シ候ノミニテ不都合ノ廉不少候ニ付、昨七年伺済之上即今実地検査、風土人情ヲ掛酌シ或ハ併合シ或ハ分離シ将来適宜之方法取調中ニ付、不日成功之上一層精密ノ統計表ヲ製シ井本年第一号御布達ノ件々ヲ添テ及上申度候ニ付、何卒特別ノ御詮議ヲ以来四月十日迄日限御猶予相成度、此段併セテ相願候也

明治八年三月廿九日

飾磨県権令森岡昌純代理
飾磨県権参事岡崎真鶴

文部大輔　田中不二麿殿

願之通
明治八年四月九日㊿

調査に予想以上に手間取ったようで、飾磨県は『文部省第二年報』に掲載すべき統計表を期日までに提出できなかった。結局、『文部省第二年報』の「小学校表」には、全国で唯一、飾磨県の学校は掲載されなかった。後に提出できても印刷に間に合わなかったか、そもそも提出できなかったのである。

学校の実地調査と再編推進を梃子とした学事の実質化は、明治八年以降も推進された。その過程にある明治八年一一月二日に、県は丙第七八号を達した。

従来学校ノ設ケ其方法ヲ得サルヨリ自然萎廃振ハサル様立至リ候ニ付、更ニ将来ノ隆盛ヲ期シ学費賦課方法ノ事ヲ始メ学区改正ノ為メ不日掛官吏ヲシテ各区エ派出セシメ候様兼テ学務課ヨリ及打合置候心得書及雛形等ニ倣ヒ諸事取調置可申、尤学区組合ノ儀ハ土地ノ形況ニヨリ一概ニ論シ難ク候得共、或ハ戸数三百ニ満タサル時ハ仮令七銭八銭ヲ賦スルモ到底校費価ヒ難ク三百戸以上五百戸ニ至レハ利用方法ヲ可得其実戸数ノ多キヲ要シ候ニ付、可成合併ヲ謀リ衆力維持益学事旺盛ニ至リ候様遂協議尽力可致此旨相達候事(51)

県学務課は実質向上の手段として学区改正を行うねらいで官吏を各小区に派遣することを告知していた。また現物は確認できていないが、学務課は学区改正のための「心得書」および「雛形」などを用意し各小区に送付した。そして各小区は官吏の来訪に先だって諸事の調査を行うことにされていた。ここで重要なのは、小学校の設立単位が三〇〇戸から五〇〇戸が適切だとされていることである。学制に忠実に則った従前の方針では一五〇戸を単位とすることが命令されていたが、その設置単位では「自然萎廃振ハサル」ものとなり実質向上につながらなかったと県は認識していた。県はその経験を踏まえて従前の二倍以上の設置単位による学校設置を求めた。

さらに明治九年六月二一日には、県は乙第五四号にて自ら学区域を提示することになった。乙第五四号では明治八年一〇月の段階で県による学区域指定の方針が決定していたと明記されていた(52)。右記の明治八年一一月の布達は、学区域調査の一環も兼ねていたものだったとみられる。

以上のような学区改正を実質化するには地域側の体制が整っていることが不可欠であるが、県は同時期に地域側の体制を整理、強化する施策をしていた。明治八年七月に小区の大統合を行った。町村を単位として戸長（明治七年秋までは保長）を置くなど、行政組織の末端としての自然村を否定しなかった飾磨県では、新設された中間組織である小区は統治機関としての機能というよりも中継機関としての機能が重かった。当時の職制によれば、戸籍、徴兵事務や区費の賦課徴収は町村の長である戸長の責任とされ、小区の長である区長はそれらの事務の指揮や監視などを担うにすぎず、行政の実質化は町村に依存していた。県は中間組織の効率化のために小区の統合を行った。第八大区（飾東郡）は一一小区が三小区に、第一一大区（飾西郡）は六小区が三小区に統合されるなど、各大区とも二から四の小区に統合された(53)。

この小区統合の翌月の明治八年八月三一日には、一時区長（明治七年秋までは戸長）が兼ねるものとされていた学区取締が、再度専任とされた（乙第四二五号）。小区の合併によって区長の職務が多忙になったためである。もっぱら学事を扱う学区取締は、一般行政職とは異なり大区単位で置かれた。学区取締は準一三等（月給一五円）、準一四等（月給一〇円）、準一五等（月給八円）に位置づけられた(54)。その後の学事関係の布達では、学区取締が区長とともに宛名に含まれるようになった。

さらに翌月の九月二四日には「学区取締職制」（乙第二七号）が定められた。学区取締は「明治五年七月太政官第二百十四号布告の趣意を体認し専ら学制に」基づきながら、区長や戸長と「公平平和」な「商議」をして学事の推進に尽力するものされた（第一条）。また、就学の「勧諭奨励」をするとともに（第二条）、学区の聯合を先導することも職掌として定められた（第四条）。県の学区再編の意図を円滑に進める役割を期待されたことが明確である(55)。また「公平平和」な「商議」を行うことが職制に込められたのは、学区の聯合などの学事の実質化には県と町村との、また町村間の軋轢が起こることが想定内だったからであろう。

他方で学区取締が「公平平和」な「商議」を行う相手とされた区長の職制も明治八年九月一三日に改正された。改正布達では「区内之教育ヲ普及スベキ事」が区長の職制の一部として位置づけられた（第一〇章）。区長も学区取締と同様に「太政官第二百十四号布告ノ旨ヲ体認シ、専ラ学制ニ基キ教育乃普及ヲ謀ルベシ」とされたり、区内の学齢児童の「勧諭誘導」をすべきとされた。そして学事に関わる事務は「全テ之ヲ学区取締ニ商議」するものとされ、「互ニ公平共和ヲ旨トシ同心協カスベシ」とされた。ここでも学区取締と区長との協力が強調されていた㊽。

なお、寄付行為等を「奇特」なものとして布告することでさらなる地域からの積極的反応を引き出そうする学事推進の方法は、久保の任官後はとられなくなった。また明治七年八月には布達一九七号が出された。資本金の原資となった寄付金額は名目ばかりであって実質は必要経費のみを利子として毎年納入する形の学校維持方法が各地で横行していた。これに対して、寄付金を年賦で納入させて任意に処分することを禁じ、年々学資を蓄積していくことで永続的な学校維持を図らせた㊾。ここからも、大野の免官と久保の任官を境として学事推進の実質化が進められたことがうかがえる。

（二）地域からの反応

県による学区再編に対して、地域はどのような反応をみせたのだろうか。ここでもやはり積極的な対応から形ばかりの対応まで、いくつかの対応がみられた。

県からの指導に速やかに対応した事例として、小区再編前の第八大区第一〇小区（現姫路市）の上申の控が残っている。

> 小学校改正ニ付御請書
>
> 〔中略〕
>
> 右は今般実地検査之上学区改正仕候上は後日故障之筋無之、将来進歩之程厚ク尽し、追テ学校建築之儀モ精々尽力手段可仕候、依之御請書奉差上候、以上㊿

該当の村では、実地検査にしたがって学区改正したことを申し出、将来の質的向上および学校新築にむけて尽力すると述べた。この事例は円満に学区再編が進んだ例とみられる。だが、学区再編の指導に対して大きな混乱に陥った地域もあったようだ。明治八年五月二八日に県は各小区に対して次の布達を出した（乙第二六四号）。

先般掛官員派出各黌ヲ検査セシメ地形人情ヲ斟酌シ合併、分離各相当之所分ニ及置候所、如何誤解候ニヤ強テ各校ヲ促シ候ヨリ、其際苦情有之哉ノ趣相聞ヱ如何ノ事ニ候、畢竟校数ノ多キハ美称スヘキ儀ニ候得共、或ハ四十戸ニ壱校。百校ニ弐校有之、徒ニ費用ニ堪兼候ノミニテ隆盛ノ期無之、有名無実ニ属シ不都合ニ而右様ノ分ノミ数町村組合壱校建設スヘキ儀ニテ、一概合併ヲ主トシ候義ハ毛頭無之筈ニ候条、万一誤解自今不都合有之向は特別之可及詮議候条、此旨布達候事

但分校願出候而モ費用課出ノ方及永続ノ見込無之トキハ難聞届候事(59)

これは、官吏を各地に派出して学区再編を指導した際に地域の側が過剰な反応を示した場合を指摘したものといえる。布達によれば、官吏が「地域人情」に合わせて学校を分離併合することで学校を適正規模に整理して質的向上を図るように指導した。ところが、なかには県の指導を機械的に適用し強制的な学校の併合を進めようとした事例があり、地域に不満が噴出していたことがうかがえる。但し書きにあるように「永続ノ見込」を立てることが目的であり、学校の併合は手段であった。しかし県の意図を読み誤り、学校併合を自己目的化してしまった地域があったという。ただ、これは県側の言い分である。実際には県の官吏自身が学校併合のねらいを前面に押し出し、強硬に指導していた可能性もありえる。そのように考えた場合、この布達には県の強硬な指導による予想以上の地域の混乱を鎮静化するねらいがあったということもできる。

すでに紹介した、一小学区あたりの適正戸数が三〇〇戸から五〇〇戸であると数値を示しながら説明した明治八年一一月の丙第七八号は、明確な基準を示すことでこのようなトラブルが起こることを避けたものとみられる。さらに明治九年になると県が小学区を指定するようになったのも、上から学区を指定してしまうことで学区再編を円滑に進

行させるためであったと考えられる。

そして、この時もやはり、県の指導に反応が鈍かったり、形ばかりの反応を示したりする地域もあった。県は明治九年七月一三日に乙第二七七号として次の布達を出した。

各学区合併の儀に付先般乙第五十四号を以相達候次第も有之候處、尚依旧据置候区も有之哉に相聞独り無益の失費相掛るのみならす生徒の進歩に相関し且費用計算上に於ても頗る煩雑に渉り不都合不少候條、右等の向ハ暫らく相当の寺院等借受仮に合併候様可致此段布達候事(60)

県による小学区指定（乙第五四号）は明治九年六月であった。それからわずか一ヶ月後にこの布達を出すことは急に過ぎる感がある。しかし、地域の側が県の想定通りに反応しないことを見越していたからこそ、こうした督促を出したとみられる。

また、県の指導に表向きは従いつつも実質は従前のままの学校設置を維持しつづけたとみられる例もあった。小区再編前の第三大区第五小区（加東郡・現加東市〈旧社町〉）にあたる町村制下福田村地区には、当初六校の小学校が設置されていた。明治七年の県の指導にしたがって各校を一つに統合する方針となった。しかし、どの村に学校を設置するかをめぐって厳しい対立が起こったという。学校設置位置がひとまず決定した後も、村のひとつは諦めなかった。自分の村にあった小学校を独自に存続したいと、県にたびたび嘆願した。嘆願書は、水利をめぐって対立が存在していること、児童の通学距離が遠いこと、通学路が危険であることなどを理由としていた。だが県は、一切嘆願を認めず却下した。結局、その村は学校の統合を受け入れることになった(61)。

ところがこれは形ばかりの統合の受容であった。明治九年の『文部省第四年報』によれば、統合後の小学校（河東学校）の教員数は九名で児童数四三〇名であった。しかし加東郡の郡誌によれば、七七年八月の学校規模は教員数四名、児童数一七六名であった。また現存する小学校の学校日誌には「明治九年五月一日、河東小学校、名目統合」とあるという（傍点は引用者による）。この小学校は七七年に二階建ての洋風校舎を新築し、施設を整えていた。それにもかかわらず学校規模が半減していることから、ひとまず形ばかりの統合をして県に申告し、実際は施設を別にしたままで二校の小学校を存続させたとみられる(62)。

ここで紹介した町村制下福田村地区の隣の町村制上福田村地区でも同様の現象がみられた。こちらは明治九年に三校の小学校を一つに統合したことになっているが、実際は二校の「分教場」を存続させた。実質校数は変化しておらず、こちらも形ばかりの学校再編を行った事例といえる(63)。

このように、県の学事推進方策が転換した後もまた、県の指導に対する地域の反応にはさまざまな幅があった。

（三）実質化で露呈した地域社会の課題

さて、これまでも紹介してきた明治九年六月の布達乙第五四号は、質的向上を目指すなかで県の側から学区を指定したものであった。学校の質を支えるのに必要とされた一学区の規模は三〇〇戸から五〇〇戸とされたが、県は原則として三〇〇戸という最低基準を上回るように学区指定をしたようだ。表1は、飾東郡内で指定された学区のうちもより通学に困難があり小規模校を設置せざるをえない離島を除いた学区の規模を示したものである。一八校のうち五校が基準を満たしていなかった。この五校のうち二〇〇戸台の二校は中山間部にあり、通学上の都合が考慮されたとみられる。対して残りの三校は別の学区に統合された通学可能な小学校があるにもかかわらず、分離した学区が指定された。これらの分離された学区を指定された村は、すべてが近世の被差別部落であった。二五二戸の被差別部落一村だけでひとつの学区を指定された小学校Aは、五七七戸の六ヶ村で学区を指定された小学校の通学範囲にあった。二四七戸で学区を形づくられた小学校Bは三ヶ村で構成されていたが、このうち二つの村は六四一戸の六ヶ村で学区

表1　揖東郡内の小学区　（明治9年）

学区内戸数	学区数
3,000-	1
2,000-2,999	1
1,500-1,999	1
1,000-1,499	2
800-999	1
600-799	2
400-599	5
300-399	3
200-299	4
100-199	1

※『姫路市史　第5巻上　近現代1』による。

を指定された小学校に十分通学できる範囲にあった。もう一つの村は三六一戸の四ヶ村で学区を指定された小学校に隣接していた。一六〇戸でひとつの学区を形づくられた小学校Cは二ヶ村で構成されていたが、両村とも四六六戸の八町村で学区を指定された小学校の通学範囲であった。このうち小学校Cが設置されなかった方の被差別部落の児童は、別の学区を構成した村を横切って小学校Cに通うことになった(64)。

明らかに不自然な学区を指定し解放されたはずの身分を温存したのが、他ならない地域の近代化を推し進めた飾磨県だったのだ。

飾磨県における部落問題は、根深いものがあった。明治四年八月二八日の太政官布告「賤民廃止令」（部落解放令）の発令直後、明治四年一〇月に「播但一揆」が発生した。姫路県は「賤民廃止令」によって住民のなかで不穏な動きが出ていることをみて、一〇月一二日に告諭を出した。告諭は「賤民廃止令」によってこれまでの身分制による編制原理が「天子様を除ク之外元公卿衆元御大名衆より已下平民迄は同し御国中之人民」と転換し、「天性智識」が世間の編制原理になったことを強調する。そして「賤民廃止令」によって平民も高位につくこともできるようになったという利益を強調した。そして「天性智識」によって評価される「道理」は旧被差別民も同じであるためにかれらもまた平民に繰り入れられたことを説明し、旧来の身分による編制原理に基づく「間違」に陥らないように説得した(65)。

しかし一揆は起こってしまった。暴徒化した一揆に対して県は、一〇月一九日に次のように告諭した。

此度穢多非人之称被廃候を始め
朝旨之趣郡市掛役員より懇々説諭及ひ候得共無根之私言を信し不聞入村々も有之哉ニて、終に昨十三日薄暮より党を結ひ類を引家屋を焼失し郷村を劫《おびやか》し暴動を極め候儀、畢竟固陋浅智の汝等　朝廷之御趣意を不弁より疑惑を生し候段愍然之至りニ候間、炮発殺傷に至らすして悔悟為致度所存より放火屯集の所ニおゐて猶又種々説諭為致候得共更ニ聞入不申剰へ竹槍鳥銃を持して抗敵するに至る、最早此上は　朝憲ニ背き県式ニ戻り暴動の罪逃るへからす候得とも、巨魁を除の外前非を悔悟し伏罪いたし候者ハ其罪を可赦候、若し頑固不服の者ハ已むを得す討取可申事(66)

一揆はまもなく県常備隊に鎮圧されたが、その規模は姫路県および周辺一帯に広がる大きなものであり、多くの大庄屋、庄屋の屋敷や蔵、県の施設が焼き打ちにあった(67)。この一揆から五年も経っていない地域には一揆の記憶が色濃く残っていたであろう。また、賤民の解放に内面では納得がいっていない住民もいたであろう。そうした状況において、県は学区再編を推進する際にも地理的、資金的な面のみをみて学区を指定することができなかったのではなかろうか。むしろ差別を温存した学区を指定することで、学区再編が円滑に進むことに期待したとみられる。表向きの言説の啓蒙性の実質をつぶさに検討すると、隠された排除の論理や地域社会の混沌が見え透いてくる。

おわりに

本章では、学校設置をめぐる飾磨県と地域との応答について検討してきた。

第一節では学制発令以前の学校設置の動向についてみた。県は文部省の指示を待つのではなく、県内限りの統一的教育制度を構想しようとしていた。また地域には、自発的な郷学設置の機運がみられた。飾磨県については森岡昌純の積極的な地方政策が注目を浴びがちだが、かれの着任以前より県は能動的な動きをみせていた。

第二節では学制発令当初における、県の学事推進の特徴と体制および地域の反応についてみた。森岡の委任を受けた大野大属を中心として、学制に則った学校設立を推し進めた。また自発的な学校設置や寄付といった形で県の学事推進に積極的な反応をみせた地域の一部の人々を褒め称え広く告知し、地域のさらなる学事推進を奨励した。他方で、地域には県の督促に対して消極的で回避的、形ばかりの応答をするものもあった。それによって、表面上は先進的に学制が実施されているかのようにみえながら実質が伴わないといういびつな学事状況が生まれていた。

第三節では明治七年半ば以降の学事推進方策の修正とそれへの地域の反応についてみた。県は学務人事を刷新するとともに、実地視察と学区再編に取り掛かり学事推進の実質化を図った。県は当初は地域の自発的な再編を期していたが、最終的には自ら学区を指定することになった。地域においては、県からの学区再編のメッセージにすぐさま応答するものもあった一方で、今回もまた回避的、形ばかりの応答を行ったものもあった。

学制発令翌年の明治六年には、全国的に学制反対を含む新政府に抵抗する農民騒擾が頻発した[68]。少なくない騒擾では「賤民廃止令」撤廃の主張、すなわち身分による編制原理の維持も主張され、騒擾のなかで学校も打ち壊しの対象となった。村落共同体の日常的秩序や慣習の維持をねらいとした新政府政策への全面的拒否が、学制発令直後の農民騒擾の特徴であった。飾磨県では学制発令以前に「賤民廃止令」反対の播但一揆が起こり、後に町村の学事に携わっていく大庄屋・庄屋層の家が焼き打ちにあっていた。そうした不安定な状況のなかで学制が発令され、飾磨県は早くから積極的に学事を推進した。しかし地域民衆の村落共同体維持への意識は簡単に変化するものではなく、学事推進が強制に過ぎると県内に新たな混乱を招きかねなかったであろう。

本章では県の急進的な学事推進と一部地域からの積極的な反応について取り上げたが、その急進性および積極性にも一定の限界があったとみられる。すなわち、学制発令直後の学事推進は、県官吏の意図しないものにせよ名ばかりの学校設立という抜け道を許す方策であった。また学事政策修正後は、学事推進の混乱を避けるために機械的な学区指定を行わず、近世的な身分編制原理を実質的に公認する学区指定を行った。そして小区や町村の指導者たちは、村落共同体秩序を傾けない限りで県からのメッセージに積極的に反応したとみられる。すなわち、自発的な範囲での寄付行為や学校設立を行った。また学制発令直後において、県の指示にしたがって村を越える必要の無い戸数による学校設置を行った。そして民衆に寄付行為を強いるとしてもそれは自らを含む村落共同体の全体として行った。

本章では、県のメッセージを巧妙に換骨奪胎したり、学区再編に拒否反応を示したりする町村がみられたことにも触れた。こうした町村の行動は、まさに既存の村落共同体の秩序を揺るがさないための知恵であり、防衛機制であったのではなかろうか。

学制実施過程の「受容と拒否」という視座からみると、その様相はとうてい二元論的な把握ですむものではなかったことがわかる[69]。飾磨県は身分制による編制原理の維持の論理、すなわち啓蒙の原理への「拒否」を含み込みながら学制の推進にあたっていた。他方で学区再編に消極的・拒否的な町村の反応は学制への部分的な「拒否」にとどまり、近代学校設置自体については「受容」していた。学事に携わった町村の当事者は、民衆の目を意識しつつ、「受容と拒否」の配分について巧妙なさじ加減をしながら啓蒙政策と村落共同体に向き合っていた。そして、それぞれの事情を踏まえた反応が、県のメッセージに対する幅広い応答に示されたのであろう。布達等の表向きの文言だけでは読み取れない県と地域の「受容と拒否」の多様性を掘り起こせた飾磨県の事例は、県行政と地域との学事をめぐる相互反応の過程を詳しく捉える上で、格好の対象であった。

（1）　荒井明夫編著『近代黎明期における「就学告諭」の研究』東信堂、二〇〇八年、序章第三節。
（2）　鈴木正幸・布川清司・藤井譲治『兵庫県の教育史』思文閣出版、一九九四年。
（3）　「姫路県触書」『姫路市史資料叢書一　飾磨県布達九』姫路市史編集室、二〇〇一年、二八四〜二八五頁。郡市掛は旧姫路藩の旧代官所と旧町奉行所を引き継いだ民政関係の役所である。触元大庄屋は旧姫路藩を四つにわけた組合の大庄屋のうちから一名が選ばれた。触書は郡市掛から触元大庄屋、組合大庄屋を経て、組合内に置かれた数名の大庄屋からさらに村々の庄屋へと通達された（山﨑隆三「廃藩置県、姫路県と飾磨県」前掲『飾磨県布達九』）。
（4）『姫路市史』第四巻、本編近世二、二〇〇九年、七〇五頁。
（5）同前、六九七～七〇三頁。
（6）史料引用文における句読点は引用者が付した。本章以下同様。
（7）前掲『飾磨県布達九』三〇六頁。
（8）『飾磨県史　学校事務綴込草稿』。
（9）同前。
（10）同前。なお、この触書では「武術諸科」の廃止も告げられた。姫路の演武場は三月二四日に廃止された。
（11）『太子町史』第四巻、一九九〇年、四三八～四三九頁。
（12）『姫路市史資料叢書一　飾磨県布達一』姫路市史編集室、一九九六年、六五頁。
（13）前掲『飾磨県布達一』六五頁。『赤穂市史』に所載されている「新浜村役場文書」では、この布告に続いて「諭告」が写し書きされており、両者が同日に触れ出されたことがわかる（『赤穂市史』第六巻、一九八四年、一一〇頁）。
（14）前掲『太子町史』第四巻、四四〇頁。
（15）「付録　飾磨県官員録」『姫路市史資料叢書一　飾磨県布達五』姫路市史編集室、一九九九年。
（16）『文部省第一年報』六九～七〇丁。
（17）前掲「付録　飾磨県官員録」。
（18）『明石市史資料』第七集上、一九八七年、一三一～一三三頁。
（19）同前。
（20）福井は、一八七九年に京都で『新選記簿早学』という簿記学の書物を編集した（国立国会図書館所蔵）。
（21）「督学局年報一」『文部省第三年報附録』七一～七二頁。
（22）「飾磨県学事年報」『文部省第二年報』一九七頁。

(23)　前掲『明石市史資料』第七集上、一三二～一三三頁。
(24)　前掲『赤穂市史』第六巻、一二一～一二二頁。
(25)　「飾磨県学事年報」『文部省第二年報』一九七頁。
(26)　前掲『飾磨県布達一』七五頁。
(27)　同前、八〇～八一頁。
(28)　前掲『飾磨県布達一』八九～九二頁、一〇五～一〇七頁、一一二～一一四頁。各小区の構成町村は『兵庫県市町村合併史』(上巻、一九六二年)および付図を参照した。壬申第二五号で第一三大区第八小区の山田村は原資料では第九小区となっているが、第九小区は存在せず誤記である。
(29)　「寄付金拾円已上ノ者賞賜願」『飾磨県史　政治之部学校』。
(30)　「学区寄附金拾円以上人名録」『飾磨県史　学校部綴込』。
(31)　同前。
(32)　前掲「寄付金拾円已上ノ者賞賜願」。
(33)　前掲『飾磨県布達一』一一五～一一六頁。
(34)　前掲『赤穂市史』第六巻、一二二頁。
(35)　『姫路市史資料叢書一　飾磨県布達四』姫路市史編集室、一九九八年、一〇〇～一〇二頁。
(36)　同前。
(37)　『姫路市史資料叢書一　飾磨県布達七』姫路市史編集室、二〇〇〇年、一九二頁。
(38)　同前、一二三頁。
(39)　「督学局年報一」『文部省第三年報附録』七〇～七二頁。
(40)　『姫路市史資料叢書一　飾磨県布達二』姫路市史編集室、一九九七年、三〇〇～三〇五頁。
(41)　『姫路市史』第五巻上、近現代一、二〇〇〇年、二〇五～二〇六頁。『姫路市史』第一二巻、史料編近現代一、一九八九年、一八六～一八七頁。

(42) 前掲『姫路市史』第五巻上、近現代一、二〇六頁。前掲『姫路市史』第一二巻、史料編近現代一、一八八〜一九〇頁。
(43) 前掲『飾磨県布達二』一七六〜一七七頁、八六〜一八七頁、二四〇〜二四一頁。『姫路市史資料叢書一　飾磨県布達三』姫路市史編集室、一九九七年、一四二〜一四三頁、二三二〜二三三頁、二五二〜二五三頁。前掲『飾磨県布達四』一四〜一七頁、六二〜六五頁、一〇六〜一一三頁、一四四〜一四五頁、一八二〜一八三頁、二一二〜二一三頁、二八四〜二八七頁。
(44) 山﨑隆三「〔解説〕明治七年の諸改革」前掲『飾磨県布達四』三二五頁。
(45) 湯川嘉津美「学制期の大学区教育会議に関する研究――第三・第四大学区教育会議の検討を中心に」『上智大学教育学論集』第四五号、二〇一〇年。
(46) 「督学局年報一」『文部省第三年報附録』七〇頁。
(47) 『飾磨県史　官員履歴』。
(48) 前掲「督学局年報一」『文部省第三年報附録』七〇頁。
(49) 「飾磨県年報」『文部省第二年報』一九五頁。
(50) 『飾磨県史　女工場設立旨綴』。
(51) 『姫路市史資料叢書一　飾磨県布達八』姫路市史編集室、二〇〇〇年、九九頁。
(52) 前掲『飾磨県布達九』一八〜二七頁。
(53) 前掲『姫路市史』第五巻上、近現代一、八五〜八六頁。
(54) 一般行政とは異なり教育行政に関しては大区に職が置かれたことは、教育行政機構の独自的運用という観点からいって注目される。
(55) 前掲『飾磨県布達八』一八〜一九頁。
(56) 「丙八号」（上三草区有文書）『社町史』第五巻、史料編三、七六九〜七七〇頁。なお、町村によっては学校維持への関心が薄い町村は存在しつづけたようだ。明治九年二月に「丙第六四号」として県は正副区長および学区取締に次のように布達した（前掲『飾磨県布達九』一九五頁）。

各町村戸長之内本務の多忙ヲ口実ニし学事を職外ニ置キ学校の巡視等不致向往々有之由職掌上不都合之義ニ付今後右等心得違無之様区長学区取締ニおいても屹度注意可致此段相達候事

(57) 前掲『飾磨県布達四』二四〇〜二四一頁。
(58) 「小学校改正ニ付御請書」(山中虎夫文書)『姫路市史』第一二巻、一九六〜一九七頁。
(59) 前掲『飾磨県布達七』一五四頁。
(60) 前掲『飾磨県布達九』一五二頁。
(61) 「学区分校之儀歎願」(大門区有文書)前掲『社町史』第五巻、史料編三、七七〇〜七七三頁。『社町史』第二巻、本編二、二〇〇五年、八九九〜九〇三頁。
(62) 前掲『社町史』第二巻、本編二、九〇二〜九〇三頁。
(63) 同前、九〇三頁。
(64) 前掲『姫路市史』第五巻上、近現代一、二二二〜二二五頁。安達五男編『近代の教育と部落問題』明石書店、一九八三年。
(65) 前掲『飾磨県布達九』二九六〜二九七頁。他方で県は、同時に旧被差別民にも告諭を出した。県は、「臭気」に注意し、獣の肉や皮を扱うときは身を清めること、身分が解放されたことで自ら増長する「心得違」をしないようにすることを命じている(同前)。
(66) 前掲『飾磨県布達九』二九九〜三〇〇頁。
(67) 前掲『姫路市史』第五巻上、近現代一、三七二〜三九二頁。一揆が県に提出した要求には年貢減免や廻米廃止も含まれていた。一揆が発生した一〇月は年貢収納の時期でもあった。こうした潜在的にあった経済的不満が、「賤民廃止令」への反発をきっかけとして爆発したものといえる。
(68) 森川輝紀「「学制」の民衆的受容と拒否」『講座　日本教育史　第二巻　近世Ⅰ／近世Ⅱ・近代Ⅰ』第一法規出版、一九八四年。
(69) 同前。

(池田雅則)

第四章　筑摩県の権令・学区取締・学校世話役

本章の課題――就学告諭をめぐる重層性

筑摩県では、学制発令に先駆けて学校設立が開始された。明治五年四月（一八七二年五月）、県庁があった松本に「県学」、筑摩・安曇二郡に一〇の「小校」（郷校とも）の設置が決定された。さらに学制下小学校の設立が始まって以後の就学率も明治六年の三九・四八％から、七年の六五・九六％、八年の七一・五七％へと上昇している[1]。かかる教育状況については、「教育権令」とも評される永山盛輝（一八二六～一九〇二、薩摩出身）はじめ県行政が、近代教育政策を積極的に推進したことをもって説明されることが一般的である[2]。

それでは筑摩県では、実際にどのような就学の論理が構築され、またいかに伝達されていたのか。本章では、これらの問いについて、就学告諭をめぐる重層性に留意しつつ検討を進める。すなわち、在地社会における近代教育事業には、多様な役職や立場にある担い手たちが関与していた。相互の立場性および関係性に視座を据え、諸主体を重層的に把握する。かかる着眼により、地方における学問奨励・学校設立の実態と、就学告諭の位置をより鮮明に浮かび上がらせる手がかりを示したい。

かかる分析視角はすでに、第一次就学告諭研究会においても示されている。荒井明夫は、就学告諭の「発布主体

（発信者）と発布対象（受信者）自体が重層的である」事実をおさえる必要があるとし、「従来の日本教育史研究では「辺隅小民ニ至ル迄」政策が浸透していく過程とその方法は殆ど対象とされてこなかった」と課題提起している。[3]

かかる課題について、大間敏行は、学制発令前後の就学告諭の比較・検討を行い、「国家」記述をめぐる政府（学制布告書）と地方（就学告諭）との「齟齬」を考察した。[4] 大間によれば、学制布告書では地域住民に学資を自弁させるべく、「国家」のための学問という就学の論理は否定されていた。これに対し地方の就学告諭では、「国家」のための学問を肯定的に論じる例がほとんどであったという。政府と地方官吏という発信者の立場性は、就学の論理構成にかかわる差異にもつながっていた。

さらに柏木敦は、学制布告書の末尾二行に着目しつつ、就学告諭が胚胎していた「強迫性」や「権力性」を析出した。[5] すなわち学制布告書は、一方で人びとに対し、「其身を立て」るための自発的な就学を要請していた。他方では地方行政担当者に対し、末尾二行で「学問普及致候様方法ヲ設可施行事」と命令していた。こうした二重構造のもと、就学告諭をめぐる権力体制は、「むしろ地方行政担当者のレヴェルにおいて先鋭化されていた」という。

就学告諭をめぐる重層性については、これまで主として「中央―地方」という論点が追究されてきた。その成果をふまえれば、地域社会の内側へともう一歩踏み込み、「辺隅小民」を視野に入れた形で学校設立の具体相をとらえる必要がある。そこで本章では、地方教育行政の内部における就学告諭の重層性を検討する。すなわち大間の言葉を借りれば、「行政機構の末端に位置付く地方官吏」（同前書、一三八頁）同士の差異および関係性への着眼である。ひと口に「地方官吏」といえど、権令や学務掛、学区取締や学校世話役など、立場と職務を異にする多様な人びとが存在したはずである。そのなかには、狭義の官吏ばかりでなく、近世以来の地域リーダー的存在として、官から職務を委託された民間人も含まれていた。とすれば行政組織において異なる位相にある彼らが、それぞれ学問奨励・学校設立にいかに関与し、またそのなかで就学告諭がどのような役割を担っていたのか。

以上の問いに取り組むべく、本章では筑摩県の筑摩・安曇郡を主たる対象とし、以下のような行論を展開する。まずは近代教育事業の展開に伴い、教育行政組織がいかに構築されてきたのか、その整備・拡充の過程を把握する。さらに時期を学制発令の前後に区分し、就学告諭が行政組織のどのような位相から発せられ、また地域・村落へといかに伝達されていたのか、その具体相を分析する。こうした作業を通じ、就学告諭をめぐる重層性という分析視角の有効性を提示したい。

なお本章では、史料の引用に際し、適宜句読点を補うこととする。また生没年は、判明する人物のみ明記している。

一　筑摩県の設置と地理的環境

筑摩県は、地域の近代化が急速に推し進められた県である。明治四年一一月二〇日（一八七一年一二月三一日）に信濃国松本・高遠・高島・飯田・伊那県と飛驒国高山県が合併し、明治九年八月二一日まで存続した。このうち伊那県は、旧幕府領を中心として設置されていた政府直轄県である。維新期における信濃国の中央集権化は、伊那県が打ち出す諸改革に周辺諸藩が追随していく形で展開した。⑹そして、明治三年一〇月より伊那県大参事をつとめたのが、のちに筑摩県の近代化事業を積極的に主導する永山盛輝である。筑摩県では、参事（明治六年三月より権令）に就任した永山盛輝のもと、学校設立に加え新聞創刊（明治五年）や博覧会開催、下問会議設置（いずれも明治六年）など、地域の諸側面にわたる「開化」事業が設置直後から取り組まれていく。

筑摩県の地理的環境については、広大かつ険難な土地柄が特徴としてあげられる。筑摩県は、現在の長野県中南部と岐阜県旧飛驒国域に位置し、筑摩・安曇・諏訪・伊那郡（旧信濃国）と吉城・益田・大野郡（旧飛驒国）からなっていた（図1）。このうち本章で主に取り上げる筑摩・安曇郡は、旧松本藩領とほぼ重なっており、松本（筑摩郡）に県

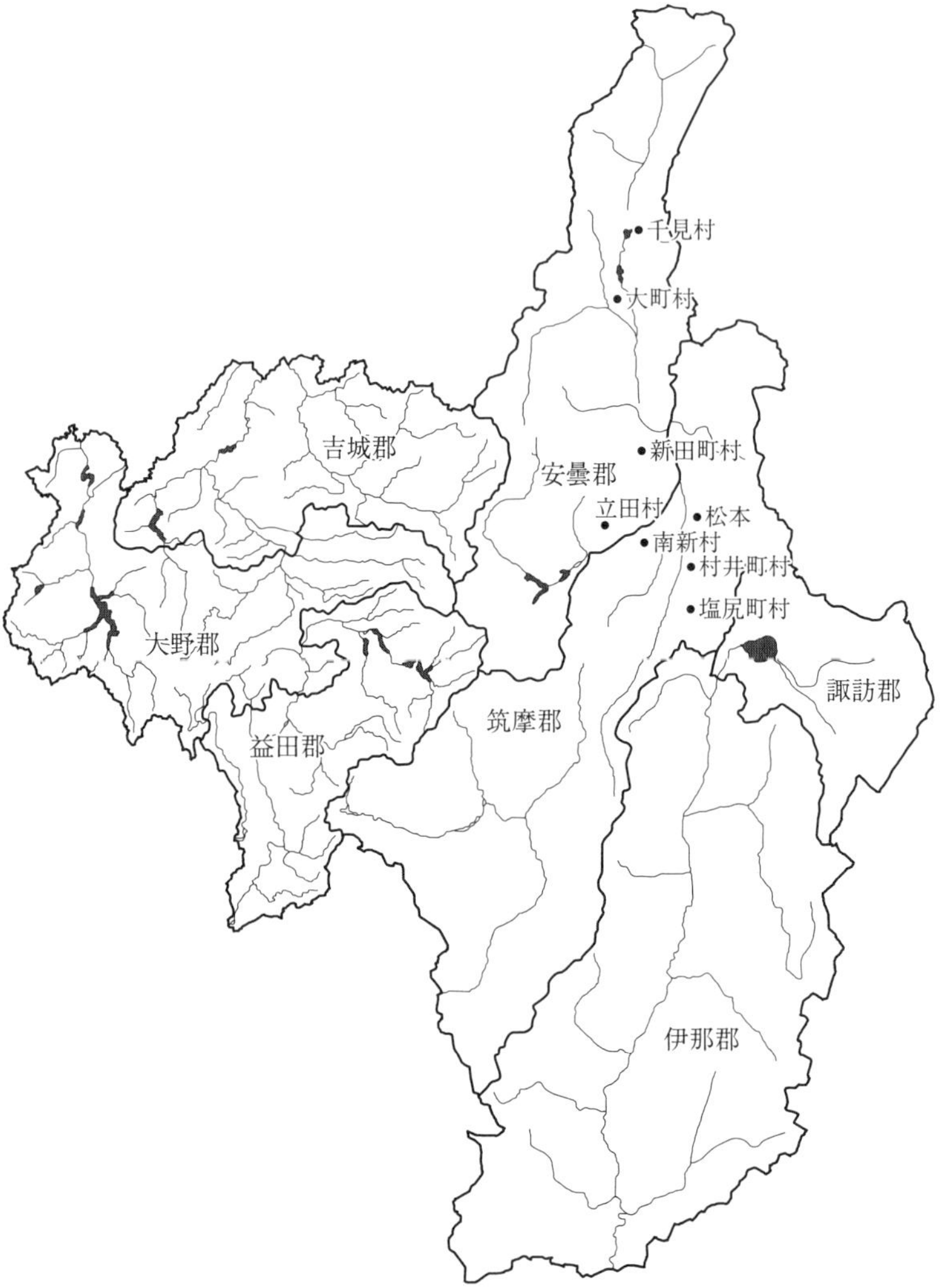

図１　筑摩県郡分け地図と主要な町村の位置（塩原佳典『名望家と〈開化〉の時代』〈京都大学学術出版会、2014年、27頁〉に加筆）

庁が置かれた。管内は日本アルプスが縦断し、とりわけ飛騨との境には飛騨山脈がそびえていた。そのため、飯田と飛騨高山に支庁、木曽福島に取締所が置かれた[7]。こうした地理的環境については、たとえば明治八年三月二四日付け道路拡張の布達でも、「管内信飛両国ノ如キハ、群嶺乱山四方ニ連亘シ平坦ノ地少」ないため、「従来人民ノ自由ヲカキ不幸ノ至リ」となっている状況が問題視されている[8]。

「開明」派権令の存在と広大かつ険難な土地柄といった筑摩県の地域的特質は、後述するように、教育事業の進展に地域差を生じさせる大きな要因となった。それだけに県の側は、行政組織を整備・拡充させつつ、さまざまな近代教育推進策を打ち出していった。

二　教育行政組織の構成

（一）学制前の教育行政組織

創県時における筑摩県の行政組織は、「県治条例」（明治四年）にならい、庶務・聴訟・租税・出納課の四課からなっていた。このうち学校事務を担当したのは庶務課で、渡辺千秋（一八四三〜一九二一、旧高島藩士）らを学務掛に任じた[9]。庶務課の職務は、「社寺貫属戸籍併ニ人畜ノ数ヲ稽査シ、郡長里正ノ勤惰ヲ察シ、官省進達府県往復之文書ヲ案シ、学校ノ事務及郡里正戸長等外使部等ノ進退ヲ掌ル」ことと定められており、戸籍や区戸長の勤惰・進退の管理、官省との往復文書といった業務のなかに学校事務が位置付いていた[10]。かかる体制のもとで、県学・小校の設立計画が打ち出されていった。その際、在地における計画具体化の担い手として学校世話役が新たに置かれた。以下、学校世話役任命時の状況および、その役割について概観しておきたい。

筑摩県の学校設立事業は、明治五年二月（一八七二年三月）「学校創立告諭書」および「学校入費金差出方取計振」により本格化する。学校の設立を勧奨し、その資金の調達方法について示した県の布達である。前者の「告諭書」にみられる就学の論理については節を改めて検討することとし、ここでは後者の「取計振」について検討しておく。[11]

学校設立資金の調達については、「何分官費ヲ不仰私費ヲ募リ取立候」との原則を示している。そのうえで、「有志之者ハ多少を論セス其身分ニ応シ加入金可致」と説いている。と同時に、「有志之者」の出金を促すべく、「県庁ゟも学校費用之内を補助」するともいう。[12] この加入金は、学校元資金ともいい、元金を「即時其者ニ預ケ置、年々相当之利足」を差し出させるものであった。末尾に付された加入金帳面の雛形では、「金何千両」から「銭何百文」まで例示しており、豪農商層から小前層まで、まさに「身分ニ応シ」て出金させることを想定していたといえよう。最後に、「学校金取扱之方法」については、改めて「一同召呼、親敷見込等承候上取極」るという。

この「一同召呼」として筑摩県は、明治五年四月一八～二〇日に県学・小校設立について諮問を行っている。[13] 筑摩県は一八日、県学を松本の全久院（旧松本藩主菩提寺）に、一〇の小校を筑摩・安曇両郡に設置することや、小校の設置場所や集めた加入金を県学と一〇小校で折半すること、そして小校の開校見込みなど八ヶ条の諮問を行った。[14] 県からの諮問に応じたのは、翌一九日付けで筑摩・安曇両郡から任命された学校世話役四五人である。このうち四二人が旧松本藩以来の村役人層、三人が松本の町役人および町方商人である。

学校世話役たちは、県からの諮問八ヶ条全てに対し二〇日付けで答申を行っている。そのなかでは、「地理ノ最寄」に応じた小校の立地や、元資金の総額を県学と一〇小校にて折半すること、元資金の利足は年一割五分とすることなどを答申していた。[15] さらに「農業繁務中」につき、開校を六月下旬頃に延期してほしいことを願い出ている。ただし安曇郡の新田と立田、筑摩郡の南新・塩尻町・村井町の五小校は、すでに開校の段取りが進んでおり、近々「教師姓名・執行ノ手続其外取調」をとりまとめて提出するという。これら五小校は、いずれも県庁が所在していた松本周辺の村々であることに留意されたい（図1）。筑摩県下の学校設立が一律に進展したわけではなく、そこには地域的な偏りが存在していたと考えられるからである。いずれにせよ学校世話役は、村ごとの教育状況に応じた形で県の学校設立計画を具体化する役割を担っていたといってよい。

学校世話役による答申ののち、六月から七月にかけて一〇小校が開校されていった。その後小校は他郡にも設立され、学制実施直前の明治六年二月の「筑摩県一覧表」には、県学は二校、小校は第七八番までの校名、さらに総額五万六九〇一円一〇銭九厘の学校元資金が記載されている[16]。筑摩県における学制下小学校の設立は、これら県学・小校を転用する形で展開していったのである。

（二）学制後の教育行政組織

筑摩県下に学制発令が伝えられたのは、明治五年九月一〇日であった。明治政府による発令から約四〇日後にあたるが、県下各村に行き渡るにはさらに二ヶ月以上を要したという[17]。学制実施が推し進められるなか、明治八年四月二四日、学務課が庶務課から独立して設置されることとなり、これ以後「学事ニ付テノ御用向ハ同課へ可申出事」が達せられた[18]。さらに同年一二月、学務課は第五課へと改称された。第五課の課員には長尾無墨（?〜一八九四、旧高遠藩士）らが任じられた[19]。その職務を記した「第五課事務章程」によれば、「上進下附」、「学校」、「師範校及ヒ委託金支消」、「学事ニ関スル吏員進退」など全四章三三ヶ条が定められている[20]。第五課の主な役割は、学校の設立・統廃合や、教員・学区取締・学校世話役など学事担当職の任免について認可を与えることであった。さらに「要務」として、「部民ヲ鼓舞作興シテ、学事ヲ宏張スルノ方按ヲ画策」すべしとされていることには注目してよい。第五課（学務課）こそが、就学告諭の発信や官員の県内巡回という近代教育事業の普及策を企画する機関であったと考えられるからである。

県学務課の設置と同時に、在地の学事担当職であった学校世話役も改組され、学区取締が新たに任命されている。学区取締は、学制章程にも定められた役職で、「専ラ区内人民ヲ勧誘シテ務テ学ニ就カシメ」ること、「一切其受持所ノ小学区内ノ学務ニ関スル事ヲ担任」することを職務とし、一人につき二〇から三〇の小学区を担当すると定められた（第八章、引用は外史局編纂『布告全書』）。「其土地ノ居民名望アル者」が選ばれ、「地方官ニ於テ之ヲ命」じ、給料は「当分其土地ノ情態ニヨリテ之ヲ定」め、「土地ヨリ出スベキモノ」とされた（第九、一〇、一一章）。

筑摩県は、学区取締にかかわる如上の規定を受け、明治七年六月二九日に「学区取締事務仮章程」を定めている[21]。ここでは学区取締の職務について、「区長・正副戸長及ヒ世話役等ト商議シ、専ラ保護制理スル」などの規定を追加している（第二章）。また「毎月不怠受持区内巡回」や「長官始学務掛等巡回ノ節、其取締受持学区丈ケ随行」のように、管轄区を巡回することも重要な職務に位置付けられている。そのための出張旅費として、一泊につき六銭二厘五毛が支給されていた（第九章）。最後に月給として、四円が民費と委託金より折半で支出されるという（第一一章）。

筑摩県における学区取締の任命は、明治六年一月一七日、「中小学区ノ地画ヲ定ムル事」および「学区取締ヲ置ク事」を命じた文部省布達第六号に始まる[22]。これを受け翌二月には、萩原次郎太郎（一八三二～七九、筑摩郡）や清水又居（一八三二～一九一一、安曇郡）らが任命されている[23]。また安曇郡の栗林球三（一八三六～八五）が明治六年五月九日に任命されており、順次増員されていったことがわかる[24]。明治七年九月二四日付けで県が文部省に提出した「学校設立概略」によれば、第一七番中学区（安曇・筑摩郡）九人、第一八番中学区（諏訪・筑摩・伊那郡）一〇人、第一九番中学区（伊那・筑摩郡）八人、第二〇番中学区（大野・益田・吉城郡）七人の計三四人が学区取締をつとめていた[25]。このうち第一七番中学区では、九人中五人が学制以前に小校設立に携わった学校世話役である。

次に学制後の学校世話役は、学区取締の管轄下に置かれることとなった。ただし学区取締とは異なり、学制章程には学校世話役にかかわる規定がみられない。そのため磯辺武雄は、学制実施に際して筑摩県が独自に設けた「末端の最も直接的な教育事務担当者」と位置付けている。[26] 学校世話役の職務について、時期はやや下るが、明治九年四月に学校主管人と学校世話役の職務をまとめた「事務章程」がある。[27] ここで学校主管人とは「各校世話役実直人望アル者」から選ばれ「該校ノ諸般ヲ整理シテ専ラ人和ヲ要」する者、学校世話役とは「該校ニ関スル事務ヲ整理シ、村内ノ学事ヲ進メ、人和ヲ得ルヲ以テ任トスル者」であると、それぞれ規定されている。両者の具体的な職務は、担当校の状況を学区取締へ報告、学校費の出納管理、教員・生徒の出欠記録、学校備品の管理、各戸への就学勧奨・元資金収集などである。学校世話役は、学校ごとに置かれ、担当小学区の住民と学事について直接的な交渉を行う役職であり、まさに村内の「人和」を保つことが求められていた。

そのうえで注目すべきは、学校世話役には給料や出張旅費にかかわる規定が全くみられないことである。「村内ノ学事」の担い手たる学校世話役は、学区取締とは異なり、無給かつ他所への出張が想定されていなかった。この問題にかかわって県は、学校世話役を「人民一般当然ノ義務」であり、「辞職ヲ願フモノアリトモ、不得止ノ事故アルニアラサレハ、容易ニ許スヘカラサル」と定めていた（前掲「第五課事務章程」第三一条）。人民が担うべき「当然ノ義務」であればこそ、給料を払うという発想がなかったとも考えられる。学校世話役の無給問題については、節を改めて検討したい。

ここでは、学校世話役の人数について検討しておこう。「第五課事務章程」（前掲、第三一条）には、学校世話役の人選は「民撰ニ任スモノトス」と規定されている。こうした選出方法もあってか、まとまった名簿が現存しておらず、学校世話役の正確な氏名や人数は不明である。そのなかで、明治六年二月の「筑摩県一覧表」では、学校世話役の人数として、第一中学区（本部・筑摩郡松本本町）六八人、第二中学区（本部・諏訪郡上諏訪町）二四六人、第三中学区（本部・伊那郡飯田）一六二八人、第四中学区（本部・大野郡高山）五六人、計一九九八人と記録されている。[28] 第三中学区の人数が不自然なほどに突出して多く、統計作成の際に何らかの手違いがあったとも考えられるが、その理由は明らかでない[29]。

加えて、その他の中学区の人数もさらに増える可能性がある。というのも、第一中学区の学区取締・萩原次郎太郎が、明治六年五月一六日、「三十二区内学校小世話人見込」として五九人の名簿を「正副戸長、学校世話役」に通達している。以下はその文書の控えである[30]。

此度学校創立之儀ハ、不容易大業ニ有之、村内一般同心協力御趣意貫徹候様可致ハ勿論之事ニ候得共、万一見込之相違ゟ彼是之紛議ヲ生し、時日遅延候而ハ不相済義ニ付、左之人員ヲ以学校掛として諸務率先速ニ開校相成、且永続之仕法等相立候様御相談有之度、此段至当御取斗可被成候、以上

「学校小世話人」は、「学校創立之儀」について「村内一般同心協力御趣意貫徹」させるべく、「学校掛として諸務率先速ニ開校相成、且永続之仕法等相立」てることを職務とし、各村落に一〇人前後が置かれることとされていた。ここから「学校小世話人」も学校世話役と同様、　校の管理・運営にかかわる職務を任されていたと考えられる。少なくとも学区取締は、担当の村落・学校ごとの事情に応じ、学校世話役ばかりでなく「学校小世話人」といった役職を適宜設けていたことがわかる。

本項の内容から、筑摩県の教育行政組織を次のようにまとめることができよう。つまり筑摩県では、県学・小校設立時の〈庶務課学務掛―学校世話役〉から、学制後の〈学務課（のちの第五課）―学区取締―学校世話役（あるいは学校小世話人）〉へ、といった体制の改変を伴いつつ教育行政組織が構築されていった。これらの役職にはいずれも、学問奨励・学校設立の推進者たることが期待されていた。その一方で役職に応じて、それぞれの管掌が具体的に定められていた。とすれば、学事へのかかわり方も、位相を異にしていたはずである。次節からは、そうした重層性に留意しつつ、筑摩県の近代教育事業における就学告諭の位置と意味について明らかにしていきたい。

三　県学・小校設立（学制前）における就学告諭の位置

（一）筑摩県の「学校創立告諭書」と「県学披露《告諭》」

先に述べた通り、筑摩県は明治五年二月（一八七二年三月）、県学・小校設立にあたり「学校創立告諭書」を発した。

学校創立告諭書
国家之富強ヲ謀ルハ人民之智力ヲ磨励スルニ有之候得共、僻地ニ至リ候テハ従前学校ノ設ケ等十分行ハレ兼候ヨリ、雄飛ノ才徳ヲ存スル者モ若クハ池中ノ物ト相成候儀モ有之ベクト憂慮ニ不堪候間、今般管内各処ニ学校ヲ創立シ、臣民一致勉強ノ力ヲ尽シ、他ニ率先シテ報国ノ実ヲ顕サシメントス、宜シク有志之者ハ力ヲ積ミ財ヲ出シ、早ク学校ヲシテ盛大到ラシメンヿヲ偏ニ期望スル所ナリ
壬申二月　筑摩県庁〔朱印〕〔新資20－2〕

まず、「従前学校ノ設ケ」が不十分であるために「雄飛ノ才徳ヲ存スル者」が「池中ノ物」として埋もれてしまう事態への「憂慮」が表明されている。そのうえで、「臣民一致」して「勉強」に力を尽くすことで、「報国ノ実」を顕わすことが諭されている。「学校」設立のための費用として期待されているのは、「有志之者」による出金である。筑摩県は、「従前」の教育体制に対する批判的認識のもと、「報国」という国家的な目標を掲げて新しい「学校」による人材育成を推進しようとしていた。

こうした就学の論理は、明治五年五月五日、松本の旧全久院跡に県学が開校された際にも語られている。以下は、

県学務掛の中村元起（一八二〇～八四、旧高遠藩士）名義で作成された「県学披露《告諭》」である。(31)

県学披露《告諭》

今ノ天地ハ古ノ天地ニ非ス、今ノ政教ハ古ノ政教ニ異リ人工天造ニ勝ル、聖人ト雖知ラサル所アリト、豈此類ノ謂カ、故ニ今ノ人、古ノ書ヲ読テ眼光紙背ニ徹セサレハ、善宇宙変化ヲ識ルコト能ハス、然リト雖古ナケレハ今ナシ、古豈廃スヘケンヤ〔中略〕、五大州変革日新ノ時ニ当テ、我日東モ又一新セリ、其政教維新ナリ、三府七十二県普ク学校ヲ設ケ、海内ノ人ヲシテ上皇族ヨリ下庶人ニ至マテ子女ト雖皆学ニ向ハシム、詢ニ曠代ノ偉業千古ノ活眼ニシテ聖旨ノ在ル所、誰カ奮激感戴セサランヤ、然ルニ窮郷僻邑ノ徒、旧套ニ安シ陋見ニ甘シ往々驚愕怨懟シ、己ヲ誤リ人ヲ惑ス其愚愍ムベシ、是此筑摩県学ノ首トシテ設ル所以〔中略〕、嗚呼四方ノ少年苟モ斯学ニ入ル者、古書ヲ閲テ新識ヲ発シ、洋政ヲ叨テ新令ニ徹シ、活眼活書ヲ読、百事一新ニ体シ、実行実践矻然トシテ一家ヲ作シ、他日朝家ノ用ニ供シ、坐朝商議航海実浮沈栄辱百折不屈尽忠報国、実ニ日東ノ人タルニ愧スンハ即チ此学校ヲ創置スル所以ノ意ナリ〔中略〕

壬申五月二日　中村元起

県学の開校式では、「生徒少長ノ順序ニ列座シ、諸教授各位ニ列シ、県学規則ノ大綱領ヲ読ス」と記録されている。(32)「県学披露《告諭》」も、このときに「読」されたものと考えられる。その冒頭では、進徳館の設立など高遠藩の教学に携わった経歴を有する儒学者・中村らしく、「古ノ書」を重視した学問観が表明されている。そのうえで、「政教維新」のもと「上皇族」から「下庶人」あるいは「子女」までが通う「学校」が設けられることを、「曠代ノ偉業」と賞賛している。それにもかかわらず、なかには「皆学」という理念を「驚愕怨懟」する「窮郷僻邑ノ徒」が存在する。こうした人びとの「愚」を改めることが、県学設立のひとつの目的であるという。一方で県学へ入学する「少年」たちには、「他日朝家ノ用ニ供シ」、「日東ノ人タルニ愧」じない人材に成長せよと呼びかけている。ここには、「学校創立告諭書」と同様、「開化」に至らない人びとに対する批判的認識と、人材育成を通じた「報国」という学問奨励・学校設立の論理が示されている。

(二) 第十番小校の「開校之日」

県や県学の就学告諭に対し、村々で設立された小校では、いかなる就学の論理が展開されていたのか。ここでは、小校設立にかかわる史料が比較的充実していることから、安曇郡大町村第十番小校(入徳館とも)を取り上げたい。教育者として設立に携わった山西孝三(一八三四～一九一二)の回想によれば、第十番小校は明治五年六月二五日、旧松本藩陣屋跡に開校した。[33] また『信飛新聞』(第三号、明治六年二月)は、第十番小校にて「先生日本外史関原ノ役ヲ講シ」と、講義の様子を報じている。[34]

第十番小校の設立にあたり、学校世話役として伊藤重一郎(?～一八七九、大町村)・高橋平一郎(松崎村)・清水滋見(上一本木村)・一柳円生(松川村)が、また大町村戸長として栗林球三らが中心的な担い手となった。彼らが展開していた学問奨励・学校設立の論理について、「開校之日」をもとに検討してみたい。[35] 本史料には、作成年が明記されていない。ただしその内容をふまえれば、明治五年四月ころに作成されたものと推察される。

開校之日
四月六七日　男学校　入徳館・旧陣屋
同　七八日　同　　　小松氏・泰念寺
同　八九日　女学校　越智氏・寄合所
同　九十日　同　　　近藤氏・荒神
右之日ニ各々ソノ志ニマカセテ男女共何レヘナリトモ、ソノ便利ニシタガヒ入門ヲイタサセ可申事、
但従前ソノ師ヘ入門イタシアリシモノハ其儘ニテ可ナリ、女子ノ分ハ改メ女校ヘ入門セシム可キ事、

一、年内謝礼ハ当地従前ノ風ニテ宜キコト、但シ月謝ト申事ハ廃シ候、
一、羽織袴ハ礼服ナレバ用ベキモノニテ候、
　但シ前ヨリ用来ヌモノハソノマ、ニシテナクトモクルシカラザル事、
一、貧困ノ者ハ謝礼モナクテモヨロシク、着服モソノマ、ニテヨロシク、少シモ心配ニ及ハザル事、
一、学文ノ儀ハムヅカシキ事ヲ教ズ、先ハ手習算用手紙ノ類何レモソノ身ソノ身ノ家業ノ助トナル様ニイタシ候事、
　但シ聖賢ノ道ヲ学タク思モノハ、ソノ望ニマカセテ教導イタスベキナリ、
一、生活ニ因テ入学ノナラサルモノハ、外ニマタ所置コレアリ候ユヘ、町内ノ世話方ヨリ一一書立可申出事、
一、入学ノ是非ナラヌモノハ、何等ノ差支ニテナラヌト申事ヲ申出スベシ、ソノ向ニヨリ取斗方アルベキ事、
右何レモ浮々タル学文ヲ教ズ、国ヲ富シ村ヲ賑シ家ヲ盛シメンタメノ事ヨリ外ハ教ユベカラサルノ法ニ候間、各々僻見ヲステ、子ヲ教テ家業ヲツガシムベキ事ニ候事（新資20－3）

第十番小校とその三支校の開校予定日が、それぞれ四月七日から一〇日までに割り当てられている。第十番小校の開校が明治五年六月であったとすれば、「開校之日」はそれ以前に立案された計画であったと考えられる。三支校で教鞭を執ったのは、小松礼治（松本町人）・近藤基（神職）・越智彦七（松本藩士）といった幕末維新期に大町村周辺で塾を経営していた教育者たちである。また泰念寺と荒神社（のち竈神社）は、それぞれ二〇〇人と一〇〇人を集めた教場であった。こうした近世以来の教育状況もあり、「開校之日」では、「従前ソノ師」や「年内謝礼ハ当地従前ノ風」を据え置きとしてもよいという。加えて「貧困ノ者ハ謝礼モナクテモヨロシク、着服モソノマ、ニテヨロシク、少シモ心配ニ及ハザル事」と、貧困者に対する配慮もなされていた。以上からは、「従前」の教育状況をある程度温存しながら、地域住民の現実に合わせた形で開校を進めていこうとする学校世話役たちの姿が窺える。こうした姿勢は、その学問観にも表れている。すなわち新たな小校で教えられる「学文」は、「ムヅカシキ事」は避ける

という。望みの者には「聖賢ノ道」が示されているが、「先ハ手習算用手紙ノ類何レモソノ身ソノ身ノ家業ノ助トナル」日用に主眼を置くと説いている。それは、「浮々タル学文」ではなく、「国ヲ富シ村ヲ賑シ家ヲ盛シメンタメノ」ものであり、「子ヲ教テ家業ヲツガシムベキ事」を勧めている。

県庁や学務掛による「学校創立告諭書」と「県学披露《告諭》」、そして学校世話役たちの「開校之日」を横に並べたとき、注目すべきは第一に、「従前」すなわち近世以来の教育状況に対する評価の違いである。「臣民一致」（「学校創立告諭書」）や「皆学」（「県学披露《告諭》」）といった教育制度の実現を目指す県や学務掛にとって、藩校と手習塾、あるいは私塾など基本的に身分に応じて営まれていた「従前」の教育は、刷新すべき不徹底な状況であったといえよう。これに対し各村の学校世話役たちにとって「従前」の教育とは、小校設立の基盤となる文化的蓄積にほかならず、即座に捨て去れるものではなかった。このことは、近世以来の村の教育を支えていた教育者や教場を小校に転用した事実から明らかである。

第二に注目すべきは、学校設立の目的である。県庁・学務掛と第十番小校は、いずれも「国」のための学校設立という論理を打ち出していた。県庁と学務掛がともに「報国」を説いていることは、「国」のための学問を否定するという政府の「方便」がいかに「不自然」であったかを物語っていよう。この点については、第一次就学告諭研究会において大間敏行が指摘した通りである。ただしその一方、「開校之日」からは、県側ともまた別の論理が浮かび上がる。すなわち、大町村の学校世話役たちは、県庁や学務掛が示していた個人の立身や「国ヲ富」すこと以上に、「村ヲ賑シ家ヲ盛シメ」ることに力点を置いていた。小校の元資金を供出し、また実際に子弟を通わせる地域住民に直接勧奨する場合、人材登用や「報国」よりも、「村」や「家」の繁栄あるいは「家業」の安定の方が説得力をもつと考えられたのではないか。この意味で「開校之日」には、県や学務掛のさらに末端に位置する学事担当者たちが、まさに小校設立の現場から立ち上げた論理を読み取ることができる。

四　学制後における就学告諭の位置

（一）県下を巡回する権令・官員

筑摩県では学制を管内に頒布した明治五年九月（一八七二年一〇月）、「学問普及の為申諭し書」を達した〔新資20-5〕。これは、「太政官より被〔闕字〕仰出候御文意を猶小民に至る迄分り易き様和らけ相示」し、「郷宿において写し取、向々相伝へ厚く御趣意を心得」させるために作成された就学告諭である。その内容は、学制を忠実に再現している点で注目される。とりわけ、「さむらひ以上の稀ニ学ふものも、動《やゝ》もすれハ国家の為ニすと申はやし其身を立るの元手なる事を知らす〔中略〕、其学問を用立る事出来ぬもの多し」とあるように、「国家」のための学問を否定する数少ない就学告諭として位置付けられる[36]。こうした学問観は、先述の「学校創立告諭書」では「報国」が学校の目的に据えられていたことをふまえれば、学制の影響を色濃く受けたものといえよう。さらに本研究会で収集した筑摩県の就学告諭を概観しても、学制発令後は学問の目的として「国家」を位置付ける論理が希薄である[37]。

学制を忠実に具体化しようとする県は、その趣旨を精力的に普及させていくこととなる。その際第一に、印刷技術が活用された。明治ゼロ年代、政府・府県が発した布令は膨大な量にのぼり、それを受信する区戸長層にとっては正確かつ迅速な記録・伝達もままならない状態に陥っていた[38]。筑摩県も例外ではない。明治六年一、三月に、これ以降の布令を摺物とする旨が立て続けに触れられている[39]。一月には、「是迄組合村々一紙廻状ニテ相達、毎村ニ而写取」っていたが、「廻達時刻遅《チ》延いたし至急之事件不行届」や「誤字・落字等も有之」といった事態が生じているため、「今後御布告類木正《（ママ）》版ニ而摺立、一村ニ通宛配達」すべしと布達された。さらに三月には、「身ヲ修シ智ヲ開キ産ヲ興シオ芸ヲ長セ令メン」という学制の趣旨が「辺僻ニ至リテハ、猶旧習ニ拘泥シ御趣意ヲ誤解スル輩モ不少」ことを問題視する布達が発せられた。そのため、学制布告書を「松本々町一番小校」（のち開智学校）において「翻刻、毎区小校頒布」のうえ入学の際に生徒へ一冊ずつ渡し、「教官ヨリ懇ニ致説諭」すべしという。一連の布達には、印刷技術を活用しつつ、学制の周知を図る筑摩県の意図を窺うことができる。(40)

　以上のように、筑摩県当局の就学告諭は、学制発令を契機とし、「国家」のためという論理を後退させる形で微妙に変容した。さらにその論理は、印刷技術を通じ、周知徹底が図られていったのである。

　第二に、権令・永山盛輝はじめ県官員たちによる管内巡回があげられる。『文部省年報』（第二、明治七年）にも「旅費ヲ減ジテ巡廻ノ数ヲ加ヘ人民ヲ勧奨スル、至ラザルナシ」や「管内ヲ巡廻シテ人民ヲ鼓舞」しとあるように、巡回は教育奨励策の重要なひとつであった。学務掛の杉浦義方による明治六年五月の安曇・筑摩郡を皮切りに、翌年からは永山自身も管下各地を巡回した。筑摩県の存続中、少なくとも一五回、もっとも盛んであった明治七年は七回もの巡回が実施されていた。(41)

　永山による諏訪・伊那郡巡回（明治七年三月）の様子を長尾無墨（学務掛）が記録し、出版して管内に頒布したのが『説諭要略巻之一』（明治七年）である。(42)その「序」では、永山の巡回について「第一、学校勧奨ノ為メ」であり「無智ノ民ヲ誘ヒ、開化ノ新境ニ入ラシム」施策と評し、その業績を記録し「後進ノ一助ニ備」えるべく刊行したという。そのため、永山が巡回先で行った就学勧奨の様子を、全五〇回にわたって詳細に記録している。一例として、永山は、「朝耘有鉏シテ、鍬ノ柄サエ取レハ、其職ヲ尽スト」考え「旧染ヲ守墨」する「村落ノモノ共」を批判している。「四民同権」の世となった以上、「学文ハ新智発覚ノ階梯、開化通暢ノ機管ナレハ、人々能ク従事スレハ、他日成器ヲ取リ、上ニ誉レ、下ニ崇マレ《(ママ)》、遂ニ官撰ヲ蒙」ることになるという（第一回）。永山は、学問を「其身を立るの元手」としていた「学問普及の為申諭し書」と同様、巡回先でも「官撰」という個人の立身・出世をちらつかせながら就学を勧奨していたのである。

永山の巡回には、長尾のほか師範講習所教員および予科生徒が随行した。生徒を伴わせたのは、「何ホト口ヲ極メテ説諭スト雖、氷訳スルニ至ラ」ない「山間ノ頑民」に対し、学校に通う生徒の「其所作形状」を実際に「目下ニ指シテ示」す狙いがあった（第一〇回）。さらに諏訪郡下古田村では、講習所予科生徒らに「正則ヲ踏シメ、其技倆ヲ示」させたという（第一三回）。学校に詰めかけた下古田村の人びとの様子を確認しておこう。

茲ニ諏訪郡下古田村ニテ、座中一人ノ老農、最初ヨリ心耳ヲ澄シテ聞イタリシカ、感激ノ極ニヤ鼻打カミ涙ヲ拭ヒ、懐中ヨリ楮幣ヲ出シ、コレヲ半紙ニ包ミ、上ニのし字ヲ記、県官学務掛リノ前ニ蠢々進ミ寄リ演述スルヨウ、先程ヨリ幼童ノ学技ヲ見シニ、実ニ方今文明ノ域ト云ヘキナリ、頑民今老タリ、然レトモ孫モ数輩アレハ速ニ御趣意ヲ奉戴シ就学セシムヘシ、アラ難有キ御代ヤナト、件ノ金ヲ差出シテ、コハ今ノ童子ニ餞セントナリ、其景況口訥ニ言少シト雖モ其赤心顕レタリ、学務掛リ懇々相諭シ、此教場ニ左様ノ所為ハアルマシキト、其楮幣ヲ差戻シタリ、嗚呼田舎人ノ信タチテ事ノ訳ハ了解セス、一図ニ勧学ノ善挙ニ感シ、相撲或ハ俳優ニ纏頭スルカ如ク、彼ノ学童ニ感シテ差出タルコソ可笑又可憐ナリ（第一三回）

予科生徒たちの「学技」を目の当たりにした老農は、「感激」の余り「楮幣」を差し出した。それは、「相撲或ハ俳優ニ纏頭スルカ如」き所為であり、教場には「アルマシキ」と学務掛に制止されてしまう。「童子ニ餞セント」おひねりを差し出す老農の姿と、それを「可笑又可憐」と評する学務掛の筆致が対照的である。

さらに続く伊那郡栗矢村の住民たちは、先触によって権令の宿泊が伝えられたとき、「其村大ニ喜ヒ、地方官長ノ親臨トテ、老若男女頸ヲ引テ竢受」けた。しかし巡回は、前日になって取りやめとなってしまう。これに「力ヲ落シ」たのが同村学区取締・原九右衛門の老母で、「老婆始一同素志訴フルニ道絶テ、遺憾至極奉存候」とし、学校資金の寄付者を記した文書を提出するほどであった（第三二回）。

以上のように『説諭要略』は、管内を巡回する官員たちが、いわば「開化の使者」として、地域住民に歓迎される記述であふれかえっている。

官員による管内巡回にかかわって、もう一点、出張の経費について言及しておきたい。『説諭要略』によれば、巡回中の権令は、「洋服ヲ著ケ、足ニ革履ヲ穿チ、イト軽装」の出で立ちであったという。そこには、「敢テ尊傲ノ風ヲ示サス、是民ノ費ヲ省キ、疾苦ヲ厭フ」という意図があった（第一六回）。「軽装」という権令の姿は、先にみた『文部省年報』の記述とも一致するが、実際には官員巡回にどれほどの経費が支給されていたのか。筑摩県が発した布達（明治六年）と、文部省への上申（明治七年六月）の二史料から確認しておこう。まず、前者の布達では、巡回の経費について以下のように達している[43]。

管内巡廻ノ儀ニ付毎々相触候通、賄方等之儀、決而馳走ケ間敷儀無之様相心得可申候、万一鄭重之取扱等致候節ハ、却而民間ノ疾苦ヲ増候訳ニ而不謂儀ニ付、呉々も心得違無之様致、其所ニ有合雑穀タリトモ勿論不苦候条、平食ヲ供シ可申、一賄六銭二厘五毛支払候間、呉々悖令無之様可心得候、此旨予達スル者也

巡回時の「賄方」について、決して「馳走ケ間敷」ことがないようにと釘を刺している。官員を「鄭重」にもてなすようなことがあっては、かえって「民間ノ疾苦ヲ増」すだけである。そのため官員への賄いは「其所ニ有合雑穀」でも構わず、一食につき六銭二厘五毛を支払うと定めている。この数字は、「学区取締事務仮章程」（前掲）に定められた学区取締の「休泊料」と同額であることを指摘しておく。

続いて筑摩県が明治七年六月に文部省に出した上申として、官員に随行する教員と生徒の「旅費」にかかわる伺いがある[44]。筑摩県は、一日分の旅費として、教員に二五銭、生徒に一八銭七厘五毛を文部省からの委託金により支給してもよいかと尋ねている。文部省は、財源については保留しつつも「先以聞届候事」と、支給自体は認めている。随

行の教員・生徒に宿泊料が支払われていたことを考えれば、官員に対する経費も、賄い料だけではなかった可能性がある。しかし支給されていたとしても、高額であったとは考えにくい。

ここまで、筑摩県における教育奨励策のひとつの柱であった官員巡回の具体像を再構成してきた。『説諭要略』や布達など県行政の文書からは、経費を切り詰めて県下を巡回する官員と、彼ら「開化の使者」を感激の涙とともに歓迎する「未開」の地域住民という構図が浮かび上がる。それは、これまでともすれば、筑摩県の積極的な「開明」政策の一環として、筑摩県＝「教育県」というイメージを支えてきた構図でもある。しかしこうした理解はどこまで実態に迫っているのだろうか。次項では、村に残された史料を用いることで、官員巡回のとらえ直しを試みたい。

（二）官員を接待する村の学事担当者(45)

ここで取り上げる事例は、明治七年六月、参事・高木惟矩による安曇郡千見村への巡回である。千見村は、安曇郡の北部、青木湖の東側に位置し、明治六年一〇月時点で、家数一四三戸、石高一五二石三斗八升九合の山村である（図1、現大町市）(46)。千見学校は、明治六年末に善福寺を校舎に転用して設立された(47)。明治六年一一月時点で、生徒数一九五人、元資金三二〇円（利子四八円）、村持作徳一〇円と、比較的小規模な学校であった(48)。

千見村に参事巡回の通達があったのは、明治七年五月二五日である。参事・高木のほか、権少属・原卓爾や大区長・高橋平一郎、学区取締・栗林球三らも随行し、「村々生徒検査」や学校・休泊所において「説諭」を行うという(49)。参事一行は、六月二八日に千見村到着、同村第十一大区八小区戸長の永田誠治宅を宿泊所とした。千見学校では、青具・高地・千見の三校の生徒への「御試験」と、その結果をふまえて参加者に対する参事の「御厳諭」があった。さらに翌日から巡回した二重学校では、「村社ノ舞台ヲ取繕ひ教場ニ取置」くのは「存外不躰サイ」であると、参事の「責諭《セキユ》」を受けることになったと記されている。二重校の世話役たちは、「学則誤解致候故、一札差出候」と、詫び書を提出させられている。

図2は、参事巡回にあたり、千見学校の関係者たちが取りまとめた配置図である。教場に二人ずつ並んだ学童の前には千見学校教員の桜井由成と仁科学校教員の濱操が立ち、その様子を松本師範講習所の教員・生徒が見学する。隣室の床前には学区取締や権少属、そして「イス」に座る参事がいた。教場外の客殿には、役人・世話方・判頭その他が「袴・羽織」で居並んでいる。このように席次が記録されることは、学校儀式にかかわる史料では必ずしも珍しいものではない。しかし図2で特筆すべきは、席次の下部に記された心得である。世話方など地域の大人たちは「弁当持参」であることや、給仕は「袴」を着用すること、あるいは参事には「上イス」や「莨盆」を用意し、「商い之御茶・菓子」を上げるのは参事と権少属の「御両氏様斗」であることなどが詳細に書き留められている。このように、儀式を周旋する村の学事担当者たちの記録からは、官員や教員、そして地域住民たちを含めた序列的関係が克明に浮かび上がる。

参事の巡回は、千見学校にどのような影響をもたらしたのだろうか。巡回後の千見学校に生じた大きな変化として、元資金の大幅な増大に注目したい。表1では、学区取締に提出された報告書をもとに、明治五、六、七年に千見学校の元資金へ加入した「有志」者数の推移を金額ごとにまとめた。明治五年には一五〇円、翌六年には二一八円余りであった元資金が、巡回直後の翌年七月には二〇〇〇円へと、不自然なほどに膨れあがっている。明治六年から七年での「有志」者数の増加は一〇人にとどまっていることから、一人あたりの加入金が大きく増額していたことがわかる。たとえば、三年間を通じて最大の加入者であった永田誠治は、一五円から二七円、そして一〇〇円へと増額している。また小林徳七の加入金は、明治五年には一円、翌六年には一円二五銭であったが、巡回を経て一〇円への増額を遂げている。表1の報告書に記載された以外にも、同校の教員が、巡回の日の六月二八日付けで五〇円という大口の加入を申し出ている。[50] 表1で示した数字は、「厳諭」あるいは「責諭《セキ》」とも記される官員の精力的な告げ諭しと、それに

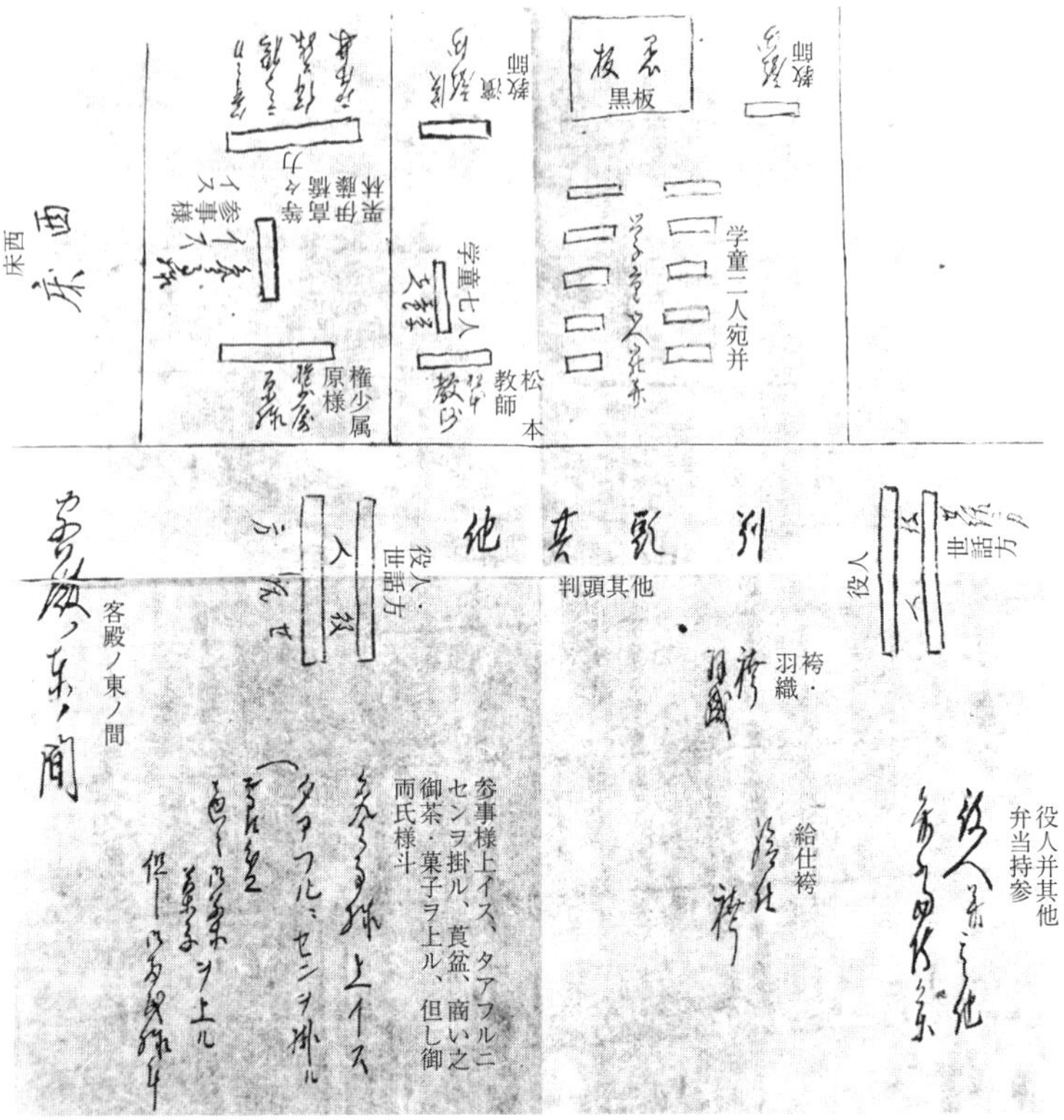

図 2　参事様千見学校巡回配置図（「参事様御巡郷ニ付書類入」明治 7 年 6 月、永田家文書、184）

表 1　学区取締への報告書にみる千見村「有志」者数の増加（人）

	明治 5 年 5 月頃(150 円)	明治 6 年(218.575 円)	明治 7 年 7 月(2000 円)
50 円～	0	0	2※
10 円～	1	1	80
5 円～	14	14	55
1 円～	24	27	3
0 円～	0	87	0
合計	39	129	139

※明治 7 年の 50 円以上には、「村持学地敷金」(100 円)が含まれており、実質的な「有志」者は永田誠治(100 円)のみである。「(学校資金拠出取調帳)」(明治 5 年)、「千見学校」(明治 6 年)、「学校元資金請判帳」(明治 7 年)、栗林(輪違)家文書、1、58、242 による。

呼応し加入額を増やす各村の「有志」たち、という『説諭要略』にも共通する構図を示している。ただし、ここで注意しなければならないのは、表1の数字が、あくまで学区取締への報告文書にもとづいていることである。

千見村の戸長が記し、自家に保管していた帳簿からは、巡回直後の大幅な元資金増額が、「有志」による自発的な加入によってのみ実現したわけではないことが判明する。というのも、時期は下るが、明治一一年一二月付けの帳簿には、明治七年の巡回直後に「村金」の名目で八〇〇円が元資金として徴収されていたことが記されているからである。以下は、八〇〇円のうち、七八四円九八銭六毛の徴収の経緯と内訳を記した帳簿である。[51]

明治七年以降村金ヲ以テ学校元資金ニ備ヘ置候金額八百円、当七月改正ニ付、一月協議之上今般引戻シ、各銘悉皆記載、右差引左之通り、

一、明治七戌年七月改　六百六十一円八十五銭六厘六毛、村廻金、

内、三百三十円九十二銭八厘三毛、旧高割、

但シ、高百四十六石九斗六合ニ割、一石ニ付二円廿五銭二厘七毛、

三百三十円九十二銭八厘三毛、戸数割、

但シ、百四十三戸、内、㐂三郎・要治・文吾・幾蔵・鶴吉引テ百三十八戸ニ割、一戸ニ付二円三十九銭八厘、

一、四十六円、六両一俵、才覚金、

右者、慶応四辰年千見村ヨリ上達惣金高三百十五両三分ニ割、

但シ一円ニ付十四銭、五厘六毛八、

一、四十二円十二銭四厘、切石山林売払代、

是ハ本村境ノ五ヶ村ニテ進退、

内、二十一円六銭二厘、五ヶ村旧高割、

高九十五石二斗三升五合二夕、一石ニ付廿二銭一厘二毛、

二十一円六銭二厘、五ヶ村戸数割、
六十五戸割、一戸ニ付三十二銭四厘、
一、三十五円、本村持山林売払代、
内、十七円五十銭、本村旧高割、
高五十八石六夕六才ニ割、一石ニ付三十四銭四厘四毛八、
十七円五十銭、本村戸数割、
三十戸ニ割、一戸ニ付五十八銭三厘三毛

元資金として徴収された八〇〇円のうち、「明治七戌年七月改」の六六一円八五銭六厘六毛は、「村廻金」を充当している。その半分は「旧高割」つまり各家の土地所有に応じて、残りの半分は「戸数割」つまり一律に割り付けている。とりわけ後者の戸数割については、一四三戸のうち五軒を除外し、一戸につき二円三九銭八厘の負担である(52)。先述の通り明治六年における千見村の家数は、一四三戸であり、ほぼ全戸に対する負担が実施されていたといえる。「村廻金」に続き、「才覚金」や「林売払代」などの金額が記されているが、そのなかにも一戸あたり三二銭や五八銭三厘三毛の戸数割がみられる。残金の一五円余りについては記載されておらず、未詳である。しかし少なくとも千見学校は、全戸一律に三円余りを負担させることで、元資金を大幅に増大させていた。

以上の経緯については、表1で依拠した学区取締への報告書には記載が一切ない。つまり「村金」徴収の事実は、報告書のうえでは「なかったこと」にされていたのである。それは、全戸一律負担という徴収方法が、筑摩県の方針にそぐわないものであったためと考えられる。筑摩県は、学校設立の資金を「有志」からの自発的な出金に頼る方針を打ち出していた。たとえば文部省に対して、元資金を「人民ニ課セントスルハ、或ハ苦情ナキヿ能ス、依テ更ニ余力アル有志ヲ募リ、元資金ヲ加入シテ悠久維持ノ基ヲ開カシム」や、「却テ毎戸課出ノ法規ヨリハ各自貧富ノ力ヲ図

リ出スモノナレハ、確実動クヘカラサルノ基」といった徴収方針であることを報告している[53]。かかる県の方針をふまえれば、貧しい家にも子どものいない家にも一律で三円余りを負担させるという千見学校の徴収方法は、まさに「力技」ともいうべき強引なものであり、学区取締への報告書にはそのまま記載することができなかったといえよう。

それだけに千見村の学事担当者たちは、全戸一律負担という方法について県側の意向を確認する必要があったと考えられる。そして官員の巡回は、そのための絶好の機会にほかならなかった。というのも千見村周辺村々の学事担当者たちは、参事の巡回に際し、頻繁に書状を交わしている。そのうち、巡回前々日の六月二六日、二重村副戸長・小林文吾が千見村戸長・永田誠治に宛てた書状をみておこう[54]。小林は、参事らの宿泊所をつとめる永田に対し、元資金の「増金談示其他合併論等」について参事の「御指令願度存候」ゆえ、「御宿之砌御差図可被下」という。小林は、「御宿之砌」に参事と接触できるよう「御差図」をいただきたいと、永田に頼み込んでいる。村々の学事担当者たちにとって巡回は、元資金収集など学事にかかわる諸問題について官員の「御指令」を受ける機会でもあった。

ここで注目すべきは、「御指令」を願うべき「御宿之砌」において、官員への接待が行われていたことである。「正七位高木様御巡回ニ付雑費控　千見村役場」と題する帳簿には、官員たちのために準備された饗応の費目として全五九項目が記されている[55]。中身を概観すると、大鯉二本（三六銭）や乾鰤一枚（一九銭）、焼鯛三枚（六四銭）や酒一斗六升四合（一円一七銭一厘）などの酒肴が大半を占める。さらに「給仕人」（三人で二二銭五厘）や「大町料理人」（二人で一円五〇銭）を臨時で雇うことまで行われていた。これら「雑費」として村役場が支出したのは、総計九円七九銭三厘九毛にのぼる。前項で指摘した通り県は、官員の巡回経費を一食あたり六銭二厘五毛とし、「馳走ケ間敷儀」がないよう通達していた。それにもかかわらず千見村役場は、規定を大幅に上回る額を支出していたことがわかる。こうして過剰なまでの接待が行われるなかで、参事の「御指令」確認が行われていたのである。

それでは千見村の学事担当者たちは、県の支給額を超過する接待をしてまで、なぜ「御指令」を受け、全戸一律負担という強引な徴収方法を実施する必要があったのか。その背景には第一に、各学校の元資金を「定額」以上にしなければならないという県側の方針があったと考えられる。筑摩県は、明治六年一二月二九日、「一小校ノ元資金千円以上ヲ以テ定額トシ、千円ニ満サルモノハ、更ニ増加ス可ク、又募金難成モノハ或ハ二、三村ヲ合併ス可キ旨」を布達している[56]。つまり一校あたり一〇〇〇円の元資金を「定額」とし、集められない場合は合併の可能性をちらつかせている。

第二に千見学校は、巡回を前後する時期に、大町村仁科学校への合併の申し出を受けていた。大町村仁科学校は前節で取り上げた第十番小校を前身とし、明治七年七月に校舎が新築されている。新築に掛かった費用は三万円であり、周辺村々の学校を合併することで調達されたという[57]。以下は、仁科学校関係者の合木甚内が、千見村の永田に宛てた書状の一節である[58]。

一、仁科学校者安曇第一、矢原学校元仕（ママ）金三万円出来候得者、夫々募リ候而者不相叶、三万円無之而者永続難相成、出来可致候様被仰付、八郷幷平之分皆仁科学校へ属し候而、三万円之御受書談判之上差上候、此三万円、町方半分、半分在方、指引分之割、
壱戸ニ付、拾円廿六銭六り、
壱人ニ付、弐円三十六銭八り九、
此之通割合を以引分、但し村方ニ而甲乙出金之趣ニ御座候、
右之通ニ候得者、御手之方茂御請御当惑与奉存候、尤小校者五（ママ）千円なくて者永続難出来与御取締被仰候、此筋如何御取究候哉、
御聞取御手可然御談判宜敷与奉存候

合木の文章からはまず、仁科学校が「安曇第一」であるという認識とともに、「矢原学校」（安曇郡南部矢原村）の元資金加入額が「金三万円」に達したことへの対抗意識が窺える。仁科学校が「安曇第一」の地位を保つためには、同

額の「三万円」分の加入額を募らねばならないが、村ごとに「夫々募」っていては「不相叶」という状況である。そのため「八郷」や「平」といった周辺村々は、「皆仁科学校へ属」すことになったという。これに合わせ、千見学校も合併してはどうかと申し出ている。合併については「御手之方」すなわち千見村の人びともさぞ「御当惑」のことと思うが、学区取締からの「小校者五《(ママ)》千円なくて者永続難出来」との通達について、「此筋如何御取究候哉」と問い詰めている。学校を存続させるために必要な「定額」を集めることが難しいならば、合併の可能性も含めて「可然御談判」すべしというわけである。

　巡回時の千見学校には、元資金の「定額」化と、仁科学校への合併の申し出という、県行政（縦）と大町村（横）からの二重の圧力がかかっていた。確かに、仁科学校に合併してしまえば、「定額」を満たすことは容易である。しかし千見学校の子どもたちにとって、仁科学校へ通うことは困難であった。旧藩時代の行政区画では同じく大町組に属しながら、千見村は高山に囲まれた山村であり、山々を越えなければ大町村には行けなかったからである[59]。とすれば、一律負担による「村金」八〇〇円の徴収とは、たとえ学区取締への報告文書には記載できない「力技」であったとしても、「定額」の元資金を確保し合併圧力から千見学校を維持するには不可欠の方策ではなかったか[60]。

　以上、従来は県側の文書から語られてきた筑摩県の官員巡回について、安曇郡千見村の事例をもとにとらえ直しを試みてきた。少なくとも、『説諭要略』が伝えるような「質素」な巡回イメージを鵜呑みにはできない。県下を巡回する官員の「宿之砌」では、過剰なまでの接待が行われていたからである[61]。さらにそうした接待が行われていた背景には、一律負担という「力技」に頼ってまで、学校の維持・存続につとめる戸長や世話役など村の学事担当者たちの姿があったと考えられる。

（三）学校世話役の利害調整を図る学区取締

前項まで、官員による巡回について、県側と村側それぞれの視点から検討を加えてきた。その一方で、就学を勧奨するために村々を巡回していたのは、官員ばかりではない。図2にも記されていたように、学区取締も管下を巡回していた。しかし権令や官員とは異なり、学区取締や学校世話役が巡回先で発した就学告諭について具体的な内容までを詳しく伝える史料はみあたらない。ただし巡回や説諭を求める願書やその請書など、勧奨が行われていた事実を伝える史料は数多く残されている。これらの手がかりから、村の学事担当者と彼らを管轄する学区取締との関係性について検討していこう。

取り上げるのは、明治六年五月より安曇郡北部で学区取締をつとめた栗林球三である。栗林は、大町村戸長として第十番小校の設立に携わっており、筑摩県設置以来の学事担当者であった。栗林が受けもっていた学校の数は、明治六年時点で三二校（うち、本校一八校、支校一四校）であった[62]。支校の設置について筑摩県は明治八年八月、「各学校付、遠隔ノ村落・幼弱ノ生徒等、本校へ独歩難致ヨリ、自然不就学ノ輩寡カラス、無余儀山間隔離ノ地へハ支校設立聞届候」と達している[63]。つまり支校は、「山間隔離ノ地」などの理由で通学困難な子どものために設置された。前項で取り上げた千見村の例からもわかるように、栗林が担当していた安曇郡北部は、とりわけ山がちな地域であり、多数の支校が置かれたものと解される。

栗林による管轄下諸校への巡回・説諭の多くは、各学校の世話役や正副戸長たちから願い出られたものであった。たとえば明治七年一二月二八日、大網村戸長の武田十代彦は、栗林に対し次のような願書を提出した[64]。

今般深原村迄御出張之由ニ候得共、当村幷ニ戸土村之義者、深雪之僻地故、御巡回も不被下、勤惰之御検査も無之、御持区外ニ

御見做シ被下候而者、迚モ当村より戸土之義者、旧習ニ沈泥開化ニ不至、如何共難相済心痛当惑之次第ニ付、御苦労奉恐入候得共、今度者当村迄御巡回・御説諭被成下度、伏テ奉願上候、以上

明治七年十二月廿八日

第十二大区六小区大網村
戸長・武田十代彦（印）

学区取締・栗林球三殿

武田は、大網・戸土両村が「深雪之僻地」であるため、栗林の巡回や説諭が少ないことを問題視している。これは、栗林が両村を「御持区外」と見なしているからではないかと、不満を述べている。そのため両村への「御巡回・御説諭」を実施してほしいと願い出ているわけである。武田は、栗林の巡回・説諭に「旧習ニ沈泥開化ニ不至」という状況からの脱出を期待している。

学区取締・栗林による巡回・説諭の多くが、管轄下の学校世話役を対象としていたことに留意しておきたい。明治八年一月二二日、大網学校世話役の武田謹吾が報告した一件をみてみよう。(65) ここで報告されている問題は、新たに赴任してきた教員が学校世話役の「不都合」により出勤を拒否してしまったことを発端としている。

一、当村学校教員・武田久馬卒業ニ付、去ル七年六月開校以来、生徒之内八級卒業之者も有之、弥以勉励可致様子ニ立至リ候処、去ル十月右教員来馬学校在勤拝命ニ相成、其後教員無之休業ニ及候処、御周旋之上、奈良澤道尊先生来着被下候処、外世話役中ヨリ当三月限リ御頼申度、農繁之節ハ休業致シ度抔与不都合申出候故、(ママ)則時(ママ)松本表江御引取ニ相成今以入来無之、追々御巡回・御試験モ可被為有御布達モ承知畏罷有、休業怠惰之次第難相済義与心配罷有候、勿論正副戸長ヨリモ勉励可致様説諭有之候得共、何分共世話役中更ニ勤仕モ不致候ニ付、勤惰表認方モ無之、殊ニ元資利子金去戌年中一ヶ月モ不差出、教員月給モ不相渡、就テハ書籍・器械買入代価取替之者モ迷惑ニ及候次第、尚又生徒モ休業ニテ御趣意柄貫徹不致候間、何卒不日御巡回

世話役中江御説諭被成下、学務盛大相成候様被仰付度奉願上候、若又御巡廻無之御義ニ候ハヾ、厳重之御達書被下度、是又奉願上候、以上

八年一月二十二日

大網学校世話役・武田謹吾（印）

学区取締・栗林球三殿

大網学校では、明治七年六月の開校以来教員をつとめていた武田久馬が、十月より同じ安曇郡の来馬学校へ転勤となり後任を確保できなかったため、休業となっていた。その後、奈良澤道尊の赴任が決まったものの、松本表へ引き取ってしまい、未だ来校がないという。それは、学校世話役たちが奈良澤の任用を「当三月限リ」とし、「農繁之節ハ休業」したいと、「不都合」な申し出をしたためとされている。さらに彼ら学校世話役たちは、昨年中は元資金の利足を全く支払わず、教員の月給も滞っているという。

こうした願い出に対する栗林の対応は、約ひと月後の二月二八日付け大網村正副戸長と学校世話役への通達に窺える。すなわち栗林は、問題となっている学校世話役四人に対し、「右之者学校之義ニ付御尋義候」とし、学校出納計算簿などを持参のうえ「来三月三日午前八時、栗林球三宅江罷出可申候也」と、自宅へ呼び出している（同前「学区雑箚」）。つまり栗林は、場合によっては、自宅へ呼び出して説諭を行っていたのである。それでは栗林宅では、どのような説諭が行われていたのか。栗林は、武田と同様、学事に積極的でない学校世話役たちを「不都合」視していたのだろうか。

学事を忌避する学事担当者については、本書第一部第二章および第二部第三章でも言及されている。こうした人びとは、全国各地に存在したのであり、むしろ多数派であったとも考えられる[66]。彼らが学事を忌避した理由はさまざま

であったが、ここでは給料・待遇の問題から検討を加えておきたい。すなわち、第二節で指摘したように、筑摩県の学校世話役には給料はおろか出張費さえ一銭も支払われていなかった事実が重要である。栗林は同じく学区取締であった清水又居とともに、明治七年一〇月に県へ学校世話役の給料を支給する願書を提出している。(67)栗林らによれば、学校世話役の多くが「農事専務」の者たちであり、彼らが「其業ヲ抛」って学事に「尽力」することで、「各学校駸々盛大ニ趣」いている。しかし当の世話役たちが無給では、「自然勉励ノ気モ脱漏」してしまうという。そのため、「各校元資金利子ノ内一ヶ月五円ヲ以テ世話役ノ給ニ仕度」と願い出ている。栗林らは、学校世話役の負担が過大になっている現状に「心痛」を表明し、給料の支給を求めていた。

栗林らがこうした働きかけを行っていた事実をふまえれば、新任教員の不興を買ってしまった大網学校の世話役たちも、「其業ヲ抛」ち無給で学事に追われるあまり、元資金の利足を支払いかねていた可能性があるのではないか。少なくとも、栗林らがこうした学校世話役たちを一方的に責め立てていたとは考えにくい。むしろ、「農繁之節ハ休業」したいという要求の正当性を一定程度認め、学校世話役の待遇改善を図っていたものと解される。

学区取締の職務は、「区長・正副戸長及ヒ世話役等ト商議」し管轄下の学校を運営していくことであった。こうした立場にある以上、学区取締が行っていた巡回・説諭の具体的な記録をほとんど確認できないことは、ある種当然のことかもしれない。権令や官員が就学告諭を発し、学問奨励・学校設立の理念や論理を声高に打ち出す。その一方で、学区取締は、時に自宅に呼び出してまで学校世話役の不満に耳を傾けていた。とすれば学区取締の巡回・説諭は、学校世話役ら現場の担い手たちの待遇改善など、現実的な諸課題を解決することにその主眼があったと考えられる。

おわりに

学制前後の筑摩県の就学告諭について、教育行政組織における諸主体の立場性や管掌の違いに着目しつつ考察してきた。第一に、県学・小校設立に際し発せられた就学告諭では、論理のうえでの重層性をとらえた。すなわち、県当局の側は「国家」を学問の目的に据える一方、学校世話役が小校設立の意義を地域住民に直接伝える場面では「村」や「家」の繁栄、あるいは「家業」の安定を強調していた。同じ「地方官吏」が発した就学告諭であっても、力点を異にする論理が展開されていたことが明らかになった。

第二に学制発令後については、就学勧奨の実施・伝達方法にかかわる重層性をとらえた。権令や官員たちは、就学告諭を発し、新たな学問・教育観の普及を図っていた。とりわけ精力的に県下を巡回し、「軽装」で各地の住民に説諭して回る権令の姿は、出版メディアを通じて喧伝されていた。一方、村の側からみたとき、そうした「質素」な巡回イメージは、とらえ直しを迫られる。つまり官員の巡回は、村の学事担当者たちにとっては、自村のもち出しで官員を饗応し、県側の「御指令」を請う機会でもあった。他方、村々を管轄する学区取締には、現場の学事担当者が抱える不満や利害を調整しつつ、地域住民を学問奨励・学校設立へと方向付ける役割が期待されていた。

巡回官員への接待や全戸一律負担を強行してまで「定額」の元資金を捻出し、学校の維持につとめた千見村の学事担当者たち。また、学事に消極的な学校世話役の要求を一方的に否定せず、待遇改善を県に働きかけていた学区取締たち。彼らは、立場上学事の推進者たらざるをえない立場にあり、官による「開化」の方向性に表立って反対した形跡はみられない。しかし学校の立地をめぐる村々のせめぎ合いや学校世話役の無給問題などは、性急な改革と大きな負担を求める「開化」には、潜在的な緊張関係が胚胎していたことを示している。全戸一律負担や給料支給願こそ、それらを顕在化させることなく、学事を表向きは円滑に推し進めるために打ち出された調整案にほかならない。この意味で、就学告諭が伝える論理・理念は、戸長や学校世話役、あるいは学区取締の学事への重層的な取り組みに支えられることにより、はじめて現実的な足掛かりを得ることとなったのである。

本章では、就学告諭が近代教育事業の展開に果たした位置と意味を明らかにするうえで、発信主体の立場性と、それにもとづく教育への関与のあり方を重層的に把握する分析視角の有効性を示しえたと考える。しかし学制発令後の学区取締や学校世話役が発した就学の論理・内容については、史料的な制約もあり解明が不十分である。新たな史料の掘り起こしを進めていきたい。そのうえで、就学告諭をめぐる重層性という分析視角を他地域に向け、その特質を析出していくことも、もうひとつの課題である。

(1)『長野県教育史』別巻一、一九七五年、三〜七頁。
(2)古川貞雄・福島正樹・井原今朝男・青木歳幸・小平千文『長野県の歴史』山川出版社、一九九七年、二七四頁。
(3)荒井明夫「研究の課題と方法」荒井編著『近代日本黎明期における「就学告諭」の研究』所収、東信堂、二〇〇八年、一四〜一五頁。
(4)大間敏行「「国家」意識の表出」同前書所収。
(5)柏木敦「就学告諭と学制布告書」同前書所収、七一頁。
(6)中村文『信濃国の明治維新』名著刊行会、二〇一〇年。
(7)『長野県史』通史編第七巻近代一、一九八八年、一〇八頁。
(8)「番外旧筑摩県布達留」「筑摩県庁文書」明八—一A—一、長野県立歴史館所蔵。
(9)『長野県教育史』第一巻総説編一、一九七八年、一三三六頁。
(10)「雑志」「松本市萩原家文書」個人蔵。
(11)「御布告日記」明治五年「永田家文書」一四一、大町市文化財センター所蔵。ここで引用した史料は、安曇郡千見村で戸長をつとめていた永田家の布告留である。本史料において「学校創立告諭書」と「学校入費金差出方取計振」は、明治五年二月二五日から二七日までに記録されている。これに対し『長野県教育史』（第七巻史料編一、一九七二年、六〇六〜六〇七頁）掲載の高山出張所事務文書では、同年二月二〇日付けである。

(12) 県の官員たちは、明治五年四月、「補助」として上は権令の一〇〇両から下は三両まで、総額八五四両を加入した。谷雅泰は、こうした官費による扶助が、民費徴収の「呼び水」になったと評価している。谷雅泰「資金調達の方法」前掲『「就学告諭」の研究』一八八頁。

(13) 前掲『長野県教育史』第七巻史料編一、六一五〜六一八頁。

(14) その他の諮問は以下の通り。①加入金利足五月〜一二月分を七月に集めること、②学校修覆金は学校用度米を充てること、③県学生徒の束脩と月謝はそれぞれ、漢学で二朱と一朱、洋学で一分と二朱とし、小校はともに無料とすること、④加入金利足取集方・取扱方の規律申し立てのこと、⑤書籍購入費として元松本県の貸付金を転用のこと。

(15) 学校世話役惣代一〇人が一〇小校でそれぞれ「七十三円三十四銭八厘一毛」を受け取り、「小校入費ニ支払可申」と認めた受書が残存しており、加入金は実際に分配されていたと考えられる。「学校元資金」「信濃国下今井村桃井家文書」三一H—五八九、国文学研究資料館所蔵。

(16) 前掲『長野県教育史』第七巻史料編一、六七二〜六七三頁。

なお筑摩・安曇以外の各郡における学校設立が立ち遅れていたというわけではない。たとえば、伊那郡の今田村や名古熊村では明治五年一月に「講学会所」と呼ばれる教育機関が設立され、また座光寺村では同年四月から学校元資金の収集が開始されている。当地域の動きについては、多和田真理子による一連の研究がある。多和田真理子「明治初期筑摩県における「小校」設置と近代学校への移行—飯田市域の事例—」『飯田市歴史研究所年報』第二号、二〇〇四年など。

(17) 前掲『長野県教育史』第一巻総説編一、二五七頁。

筑摩県で学制実施が本格化するのは、明治六年五月「学区割」布達以降である。竹中暉夫が指摘するように、学制の影響力が地方へと波及するスピードは、町村ごとに区々であった点には留意しておきたい。竹中暉夫『明治五年「学制」』ナカニシヤ出版、二〇一三年。

(18)「旧筑摩県布達留」「筑摩県庁文書」明八―一A―二。
(19)前掲『長野県教育史』第一巻総説編一、二七三頁。
(20)「第五課事務章程」『長野県教育史』第九巻史料編三、一九七四年、一八〇〜一八四頁。
(21)「学区取締事務仮章程」名古屋大学教育科学発達図書室所蔵。
(22)「明治六年御布告第一号」「栗林家（輪違）文書」六八四―一、大町市文化財センター所蔵。
(23)「懐中□」「松本市萩原家文書」。「由緒他」「清水家文書」C七一―四、長野県立歴史館所蔵。
(24)「学校要款」「栗林家（輪違）文書」二三六。
(25)「筑摩県学校設立概略」名古屋大学教育科学発達図書室所蔵。
(26)磯辺武雄「学制期筑摩県の教育行政組織に関する一考察」『アジア文化研究』第九号、二〇〇二年、一三頁。
(27)「学校主管人同世話役事務章程」名古屋大学教育科学発達図書室所蔵。
明治九年一月に開智学校で開かれた学区取締会議において、学校主管人の設置が決められた。この役職は、「世話役多員ナルニヨリ随テ校務ノ整理不行届ノ向有之候」ため、「校務振興ノ良法」として置かれたものである。前掲『長野県教育史』第九巻史料編三、三二三頁。
(28)前掲『長野県教育史』第七巻史料編一、六七二頁。
(29)第三中学区における学校世話役の人数について、宮坂朋幸は、「無給の職である世話役という激務を、誰かに押しつけるのではなく村民全体で分担していこうとする強い共同体意識の現れ」と推察している。宮坂朋幸「幕末維新期における平田派国学と教育の近代化―信州伊那地方を中心として―」『教育文化』第一一号、同志社大学文学部教育学研究室、二〇〇二年、三六頁。
(30)前掲「雑志」。
(31)前掲『長野県教育史』第一巻総説編一、二三九頁。
(32)「長野県史料一二」明治五年五月五日条。
(33)「学びの糸ぐち」年月日不詳、大町西小学校所蔵。

(34) 有賀義人編『復刊信飛新聞』復刊信飛新聞刊行会、一九七〇年、二六頁。
(35)「栗林家（輪違）文書」六。
(36) 前掲、大間「「国家」意識の表出」二三二頁。
(37)「国家」と学問とのつながりに言及した文書に、「学区取締事務仮章程」（前掲）がある。ここでは、「抑学校ノ事タル、人民ノ智識ヲ開達シオ芸ヲ成長セシメ、国家保持ノ基礎タルハ更ニ云フヲ待タス」とされている。
(38) 鈴木淳『日本の近代15　新技術の社会誌』中央公論新社、一九九九年。
(39)「管内布達全書　自明治五年至同七年」「筑摩県庁文書」明七—三A—一。
(40) 本章では印刷技術の導入に焦点を合わせているが、印刷された学制布告書が「教官」による「説諭」とともに、生徒へ直接手渡しされていた事実の意味も、別に検討すべきであろう。この点については、本書第一部第二章を参照されたい。
(41) 前掲『長野県教育史』第一巻総説編一、三三一頁。
(42) 長尾無墨『説諭要略』筑摩県、明治七年、唐沢富太郎編『明治初期教育稀覯集成』第二輯三、雄松堂書店、一九八一年。以下、本史料からの引用は、文末に回数を示す。
なお各地に頒布された『説諭要略』は、学校教員により地域住民に読み聞かせられていた。たとえば安曇郡で学区取締をつとめた栗林家に伝わる『説諭要略』には、「明治七年八月廿七日濱氏（仁科学校教員—引用者注）講読、第一回ヨリ第廿二回迄」との頭書がある。「栗林家（輪違）文書」二九。
(43)「官員巡廻ニ付再ヒ相達候事」前掲「管内布達全書　自明治五年至同七年」。
(44) 前掲「長野県史料一二」明治七年六月九日条。
(45) 明治初期の学校儀式については近年、宮坂朋幸により研究が進められている。宮坂によれば、開校式などの儀式は、地域の大人たちが「向学ノ意」を強くする場という性格が強かった。宮坂により儀式に参加する側の視点が解明されている一方、儀式を周旋する側の視点はあまり注目されていない。この点で本項は、いわば儀式を周旋した裏方の内部事情に迫る試みでもある。宮坂朋幸「明治初年の開校式—京都府を事例として—」『教育文化』第二二号、同志社大学社会学部教育文化学研究室、二〇一三年など。

(46)「赤司重春様御巡回ニ付諸書付」明治六年一〇月一三日「永田家文書」一六四。

(47) 永田誠治は、無檀の寺院を廃寺として寺堂建物を学校に転用すれば「一般人民ノ有益ニモ相成手軽ニ学舎出来候」という筑摩県の布達を受け、千見学校が設立された経緯について以下のように記録している。

如此之御沙汰ニ基キ、当村方一同商議之上、善福寺ニ安置ノ仏像本寺水内郡越道村玉泉寺へ送リ届ケ、尚亦本村堂安置シタル本尊幷十王十体是ハ当村枝郷むしな耕地ノ岩屋へ安置シ、不要ノ物品今般入札売却シ、当所千見学校ニ改称シ、売却代金ハ学費ニ差加度旨出願之処、御許可ニ相成事、右教員之義、松本旧家中旧御徒士・桜井由成殿相雇御約定取結候事

村民の「商議」により、善福寺を教場に転用したほか、仏像などの什宝以外の物品を売り払い、学費に充てていたことがわかる。なお学校設立における廃寺転用の様態については、本書第二部第五章に詳しい。「新旧諸記録」明治一四年「永田家文書」二五七—二。

(48)「官立学校設立伺」明治六年一一月「筑摩県庁文書」明七—一A—二。

(49) 前掲「新旧諸記録」。

(50)「参事様御巡郷ニ付書類入」明治七年六月三〇日「永田家文書」一八四。

(51)「学校旧元資金引戻シ差引簿　千見耕地」明治一一年一二月「永田家文書」二四五。

(52) 負担を免除された五人については、現在のところ未詳である。近世において、宗教者や芸能者などは、川除などの負担を免除されていた。「村廻金」を免除された五人も、あるいはこうした身分的周縁に位置する人びとであったと推察される。

(53) 前掲「筑摩県学校設立概略」。

(54) 前掲「参事様御巡郷ニ付書類入」明治七年六月二六日。

(55) 同前、明治七年六月二八日。

(56) 前掲「長野県史料 一二」明治六年一二月二九日条。

(57)『大町市史』第四巻近代・現代、一九八五年、九九八〜九九九頁。

(58)　前掲「参事様御巡郷ニ付書類入」明治七年六月二〇日。合木について、その出自や立場については現在のところ未詳である。しかし、明治八年末時点で、仁科学校世話役に任命されていることから、同校の関係者であったと推察される。「仁科学校世話役増員願」明治八年一一月二日「栗林家（輪違）文書」三一七。

(59)　明治後期にまとめられた「学校沿革誌」には、近世における千見村周辺の教育状況について以下のように記されている。

平坦部地方松本付近ニハ所謂寺子屋師匠ナルモノアリテ、村塾ヲ開設シテ子弟ヲ集メテ読書・習字・算術ノ教科ヲ授ケ居リシガ、此地ニハサルモノモナク、僅ニ五六有志ノ輩毎年正月二十日間位ヲ期シテ大町或ハ十万石地方ヨリ稍文字ヲ解シ得ル者ヲ聘シ、習字ヲ学ブ例トセリ、ソモ此教授者ハ、今日ハ甲ノ部落ニ明日ハ乙ノ部落ト転々移動シツツ其期間教授セリ、故ニ之ヲ廻リ師匠ト呼べリ、此時代ニハ廻師匠スラ容易ニ得難ク僅ニ得ルモ就テ学ブモノハ極メテ少数ノ子弟ニシテ、多数ノ青年ハ概ネ無学文盲ヲ以テ終リケリ

山間部の千見村には「寺子屋師匠」がいなかった。そのため「有志」が、正月だけ松本や大町の「平坦部」から「廻師匠」と呼ばれる師匠をわざわざ招いていたという。かかる状況が明治に入って即座に解消されたわけではないとすれば、大町村仁科学校との合併は、千見村の人びとにとって受け入れがたいものであったといえよう。「学校沿革史　青具学校」明治三三年五月、『美麻村誌　歴史編』二〇〇〇年、五八八頁。

(60)　長谷川恒雄の研究によれば、諏訪郡湖南村でも、戸割などの全戸一律負担や、共有地の処分による元資金確保が実施されていた。千見村の方法と細かい相違はあるものの、元資金の「定額」が設けられたことにより、県下各地で強制性を伴う収集が実施されていた。長谷川恒雄「明治初期「学制」下における学費調達の一形態―筑摩県諏訪郡湖南村真志野学校の場合―」『史学』第四三巻、慶應義塾大学、一九七〇年。

(61)　筑摩県が明治九年四月二八日にまとめた「県官心得書」には、「出役巡村等ノ節、飲酒シ宿所ノ迷惑等相掛、又ハ部民ト対酌致ス間敷ハ勿論ノ事」という一条がある。明治九年の段階でも、巡回先で飲酒し「宿所ノ迷惑」となったり、「部民と対酌」したりする官員の存在が問題視されていた。「旧筑摩県引継書」「筑摩県庁文書」明九―一A―一二―四。

(62)　前掲「学校要款」。
(63)　「支校名届出につき県達」前掲『長野県教育史』第九巻史料編三、一六一頁。
(64)　「栗林家（輪違）文書」二一三。
(65)　「学区雑劄」「栗林家（輪違）文書」二三七。
(66)　石川一三夫は、明治一〇年代半ば以降、法令を人民に解説する能力をもたなかったり、公務よりも家業を優先させたりする戸長が多数存在していたことに着目し、これを「公務忌避」型の名望家として類型化している。こうした人びとが、明治ゼロ年代の学校教育の定着過程にどの程度存在し、いかなる役割を果たしたのかについては、重要な検討課題となろう。石川一三夫『近代日本の名望家と自治』木鐸社、一九八七年。
(67)　「栗林家（輪違）文書」二一五。栗林らの願い出に対し県は、「書面之趣ハ当今詮議中ニ付」と回答している。しかし「学校主管人同世話役事務章程」（前掲）でみたように、明治九年に至っても学校世話役は無給であり、待遇改善は果たされなかった。

（塩原佳典）

第五章　奈良県の就学告諭と学校設立の勧奨

はじめに

本章では奈良県を事例として取り上げ、就学告諭を紹介するとともに、学校設立の勧奨がどのように行われたのかを見ていくこととしたい。他の地域と同様に奈良県においても、学校設立はスムーズには進まなかった。それは地域の人々が子どもの就学に対して積極的でなかったためだけでなく、学校設立資金の徴収が困難を極めたためであった。奈良県では学校設立推進の一つの手段として、檀家や住職を失った寺院を廃寺とし、建物等を払い下げて学校設立資金に充てるという施策が取られていた。この章の後半ではこの施策を取り上げ、その経緯を明らかにしたい。

奈良県では、二つの就学告諭が知られている。これを扱った主な先行研究としては、奈良県教育委員会による『奈良県教育八十年史』（一九五七年）、『奈良県教育百年史』（一九七四年）、『奈良県教育百二十年史』および同資料編（一九九五年）がある。これらの研究では、学制後の小学校設立の状況を説明するとともに、明治五（一八七二）年の奈良県布達第四八号を「奈良県就学告諭」として紹介している。『奈良県教育百二十年史』資料編には、小学校設立や就学督促関連の資料が収められ、布達第四八号のほか、明治六（一八七三）年に『日新記聞』に掲載された小学校設立に関する告諭書を「奈良県小学校設立告諭」として採録している。現在のところ、これら二つの文書が就学告諭として位置づけられ、『近代日本黎明期における「就学告諭」の研究』（東信堂、二〇〇八年）の資料編一覧にも取り上げられている。

まず、奈良県の成立について概観した後、就学告諭の内容を紹介する。その後、学校設立資金の捻出に関わる廃寺および建物等の払下げの動向について検証、考察することとする。

一　奈良県の成立

慶応四（一八六八）年、府藩県三治制が敷かれると、奈良にすでに置かれていた大和国鎮撫総督府が廃止され、最初の奈良県が置かれた。明治四年七月の廃藩置県により、旧大和国領域では、郡山、高取、小泉、櫛羅などの各藩がそれぞれ県となるが、同年一〇月にはこれらの諸県を統合し、大和全体を所管とする奈良県が成立した(1)。

初代県令には、前五條県知事の四条隆平（一八四一～一九一一）が任じられた。四条は、殖産興業や水陸交通の開発整備に力を注いだ人物で、「廃仏毀釈で荒れはてた興福寺の土塀を『無用の長物』といって道路拡張のために取り除いたり、境内の石を橋材にあてたり、塔頭・子院の多くを勧業所・県庁などに利用」したという。実際に県庁は興福寺一条院に置かれていた(2)。

明治六年五月、各郡域をそのまま大区にあてて一五大区とし、各大区にいくつかの小区を設け、総じて一九九小区を置いた（表1）。その後、明治九年四月に奈良県は堺県に併合され、さらに明治一四年二月に堺県が大阪府に併合されることとなった。明治二〇年に改めて奈良県として再設置された。明治九年に堺県へ併合される際には、五大区二四小区に再編成され、表2および図1にみるように旧奈良県時代の枠組みは大区では複数の郡を統合する形をとった(3)。

二　奈良県の就学告諭

廃藩置県後に成立した奈良県が、明治九年の堺県への併合前までの間に発した学校設立や就学勧奨に関わる二つの就学告諭について、次に見ていくこととする。

第一に、先行研究で「奈良県就学告諭」と呼ばれている布達である〔新資29-1〕。この布達は、奈良県立図書館所蔵の「御布告留　一七冊」（明治五年六月より六年四月に至る）の中に、明治五年第四八号の布達として確認することができる。この簿冊には、目録はなく、番号以外の文書名は見当たらない。

第二に、先行研究で「奈良県小学校設立告諭」と呼ばれている資料である〔新資29-2〕。典拠とされているのは、

表1　明治5年大区管下小区数

大区名	郡名	小区数
1	添上	22
2	添下	14
3	平群	12
4	山辺	20
5	式上	10
6	広瀬	6
7	式下	6
8	十市	11
9	葛上	9
10	葛下	16
11	高市	15
12	忍海	2
13	宇陀	17
14	宇智	7
15	吉野	32

※奈良県史編集委員会編『奈良県史』第1巻、411頁による。

表2　明治9年に編成された大区小区制

大区名	小区名	郡別
1	1	添上郡
	2	〃
	3	山辺郡
	4	〃
	5	添上郡
2	1	添上郡 添下郡
	2	添下郡 平群郡
	3	添下郡 平群郡 広瀬郡
	4	平群郡 葛下郡
3	1	十市郡 式下郡 山辺郡
	2	式下郡
	3	十市郡 高市郡
	4	宇陀郡
4	1	葛下郡 忍海郡
	2	高市郡
	3	〃
	4	葛上郡
5	1	宇智郡 吉野郡
	2	吉野郡
	3	〃
	4	〃
	5	〃
	6	〃
	7	吉野郡 宇智郡

※奈良県史編集委員会編『奈良県史』第1巻、412頁による。

明治六年一一月発行の『日新記聞』（第三六号）紙上の「本県ヨリ小学校設立ノ告諭書ノ写」と題された文書である。『日新記聞』は、国学者伴林光平（一八一三〜一八六四）の門人であった金沢昇平が明治五〜六年に刊行した県内最初の新聞とされており、太政官布告、県の布達のほか読者からの投書を掲載したジャーナルであった。同紙は、県の援

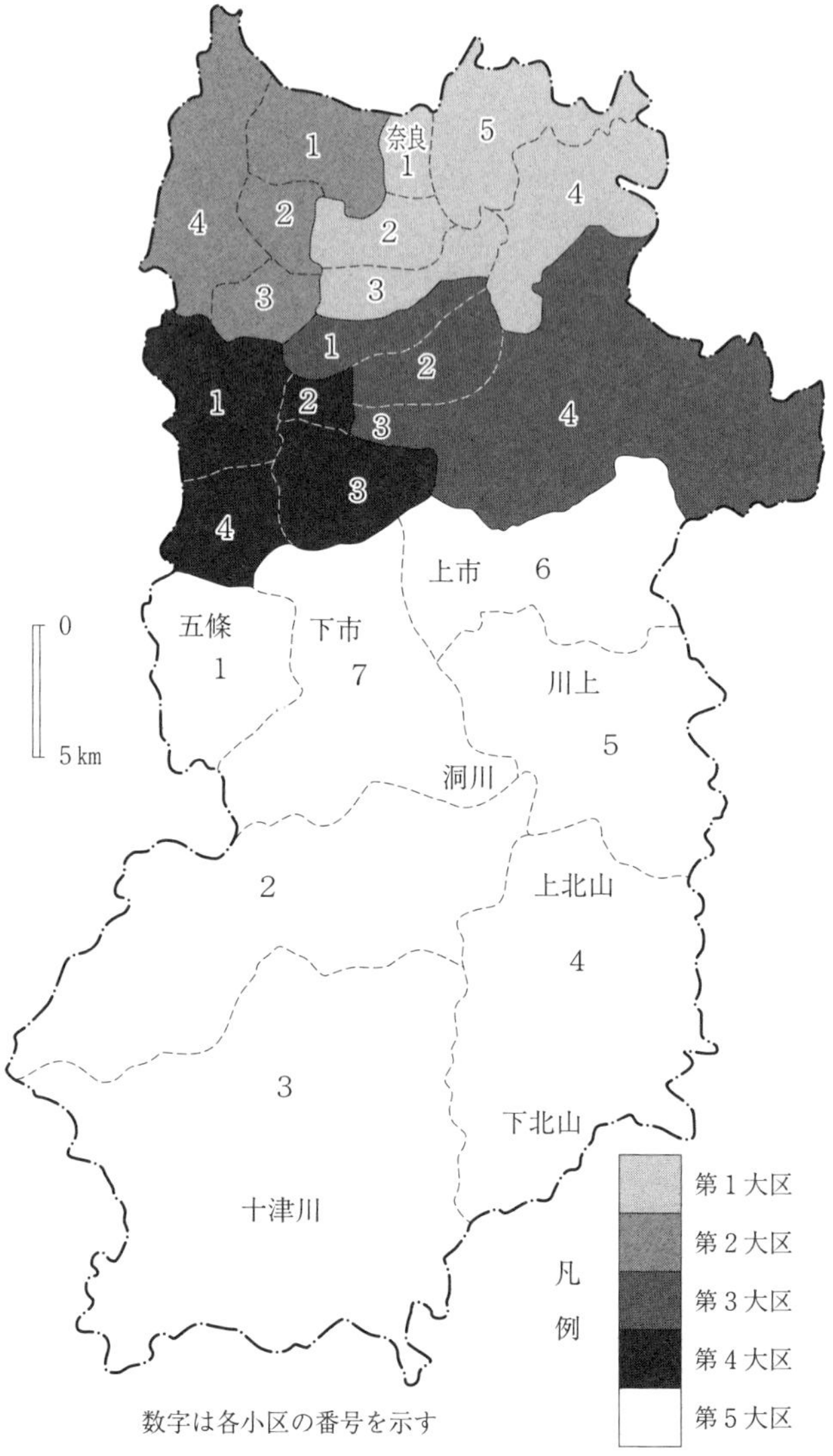

図1　堺県併合時の旧奈良県における大区小区の領域（奈良県史編集委員会編『奈良県史』第1巻、412頁による）

助を受けて各号二〇〇〇部を県に納め、これが各町村に配布されるとともに、さらに二〇〇〇部を一部二〇〇文で販売し、主に戸長などが購読したとされている。(4) 発行期間は短かったものの、官製ジャーナルという性格を持ち、当時としては大規模な発行であったと思われる。なお現時点で、当該時期の県の行政文書のなかに「奈良県小学校設立告諭」を確認することはできない。

その内容はどのようなものであったか。まず、明治五年六月に発せられた第四八号（「奈良県就学告諭」）を見てみよう。この就学告諭では、冒頭において「夫レ人タル者初ヨリ貴賤貧富ノ別アルニ非ス只知識アル者ハ貴ク知識無キ者ハ賤ク」と記されており、人間は知識のある者が貴いことが説かれている。そして、「知識アレハ勤労ノ義ヲ弁ヘ天然ノ道ニヨリテ思フマヽニ衣食住ノ用ヲ達シ人ノ妨ケヲナサスシテ自由安楽ニ其身ヲ立テ」ることができる、と続く。このように知識の重要性を述べることで、学問や学校の必要性を論じようとしているのである。学問について、また学校設立については次のように記されている。

> 其知識ナルモノハ学問ヨリ生シ其学問ハ幼少ノ時読書手習算術等ヨリ漸々修業致サスシテハ容易ニ成就スルコトナシ若幼少ノ時遊戯ニソノ日ヲ送リ生長ニ及ヒ自ラ貧窮ニ苦ンテ人之富貴ヲ羨ミ或ハ童ベノ侮リヲ受ケ衆ノ屈辱ヲ蒙リテ如何ニ後悔スルトモ及フベカラズ去ハ先般有志ノ者共コノ文明ノ御世ニ暫時モ坐視スベキコトニ非ストテ屹然奮発シテ願出私学校ヲ取開キ且是迄ノ学風ハ詩賦古文ニ従事シテ空言補ヒ無キニヨリコノ習風ヲ改メ人々身家ヲ立テ日用ニ益有ル学問ヲ教ヘ導ケリ〔新資29－1〕

右の引用部分の要旨を整理してみると次の三点が示されている。

a．学問の成就は容易ではなく、幼少のときから励むべきで、そうしなければ貧窮に苦しむことになり後悔するであろう。

b．有志の者はこの文明の時世を傍観することなく、奮発して学校を開設すること。

c．詩賦・古文に従事するこれまでの学風を改め、学校では日用に有益な学問を教授する。

これらa～cを、第一部第三章で挙げられた学制布告書に見られる一八の論点と照らし合わせてみよう。

まず、aを見てみると、論点⑤「不学だと、道路に迷い、飢餓に陥り、家を破り身を喪う」とほぼ同様の趣旨が述べられている。しかし、これに加えて学問の成就は容易でないため、幼少のときからこれに励むべきであることが述べられており、子どもに対する教育がなぜ必要かとの理由が付け足されている。

次に、bについては、学校を開設せよ、ということが論旨であるが、これと同じ論点は学制布告書には見当たらない。しかし、論点⑩「人は学ばなくてはならない、不学の人がないようにせよ」を実現するにあたって学校開設を目指す、ととらえることができる。学制布告書には学校設立を求める直接的表現は見られないが、地方官吏にとってその趣旨の実現に向けて有志の者に学校設立を促すことは必要不可欠であった。

最後に、cは二つの論点と関連すると思われる。すなわち、論点③「学問は日用常行言語書算を初め、士官農工商百工、技芸及び法律政治天文医療に関連する」、論点⑧「従来の学びは詞章記誦の末にはしり、空理虚談に陥り、高尚に見えたが、役に立たなかった」である。しかし、cでは、学校はあくまで日用に有益な学問を教授することを伝えており、論点③より限定的である。おそらく地域の人々を説得するにあたり、より分かりやすく、効果的と思われる内容が選択されたのであろう。

つまり、この就学告諭には、地域の人々に学問の重要性や就学の意義をより効果的に伝えるための工夫がされている。すなわち、幼少の頃から学ぶ理由を付け加え、学校で学ぶ内容については理解しやすい範囲に限定している。また、学校設立という現実的課題も有志の者に訴えるという形で盛り込まれていた。

さらに告諭では、これに続けて「心得違ノ者」に対して注意を与えている。それは第一に、「目前ノ愛欲ニ溺レ幼少ノ者遠方往来ハ不憫ナド、相唱ヘ或ハ家事等ニ事ヨセ子弟ヲ小学校ヘ差出サヾル父兄等」に対してである。学校までの道のりが遠いため不憫だとして、子どもを学校に行かせない父兄がいるが、これでは、子どもを「無智文盲ニ導」くことになる、と警告している。第二に、寺子屋師匠に対してである。寺子屋師匠の中には「弟子ノ父兄ヲ惑シ陰ニ其家々へ筆学教導ニ相廻リ或ハ已レノ宅へ引付ケ区々ノ教導致シ居候者」がいるが、これは「御布告」の趣旨に反しており、「大切ノ人子ヲソコナイ候段不埒ノ至」であるとしている。「御布告」とは学制布告書のことを指しており、おそらく、小学校への就学を妨げるものとして寺子屋師匠の行為を注意していると推察される。

いま一つの就学告諭は、明治六年一一月発行の『日新記聞』に掲載されたものである。「本県ヨリ小学校設立ノ告諭書ノ写」と題された文書では、「抑今般該所小学設立ノ御主意ハ凡ソ人タル者生テヨリ各良能知覚有ラザルハナシ」として、人間はおのおの生まれもって「良能」「知覚」を備えていると述べている。その上で次のように記している。

其良能ヲ補佐シ知覚ヲ発明シ賢哲知識トナルハ学ニ就キ見聞ヲ広メ切磋琢磨ヲ経ルニ如ハナシ若シ否レバ則各其寵愛スル所ノ子弟天生自然ノ良能知覚ヲ有ツヲモ教ノナキト友ノ悪キヨリ終ニ愚昧不良ノ徒ニ陥ルニ至ラン是真ニ憫ムベキ次第ニシテ其根元ハ子弟タル者ノ罪ノミナラズ全父兄タル者ノ過ナリ故ニ朝廷屢盛旨ヲ垂レサセラレ学校ヲ建テ教師ヲ置キ衆庶ヲシテ開明ノ域ニ進入シ匹夫匹婦モ其所ヲ得ザル者無ラシメントス〔新資29－2〕

つまり、人間が備えている「良能」を補佐し、「知覚」を発明するためには、学に就き、見聞を広め切磋琢磨する必要があり、そうしなければ子弟は「愚昧不良ノ徒ニ陥ル」ことになり、それは子弟の罪ではなく、父兄の過ちであることが示されている。さらに告諭では、中学への進学についても以下のように言及され、就学の奨励をしている。

公布ノ通リ男女トモ六歳ヨリ速ニ小学ニ就シメ十三歳迄ヲ其期トシ之卒業スル者ハ更ニ中学ニ進メ各其志ニ従ヒ専門ノ学科ニ入ラシムベシ果シテ斯ノ如ナルトキハ則各其寵愛ノ子弟賢明知識ノ人トナリ四方漸ク不学ノ輩ナク戸々ノ家業益繁栄終ニ全国富強

トナルニ至ラン〔新資29－2〕

先に見た、人間が備えている「良能」を補佐し、「知覚」を発明するためには、学に就く必要があるとの趣旨は、学制布告書にある「才芸ヲ長スルハ学ニアラサレハ能ハス」と同様のものであると理解することができる。しかし、中学への進学や志に従い専門の学科に入るという内容については、学制布告書には見られない。学制を踏まえ、地方官吏が学校制度の枠組みについて部分的に伝えようとしたものと思われる。

先に述べたように、この就学告諭が掲載された『日新記聞』は、各町村に配布されるとともに、戸長などが購読したとされる。したがって、正規の行政ルートでの伝達に加え、この新聞を通して告諭の趣旨が伝えられていったと考えられる。

三　学校設立、就学勧奨の状況

明治六年および明治七年の『奈良県学事年報』（以下『年報』と略す）によれば、明治六年に奈良県下には六七六の小学区が定められたが、同年五月の段階で開設されたのは一六八校に過ぎなかった。この状況について明治七年の『年報』では、「明治五六年ノ頃ハ人民未タ学文ノ実際ニ益アルヲ親視セザルニヨリ農商ニハ無用ノモノトスル者多ク陽ニハ学ニ向フ如クナレトモ学費ノ資用ヲ厭フ者十ノ八九ニシテ学校ノ設ケアルヲ快トスル者少ナカリシ」と報告されている。すなわち、学問の有益性について理解が不充分であること、また学費（学校設立資金と授業料の両者を指していると思われる）の支出を嫌がり、学校の設立を快く思わない者が多いことが述べられている。他の地域と同様、奈良県においても学校設立資金や授業料の徴収に苦労していた。

『年報』によれば、授業料は概ね各月六銭二厘五毛であった。学校設立資金・維持費は、毎月学区内戸数に割り当てて課す方法、不動産を多く所有している者に多く割り当てる方法、池や沼に魚を養殖するなどの方法で捻出・徴収していた[5]。

先述の『日新記聞』にも、当時の学校設立に向けた資金調達の様子が紹介されている。明治六年の二つの記事を抜粋しよう。

①明治六年三月、第二三号
奈良県管下式上郡□□《（慈恩カ）》寺村ニ於テ先般ヨリ村中協議ノ上小学校ヲ設立セントセシカ兎角会計ノ方法立無因循セシニ村内ニ往年ヨリ伊勢講金毘羅講抔種々ノ名目ヲ以テ五六名或ハ七八名宛醵財シテ田畑ヲ求メ徳米ヲ以テ年々一両度講中集会シテ酔飽ヲ極メ諸講合シテ十五石余ノ徳米ヲ悉皆飲食ニ費シ昔年ノ弊習誰非トスル者無リシニ漸々其非ヲ悟リ斯ル御時節ニ無益ノ事ニ数十両ノ金穀ヲ費靡シ人間一日モ欠ベカラサル学校ヲ設フクルニ入費ノ為ニ因循シ児童ヲシテ空シク歳月ヲ消サシム事理ノ顛倒コレヨリ大ナルナシト往々自得セシヨリ戸長副長其機ニ乗シ講内ノ人々ヘ風諭セシカハ各講靡然トシテ一人モ拒ムモノナク速ニ戸長ヘ委任シ早々小学校取設ヲ申出因テ生徒ヘ入費ヲ課セスシテ永久ノ方法相立県庁ヘ願出早速聞届ニナリタルヨシ〔後略〕

②明治六年三月、第二四号
奈良県管下山辺郡西井戸堂村小学校ハ周旋方ノ尽力ニヨリ諸件方法ノ整ヒタルコト人ノ知ル所ナリ此頃周旋方ノ中本村上田武次郎合場村山中三郎両人ヨリ現今入塾生徒ノ村方八ヶ村ノ戸数三百五十余戸アルヲ毎戸ニ株ノ桑苗ヲ施与シテ各家敷中ノ間地ニ植置シメ将来繁茂ノ上養蚕ノ教場ヲ設ケ教師ヲ雇ヒ主絲ヨリ織方迄伝習セシメ右ノ桑葉ヲ買上ケ代価ヲ以テ生徒ノ入費ニ充ツベキ方法ノヨシ〔後略〕

①の記事では、式上郡の村において、伊勢講や金毘羅講などの名目で集会を持ち、金銭や穀物を浪費しているにも

かかわらず、「人間一日モ欠ベカラサル学校」設立のための資金については、出し渋っている村の人々の姿が批判的に描かれている。しかし、次第にこの村の人々も子どもを学校に行かせることの重要性を自覚し始めたので、この機に乗じて戸長らが人々を説得したところ、拒むものもなく、小学校の設立を申し出たと報じている。

②の記事では、山辺郡において「周旋方ノ尽力ニヨリ」、入学生徒の自宅に桑を栽培させ、その売上代金を授業料とする方法を採用したことが紹介されている。

先述のとおり、同紙は各町村に配布されるとともに、戸長らが購読したことから、こうした資金調達に関する情報は奈良県下の他の地域にも伝達されたと思われる。このような記事は、学校の意義を理解しない地域の人々を啓蒙するという意図を含むものであろうことは容易に推察でき、多少は事実の誇張があるかもしれない。しかしながら、資金捻出のための工夫や戸長らによる説得が行われていたことは確かであろう。

しかし、明治八（一八七五）年に至っても就学しない子どもは少なくなかった。県が同年一月に達した布達第二〇号を見ると、「兼テ学齢之儀満六年ヨリ満十四年迄之者各小学ヘ入校可致候様相達置候処兎角不就学之者不尠」とし、不就学の者が少なくないことを問題視している。その上で、理由のない不就学は「父兄之越度タルヘク依テ自今心得違無之様精々注意可致候事」とし、父兄の責任を指摘して注意を促している。[6]

四　廃寺と学校設立

学校設立資金の調達が困難を極めたのは奈良県だけではなく、ほぼすべての府県においても同様であった。奈良県下の地域で取られた方法は先にいくつか紹介したが、県がとった施策の中には、神仏判然令を契機とする廃仏毀釈のために檀家と住職を失った寺を廃寺とし、建物や什器を売却して学校設立資金に充てるという方法もあった。これと類似する対応を他の府県でも見ることができる。まずは筑摩県と京都府の事例を紹介しよう。

筑摩県は、明治六年三月に廃毀後の寺の建物をそのまま学校に転用することを指示した[7]。これより先、明治四年頃、松本藩では水戸学の影響を受けた藩知事戸田光則（一八二八～一八九二）によって、民衆に対して仏葬から神葬への改典が進められ、寺院に対しては帰農政策がとられていた。さらに追い打ちをかけるように明治五年の太政官布告により、本山を除く無檀無住の寺院はすべて廃寺処分となった。廃寺となった寺院は学校に利用されたものが多かった。廃寺後の利用状況が判明しているのは廃寺となった寺院の三二％にあたる四四ヶ寺で、そのうち、官有となったものが五ヶ寺、売却されたものが三ヶ寺、田畑となったものが三ヶ寺などがあるなか、学校となったのは二八ヶ寺であり約六四％を占めるという[8]。

京都府では、旧習一洗に熱心な参事槙村正直（一八三四～一八九六）が廃仏毀釈を指導し、明治四年に大日地蔵の像を町内で祀るのを禁止して撤去させ、堂祠などを売却した代金は小学校へ納め、売らなかった石像も小学校に片付けるように命じた[9]。農村部では、小学校の新築に付近の石地蔵を集めて土台石や便所の踏み台に用いたという[10]。

社寺王国として知られる奈良県でも、廃仏毀釈により寺院が大きな打撃を受けた。周知のように維新政府は神道を国教とする政策を進める方針から神仏習合を否定し、神社と寺院を分離させようとした。慶応四年の神仏判然令を受け、県下の興福寺ではもともと一体となっていた春日社が分離した。僧侶はみな還俗した後、春日社の神官となった。さらに春日社の仏事は廃止され、梵鐘、鰐口などの仏具はすべて撤去されたという[11]。

さらに明治四年には、政府が境内地を除く全社寺領の没収を命じたことにより、県下の寺院は経済的に苦しみ、廃寺、什物の散逸、僧侶の離散が相次いだ[12]。このとき破壊されなかった寺院の建物には、他に転用されたものが多く、興福寺の一条院は奈良県庁にあてられ、金堂は警察署として、東室は小学校教員伝習所として使用されたという。詳細は不明だが、学校に転用された寺院も多かったとされている[13]。『大和高田市史』によると、廃仏毀釈の影響を受け、廃寺となった寺院について、「曽根村では、観音堂の建物を入札売払いのうえ、代金を学校費に組入れようと企て、その旨を県庁に出願」したという[14]。廃寺となった寺が学校を含めた近代的な施設へと転用されていったと見ることができよう。

このように、廃寺を学校に転用するケース、廃寺となった寺院の建物等を売却してその代金を学校設立や運営資金に充てるケースがあった。以下、奈良県でとられた後者の施策の経緯を具体的に見ていくこととする。廃寺となった建物等を売却し、学校設立資金に充てるという措置が、奈良県ではどのように進められたのであろうか。

奈良県は明治六年三月に次のような布達を発している。

第百三十九号

本寺本山を除之外無檀無住之寺院相廃し私立之分は当人共之処分に任せ公私不分明之分は適宜之処分可致旨被仰出之趣昨壬申第二百一号を以布達及置候処一体寺院へ寄進之儀は祖先追福之信志に出るものに付今更当人之手に取入れ自己之用に宛候は其元之趣意に相反し決して快き事にハ有之間敷然るに小学校之儀ハ兼て相達候通人材教育之基礎たるが故何れとも入費募集之方法を立一時も速に設置可致之際にして右廃寺並に付属品払代の如は畢竟幸之ものに候間公私不分明之分は勿論学資之内に組入可申依而寄附主処分致し可然分も同様学校費に相備可申此段相達候事〔中略〕

明治六年三月　奈良県参事津枝正信[15]

この布達の内容を見ると、すでに明治五年に、無檀無住の寺院については廃寺とし、民間で建立した寺院については所有者の処分に任せ、また公私の別が明らかでない寺院についても適宜処分するよう奈良県が達していたことが分かる。これは同年一一月の太政官布告を受けての命令である。同布告は、本山を除く無檀無住の寺はすべて廃止とすること、ただし、民間によって建立されたものについては民間に処分を任せるというものであった。しかし明治六年三月のこの布達では、その方針を修正する内容が続く。すなわち、寺院への寄附は、祖先の冥福を祈る志からなされているものであって、いまさら個人が自己のものとして処分することは元の趣旨に反しており決して快いことではない、という。ここで、小学校について触れ、人材教育の基礎として小学校を速やかに設立しなければならないので、廃寺の建物や付属品を売り払った代金は、所有者が明らかでない分はもちろん、明らかな場合も学校設立資金に組み入れるよう指示している。これは、四条県政下においてとられた施策であった。先に触れたように、奈良県令四条は、廃仏毀釈後の興福寺の土塀を「無用の長物」として道路拡張のために取り除いたと言われている人物であり、その在任期間は明治四年一一月から六年一一月までである。

明治七年一二月、県は政府に対して次のような伺を立てている。

学資之内江廃寺建物並不用器物売払代金ヲ相充度儀ニ付伺
壬申十一月第三百三拾四号ヲ以本寺本山ヲ除之外無檀無住之向ハ渾テ被廃止候旨御布告但書中私造ハ其人民処分ニ可相任云々有之候ニ付豫テ管下一般江告諭書ヲ以元来寺院江致寄附候ハ祖先追福之信志ニ出候モノニ付今更当人之手ニ取入レ自己之用ニ宛候ハ其元之趣意ニ反シ決シテ快キ事ニモ有之間敷然ルニ人材教育ハ目今之急務ニテ畢竟右等之金ハ幸ノ物ニ付総テ学資ニ組入レ候時ハ随テ民費モ相減候而已ナラス追福之素志ニモ相叶可申段相達置候處追々建物売払代金学資ニ相充度旨願出候内間ニハ不用器物等同様出願候者モ有之候就ハ公私不分明之分モ同様学資ニ加申度依而此段相伺候也
明治七年十二月十九日奈良県権令藤井千尋
内務卿大久保利通殿⑯

廃寺にともない生じた金銭を学校設立資金に充てるという前年の通達について政府に許可を求める内容である。すなわち、実施後の追認を求めるという形でこの問い合わせがなされている。この奈良県からの問い合わせに対して政府は、明治八年四月、以下のように所伝の什器を除いて伺のとおり処分してよいとの返答をしている。

書面談寺所伝ノ什器ヲ除クノ外凡テ伺之通処分致シ不苦候事
明治八年四月八日　教部大輔宍戸璣(17)

なぜ所伝の什器は除くのか。教部省は明治五年に各府県に対して、「各管内寺院之向建物ヲ除之外壱寺附属之仏器什物等一切簿帳ニ記載シ檀家総代法類等奥印之上兼而其寺院江備置」ことを命じ、寺院所蔵の仏器、什器の管理を指示している(18)。おそらく仏器、什器の散逸や勝手な処分を回避するための指示と考えられる。明治八年の政府の回答は、こうした方針が継続されていたものと思われる。

では、実際に廃寺による学校設立資金の捻出はどのような手続きを踏んだのであろうか。奈良県立図書情報館には『明治七年廃寺一件』と題された簿冊が保管されている。これには明治六年八月から明治七年にかけて、廃寺および建物や仏器、什器の売り払いについての願出等の文書と、これを受けての学校掛による決裁の文書が収められている。先に見た明治六年三月の県布達を受けてのものであろう。許可されなかった寺院も含めおよそ三〇の寺院の資料を見ることができる。

同簿冊には、奈良県立図書情報館が作成したと思われる、廃寺願出等を提出した寺院の一覧が付されている。それを基にしながら、廃寺等願出の年月日、県の学校掛による許可の年月日を加えたのが表3である。寺院の順序は、簿冊に収められている文書の順序に沿っている。

学校掛による廃寺等の許可年月日に注目してみると、明治七年三月から九月までのものがこの簿冊に収められていることが分かる。先にみたように、県が政府に対して、廃寺にともない生じた金銭を学校設立資金に充てることの可否について問い合わせたのは、明治七年一二月であり、政府から正式な許可を得たのは明治八年四月であったから、問い合わせより以前に学校掛は各地域に許可を与えていたことになる。

一番から五番については、願出の文書がなく、五寺院あわせての学校掛による決裁の文書のみが収められており、和福寺を除く四寺院が処分取り消しとなっている。その理由は不明である。そのほか、九番の珍楽寺は神仏を分離するようにとの指示のみ、一七番の万泉寺は願出の書類不備により差し戻し、ということで決裁が下りていない。二六番の岡本寺はすでに廃寺の上、「学校ニ借用」しているという届出であり、三一番の観音堂も処分すべきものがないとの届出のため、こちらも決裁はない。また、一番と二五番は同一の寺院と思われる。一度処分取り消しとなっているものの、改めて廃寺が許可されたようだ。すなわち、明治六年八月からおよそ一年の間に、二八の寺院から廃寺等の願出が出され、そのうち、二三の寺院について廃寺等が許可されたということになる。

改めて表3を見ると、従来の神仏習合の慣習から、神社の境内に置かれた別当寺が複数存在していたことを確認できる。また、元住職が寺に居住しているケースも見られ、必ずしも処分がスムーズに進んだ訳ではなかったことが推察できる。

また、願出、届出のあった寺院の所在地を、前出の表1「明治五年大区管下小区数」や地図と照らし合わせてみると、この措置が県下のある特定の地域に集中している訳ではないことも理解できる。県下で広く行われた措置であった。

どのような形式の文書で手続きは進められたのか。一九番の道性寺を一つの事例として願出の文書を紹介してみよう。

廃寺之儀ニ付御願
第壹大区壹小区

12	添上	八嶋	薬師寺	真言宗	7年7月	7年7月2日	
13	添上	八嶋	観音寺	〔不詳〕	7年7月	7年7月2日	
14	添上	藤原	観音寺	浄土真言宗〔ママ〕	7年7月	7年7月2日	
15	平群	久安寺	長生院	〔不詳〕	7年5月9日	7年5月12日	朱「処分スマズ」。氏神境内にある寺院のため、「有形之儘氏神供所ニ相用ヒ」、「入札至当之値ヲ以学資ニ相充」てる。
16	葛下	野口	地蔵堂	〔不詳〕	7年5月9日	7年5月9日	
17	葛上	池之内	万泉寺	〔不詳〕	7年6月	〔許可なし〕	朱「差戻シ」。願出の文書に反別等の記載漏れがあるため。
18	添上	奈良今在家町	善性寺	浄土宗	7年4月28日	7年7月5日	
19	添上	奈良北柳門町	道性寺	浄土宗	7年5月2日	7年7月5日	
20	宇智	五條	地福院	真言宗	6年8月	7年7月23日	
21	葛上	楢原	仙潤寺	真言宗	6年8月10日	7年7月23日	
22	葛上	楢原	道場寺	真宗	6年8月10日	7年7月23日	
23	葛上	寺田	浄土寺	浄土寺	6年8月	7年7月23日	
24	葛上	豊田	常楽寺	浄土宗	6年8月	7年7月23日	
25	吉野	志賀	金福寺	真言宗	6年8月	7年7月30日	
26	高市	岡	岡本寺	真言宗	6年8月31日	〔許可なし〕	朱「処分済」。すでに廃寺の上「学校ニ借用」。
27	添上	上三橋	地福寺	真言宗	7年8月	7年8月30日	
28	添上	神殿	安養寺	浄土宗	7年7月11日	7年8月30日	
29	添上	若槻	極楽寺	大念仏宗	7年8月	7年8月31日	
30	平群	惣持寺	多聞院	〔不詳〕	7年9月	7年9月12日	
31	添上	美濃庄	観音堂	〔不詳〕	7年7月20日	〔許可なし〕	奈良東大寺中性院より買請けた観音堂のみ。その他建物、寄付の什器などは無し。

表3　『明治七年廃寺一件』収録の廃寺等の手続き一覧

No.	郡名	村　名	寺院名	宗　派	廃寺等願出の年月日	学校掛による廃寺許可の年月日	備　　考
1	吉野	志賀	金福寺	真言宗	〔願出の文書なし〕	〔許可なし〕	朱「詮議之次第此レアリ処分取消シ」。25番と同一の寺と思われる。
2	式下	中	清淨庵	〔不詳〕	〔願出の文書なし〕	〔許可なし〕	朱「詮議之次第此レアリ処分取消シ」
3	式下	市場	和福寺	真言宗	6年8月	7年7月24日	
4	十市	矢部	観音堂	〔不詳〕	〔願出の文書なし〕	〔許可なし〕	朱「詮議之次第此レアリ処分取消シ」
5	吉野	千股	大福寺	〔不詳〕	〔願出の文書なし〕	〔許可なし〕	朱「詮議之次第此レアリ処分取消シ」
6	添上	横井	道場寺	真宗	7年6月8日	7年6月8日	
7	添上	横井	薬師寺	真言宗	7年6月8日	7年6月20日	
8	宇智	表野	安日寺	真言宗	6年8月30日	7年3月31日	
9	平群	上庄	珍楽寺	〔不詳〕	6年8月18日	〔許可なし〕	紀氏神社別当寺のため、神仏分離するよう学校掛より7年3月15日付指示のみ。
10	高市	壺坂	内証院	〔不詳〕	6年	7年3月	南法花寺の中にある。7年3月23日付の別の文書にて「多年無住ニ付大破壊」のため、建物のみの払下げとなり、2円程度にしかならなかった旨が県に報告されている。
11	式下	八尾	聞楽院	真言宗	6年12月20日	7年3月18日	鏡作神社別当寺。元住職が引き続き住居として使用する建物については、村方より買い取る。「建物代価校費ニ相充」てる。

奈良北柳門町
浄土宗　道性寺
一　境内　　間口　十五間
　　　　　　奥行　二十間四尺五寸
　　　　此反別壹反拾三歩　　御年貢他
一　本堂　　梁行　三間
　　　　　　桁行　三間半　　但　屋根瓦葺
一　梵鐘堂　梁行　壹間
　　　　　　桁行　壹間　　但　屋根瓦葺
一　梵鐘　　周囲六尺　経貮尺
　　　　　　厚サ貮寸　丈ケ三尺　凡目方五拾貫位
右道性寺無住無檀ニ付廃寺仕仏体仏具等夫本寺五劫院エ合付シ書面建物等者学校所入費之内エ御組入レ被仰付度別紙絵図面相添
此段奉願上候以上
　　　　　　　　　　　　北柳門町
明治七年五月二日　副戸長
　　　　　　　　　　　鍵田忠三郎
　　　　　　　　戸長
　　　　　　　　　　　細田平三郎
前書之通御願奉申上候ニ付奥印仕候以上

壹小区副区長
服部　□□□
奈良県権令藤井千尋殿代理
奈良県権参事小池浩輔殿
〔朱：書面聞届候条入札之上更ニ可伺出様入札手続之義ハ大区長及学区取締へ可承合候事〕

文書に見られるように、仏体や仏具は本寺に移すが、建物や梵鐘を処分し、「学校所入費」の内へ組み入れることを願い出ている。「学校所入費」とは、学校設立資金のことと思われる。文末の朱文は学校掛によるもので、入札後にさらに県に伺い出ること、また入札の手続きについては大区長と学区取締に問い合わせることが記されている。この文書の前に決裁の文書が付されており、朱文と同様の趣旨が記されている。

廃寺の建物等を処分して得た金銭を学校設立資金に充てるという趣旨はほぼすべての願出の文書に見られ、また文書の形式も類似していることから、先に見た明治六年三月の県布達の趣旨に沿って、地域の人々に自ら願い出るよう各地域の官吏たちが促していったものと推測される。

おわりに

奈良県では、就学告諭によって学問の重要性や学校設立の必要性を地域の人々に伝えようとするとともに、『日新記聞』というジャーナルを通しても就学勧奨が行われていた。『日新記聞』紙上では、地域における学校設立資金の調達の様子も報道され、情報の共有が図られた。このことから、子どもの就学を実現化するにあたり、学校設立資金の捻出が重要な課題の一つとなっていたことが理解される。奈良県はそうした資金捻出の具体的な方策の一つとして、廃寺となった寺院の建物等を売却し、学校設立資金に充てるという施策をとっていた。明治五年の段階では、廃寺にともなって建物等は適宜処分してよいという指示を出し、六年にはそれによって得た費用を強制的に学校設立費用に充てるよう指示した。しかしながら、資産価値が高いとは思われない廃寺を利用するのであるから、有効な資金の捻出方法であったかは疑問が残る。むしろ、苦肉の策であったと理解した方がよいだろう。

果たしてこの施策がどれほど有効であったかは、更なる検証を要するが、例えば、高市郡の内証院は学務課より許可を得て払下げとなるが、「多年無住ニ付大破壊」のため、建物のみの払下げとなり、二円程度にしかならなかった旨が県に報告されている。神仏習合の慣習から処分がスムーズに進まなかった寺院があったことも考えあわせれば、学校設立に向けた動きのなかで大きな役割を果たさなかったのかもしれない。

また、廃寺の処分について、明治六年に県がそれまでの方針を修正するにあたり、寺院への寄附は、祖先の冥福を祈る志からなされているから、いまさら個人が自己のものとして処分することは、元来の趣旨に反している、という主張も苦しい言い訳のように聞こえる。しかし他方で、寺院は公共の資産であるから、「人材教育之基礎たる」小学校の費用に充てるべきという論理は、地域にとって学校は公共の資産となることを人々に理解させ、民費によって学校を設立するという当時の方針に則っていると言えよう。

廃寺の手続きについても、実質上は県からの命令にもかかわらず、書類上はあくまで地域の人々の願出という形を取っていた。学校設立に向けた主体的取り組みを人々に強制するという矛盾の図式が読み取れる。学ぶのは自身の利益になる、だから主体的に費用を供出すべきとする当時の就学勧奨や学校設立の督促の論理の性格をここにも見ることができる。

(1)鈴木良編『奈良県の百年』(県民百年史二九)山川出版社、一九八五年、二三〜二四頁。
(2)同前、二四頁。和田萃他『奈良県の歴史』山川出版社、二〇〇三年、三二一〜三二三頁。
(3)『奈良県史』第一巻、地理—地域史・景観—、一九八五年、四一一〜四一二頁。
(4)前掲、鈴木編、九九〜一〇〇頁。
(5)『奈良県教育百二十年史』資料編、一九九五年、五二〜五九頁。
(6)『明治七年第一月ヨリ九年四月ニ至ル　市在布告』所収、奈良県立図書情報館所蔵。
(7)谷川穣『明治前期の教育・教化・仏教』思文閣出版、二〇〇八年、八〇〜八一頁。
(8)小松芳郎「維新期における松本藩の廃仏毀釈」長野県近代史研究会『長野県近代史研究』第四号、一九七三年三月、一一〜一二頁。
(9)井ヶ田良治他編『京都府の百年』(県民百年史二六)山川出版社、一九九三年、四三頁。
(10)村上重良『国家神道』岩波書店、一九七〇年、一〇〇頁。
(11)『奈良県史』第六巻、寺院、一九九一年、二四二〜二四三頁。
(12)同前、二四八〜二四九頁。前掲、鈴木編、二八頁。
(13)前掲、『奈良県史』第六巻、二五〇〜二五一頁。
(14)『改訂 大和高田市史』後編、一九八七年、二六九頁。大和高田市は、旧葛下郡を含む地域である。
(15)『明治六年　諸布達綴』所収、奈良県立図書情報館所蔵。
(16)『明治八年官省指令並進達決議　奈良県学務掛』所収、奈良県立図書情報館所蔵。
(17)同前。
(18)『御布告留』所収、奈良県立図書情報館所蔵。奈良県は教部省からの指示を次のように通達している。「明治五年第八十号
各管内寺院之向建物ヲ除之外壱寺附属之仏器什物等一切簿帳ニ記載シ檀家総代法類等奥印之上兼而其寺院江備置可申様教部省

ヨリ達シ有之候条此旨管内寺院江無漏相達スル者也　壬申八月　奈良県」。

（高瀬幸恵）

第六章　熊本県における学制周知と就学勧奨

はじめに

明治初年の熊本県では、地方官が人々に就学の必要性を告げ諭す独自の就学告諭の存在は、管見の限り確認できない。熊本県では、学制布告書の文言を直接通知することで、人々に就学を促した様子がみてとれる。複数の就学告諭を作成して就学の必要性を告げ諭した府県が多くみられるなかで、就学告諭の存在が確認できない熊本県の事例は、当時の就学勧奨のありようを考えるうえで注目に値する。このような問題意識のもとに、本章では学制期における熊本県の就学勧奨の特徴について、同県における学制布令以前の教育機関の展開にも目配りしながら検討してみたい(1)。

ここで、本章の概要をまとめておきたい。まず、学制実施にあたり少なからぬ影響を与えたであろう、藩制期の熊本藩における地方制度と民衆教育の特徴を明らかにする。熊本藩では、「郡」と「村」との中間に位置する地方支配の枠組みとして、「手永」という単位が存在した。手永は、年貢や諸役に関する事務を司る、地方支配の最も重要な行政単位であり、一つの手永は概ね数十ヶ村で構成されていた。すなわち、熊本藩では年貢請負の主体は村ではなく、事実上は手永ということになる。ゆえに、地方役人の養成も手永が主体となって行っているふしがあり、この点で村役人の養成を主眼とする一般的な手習いのありようとは異なる側面がみられる。加えてもう一つの特徴として、手永が民衆教化に積極的に関わっている様子が窺える。このような手永制のもとでの民衆教育の実際について考えてみたい。

次に、熊本県における学制の周知状況について明らかにする。学制布令前後の時期に熊本県政を担当していたのは、旧熊本藩の実学党に属する人々であった。実学党政権は民力休養を重視した政策を展開するが、それに伴って従来からの教育政策の方向性も大きく転換させる。学制布告書の文言を直接通知することで就学を促そうとする手法も、こうした流れのなかで用いられたものであった。以上のような経緯をふまえて、実学党政権のもとで行われた学制周知の特質について考えていきたい。

最後に、実学党が県政から退いた後に発足した安岡県政下の就学勧奨の動向について、実学党政権下との相違にも着目しつつ検討していきたい。

本章では以上のような分析を通して、就学の必要性を人々に告げ諭す試みが、府県の状況に応じて多様に展開した様子を明らかにすることとしたい。

一　熊本藩の地方制度と民衆教育

（一）手永制度の特質と会所役人の養成

「はじめに」で述べたように、熊本藩には、「郡」と「村」との中間に位置する地方支配の枠組みとして、「手永」という単位が存在した。手永は熊本藩の地方支配の根幹であり、地方役人の養成や手永内の民衆教化にも積極的に関わっていた様子がみられる。そこで、藩制期の民衆教育の特質について考えるにあたり、ここでは手永制度の概要についてまとめておきたい。[2]

熊本藩においては享和三（一八〇三）年以降は手永が年貢の請負単位とされるようになり、その後、民政上の諸事務も手永が担うようになった。手永の長を惣庄屋といい、手永の役所を会所と称した。惣庄屋は当初、戦国期の旧国衆を出自とする在地の有力者の世襲であったが、宝暦二（一七五二）年に着手された宝暦改革を経て、百姓出身の惣庄屋が一〇年程度で転出・転入する制度に転換した。会所は手永の中心に設定され、手代・下代・小頭など百姓出身の会所役人が手永運営の実務にあたった。惣庄屋以外の会所役人たちも、郡・手永を越えて藩領各地を転勤した。また、村庄屋に関しても、手永領域内の村を一定期間で転勤することがあった。転勤を経て経験を積んだベテランの村庄屋が会所役人の幹部である手代・下代に任命されたり、手代・下代が惣庄屋等の手永三役に登用されることもあった。こうした手永役人の人事のうち、とりわけ惣庄屋の人事については、藩士である郡代が関わったとされる。また、年貢収納の請負主体である手永には、共有管理財産としての会所官銭が形成され、手永による地域管理活動の財源や百姓成り立ちのために運用されるようになった。

以上のような特質をもつ手永だが、その運営主体となる手永会所の役人には、管轄する数十ヶ村の年貢や諸役に関する事務を司り、かつ共有管理財産としての会所官銭の運用にも携わることのできる能力が求められた。そうした能力を有する手永役人の養成は手永会所で行われた。主として地方役人の子弟が会所見習として採用され、地方役人に求められる筆算・事務能力を養いつつ民政事務を学んだ。[3]『日本教育史資料』第九冊所収の「私塾寺子屋表」に記載された熊本県下の手習塾数は九一〇を数え、長野、山口、岡山、愛知に次いでその数が多いとされる。[4]このように多数の手習塾が設けられていたことをふまえれば、会所見習として採用される以前に、最寄りの手習塾にて手習いを受けていたであろうことが推察される。その後、会所にて実際の業務に携わりつつ、役人に求められる能力を身につけるための専門的なトレーニングを受けたのであろう。地方役人の養成は、もっぱら村役人らが自宅などで開く手習塾においてなされてきたものととらえられてきたが、熊本藩での手永役人の養成はより組織的に行われていたことが明らかである。

（二）民衆教化の主体としての手永

児玉幸多は、「種々の法令や注意書がいかに布達されたところで、それが実際に実行されなくては何の効果もないわけであるが、当時の封建領主はそれを相当に強制させる力を持っていた」と述べ、その典型として天保ごろの熊本藩を取り上げて、「この藩では農民の自給自足生活を確保し年貢納入を確実にするためにあらゆる手段を講じていたのである。一月から十二月に至るまで予定が立てられ、それを実行するように郡方村方の監督があり、藩全体が一つの生産機構であり、農民の生活はほとんど自由意思が働く余地がなかった」と指摘している。(5)

児玉が指摘するように、熊本藩ではたびたび教諭書を発して農民の生活を統制した。寛延三（一七五〇）年に河江手永惣庄屋の河江五右衛門によって書かれた覚書には、「在中取締方之儀、先年も追々被仰付置候」と記されており、すでにこれ以前に「在中取締」を求める教諭書の類が発せられていたことがわかる。(6) 今日でも「惣庄屋・庄屋系統の旧家において、しばしばお眼にかかる」という教諭書は、タイトルに「在中之常々可申諭条々」とあるもので、少なくとも文政六（一八二三）年をさかのぼるとされる。(7) この教諭書には、「子は親に孝行をつくし、かりそめにもあしきことをなさず、常々身をつつしみて、親に気遣ひをかくべからず」以下一四項目の徳目とその徳目に反する行為が並び、それに続いて「博奕は勿論、手遊びがましき儀等、賭之勝負いたすまじき事」以下四一項目の禁制が記されている。(8)

注目すべきは、教諭書の教諭の仕法が具体的に定められていることである。(9) その仕法とは、「春御免御中渡之節」に熊本藩士である郡代が手永の惣庄屋や「頭百姓」といわれる地方役人層に対して教諭書を読み聞かせ、毎年正月には、惣庄屋が手永内の村々をまわり、「小前々々家内・子供にいたる迄読聞せ得斗申諭」すことをはじめ、その後も機会があるごとに村庄屋や頭百姓、五人組の五長らが村民に教諭書を読み聞かせるというものである。このように熊本藩では手永という組織を用いて、徹底した民衆教化が行われた。

さらに、「村々にて手習師匠いたし候者」に対しても「教諭書手習子に読聞せ、又は手本に認習せ候様」惣庄屋より「申談」するよう定めている。「申談候ても、教方届兼候師匠は、在中にて手習師匠いたし候儀は、難叶段も申聞置候様」、すなわち教諭書を手本として用いない場合は、手永内で手習いを指導することを認めないこともありうるとし、教諭書を手本とすることを義務づけている。

こうした規定からみえてくるのは、熊本藩ではすでに文政期から市井の教育機関の組織化が図られていたらしいということである。たとえば、文政一〇（一八二七）年にまとめられた「託摩本庄田迎手永村々手習師匠名前及び手習子供人数調[10]」には、熊本城下の南方に位置する三つの手永内の村名、手習師匠名、筆子数が綴られている。こうした文書がつくられた目的や経緯は明らかではないが、少なくとも手習塾の存在を具体的に把握する何らかの必要性が生じることで、はじめてつくられる性質の文書であることはまちがいなく、藩ないしは手永の手で市井の教育機関の組織化が図られつつあったことを裏づけている。

二　熊本県における学制布令

（一）実学党政権の教育政策

熊本県における学制の周知状況を明らかにするにあたり、その際県政を担っていた実学党の教育政策の特徴について、あらかじめ検討しておきたい。

幕末維新期の熊本藩には、実学党、勤王党、学校党という三つの党派による対立状況が生じていた。このうち一貫して藩政の中枢にあったのは、藩校時習館の学統を重んじる学校党に属する藩士たちであり、佐幕攘夷という守旧的な立場から藩政を主導していた。維新後は、幕府の崩壊に伴って佐幕という党是を失いながらも、勤王党と連立することで依然として学校党が藩政を主導した。

しかし、明治二（一八六九）年一月に版籍奉還が実施され、大名領国制の解体が進められるにおよび、守旧的な熊本藩政に対する新政府の批判が高まりをみせるようになった。こうした流れのなかで、明治三年五月に、実学派の細川護久（一八三九〜九三）が熊本藩知事に就任し、実学党政権の誕生をみる。(11)実学党は天保期に水戸藩の藩政改革の影響を受けた横井小楠（一八〇九〜六九）、米田是容（一八一三〜五九）らにより打ち立てられた学統で、藩校時習館の学風を支配していた形式主義、訓詁註釈主義、詞章記誦の末に走った非実践的な教育方法を批判して、治国安民に役立つ実践的、経世的な学問を重んじる立場に立っていた。(12)

こうした立場に立つ実学党政権の政策の特徴は、民力休養という点にあった。具体的には、雑税の廃止、手永会所官銭からの借入金の棄捐等を実施したほか、地方支配の根幹であった手永と惣庄屋以下の手永役人の廃止、さらには村庄屋の廃止をも実施し、小前層の負担軽減を図った。(13)加えて、封建的特権の撤廃と民費節減を図るため、明治三年七月に藩校時習館、洋学所、医学所再春館等の藩学校を廃止した。(14)

一方、実学党政権による政策が民衆教育の分野に与えた影響として、手永の廃止により手永の教育機能が失われた点を指摘しておかなければならない。先述したように、藩制期には手永役人の養成や民衆教化にあたって、手永会所や会所役人が果たす役割が大きかった。地域によっては、手永の惣庄屋が出資して手習塾を維持する事例もみられた。(15)こうしたなか実学党政権は、手永の廃止に伴って、手永会所官銭により雇用された手習師匠の職を解くことを通達した。阿蘇郡の旧内牧手永に位置する車帰組の藩達綴には、明治三年に達せられた次のような文書が残されている。[16]

今度学校等畳置ニ付、元郡宰并手永限、文芸所取立教導師を招受、会所官米銭より差遣来候ヶ所も有之候由ニ付、早々触《ママ》放候様可被達候

九月十一日　　民政局

出張所

旧郡宰ないしは手永に設けられた文芸所において、会所官銭で雇用した「教導師」が在籍している場合には、その職を解くよう求めている様子が窺える。ここでの「教導師」がどのような職を指しているのか詳細は不明だが、ここでは手習師匠としてとらえることにしたい。また、南関手永の惣庄屋を務めた木下初太郎の日記を養子の木下助之（一八二五～九九）が要約してまとめた「文政十二年丑正月後年要録」の明治三年八月の項には、「手永々々より相対相談之教導師被廃、近郷之子供依相談大勢手許ニ入門」[17]とあり、手永にて雇用した「教導師」が離職したため、近隣の子どもたちがみずからのところに入門してきた様子が記されている。ただし、ここで描かれている子どもたちは、必ずしも小前層の子どもであるとは限らない。手永が手習師匠を雇用したのは、手永役人の養成を意図してのことと推察され、むしろ手永役人層の子どもが教授の対象であったと考えることが妥当であるように思われる。

熊本城下の武士の子どもの教育に対しても、実学党政権の政策は大きな影響を与えた。藩校時習館にて教育を受けたのは中士以上の子どもたちであったため、時習館の廃止により、中士以上の子どもたちは新たな学習の場を探す必要に迫られた。その際に彼らの受け皿となったのが、下士や町人の子どもたちを対象に教授を行っていた私家塾であったとされる。[18]

このように、実学党政権の発足により、藩や手永といった公権力によって維持されていた教育機関が廃止され、そ

の受け皿として、にわかに民間の教育機関の需要が高まりをみせたことは、学制布令以後の小学校設立過程を検討するうえでも注目していかなければならない点であると考える。

（二）八代県での学制布令

明治四年七月の廃藩置県を経て、現在の熊本県域は、北部の熊本、南部の人吉と二つの県に分かれていたが、その後明治四年一一月に、それまで長崎県に属していた天草を南部の人吉県に加えた八代県が新たに発足し、明治五年七月に北部の熊本県は白川県と改名する。このように現在の熊本県域においては、二県に分かれた態勢で学制が布令される。なお、北部の白川県は旧熊本藩領にあたるが、南部の八代県には、旧熊本藩領のほか、旧人吉藩領、旧幕府領も含まれている。しかし、両県とも県政は旧熊本藩の実学党が担った。

このうち南部では、明治五年一〇月に八代県が管内に対して学制の趣旨を周知している。その際の八代県の布達は次の通りである。

参事〔朱印〕　典事〔朱印〕　属〔朱印×二〕

学制御布告之通ニ付太政官文部省ヨリ之御布令弐通写ヲ各区へ及達追而学制御取下ノ上各区へ差廻可申仍先左之通可被及御達哉
〔朱印〕

太政官御布令　写
文部省御布告

右之通御布令有之候ニ付各区戸長ヲ初四民共ニ父兄々々ヨリ子弟々々え学問勉励候様篤ト教諭ヲ加へ可致誘掖候尤学制は東京ヨリ取下ノ上差廻筈ニ候条夫迄之処一区々々ニ教導依頼之人物モ有之候ハ、前以其姓名ヲ相達許可被受候上教導師先県下之学校愛日堂ニ於テ御布告之御趣意等及熟議可申候此段可達也

十月五日　八代県

各区戸長

二伸　四民共に有志之面々ハ愛日堂ニ入寮之儀不苦候条此段可達也[19]〔新資43－1〕

「太政官御布令」「文部省御布告」の「写」を管内の各区へ回覧する通達であることがわかるが、「写」の本文が記されていないので、その内容を窺い知ることはできない。「太政官御布令」と「文部省御布告」は、おそらく学制布告書と文部省布達第一三号を指していると推察される。一方で学制すなわち学制章程は、後日文部省より「取下ノ上各区へ差廻」す見込みとなっており、この時点では回覧されていないことがわかる。

この時点で区戸長に求められているのは、彼らをはじめとする四民がともに「父兄々々ヨリ子弟々々え学問勉励候様篤ト教諭ヲ加へ可致誘掖候」こと、すなわち「父兄」から「子弟」に対し「学問勉励」するようしっかりと教諭を加えて導き助けることができるようにすることである。しかし、学制章程が届いていないこの時点では、まずは各区ごとに教導を依頼することのできる人物を県に届け出て許可を得て、彼らを学校「愛日堂」に派遣することを求めている。そのうえで、「愛日堂」において「太政官御布令」ならびに「文部省御布告」の趣意について熟議させることを県は目論んでいる。

最後に二伸として、有志の者は身分を問わず「愛日堂」に入寮することを勧めている。

この布達に記されている「愛日堂」とは、八代に設けられていた熊本藩の郷学伝習堂の後身で、明治三年八月に実

学党政権の政策により伝習堂が廃止された後、これに代わって八代に設けられた郷学である。愛日堂は、角田彙晋、坂井等（一八二八〜一九〇六）らによって設けられたが、このうち角田彙晋は実学党に属しており、愛日堂の綱領も「尭舜孔子の道を明らかにし西洋機械の術を究め知識を世界に広む」という横井小楠の言葉を用いていた。つまり、実学党政権と深い関わりをもつ学校であったと考えられるが、設置に関わる費用は坂井等が私財を投じて捻出したとされる。⑳

学制布令後の八代県内における小学校の展開過程はよくわからない部分が多いが、熊本県立図書館所蔵の県庁文書をみる限りでは、県が布達を追加して小学校の設立を促したり、就学告諭を発して就学を促したりした様子は確認できない。㉑

（三）白川県での学制布令

北部管内では、白川県が明治六年一月に南部の八代県と合併して新しい白川県が発足するまで、学制が周知された様子はみられない。㉒新白川県のもとで学制が周知されたのは、明治六年五月のことである。その際の白川県の布達は次の通りである。

〔学制布告書全文提示〕
右之通被仰出候旨人民一般末々ニ至迄厚御趣意ヲ遵奉シ子弟ヲシテ学ニ就シメ候様精細告諭可致也

明治六年五月

白川県権参事　嘉悦氏房

〔文部省達第一三号提示〕
右之通達有之候条私学家塾ヲ不論一旦悉令廃止候条此旨相達候也

但学制ハ学区取締より相渡置候也

明治六年五月　　白川県権参事　嘉悦氏房

今般学制ニ基キ小学教則別冊之通文部省伺之上確定致候間私学家塾等開業致候者ハ右ノ教則ヲ遵守シ別紙雛型之通相認更可願出候也

明治六年五月　　白川県　□□□[23]〔新資43－3〕

八代県と同様、学制布告書と文部省達第一三号を提示して、学制の周知を図ろうとしている。しかし八代県と異なるのは、「私学家塾等開業致候者」に対して、教則を順守し、別紙雛型に沿って願い出ることで、開業を認める方針を示している点である。すなわち、既存の私家塾を小学校として認可していく方針を示しているのである。白川県がこうした手法をとるのは、先述したように、民力休養を目的として郷学や手永の教育機関にいたるまで旧藩の学校を全廃したことによるものと考えられる。郷学を基盤として学制による小学校を設置していった府県が多くみられることは、よく知られていることであるが、白川県ではそうした基盤が失われていたため、それに代わる基盤として私家塾が想定されたものと推察されるのである。

明治六年の『文部省第一年報』所収の白川県学事景況によれば、「管内ニ設立スル小学九十四校皆私立ノ男女校ニシテ費用モ悉ク民費ニ出ツ〔中略〕茲歳六月ヨリ十二月ニ至リ家塾ヲ設置スル九十七所其生徒二千六百四十余人[24]」とあり、設置されている小学校がすべて私学であり、全廃するとされていたはずの家塾が九七ヶ所も設置されていたことがわかる。この場合の私学とは民費負担によるものという意味で、実際には公学であったとも考えられるし、また家塾も初等教育機関ではなく、中等教育機関としての位置づけであったのかもしれないが、先述したような状況により、小学校設立の基盤として私立学校ないしは私家塾を重視していかなければならない状況が生じていたであろうことは想像に難くない㉕。

また一方で、実学党政権による徹底した民費抑制策も、新たな公立小学校の設立が進まなかった要因の一つとして考えられる。明治六年五月三〇日に旧高知藩出身の安岡良亮（一八二五〜七六）が白川県権令に着任するまで実学党政権は継続するが、安岡県政へと完全に移行する明治七年の熊本県の民費総額が三四万七二五二円で、このうち学校費が一万五五五九円であるのに対し、五月まで実学党が政権を担っていた明治六年の白川県の民費総額は二四万八七七九円で、このうち学校費は四二六八円ほどに過ぎない㉖。すなわち歳出を抑えて民力休養を進めるために、公学の設置を抑えたとも考えられよう。

しかし、こうした状況は明治六年のみで、明治七年の『文部省第二年報』所収の「白川県学事年報」には、公立小学が五一八校、私立小学が三八校と記載されており、この年多数設置された小学校の、その多くが公学として設置され、前年私学とされていた小学校の多くも公学として位置づけられている様子が窺える㉗。

三　安岡県政下の就学勧奨

安岡良亮の白川県権令着任の後、小学校の開設を促す布達が出されるようになる。明治六年一二月一九日に出された熊本県布達第四六五号には、学区取締を増員する計画が示されるとともに、区戸長に、就学説諭ならびに誘導を強化するよう、指示がなされている。

学校設立ノ儀ニ付各区正副戸長追々尽力有之候処是迄学区取締七中学区ニ纔数名ノミニテ何分難行届候間今度更ニ右取締増員致
小学区画配置ヲ初学校設立ハ勿論爾来保護ノ為集金ノ方法等実際ニ施設為致ニ付テハ尤各区正副戸長ト熟慮協議可致段相達置候

就テハ各区正副戸長ニ於テモ猶更兼々御布達相成候御主意ヲ奉体シ取締ト懇篤熟議シ四民ハ勿論神官僧侶子弟ニ至迄厚説諭誘導致シ邑ニ不学ノ戸ナク家ニ不学ノ人ナキ様一層尽力可有之候此旨相達候事[28]

続いて翌明治七年二月一五日に熊本県布達第四三号が出され、前年設立の私立学校に対して「開業願出候節県庁限仮ニ聞届置候処」と述べて、改めて開業の願書を提出するように求めているほか、家塾の開設を抑制する方針を次のように示している。

区々
戸長へ
学区取締へ

一　昨年中各区内ニ設立相成候私学開業願出候節県庁限仮ニ聞届置候処右之分ハ詮議之次第有候条此節更ニ本書控共三通宛願書可差出候事

一　家塾ノ儀ハ山間孤島地位僻陬人員稀少ニテ私学設立難相成場所ハ出願次第差許可申左モ之無処ハ勉テ私学校設立致シ出願可致候就テハ従来差許置候家塾トイヘトモ可成私学校ニ設成シ更ニ可願出候事

右之通候条此旨更ニ布達候事[29]

さらに、同じ明治七年の一〇月一四日には、次のように、小学校の校名に地名を用いるよう、熊本県布達第三三二号にて指示している。

区長

学区取締
戸長

管下小学校ノ号往々同名有之不都合候条以後所在地名可相用此旨相達候事
但既ニ開業ノ校名モ地名ニ更換致シ可届出候(30)

この布達は、私立学校や家塾を前身とする小学校に対して、学区の小学校としての位置づけを明確にするよう求める意図を込めたものと考える。

そして、明治八年からは、次のように就学・不就学の調査が徹底されるようになる。

甲第廿壱号　　一月廿七日
学区取締
区戸長

管下小学校追々設立候得共兎角就学生徒僅少ニテ方今学事興ノ御主意ニ抵牾シ候條屹度了承懇篤加説諭就学致サセ候條猶兼テ文部省御布達学制之通リ小学年齢男女就学不就学之事故厳密取調壱中学区宛取纏ニ月限リ可指出此旨布達候事(31)

さらに明治九年には、就学猶予の対象を明確に定めたうえで、就学勧奨を行うことを求める、次のような布達が発せられている。

一　乙第九拾七号
右小学年齢之者不就学等之儀ニ付御布達差廻候条組合中無洩通達肩書刻付相用至急可有御順達候也

九月十二日　　　戸長
東　平喜

各在中
区長
学区取締
戸長

管下小学校逐日隆盛ニ趨候ニ就テ小学年齢ニ及謂レナク不就学之者無之筈ノ処今以子弟ヲシテ入学致サシメサル者有之哉ニ相聞
興学御主趣ニ対シ不都合之至ニ候条自今左之三條ヲ除クノ外年々両度期限ヲ立屹度入学可為致候
入学ヲ責メサル者
一　貧困ニシテ他ノ雇人トナル者
一　同職業修業ノ為他家ヘ寄留スル者
一　不具廃疾ノ者
入学期
毎年　一月　七月
右両期ニ先タチ区戸長取締ハ小学年齢ヲ審査シ就学ヲ督促スヘシ且授業料之義ハ一旦入学致候者昇校ノ有無ニ不拘可取立筈之処
往々昇校不致月ハ相省キ候哉ニ相聞不都合ニ候一旦就学後自己ノ勝手不勉強ニテ昇校不致ハ差省クヘキ謂レ無之候条自今実病ニ
而百日以上欠席ノ者及退学差許者ノ外昇校之有無ニ不拘月々取立候義ト可心得候事
学区取締章程追加
第十一條入学願書二通ト有之候処三通ト相改メ一通ハ戸長詰所ヘ編輯外二通ハ取締及教員ヘ可差回候事
右之條々相達候事
明治九年九月七日　熊本県令　安岡良亮(32)

一方、明治八年の八月四日に出された熊本県布達乙第八三号では、小学校としての願い出のない家塾に対する対応を区戸長、学区取締に求めている。

区戸長
学区取締

各小学校大概設立候処猶其ノ近傍ニ於テ私ニ教授相倡候者有之哉ニ相聞不都合之事ニ付詳細取調可差止候尤其中生徒企望之人□モ有之候ハ、協議之上正副教員誘掖方等見込ヲ立可申立此旨更相達候事(33)

このように、従来からの私家塾にて行われる伝統的な教育形態を温存する姿勢が長く存続したところに、熊本県の学制期の特徴がみられるわけだが、そうした状況が継続した要因を特定するのは困難なことであろう。しかしすでに述べたように、学制布令後に私家塾の廃止を徹底させず、むしろ私家塾を温存させることで学校教育の普及を図ろうとしたところに、要因の一つは見いだせるように思う。

私学の開業願を提出する動きはその後も続き、明治一一年三月には、熊本県が文部省に対して、「当県下〔中略〕兎角旧習ニ固着シ学規整然タル公立学校ヲ嫌ヒ私学開業願出候者往々有之〔中略〕私学開業ノ為メ公立学校ノ衰微ヲ来シ学政施設上不都合ノ儀有之候間自今公立学校設立無之区ヲ除クノ外私学校開業願出候節差止不苦哉」と伺いを立てている。これに対する文部省の指令は、「書面公立学校設立無之区ヲ除クノ外タリトモ私学校開業差止候儀不相成候事」というもので、熊本県の伺いは認められなかった(34)。この場合の「私学」は小学校とは限らないわけであるが、それでも、公立学校を県下に根づかせることに熊本県が頭を悩ませている様子は窺えよう。

おわりに

本章では、管見の限りで就学告諭の存在が確認できない、熊本県における学制の周知とその後の就学勧奨の状況を検討してきた。これまでの検討から、熊本県では学制布告書と明治五年の文部省布達第一三号を管内に回覧することで学制の周知を図り、その後区戸長や学区取締に対してたびたび布達を発して、管内での就学勧奨、学校設立、私家塾の統制を図るよう促している様子が明らかになった。しかし、就学の必要性をロジックを尽して解き明かした、文字通りの就学告諭という布達は確認できなかった。いわば、指示に近い布達が繰り返し発せられていた。

このような傾向はいかなる要因から生じているのか。その明確な回答を得るにはさらなる分析が必要であるが、藩制期において民衆教育の組織化が進んでいたこともあって、一定の階層には就学の必要性がすでに理解されていたことが挙げられよう。加えて、明治初年の実学党による教育政策の影響から公学の発達が抑制されるなか、初等教育段階でも私家塾が重要な教育の担い手となっている様相があり、こうした状況を打開することに地方官の熱意が向けられたことも要因の一つとして挙げられるだろう。

本章をまとめてみても、なお課題は山積したままであるが、初等教育に限定をかけるのではなく、広く「教育」という観点から、熊本県の史料に目を通していく必要があると考えている。熊本県の教育は地域の政治動向に大きな影響を受けている様子が窺えるので、政治動向と教育との関わりを詳細に検討していくようにしたい。そうした作業を徹底させることで、就学告諭としての要素をもった布達や文書の有無を、さらに詳細に確認することができるのではないかと考えている。(35)

(1)　熊本県における学制の実施経緯については、堀浩太郎がその概要を明らかにしている（「熊本県近代公教育制度成立史

（１）」『熊本大学教育学部紀要』人文科学、第三五号、一九八六年。「熊本県近代公教育制度成立史補遺」『熊本大学教育学部紀要』人文科学、第四九号、二〇〇〇年）。本章を執筆するにあたっても堀の研究に多くを学んだ。
（２）熊本藩の手永制度の概要については、次の各研究が詳しい。前田信孝「郷備金の研究覚書―肥後の維新と郷備金―」（『市史研究くまもと』第八号、一九九七年）。吉村豊雄『一の宮町史　自然と文化阿蘇選書三　藩制下の村と在町』二〇〇一年。吉村豊雄「近世社会の成立と熊本藩」（松本寿三郎・吉村豊雄編『街道の日本史五一　火の国と不知火海』吉川弘文館、二〇〇五年）。稲葉継陽「本書の課題」（吉村豊雄・三澤純・稲葉継陽編『熊本藩の地域社会と行政―近代社会形成の起点―』思文閣出版、二〇〇九年）。
（３）今村直樹「近世地方役人から近代区町村吏へ―地方行政スタッフの明治維新―」（前掲、吉村ほか編『熊本藩の地域社会と行政―近代社会形成の起点―』）。
（４）水野公寿「庶民教育の普及」（熊本近世史の会編『年報　熊本近世史　昭和六十年度　熊本近世史論集』一九八六年）。
（５）児玉幸多『近世農民生活史　新稿版』吉川弘文館、一九五七年、一七四頁。
（６）熊本女子大学郷土文化研究所編『熊本県史料集成第一〇巻　肥後藩の農民生活』一九五五年刊行、一九八五年復刻、三〇、一六五頁。
（７）同前、三〇、一七〇頁。
（８）同前、一七〇～一七八頁。
（９）同前、一六九～一七〇頁。
（10）前掲、堀「熊本県近代公教育制度成立史補遺」三〇九～三一〇頁所収。なお、元史料は熊本県立図書館に所蔵されている。
（11）森田誠一・花立三郎・猪飼隆明『熊本県の百年（新訂版）』山川出版社、一九八七年、一二～一四頁。
（12）本山幸彦『近代日本の政治と教育』ミネルヴァ書房、一九七二年、一四二頁。
（13）前掲、前田「郷備金の研究覚書」五一～五四頁。
（14）細川家編纂所編『改訂肥後藩国事史料』第一〇巻、一九三二年刊行、一九七四年復刻、五六一～五六三頁。
（15）阿蘇郡小国手永の宮原村にあった筑紫学舎では、物庄屋が年米二〇俵で師匠を雇い入れ、みそ、しょうゆ、薪炭を周旋し、学舎も営繕して、手永内の子どもの教育を行ったという（禿迷盧『続小国郷史』一九六五年、四八二頁）。
(16)「明治三、四年諸御達写」（『阿蘇町史』第三巻史料編、二〇〇四年、一三一頁）。
(17)『玉名市立歴史博物館こころピア資料集成第四集　木下助之日記（一）』二〇〇一年、三九頁。
(18)前掲、本山『近代日本の政治と教育』一五三頁。
(19)「熊本県公文類纂　雑款　学芸・兵隊・邸宅・社寺・変死・病院・救恤・郵便　明治五年　全（モコア17－1）」熊本県立図書館蔵。
(20)『代陽校略史』代陽小学校創立五十年祝賀会、一九三〇年、一～四頁。『代陽校百年史』八代市立代陽小学校、一九八〇年、一八～一九、五二～五三頁。角田政治『肥後人名辞書　全』肥後地歴叢書刊行会、一九三六年刊行、青潮社、一九七三年復刻、二二三頁。
(21)前掲、堀「熊本県近代公教育制度成立史（Ⅰ）」二四四頁。
(22)先述した木下初太郎の「文政十二年丑正月後年要録」には、明治五年八月二八日の項に「諸国之学校御改革ニ付而」と記されており、学制布令の事実は認識していたことがわかる。しかしその内容は、熊本洋学校の教員給与の官費補助が得られないことに関する記述に終始しており、小学校に関する記述はみられない（前掲『玉名市立歴史博物館こころピア資料集成第四集』四二頁）。
(23)「明治四辛未年正月ヨリ　諸達」（「高橋家文書」熊本県立図書館に寄託）。
(24)『文部省第一年報』九八丁。
(25)官立、公立、私立の学校区分が確立したのは、明治七年八月二九日の文部省布達第二二号からであり、これに合わせて白川県でも布達無号一〇を発して、学校名称を官公私の三種に区別することを周知した（『明治以降教育制度発達史』第一巻、三八八頁。『熊本県布達便覧　明治七年　索引』熊本県立図書館蔵）。
(26)三澤純「維新変革と村落民衆」（渡辺尚志編『新しい近世史④　村落の変容と地域社会』新人物往来社、一九九六年、三六一頁）より引用。なお、この数値は『明治前期産業発達史資料　別冊九』所収の「日本府県民費表」を典拠とする。
(27)『文部省第二年報』二六六丁。

(28)「熊本県布達便覧」明治六年、国立国会図書館蔵。
(29)「熊本県布達便覧」明治七年上、熊本県立図書館蔵。
(30)「熊本県布達便覧」明治七年下、熊本県立図書館蔵。
(31)「熊本県布達便覧　甲号前　明治八年」熊本県立図書館蔵。
(32)「明治六年　諸達控　二月ヨリ」(「高橋家文書」熊本県立図書館に寄託)。
(33)「熊本県布達便覧」明治八年乙号、熊本県立図書館蔵。
(34)『明治初期各省日誌集成第二期　文部省日誌一』東京大学出版会、一九八五年、二八八〜二八九頁。
(35)本章に掲載した人名には、本文中の初出の箇所に生没年を付記したが、次の四名(河江五右衛門、木下初太郎、角田彙晋、東平喜)については生没年不詳のため、生没年を記していない。また、嘉悦氏房については、史料本文上の掲載であったため、生没年(一八三三〜一九〇八)が記載できなかったことを付記しておく。

(軽部勝一郎)

附論一　宮崎県学務掛「説諭二則」と小学校の設置

これまで「説諭二則」は、富山県（新川県）の就学告諭とされてきた。第一次研究会でも先行研究の成果に依拠し、旧資16－2・富山県の就学告諭として資料編一覧表に収載した。(1) しかし、第二次研究会において、「説諭二則」は宮崎県の就学告諭の一部であることが明らかになり、先行研究を覆す新しい発見となった。(2)

第二次研究会では、第一次研究会で収集した就学告諭の再点検・再検討から出発した。その際、富山県のものとされた告諭の出典を明確にすべく諸資料に当たったが、原典は得られなかった。そこで、資料の根拠とされていた『日本教育史資料書』を改めて精査してみると、富山県「説諭二則」の出典とされていたのは『新聞雑誌』二三六号であった。(3) その出典である『新聞雑誌』を収蔵する国会図書館で当該資料を確認したところ、そこに掲載されていた「説諭二則」は宮崎県の就学告諭とされていたのである。その上、『日本教育史資料書』では富山県「説諭二則」は明治七年四月とされていたが、そこにも問題があった。告諭本文中の「二千五百三十三年四月十六日」という皇紀年号は明治六年四月一六日を示しており、内容から宮崎県の学務掛によって、その日に作成されたのではないかと推定されるのである。(4)

第一次宮崎県は、明治六年一月に美々津県と大隅半島を除いた都城県が合併し、新たに成立した。初代参事には福山健偉（一八三二年生）、権参事に上村行徴（一八二七～九二）が就任した。福山は美々津県参事として、上村は都城県権参事として任についていた人物であり、両名とも鹿児島県士族であった。当時の宮崎県は県役人の約七割が鹿児島県士族で占められていたという[5]。新県成立に伴う旧県の事務引き継ぎ処理などを経て、同年三月に参事福山建偉、権参事上村行徴の連名により「文部省ノ御規則ニ依リ郷学ヲ興立シ人材ヲ教育シ日々文明ノ域ニ赴カシム」ことが布達され、宮崎県政の急務とされた学事普及が始まる[6]。そこで同年四月に学務掛より「説諭二則」が出されたのであろう。

宮崎県学務掛「説諭二則」は左の通りである。右に記したように、富山県「説諭二則」とされていた就学告諭は、「〇我日本ノ外」から文末の「不忠不幸ノ限リナリ」の箇所までであった。

世ニ子宝ト云諺モアリテ子ホド可愛者ハナシ其子十二三歳位ニテ家ノ加勢ニナルトキハ親ハ如何計リノ楽ミゾヤ子ガ可愛コトナラバ早ク学校ニ出スベシ人間僅ニ五十年今日明日ト徒ラニ過ル間ニ身ハ土トナリ子ハ杖ヲ用ル時ニ至ルベシ日月ハ止メ難シ二千五百三十三年四月十六日ト云今日ハ一生涯ノ間又再ビ逢難シ真ニ惜ムベキコトニアラズヤ若シ万一此筋合ヲ弁マヘズ今ノ儘ニテ過シナバ有リ難キ朝廷ノ御布令モ読メズ世間ノ模様モ分リ兼ネ生涯不自由多カルベシ其不自由ハ偖置キ此近方ハ追々平民ニ至ル迄子供ニ学問サセル故今マデ門閥士族ト唱フル者モ不遠彼等ヨリ牛馬同様ニ使ハルベシ其ハ如何トナレバ今ノ御世ハ是迄ト事変リ知識開ケタル人ナレバ百姓町人又乞食ノ子迄モ朝廷ノ御用ニ召仕ハレ無学ニテ知識ノ開ケヌ人ハ華族士族モ御用ヒナシ現在東京ノ町人ニテ立派ナル官員トナレル人アリト聞ク重ネ々モ子供ガ可愛コトナレバ我子ノ人ヨリ誉メラル丶コソ楽シケレ人ニ笑ハル丶ハ口惜シテコトナラズヤ

〇我日本ノ外、西洋各国ノ強クシテ富メルト云ハ、人ノ知識ガ開ケタレバナリ、知識ノ開ケタル原ハ学問盛ナレバナリ。蒸気船、蒸気車、電信機、其他人ノ知レル利口発明ノ事ヲ工大スルハ皆西洋ナリ。西洋人モ神ヤ仏ニハ非ズ。只、学問シテ知識ノ開ケタル人ノ多キ故、便利ノ事ヲ工夫シテ斯ク盛ニナレルナリ。各方油断セバ、前ニ云ヘル通リ、人ヨリ笑ハルルノミナラズ外国人ノ下人ニ使ハルコトトナレルモ計リ難シ。其時ハ、我一身ノ恥ナラズ、親祖先ノ恥ナラズ、御国ノ御恥トナルコトニテ不忠不幸ノ限リナリ。〔新資45-5〕

この就学告諭は、親にとって子どもの存在は可愛いもので、その成長も楽しみであるゆえ、「子ガ可愛コトナラバ早ク学校ニ出スベシ」とする。その理由として、時を無駄に過ごせば「有リ難キ朝廷ノ御布令モ読メズ世間ノ模様モ分リ兼」ねて、生きていく上で困難が生じるとし、「平民ニ至ル迄子供ニ学問サセル」のは「知識開ケタル人ナレバ百姓町人又乞食ノ子迄モ朝廷ノ御用ニ召仕ハレ無学ニテ知識ノ開ケヌ人ハ華族士族モ御用ヒナシ」と身分に関係なく勉強して知識を身につけることが立身出世につながるのだと諭している。そして、東京では「町人」が「立派ナル官員」になったとする話を引き合いに出している。学校で勉強して知識を身につけることによって、子どもが「人ヨリ誉メラル、コソ楽シケレ人ニ笑ハル、ハ口惜シテコトナラズヤ」と可愛い子どもに対する親の情愛に訴えかける。子どもに対する親の「喜」と「恥」の感情というものを通して、学校へ行き勉強することの必要性を説く内容となっている。

また、後半の部分では西洋諸国と日本を対比することから、知識を身につけることの重要性を説いている。西洋の繁栄は「学問シテ知識ノ開ケタル人ノ多キ故、便利ノ事ヲ工夫」するためにもたらされているのだとする。ゆえに日本が勉学をおろそかにすれば、外から「笑」われることにつながり、「外国人ノ下人ニ使ハル」ことになり国家の「恥」につながるのだとする。ここにおいても「恥」という感情に強く訴えかける内容となっている。

福山健偉が明治七年一月に行った報告に次のような記述がある。彼は、県下の人々の状況を「一郷ノ事□民ノ蠢□蒙昧ナル昔日ニ異ラス」、「僅ニ衣食ノ安ヲ計リテ、遠大ノ□計ナシ」と旧来と全く異なることなく、豊かな土地からもたらされる安定した生活を堅持することのみであるとした。ゆえに、「自由ノ権利ヲ得セシメラル、厚キ御趣意ヲ了スル能ワス、亦其義務アルヲ知ラス、或ハ却□封建束縛ノ旧制ヲ欣慕スルノ情アリ、其情ヲ□□ルニ御布令ノ数下ルヤ、旧トハ如此煩労ナラス」と評して、新しい時代を受け入れることができないのだとした。この報告に見られるような福山の民情のとらえ方が、人々の感情に訴えかける就学告諭の内容に少なからず影響を与えたのではないだろうか。そして、施策を実現するために、「官員交互巡回、御趣意ノ在ル処ヲ懇諭シ、権利義務ノ事ヨリ小学ノ設立、農業ノ勧業ニ至ル迄百方説諭、之ヲ遵守セシメ、乍漸区戸長給料、小学費用賦課ノ方法等相遂ケ即今小学漸次設立ノ事機ニ及ヒ候」と県内を巡回し説諭にあたり、ようやく小学校を設置するための素地を整えることができたとしている[7]。

こうした説諭とともに、県は小学校を設置するための具体的な学事普及策を打ち出していく。まず、明治六年八月一九日に上村行徴の名で正副区戸長と学校へ宛てて達が出される。宮崎県下の学校は、「従来ノ学規ヲ以テ取立相成居候処既ニ文部省ヨリ学制被相定上ハ速ニ可致改正事ニ候得共是迄両県廃合等ニテ着手未タ行届兼就テハ御規則通不被相行」ため、「校々ニ於テ正副区長戸長モ篤ト協議ノ上課業等改正ノ見込相立可届出候左候ハヽ文部省エ可申立候条先達テ取調差出候教官履歴同給料並授業料其他諸費用等ノ条件其按例ニ基キ更ニ取調ヲ申出」ることが促された[8]。また、同年九月二日に文部省の小学教則の改正をうけて三四章からなる「小学規則」を定め、同年一〇月には「管下小学定則」として小学校則と課業表を制定する。「管下小学定則」は、一二月二四日に文部省の承認を受け、以後、この定則により県下の小学校の設置が進められる[9]。定則の制定に伴い都城では、旧県時代に設立した小学館を正則の下等小学校へと改組した。宮崎県成立後の「最大ノ急務」であった学校設置は、以上のような経緯により、「従来ノ学規」から脱却し、学制による小学校設置へと移行していくことになる。

そして、野村綱（一八四五〜一九〇六）の手によって、急速に小学校の設置が推し進められた。彼は、宮崎県が明治九年八月二一日に鹿児島県へ併合されるまでの期間、宮崎県の学事に大きな影響を与えた人物であった。鹿児島県出身の野村綱は明治六年八月に宮崎県学務掛に着任し、仮小学講習所の教監となり教員の養成にあたる。明治七年八月には、師範教育と中等教育を兼ねる宮崎学校の校長兼務となった。野村は学務掛に着任後、「非常ノ処分」として督学局へ「小学校設立伺」を出さずに、県の独自の判断による小学校の設置を進めた。その結果、小学校数が急増し、福山健偉は、「設学至急ナルヲ要シ去年十月以来非常之処分ニテ不経伺開業仕候処、意外ニ振起シ既ニ二百許ニ及」び「今ヨリ復タ設立伺雛形通取調候而ハ、事務繁劇之際凡ソ一ヶ月ノ日間ヲ費」やすことになるため、「現今開業届出ルノ分表目ニ載セ規則ヵ条無洩様取仕建御届」とする建言を添えて、明治七年二月に第五大学区督学局へ「無余儀情実ニ候間特別之訳ヲ以テ御聞届」てもらうことを伺出ることになった(10)。

(1) 荒井明夫編著『近代黎明期における「就学告諭」の研究』東信堂、二〇〇八年、四五五、四九二頁。
(2)『日本教育史資料書』の編者の誤りは改められず、この告諭は、佐藤秀夫「児童の就学」『日本近代教育百年史　第三巻　学校教育(1)』一九七四年や、寺﨑昌男『日本の教育課題　第三巻　何故学校にいくのか』東京法令出版、二〇〇〇年でも富山県の告諭として紹介されていた。
(3)『日本教育史資料書』第五輯、八七〜八八頁。
(4) 皇紀年号は、太陽暦とともに明治六年から使用され始めた。なお本書第一部第三章、注(21)参照。
(5)『宮崎県史』通史編、近・現代一、二〇〇〇年、二八〜二九頁。
(6)『宮崎県史』史料編、近・現代二、一九九三年、七九八〜七九九頁。
(7) 同前、近・現代一、一九九一年、一八五頁。
(8)『宮崎懸史』中巻、自明治六年一月十五日至七年十二月三十日。
(9)『宮崎県史』史料編、近・現代二、一九九三年、八〇四〜八二六頁。
(10) 同前、近・現代二、一九九三年、八二六〜八二七頁。

（三木一司）

附論二　「壬申ノ学則前文ハ不朽ノ公法ト云ヘシ」——学制布告書と福井

史料「壬申ノ学制」は福井市立図書館所蔵の「越国文庫」に収められている。縦一八センチ、横一二センチ、和綴の赤罫線用紙二四丁に綴られている。作成者不詳。ただし、記述内容から旧福井藩学校関係者の手によるものではないかと思われる[1]。学制布告書について一文一文引用する形式で、福井の現況を織り交ぜながら解説を加えている。本史料は学制布告書の解説覚書であり、告諭として布達・回覧されたものではないことから、「就学告諭」としては取り扱わない。ただし、後述するように、福井県域では学制布告書は戸長レベルまで布達されたが、学制章程が布達・回覧された事実は現在まで確認されておらず、その未布達の根拠として本史料の存在が重要性を帯びてくるのである。明治五年八月学制発布時の足羽県職員は足羽県参事村田氏寿を筆頭に、権参事千本久信、権大属富田厚積ら上位は旧福井藩の面々で占められており、学制布告書ならびに学制章程の取扱いについての議論および決定が彼らによりなされ、また、その内容が在京の越前松平家へ逐一報告されていたとしても何ら不思議ではない。

本史料には作成年月日は記載されていないが、冒頭部分に「天皇陛下ハ本年六月十六日ヲ以テ山梨三重京都府管下へ御巡幸」とあり、明治一三年六月から七月の中央道巡幸を指すこと、また、「今般政府ヨリ教育令」にある教科の順序（読書習字算術地理歴史修身学）が明治一二年九月二九日発令の教育令を指すことから、本史料は明治一三年六月から、いわゆる改正教育令が発令される明治一三年一二月二八日までの間に作成されたものと推測できる。これは教

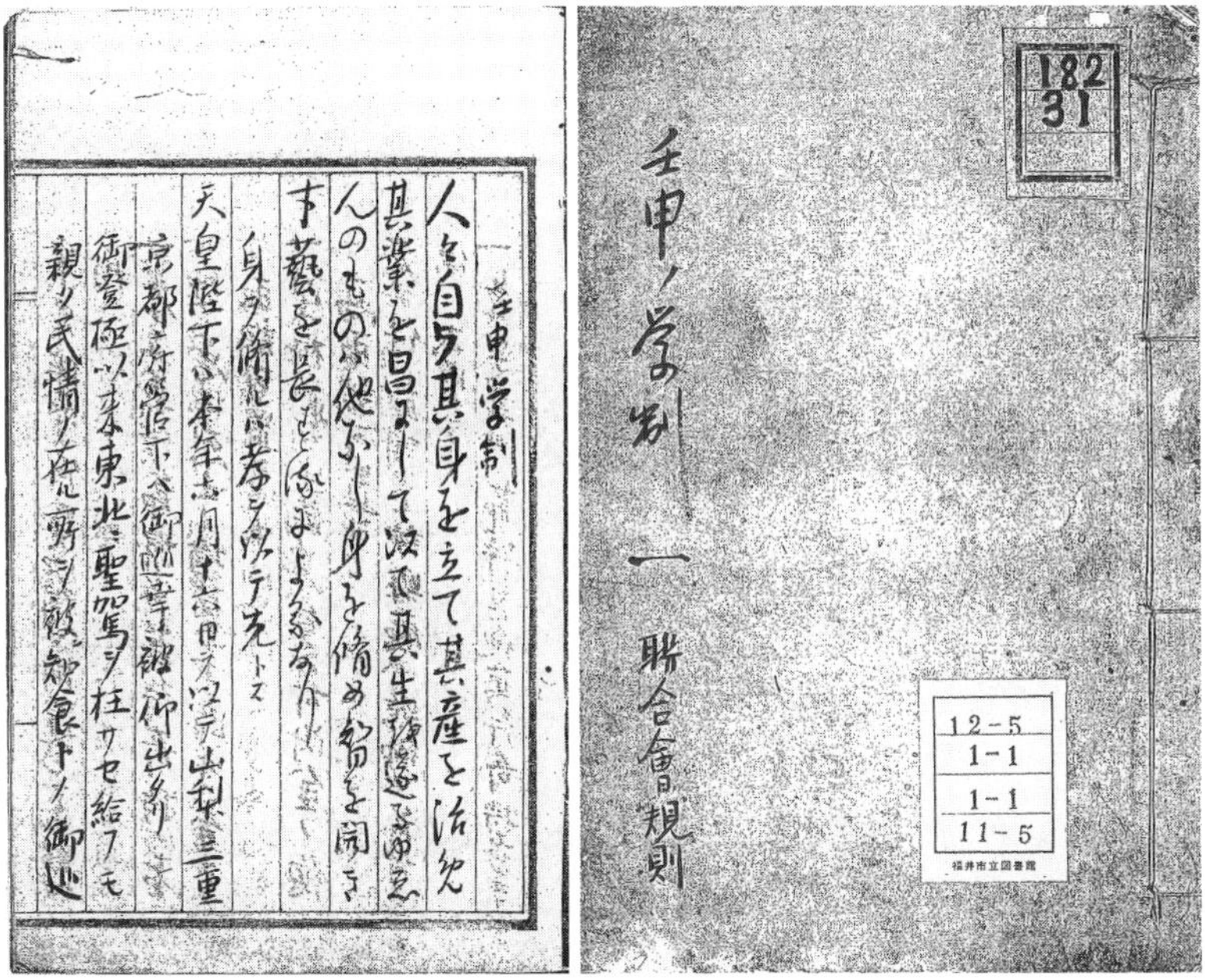

図1　「壬申ノ学制」(1)　表紙・巻頭。

育令による緩和政策が地方長官らから批判された時期とも重なるが、本史料は教育令を批判するものではなく、あくまでも学制布告書を解説した上でその意義を謳ったものである。ではなぜこの時期に、「壬申ノ学制」を改めて評価する必要があったのだろうか。そこには、福井県域が有する複雑な政治的・社会的事情を垣間見ることができる。

　本史料が作成された明治一三年は、明治九年八月に敦賀県が廃止され、越前七郡が石川県に、若狭三郡と越前敦賀郡が滋賀県に編入され、福井県域の地域的な一体性は薄れ、教育に関してもほとんど進展が見られなかった時期でもある。『文部省第四年報』(明治九年)には、「目今越前ノ学事ハ姑ク旧県ノ法ニ依循シテコレヲ改革スル事ナシ、若シ強テ之ヲ改ムンハ却テ学事ノ退歩スル事アルヘシ、元来越前ノ学事ハ頗ル能ク進歩シ敢テ加能ノ二国ニ劣ル事ナキカ如シ」とあり、石川県に干渉されることもなく、編入以前の敦賀県(廃藩置県後の福井県＝坂井・吉田・足羽・大野・丹生の四郡が明治六年に敦賀県に統合)の

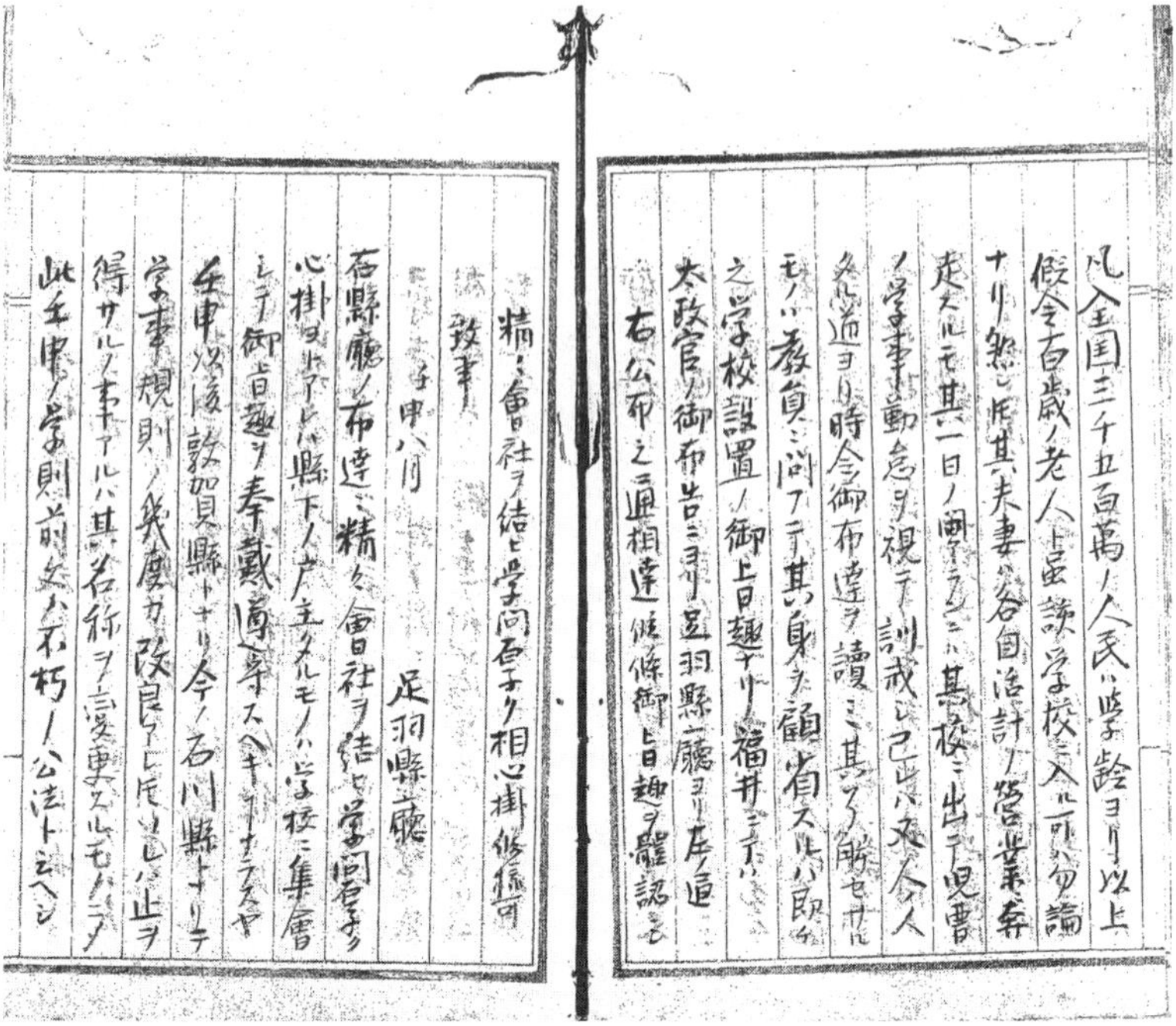
凡全国三千五百萬ノ人民ハ学齢ヨリ以上
假令百歳ノ老人ト雖モ学校ニ入ル可キハ勿論
ナリ然レトモ其夫妻ハ各自活計ノ営業奔
走スルモ其一日ノ間ニ於テ二三時ハ其校ニ出テ児童
ノ学事ノ勤怠ヲ視テ訓戒シ己レハ又今人
タル道ヨリ時令御布達ヲ讀ミ其要ヲ解セサル
モノハ教員ニ問フテ其身ヲ顧省スルハ即チ
之学校設置ノ御上旨趣ナリ福井ニテハ
太政官ノ御布告ニヨリ足羽縣廳ヨリ左ノ通
右公布之通相達候條御旨趣ヲ體認シ
精々會社ヲ結ヒ学問ヲ為シ相心掛修行可
致事
壬申八月　足羽縣廳
右縣廳ノ布達ニ精々會社ヲ結ヒ学問ヲ為シ
心掛ヨトアルハ縣下ノ戸主タルモノハ学校ニ集會
シテ御旨趣ヲ奉戴遵奉スヘキトナラスヤ
壬申以後敦賀縣トナリ今ノ石川縣トナリテ
学事規則ノ幾度カ改良アレトモ止ヲ
得サルノ事アルハ其名称ヲ變更スルモノニテノ
此壬申ノ学則前文ハ不朽ノ公法ト云ヘシ

図２　「壬申ノ学制」(2)　壬申ノ学則前文ハ不朽ノ公法ト云ヘシ

教育規則が施行されていたものと考えられる。文部省は越前の学事状況について、加賀・能登と比べても遜色がないと高く評価している。(2) 当時施行されていた規則は、明治七年七月に敦賀県権令藤井勉三により布達された「小学校校則」、あるいは、明治九年七月に敦賀県権令山田武甫により布達された「敦賀県教育規則」が該当すると考えられる。前者は、布達した山口県出身の藤井在任中に大野郡で真宗門徒を中心とした郷民騒動が発生するなど政治的な混乱が続いたことから、実際に実施されたかどうかは疑問である。これに対し後者は、布達した山田は熊本県出身で横井小楠門人として敦賀県が廃止される明治九年八月まで権令を務め、人民の利益に供するための県法制度を整備し地方議会の充実に力を入れ、学区取締や戸長との協力体制を敷いており、実際に実施された可能性は高い。(3) ちなみに、『文部省第三年報』(明治八年)では、福井市域の小学校の開設年はすべて明治七年と記され「いささかの作為は感じられ

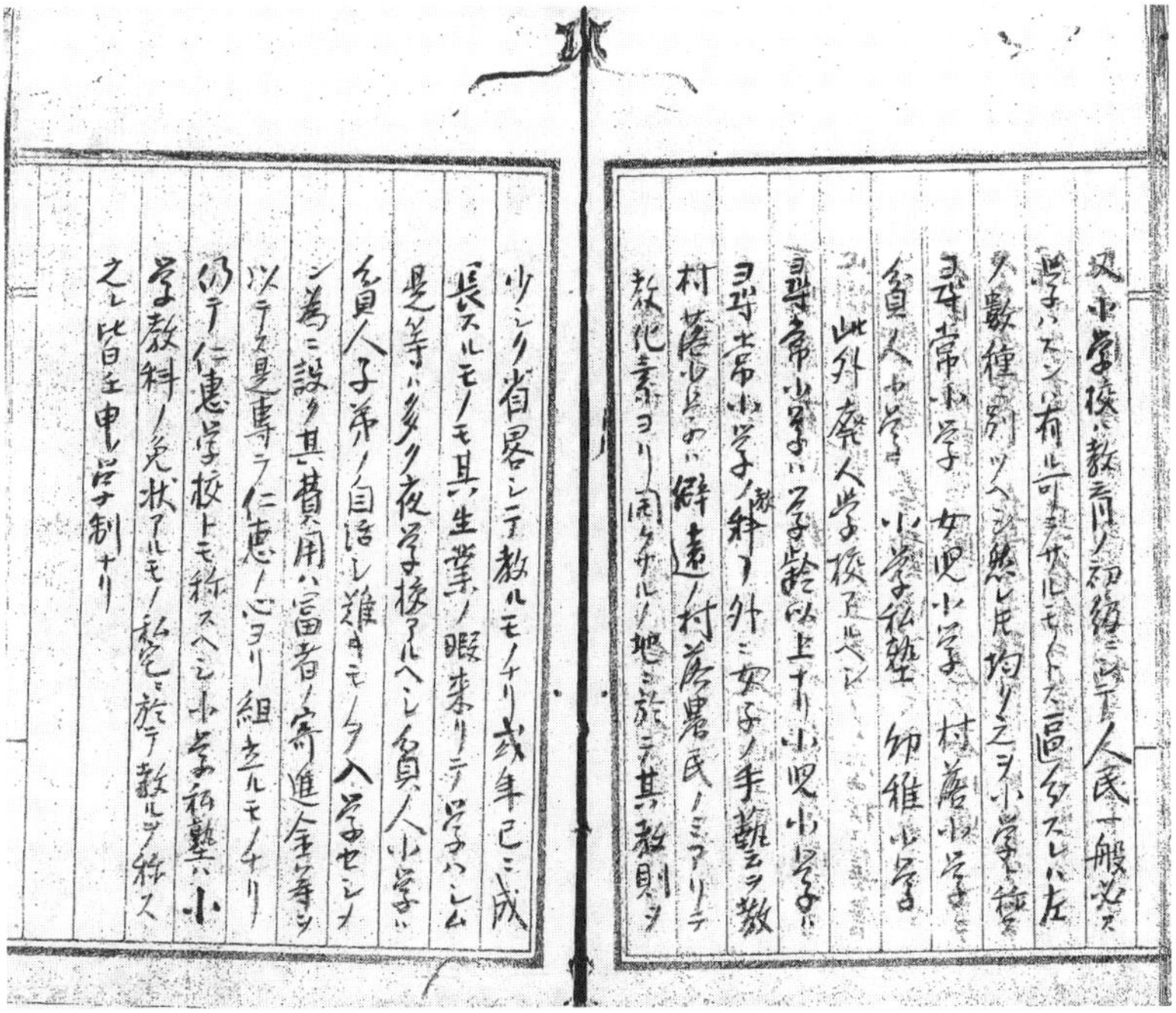
又小学校ハ教育ノ初級ニシテ人民一般必ス
学ハスンハ有ルヘカラサルモノトス之ヲ区分スレハ左
ノ数種ニ別ツヘシ然レ氏均ク之ヲ小学ト称ス
尋常小学　女児小学　村落小学
貧人小学　小学私塾　幼稚小学
此外廃人学校アルヘシ
尋常小学ハ学齢以上ナリ小児小学ニ
尋常小学ノ教科ノ外ニ女子ノ手芸ヲ教
村落小学ハ僻遠ノ村落農民ノミアリテ
教化素ヨリ開ケサルノ地ニ於テ其教則ヲ
少シク省略シテ教ルモノナリ或年已ニ成
長スルモノモ其生業ノ暇来リテ学ハシム
是等ハ多ク夜学校アルヘシ貧人小学ハ
貧人子弟ノ自活シ難キモノヽ入学セシメン
シ為ニ設ク其費用ハ富者ノ寄進金ヲ集
以テス是専ラ仁恵ノ心ヨリ組立ルモノナリ
仍テ仁恵学校トモ称スヘシ小学私塾ハ小
学教科ノ免状アルモノ私宅ニ於テ教ルヲ称ス
之レ皆壬申ノ学制ナリ

図3　「壬申ノ学制」(3)　巻尾。

る」④と指摘されるように、学制頒布後から明治一四年二月の福井県置県までは、規則成立と施行の実際については不確かな点も多い。前出の『文部省第四年報』では、石川県の規則を強制すれば却って学事退行を招く恐れがあるとして旧県敦賀県規則の継続を黙認しているが、実は政府が就学率等低下以上に危惧したのは、当該地域が反政府運動の拠点となることではなかったのではないか。

敦賀県発足直後の明治六年三月、大野郡の真宗門徒を中心として発生した大騒動は、瞬く間に今立郡・坂井郡へ波及した。これは、欧化策をはじめとする政府の強引な政策に民衆の不満や怒りが爆発したものである。同じく大野郡下で起こった「壬申地券」厭棄事件では、政府の政策に断固反対した「徹底的不服村」は坂井・吉田・丹生・今立・南条の五郡下で計二八ヶ村にものぼり、民衆が激しく抵抗した。これは全国の地租軽減運動の先駆とされる。石川県編入後の越前七郡では、越前自由民権運動の主導者杉田定一を中心に地租軽減運動が続けられ、明治一一年に「越前七郡地租改正再調査」を勝ち取っている。[5] 当該地域は、明治一〇年代には北陸地方の自由民権運動の中心であり、政府にとっても慎重な対応を要する地域であった。本史料はこのような地域性を踏まえた上で、近代教育の出発点である明治五年の学制布告書を受けて福井県域で展開した地域の事情に合わせた教則の実際を検証し、今後の制度改革の方向性を自らも示そうという意図があったのではないだろうか。

福井県域で実施された学校教育は、学制布告書の理念に沿いながらも、地域性に配慮した教育を展開している。足羽県参事村田氏寿は明治五年一〇月に「必ス邑ニ不学ノ戸ナク家ニ不学ノ人ナカラシメンコトヲ期シ、僻村近郷ノ小民ニ至ルマテ学問普及致候」との御趣意に基づき、学制布告書を平易に説いた「農商小学大意」を布達し、農商の子弟へ就学を促した。しかし、具体的な教則に関しては本史料においても、「文部省ヨリ免許ヲ得テ新選ノ書目山ノ如ク河ノ如シ流行早ケレハ変更モ亦甚シ」という実態が指摘されているように、実際の教師や生徒、地域の許容範囲とは大きな隔たりが生じた。

福井における教則の特色は、生徒を上中下の三等に分けたことである。三等の規則は、すでに明治三年九月の「坊長肆長心得書」で示されている。明治六年に敦賀県で出された「小学規則」では第一則に「勉メテ文部省ノ学制ニ倣フヘシト雖トモ、寒村僻士普及スヘカラサルモノアリ、故ニ変則ノ制ヲ設ク、通シテ之ヲ変則小学ト称ス」と定めた上で、学業ではなく貧富の差により生徒を四等に分類し変則的な授業規則ならびに校費の賦課方法を決定した。華族、士族、農工商の別は学制の理念には反するとも捉えられるが、県レベルではまず就学させることを最優先し、実状に合った緩やかな方法を採用したのではないだろうか。本史料でも、地域や「各自ノ家業」を理由に柔軟な教則の運用を主張している。ただし、「下等ノ中ニモ人才アル事ナレハ其才ニ応シテ教育スレハ其結果ハ何レニ達スルヤ識ルヘカラス」と勉学による立身出世の可能性も認めた。また、児童の勉学の責任は教員にあるとし、教員の責務として「修身」を説く重要性を掲げている。教科の第一に「修身学」を据え、「品行ハ身ヲ立ルノ本ナリ」と唱えた。

福井県文書館柳沢芙美子によると、福井県域において明治政府の布達は戸長（副戸長）に回覧・書写されて徹底が図られたという。しかし、学制に関する県史調査では学制布告書の布達は確認できたが、「学制の本文である学制章程の布達については、一例も見いだせなかった」と述べている⑥。柳沢は足羽県下に頒布された「農商小学大意」に対して、「学制章程の伝達なしに、学制布告書や「農商小学大意」のみ伝達された場合には、身分・性別をこえた「学問」の重要性は伝えられても、国家的なプランとしての学制の構想自体は、村むらへは伝えられていなかったことになるだろう」と指摘した⑦。「「農商小学大意」は確認できるが、学制布告書そのものが確認できないことはどう理解していいのか」という柳沢の疑問への回答は、本史料を読めば明らかである。足羽県職員上層部は、学制布告書で語られる近代教育理念は高く評価するが、学制章程には大いに不満があった。具体的に本史料で指摘されているように、地域の実情に合わない、修身学が教科の第一に置かれていない等の理由で、学制により柔軟な運用を求めたのである。「農商小学大意」は、山間僻地ならびに貧困に喘ぐ人民へ配慮した変則小学の規則であった。柳沢の危惧する「国家的プランとしての学制構想」は学区取締ら学校関係者レベルで留め置かれ、市街を除く山村僻地の村々へは学制布告書の御趣意を理解・徹底させることにまずは終始したのではないだろうか。明治六年六月の敦賀県布達⑧では、学制頒布後の小学校設置状況について「永久保護の方法未夕完全ニ至ラス」と述べ、学校を不変なものとするために学区取締や戸長がより一層父兄を説諭し、父兄も学事に関する理解を深め、「学校保護」の任務を負い子弟に就学を奨励し、「不学ノ戸ナク戸ニ不学ノ子弟ナク普及ノ御趣意行届候様篤ク注意可致者也」と説いている。

本史料では、学問は人民に必要不可欠なものであり、「今ノ人民ニシテ文字ヲ知ラサレハ目ナキ者ト同シ其父兄たる者何ソ其子弟ノ成長シテ後悔スルヲ悦モノアランヤ」と強調し、子どもを学校へ行かせることは「父兄の責任」であると説く。人民が学び、自立して家業を盛んにし、産物を輸出して富国の基礎を築くことこそ、天皇の意向だというのである。学制頒布以後、福井県域は度重なる変更を余儀なくされ、教則も何度か改訂されたが、学制布告書の理念は確固たる位置を占めていた。貧富の差はあれども、まずすべての子どもを学校へ通わせるためにあらゆる行政的な努力がなされたのである。地域の実情に則して様々に運用された教則すべてが学制布告書に則ったものであり、そうであるからこそ、「壬申ノ学制前文ハ不朽ノ公法ト云ヘシ」という本史料の最後の言葉が生きてくるのである。

（表紙）「壬申ノ学制　一　聯合会規則」

（本文）

壬申学制

人々自ラ其身を立て其産を治め其業を昌にして以て其生を遂るゆゑんのものハ他なし身を修め智を開き才芸を長するによるなり
身を修ルハ孝ヲ以テ先トス

天皇陛下ハ本年六月十六日ヲ以テ山梨三重京都府管下へ御巡幸被仰出タリ
御登極以来東北ニ聖駕ヲ枉サセ給フモ親ク民情ノ在ル所ヲ被知食トノ御迎幸ニ付供奉官員心得ニ御達シアルケ條ノ内
一孝子義僕節婦并篤行奇特ノ者及ヒ忠臣烈士ノ墳墓事跡等兼テ取調可置事
一学校ノ数生徒ノ人員寄付金ノ総高取調可置事
左ノ件ニ取調置該県庁ヘ臨御ノ節可供　天覧事
一孝子義僕節婦其他篤行奇特者等是迄賞誉施行済ノ者共行状并ニ賞与ノ次第
一警察署分署及ヒ巡査ノ員
一勧業ノ方法牧畜ノケ所及牧畜ノ数
一荒地并目今開墾ノケ所
一該地著名ノ物産内地図并一覧表　外略之　如此　聖慮ハ実ニ感戴スヘキ事ナラスヤ又才芸ヲ長スルヤ人々其性格同シカラス定則ヲ立テ書籍ヲ以テ訓導スヘキ耳ニ非ス其意向ニ先ツテ誘導スヘキハ論ヲマタス今ノ所謂教則ナルモノハ通常平凡ノ人ヲ教育スルモノニメ才芸ヲ長スルニ非ス何トナレハ凡人ニハ上智ト下愚トアリ其中間ニアルハ通常ノ人ナリ

而て其身を修め智を開き才芸を長するは学にあらされハ能はす

修身ニハ勧善訓蒙教育雑誌等アリ又智ヲ開ニハ理学アリ其才芸ヲ長スルニ至リテハ書ヲ以テ誘導スヘキモノニ非スト雖児曹ハ先ス読書習字算術ヲ初歩トス

是れ学校の設あるゆゑんにして日用常行言語書算を初め士官農商百工技芸及ひ法律政治天文医療等に至る迄凡人の営むところの事学あらさるハなし

日用常行ト云ヘハ一ナレ𪜈各自ニトリテハ三等アリ華族士族農工商トス其学校ニ入リ読書ハ伊呂波五十音ヨリ天文地理歴史等ナリ是ハ之文部省ノ教則ナレ𪜈三等一般ノ通則トハナシ難シ上等中等ノ子弟ニシテハ適当スレ𪜈下等ニメハ各自ノ栄業アリテ十二三歳ノ者ハ農工商トモ其業ヲ修メサレハ期ニ後レテ達シカタシ然レハ其読書ハ其町村ノ名称国中ノ其郡ニアル名山村落ノ産物等其書アレハ先ツ此等ヲ熟読シ暗誦スルニ至レハ終身ノ益ナリ即チ之下等日用常行ト云ヘシ而習字ハ文章ヲ兼テ遠近往来ノ書翰売買注文ヨリ請取日記等ニ至ルヘシ算術ハ八算見一ヨリ利足相場開平ニ至ル之ヲ初歩トストアレ𪜈下等ニメハ必竟是ヲ卒業スル者ハ退校シテ各自ノ家業ヲ勉強ス可ナリ百工技芸ハ日夜其道ヲ孜々トシテ錬熟セサレハ其才芸ヲ長スル事難ト云ヘシ又天文政治法律医術ハ即チ上中等ノ学事ニシテ中学高等ノ校ニ入リテ該通ス可キ事ナレハ小学児曹ノ及フ処ニアラス

人能く其才のあるところに応し勉励して之に従事ししかして後初て生を治め産を興し業を昌にするを得へし

方今四民混同スレ𪜈華士族ハ農工商ノ業ニ就ク事実ニ難ント云ヘシ何トナレハ農工商ノ子弟ハ幼稚ノ時ヨリ其家業ヲ見聞馴致シテ自ラ其心根ニ萌兆ス故ニ女子モ十八九歳ノ者ハ男子ト共ニ田畝ヲ耕耘スルヲ視ル今華士族子弟ノ及フ処ニアラス其工商トナランモ亦同シ然則華士族ハ官府ニ入リテ官吏トナルカ学事ヲ卒業シテ教員トナルカ能ハサレハ戸長トカ巡査トカ代言人トカナル可ハ各自ノ心体ニトリテ止ヲ得サル処ナリ其中ニ資金アル者ハ会社銀行等ヲ開業スルハ先ツ其宜ヲ得タルモノナリ然リト雖人々其面ヲ殊ニスルカ如ク上等ニ生レテモ下等ノ人アリ又下等ノ中ニモ人才アル事ナレハ其才ニ応シテ教育スレハ其結果ハ何レニ達スルヤ識ルヘカラス此処ニ至ツテハ教員ノ責任ニメ吾輩冀望スル処ナリ

されハ学問ハ身を立るの財本ともいふへきものにして人たるもの誰か学はすにして可ならんヤ夫の道路に迷ひ飢餓に陥り家を破り身を喪の徒の如きハ畢竟不学よりしてかゝる過ちを生するなり

身ヲ立ルノ財本トセハ学問ノ精神ハ今日各自ノ営業上ニアルヘキナリ然ルニ教員モ生徒モ唯其等級ニ急進ノ熱心アルハ試験ノ之カ煽動ヲ為スカ又生徒ノ下等ヲ卒業シテ中学校ニ入ラン事ヲ冀故カ何ニモセヨ実用ノ学ニ注意セサレハ身ヲ立ルノ財本トハ為シカタシ夫レ道路ニ迷ヒ飢餓ニ陥ルハ身ニ一ツノ芸能ナキ故ナリ仮令其身ニ芸能アリトモ修身ノ学ニ志シナキ𪜈ハ家ヲ破リ身ヲ喪フニ至ルハ新聞誌ヲ読テモシラルヘシ皆壮年ノ血気定ラサル酒色ニ沈溺スルヨリシテ遂ニハ身ノヲキ処ナキニ至ル必竟入校シテモ修身学ヲ講究セサルヨリ如此サレハ教則ニ修身論勧善訓蒙等ノ書アル所以ナリ今ノ教員タル者何ソコレヲ廃損スルハ何ソヤ

従来学校ノ設アリテヨリ年ヲ歴ル事久しといへとも或ハ其道を得さるよりして人其方向を誤リ学問ハ士人以上の事とし本朝ノ制勧学院アリ三條ノ北壬生ノ西ニ藤原学生住セリ学館院ハ橘氏ノ諸生別当ス淳和院奨学院源氏ノ長者公卿別当タリ又大学寮　二条南朱雀大路東神泉苑西　ニハ頭助允属文章博士明経博士助教直講明法博士算音書等ノ博士アリ皇国六十六ケ国ノ国毎ニ国学一ヶ所アリト類聚国史ニ延暦十三年十一月詔曰古之王者教学ヲ為スト先ト云々又天平宝字元年所置大学寮田二十町生徒稍衆シ費ニ供スルニ足ラス更ニ越前国ノ水田一百二町ヲ加ヘ置前ニ通シテ一百廿余町名ケテ勧学田ト云々コレハ之最高等ノ学ニシテ当時ノ農工商ニハ係ラサルカ如シ延暦ノ詔ニ教学ヲ先トストアルハ古昔モ方今モ上ニアツテ政事ヲ為スニ古今ノ沿革ト時勢ノ変換ニ通セサレハ一日モ其職掌ハ難シト云ヘシ然レ𪜈学問モ文弱ニ流レ之ヲ実地上ニ施行スル事能ハスシテ惟文字ヲ弄スルノミニシテ今日ノ世上ニ用ル事ナキカ如ニ至レリ之其道ヲ得サルモノナリ福井ノ景況ヲ以之ヲ昔日ニ通観スレハ今ヲ去ル事七十年前習字ハ名頭売買往来仮名マシリノ文章或四季遠近往来ノ書翰今川ノ制詞風月往来庭訓往来等ナリ算術ハ八算見一ナリ読書ハ四書五経トモ林氏ノ訓点ノミナリ其素読師モ五六人ナリ生徒ハ四書ハ一部アレ𪜈五経共ニ蔵スルハ稀ナリ其蔵書家ト称スルモ四書五経大全史記文選古文等ニテ綱目通鑑一部アリシ字書ハ正字通一部字典一部四声字引等ナリシコレハ文化六七年ノ頃ナリシカ文政ニナリテハ漸ク文字ノ道開ケ天保トナリテハ益ス隆昌ニシテ書籍ハ全ク備ハリシ然レ𪜈学問ハ士人以上ノモノニシテ儒家アリテ之ヲ訓導ス其生徒ニ授ル経史句読ノ外詩文章ヲ以テス或講談アリテ学生ニ非ルモ其席ニ出ル事アリ仮令儒家ニ其人アリテ又其士人ノ学ニ熟セルモ一ツモ国家ノ政治上ニ関係スル事ナシ適顧問ニ備ル有ノミ其士人以上ニ〆モ如此況農工商ノ輩ヲヤ

農工商及ひ婦女子ニ至つてハ之を度外に於き学問の何物たるを弁せす

天保ノ頃ヨリ追日テ文明ノ世トナリ維新以前ニハ国毎ニ学校ヲ建テ外塾マテモ設置シ盛大ノ景況ナリシ其中ニハ性理ノ学ヲ唱ヘ政教一致ノ旨ヲ開誘スルモ其徒ニノミ行ハレテ官ハ之ヲ度外ニ置農商婦女子ノ輩ニ至テハ学問ノ何物タルヲ弁セサル尤ナリ

又士人以上の稀ニ学ふものも動もすれハ国家の為にすと唱へ身を立るの基たるを知らすして或ハ詞章記誦の末に趨り空理虚談の途に陥り其論高尚に似たりといへとも之を身に行ひ事に施すこと能ハさるもの少からす

旧藩ノ頃隔年ニ士人武芸ノ試験ハアレ𪜈文道ニシテハ其事ナシ故ニ士人以上ノ者モ学問スル人甚稀ナリ適其人アルモ記誦詞章ニシテ空論虚談ノミナリ身ニ行フハ勿論ナレ𪜈事ニ施スニ当テハ有司ノ其局ニアリテ何ソ他ヲ用ユヘキヤ或ハ其身ノ其局ニアリテ己カ学フ所ヲ以テ施ントスルモ旧慣ノ遺典アリテ其弊害アルヲモ容易ニ改良スル事カタシ

是すなわち沿襲の習弊にして文明普ねからす才芸の長せすして貧乏破産喪家の徒多きゆゑんなり

其才芸ノ如キモ旧幕ノ頃ハ皆其家業アリテ文武ノ道ヲ始メ才芸末枝ニ至リテモ世々其業ヲ継テ（其才ニ適セサルアルモ）公然ト其職業ニ在リテ師ヲ以テ自称ス爰ニ於テ其道ニ卓挙出凡ノ其任ニ堪タルアルモ如何トモスル能ハサル処ナリ方今文明ノ世ヲ以テ之ヲ親レハ旧来ノ習弊ニシテ万事因循ニシテ聊奮発心ナク自ラ貧困ニシテ其家ヲ保ツ事能ハサル処ナリ

是故ニ人たるものハ学ハすんハあるへからす之を学にハ宜しく其旨を誤るへからす之に依て今般文部省に於て学制を定追々教則をも改正し布告に及ふへきにつき

凡人ノ入校シテ学ニ就クヤ修身学ヲ第一トシ読書算術習字ヲ第二トシ天文理学ヲ第三トス其旨トハ何ソヤ其身修ラサレハ才芸ニ長スルモ用ル所ナシ故ニ品行ハ身ヲ立ルノ本ナリ豈可不慎哉又読書ハ広ク大ナリ初学ニ〆ハ御布告ヲ始応事接物眼前切近ノ事ヲ学知スヘシ其書数モ亦然リ実用ヲ専トスヘキナリ三ツノモノ其高等ナルニ至テハ修身ノ業ナリ其人ニ非レハ達スル事難シ今也文部省ヨリ免許ヲ得テ新選ノ書目山ノ如ク河ノ如シ流行早ケレハ変更モ亦甚シ新陳ノ交錯廃止頒与アルヤ父兄モ其費ニ困者寡カラス暗ニ退校ノ心志ヲ醸ニ似タリ今其学務上ニ於テ三ツノ弊アリ左ニ述之蓋学制トハ生徒日々慣スル処ノ読書算術習字ナリ又修身究理ノ口授アリテ実ニ一モ備ラサル無ニ似タリト雖該則ノ生徒ニ適否ヲ顧慮スルニ迂遠ニシテ進歩ノ障碍ヲナスアリ此其一也修行的ノ其人ニ於ル同シカラサルヤ面ノ如シ然レ𪜈今普通ノ学科ヲ教授スル各自ノ好悪気質ヲ視テ其才ノ長スル処ニ依リテ其科ヲ勉強ナサシム可ラサルハ是試験等級ノ軌則アリテ其所長ヲ壓倒スルニ似タリ此其二也教場ノ

一時間ニメ他ノ業ニ転スルヤ懈怠ノ警備ハ得タレトモ其時間ニ至リ其局ニ入リ其業ニ就クヤ既ニ拆声ノ胸臆ニ退去ヲ待遇スルアッテ其業モ半之カ為ニ廃弛ニ属ス此其三也又土地ノ情況ニ於ル一国内ニシテモ三五里ノ間ヲ隔テ千戸以上ノ村町アルヤ其方言モ亦同シカラサルアリ然レハ則土質ノ人情ニ関スル最大ナリトス　皇国モ直線三百余里ノ東西ニシテ声音ニ甲丁ノ差異アリ陸奥ノ音ハ甲ニシテ薩肥ノ音ハ丁ナリ中国ハ乙ニシテ西ニ至リ丙トナリ丁ニ至ル南方ハ智アリテ柔ナリ北方ハ鈍ニシテ強シ東ハ敏ニシテ健ナリ西方ハハ《(ママ)》偏ニメ剛ナリ各自髄脳ノ思相ニ感シテ智識ハ成長スルモノナレハ其好悪ハ内ニアリテ学事ノ勢力ハ外ヨリスルモノナリ然レハ其学事ノ其人ニ適セサルヤ労シテ功ナシトス凡天地ノ間ニ生スルヤ其類ハアレトモモロ〳〵アリテ一ナラス然ルニ今小学校ノ教場ヲ視ルニ譬ハ米豆赤小豆ヲ一釜ニ入レテ煮ルカ如シ米ハ早ク豆ハ之ニ次ク赤小豆ハ遅シ既ニ赤小豆ノ熟スルトキニ至テハ米ハ糊ノ如クナラン是ヲ以テ之ヲ視ルニ物ハ其性アリテ一ナラス天ノ命スル之ヲ性ト云性ニシタカフ之ヲ道ト云道ニシタカフ之ヲ教ト云トアリモロ〳〵ノ人天ノ命ヲウケテ生レタレハ其性モ亦異ルヘケレハ気稟モ亦同シカラサルヘシ何ソ一則ヲ以テ千万人ヲ薫陶スルノ実功ヲ得ヘケンヤ其追々教則ヲ改正アランヨリハ土地ノ情況ニ従フヲ上策トセン教モ亦術多トアレハ試ニ之ヲ論セン今般政府ヨリ教育令御確定アリテ教則ハ読書習字算術地理歴史修身学ヲ初歩トストアリ此六科サヘ六年間ニ卒業サヘスレハ小学校ノ教場ハ各自教員ノ勝手ヲ以教場ハ左右ス可トアラハ爰ニ易簡ノ一法アリ

　春山小学生徒百二十人トス

校内楷上ヲ二席トス生徒六十人ヲ二分ス教員一人ニシテ三十人ヲ受持席ヲ東西トス教員其席ニ在リテ生徒ヲ教ルヤ前ニ四人ヲ列ス其人ノ読書ハ記性ニ応シテ之ヲ授ク他ノ生徒ハ此間ニ習字ヲ課ス前ノ四人読書畢テ席ニ返ル習字ト文章ヲ修行ス右代ル〳〵出テ四時間トス拆ヲ以テ生徒各自ノ書籍ヲ収ム講師ハ日用実地進退応接ヲ始メ物理生理博修身等ニテ午時退去トス

　但シ習字ト算術ト其人ニヨリテ異同アリ

（上欄外）楷下ニテハ七級八級ヲ六十人トス

　教場従前ノ通リ

　算術ハ其日アリテハ算見一ヨリ開平ニ至テ卒業トス

自今以後一般の人民　華士族卒農工商及婦女子　必す邑に不学の戸なく家に不学の人なからしめん事を期す

今ノ人民ニシテ文字ヲ知ラサレハ目ナキ者ト同シ其父兄タル者何ソ其子弟ノ成長シテ後悔スルヲ悦モノアランヤ方今追々文明ノ代ナルヲ只旧慣ニヨリテ其身其裁量ヲ以テ世ヲ終ルモ其子ヤ孫ノ活計ニ窘蹙スルヤ勿論ナリ是故ニ該父兄ニ代リテ此学制ヲ設ケラレタル也而闔国ノ人民相競テ小学校新築セリ福井市街一万戸ニ二十ノ小学校アリ一校保護ノ戸数ハ凡四百二十戸余トス（其中ニ多少ハアレ𪜈）教員ノ謝儀ヨリ諸費二百五十円ヨリ五百円ニ至ル該費ハ区内ノ地券或戸数ニ分配シ月毎又ハ四季ニ計算ス其区内人民ハ賦課ノ苦情アリテ生徒学事ノ進否ハ論スル者ナシ或　朝旨ノ優恩ヲ首唱スレハ鄙吝ノ主戸ハ曰ク学校築造モ自費修繕モ自費教場書籍器械モ自費校内ノ諸費皆自費ナリ年々費ス処三百円ナラントス而下賜ノ補助金ハ生徒一人ニ〆ハ一銭ノ上下ニアリ故ニ自由ノ権ハ下ニアレハ下民ノ抃喜スルヲ以テ至当ノ論弁ナリト調舌スルアリテ戸長モ学務委員モ濫憤ニ堪ヘス皆辞職セントス謹テ按スルニ旧幕ノ時ハ外塾《テラコヤ》師アリ其士弟ノ学ニ就クヤ聊束脩ノ礼ヲ以師弟ノ約ヲナス盆暮両度ニ各自ノ取意ニテ謝儀ヲ為ス此外聊ノ出銭アルモ其費ハ今日ニ比較スレハ十カ一ニ〆多少ハ貧富ニ従フ事ナレハ勿論苦情アル事ナシ而師ノ授ル処ハ読書習字算術ナリ其外塾ニテ教育シ成長シタル生徒ハ方今ノ府尹或都講トナルヲ見ル今　朝旨ノ在ル処ハ西洋諸国ニ対セラレテ人民ニ学事ヲ慫慂シ玉フニヨリ文部省テハ其教則ヲ節奏アリテ普ク府県ノ小学校ニ御布令アリシカ都鄙ノ隔離スル人民智識ノ優劣アリテ一則ノ以テ闔国ノ学校ヲ規制スルヤ難ト云ヘシ十二年九月教育令御改正ニテ第三條ニ土地ノ情況ニ随テト有シヨリ人民自由ノ権ヲ私見シ前ニ述ル所ノ外塾ノ旧慣ニ復セン事ヲ冀望スルモ物価ノ騰貴スル諸税ノ多端ナル活計ノ目前ニ浮沈アルヲ懼ルレハナリ併シ是ハ之父兄タルモノヽ杞憂ニテ今ノ入学生徒ニ至テハ学事ノ進歩ハ之ヲ旧時ニ比較セハ十歳ノ童ハ旧ノ十五歳ノ時ニモ勝ルヘシ就中遠国ノ邊陬ノ児曹マテモ入校セサルハ稀ナリ殊ニ学務委員ヲ置テ就学ヲ沙汰スルヲヤ又貧窮盲聾唖ノ廃人マテモ教育ノ恩典アル将ニ普及ノ功ヲ奏スト云ヘシ

人の父兄たるもの宜しく此意を体認し其愛育の情を厚くし其子弟をして必す学に従事せしめさるへからさるものなり

凡父兄タル者誰カ其子弟ヲ愛育セサルヘキヤ然レ𪜈学校ノ費ニ於ル一区内ノ毎戸ニ賦課スルヤ或地券或戸数ニ算当スルモノニ〆其子弟無キ者ハ他ノ子弟ノ校費ヲ補助スルカ如シト云爰ヲ以テ苦情アリ曰ク彼ハ富リ己レハ貧シ而子弟ノ入校スル無シ然レ𪜈校費ハ富人ノ子弟ノ校ニ在ルモ賦課ハ同シ己レスラ貧ニシテ会計ニ困ム何如ソ富人輔賛センヤト是ハ之人ノ義務ナル事ヲ了解セサル故ナリ実ニ愚民ノ固陋ナル之カ為ニ聊児曹就学ニ障礙アルニ覚ユ

高上の学に至てハ其人の材能に任かすといへとも幼童の子弟ハ男女の別なく小学に従事せしめさるものは其父兄の越度たるへき事

下等ノ小学ヲ卒業シテ高等ノ校ニ入其才ニ依テ教育スルハ其教員ノ責任タルハ論ヲ待スト雖其父兄モ亦其子弟ノ志ス処ヲ従邇セサレハ自ラ懈怠ノ起ルモノナリ又女子ノ如キハ裁縫ヲ専ラ修行スヘキノ事ニ〆十三歳マテハ小学ニ入リテ男子ト異ル事ナシト雖十歳ヨリ容易ノ裁方ニ慣レシム可ナリ扨越度タリトノ事ニ付テ論スレハ今也種痘ノ設アルモ其父兄ニ〆違旨スル者アリ其子弟ニ〆流行ノ難痘ニ罹リ女子ニ〆美好ノ鮮面ニ変スルアルヤ其越度タル事判然ナレトモ学事ニ至ツテハ父兄モ厚ク注意セサル者アリ其越度タル事十年ノ後ニ明カナリ

但従来沿襲ノ弊学問ハ士人以上の事とし国家の為にすと唱ふるを以て学費及其衣食の用に至る迄多く官に依頼し之を給するに非されハ学さる事と思ひ一生を自棄するもの少なからす是皆惑へるの甚しきものなり自今以後此等の弊を改め一般の人民他事を抛ち自ら奮て必す学に従事せしむへき様心得へき事

従来ノ沿襲ハ旧慣ニシテ即今ノ弊トミル学問ハ士人以上ノ事ニテ其官其職ニアル者国家ノ為ニスル処ナレハ万コレヲ官ニ請テ之を給スルニ非レハ学ハサル事ナリシサレハ学問スル者ハ其人ニアラサレハ能ハストシテ学ハサル者多シ即チ之レ徳川氏ノ盛ナリシ時ナリ今ヨリシテ之ヲ見レハ一生ヲ白棄スルト云ヘシ自今以後此等ノ人ハ有マシケレﾄﾓ華士族農工商トモ他事ヲ捨テ学齢ノ子弟ハ学ニ就シムヘシコレ父兄ノ責任ナリ

右之通被　仰出候条地方官ニ於テ辺隅小民ニ至ル迄不洩様便宜解訳ヲ加ヘ精細申諭文部省規則ニ随ヒ学問普及致候様方法ヲ設可施行事

明治五年壬申七月　　太政官

政府ヨリハ文部省ノ規則ニ随ヒ学問ノ普及致ス様方法ヲ設テ施行ス可トアルヨリ県令ニテハ学事ノ通則ヲ制シ管下ノ小学校ヘ布告アリシ抑太政官ヨリ御布達ノ学則ヲ熟覧スルニ一般ノ人民其身ヲ修メ其家々ノ営業ヲ昌ンニシ産物ヲ蕃衍シ他邦ヘ輸出シ富国ノ基礎ヲ開キ玉ハントノ　朝旨ナラン此ニ於テ其基ヲ開ニハ人民ノ才芸ヲ教育スルニ有トノ

叡慮ヲ以テ此儀ヲ文部局ニ被　仰付シナラン

今般被　仰出候旨モ有之教育之儀ハ自今尚又厚ク御手入可有之候処従来府県ニ於テ取設候学校一途ナラス加之其内不都合之儀モ

不少依テ一旦悉令廃止今般定メラレタル学制ニ循ヒ其主意ヲ汲ミ更ニ学校設立可致候事
　但外国教師雇入有之場所ハ当省ヨリ官員ヲ派出シ地方官協議之上可及処分候條夫迄之処生徒教授向等不都合無之様可取計尤当省出張ヲ不待学制ノ目的ニ依リ成丈相運候様可致事
　　壬申七月　　文部省
文部省ニテハ全国ヲ大分シテ八大区トシ三府七十二県大中小学トシ大学区ヲ分テ三十二中区トシ之ヲ中学区ト称ス区毎ニ中学校一所ヲ置全国八大区ニ〆其数二百五十六所トス又中学区ヲ分テ二百十小区トス之ヲ小学区ト称ス区毎ニ小学校一所ヲ置一大区ニテ其数六千七百二十所全国ニテ五万三千七百六十所トス中学区以下ノ区分ハ地方官其土地ノ広狭人口ノ疎密ヲ計リ便宜ヲ以テ郡区村市等ニヨリ之ヲ区分スヘシトス又中学区内学区取締十名及至十二三名ヲ置一名ニ小学区二十或三十ヲ分チ持タシムヘシ此取締ハ専ラ区内人民ヲ勧誘シテ務テ学ニ就シメ且学校ヲ設立シ或学校ヲ保護スヘキノ事或ハ其費用ノ使用ヲ計ル等一切其受持所ノ小学区内ノ学務ニ関スル事ヲ担任シ又一中区内ニ関スル事ハ互ニ相論議シ専ラ便宜ヲ計リ区内ノ学事ヲ進歩セシメン事ヲ務ムヘシトアレハ凡全国三千五百万ノ人民ハ学齢ヨリ以上仮令百歳ノ老人ト雖該学校ニ入ル可ハ勿論ナリ然レ𪜈其夫妻ハ各自活計ノ営業ニ奔走スルモ其一日ノ閑アランニハ其校ニ出テ児曹ノ学事勤怠ヲ視テ訓戒シ己レハ又人ノ人タル道ヨリ時令ノ御布達ヲ読ミ其了解セサルモノハ教員ニ問フテ其身ヲ顧省スルハ即チ之学校設置ノ御旨趣ナリ福井ニテハ太政官ノ御布告ニヨリ足羽県庁ヨリ左ノ通
　右公布之通相達候條御旨趣ヲ体認シ精々会社ヲ結ヒ学問厚ク相心掛候様可致事
　　壬申八月　　足羽県庁
右県庁ノ布達ニ精々会社ヲ結ヒ学問ヲ厚ク心掛ヨトアレハ県下ノ戸主タルモノハ学校ニ集会シテ御旨趣ヲ奉戴遵守スヘキ事ナラスヤ壬申以後敦賀県トナリ今ノ石川県トナリテ学事規則ノ幾度カ改良アレ𪜈ソレハ止ヲ得サルノ事アルハ其名称ヲ変更スルモノニ〆此壬申ノ学則前文ハ不朽ノ公法ト云ヘシ又小学校ハ教育ノ初級ニシテ人民一般必ス学ハスンハ有ル可ラサルモノトス区分スレハ左ノ数種ニ別ツヘシ然レ𪜈均リ之ヲ小学ト称ス
尋常小学　女児小学　村落小学
貧人小学　小学私塾　幼稚小学

此外廃人学校アルヘシ
尋常小学ハ学齢以上ナリ小児小学ハ尋常小学ノ教科ノ外ニ女子ノ手芸ヲ教村落小学ハ僻遠ノ村落農民ノミアリテ教化素ヨリ開ケサルノ地ニ於テ其教則ヲ少シク省略シテ教ルモノナリ或年已ニ成長スルモノモ其生業ノ暇来リテ学ハシム是等ハ多ク夜学校アルヘシ貧人小学ハ貧人子弟ノ自活シ難キモノヲ入学セシメン為ニ設ク其費用ハ富者ノ寄進金等ヲ以テス是専ラ仁恵ノ心ヨリ組立ルモノナリ仍テ仁恵学校トモ称スヘシ小学私塾ハ小学教科ノ免状アルモノ私宅ニ於テ教ルヲ称ス之レ皆壬申ノ学制ナリ

史料解説文中に引用した人物の生没年は以下の通り。村田氏寿（一八二一〜一八九九）、千本久信（一八二七〜一八八五）、富田厚積（一八三六〜一九〇七）、藤井勉三（一八四二頃〜一八八一）、山田武甫（一八三一〜一八九三）、横井小楠（一八〇九〜一八六九）、杉田定一（一八五一〜一九二九）。

（1）本史料は学制布告書および学制頒布後の福井県域の教則の実際を熟知し、かつ、旧福井藩校の外塾や学制後福井市域に設置された春山小学校（明治八年開校）についても具体的に把握する立場にある人物である。
（2）『福井県史』では、「福井県域が石川県と滋賀県に分属していた明治九年（一八七六）八月から十四年二月までの就学率は、嶺北は全国平均よりも若干高く、嶺南はかなり高いことがわかる」（表五三）と指摘している（福井県編『福井県史』通史編五　近現代一、一九九四年、二五九頁）。
（3）藤井勉三、山田武甫については、拙稿「福井県の就学告諭」参照（荒井明夫編『近代日本黎明期における「就学告諭」の研究』東信堂、二〇〇八年、三九八〜四〇六頁）。
（4）福井市編『福井市史』通史編三　近現代、二〇〇四年、一五九頁。
（5）同前、資料編一〇　近現代、解説Ⅱ、九〇五頁。
（6）柳沢芙美子「学制期教育関係資料について―学制の布達と学校の開設―」福井県総務部文書学事課『県史資料』第八号、一九九八年、六九頁。
（7）同前、七〇〜七一頁。

（8）「敦賀県歴史政治部十二」（「福井県史料」三五、国立公文書館所蔵）。

最後に、本史料の掲載をご許可いただいた福井市立図書館、ならびに、史料作成者の筆跡についてご助言いただいた福井市立郷土歴史博物館印牧信明氏に厚く御礼申し上げる。

（熊澤恵里子）

第三部　資料編

資料編凡例

一　採録資料

ここに採録した就学告諭資料は、一次資料の他、都道府県教育史等に収録されている二次資料と、多くその原本となっている『府県史料』とから採った。

ここには本研究会が収集した就学告諭のうち、最も「告諭らしい告諭」と見られるものを選定して掲載している（「告諭らしい告諭」については、第一部第三章参照）。選定には研究会の複数のメンバーが共同で当たったが、最終的な選定の責任は川村にある。

収録された告諭は、学制発令前のものが二二件、発令後のものが六一件、発布時期が不明確なものが四件、合計八七件である。収録の順序は、資料編一覧表の新資料番号に従った。また、資料の冒頭には学制布告書を収録した。

二　表記の原則について

・資料には下記の表題を付与した。

〔新資料番号〕現都道府県名・旧藩府県名

「資料名」（通称名）

発信年月日

発信者名　→　受信者名

・資料から表題、発信年月日、発信者、受信者を原則として省いた。
・旧漢字は新漢字に改めた。
・変体仮名等は原則として掲載原本のままとした（ただし、新資19－2を除く）。
・句読点、右訓と左訓および割り注は掲載原本のままとした。
・闕字、平出、擡頭は、掲載原本のままとした。
・明らかな間違いと思われる場合でも、一次資料にある誤りとも考えられるため、資料編作成時点で一次資料の確認がとれないものは掲載原本のままとし、（ママ）とルビを付した。
・都道府県教育史等に収録されているもので、『府県史料』が原本となっている場合には原則として『府県史料』に従った。
・学制布告書の表記は、『公文録』（文部省布達、乾、壬申）所載の『学制』によった。
・判読不能な文字は□を用いた。

「学制」（学制布告書）
明治五年七月
太政官 ↓ 地方官

人々自《みつか》ら其身を立て其産《さん》《しんざい》を治《をさ》め其業《げふ》《とせい》を昌《さかん》にして以て其生《せい》《いつしやう》を遂《とぐ》るゆゑんのものハ他《た》なし身を脩《をさ》め智《ち》《ちゑ》を開《ひら》き才芸《さいげい》《きりやうわざ》を長《ちやう》《ます》するによるなり而て其身を脩め智を開き才芸を長するハ学《がくもん》にあらされハ能《あた》はす是れ学校《がくかう》《がくもんじよ》の設《もふけ》あるゆゑんにして日用常行言語書算《にちようじやうかうげんぎよしよさん》《ひゞのミのおこないことバつかひてならいそろばん》を初《はじ》め士官農商百工技芸《しくわんのうしやうひやくこうぎげい》《やくにんひやくしやうあきんどしよくにんげいにん》及び法律政治《はうりつせいぢ》《おきて》天文医《てんもんい》《やまひいやし》療《れう》等に至る迄凡人の営《いとな》むところの事学《がくもん》あらさるハなし人能く其才のあるところに応《おう》《まかせ》し勉励《べんれい》《つとめハげミ》して之に従事《じうじ》《よりしたがひ》ししかして後初て生を治め産を興《をこ》し業を昌にするを得へしされハ学問《がくもん》ハ身を立るの財本《さいほん》《もとで》ともいふへきものにして人たるもの誰《たれ》か学はすして可ならんや夫《か》の道路《だうろ》《ミち》に迷ひ飢餓《きが》《くひものなき》に陥《おちひ》り家を破り身を喪《うしなふ》《なくする》の徒《と》《ともがら》の如きハ畢竟不学《ひつきやうふがく》《つまりがくもんせぬ》よりしてかゝる過《あやま》ちを生するなり従来《じうらい》《もとから》学校の設ありてより年を歴《ふ》ること久しといへとも或ハ其道を得さるよりして人其方向《はうかう》《めあて》を誤《あやま》《まちがひ》り学問ハ士人《しじん》《さむらひ》以上の事とし農工商及ひ婦女子《ふぢよし》《をんなこども》に至つてハ之を度外《どぐわい》《のけもの》におき学問の何物《なにもの》たるを弁《べん》せす又士人以上の稀《まれ》に学ふものも動《やゝ》もすれハ国家《こくか》《くに》の為にすと唱《とな》へ身を立るの基《もとゐ》なるを知《しら》すして或ハ詞章記誦《ししやうきしやう》《ことバのあやそらよみ》の末に趨《はし》り空理虚談《くうりきよさん》《むだりくつそらバなし》の途《と》に陥《おちい》《はまり》り其論高尚《ろんかうしやう》《りつパ》に似たりといへとも之を身に行《おこな》ひ事に施《ほどこ》すこと能《あたハ》はさるもの少からす是すなはち沿襲《えんしう》《しきたり》の習弊《しうへい》《わるきくせ》にして文明《ぶんめい》《ひらけかた》普《あま》ねからす才芸の長せすして貧乏破産喪家《びんばうはさんさうか》《まづしいしんだいくづしいへをなくす》の徒《と》《ともがら》多きゆゑんなり是故に人たるものハ学はすんハあるへからす之を学ふにハ宜しく其旨を誤るへからす之に依て今般文部省《もんぶしやう》に於て学制《がくせい》《がくもんのしかた》を定め追々教則《きやうそく》《おしへかた》をも改正《かいせい》し布告に及ふへきにつき自今以後《じこんいご》《いまよりのち》一般《いつせん》《いちどう》の人民《ひとびと》華士族卒農工商及婦女子必す邑《いふ》《むら》に不学の戸なく家に不学の人なからしめん事を期《き》《まつ》す人の父兄《ふけい》《ちゝあに》たるもの宜しく此意を体認《たいにん》《こころえ》し其愛育《あいいく》《かハいがる》の情《じやう》《こゝろ》を厚《あつ》くし其子弟をして必す学に従事せしめさるへからさるものなり高上の学に至てハ其人の材能に任かすといへとも幼童の子弟ハ男女の別なく小学に従事せしめさるものハ其父兄の越度たるへき事

但従来沿襲《じうらいえんしう》《これまでしきたり》の弊《へい》《くせ》学問ハ士人以上の事とし国家の為にすと唱ふるを以て学費《がくひ》《けいこいりよう》及其衣食《いしよく》《きものくひもの》の用に至る迄多く官《くハん》《やくしよ》に依頼《いらい》《よりもたれ》し之を給《きふ》《くださる》するに非れハ学《まなバ》さる事と思ひ一生を自棄《じき》《じぶんからすて》するもの少からす是皆惑《まど》へるの甚《はなハだ》しきものなり自今以後《いまからのち》此等の弊《へい》を改め一般《いちどう》の人民他事《じ》《ほかのこと》を抛《なげう》《すてをき》ち自ら奮《ふるつ》《はげミ》て必す学《がくもん》に従事《じうじ》《とりあつかひ》せしむへき様心得へき事

右之通被　仰出候條地方官ニ於テ辺隅小民ニ至ル迄不洩様便宜解釈ヲ加ヘ精細申諭文部省規則ニ随ヒ学問普及致候様方法ヲ設可施行事

〔新1-3〕北海道　函館支庁

明治八年三月五日
函館支庁　↓　管内

去ル壬申七月学制御創定以来全国之学事皆此制ニ拠ラサルナク各府県之如キ駸々トシテ進ミ今日小学設立之盛ナル一県ニ五百余所ニ及フモノアリ是皆人民ノ人トシテ一日モ学ナカルベカラサルヲ知ル所以ニシテ又学費納金ノ夥シキ一県ニ六七万ヨリ其最多キハ殆ト五十万円ニ至ルモノアリ是皆人民協同之心ヲ以テ其義務ヲ履ムモノニシテ固ヨリ当然ノ道ナリ全体学業之義ハ御布告ニモ有之通リ人々立身治産昌業遂生之道ニテ夫ノ道路ニ迷ヒ夫ノ飢餓ニ陥リ家ヲ破リ身ヲ喪フノ患ヲ防ノ為ナレハ全ク吾一身上之務ナルヲ以テ費用悉ク民間ニ課シ政府之務只其為学ノ方向ヲ誤ラシメサルニ在ルノミ然ルニ当今之事情未タ茲ニ至ラス而シテ人民ノ智ヲ開クコト極メテ急ナルヲ以テ府県ニ於テモ官ヨリ学費ヲ充若干之金額ヲ給付スルアリト雖モ固学区之力足ラサルヲ助救スルマテノ事ニ候ヘハ官ノ助ケヲ以テ古今ノ当然ト心得ヘカラス将当地之人民従来学事ニ心掛ケ厚カラヌ故ヲ以テ学費ヲ献納スルモノ学校ノ不振ヲ憤ルモノ地ヲ掃テ無之只従前ノ弊風ニ依著シ教育之事ハ官ニ依頼スルノミ偶師家ニ少年ヲ集メ筆算等之業ヲ授ルアリト雖概皆旧染ニ泥ミ往々汚俗ニ陥リ将来之大成万不可期然ルニ当所之如キハ日本五港ノ一ニシテ他ノ府県ノ上ニ位シ如斯寥々トシテ有志ノ者無之ハ実ニ各県ノ官民ニ対シ恥ヘキノ至ナラスヤ官ニヲイテモ従前教育之方法或ハ其宜ヲ得サルモノアリ既往ハ暫ク束閣ニ付シ自今以後一層注意ヲ加ヘ其適宜ヲ考ヘ悉旧弊之害アルモノヲ除却シ専ラ学制之旨趣ニ基キ順次施設可致候然ル処差向ノ設立書器ノ購求ニ付テハ許多ノ金額ヲ要スル事ニ候得共之ヲ一切民間ニ課シカタク候得共人々協同ノ心ヲ以テ其義務ヲ履ミ各自貧富之分限ニ応シ金員ノ多寡ヲ不論醵金致各府県ノ人民ニ恥サル様可心掛候新創ノ際資金不足ヲ生スル分ハ官ニ於テ助力可致候得共之ヲ以テ決テ当然ト心得ヘカラス前文之旨趣潜心細読シテ篤ト相弁ヘ人民一層奮発之気ヲ起シ候様可致候仍壬申二百十四号御布告更ニ注釈ヲ加ヘ再右相添（略之）此旨相達候条管内不洩様戸々懇切ニ説諭可致事

〔新2-2〕青森県　青森県

明治四年一二月二一日
青森県　↓

夫学ハ
国体ヲ明ニシ以テ漢洋各国ノ典籍ニ及ヒ知識ヲ開成シ理義ヲ究極シ上
天眷ニ膺対シ下父母ノ恩ニ報答シ人世百行之最第一ナルモノニシテ一日モ廃スヘカラサルハ言ヲ待タスシテ可知也矣故ニソノ勤メ勉ムルニ至テハ前賢猶寸陰ヲ惜ム矣今也県治維新之政ヲ施シ玉フニ当テ他府県ノ人々学業ヲ研磨シ開化ノ域ニ進歩スル日月ニ新ニシテ殆ト西洋各国ト頡頏スルニ至ルコレ皆ソノ勉励ニヨラサルハナシ曩者
朝廷弘前館八戸斗南七戸黒石ノ六県合併ノ後元県被廃更ニ新県ヲ被置御改革ノ際学校ノ儀ハ追テ御規則可被　仰出候得共官費ヲ不仰有志ノ者ヲ募リ設施ノ見込追々可相立旨御達モ有之新旧交換之際暫ク旧県所設ノ校舎ヲ鎖ス啻ニ光陰ノ可惜ノミニアラス亦焉ソ人性貴重ノ責ヲ尽シテ天地父母ノ恩ニ酬ルニアランヤ西洋各国ノ如キ余資アルモノハ之ヲ出シテ義塾ヲ設ケ人材ヲ成スヲ栄トス他府県ノ如キモ既ニ此意ヲ理会シ往々之ニ倣フモノアリ現今横浜ノ商高島屋某ナル者一力ヲ以テ洋学ヲ興立シ洋人ノ教師ヲ乞テ生徒ヲ教ヘシムルノ類可謂文明ノ教化ヲ助クト其美志実ニ可嘉賞焉当管地ノ如キ
神州之北陬ニ僻在シ人民頑固習俗鄙野学術ノ貴フヘキヲ知ルモノ鮮シ夫レ人ノ父トナリ兄トナリ子弟ヲシテ学ハサラシム是子弟ヲ犬彘視スルナリ或ハ人ノ子トナリ弟トナリ学ハサレハ孝敬ノ道ヲ知ラスコレ罔極ノ恩ニ背キ其罪又鮮少ナラス矣望ムラクハ有志ノ輩能ク此ニ注意シ
朝意ノ在ル所ヲ知リ上高島屋カ所為ニ倣ヒ各自其身分ニヨリ一力或ハ数人戮力協議費金ヲ出シテ校舎ヲ設群百ノ子弟ヲシテ大ニ知識ヲ開達シ永ク頑固ノ陋俗ヲ洗脱シ以テ
天眷ニ奉酬セシメンコヲソレ此ノ如ニシテ始テ不負照代ノ人ト云フヘシ嗚呼有志ノ輩其理ヲ心得其事業ヲ施サントスル者ハ速ニ県庁ニ白スヘシ即チ之ヲ
朝廷ニ奏シテ其美事ヲ称揚セントス冀クハ衆庶此旨ヲ体センコヲ為

但当県貫属葛西音弥一力ヲ以義塾ヲ青森町ニ設ケンコヲ乞ヒ当県出仕関場忠武箕輪醇催主トナリ義塾ヲ田名部ニ設ケンコヲ乞フ皆之ヲ許可ス此輩能事理ニ明カニ時勢ヲ弁スルモノト云フヘシ

〔新2－7〕青森県　青森県

明治六年一〇月
青森県　→

我国古ヨリ士農工商ノ別アリト雖トモ
王政丕新ノ今日ニ至リ大ニソノ限制ヲ殺キ唯学ニテ才智アル者ハ農商モ貴官トナリ冨人トナリ学ハスシテ才智ナキ者ハ士モ賤奴トナリ貧者トナル嗚呼人々学ノ勤メスンハアル可カラサルソレ此ノ如シ学校教育ノ至重ニシテ且急務ナル亦此ノ如シ故ニ客歳
朝廷学制ヲ定メ全国ヲ大中小ノ学区ニ分チ先ツ小学ヲ設立シ邑ニ不学ノ戸ナク家ニ不学ノ人ナカランヲ期シ委托ノ金額ヲ定メテ以テ民力ノ及ハサル所ヲ助ケタマフ聖世至仁至愛ノ意ト文運ノ隆威ナルト誰カ感載セサランヤ是ヨリ先我カ県二十有余所ノ小学ヲ設立シ一般人民ノ男女六歳ニ至ルモノハ皆小学ニ入テ学ハシメ上ハ以テ
朝廷ノ威意ヲ体認シ下ハ以テ人々才智ヲ開テ身ヲ立ルノ基ヲ為サシメントス而メ其費用ノ如キハ自ラ其身ヲ立テ才智ヲ開クノ基タルヲ以テ官ニ仰クヘカラサル論ヲ俟タス皆人民ヨリ出スヲ以テ当然之理トス且我管内人民之数四十七万余ノ多キニ居ル仮令ヒ官其費用ヲ給シ皆学ニ就カシメンヿヲ期セハ全租税ヲ傾ケ給スルモ亦其費ニ供スルニ足ラサルナリ而ルニ人々悉皆委托之金ヲ以テ其費用ニ充ンヿヲ欲ス是惑ヘルノ甚シキモノト云ヘシ今我カ県委托ノ金額四千六百有余円有ト雖モ今歳小学設立之分ニ当リ下付スル所ハ全額十二分ノ五ニシテ凡ソ其金弐千円弱ナリ今試ミニ此ヲ二十余校ニ分賦スル時ハ一校八十三円余ニシテ又教員ノ月俸ヲタニ支給スルニ足ラス何ソ其他ノ費用ヲ需ツニ足ラン夫レ人ノ世ニ在ル互ニ愛恤シ互ニ扶助スルヲ第一ノ義務ト為ス苟モコノ心ヲ存セサル者ハ人ニシテ人ニ非ス管内ノ人民士農商ヲ問ハス祠官僧侶ヲ論セス
朝廷至仁至愛ノ威意ヲ体認シ人々学業ヲ勤ムルノ急務タルヲ知リ人ノ人タル義務ヲ尽シテ務テ冗費ヲ省キ金穀ノ多寡ヲ論セス其区内ノ小学ニ納レテ永ク人民教育ノ地ヲナサハ数年ヲ出スシテ大ハ邦国ニ裨益アル人材ヲ薫陶シ小ハ産ヲ興シ身ヲ立ル者ヲ育成センヿ必セリ然ルトキハ其恩ノ生霊ニ及フ処実ニ鴻大無究ニシテ永ク子孫ニ至ル迄幸福ヲ来サンヿ信予各人ノ為ニ疑ヲ容レサル所ナリ各人ソレコノ意ヲ了シ金穀ヲ小学ニ納レテ自家ノ幸福ト学校ノ永遠ナランヿヲ謀レ

〔新2-11〕青森県　青森県

「九月二十二日分〔第九十七号布達〕学田告諭書」
明治一〇年九月
県令　山田秀典　↓

子女教育ノ緊要タルヿ学制御頒布以来度々県庁ヨリ致諭達置候次第モ有之特ニ春来学務課長ヲ派出シ縷々為及説示候通各自子弟ガ緊要ナル普通ノ教育ヲ拡張シテ厚生利用ノ根本ヲ培養繁茂セシメントスルハ当務ノ忽諸スベカラザル所ニシテ其財本タル学費ハ各自父兄ガ担任シテ

供給セザルベカラザルノ義務アルハ今更言ヲ俟ザルナリ故ニ各自ニ月賦ノ学資金アリ又生徒ニ規定ノ授業料アリト雖モ之ヲ毎校ニ平分スレバ一校一ケ年ノ資金ハ僅カニ三十五六円ニ過ギズ安ゾ之ヲ用テ賢良ノ教師ヲ聘シ活溌ノ教育ヲ施スヲ得ン徒ニ能ク校舎ヲ維持スルニ過ギサルノミ然リ而シテ現今学齢子女ノ就学スルモノハ学齢全員五分ノ一ニテ其四分ニ在ルモノハ即チ後来尚無学蒙昧ニシテ遂ニ一己独立ノ権ヲ得ザルノ人タルヲ免カレズ今日ノ如クンバ何ノ年何ノ月ヲ俟テ厚生利用ノ進路ヲ得テ他県人民ト比肩同一ノ権利ヲ占有スルノ地位ニ至ルヲ得ンヤ況ヤ開明美風ヲ望ムニ於テヲヤ是ニ由テ大ニ資金ヲ徴シ盛ニ子女ヲシテ就学セシメ其緊要ナル教育ヲ振起セントスレハ則チ頻年地租改正山林原野ノ測量等不得已ノ費用多端ニ民力ノ疲弊年一年ヨリ甚シク加之従来土地ノ物産津軽ニ米田アリト雖モ動モスレバ蟊賊跋扈シテ其収成ヲ減縮シ僻邑輸出ノ不便ナルヨリ其価モ亦卑賤ヲ極メ又南部ノ地方ハ産馬アリト雖牧草地券改租ニ因テ復タ昔日ノ如ク無価ニシテ刈ルヿヲ得ズ剰ヘ耕地ノ租税ハ前日ニ倍蓰スル所アリ是亦各県ノ租税ヲ平均スルノ理ニシテ如何トモ為スベカラズト雖ドモ今日ノ生活上殆ンド無告ヲ嘆スルノ情態ナシトセス実ニ憫察スヘキナリ此際ニ方テ尚学資ヲ増課スルニ忍ビザルノミナラズ是迄去年四月以来賦課シ来リシモノト雖モ速ニ中止シテ暫ク焦眉ノ急ヲ免レシムルハ必然ナリトス然リト雖モ日月ハ荏苒逝テ還ラス子女教育ノ時ハ失フベカラズ今若シ一時姑息ノ情ニ牽カレ折角緒ニ就クノ学校ヲ廃セバ千日ノ労苦モ一朝水泡ニ属シ将来ニ期スル所アル各自慈愛ノ子女ハ尚蒙昧無智ノ野人タルノミ各家父兄豈其レ之ヲ甘心センヤ是亦痛恨大息ノ至ナリ仍テ課長ヲシテ説シメタル如ク今ヨリ学資金及ビ授業料ニ換フルニ農家所長ノ力役ヲ以テ大ニ学田興利ノ方法ヲ開設シ其収成ノ贏利ヲ用テ学校ノ費用ニ塡充セバ毎月出銭ノ労ナク後来望ム所ノ隆盛期シテ俟ツヘキナリ抑県内各般ノ事情ヲ察スルニ土地広ク人家疎ニシテ生産ノ遺利夥多ナル北海道ヲ除クノ外全国中其比ヲ見ザル所然シテ山ヲ鋳海ヲ煮ルノ利ハ暫ク措キ先ヅ農家生業ノ遺利ヲ挙ケンニ農具器械ノ粗ニシテ耕種培養ノ拙ナルハ勿論肥料及ビ樹芸牧畜等民業上遺失スルハ枚挙ニ遑アラズ就中稼穡貴重ノ人屎ハ捨テヽ顧ミズ堆糞料ノ丘陵ヲ為スモ一掬ダニ用キルヿアルナシ然シテ戸々皆肥料ノ不足ニ苦ミ地力瘠セテ豊沃ナラザルヲ歎キ眼前ノ遺利ヲ悟ラズシテ愁情煩囂ス嗚呼何ゾ思ハザルノ甚キヤ然リ而シテ適マ人アリ遺利ヲ説示スルモ肯テ省ミズ自ラ以テ作業ノ至レルモノト確信スルカ如ク然リ是レ其然ル所以ノモノハ徒ニ旧慣因襲ノ法ヲ墨守シ改良進歩ノ方法ヲ講ゼザルニ因テナリ故ニ今洽ク学田ヲ興シ山隈トナク水涯トナク漸次便捷ナル利用ノ器械ヲ施シ従来廃棄スル肥料ヲ必用ト為シ其宜シキニ投ズルアラバ原野ハ変ジテ良田トナリ瘠土ハ化シテ沃圃トナルべシ然シテ尚造化ノ秘蘊ヲ察シ各物ノ利害ヲ弁ジテ撰種培殖ニ力ヲ励シ精ヲ竭サバ忽チ意外ノ収穫ヲ見ル疑ヲ容レサルナリ如此ンバ人々稼穡ノ妙理ヲ知覚シテ自己進取ノ利ヲ興シ戸々其利沢ヲ得テ凍餒ノ憂ヲ免レ学校ハ隆盛ヲ極メテ邑ニ不学ノ戸ナク家ニ無学ノ人ナキニ至ラン於是カ一村一区繁昌ノ基ヲ開キ厚生利用ノ途確立シテ終ニ開明ノ良民タルニ恥ザル可シ然ラバ則文明ノ美風ヲ望ムモ亦遠キニアラザルナリ是ニ由テ之ヲ観レバ学田興設ノ事業タル直接上単ニ学資出途ノ得策ナルノミナラズ亦間接ノ一大事業タルヤ明ケシ是等ノ理合一同篤ト了解致シ決シテ等閑ノ心得ナク別冊方法書ノ通一小学区即チ大凡百戸ノ地方ニ於テ一町歩程ヲ学田ト定メ一ケ年一戸多キハ六日少キハ二日ノ労役ヲ厭ハズ協力同心励精従事シ相互ニ他学区他村ニ劣ラザル様致スベシ決シテ他人ノ為県庁ノ為ニ非ズ是皆各自各村各家生

業繁昌ノ基礎ニシテ転タ後来文明ノ域ニ進ムハ一ニ此点ニ冀望スルナリ
右県庁ニ於テモ世話致スベキ筈ニ付追々第五課吏員派出候条此旨告諭候事
但方法書ハ追テ可相達候事

〔新3－5〕岩手県　岩手県

「説諭」
明治七年一二月二三日
第八区区長　田口藤成　↓

今般、朝廷至仁ノ思召ヲ以テ、僻遠遐陬ノ子弟婦女子ニ至ル迄、人ノ人タルノ理ヲ知ラシメ、人ノ人タルの（ママ）生ヲ遂シメ、人タルノ分ヲ尽サシメント欲シ、人ノ人タルノ理ヲ知ラサレハ、自恣ニシテ人ノ妨碍トナリ、怠惰ニシテ凍餓ニ至テ自ヲ恥ス。人モ亦怪ズ是深ク悲嘆セラルヽ所ナリ。夫レ人ノ人タルノ理ヲ知レハ、人タルノ生ヲ遂ナサルヲ得ス。人タルノ生ヲ遂ント欲シ為ニ人ノ分ヲ尽サヽルヲ得ス。此レ知ヲ開キ業ヲ得ルニアラサレハナラサル所ナリ。苟モ知ヲ開キ業ヲ得テ慈ニ勉励スルトキハ豈ニ生活ヲ遂ル。固ヨリ無論、夫レ知ヲ開キ業ヲ得ルハ学問ニ非ラサレハ不能、是レ則チ天下ニ数万ノ学校ヲ御設立被為在トコロニシテ、御仁恤ノ深キ未タ曾テ有ラサルトコロナリ。父兄タル者宜ク朝意ヲ感戴シ、相共ニ協心同力、学校ヲ盛ンニシ、子弟婦女子ヲシテ必ス学問ニ従事セシムヘシ。夫レ学校ヲ盛ナラシムルニ幾何ノ金ヲ費サヽルヲ得ス。今、子弟婦女子ヲ学問ニ従事セシムルハ、知ヲ開キ業ヲ得テ、身ヲ立、産ヲ興シ、安楽ニ生活ヲ遂ル資本ナレハ、父兄タル者学校費用弁スルハ、固ヨリ理ノ当然タリト雖モ、朝廷又篤キ御仁恤ヲ以テ御委託金御恵ミアリ。実ニ難有事ニアラスヤ。父兄タルモノ豈袖手因循シテ、朝意ニ背ヲ得ンヤ。是ヲ以テ極窮ヲ除クノ外、各其分ニ応シ多少ノ金ヲ出シテ学校費用ノ資本ヲ立テ、学校ヲ隆盛ニセン事、父兄タル者、朝意至仁ノ御盛挙ニ対シ奉リ免ルヘカラサルノ勤ナリ。依之、今毎戸此意ヲ説諭シ以テ寄附金ヲ勧募ス。

〔新5－2〕秋田県　秋田県

「告諭」（興学告諭）
明治五年九月
↓

学問ハ士農工商貴賤男女ヲ分タス各日用常行ノ務家職産業ヲ治ル事ヲ学フ為ナレハ人タル者誰カ学ニ就カサルヘキ故ニ今般文部省ニ於テ学制ヲ更張セラレ全国ヲ八大区ニ分チ其中ニ二百五十六ノ中学区五万三千七百六十ノ小学区ヲ設クルノ制ヲ立テ僻邑遐陬ニ至ルマテ学校アラサル所ナク窮民賤隷ニ至ルマテ学問セサル者ナカラシム然レハ其学校ナル者ハ衆人ノ為ニ立タル者ナリ今人其子弟ヲ師家或ハ私塾ヘ依託シテ其教育ヲ受クルトキハ則謝金塾費ヲ出シテ其師ニ報スルハ必然ノ事ナリ学校ハ唯公ケニ置キ広ク設ケタルノミニテ師家私塾ト其理二致アルニ非ス生徒教授ヲ蒙リ啓蒙ヲ受クルノ恩ヲ思フトキハ受業料ヲ出シテ其労ニ報セサルヲ得ス士人我子弟ヲシテ知識ヲ開キ才芸ヲ長セシムルヲ思フトキハ学費ヲ出シテ後生ヲ勧メサルヲ得ス富家ノ者郷俗善美ニ趣ムヘキ吾産業ノ繁盛ナルヲ思フトキハ学資ヲ納メテ学校ヲ保護セサルヲ得ス故ニ学校ハ官費ヲ不仰民費ヲ以テ維持スルハ当然ノ理ナリ従来学校ハ国家才ヲ養フ士大夫以上講習ノ所トナシ一切官費ニ委セシ事ナレトモ世ノ文明ニ赴クニ従ヒ朝庭今日ノ宜ヲ裁成アラセラレ学問ヲシテ天下ニ普及セシメ公平ノ法ヲ立ラレシコト故士民能其意ヲ体認シ其子弟ノ賢明ヲ希ヒ其郷里ノ繁盛ヲ望ム者ハ力ヲ戮セ心ヲ同フシ有志ノ者ハ人ヲ募リ有財ノ者ハ金ヲ納レ城市郷村各其大小ニ従ヒ多少小学ヲ設クヘシ其力ノ及ハサル所及ヒ規則方法等ヲ定ムルカ如キハ申出ルニ向ヒ県庁ヨリモ沙汰ニ及フヘキ故相共ニ勤勉奨励シテ今日文明隆昌ノ化ヲ賛成スルヲ要スヘシ依テ此旨告諭ニ及フ者也

〔新5－4〕秋田県　秋田県

「本県小学校告諭」
明治六年三月
↓

方今天朝ニ於テ海内ノ府県ヘ五万三千有余ノ諸学校ヲ設ケ荒僻遐陬ノ地田夫野童ニ至ルマテ学ヲ識リ書ヲ読マシメ文明ノ治ニ浴シ開化ノ域ニ進マセントノ朝旨感戴スルニ余アリ然ラハ則チ人ノ父兄タルモノ厚ク御趣意ヲ遵奉シ速ニ子弟ヲシテ学ニ従事セシムヘキコトナラスヤ殊ニ当市街ハ旧来ノ陋習ニ泥ミ子弟ニ教ヘサル故学芸ノ道暗昧ニシテ今日天朝ノ御布告又ハ御告諭ノ文ヲ了解スルコト能ハサル故御仁恤ノ深意ヲ貫徹スル者ナク篤キ御趣意ヲ空フスルハ誠ニ恐レ多キコトナリ今ヤ万国一般商法盛ニ行ハレ交易ノ通商専ラニスル時ナレハ商家第一西洋文字ヲ読得スシテハ大ナル商法行レス宇内ノ形勢外国ノ事情海程ノ遠近風土ノ美悪生産ノ多少諸品ノ有無物価ノ高低等ヲ詳ニスルハ洋学ニ若クハナシ此理ニ達セスシテハ大ナル損失ヲ招クヘシ此理ヲ明カニシテハ大ナル利益ヲ得ヘシ且舟車機械ノ製造生産開拓ノ捷徑皆此学ニ出サルハナシ

夫皇学以て神典ヲ明ニシ漢学以テ彝倫ヲ正シ洋学以テ窮理ヲ盡シ此三学ニ通達スレハ何ノ功名カ成ラサラン、一日学ヘハ一日タケノ益アリ一月学ヘハ一月タケノ徳アリ況ヤ数年ノ星霜ヲ積ミ、勉励研精スルニ於テヲヤ群聚ノ中ニハ必ス英敏特達ノ人材出ルヘシ抑々幕府ノ治世ニハ才芸学徳万人ニ超出スルモ庶人ハ庶人ナリ頑愚庸陋不学無能モ士太夫ハ士太夫タリ是封建世襲ノ弊風ナリ大政維新ノ後才芸学業傑出ノ者ハ一旦抜擢ヲ蒙リ登庸ヲ得レハ庶人モ忽高位ニ就キ大官ニ任ス功業四海ニ輝キ名誉ハ百代ニ伝フヘシ是群県選挙ノ美事ニアラスヤ苟モ男児タルモノ此盛代ニ際会シ誰カ功名ノ志ナカランヤ功名ヲ立ルニハ必ス学ニ従事セスンハアルヘカラス学ニヨラスシテ功名望ムハ譬ヘハ舟楫ヲ不恃シテ川ヲ済リ階梯ニ不縁シテ屋ニ登ラントスルカ如シ其ノ成ラサルコト明ケシ故ニ人為者所以不可不学、而シテ学校ヲ設所以不可不無也就テハ今般同志相議本町五丁目ヘ小学校ヲ設ケ文運隆興シ朝旨ヲ宣揚セント欲ス官ニ請フテ許可ヲ得且御庁ニ於テ御威令ヲ被為下候故ニ開校スヘシ先般御取調ノ六歳ヨリ十三歳マテノ童子ヲ入学セシメ左ニ揚ル所皇漢洋ノ学何レノ道ニモ其好所ニ従事シ奮発センコト我輩深ク希フ所ナリ朝聞夕死ノ語モ有之老タリトテ自棄スヘカラス、況ヤ少年ノ者各々敢行ニ志ノ徒婦女子ニ至ル迄来テ教誨ヲ受ヘシ固陋寡聞ノ誘リヲマヌカレ宏覧博達ノ教師トナルコトハ各々ノ努力励精ニヨルヘシ予ガ輩繁務多端ノ折柄ナレハ毎戸ニ説キ毎人ニ諭スコトモナラサル故姑ク告文ヲ以申達候也

〔新5-5〕秋田県　秋田県

「布令」
明治六年九月
副区長　鵜沼国蒙　↓

夫レ人ノ父母タルモノ其子孫ノ聡明ニシテ繁栄ナルヲ希ハザルハナシ其聡明繁栄ノ道ハ勉テ学ブニアリ人タル者一郷ノ繁栄ニシテ安穏ナルヲ欲セサルハナシ是レ又学テ人タル道ヲ知リ事々物々ノ理ヲ究メ生業ヲ興スニアリ学校ハ則チ人ノ人タル道ヲ教ヘ物ノ物タル理ヲ究メ商買ノ仕方器械ノ製造生産ノ利害活計ノ得失等ヲ導ク場所ナル故其ノ最モ至重ナル所ニシテ一日モ缺クベカラサルナリ従来ノ弊風遊惰ニシテ一日ノ安キヲ偸ミ或ハ財本アルモ眼前ノ愛情ニ溺レ恣ニ育テ教ヘ学バシムル厳ナラズ僅ニ勉強スル者アルモ教ヘ方疎漏ニシテ十年ニシテ猶業ヲ成サズ学ブ者ノ罪ニアラズシテ教フノ罪ナリ遂ニ無学無能ニシテ黒白ヲ弁セズ空ク終ル者多シ歎ズベキノ至リナリ人性中人多シ学ブ時ハ上智トナリ下智モ中人ニ至ルベシ此度小学教則授業トシテ一大区中ヨリ十人ツヽ県下学校ヘ入学被仰付候官費ヲ以テ教師御仕立被下小区毎ニ小学校開設相成候ニ付私塾家塾タリトモ右規則ニ触ル、教ヘ方ハ不相成候趣意柄故是非学齢男女共出席修行無之候テハ不相成是迄ノ如ク長セ学ビタリトモ成就ノ者尠キ様ニテハ無之事ニテ六歳ヨリ十三歳迄ニハ成業候様ノ教育法ニテ難有御趣意柄故一ケ年一戸ヨリ弐拾五銭ツヽ支出候得バ別紙方法ノ通リ可ナリ相設候ニ宜敷事故多分ノ儀ニモ無之候間共ニ戮力幼童教育致シ一郷ニ一人ノ英才出ル時ハ一郷ノ幸福

繁栄ノ基故貧窮ノ者モ頓テ繁栄ヲ来ス本入リト存知渋滞ナク出金学校相設候様致度今ヤ士農工商共遊惰ニテハ中々以テ一日モ世ニ並ヒ立チ難キ勢ニ至リテ幼童ヨリ能々勉強セシメサレバ不相成幼童ハ世間同輩勉強ナレバ自ラ競テ勉強スルモノナリ然ルヲ以テ学齢男女ハ無残学校ニテ育ツハヨロシカルベシ世界一般文明ニ至リ初テ心付俄ニ学ヒ度モ一年半年ニ成業スルモノニモ無之故教師帰郷次第速ニ開業致候様只今ヨリ方法相設置候而可然ニ付及御相談候也

〔新5-6〕秋田県　秋田県

「告諭」（就学告諭）

明治六年九月一三日

↓

世運ノ変移スル昼夜已ムコトナシ人文ノ漸ク開ケ文明ニ趨クモ豈際期アランヤ智者ハ其理ヲ知リ益智力ヲ尽シ愚者ハ此理ヲ知ラス頑然トシテ他念ナク固陋ヲ守株スルコト夢中ニ在テ他ノ人事ヲ省セサルカ如シ傍人ノ呼ヒ醒スナケレハ今日ノ文明アルヲ知ラサルモ怪ムニ足サルナリ今学校ノ設アルハ夢中ノ人ヲ呼ヒ醒シ其睡魔ヲ駆リ勉強力ヲ起シ知識ヲ開キ鈍ヲシテ鋭ナラシメ愚ヲシテ智ナラシメンカ為ナリ夫漢土ノ闢クル諸国ニ先タチタル故其学近傍諸国ニ入リ其益ヲ蒙ルモノ浅少ニ非ス然トモ世運ノ移リ人文ノ盛ナル日ニ開ケ月ニ化シ今日ノ文明アルヲ知ラス又其学ノ流弊ヲモ弁セス徒ニ固陋ノ学風ヲ守リ金科玉条トナスハ迂遠ノ甚ト謂フヘシ皇国固ヨリ漢学ヲ奉シ其益ヲ得ルモ亦少カラス然トモ中古以来自然封建ノ勢ヲナセシヨリ兵農相分レ士民別種ノ如ク近世ニ至テ学問ハ唯士族以上ノ所業トナレリ且痛ク人民ヲ抑制拘束シ所謂黔首ヲ愚ニスルノ風習ニテ人民ハ絶テ学ニ徒事スルコトナシ且其学タルヤ学ヒ難ク成リ難ク英才ノ人ト雖モ数歳数月ノ学ヒ得ヘキニ非ス児童六七歳乃至八九歳ヨリ四書五経文選等ノ句読ヲ受ケ梵僧ノ経ヲ諷スル如クシ十四五歳ニ至ル迄ハ九年ノ力ヲ費スモ漠然トシテ通スル所ナク中道ニシテ厭棄スルモノ大抵十ノ八九仮令十中一二稍傑出スル者アリテ業進ミ学就ルモ徒ニ浮華ニ趨リ坐上ニ治国平天下ヲ説キ或ハ高尚風流文雅ニシテ詞章ニ耽リ多クハ事務ニ疎ク日用ニ供ス可カラス実地上ニ於テ画キタル餅ノ終ニ啖フ可カラサルカ如シ今日全世界開明ノ時運ニ際会シ斯ク睡魔ニ犯サレ学ニ志スモノハ固陋ノ学風ヲ守株シ学ヒサルモノハ一丁字モ知ラス方向ヲモ弁ヘス夢中ニ在テ一世ヲ終ル慨嘆ス可キノ甚キナラスヤ維新以来朝廷深ク其如此ナルヲ憂ヘ給ヒ封建ノ制ヲ廃シ郡県ノ旧ニ復シ士民一視其拘束ヲ解キ又文部省ヲ置キ海内大中小区ヲ分チ各区大中学ヲ設ケ学制ヲ作リ教則ヲ示シ又資金ヲ分配委託シ費用ニ給セシメ猶其全備セサランコトヲ恐レ官員ヲ諸学区ニ派出シ其事ヲ督責セシメ海内人民ヲシテ各学ニ就キ勉強知識ヲ開キ万国ト並立ント欲シ給ヘリ当県管内ノ如キハ東北ノ一隅ニ偏シ人文ノ開クル最遅シ今日ノ急務学校ヨリ先キナルハナシ曩ニ管内一般ニ諭スルニ此旨ヲ以テシ雑税免除ノ内金若干ヲ出シ其費用ニ給セシム人民皆

其旨ニ従ヒ金ヲ出スコトヲ肯ンス今朝庭ノ御主意ヲ奉遵シ其募金ヲ御委托ノ金ニ併セ校費ノ資本トシテ各区ニ小学ヲ置キ管内一般遐陬僻地山間孤島ニ至ル迄学ナキノ区ナク学ヒサルノ人ナク学ニ入ラサルノ児童ナカラシメント欲ス然トモ正則ノ教則ハ遽ニ施行シ易カラサルヲ以テ別紙通実地上ニ施行シ易キ簡易ノ略教則ヲ設ケ一般ニ分布シ四民ヲシテ学問ノ方向ヲ弁ヘシム故ニ其学問タルヤ学ヒ易ク成リ易ク文字算数ヨリ事物ノ理日用事務各其職業ニ切ナル科ヲ設ケ男女ヲ問ハス農ヤ商ヤ工ヤ六歳七歳ノ児童ト雖モ一日学ヘハ一日ノ用ヲナシ一年学ヘハ一年ノ知識ヲ開キ且従来ノ拘束ヲ解キ自由ノ権利アルコトヲ知ラシメ浮華無用画餅ノ如キ学問ヲ掃除シ夢中ノ人ヲ呼ヒ醒シ実地上ニ施行シ漸次開明ノ域ニ進歩セシメント欲ス一般ノ四民父兄能ク此意ヲ体認シ深ク朝庭愛育ノ御趣意ヲ奉シ東北一隅未開ノ地ト他ニ指笑セラレンコトヲ恥子弟輩ヲシテ悉ク学ニ就カシメヨ因テ以テ告諭ス

〔新7－1〕福島県　若松県

明治五年五月一七日
学校　↓　戸長　副戸長　学校書生徒

学校之儀者人材教育之急務ニ付立県以来厚ク御世話有之候処天下一般之校則御詮議中先ツ府県一体学費万石ニ付壱ヶ年壱石五斗之御定ニ付迚モ十分之儀ニハ難被為置依之開墾地出穀官員献幣其他有志之輩差出金等ニテ漸ク年分之不足ヲ御補被置候姿ニ候得共少壮之子弟勤学進歩之機会ヲ為失終身愚朦ニ為陥候儀頗ル愍然ニ付尚又今般洋学御取開博ク諸洲之学ニ通シ追々文化之運ニ為至度御主意ニ候処日増生徒増員奮発一段之事然トモ前条以有限学費不能養無限生徒勿論之事ニ候尤一般之方法被仰出候得共一体父母タル者其子ヲ愛育スル自然之天性禽獣猶然況ヤ人間父兄トシテ其子弟ヲ養育スルハ固其為ニ候得者決テ他ヲ非可待故我子弟ニ学費ヲ入養育セシムル不能者ハ常人之所不歯ト申スハ西洋各国普通之習俗ニシテ天地自然之常理ニ候得者所詮官費ヲ仰ク之旧弊ヲ存候テハ決テ不相済尤府県郷校之儀専ラ有志之徒自費ヲ以組立候様トノ御主意ニ候得ハ旁以爾後生徒壱人ニ付壱ヶ年金壱両弐分ツヽ納幣申付右ヲ以費用之内ニ相加ヘ候筈ニ付前条之次第無心得違尚一層勉励可為致乍尤自然家事窮乏之余学費差出方難出来者ハ無余儀退校差許申候得共凡父兄者ハ子弟ヲ養育スルハ銘々之職分ト申所ヘ注意致シ方今文教日新ノ御旨趣ニ相悖不申候様此段厚相心得可申仍而申達候也

〔新7－2〕福島県　若松県

「第三一号」
明治六年二月　日
県令　鷲尾隆聚　↓

人々自ら其身を立て其産を治め其業を昌にして以て其生を遂るゆゑんのものは幼少より学校に入り身を修め智を開き才芸を研《みが》くにありされは学問は身を立るの財本ともいふへきなり然るに従前の弊風にて学問の儀は士人以上の事とし農工商及婦女子に至ては之を度外におき学問の何物たるを弁せさるものあり右は大なる誤りにて日用の言行書算を初め士官農商百工より政治天文医療等の道に至るまで凡人の営むところの事皆学にあらさるはなし斯緊要なるものを無用のものとし曾て心に懸さるは子孫を残《そこな》ふ焉《これ》より大なるはなし夫《か》の道路に迷ひ飢餓に陥り家を破り身を喪《うしな》ふの徒の如きは畢竟不学よりしてかゝる過ちを生する事なれは凡人の父兄たるものよくよく此辺を勘弁し子孫をして学ばしめすして可ならんや因茲今般学校設立の法左の通相定め候事

一毎小区中央便利の地に就き必す一の小学校を立つへし

　但出費の儀は身元相応割合尚不足の分は追々便宜消却の仕法を立つへし

一校内読書習字算術局の外教師村役及小使詰席等も設け置くへし

　附たり火防器械一通りは校内へ備へ置くへし

一学校門外へ掲榜場を設け置き布告するものは必す爰《こゝ》に掲示し生徒及衆人の縦観に供すへし

　附たり布告書は必す壱部つゝ学校へ備へ置くへし

一句読算術習字教師の儀は区々において人撰申出すへし生員の多少により三教師相兼て苦しからす

一三教師給料及学則学課表等の儀は追て相達すへし

一区内議すへき事ある時は其学校において公議すへし仍て学校は会議所兼用のものとも相心得へし

一戸長副の内必す壹人つゝ学校へ相詰め諸取締を為へし

一学校は身を立て家を興し其処を繁栄せしむるの基なれは衆心一致し成丈け美麗広大に仕繕《しつくろ》ひ後来のものをして長く其建営するものの恩を蒙らしむへし

右之通管下無洩可触達者也

〔新7－3〕福島県　若松県

明治六年四月一三日
若松県参事　岡部綱紀　↓

当県下之義ハ戊辰之兵乱以来文学之道殆ンド廃シ人民之智識随ツテ狭ク只一日ノ安ヲ悦ブ様ナル弊習モ鮮カラズ人々自由ノ権ヲ持ナガラ我ト我ガ身ノ権ヲ失イ誠ニ歎カワシキ事ナラズヤ仍テ今般大ニ中小学校ヲ建設シ人民ノ子弟ヲシテ普ク学ニ就カシメ各智識ヲ広メテ四民其職業ヲ遠大ニセン事ヲ欲ス茲ニヲイテ有志ノ者学資金ヲ出シテ遠ク外国人ヲ雇入レ已ニ開校ニ及ベリ此挙タルヤ実ニ当県下ノ美事ニシテ智識ヲ開キ物産ヲ興シ愈勉メテ怠ラズンバ開化ノ域ニイタランモ遠ニアラズ然ニ洋学ハ我邦ノ道ニアラズ度外ノ事ナリト心得候者モ有之候哉中学校之生徒五十人ニ未タ不充是レ蓋シ他ニ非ズ人民未タ我子ヲ教育スルノ肝要ナルト遠大之利益トヲ不知故也近頃文明開化ト唱ル西洋各国ニ於テハ親タル者ハ家財ヲ傾ケ辛苦艱難シテハ□□（虫食い）ヲ勤学セシメ其学業ノ成就スルニ至テ第一国家ノ要器トナリ大ニ利益ヲ得テ各其老ヲ楽シムト是レ豈ニ盛事ナラズヤ当管下士農工商ノ差別ナク孰レモ当今ノ時勢ヲ察シ子弟アル者ハ早々入学為致候様可相心掛事
右之通管内無洩相達スル者也

〔新8－2〕茨城県　茨城県

「第四十一号」
明治五年一〇月
茨城県参事　渡辺徹　↓

学問ハ百事ノ基礎ニシテ日用常行言語書算ヲ始メ家職産業ノ事ニ至ル迄毫モ遺ス処ナク学ンテ知ル為ノ要具ナレハ士農工商貴賤男女ノ別ナク皆就テ学フ可キ筈ナルニ従来学業ハ士ノ講習スヘキ物トノミ思ヒ学費ハ官ヨリ給スルモノト心得ルハ全ク国歩未タ進マス智見未タ開ケザル時ノ制度ニシテ今日維新ノ大体ニ背ク道理ナレハ学校ノ制モ亦之ヲ変シテ四民同一ノ学校トセザル能ハズ今夫学制ヲ変スト云ト雖モ人々ノ子弟ヲ師家ノ私塾ニ依託シテ其教方ヲ受ルト大厦広堂ノ公学ニ就テ啓発ヲ蒙ルノ差別アルノミニシテ其理モト二致アルニアラス然シテ其学校ハ人民保護ノ為メ人民相ヨツテ設ケナスモノナレハ各学資ヲ納レ之ヲ維持シテ盛大ニセザルヲ得ズ其教師タル者ハ人民教育ノ為立ツル処シテ家職産業ヲ盛ンニスルノ方ヲ教ル者ナレハ其恩ニ報シテ其徳ニ謝セザルヲ得ズ唯其学制方法ノ如キハ尤モ民ヲ治ル者ノ任スヘキ処ナ

レハ官之ヲ指令セザルヲ得ス苟モ官ノ指令ナク県下ニ於テ子弟ニ学問ヲナス者少ナキ時ハ啻人民ノ恥辱ノミニアラス必ス国ニ破産貧窮ノ徒多ク百般ノ事随テ繁盛ナラザルニ至ル是学校ノ設ナクンバアル可ラサル所以ナリ既ニ其学校アリ其子弟アリ而シテ其方法ノ無キハ実ニ官ノ罪ニシテ其責免ル可ラズ依テ今般従前ノ弊風ヲ矯メ新ニ学制ヲ裁成セラレ遠境遐陬ト雖モ郷ニ学校ノ設アラザルハナク賤民奴隷ノ輩トイヘトモ家ニ学ハザル子弟ナキニ至ラシメントノ厚キ朝廷ノ御主意ナレハ人々宜ク此旨ヲ奉戴シテ同心戮力各学資ヲ弁給シ其郡区村市ニ於テ相当ノ学校ヲ設ケ子弟ノ輩ヲシテ智識ヲ啓発セシメ家産ノ繁栄ヲ企望スベシ
右之通相達候条此旨相心得区内無洩告喩ニ可及モノ也

〔新8－5〕茨城県　茨城県

「第弐百八拾九号」（子女就学奨励の件達）
明治八年一一月二九日
県権令　中山信安　↓　区戸長

教育ノ儀ハ至大ノ事業ニシテ一朝一夕ノ能ク養成スル者ニアラス必ス久遠不速ノ光陰ヲ経サレハ其幸福ヲ得ル能ハス蓋シ人ノ初メテ生ルヤ軟弱自ラ活ス能ハス飲食起居概ネ母氏ノ手ニ成リ以テ長スル事ヲ得ルニ至ル然則教育ノ初級ハ母氏ノ責任ニシテ将来人智ノ開明富国ノ大本母氏ノ丹誠ニ基ス是以テ女児教育ノ義ハ素ヨリ軽忽ス可カラサル要務ニ付学制頒布小学普及ノ際専ラ女児就学ヲ奨励スル者ハ他年所生ノ児ヲシテ良美ナル初級ノ教育ヲ受ケシメンコトヲ欲シテ也然ニ動スレハ市街人煙稠密商売繁盛ノ地ハ早ク浮華遊惰ノ弊ヲ醸シ良家女児ヲシテ歌舞三弦ニ従事セシメ妙年貴重ノ歳月ヲ徒ラニ遊消スルノミナラス夙ニ就学ノ児モ之カ為メニ屢々学科ヲ廃スルニ至ル而シテ是カ母父タル者恬然自ラ恥ヂズ競テ其事ニ従ハシメ紛冗雑費周年ノ学費ニ倍スル者モ父兄其費ヲ厭ハス却テ華奢ヲ極メ自得スルノ風アルニ至ル豈慨嘆ノ至ナラスヤ自今以後戯謔ノ為メ教育ノ大本ヲ誤ル者ハ父母タル者ノ罪責ニシテ畢竟愛育ノ情ヲ失ヒ一般風化ノ弊害ヲ来タシ候義ニ付区戸長ニ於テ厚ク教諭ヲ加ヒ心得違ノ者無之様注意可致此旨布達候事

〔新10－1〕群馬県　館林藩

明治二年五月

↓
凡人タルモノ教ナクシテ其性善ト雖嗜欲ノ為メニ掩ハレ悪キ道ニ入ハ必然ノ事ニ候王公貴人ノ如キハ師保ノ掟モ夫々有之事ニテ自ラ直キ道ニモ入易キ事ニ候得共末々小前ノ者共ニ至リ候テハ教ル人ニ乏シキ耳ナラス東西ヲ弁ル頃ヨリ夫々ノ手業ヲモナシ覚ヘ不申候テハ日々ノ取続キモ成兼ル処ヨリ学フヘキ事ヲモ不学果ハ心得違ヨリ無能無芸ノ遊人トナリ為スヘキ業ハ省モセス悪シキ事耳ニ身ヲ入困窮ノ余リヨリ無量ノ刑科ヲ犯シ候ニ至リ夫々仕置申付ラレ候ハ畢竟教ナキヨリ致ス処不愍ノ事古語ノ教スシテ殺スト云モ如此事ヲ申ニテ候乍去古ヘノ郷学抔ト申スハ手軽ニ取立ラレヌモノニ候間追テハ何トカ上ヨリ御世話モ可被成下候得トモ差向候処里言ニモ寺子屋ト申事有之此度改テ御領中ノ社家寺院ヘ指南致スヘク段相違候問何レモ年頃七八歳ニモ成候者ハ夫々相頼ミ読書筆算ノ稽古怠ラス可為致学文ノ道ハ実意ヲ本ト致シ候事聊文字識候迚猥ニ高遠ニ趨リ職業ニ怠リ候様成行候テハ却テ不宜事ニ候間其段厚ク心掛可申名主役人等ハ御趣意ノ段相弁ヘ何レモ深切ニ世話致シ遣シ候様可致心掛宜シキ者共ヘハ不時ノ御褒美モ可有之呉々モ相励可申候事

〔新10－2〕群馬県　群馬県

明治五年一〇月
↓

夫人タル者自ラ其身ヲ立テ其産ヲ治メ其業ヲ昌ニシテ以テ其生ヲ遂ル所以ノ道ハ第一身ヲ脩メ智ヲ開キ才芸ヲ長スルニアリ是人生一大緊要事ナリ智ヲ開キ才芸ヲ長スルニハ必ス先ツ学文ニアラサレハ能ハス是レ各地学校ノ設アル所以ニシテ日用言行書算ヲ初メ士官農商百工技芸及ヒ法律政治天文地理医療等ニ至ルマテ凡ソ人ノ営ム所ノ事ハ都テ学問ニアラサルハナシ人能ク其天稟ノ性質ト才智ノアル所ニ応シ勉励シテ之ニ従事シ而後初テ生ヲ治メ産ヲ興シ業ヲ昌ニスルヲ得ベシサレハ学問ハ身ヲ立ルノ財本トモ云ヘキモノニシテ人タル者誰カ学ハスシテ可ナランヤ自今一般ノ人民必ス邑ニ不学ノ戸ナク家ニ不学ノ人無ラシメンコトヲ期ス人ノ父兄タルモノ宜ク此意ヲ体認シ其愛育ノ情ヲ厚クシ其子弟ヲシテ必ス学問ニ従事セシムル事肝要ナリ依之今般御頒布相成タル学制ニ基キ凡県内ヲ三中学区ニ分チ一中学区ノ下ニ各二百十小学区ヲ置キ県内一般概計六百三十小学トナル然トモ亦是レヲ一朝ニ施ス可キニ非ルヲ以テ姑ラク地方ノ適宜ニ任セ一小学区毎ニ二三小校ヲ興シ漸ヲ追ヒ歳ヲ経テ以テ全数ニ至ラン夫レ各区ニ於テ速ニ此意ヲ頒シ所在ニ学校ヲ開立シ能ク時世ノ景況ニ通スル教師ヲ雇ヒ広ク少年ヲ教育センコトヲ要ス有志ノ輩時世ノ文明ニ進歩スルノ美事タルヲ知ルモノアラハ協力合議シ多少ニ不拘出金シ以テ校費ニ充ンヿヲ要スル也

戸長副戸長ノ者能ク此趣旨ヲ注意ス可シ

〔新10－5〕群馬県　群馬県

明治六年一二月一八日
↓

近古ノ弊風ニテ学問ハ士人以上ノ事ニテ農工商ニ於テハ徒ラニ驕慢ヲ生ジ産業ヲ破リ全ク無益ノ事ト看做セシハ其教授ニ順序法則ナキガ故ナリ御維新以来百般ノ弊風御釐正ニテ四民ノ差別ナク智識秀絶ノ者ハ名ヲ掲ゲ家ヲ興ス可ク今ノ四民ハ昔時ノ四民ニ非ザルハ皆人ノ知ル所ナラズヤ然レドモ学問ニ勉励スルニ非レバ其天賦ノ智識ヲ啓発スルコト決シテ能ハザルナリ故ニ昨壬申年学制ヲ御発行ニ相成有益実用ノ教則ヲ以テ一般ノ人民ヲシテ蒙昧ヲ啓キ智識ヲ発セシメ各自ラ身ヲ立テ家ヲ興サシム可キ厚キ御布告モ有之速ニ朝旨ヲ奉ジ追々小学校ヲ設立シ子弟ヲシテ疾ク就学セシメシモノハ未ダ数月ヲ経ズト雖モ実ニ驚嘆ス可キ進歩ヲナセリ其父兄ニ於テ孰レカ之ヲ感涙欣戴セザランヤ其学業ヲ成就シ国器トナル年ヲ期シテ竢ツベキナリ若シ父兄タル者子弟ヲ愛育スルノ情アル者ハ皆欣々躍々トシテ所在ニ学校ヲ興シ就学セシメザル可ケンヤ然ルニ此際ニアタリ演劇歌舞伎ニ耽溺シ興ス可キ学校ヲモ興サズ教フベキ子弟ヲモ教ヘズ至仁ノ朝旨ヲ奉戴セズ一時ノ遊観ヲ貪リ許多ノ資材ヲ浪費シ却テ興学ノ盛挙ヲ誹謗スルノ聞エアリ何ゾ其愚ノ甚シキヤ禽獣スラ尚其子ヲ愛育スルヲ知ル父兄トシテ子弟ヲ教育スルヲ知ラズ禽獣ニモ不及コト遠シト謂フ可シ天然ノ良知ヲ固有セシ子弟ヲシテ教育スベキ期節ヲ誤リ終ニ無学蒙昧ノ一廃人トナシ瓦礫ト倶ニ朽腐セシメントス之レヲ人ノ父兄ト謂フ可キヤ実ニ見聞ニモ堪ヘ忍ビザル事ナリ故ニ追テ可及布達旨モ候得共予メ申諭シ置候条各区戸長ハ勿論重立候者能々此意ヲ体認シ毎戸無洩懇切ニ可告諭者也

〔新10－6〕群馬県　群馬県

「達第四十七号」
明治一二年七月
碓氷郡長　古川浩平　↓　岩氷村　水沼村　戸長役場　戸長　保護役

学齢之者不就学督励ノ儀ハ各所戸長並ニ保護役ニテ担当可致ハ勿論ノ所、間々父兄共ノ内ニテ心得違ノモノ有之、彼是事故ヲ申唱ヘ或ハ一時就学致サセ候テモ其名目ノミニテ廃学同様ノモノ有之、別シテ女児ニ至ツテハ一層出校ヲ迷惑ニ心得、成ルタケ就学ヲ拒ム工夫ヲ致スモノ尠ナカラスヤニ相聞候間、何レモ御趣意ニ戻リ到底相済マサルノミニ無之、右等ノ者共ヲ其儘ニ差置クハ行政ノ定理ニ於テ不都合モ有之、且ツ従前ノ時節ト相違ヒ、追々開明ニ趨クニ従ヒ如何ナル片田舎ニテモ読ミ書キニ心懸ケサルモノハ世間ノ交際ニ差支、各自生計上ニ多少ノ差障リ可出来ハ必然ノ事ニ有之、況シテ女児ハ男児ト違ヒ拾四五才ニ至レハ夫々女工ニ従事シ、仮令志アルトモ男ノ様ニ勝手自由ニ学習スル事ハ出来兼、其時如何様悔悟候トモ既ニ及バサル儀ニ付、学齢ノ内勉励致シ他家ヘ嫁シ候後、母タル道ニ差支無ク世間ノ往復モ出来候様心懸ケ可為致ハ肝要ノ事ニ有之、旁々以テ是迄不就学ノ子女ハ更ニ就学致サセ度候条一層教育ノ御趣意ヲ汲取リ申ス可ク、抑々父兄タルモノ些細ノ利ニ迷ヒ倩々我カ子ヲ朦昧ニ入レ置、成長ノ後、世間ノ交際モ出来ズ悪路ヘ踏ミ違ヒ遂ニ破産ニ成リ行クモ学齢中其ノ教ヲ怠リ候ヨリ生ズル事ニ付彼是厳重ニ説諭ヲ加ヘ来ル八月十日限リ就学致サセ其姓名届出ヅ可ク候、若シ亦説諭ヲ受ケ猶就学致サザル者ハ其ノ事故詳細取調可届出、其品ニヨリ尚更実地ニ臨ミ取調候儀モ有之可ク、此旨相達候事

〔新11－1〕埼玉県　埼玉県

明治五年八月
埼玉県庁　↓

此度太政官ヨリ被仰出タル御主旨ハ人民教育ノ道ヲ厚クヤシメンガタメ遍ク学校ノ設ケアラシムル所ナリ夫レ学校ノ設ケアリテ人々コレヲ学ブニ至ツテハ身ヲ脩メ智ヲ開キ才芸ヲ長ジ産業ヲ治ムベキ人トモナルベシサレハ人民ヲシテ不学ノ徒ナカラシメントスルハ則チ官庁ノ責任ニアルベシトイエトモ学費ヲ弁ズルハマタ人民ノ上ニアリトスコレ限リアルノ官財ヲモツテ限ナキノ人民ニ施ス事ナレバ素ヨリ及バザルノ道理ナリ人民又タ教ニ浴シ才芸ヲ長ズレバ之ヲ償ハズンバ有ベカラズ今管下ノ諸民大半農業ヲ事トシ身ヲ艱苦ノ域ニ甘ンシ漸生活ヲ送ルモノ多ケレバ即時数千ノ金穀ヲ縉ル事能ハズトイエトモ学校ノ設ケモ又猶予スル所ニアラズ故ニ僅ナガラ金ヲ出シ一時各区ノ人民ニ与エコレヲ学費ノ助トナサシメムトス然ル上ハ諸人力ヲ尽シ早ク学校ヲ設ケテ宏大ノ　朝旨ニ背カザル様志スベシマタ富豪ノ徒ラ家ニ数千ノ金ヲ蔵ムルトイエドモ遂ニ天下ノ益ヲ助ケザルモノハ文明日新ノ民ニアラズシテ深淵泰山ノヲンニ背クトイフベケレバ有志ノ輩ハ言ニ及バズ富豪ノ徒ラ志ヲ教育ノ上ニト、メ金穀若干ヲ醵会シ学費ヲ助ケズンバアルベカラザルナリソレ管内各村ノ諸人ヨロシク此旨ヲ体認スベシ

〔新11－3〕埼玉県　埼玉県

明治七年四月
県権令　白根多助　→　教員　区長　学区取締

盛哉文明ノ化ヤ八大学二百五十六中学五万三千七百六十小学実ニ古今未曽有ノ一大事業ト謂フ可シ然而大学ノ人才ハ中学ヨリ抜キ中学ノ人オハ小学ヨリ出ツ故ニ小学振ハサレハ大中学興ラス然則目今ノ急務ハ小学ニ在リ夫天ノ物ヲ生スル人ノ手ヲ仮ラスシテ用ヲ為スモノ無シ器ハ工ノ手ヲ仮リ穀ハ農ノ手ヲ仮リ人生レテ親ノ手ヲ仮リテ生長シ師ノ手ヲ仮リテ教諭セサレハ真ノ人ト為リ難シ親ノ子ニ於ルヤ思フテ至ラサル所ナシ夏ハ其涼ヲ欲シ冬ハ其暖ヲ欲シ又其富ヲ欲セサル者ナク其貴ヲ欲セサル者ナシ然リト雖トモ人皆己レカ欲スル所ト己レカ好ム所トヲ以テ善ト為サヽル者ナク必ス其子ヲシテ己レカ欲スル所ヲ為サシメ己レカ好ム所ヲ習ハシメ而テ己レカ業ヲ嗣カシメントス故ニ士ハ必ス士農ハ必ス農商工ハ則商工数十百年経ルト雖トモ其為ス所習フ所終始異ラス士農商工世襲シテ子孫ニ伝フ是レ商工ノ子ニ農ナク農ノ子ニ士ナキ所以ナリ西印度ノ国タルヤ其土人智ヲ磨カス力ヲ労セス飽ケハ臥シ猟シ古モ今ニ減スル事ナク今モ古ニ増ス事ナク祖父ヨリ父ニ至リ父ヨリ子ニ至リ伝フル者ハ唯弓ト矢ト而已然而合衆国ハ纔ニ二百年ヲ経スシテ其富強ナル天下ニ比ナキ者ハ抑何ソヤ天赤人ヲ恵ム薄クシテ白人ヲ幸スル厚キニ非ス其本ヲ論スルトキハ唯学フト学ハサルトニ在ル而夫善ヲ善トシ美ヲ美ト為サルハ人ニ非ス悪ヲ悪トシ醜ヲ醜ト為サルモ亦人ニ非ス譬ハ金ト石ト孰若レ誰カ金ヲ舎ヲ石ヲ取ランヤ然トモ嬰児ハ必シモ然ラス是石ノ金ヨリ美ナルニ非ス金ノ石ヨリ醜ナルニ非ス美ノ美タルト醜ノ醜タルトヲ知ラサル也今ノ正則ヲ厭フ者モ亦何ソ是ト異ナラン固ヨリ知ラサルノ罪ナリ知ラサルノ罪ハ罪スヘカラス必ス之ヲ論サヽルヲ得ス論シテ聴カサル者是ヲ自暴自棄ト云フ自暴自棄ノ者ハ必ス之ヲ罪セザルヲ得サル也正則ヲ厭フ者三アリ其一ハ漢学癖其二ハ習書癖其三ハ唯奴隷ヲ以テ自甘ンスル者也漢学癖者ノ曰ク今ノ官ニ在ル者今ノ教ヲ施ス者モ亦漢学者多シ漢学ニ非サレハ洋書モ之ヲ訳スル能ハス布告ノ文モ読ム能ハス又作ル能ハス正則ノ書ハ読ミ易キ而已解シ易キノミマタ何ソ我子ヲシテ学ハシムルニ足ランヤ習書癖者ノ曰ク文学ニ長スル者ハ俗事ヲ厭ヒ家産ヲ破リ却テ予孫ノ害ヲ招ク多シ農商ハ金銀ノ貸借何両何匁何月何日何所何名ヲ記スノ外益ナシ算術ハ和法加減乗除ニシテ足レリ正則豈ニ学ハシム可ケンヤ奴隷ヲ甘ンスル者ノ曰ク我ニ貸ス可キノ金ナシ故ニ文字ヲ学フモ記ス可キナシ我ニ取ル可キノ息ナシ故ニ算術ヲ熟スルモ用フル所ナシ租税ノ取立書ハ戸長アリ質ノ利息算ハ店主アリ我親ハ我ヲ奴隷ト為シ我ハ我子ヲ奴隷トナス固ヨリ其分ノミ官汲々我子ノ就学ヲ促カス又何ソ好事ナルヤ嗚呼管内ノ人民漢学癖ナラサル者ハ習書癖ナリ習書癖ナラサル者ハ奴隷ヲ以テ自甘ンスル者ナリ実ニ愍察スヘシ漢学癖者ハ文字ノ功用ヲ知ラスシテ徒ニ文字ノ難易ヲ論シ少年ヲ教フル所以ト大人ヲ教フル所以トヲ弁セスシテ徒ニ高尚ノ説ニ泥ミ実理ヲ履マス今ノ官ニ在ル者今ノ教ヲ施ス者ハ固ヨリ漢学者多シト雖トモ是レ其已ムヲ得サル者ニシテ唯官

ニ在ル者教ヲ施ス者而已ナラス撃剣客ハ兵卒ト為リ和船ノ水手ハ汽船ノマトロスト為リ結髪ヲ職トスル者ハ断髪ヲ職トシ履ヲ製スル者ハ靴ヲ製スルモ皆是類ナリ亦何ソ怪ムニ足ラン然リト雖トモ目今年少先撃剣ヲ学ンテ而後兵卒トナリ和船ノ水手ヲ熟シテ而後汽船ノマトロスト為リ結髪ヨリシテ断髪ヲ為シ履工ヨリシテ靴工ト為ラント欲スト云ハヽ誰カ其愚ヲ笑ハサル者有ランヤ習書癖ト奴隷ヲ甘ンスル者トハ其分ニ安シテ懶惰ニ狎レ身ヲ立テ道ヲ行フ能ハス因テ先ツ当今ノ人民皆学ハサルヲ得サル所以ト学ノ功用トヲ挙テ之ヲ論セン今也人民皆独立ノ権ヲ持シ自由ニ利ヲ得ル故ニ我体ハ外人ノ体ニ非ス我所有モ亦外人ノ所有ニ非ス外人ノ所有ニ非サルトキハ之ヲ損失スルモ外人ノ罪ニ非ス外人ノ体ニ非サルトキハ之ヲ飢餓スルモ外人ノ罪ニ非ス我体ト我所有トハ固ヨリ我体ト我所有ナルヲ知ルトキハ則我住ム所ノ地ハ外国ノ地ニ非スシテ我国ノ地ナルモ亦瞭然タリ其民皆独立スルトキハ其国モ亦独立セサルヲ得ス既ニ我日本ハ我日本ナルトキハ人々自奮テ之ヲ保護セサルヲ得ス自ラ之ヲ富強ニセサルヲ得ス之ヲ富強ニセント欲スルトキハ則之ヲ富強ニスル所以ノ法ヲ行ハサル可ラス之ヲ保護セント欲スルトキハ則之ヲ保護スル所以ノ道ヲ求メサル可ラス其法其道ノ得失モ亦他ナラス学フト学ハサルトニ在ル而已文明ノ化日ニ進ムトキハ短褐ヲ衣ル者管笠ヲ戴ク者紙傘ヲ携ル者草履ヲ着ル者等漸々少カラン然シテ我邦農ノ粟工ノ器未タ帽靴絹傘時計羅氈等ニ易フルニ足ラス是レ輸入ノ輸出ニ倍スル所以ナリ故ニ国産ヲ倍セサレハ之ヲ償フ能ハス夫人力ハ限リ有リ人智ハ尽ルナシ力ヲ用ル者ハ労多クシテ功少ク智ヲ用ル者ハ功多クシテ労少シ労少クシテ功多キ者ヲ為サント欲セハ先ツ少年ヨリ普通学ヲ為シ其才ノ向フ所ニ随ヒテ専門ニ入リ其智ヲ磨クニ如クハナシ乃チ米国ウェラント著ス所ノ経済論勉強篇ヲ摘訳シテ其略ヲ示サン夫勉強ハ物価ヲ生スルノ財本ナリ其財本ヲ生スル所以ノ者三アリ一ニ曰ク農夫ハ種ヲ布キ空気日光水土糞苴ヨリ変シテ穀物ト為ス之ヲ物質ヲ変スルト云フ二ニ曰ク鍛工ハ鉄塊ヲ釘ト為シ刀トナシ匠夫ハ板ヲ机ト為シ床ト為シ織工ハ綿ヲ糸ト為シ衣ト為ス是ヲ物体ヲ変スルト云フ三ニ曰ク舟夫車夫ハ彼ヨリ此ニ運ヒ此ヨリ彼ニ輸ス之ヲ物処ヲ変スルト云フ是故ニ農ハ我ニ食ヲ与ヘ工ハ我ニ器械ヲ給シ商ハ我ニ運輸売買ノ利ヲ達シ一日モ欠ク可ラサル所以ノ者ナリ然ルニ此ニ人アリ彼何人ソヤ我ニ食ヲ与フルニ非ス器械ヲ給スルニ非ス運輸売買ノ利ヲ達スルニ非ス書ノ如キ者ヲ学者ト云フ彼等ナシト雖トモ衣食住ニ於テ一欠事ナシ然ト雖トモ近世舟工ノ船ヲ作ル歴山翁思佐留ノ世ヨリ其術遠ク其右ニ出ルハ器械学ノ発明ニヨルニ非スヤ太平洋中茫々タル水天ノ外陸地ヲ見サルコト月余而テ帆檣ノ方向ヲ誤ラサルハ地理天文学ナリ刑罰ヲ正シ人民ノ自由ヲ有タシムルハ法律学ナリ疾病ヲ防キ身体ノ健康ヲ得シムルハ医学ナリ其他実学ノ功用記スニ暇アラス嗚呼人トシテ学ハサルトキハ農モ地味ヲ察シ原野ヲ拓スル能ハス工モ器械ノ機巧ヲ尽ス能ハス商モ貿易ノ利ヲ得ル能ハス是レ学風ノ一変スル所以ナリ教員ハ此意ヲ以テ能ク導キ区長取締ハ此意ヲ以テ能ク諭シ人民皆此意ヲ体認シテ朝旨ヲ奉スルトキハ上ハ震襟ヲ安ンシ下ハ文明ノ化ニ浴スル亦大ナラン乎

「明治五年九月印旛県達」
明治五年九月
↓

今般別冊之通学制被為定追次教則御発行相成候ニ付従前学校学則且私宅等ニテ教授セシムル寺小屋ト唱候類ニ至ル迄本月限リ都テ廃止更ニ御趣意ニ基キ幼童教育愈勧誘可致事
但小学授教之手順書面ニテハ意得ナシ難キ向モ可有之ニ付差向葛飾流山常与寺ニ於テ今般被仰出候御趣意ニ基キ官員協力官費ニ頼ラス仮ニ小学校ヲ設ケ来ル廿三日開校候条従前寺小屋ノ類幼童教育厚志ノ面々ハ早速罷越実地ニ於テ教授ノ順序一応見聞更ニ教育方尽力可有之事
一　追々可相達条々モ有之候得共第一別冊太政官被仰出ノ条殊更叮嚀反復御趣意ニ不洩貫徹候様専ラ尽力可有之事
一　人生一般学業ノ離ル可ラサル今更言ヲ待ス然ニ従前ノ習風当時貫属ト唱フルモノ而已殊ニ厚ク是ヲ遇シ農民等ノ貢租ヲ採テ給禄セシメ加之貢租ヲ費用ニ供シ以テ学業ニ就シメ農工商等ノ平民ニ於テハ棄テ問ハス真ニ不公不平ノ処置今般至公至仁ノ聖旨断然右等旧弊御改正四民同一一般ノ学制ヲ被為定殊ニ空理虚談ノ学風ヲ破リ士農工商着実有益ノ教則ヲ以テ御愛育被為成候ハ真ニ千載未曾有ノ隆時人民ノ幸福又奚ソ是レニ加フアラン宜ク御趣意ヲ奉戴シ衣食住ノ三ツヨリモ先第一ニ子弟ヲシテ学業ニ就シムベシ是則一身ヲ立テ一家ヲ興スノ急務一身立テ一家興リ各家興テ一村興リ村市相興リテ御国威漸ク盛ニ誰カ凌侮スルコトヲ得ン爰ニ於テヤ聊カ　宸襟ヲ安シ奉ナルヘシ抑即今子弟教育ノ四字ニ起リ結句　皇国安危ノ大事ニ関ル父兄タルモノ且富家ノ面々豈奮起シテ勉メ励マサル可ンヤ

〔新12－4〕千葉県　千葉県

「学資規則ノ儀ニ付人民へ演達」
明治七年一一月九日
↓

学制御頒布以来村ニ不学ノ戸ナク家ニ不学ノ子弟ナカラシメント夫々着手学校設立ニ注意致候ヘトモ或ハ束縛ノ学制抔ト誹議シ又ハ学資出金ニ種々ノ苦情ヲ鳴ラス等ニテ兎角不信ノ輩不尠上ハ以テ
朝旨ニ悖リ下ハ以テ人心ノ帰嚮セサランヿヲ是懼レ日夜焦慮一層奮発致候処掛官員学区取締等ノ尽力ト教員ノ勉励等ニ依リ現今治下ニ設立

スル校数大凡六百余ニ迫ヘリ
朝旨稍下徹シ人心稍帰向シ村ニ不学ノ戸ナク家ニ不学ノ子弟ナカラシムルノ端緒既ニ成レリ是ニ於テ始テ
朝旨ニ副ハサルノ責ヲ免レントシ且人民ノ幸福此ニ基本スルヿヲ喜悦ス而シテ今ノ六百余校因テ立ツトコロノ資本ハ概ネ一時ノ急ニ応スル為メ戸口等ニ課賦スルモノニシテ永久保護ノ良法ニアラス往々有名無実ニ属スルモノ之レアリ故ニ随テ興レハ随テ廃スルノ弊殆ト免レ難シ是亦余ノ大ニ憂慮スル所ナリ夫レ学校ノ設タルヤ各子孫ヲシテ其才智ヲ研キ其産業ヲ治メシムルノ本ナレハ其費用固ヨリ自ラ弁セサル可カラス然レトモ創業ノ際力ノ迨ハサルヲ察セラレ正租ノ内ヨリ学費トシテ若干ノ金員ヲ御委托相成リ且学校地所モ御下渡相成次第ニ有之斯ル厚キ御旨趣ヲ奉戴シ且子孫永世ノ計ヲ思ヒ互ニ憤発協力シ学校保護ノ為メ其分ニ応シ学資ノ幾分ヲ寄附シ漸ク学校盛隆ノ期ニ立至ルヘキ目途ヲ立テ終ニ戸口等ニ課賦セサランヲ期スヘシ抑モ各学区内家ニ貧富ナキ能ハス夫レ家富ノ貧弱ヲ助クルハ固ヨリ交際上欠クヘカラサルノ義務ナリ苟モ人トシテ人タルノ義務ヲ欠クトキハ亦以テ
朝旨ニ負クモノト謂フ可シ汝等余カ先ノ喜悦スル所ヲ喜悦シ後ノ憂慮スル所ヲ憂慮シ
朝旨ヲ体認シ子孫ヲ顧念シ以テ其義務ヲ尽サンヿヲ冀望ス仍テ学資金積立規則相添此段及演達候也

〔新13－3〕東京都　東京府

明治七年一月四日
拾番組　↓　村用掛

夫レ小学校ヲ設立シ小童ヲシテ就学セシメ知識ヲ開明シ村力ヲ発達シ独立ナサシムルノ至仁ニシテ人民ノ大幸福ト謂ツベシ、然ルニ当番組ニヲイテハ旧時ノ弊風未タ全ク解散セス、嗟嘆スベキノ至リハ村戸ニ六七歳ノ小男女方サニ入校セシム可キ年齢ノ者頃日農上街上ヲ徘徊スルニ充塞漫ニ遊戯ス、就中遊里射利ノ地ニ於ケル少年輩ノ光陰ヲ消スルヤ曽テ学業ニ従事セス人倫ノ道ニ由ラス、放蕩懶惰博奕ニ類スルノ具ヲ以テ徒ラニ街上農上ニ遊戯スルトモ其父兄タル者厳ニ教育ノ道ヲ加ヘス、偸安姑息父兄タル所以ヲ尽サス、終ニ懶惰甚シクニ至リテ我見聞ニ忍ヒジ是ニ由テ毎ニ入学之儀逐一諭諭（ママ）ニ及ヒ雖（ママ）モ父兄答テ余等男女共未タ穉弱ニシテ往復モ心元ナク、且暴雨ノ日ハ独行モ出来難ク、人ヲ以テ看護スベキ力ナク故ニ今両三年ヲ過ゴシテノ後ト何レモ大同小異ノ返答夥多アリ、父兄ノ情愛配意モ其理有リト雖モ一時千金之機会ヲ遅緩シ懶惰ノ弊害ヲ醸成シ、而シ［ルカ］後ニ就学センニハ怠慢既ニ長シ且晩学ト成ナリ、意ニハ小学ノ課業モ学フヲ得ス、然ル時ハ至仁ノ美政モ貫徹セス遺憾量リナリ、就テハ此幣［弊］ヲ洗雪シ父兄タル者確ク　御趣意ヲ奉戴シ厳ニ子弟ヲシテ六七歳ヨリ番［悉］皆就学セシメ宜ク勉励セスンハ有ル可カラサルナリ、実ニ右躰ノ徒有之テハ開化ノ障碍特ニ御規則ニ戻リ、以之外之儀ニ付以来厚ク天意ヲ感戴シ速ニ入校頗ル文学ニ就近セシムル様各村ニ於テモ厚ク御注意被下度、此段及御達候也

〔新14－1〕神奈川県　足柄県

明治五年四月
足柄県　↓

方今国勢皇張百度維新門閥ヲ論セス貴賤ヲ不問才器識量進達ノ者ハ超選ノ盛挙アリテ各其才徳ヲ展ルヲ得サシム苟士民タルモノ琢磨淬属シテ以テ開化如此ノ隆盛ニ答ヘスンハアルヘカラス然テ人其知識ヲ拡充スルハ学ヲ外ニシテ何アランヤ蓋学ニ各国ノ教精粗異同アリト雖之ヲ要スルニ自己ノ識量ヲ啓発スルハ皆一ナリ就中欧米二洲ノ学ニ於ケルヤ其開クル日近キヲ以テ是ヲ修ル者猶末天下ニ遍カラス然レトモ其知識ヲ宏開シ技芸ヲ練達スルノ術ニ至ラハ実ニ世界万国ニ超乗スルコト人々ノ知ル所也況
朝廷外国ノ交際ヲ講セラル丶ノ時ニ当リ各朝旨ノ在所ヲ亮察シ固陋沿襲ノ風ヲ洗除シ広ク海外諸洲開化進歩ノ学ニ従事シ大ニ知識ヲ開クノ道ヲ志サスンハアルヘカラス是学校ノ制宜シク更張スヘキ所以也雖然新県刱置以来裁減ノ政ヲ布カレ内外債支消ノ方ヲ立ラレ亦学校ノ設官費ヲ仰カサラシム是ニ於テ建学ノ費有力者ニ須タサルヲ得ス然ルニ前知事大久保従五位元管下士民ノ旧誼ヲ忘レス私館及若干ノ金ヲ附与シ首ニ其挙ヲ賛成アリ庁内諸員モ亦月俸ヲ割テ以テ其資ニ充ムトハ管下ノ士民モ又其意ヲ承ケ家産ノ有無ヲ計リ賛助ノ挙アランヲ望ム父兄タルモノ厚此旨ヲ体認シテ子弟ヲ教督シ子弟タルモノハ益勉励シテ大ニ建学ノ意ヲ対揚シ遂ニ天下有用ノ器トナリ万国鼎立ノ国勢ヲ補フニ至ラム事ヲ請フ

〔新14－3〕神奈川県　神奈川県

「告諭文」
明治六年二月
神奈川県　↓　管下一同

人ノ生ル丶ヤ無知ナリ父母之ヲ教育シ其知覚ノ稍々開クルニ及ンデハ之ガ師ヲ撰ミ文字ヲ習ハシメザルベカラズ文字ナル者ハ名称ヲ記シ言

辞ヲ叙べ事物ノ道理ヲ著明シ之ニ依リ倫常ノ重キヲ知リ是非ヲ別チモ出テ自ラ知覚ヲ増進スル者ニシテ家業ヲ営ムモ交際ヲ能スルモ皆之ヲ仮ラザルハナシ其必用タル此ノ如シ故ニ通邑大都ヨリ彼邉陬窮郷ニ至ルマデ習書師アリテ童蒙ニ教授セリ抑モ此業ヤ浅近ノ事ニ似タレドモ実ハ天下ノ子弟タル者ノ賢愚智闇ニ関係スル所万民教育ノ基礎トナル処ナレバ其責タル極メテ重大ト謂ツベシ然ルニ従前弊習ノ多キ生徒タル者概ネ半途ヨリシテ迂遠ノ学問ニ趨リ利口ニ高大無根ノ説ヲ唱ヘ畢竟実用ニ切ナラズ或ハ又貧民ノ子弟固ヨリ学資ニ乏シク且学ブベキ工夫モアラネバ無知文盲ニ一生ヲ暮シ中ニハ罪科ヲ犯ス者アルニ至レリ誠ニ歎カハシキ事共ナリ今ヤ生レヲ文明開化ノ昭代ニ遭値シ猶斯ク無智ヤ迂遠ニシテ空シク駒隙ヲ過ゴシナバ何ノ世ニカ国家ノ恩ニ報ヒ何ノ時カ人道ノ務ヲ為サン況シテ各国交際ノ親睦ナル時ナレバ我国ノ民トシテ今日ノ急務ニ勉励セザルヲ得ンヤ是ニ於テ今般当県管下普ク習書師ニ告示シテ文部省小学ノ規則ニ模範シ以テ子弟ヲ教導シ人材ヲ長育スル基本ヲ為サシメントス従来生徒ノ謝義等甚菲薄ニシテ其師タル者活計モ不利ナレバ間々廃業セル者アリ是等ハ最モ注意周旋セズンバアル可カラズ就テハ管下市街郷村ノ各戸子弟ノ有無ヲ論ゼズ身財多寡ニ随ヒ毎戸銭鈔ヲ斜募シ其全額ヲ戸長或ハ其所管ノ課長ニテ総轄シ規則ヲ定立シテ之ヲ各地ノ習書寮ニ分付シ生徒ノ束修謝儀及ビ筆墨諸般ノ冗費ニ充ツベシ然レハ富有ノ者ハ格別カノ寒貧ノ子弟ト雖トモ聊カモ学資ノ憂慮ナク凡テ男女七歳以上ヨリハ皆入学セシメ猶余財アラハ要用ノ書籍ヲ購ヒ読マント欲スル者ニハ借覧セシムベシ此ノ如リナレバ貧賤富豪ノ差別ナリ各々其知覚ヲ増進シ其志願ヲ成就シ之ヲ大ニシテ国家ノ恩ニ報ヒ富強ノ術ヲ施シ皇威ヲ萬国ニ誇耀シ之ヲ小ニシテ生活ノ業ヲ理シ或ハ貿易何ニ由ラズ利益ノ道ヲ開キ其身幸福子孫栄昌ナラン是皆知力アリテ然ル後之ヲ能スベシ人ノ父母タル者誰カ其子ノ此ノ如キヲ欲セザランヤ且其子無キ者モ夫々ノ義務ニシテ苟モ国家ノ益アル事ハ必ス鞠窮シテ為スベキナレバ管下一同何レモ此旨趣ヲ認得シ勇為進取シ開化進歩ノ好機会ニ後ルヽコト勿レ

〔新14－4〕神奈川県　足柄県

明治六年三月
足柄県　↓　正副区長　正副戸長

先般学制御確定相成第二百十四号御布令ニ付則致頒布置候通学問ハ身ヲ立テ産ヲ治メ業ヲ昌ンニシ以テ其生ヲ逐クル所以ノモノニシテ人々ルモノ暫モ不可欠モノナリ然而産ヲ破リ家ヲ喪ヒ飢餓ニ陥ル徒ノ如キハ到底不文不智ヨリ生シ自ラ其禍ヲ招ク豈慨然ノ至ナラスヤ抑従来伝ハル所ノ学問或ハ其通ヲ得サルヨリ人其方向ヲ誤リ詞章記誦ノ末ニ趨リ空理虚談ノ途ニ陥リ其論高尚ニ似タルモ身ニ行ヒ事ニ施スコト能ハサルモノ少カラス故ニ学問ノ何物タルヲ弁セス或ハ之ヲ蔑視シ或之ヲ誹議ス是沿襲ノ習弊ニシテ人々信セサル所以ナリ今ヤ文明ノ域ニ至リ

於文部省已ニ定メラレタル所ノ学科教則ハ人間日用ノ実際ニ渉リ自主ノ理自由ノ権ヲ養成スルモノナレハ貴賤ヲ論セス男女ヲ問ハス日夜勉励之ニ従事シ以テ智ヲ開キオヲ長シ生ヲ治ムル所以ノモノニシテ実ニ身ヲ立ルノ財本トモイフヘキモノナレハ人タルモノ誰カ学ハスシテ可ナランヤ依テ御布告ノ学制ニ因リ教則ニ従ヒ管下ヲ三中区ニ分チ予テ地方官設クル所ノ毎小区ニ先ツ一小学ヲ仮設シ凡人ノ営ムヘキ所ノ事業ヲ普ク慣習セシメ以テ人材ヲ教育シ天下有用ノ器トナサシメントス小学区分ニ至テハ地理ノ便宜ヲ問ヒ戸口ノ疎密ヲ謀リ之ヲ一定シ漸々許多ノ本数ニ充タシムヘク且学校ハ私費ヲ以テ設立スヘキ所以ノモノト雖モ方今民費ニ堪ヘカタキヲ御憐察アリテ御洪費ノ際幾分ノ学資ヲ御扶助被成下候条父兄タルモノ宜ク　朝旨ノ渥キヲ奉体シ其愛育ノ情ヲ厚クシ子弟ヲシテ必学ニ従事セシムヘク仍之先ツ別記条件及宣布候委詳ハ学区取締ヨリ可相達候事

右ノ趣相達候条区々無漏触示シ正副区長及同戸長ニ於テ厚ク注意シ協力以テ勧誘セシムヘキモノナリ

〔新16－3〕富山県　新川県

「新川県学規」
明治九年四月一五日
県令　山田秀典　↓　婦負射水礪波三郡正副区長　第十一十二十三中学区学区取締

凡学問芸術ハ厚生利用ノ基礎特ニ小学ハ其専門科ニ昇ルベキ初段階ナルノミナラズ一般人民貧富男女之別ナク悉ク皆シラズンバアルヘカラザルモノナレハ小学年齢之児女ハ修学之時ヲ過マラズ終生人タルニ恥ザラシムベキ御趣意ニテ嚮ニ学制頒布相成リ即チ去ル明治六年以来県庁ヨリ便宜規則ヲ設ケ及布告諭処各区ヨク官旨ヲ奉戴シ追々学校設置之場合ニ至リ献金等モ不少逐日隆盛ノ景況ニハ候得共資金未タ学校設置ノ便ヲ得セシムルニ足ラズ随而通学ノ生徒未タ学齢ノ半ニ満ズ創業ノ功未タ全ク奏セザルニ付厳重督責モ可致処新置県以降百事改正ニ際シ民費多端ニシテ其勝ザランヲ恐レ且数千百年弊習ノ俗一朝破リ難キコトヲ察シ順序ヲ紊サズ緩急ヲ計リ比年逐次改正ノ百事緒ニ着キ如之不日旧来偏重ノ地租モ均平可相成上ハ自今一層学務勧業ヲ拡張シ逐年当県下ノ人々富実開明ニ至ルヲ期シ度差向教育事件評議ノ法並学齢調査就学督励ノ法一切学事ニ関渉ノ規則乃チ別冊新川県学規及頒布候条区村吏員ハ勿論重立輩ハ当今政府之用度多端ニ際シナガラ文部省定額金ヲ減セス昨歳以来小学ノ扶助金更ニ増額ノ事業篤キ御趣意ヲ服膺シ務テ小民慣習ノ陋見ヲ破リ目前ノ小利ヲ欲セズシテ慶ヲ将来ニ期シ此意徹底小学普及候様各精ヲ励マシ周旋尽力致スヘク若シ吏員ニオエテハ何等ノ職務ニ論ナク従来怠慢ノ者ハ夫々吟味ヲ遂ケ無用捨可及譴責

此段布達候条小民迄無洩可致説示事

　追テ不日学務課吏員ヲ派出シ書ノ罄サヾル趣意ヲ伝ヘ且改正ノ手段可為及協議候事

〔新17-2〕石川県　石川県

（就学奨励の布達）
明治五年八月
石川県　↓　管下

今般　皇国一般ノ学制御確立相成リ邑ニ不学ノ戸ナク家ニ不学ノ人ナカラシメントノ御趣旨各篤ク体認シ四民一同学事勉励致スヘシ夫学制ノ大綱ニ至テハ文部省ノ統轄ニシテ　皇国ヲ八大学区トシ一大学ヲ分テ三十二中学区トシ一中学ヲ分テ二百十小学区トス当県ハ即チ大学ヲ置カル、其一ナリ既ニ有志ノ輩醵金ヲ以テ金沢毎区ニ学校ヲ設クルノ際今度一般ノ学制御布達ト相成暗合黙契ト謂フヘシ故ニ士農工商ノ別ナク男女六歳以上ヲ以テ学ニ就カシメ読書習字算術縫裁等ノ業ヲ習ハシメ追々学業ノ進歩ニ随ヒ中学ニ進ミ中学ヨリ大学ニ升リ夫ヨリ其人ノ勤勉ニ因リ洋行モ命セラルヘシ畢竟宏遠ノ学業ヲ窮メシムルノ御趣意ナリ仮令天性穎敏タリトモ先ツ学校ニ入リ順序ヲ踏テ学ハサレハ焉ソ其業ヲ達スルヲ得ンヤ故ニ御規則ニ於テ六歳以上ノ男女学ニ就カサル者ハ其仔細ヲ地方官ヨリ文部省ヘ可届出トナリケ様ニ学事勧奨セラル、御趣意亦難有ヿナラスヤ然ヲ僻遠ノ地ニ至ツテハ動モスレハ学問ハ読ミ難キ書ヲ読ミ詩ヲ賦シ文ヲ作ルヿト心得誤解ノ者少カラス唯学問ハ日用欠クヘカラサルノ事業ヲ教ユルモノナルカ故父兄タル者能々御趣意ヲ了解シ其子弟ヲシテ寸分ノ光陰ヲ愛ミ怠惰ニ陥ラシムルヿナク其業ヲ達シ其身ヲ立以テ国恩ニ報スヘク此旨厚ク可心得者也

〔新17-4〕石川県　石川県

明治六年二月五日
石川県権令　内田政風　↓

人ノ父兄タル者、其子弟ヲ教誨シ、善ニ移リ邪ヲ避ケ、術業ヲ修メ、一生ノ富安ヲ希フハ、人道ノ常ニシテ、恩愛ノ至情亦是ニ外ナラズ、況ヤ教育ノ義ハ、厚ク御手入被レ為レ在度御旨趣ニ付、父兄タル者、其子弟ヲ勧勉鼓舞セザルベカラズ、然ルニ百事改正ノ折柄、上下ノ情貫徹セザルヨリ、人心何トナク疑惑ヲ生ジ、或ハ方向ヲ違ヒ候輩モ有レ之ベクヤ、区学校設立以来、種々説諭ニ及ビ、士族ハ入学モ致シ候得共、平民ハ未タ目前ニ安ンジ、旧習ニ狃レ、学問ヲ以テ分外ノ事トシ、更ニ誘導ヲ捨置候輩モ有レ之様相聞エ、是全ク時勢ヲ弁知セズ、姑

息ニ流レ候義ニテ、此儘捨置候テハ、御旨趣ヲ奉戴セサル而已ナラズ、畢竟蒙昧頑愚ノ徒多カラシム、実ニ歎ズ可キニ非ズヤ、就テハ今般文部省学制ニ基キ、従来ノ区学校ヲ改正シ、管下一般ノ人民子弟、年齢六歳以上ノ者ヲシテ尽ク学ニ就カシメ、辺鄙村落ニ至ルマデ、教化普及ノ御旨趣ヲ奉ジ、追々小学校成立致スベク候間、何レモ時勢ヲ弁知シ、疑惑ヲ抱カズ、気化ノ運ニ従ヒ其機ヲ失セズ、子弟ヲシテ速ニ入校セシメ、学業ニ従事有レ之度候、尤小学校教則規則等ハ、追々布達ニ及ベク候得共、先改正概略等相達候条、篤ト了解致シ、各子弟ヲ勉励セシム可キ者也

明治六年五月二日
石川県権令　内田政風　↓

〔新17－5〕石川県　石川県

方今文部省学制ニ依レバ、一般ノ人民男女ヲ選バズ、悉ク学ニ就カシムルヲ本旨トス、然ルニ我国従来女子ニ至リテハ之ヲ度外ニ置キ、其父兄タル者ヲ責ムルニ学ヲ以テセズ、不学文盲ヲ以テ女子ノ常トシテ自ラ怪シマズ、風俗教化ノ全ク順美ナラザル所以ノ者是ニ依ラザルナシ、今般更ニ操行端正ナル女子ヲ選ビ、女学校取締トシ、金沢市中ニ一小学校ヲ興シ、管内女子ノ学業アル者ヲ選ビ教官トシ、以テ其端緒ヲ開ク、其法粗々完備スルニ至テ、各中学区ニ及サントス、其法年齢六歳以上ノ者ヲシテ、読書・筆算・裁縫等ノ事業ヲ習ハシメ、時々修身口授ヲ受ケシメ、其順従ノ道ヲ失ハズ、各天賦ノ才ヲ暢達セシメ、以テ男女ヲ選バズ、邑ニ不学ノ戸ナク、家ニ不学ノ人ナカラシムルノ御趣旨ニ適センコトヲ欲ス、人ノ父兄タル者旧習ヲ固守セズ、女子ヲシテ各学ニ就キ、其業ヲ受ケ、人道ノ通義ヲ知ラシムベキ者也、

〔新18－1〕福井県　福井藩

「坊長肆長心得書」
明治三年九月
↓

夫れ坊長肆長《ほうちやうしちやう》等の市民《みん》に於《おけ》る猶《なお》士官《しくわん》の卒伍《そつご》におけるが如し之《これ》を視《み》ること皆己《おのれ》が子弟のごとく憂苦《ゆうく》《うれひくるしみ》を分《わか》ち歓楽《くわんらく》《よろこびたのしみ》を共にすべきハ固《もと》より

論《ろん》ずるを待《また》ず然るに御藩庁《はんちやう》において追々　朝廷《てうてい》《みかど》の盛《せい》意《い》《かくべつのをぼしめし》を継《つが》せられ御制度《せいど》《おきて》御改革《かいかく》《あらため》の砌《みぎり》に当り坊長肆長たらん者尚旧《きう》見《けん》故《こ》態《たい》《ふるきみこみもとのくせ》に泥《なず》ミ御趣意《しゆい》を弁《わきま》へずしては尽力《じんりよく》いたしながら其詮《せん》も無之候得バ能く御趣意のある処を弁へ可申扨其趣意と申ハ御制札《ごせいさつ》を始《はじ》め兼て御布令《ふれい》《おふせいだされ》の条々遵奉《じゆんほう》《したがひうけ》いたし職業《しよくげふ》を励《はげ》《ほねおり》ミ衣食《いしよく》を足し人々をして善に勧《すす》ミ悪に懲《こ》り人道の正しきを得せしむるを以て肝要《かんえう》とす依之《よつて》新《あらた》に郷学所をも御取建に相なり広《ひろ》く教化《けうくわ》《をしへ》を布せらるゝ折柄なれバ市民をして各郷学所へ出頭せしめ子弟たる者孝悌の行を脩《おさ》め素《そ》読書数《どくしよすう》の業《げふ》に就《つ》くべきハ勿論《もちろん》父兄たる者も講　義《こうしやく》を聴き是《ぜ》　非《ひ》《よきとあしきと》を弁へ何れも追々知識《ちしき》を開き西洋諸洲の事情《じぜう》《ことがら》に通じ世界《せかい》の有無を交易し上下公《おほや》けの利益《りやく》を興《おこ》すを以て目的《もくてき》《めあて》となすべし乍《ながらさり》去今日俄《にわか》に其家の貧富《ひんぷ》に拘《かかは》らず悉《ことごと》く其業に就かしめんも亦其宜《よろしき》ニ非《あら》ざれバ今暫《しばら》く市民を三等《さんとう》に分《わか》ち最《もつとも》富る者を以て上戸《じやうこ》とし其次を中戸《ちゆうこ》とし又其次を下戸《げこ》とし中戸以上の子弟は勿論父兄たる者も職業の暇《いとま》にハ精々《せいぐ》郷学所へ出席《しゆつせき》せしめ下戸の分ハ其志《し》　願《ぐわん》《こころざしねがい》にまかせ勝手《かつて》に出席致さしむ様其々《それぐ》心を用《もち》ひ取計可申　如此《かくのごとく》なれば漸々《ぜんぐ》御趣意も貫徹《くわんてつ》《つらぬき》し民人《みんじん》自ら善道《みち》に趣き商買の術《じゆつ》に於ても万国《ばんこく》の公法《こうほう》に帰《き》し風俗敦厚《ふうぞくとんこう》《ならはしあつく》開化文明《かいくわぶんめい》《ひらきあきらか》に到るべし猶又其教《けふ》　導《どう》《をしへみちびく》の大意ハ郷学教諭《ゆ》の篇《へん》にも荒増《あらまし》記したれバ其旨をも相心得勉　励　尽　力《べんれいじんりよく》《つとめてちからをつくす》いたすべく候事

〔新18－2〕福井県　福井藩

「郷学教諭大意」
明治三年九月
↓

夫学《それがく》ハ人心《じんしん》を正《たゞ》うし人倫《じんりん》を明《あきら》かにする所以《ゆえん》にして上　王公《わうこう》より下士庶人《ししよじん》《さむらいひとびと》に至《いた》るまで学《まな》ばずしてハ叶《かな》ハざることわりなれバ　朝廷《てうてい》にハ古《いにし》へよりこの道を重《おも》んじたまひて大ひに学校《がくかう》を設《もう》け御世話《おんせわ》あらせられ候へ共政権武門《せいけんぶもん》《せいじぶけ》に移《うつ》りてより其聞えもなく民間《みんかん》《したぐ》にてハ学問《がくもん》ハ入らぬ事と心得《こゝろえ》学問すれバ必《かならず》商売《しようばい》に疎《うと》く家業《かげう》に怠《おこた》る物《もの》とのミ思ひ僅《ハづ》かに志《こゝろざ》す者《もの》あれば故《こと》さらに擯斥《ひんせき》《しりぞけ》して歯《よはい》《つきあひ》せざる様に成り候ハ痛恨《つうこん》《ざんねん》に堪《たへ》ざる事に候依之《これによりて》今般　王《わう》　政《せい》御復古《ふくこ》《天子のごせいじむかしにかへる》の折柄郷学所御取建《けうがくしよおんとりたて》に相成普《あまね》く子弟を御　教育《きおういく》《をしへそだて》有レ之《これあり》候上ハ如何《いか》なる卑賤《ひせん》《いやしき》の者といへども志《し》　願《ぐわん》《こころざしねがひ》の輩《ともがら》ハ入学差《にうがくさし》許《ゆるし》候間　厚《あつく〔ママ〕》く御趣意《しゆい》を奉戴《ほうたい》《いたゞき》して産業《さんげふ》《すぎはい》の暇《いとま》にハ懈《おこた》らず就　学聴　講《しうがくちやうこう》《つきまなびこうしやくをきく》等いたし其聴受《ちやうじゆ》《きくうけ》したる処を己が身に引当《ひきあて》て互《たがひ》に討　論《たうろん》《はなしあい》し能々《よくぐ》義理《ぎり》を明にし吾《われ》と吾実行《わがじつかう》の研究《けんきう》《みきはめ》を致す様にすべし斯《かく》する時ハ我平日《へいじつ》の心得方《こころえかた》の邪　正《じやしやう》《よこしまたゞしき》鑑《かゞみ》にかけて見る如く瞭　然《れうぜん》《あきらかに》と分《わか》る物なれバ其正《そのたゞし》き事《こと》を行《おこな》ひ邪《よこしま》な

りと思《おも》ふ事ハ断然之《だんぜんこれ》《きつぱり》を改る様ニ専《もつぱ》ら心掛旧《きう》　染《ぜん》《もとからしみこみし》の汚《けがれ》を滌《あら》ひ次第《しだい》に善に進ミ軽《けい》薄《はく》遊《ゆう》惰《だ》《かるはずみあそびゆだん》の習を去《さ》り孝悌忠信の道に趣《おもむ》かしむべきとの御規条《きぜう》《をきて》にも協《かな》ふ事なり扨《さて》不善の改《あらた》むべきハ誰《たれ》も能知《しり》たる事《こと》なれど是《これ》を改る時ハ吾勝手《かつて》の私欲《しよく》に差支《さしつかへ》ある故《ゆえ》に誰にても改る事を　憚《はばかり〔ママ〕》　り姑《こ》　息《そく》　偸《そう》　安《あん》《いっすんおくりにあんおんをたのしむ》に日を渉《わた》り遂《つひ》に神罰《ばつ》をも受け後悔《こうくわい》すといへども及びがたきハ口惜《くちをし》き事ならずや此理《このり》を学問して能々考《かんが》へ不善をなすハ禍《わざはい》を招《まね》くの道なるを悟《さと》る時ハ悪しき事ハ改るに吝《やぶさ》かならず人心　自《おのづから》　正しく人倫明かに父たる者ハ慈《ぢ》を本として子を訓《をし》へ子たる者ハ孝を尽《つく》して父に仕へ夫《をつと》ハ外《と》向《むき》の務《つとめ》を第一にし婦《をんな》ハ専ら家室《かしつ》の事をのミ治《をさ》めて夫《をつと》を助《たす》け長《ちやう》《おとな》は　幼《よう》《いとけなき》　を憐《あはれ》ミ幼ハ長を敬《うやま》ひ朋友《ほうゆう》ハ実意《じつい》を以《もつ》て相交《まじは》る様になりて風俗淳厚《ふうぞくじゆんこう》《ならわしあつく》に至《いた》るべしこれ即《すなは》ち学問実《じつ》　効《こう》《たしかなしるし》の顕《あらは》るゝ処にして是より外《ほか》に学問の道ハ之《これ》なき事なれバ学問して博識《はくしき》に誇《ほこ》るなどの念《ねん》は努々《ゆめ〱》起《おこ》らぬ様に心掛《が》くべし只々古人の一言半句《いちごんはんく》にても能々熟読玩味《じくどくくわんみ》して心に会得《えとく》し身に行ふ事を肝要《かんえう》とすべし夫より日用切近《にちやうせつきん》《てぢかき》農商必要《ひつえう》《かんじん》の書類《しよるい》を読ミ農家にてハ耕作《こうさく》の道ハ勿論《もちろん》水利を興《おこ》し荒　蕪《くはうぶ》《あれたるとち》を拓《ひら》き葉《くわ》　菜《さい》　桑《さう》　楮《ちよ》《くだものなくわかふづ》の類風土《とち》の宜に随ひ培《ばい》　植《しよく》《つちかいうえ》する事などを発明《はつめい》し商家にてハ商法を明らめ産業を広め総《そう》じて信義《しんぎ》を本とし姦《かん》　曲《きよく》　私《し》　利《り》《よこしまにゆがむみがつて》に陥らず永く富《とみ》を保《たも》つ事を旨《むね》とすべし是則身を守り家を保つの道にして先般の御規条ニも有之《これある》趣なれバ何れも慎《つゝし》んで執守《とりまも》り天　寵《ちよう》《てんのめぐみ》を得《え》ん事を心懸《がく》べき者也

〔新18－3〕福井県　足羽県

「農商小学大意」
明治五年一〇月
県参事　村田氏寿
↓

今般朝廷ヨリ御布告有之候ハ、一般ノ人民、華士族、卒、農商及ヒ婦女子ニ至ルマテ、必ス邑《むら》ニ不学ノ戸ナク家ニ不学ノ人ナカラシメンコトヲ期シ、僻村近郷ノ小民ニ至ルマテ学問普及致候様、方法ヲ設ケ可施行トノ御趣意ニ付、管内毎区ニ学校ヲ設立シ教授方ヲ指向ケニ相成リ候ニ付テハ、各父兄ニ於テモ旧染ノ幣《ママ》習ヲ脱シ深ク方今ノ御趣意ヲ体認シ、其愛育ノ情ヲ厚クシ子弟ヲシテ必ス学ニ従事セシムベキハ勿論ニハ候得共、別紙御布達ニモ之アリ候通、是マテ学問ハ士人以上ノ事ニテ農工商及ヒ婦女子ニハ必用ニ之ナキ事ト心得居候族《やから》モ之アリ候、右様相心得候モ一応ハ尤《もつとも》ノ義ニテ、旧来ノ学問ト申セバ只管《ひたすら》漢学ノミノ甚難教道ヲ設ケ、幼稚ノ者ニモ人ノ材不材ヲ問ハス四書五経ヨリ史記漢書等ノ書ヲ習読致サセ候事ニテ、義理末夕解セサルニ文字ニ圧倒セラレ多分ハ中道ニテ廃止候故、畢竟《ひつきよう》右様ノ業ヲ成就致候トモ農商ニハ益ナキコトト一概ニ相心得候ナリ、右ハ七百年来封建制度ノ時分、専ラ両族ノ為メニ設ケシ教官役人ヲ仕立ル所ノ鄭重《ていちょう》ナル漢土学校ノ旧制ヲ沿襲《えんしゅう》セシ弊習ノ推移タルニテ、今日郡県制度平民一般ノ学問ニハアラス、然《しか》ノミナラス方今ニ至ツテハ五洲各国ノ交際交易等相始り、政体・法律・学術・医道ヨリ以テ農商百工技芸ニ至ルマデ、古来未曾有《みぞう》ノ方法、新規大発明ノ器械物品等渡来致シ、一時文明開化ニ赴キ世界一大変革ノ時ニシテ、学問ハ方今第一ノ急務ナレハ大イニ是マテノ旧習ヲ一新致スベキ所以《ゆえん》ナリ、サレバトテ今日農商ノ学問ト申スハ決シテ難キコトニ之ナシ、児童ノ業ト申スモ一通リ皇国日用普通ノ言語文字旁《かたわ》ラ西洋文字ヲモ習ヒ、及ヒ算術・筆道ヲ学ビ、人ノ人タル所以ノ道理ヲ始メ事ニ処シ物ニ接《まじ》ハルノ要領ヲ会得シ、太政官日誌・御布令文・新聞雑誌ノ類ヲ読テ今日朝廷御趣意ノ在ル処及ヒ時世ノ然ル所以ヲ知リ、翻訳《ホンヤク》ノ洋書類ヲ読テ外国ノ事情ヲ察シ、且商法物産ノ損益得失ノ道理ヲ悟リ、智ヲ開キ才ヲ興シ業ヲ昌《さかん》ニスル所以ノ財本ニシテ、之ヲ終リニシテハ家財富ニ国用タリ、上下文明、庁ニ争訟ノ声ナク家ニ和楽ノ色アルニ至ラシメントナリ、若シ夫レ学生ノ天性才質ニ由リ、博学多芸ニシテ或ハ学士トナリ官員トナリ医師トモナルベキモノハ大中学ニ入リ、ソノ科目ニ就テ別ニ習学致スベキナリ、右ニ付、今般別シテ婦女子ニ学問致サスベキ義ヲ御懇諭在《あら》セラレ候御趣意ハ、人生レテ六七歳ニシテ学塾ニ入ルマデハ多分母親ノ手ニテ生長養育致シ候事ニテ、固ヨリ小児ハ無我無知ノ者ニ候ヘハ、其教育ノ道ヲ得ルト得ザルトヨリシテ善キ人物トナリ悪キ人物トナルモ、皆先入主ト為ルト申シテ、教導ニ於テ大イニ関係之アル事ナリ、其上夫婿《ふせい》ヲ助テ家ヲ興ツモ治ルモ亦《また》皆婦人ノ重任ナレハ、御一新ノ今日ニ至リテハ婦人ニ学問之ナクテハ協《カナ》ハヌ義ナリ、然ルヲ是マデ婦人ニ学問ヲサスルハ益ナクシテ却《かえっ》テ害アリ抔《など》心得居候ハ大ナル誤リナレハ、父兄ニ於テモ右ノ御趣意厚相弁《わきま》ヘ、今般別シテ幼少ノ婦女子ニハ其旨説諭致シ、男子同様ニ入学修業致サセ候様可相心得候事、

〔新19－1〕山梨県　山梨県

「学制解訳」
明治六年六月二八日
山梨県権令　藤村紫朗　学務官　三谷恒　↓

昨年学制被仰出候以来学校設立ノ儀ニ付而ハ度々相達候趣モ有之処兎角踟躕致シ居ル向モ不少今ニ成功ニ不至候ハ畢竟学制ノ御趣意ヲ了解不致学校設立ノ急務タルヲ不辨ニヨル事ニ付右学制ヲ解訳シ之ニ叙跋ヲ加ヘ反復其意ヲ述ヘ士木（ママ）ノ上毎村ヘ一冊宛ヲ頒布セシメ候条夜分或ハ農間ヲ見計ヒ戸長ニ於テ村内ノ者ヲ集メ懇ニ読聞セ御主意相貫キ速ニ成功相運ヒ候様精々心配可致候尤右解訳ハ甲府書肆ニ於テ販売申付置候条買求度者ハ勝手次第買取候様此段モ可申聞事

無益ノ冗費ヲ省キ風俗ヲ更正スル儀ニ付テハ追々相達候儀モ有之処従前村々於テ芝居狂言等相催シ中ニハ劇場建設ノ村方有之趣相聞畢竟無

益ノミナラス少年輩ヲシテ怠惰游蕩ニ誘導スル者ニシテ不宜弊風ニ付自今令停止候条劇場ハ取毀チ可用立分ハ即今取設ノ小学校ノ用材ニ供シ候歟又ハ売却シ右入費ニ充テ可申候此旨区戸長於テ取調見込ノ趣早々可申出事
右ノ趣管内無洩相達ル者也
明治六年六月廿八日　　山梨県権令　藤村紫朗

学制解訳

叙　農人カ田ヲ作リ米ヲ得ントスルニハ先苗代ノ時候ヲ量リ種蒔ノ始メヨリシテ刈収メノ終マテ凡五ヶ月ノ間ハ其丹誠骨折容易ノ事ニアラス或ハ養水肥培ノ手当ヨリ時々ノ草取リ穂ニ出レハ猪鹿ノ防キ鳥雀ノ威シナト昼夜安キ心モナク手間ヲ尽シ資本ヲ入レ斯ク千辛万苦ヲ積テ始テ成熟ノ米ヲ収納スルヲ得ヘシ若シ植捨ニシテ培養ニ怠ラハ其米ハ実ラスシテ所謂秕ノ外アルヘカラス秕ハ其質米ナレトモ此ヲ米ト云フヘカラス果シテ然ラハ米ノ生ルヘキ稲モ尋常一様ノ草葉ニ等シトス是偏ニ培養ノ勤惰ニヨリテ一ハ精良ノ米ト成リ一ハ尋常ノ草葉ニ類ス抑人ノ教育モ此理ト同シ人ハ天与ノ美質ヲ固有シ磨ケハ磨クホト智恵ヲ長シ上ハ国家ヲ治ル人トモナリ下ハ一身ヲ修メ家ヲ興シ名ヲ揚ケテ某俊才ト世ニ呼ハル、人ニモ成ルモノ也若是ヲ生レタル儘ニ打ステ置キ更ニ教育ヲ加ヘサレハ物ノ道理モ弁ヘス人ノ人タル行ヒモ知ラス容貌ハ人ニシテ人ニ非サルニ幾シ是則培養ニ怠レハ米ノ生ルヘキ稲ニシテ米ノ実ラサルモ同シ理ナリ今ヤ朝廷天下ニ学制ヲ布キ給ヒ邑ニ不学ノ戸ナク家ニ無識ノ人ナカラシメントス是他ナシ海内ノ人民ヲシテ智恵ヲ開達セシメ身ヲ修メ家ヲ斉ヘ人ノ人タル道ヲ行ヒ各々其処ヲ得テ安穏ニ生ヲ流(ママ)マシメント図ラセ給フ無量ノ仁慈豈感戴セサルヘケンヤ然ルニ世間ノ人此意ヲ解セス幼児アレハ活花煎茶歌舞糸竹ノ技芸ヲ教ヘテ真ノ教育ヲ誤リ或ハ眼前ノ愛ニ溺レ幼児ヲシテ膝下ヲ離レシメス又ハ学資ヲ厭フテ子弟ノ成立ヲ思ハサルモノアリ如斯ニシテ父兄ノ愛情其レ何クニアルヤ希クハ父兄タルモノ此意ヲ会得シ朝廷至仁ノ大旨ニ背カス身ヲ責テ学費ヲ資ケ姑息ノ愛ヲ捨テ学路ノ等級ヲ踏マシメ子弟ヲ成立シ一家ノ栄エ子孫ノ幸福ヲ来サン事管下一般ノ人民其レ之ヲ思ヘ
明治六年六月　　山梨県権令　藤村紫朗誌

学制解訳

人々自ラ其身ヲ立テ其産ヲ治メ其業ヲ昌ニシテ以テ其生ヲ遂ルユエンノモノハ他ナシ身ヲ修メ智ヲ開キ才芸ヲ長スルニヨルナリ
此訳ハ人々カ他人ノ力ヲカラス銘々家蔵モ所持イタシ田畑モ蓄ヘ家族モ不自由ナク養育シテ一家ヲ立身代モヨク世渡リヲ立派ニシテ生涯ヲ暮スト云フモノハ外テハナイ身ヲ修ムルトテ先ツ第一御上ヲ敬ヒ国ノ恩ヲ知リ親ニ孝養ヲ尽シ家内ヲ治メ人ニ交ルニ信実ヲ以テシ慈悲ノ心ヲ失ハス我職分ヲ勉メ奢リヲ誡メ恥ヲ知リ謙退ノ心ヲ忘レス身ノ養生ヲ専一トシ物事ニ堪忍スル等平常ノ行ヒ人ノ人タル自然ノ道ニ適ヒ智ヲ開キ才芸ヲ長スルトテ人ハ自然天ヨリ尊キ智恵ヲ与ヘラレテ生レタルモノナレハ其智恵ヲ磨キ立テ我職分ノ業マヘヲ上手ニシ上手ノ上ニモ益精シクスルニヨルト云フ事ナリ

而テ其身ヲ修メ智ヲ開キ才芸ヲ長スルハ学ニアラサレハ能ハス是学校ノ設アルユエンニシテ日用常行言語書算ヲ初メ士官農商百工技芸及ヒ法律政治天文医療等ニ至ル迄凡人ノ営ム所ノ事学アラサルハナシ

此訳ハ右ノ如ク人ノ人タル道ヲ行ヒ智恵ヲ磨キ立テ業マヘヲ上手ニスルハ生レタ儘テハ出来ルモノテナイ学問テ磨キ立テネハ能ハヌモノナリソレ故学問ヲスル場所ノ学校ト云フモノヽ設ケカアル訳ニテ日用常行言語書算トテ日々片時モ捨テラレヌ身ノ行ヒマタ言葉遣ヒ書物算用ヲハシメ士官農商百工技芸ト云フテ役人ヲ勤メルニハ其道理ノ学問カアリ農業ヲ勤ムルニハ農学トテ農業ヲスルニ其道理ノ明ラカニナル学問カアリ又百工技芸トテ家ヲ造ルモ蒸気船ヲ造ルモ橋ヲ架ルモ鉄ヤ木ニテ種々ノカラクリノ道具ヲ造ルモ皆其道ノ学問カアリ又政治医療トテ多クノ人ノ上ニ立テ政事ヲトルニ国ノ為ニナルカナラヌカ人民ノ働キニ妨ケノアルナシ又能キ物ヲ害スル悪徒ノ防キカタ悪行ヲ行フ者ノナイ仕方ナト其方ヲ立ル道理ノ学問カアリ又人ノ病ヲ療治スルニモ人ノ五体ノカラクリノ理ヲ究メ病ヲ療治スル医者ノ学問カアルナリ右ノ如ク凡人ノ世ヲ渡ル為ニ勤メ働ク仕事ニ付テハ一ツトシテ学問テ其業ヲ磨カヌモノハナイト云フ事ナリ

人能ク其才ノアル所ニ応シ勉励シテ之ニ従事シ而シテ後初メテ生ヲ治メ産ヲ興シ業ヲ昌ニスルヲ得ヘシ

此訳ハ人ハオトテ其人ニヨリ生レツキ役人ムキノ持前カアリ商ヒニムクモノモアリ細工ニ器用ナル者モアリ大キナ事ヲ考ヘル人モアリ物事ヲ細カニ了簡スル人モアリテ皆夫々向キ々々ノ相応スル学問ヲ勉メ励ミ其事ニノミ心ヲ込メテコソ身ヲ修メ物ノ道理カ分リテ家産モ能クナリ暮シ方モ立派ニ何不足ナク家富ミ栄ユル事カ出来ルト云フ事ナリ

学問ハ身ヲ立ルノ財本トモ云フヘキ者ニシテ人タルモノ誰カ学ハスシテ可ナランヤ

此訳ハ夫レテ此学問ト云フハ名ヲ揚ケ家ヲ起シ一生涯ヲ安楽ニ暮ス財本モ同シ道理ノモノナレハ人ノ世渡リヲ営ムニハ誰ニテモ学問ヲナサスシテ能イモノテハナイト云フ事ナリ

夫ノ道路ニ迷ヒ飢餓ニ陥リ家ヲ破リ身ヲ喪ノ徒ノ如キハ畢竟不学ヨリシテカヽル過チヲ生スルナリ

此訳ハ我身ニテ我身ヲ養フ事モ出来ス人ノ門口ニ立テ食ヲ乞ヒ飢餓トテ終ニ飢エ死ニスルモノヤ又身持放蕩ニ流レテ職業ヲ勉メス公事訴訟ヲ好ミ或ハ遊芸ニ耽リ大酒ヲ好ミ博奕ヲ事トシ詰リ家屋敷モ田畑モ売払ヒ身ノ便ル所ナキニ至リテ悪業ヲ行ヒ御仕置ニ逢フヤウナモノカ世間ニ多ヒモノタカヽカクナリユクト云フハ学問ヲ致サヌヨリ物事ノ道理カ暗ク斯ル過チヲシテカスモノソト云フ事ナリ

従来学校ノ設アリテヨリ年ヲ歴ルコト久シト雖モ或ハ其道ヲ得サルヨリシテ人其方向ヲ誤リ学問ハ士人以上ノ事トシ農工商及ヒ婦女子ニ至テハ之ヲ度外ニ置キ学問ノ何物タルヲ弁セス

此訳ハ昔ヨリ学校ノ御設ケカハシマリテヨリ所々ニ学問所アリテ久シキ事ニナレトモ学問ノ仕方カ筋ノ立ヌヨリ竟ニ方角ヲ取リ違ヘマタ其学問ト云フモ士ヨリ上ノ仕事ト極リ百姓町人ヤ婦女子ハセヌ事ニナリ来リ学問ハ何ノ為ト云フ事ヲ弁ヘヌ事ニナリシト云フ事ナリ

又士人以上ノ稀ニ学フモノモ動モスレハ国家ノ為ニスト唱ヘ身ヲ立ルノ基タルヲ知スシテ或ハ詞章記誦ノ末ニ趨リ空理虚談ノ途ニ陥リ其論

高尚ニ似タリト雖モ之ヲ身ニ行ヒ事ニ施ス事能ハサル者少ナカラス是則沿襲ノ習弊ニシテ文明普ネカラス才芸ノ長セスシテ貧乏破産喪家ノ徒多キ所以ナリ

此訳ハ士分以上ニテ適マ々学問スルモノカアツテモ動モスレハ心得違ヲナシ国ノ為ニ学問ヲスルナト云フテ学問ハ我身ヲ仕立テ上ケル財本トモ云フヘキ訳ナルヲ心得ス詩ヲ作リナニカシテ或ハ口先ハカリテムタ理屈ヲ云ヒ銘々思ヒ々々ノ末ニ馳セ身ニハ一ツモ行ヒ施ス事ヲセス是ハ古キ仕来ノ悪僻（ママ）ト云フ者ニテ世カ開ケヌ故学問カ用ニ立スシテ家ヲ失ヒ窮乏ノ者カ多キ訳テ有ルト云フ事ナリ

是故ニ人タル者ハ学ハスンハアルヘカラスコレヲ学フニハ宜シク其旨ヲ誤ルヘカラス

此訳ハソコテ人タル者ハ必ス学問ヲ致サネハナラヌカ其学問ハ能ク主意ヲ取リ違ヘ何ノ用ニモ立ヌ学問ヤ又ハ身ノ妨ケトナル学問ヲセヌ様ニシテ誤ラヌカ肝要テアルト云フ事ナリ

之ニ依テ今般文部省ニ於テ学制ヲ定メ追々教則ヲモ改正シ布告ニ及フヘキニ付自今以後一般ノ人民華士族卒農工商及婦女子必ス邑ニ不学ノ戸ナク家ニ不学ノ人ナカラシメン事ヲ期ス

此訳ハ右ノ訳タニ依テ此度文部省ニ於テ学問ノ仕方ヲ定メラレ教ヘカタヲ改メラレテ御布告ニナルニツキ今ヨリ後ハ華族モ士族モ百姓モ町人モ婦女子ニ至ルマテ此日本ニ生レタル者ハ皆学問ヲ致シ如何成ル田舎山奥ノ村ニテモ学問セヌ家ハ壱軒モナク如何ナルアハラ家ノ内ニテ世渡リスルモノニテモ学問セヌ人ナイヤウニ遊ハサレルト云フ御主意ナリ

人ノ父兄タルモノ宜シク此意ヲ体認シ其愛育ノ情ヲ厚クシ其子弟ヲシテ必ス学ニ従事セシメサルヘカラサルモノナリ

此訳ハ右ノ通ノ御主意タルニヨツテ人ノ親タルモノ兄タルモノハ厚ク心得テ我子ヤ弟ヲ可愛ト思ハヽ学問致サセテ其身ヲ立派ニ仕立家モ繁昌スルヤウニシテコソ父タルモノ兄タルモノヽ役前カタチ又慈悲恩愛トモイフヘキ訳ニ付子ヤ弟アレハ急度学問サセヨトノ事ナリ

高上ノ学ニ至テハ其人ノ材能ニ任スト雖モ幼童ノ子弟ハ男女ノ別ナク小学ニ従事セシメサルモノハ其父兄ノ越度タルヘキ事

此訳ハ高上ノ学トテ農学トカ政事学トカイフテ小児ノ一ト通リノ学問カ済タ上ハ其人ノ器量ノムキ々々ニ任スルナレト幼童ハ男女ノ差別ナク六歳ヨリ必ス小学校ニ出ス事ノ御定メナレハ若シ姑息ノ愛情ニ溺レ六歳以上ニ至リテモ一時逃ヲナシ若小児ヲ出サス等閑ニ心得ル者ハ親ヤ兄ノ越度トナルソト被仰出タルナリ

跋

村町ノ稚キ子供等カ桃太郎鬼ヶ島行ノコトヲ能ク語リ得ルハ朝夕ニクリカヘシハナスニヨリテ忘レサルナリ是ヲ視テモ自得ノ妙ナルコトハ常々ノ慣習ニヨルヲ知ルヘシ今度学制ヲ布キ玉フ御主意モ日本全国ノ人々桃太郎話ノ如ク学問ニナレテ忘レス其益ヲ得サシメントナリ銘々カ姑息ノ心ニハ為カタキ事ヲ強テ為サシムルトノミ誤認スルニ至ラン然リトテ学問ハ為カタキ事ニハアラス幼年ノ時ヨリ為ナレ行ケハ彼ノ桃太郎話ヲ容易ク覚エ得ルニ異ナラヌモノナリ父兄タルモノ熟々本文ノ意ヲ会得シ子弟ラヲシテ皆能ク学問ノ道ニ入ラシメハ他日ノ済美モ期スヘシトテ聊カ一語ヲ巻末ニ加フルニコソ

〔新19-2〕山梨県　山梨県

「学問のもとすゑ」
明治六年一〇月
学務課員　小野泉　↓　県下各区村の開校に臨み群衆に向かって

世の中今は昔に同じからず昔ハ百姓町人職人婦女子などは学問為《ガクモンス》るものとも思《オモ》はずせず共事すミたりし様《ヤウ》なれども今は華族《クワゾク》も士族《シゾク》も農工商女子までも同じ様《ヤウ》に書物算盤《ショモツソロバン》手習ひをバ学《マナ》バざれは世間《セケン》の交《マジハ》り通《ツウ》じがたく身《ミ》にとり家《イヘ》に取《ト》り国にとり損《ソン》多くして益《エキ》なし中ニも女学母教《ジョガクボケウ》とて女も学問してもの〻道理《ダウリ》ニ通《ツウ》じ其子を教《ヲシ》へ育《ソダ》つることを大事《ダイジ》とすされば西国の言《コト》に世を蓋《オホ》ふの功業《コウゲフ》も慈母《ジボ》の膝下《ヒザモト》より生ると真《マコト》なる哉《カナ》北条泰《ホウデウヤス》時《トキ》のは〻周《シウ》の文王《ブンワウ》のは〻また孟母《マウボ》の機《ハタ》を断《タ》ちて孟軻《マウカ》を誨《ヲシ》ふる楠母《ナンボ》の言《コト》を悉《ツ》くして正行《マサツラ》を誡《イマシ》むるなど皆《ミナ》能《ヨ》くその大功徳《ダイコウトク》大学術《ガクジュツ》をして後世《コウセイ》ニ伝《ツタ》はらしめたり是等《コレラ》はすべてその母よく世間の道理《ダウリ》を弁《ワキマ》へてよく其子を教へ導《ミチビ》きし効《シル》シなり

今や　朝廷《テウテイ》より学制《ガクセイ》とて学問《ガクモン》する次第《シダイ》を定めたる掟《オキテ》を日本国中ニ播《ホドコ》したまひ昔より仕来《シキタ》りの詩文章《シブンシヤウ》などにのミ泥《ナツ》める実《マコト》なき学問の弊習《ヘイシウ》を嬌《タ》め人一生其身《ミ》その家《イヘ》の利益《リエキ》とならん其真実《ソノシンジツ》の学問《ガクモン》を児共《コドモ》の男女《ヲトコヲンナ》に拘《カヽ》ハらず教《ヲシ》へたて都《ミヤコ》ニも田舎《イナカ》にも無学《ムガク》の人はなき様《ヤウ》に遂《ツヒ》ニハ日本をして文明の国たらしめむとなさる〻也是《コレ》ぞ則ち今日の急務《キウム》なる文明とハ貴賤《キセン》すべて同様《ドウヤウ》に物学びして能く物ごとの理合《リアヒ》を合点《ガテン》し人たるの道をふミ家国《イヘクニ》を富《ト》まして自由の権利《ケンリ》を有《タモ》ち天恩と国恩とに報《ムク》うるのしかたを明らめ人の禽獣《トリケダモノ》《キンジウ》に異《コト》なる所以《ユエン》を弁《ワキマ》へ知《シ》るをいふなり禽獣《トリケダモノ》すら餓《ウエ》て食《クラ》ひ寒《サムケ》して冬こもり毛羽《ケハネ》をかへて春秋をわたるハ凡《スベ》て是レ人の衣《キ》もの食《クヒ》もの住居《スマヒ》を索《モト》むるに等《ヒ》とし乳《チ》また餌《エ》をあたへて雛児《ヒヨコ》を羽《ハグ》くみ育《ソダ》つるは何ぞひとの子をやしなひたつるに異《コト》ならん禽獣すら猶よく是《カク》の如し苟《イヤシク》も人として衣食住《イシヨクヂユウ》にのミ安《ヤス》んじて児孫《コマゴ》を育《ソダそだ》つるに已《ヤミ》て可《カ》ならん哉むかしは是を以て事足《タ》れりとして人のひとたる道を求《モト》めざりき人の彼禽獣《キンジウ》と殊《コト》なる所以《ユエン》のものは教《ヲシヘ》に従《シタガ》ひ道《ミチ》に拠《ヨ》るに在るのみ今是《コ》の世界文明の時に遇《ア》ひふるき習《ナラ》はせにのミ泥《ナズ》ミ教《ヲシ》へず学バず道理《ダウリ》ニ昧《クラ》く愚《オロ》かにして年をくらすをよしとするは時勢《ジセイ》の遷《ウツ》り変《カハ》るを思《オモ》はざるなり譬《タト》へば一日のうちにも朝《アサ》は昼《ヒル》となり夜《ヨル》となり一年を以てみれば春は花さき風暄《アタヽ》かにして楽《タノ》しとおもふ内ニ青葉《アヲバ》栄《サカ》えて暑《アツ》きにくるしむ夏来り秋の寂《さび》しく落葉《オチハ》する冬のさむく雪積《ツモ》る一日片時も同しやうにてハあらぬものなり春を暄《アタヽ》かにして楽敷《タノシキ》時なりとすれど年は春《ハル》のミに滞《トヾコホ》らず昼をあかるく便利《ベンリ》なりとすれど日は昼《ヒル》のミに留《トヾマ》らざればその時々の暮《クラ》し方其折々のこ〻ろがまへを為《ナ》さゞるを得ず時勢《ジセイ》のうつり変《カハ》るもまた同じ理なり但その短《ミジカ》きと長きとの差《タガ》ひあるのミ如何ニ文化文政項《ブンクワブンセイゴロ》の無事《ブジ》平安《ヘイアン》にして絹綿酒　肴《キヌワタサケサカナ》百穀百物の値《アタヒ》の低《ヤス》かりしを懐《オモ》ふともいかでか今に挽回《ヒキカヘ》すことのならん凶年《キヨウネン》もあり流行病《リウカウビヤウ》もあり水害旱損地《スイガイカンソンヂ》震火災《シンクワサイ》もあり死《シヌ》るもあり生《ウマル》るも有り合戦もあり離散《リサン》もあり変《カハ》り易《カハ》りて今日の世体《セイタイ》とはなれるなり

無事平安《ブジヘイアン》は好しといへども慣《ナ》るれは懶惰《ランダ》にながれ智恵《チエ》昧《ク》らミ法令《ホフレイ》はまがり政道《セイダウ》ハゆるみ何か変《カハ》りたることある時は上下共に狼狽《ウロタ》へまはり蹶《ツマヅ》き仆《タフ》るにいたり土地人民は早く外国のものに掠《カス》めとられそれが支配を受《ウク》る人民となれバ東西ニ追《オ》ひつかはれ南北に引徒《ヒキウツ》され戦場《センジヤウ》には役《エキ》せられ年貢運上《ネングウンジヤウ》をば重《オモ》く取立られ其労苦難儀《ソノラウクナンギ》何ニたとへん方もなかるべし我日本を知《シロ》し食《メ》す

天皇は天照太神の御裔《ミスヱ》にて世は代《カハ》れども御系統《ミスヂ》は易《カハ》らせられず君臣民のその間千万年の親《シタシ》ミある事にて世界《セカイ》万国と国ハ多けれども其国々の懸《カケ》ても及ぶべき所《トコロ》にあらず果《カ》丶る結構《ケッコウ》なる日本ニ生れたる者は如何にも上を重《オモ》んじ敬《ウヤマ》ひ国を愛《アイ》し護《マモ》り智《チ》をみがき才《サイ》をやしなひ富強《フキヤウ》の基《モトイ》をかたくして他国の侮《アナド》りを防《フセ》ぎ遂《ツヒ》にハ　皇威《クワウイ》を海外に輝《カヾヤカ》すべく誰《タレ》も我もこ丶ろ懸《カ》くべしこれを心がくるにハ能く

朝廷の御趣意《ゴシユイ》を守《マモ》り指令《シレイ》のま丶に方向《ハウカウ》を定めざるべからず今海内の州郡区村《シウグンクソン》《クニコホリクムラ》いたらぬ処もなく学校を取《トリ》たてられ男女の児共《コドモ》一人も残《ノコ》らずその処に通ひて学問せよと有《ア》るハ重《オモ》き御趣意《ゴシユイ》なれば一日もはやくわが児《コ》吾女《ワガムスメ》をして学バしめ才能優《サイノウスグ》れたる者に育《ソダ》て挙《ア》げて身のため家の為《タメ》国の為《タメ》にもと思《オモ》ひ計《ハカ》るべし次第《シダイ》ニ文明に赴《オモム》く世にあはん児女《ジジヨ》《コドモ》なれバ今の姿《スガタ》にうか〳〵として暮《クラ》しがたし然して其児女を育《ソダ》て教《ヲシ》ふる道《ミチ》を明《アキラカ》にせざれば一生子の生長の後《ノチ》ハ必貧賤《カナラズヒンセン》にして人に追《オ》ひつかはる丶者と成るものぞさて其子を教《ヲシ》へ育《ソダツ》るの方《ミチ》は母親《ハヽオヤ》の負《オ》ひ持つ所《トコロ》とす人々こ丶を念《オモ》ひ爰《コヽ》を弁《ワキマ》へ女児《ヲナゴ》をバ特《コト》にはやく学ばしむべし女児《ヲナゴ》ほど身上《ミノウヘ》のいそがしき者はなし年十四五歳の頃《コロ》に至《イタ》れば養蚕糸機裁縫《コガヒイトハタタチヌヒ》の工《コウ》を教《ヲシ》ふるその暇《イトマ》も久しからぬうちに他家ニ嫁《カ》すれば夫舅姑《ヲツトシウトシウトメ》につかへ頓《ヤガ》て児《コ》を生《ウ》ミ育《ソダ》つるの世話《セワ》さへ重《カサナ》りて朝夕身心《ミコヽロ》の安《ヤス》まる時《トキ》もあらず終《ツヒ》に老朽《オイクツ》る身となるなりされバ生れて満六歳《マルムツ》にいたらバ猶予《イウヨ》せず学校《ガクカウ》の教《ヲシ》へにしたがひ十三歳に至《イタ》るまでに読《ヨ》ミ書《カ》き算盤《ソロバン》等普通《フツウ》の学を修《ヲサ》めしめもの丶道理《ダウリ》世の情態《ジヤウタイ》を諳《ソラ》んじ家業《カゲフ》をたすくるの道を明らめさすべし然《シカ》るに於《オイ》ては人に嫁《カ》して後内向《ノチウチムキ》の事をつかさどるあたハず又は夫《ヲット》の職業《ショクゲフ》を助《タスク》る様《ヤフ》を知らず舅姑《シウトシウトメ》に事《ツカフ》るみちをうしなひ睦《ムツマ》じからずして離別《リベツ》さる丶抔《ナド》の辱《ハツカシメ》はあらじ児《コ》を産《ウ》ミ挙《アゲ》ては乳汁《チヽ》をあたふるにも衣服《イフク》を被《キ》するにも其程《ホド》々の度《ド》をうしなひ病《ヤマヒ》を生ぜしむるの過《アヤマ》ちもあるまじ其児《コ》のもの言《イ》ひ始《ハジ》め好悪《カウヲ》《スキキラヒ》を知り初《ソム》るに至《イタ》らば先ツ東西南北九九の数《カズ》をはじめ事の善悪《ヨシアシ》もの丶名目《ミヤウモク》等教《ヲシ》へさとし乳《チ》をふくめ物を与《アタ》ふる其度《ソノタビ》ごとに平生《ヘイゼイ》をしへ置《オキ》たる言《コト》を復《フク》さしめ当《アタ》る当《アタ》らぬを試《コヽロ》みてのちに与《アタ》ふるを常《ツネ》とすべし世の諺《コトワザ》に先入師《センニフジ》となり又三ツ子の魂《タマシヒ》百までといふごとく仮《カリ》りにも死霊生霊亡魂幽霊天狗《シリヤウイキリヤウバウコンイウレイテング》また方角年部《ハウガクトシブ》の吉凶《キッキヨウ》など跡形《アトカタ》もなき嘘偽《ウソイツハ》りをソひきかすべからず大に学問の妨《サマタゲ》となり物の理合《リアヒ》さとり得《エ》がたしその虚偽《ウソイツハ》りは頓《ヤガ》て先入《センニフ》の師《シ》と成《ナ》りたましひに浸《シ》ミ着《ツキ》て忘《ワス》る丶こと能《アタ》はざるが故《ユヱ》に事ニ臨《ノゾ》みものに触《フ》れ惑《マドヒ》の種《タネ》と成《ナ》り決《ケツ》して美事善行《ビジゼンギヤウ》はなし得《エ》ざるものなり六歳にいたれば学校《ガクカウ》に通《カヨ》はせ家《イヘ》に帰《カヘ》れバ己《オノ》が仕事《シゴト》の暇《イトマ》にも其日の受《ジュ》業《ゲフ》を問ひ質《タヾ》し忘《ワス》る丶ことのなからしむるなどすべて母《ハヽ》ノ子を教《ヲシ》へそたつる方《ミチ》なりかく教育《ケウイク》をくはへつる児童《ジドウ》の才智《サイチ》開《ヒラ》けぬことハあらじ生長の丶ちハ必《カナラズ》家《カ》業《ゲフ》を治《ヲサ》め財産《ザイサン》を富《ト》まし遂《ツヒ》には世上に効蹟《イサホシ》を立て丶国の光りを添《ソフ》るに至《イタ》るべし斯《カク》てぞ文明の民たるに恥ぢずと云ふべきなり

世間を広《ヒロ》く見わたすニ女児《ヲナゴ》を育《ソダ》て丶六七歳に及べば唄浄瑠璃《ウタジヤウルリ》三味線《サミセン》生花茶湯《イケバナチヤノユ》など今日の用にもた丶ざる遊芸《イウゲイ》を学バせ又身分《ミブン》に過《スギ》たる衣装髪飾《イシヤウカミカザリ》を装《ヨソ》はするなど徒《イタヅラ》に成人《セイジン》して後《ノチ》の遊惰淫風《イウダインフウ》の媒《ナカダチ》となさしむされどそを悔《クユ》ともせざるハ甚《ハナハダ》親《オヤ》たるもの丶の子を育《ソタ》つる道《ミチ》に背《ソム》けり彼遊芸《カノイウゲイ》ハ

知らずとも差支《サシツカヘ》なし女たるの道を弁《ワキマ》へざるは大《オホイ》なる恥《ハヂ》なり或《アルヒ》は家貧《イヘマヅ》しとて乳児《チノミゴ》のもりをさせ或《アルヒ》ハみづから奉公《ホウコウ》に出《イダ》し学ばすべき時を失《ウシナ》ひ年《トシ》長《タ》けて嫁入《ヨメイリ》すとも家内睦《カナイムツマ》しく暮《クラ》す方《ミチ》も知らず夫《ヲット》の職業《ショクゲフ》を手伝《テツダ》ふ道も弁《ワキマ》へず其家《ソノイヘ》を逐出《オヒイダ》さるゝにいたりてハ己《オノ》れを咎《トガ》めんものともせず徒《イタヅラ》に舅姑《シウトシウトメ》を怨《ウラ》む抔教《ナドヲシヘ（ママ）》へなき者の果《ハテ》は実《マコト》に憐《アハレ》むべく嘆《ナゲ》くべきことなり守《モリ》さすとも何程《ナニホド》の助《タスケ》にかならん奉公《ホウコウ》さす共何計《ナニバカリ》の稼《カセギ》かせん学問五七年の月日僅《ワヅカ》の入費《ニフヒ》をば如何《イカ》にもして可愛《カアイ》とおもふ児《コ》の為《タメ（ママ）》めなれば朝夕丹精《アサユフタンセイ》を尽《ツク》し働《ハタラ（ママ）》きうめて成長《セイチヤウ》のゝちひとに恥《ハヂ》ざるやう教《ヲシ》へに従《シタ》がはしむべしさなくては後日悔《クユ》とも何《ナニ》の甲斐《カヒ》かあらん今日の形勢《ケイセイ》を以て観《ミ》れバ五年十年の後《ノチ》には何様《ナニヤウ》にか世のみちハ飛《ヒ》らけ行《ユク》ならん其時に至《イタ》らば婦《ヨメ》を娶《メト》らんとする人ハ徒《タヾ》に顔貌遊芸《カホカタチイウゲイ》に俊《スグ》れたるをバ覓《モト》めじ必学校盛《カナラズガクカウサカ》んの近傍《キンバウ》に於《オイ》て尋《タヅ》ぬるならん富る家《イヘ》の女《ムスメ》なりとてもの学びに疎《ウト》ければ縁遠《エントホ》くして終《ツヒ》にハ貧《マヅシ》き者にも嫁入《ヨメイ》らざるを得《エ》ず貧《マヅシ》きものゝ女《ムスメ》なりとも教《ヲシ》へを受《ウ》けて行《オコナ》ひ修《ヲサマ》らバよき婿取《ムコトリ》するを得《ウ》べしされば学ぶと学バざるとにより伝《テ》眼前《ガンゼン》に幸《サイハヒ》を得《ウ》ると失《ウシナ》ふとあり教《ヲシ》へをうけたる女子《ヲナゴ》は啻《タヾ》に眼前《ガンゼン》の幸《サイハヒ》を見《ミ》るの実《ミ》ならず夫《ヲット》の業《ゲフ》を助《タス》けて内の事を治《ヲサ》め年々に身代《シンダイ》は栄《サカ》えゆき其児《コ》その女《ムスメ》を善《ヨ》く教《ヲシ》へ育《ソダ》つるの道を弁《ワキマ》へたればその児女《コドセ》は必才能《カナラズサイノウ》多き人とならんされば老年《ラウネン》のゝちハ其福《ソノフク》を受《ウ》ること更《サラ》に大《オホイ》なるべし人皆眼前《ガンゼン》の差支《サシツカヘ》と仕来《シキタリ》の習《ナラ》ひとを言《イ》ハず思《オモ》ハず時運《ジウン》の移《ウツ》る所に眼《メ》をつけて御趣意《ゴシユイ》の在《ア》る所《トコロ》にむかひ教育《ケウイク》の道を大事とこゝろ得《エ》世の文明をすゝめ国の富強《フキヤウ》をたす遺伝《ケテ》遂《ツヒ》に
皇威《クワウイ》の海外《カイグワイ》に輝《カヾヤ》かん時を期《ゴ》するを肝要《カンエウ》とす是女子《コレヲナゴ》の学問をも大切《タイセツ》として勧《スヽ》め励《ハゲ》まさゞるを得《エ》ざる所以《ユエン》なり人々等閑《ナホザリ》に思《オモ》ふへからず
学問のもとすゑ畢

余や本県の学務掛を奉して県下各区村の開校に臨むごとにその群衆に向ひて学問の趣意を説き示すに多くは女子の入学を勧むるを以てすさるハ世のひと女の学問は要なきものとのみ心得る旧習を破らん為なり先頃西野学校開業の席にても同じ様に説きけるを本村の戸長等その趣意筆記して付与せられよ村内の婦女子にも読聞かせんものとありけれバ倉卒筆を執り只管田児野嬢にも読易からしめんとてかくはものしたるなり而して其文の拙く意の浅きが如きハ看ん人幸に咎むる勿れや

明治六年第十月小野泉しるす

〔新20－5〕長野県　筑摩県

「学問普及の為申諭し書」
明治五年九月
筑摩県庁　↓　戸長副

人ゝ自ら其身を立て渡世をはけみ一家繁昌して其一生を暮すわけ合のものハ外の事に非す　其身の修行を致し智恵をひらき器量をまし芸能

を成就するによる也　然るに身の修行を致し智恵をひらき器量芸能をまし長するハ学問せされハ出来ぬものなり　これ学問所を立るわけ合にて日ゝ身の行ひ言葉遣ひ手習算盤《そろばん》をはしめ役人百姓商人諸職人及ひ法度　政事　天文　医術等ニ至るまて凡そ人の営む程の事ハ学問にあらさるハなし　人ゝよく自分の才力ニ応シ勉めはけみて学問致し然して後はしめて身を立渡世をはけみ一家繁昌して一生を暮す事を得へしされハ学問は身をたて家を繁昌にする稼《かせぎ》の元手ともいふへき者にして人たるもの必す学問せされハならぬもの也夫《か》の世間の道路に迷ひ門戸にたち飢に迫り或ハ家を潰《つぶ》し身をほろほす者の如き畢竟無学文盲より了簡違ひをなしかゝる者ニなる也　学校ハむかしよりありて久敷年ハ経たれとも教かたよろしからす　今度文部省に於て学問の仕かたを定められ追て教方をも改正し触れ達しに及ふへきにつき今より後一とうの役人　百姓　職人　商人及ひ婦女子是非共学問致し一村毎ニ無学の人なく家毎ニ文盲の者なからしめん事をまつ也　人の父兄たるもの宜敷此趣意を心得愛し育《そだつ》るの心を厚くし其子弟をして学問いたさすへきもの也

上等の学問ハ其人の材能によるといへとも幼年の子弟ハ男女の別なく小学問所にいれさるものハ其父兄の越度たるへき事　但是迄仕来りのくせにて学問ハ士分以上の事とし国家の為にすと心得居る故学問入費及衣類食物に至る迄多く人ゝ目当を違ひ学問ハさむらひ以上の業とし百姓職人商人及ひ婦女子ニ至てハのけ物にして学問とハ何事なるを知らす又さむらひ以上の稀ニ学ふものも動《やゝ》もすれハ国家の為ニすと申はやし其身を立るの元手なる事を知らす或ハ詩を作り文をかき物覚えの末にはしにやくにも立ぬ空言理屈はなしのみちにおち口さきはかり立派に言廻し身の上ニ行ひて其学問を用立る事出来ぬもの多し　これ仕来りのあしき癖《くせ》ニして世の中開けす才智芸能長せすして家を潰し身を亡し貧乏者の多く出来る筈のもと也　右のことくなれハ是非とも学問せすにハならぬ事也　学問するにハまた基本意を誤るへからす　これに依て役所へ依りもたれ役所より下されニならされハ学問せぬ事と思ひ自分より文盲にして一生を棄るもの少からす　是皆心得違の甚しきもの也　今より後此等のあしき癖をあらため人民一同いらぬ事ハさし置自分よりはけみ振《ふる》ひて学問いたす様心得へき事

右は太政官より被　仰出候御文意を猶又小民に至る迄分り易き様和らけ相示候条郷宿において写し取向ゝ相伝へ厚く御趣意を心得可申もの也

〔新21－2〕岐阜県　高山県

明治元（慶応四）七月一日
梅村速水　↓　村々役人

教莫大於彜倫、治莫先於名分、二者不明則変故百出、天下之禍有不可勝言者矣トハ、先哲ノ確言ナリ、蓋シ源平以遠、武弁為政、学術掃地、綱常破壊シ、名義明ナラズ、天下終ニ忠孝ノ何物タルヲ知ズ、於是乎兄弟相戕スルモノアリ、叔侄相仇スルモノアリ、臣トシテ君ヲ弑スルモノアリ、子トシテ親ヲ害スルモノアリ、其弊日一日ヨリモ甚ク、足利ニ至リテ極リ、十三世ノ久殆ト寧日ナシ、東照宮出ルニ及テ禍乱遄ニ沮ミ、文運漸ク開ク、然ルニ書ヲ読ムモノハ政ヲ執ルモノニ非ズ、政ヲ執ルモノハ書ヲ読ムモノニ非ズ、忠厚勇武ノ風湮シテ貪淋無恥ノ俗盛ナリ、賄賂公ニ行レ、請托事ヲ成ス、其甚ニ至テハ祖法ヲ廃却シ、天朝ヲ蔑如ス、上ノ不忠不孝已ニ如此、則下此ヨリ甚シキモノアリ、以テ今日ノ勢ニ至ル、当国ハ別シテ山中ニ僻在シ、人民モトヨリ頑愚、加之盲臣席賊政ヲナシ、上ニアルモノヨリ名分大義ヲ弁セズ、教化ヲ主トセズシテ刑法ヲ先トシ、要之私家営々ノ外更ニ他事ナシ、是ニ依テ民亦盗賊付火ノ罪タルヲ知テ、不忠不孝人倫ヲ破ルノ罪更ニ甚ヲ知ラズ、所謂民免テ恥ナシト申モノニ候、拙者入国以来未ダ数月ナラザルニ、不孝ノ子ヲ勘当セント願フモノ既ニ十人ニ近シ、夫父子ノ情愛ハ天ノ所賦、絶テタ、レヌモノニ候、子トシテ親ニ事ルコトアタハザルハ、固ヨリ子タルモノ、罪ナレトモ、親トシテ其子ヲ教育スルコトアタハズ、悪事稔熟ノ時ニ至テ、他国ニ追ヒ出シ、剰ヘ他国ノ厄介ニ迄相成候ハ、親モマタ罪ナシト云ベカラス、如是親子共ニ人倫ヲ破リ候モノハ、名教ノ罪人禽獣同様ノモノニ付、急度厳科ニモ行フベキノトコロ、是迄教道相立申サザル儀ニ付、所謂不教而刑之ハ、民ヲ罔スル訳ニ相当リ候間、既往ノ事ハ深ク咎メズ候、今也大政一新、忠孝ヲ以テ被為立皇基首トシテ、孝子節婦ヲ賞シ、大学校御取立ニ相成、教化ヲ以テ先トナサレ候折柄、僻郷ノ小吏ニ至ル迄、名義ヲ講シ風俗ヲ政スヲ以テ、中興ノ第一義ト心得ズシテハ不相叶儀ニ付、急々学校ヲ建テ、国中ノ士民ヲ教諭致シ候間、皆々研精可致候、末々ノ貧民共学問致シ候コトアタハザルモノハ、雑講ニ出席シ、大義ヲ弁ヘ、不忠不孝ノ罪ニ陥ザル様心懸ケ可申候、若右様丁寧深切ニ教誨致シ候テモ、尚人倫ヲ破リ候モノハ、禽獣同様ノモノ故、不得止厳科ニ処セザルコトヲエサル様相成、誠ニ悲歎ノ至ニ不堪候間、何卒心得違無之様、士民一同ヘ呉々モ頼入候

〔新22－1〕静岡県　浜松県

「女子教育趣意書」
明治六年三月
県令　林厚徳　↓

第一章
男《をとこ》は外《ほか》を治《をさ》め女《をんな》は内《うち》を治《をさむ》る古今《ここん》之通誼《つうぎ》《スジメ》なり然《しか》るに較《やゝ》もすれバ夫《をつと》に事《つか》ふるの道《みち》を知《し》らすして嫁《よめいり》し子《こ》を教《をしゆ》るの道《みち》を知《し》らすして子を養《やしな》ふものあり
故《かるがゆへ》に夫妻反目母子逆誓《ふせいはんもくぼしぎやくせい》《フーフナカアシクヲヤコゲンカ》終《つい》に人倫《じんりん》《ヒトノスジメ》之大義《たいぎ》《ヨロシキ》を失《うしな》ふものあり是教化《これきようくわ》の普《あまね》からさるよりかくの如《ごと》き大害《たいがい》を生《しよう》するに至《いた》る因《よつ》て女子教育《をなごきよういく》の所《ところ》を設《もう》け

て学《がく》に入らしめまづ女たるものゝ心得《こころえ》己《をの》れの親類《しんるい》ハ言ふもさらなり世間《せけん》の妨《さまたげ》になることハ決《けつ》してなさす又他人《たにん》より妨《さまたげ》らるゝ事なきようにして交《ましわり》りを為《なす》べし是を人間世界《にんげんせかい》の要道《ようどう》とすかくの如くなれる一家治り他人と喧嘩口論《けんくわこうろん》公事《くじ》訴訟《そしよう》等起《をこ》る事なきは必然《ひつぜん》《キット》なり

第二章

一家の活計方《くわつけいかた》《スギワイ》の稽古《けいこ》を為《な》すべしこの稽古をなすには経済学《けいさいかく》といふものあり是ハ一ト口に言へバ家業《かげう》を精出《せいだ》し其人の分《ぶん》に応《をう》し倹約《けんやく》して金銭《きんせん》に差支《さしつか》へぬようになし若《も》しくは火災《くハさい》病《ひよう》難《なん》等にて家業出来ぬようふなる不幸《ふしあハせ》ありても其時《そのとき》の備《そな》へを為《な》し置《をき》何事も困《こま》らぬように日々の暮《くら》し方《かた》の道理《とうり》を説示《ときしめ》せしものなり又小児《ことも》を教ゆるハ父親《ちゝをや》より母親《はゝおや》の方《かた》がよきものなり其訳《わけ》は乳《ちゝ》を以て子を養ひすべて何事も母の手にて世話《せわ》する故《ゆへ》に子も又父よりは母を慕《した》ふものなり其上《そのうへ》父は銘々《めい〳〵》己《をの》れの業《わざ》を為す故に子を教るの暇《いとま》なし故に小児を教るハ母の勤《つとめ》と知るべしされハ子を教る心得も亦嫁せざる前《まへ》に知りて孟母《もうぼ》三遷《さんせん》を旨《むね》とし子を養ハねはならぬなり

第三章

世間《せけん》親々《をや〳〵》の心《こゝろ》を察《さつ》するに其子ハ一人前《まへ》の人になしたきと思《をも》ふ情《しよう》より種々《しゆ〳〵》の業《わざ》を教ゆるなりされとも其教方の宜《よろしき》と不宜《よろしからさる》とにて却《かへつ》て害《かい》ある事あり譬《たと》へバ人情を知らしめんとて三味線《さみせん》歌踊《うたをどり》の稽古させるなとハ親の罪《つみ》なりこれハ淫奔《いんぼん》の稽古をさせるといふべし又手習《てならひ》はよく書《かけ》とも請《うけ》取手《とりて》紙《かみ》を書《か》き帳面《てうめん》を附《つけ》ることの出来ぬなとは教方の宜しからざるなり故に教方を便利《べんり》にして早《はや》く日用《にちよう》に足《た》らしめんが為《た》め手習は請取手紙の書よう帳面の附よう縫針《ぬいはり》の稽古其上読書《とくしよ》ハ世界《せかい》の地理《ちり》世間の人情をしらしめ算術《さんじゆつ》の稽古はよせくり胸算《むなざん》の出来るようになし三味線歌踊なとの害あるものを禁《きん》し実用《じつよう》の読書算術手習裁縫の四《ヨ》科《か》《シナ》を以て教る授《さづ》け課程《くわてい》八級《はつきう》に分《わか》ち六歳より入学《にふがく》十三歳迄を正課《せいくハ》とし在学《ざいがく》八年毎級《まいきう》一ヶ年の習業《しうげう》と定《さだ》め毎年十二月検査《けんさ》《ギンミ》之上《うへ》次《し》第《だい》に階級《かいきう》を進《すゝ》め八級より一級に至らしむ

明治六年三月

内野村　横田保　述

右三章其言信切簡約にしてよく婦道の大要を示すものといふへし仍而上梓頒賦せしめ候条普く女児乃輩え熟読いたさせ度此段相達候也

明治七年一〇月

静岡県　↓

〔新22－3〕静岡県　静岡県

就学ノ義ニ付テハ度々相達候義モ有之候処兎角不就学ノ者許多有之哉ニ相聞不相済事ニ候抑人タル者年長スレハ各自産業ニ付クヘキモノナレハ読書算之要用片時モ欠ヘカラサルナリ已壮年ニ至リテ之ヲ学ハント欲スルモ何ソ産業ノ間ヲ得ヘケンヤ此以政府曩時学制ヲ頒布シ毎区ニ学校ヲ興サシメ六歳ヨリ満十四歳迄ヲ以学齢トス左スレハ此年齢中ニ在リテ空手就学セシメサル者ハ恩旨ヲ奉セサル而已ナラス日ニ文運ノ開クルヲ察セス且将来子孫産業ノ衰ルヲ悟ラサルモノト云ヘシ豈慨嘆ノ至ナラスヤ殊更女児ノ教育尤緊要トス何トナレハ凡人生ル、ヤ多クハ母親ノ手ニ成長シ一言一行皆ナ見習フヲ以テナリ畢意《ママ》不就学ノ多キ其父兄タル者旧慣ニ安シ教育ノ要ヲ知ラス吾カ不学ヲ以テ子弟モ亦不学蒙昧ニ陥ラシメ候義子弟ニ対シ無慈愛ノヿニシテ可愧之至リニ候条厚ク茲ニ配慮シ区戸長ハ勿論各父兄互ニ教諭勧奨シ一人タモ尚不就学無之様可致候自然右等之義乍相弁尚子弟ヲシテ就学セシメサル者ハ特ニ其子弟ヲ顧ミサルノミナラス将来人民品行上於テ多少之損害有之義其責戸長父兄ニ帰シ候条此旨急度相達候事

〔新23－1〕愛知県　名古屋県

明治四年九月
名古屋県　↓

人の知識を増すは学問の勉強にあり学問を勧めざれば生れ得て多才の人といへども一技一能に留りて広く世用を為しがたし学問を教ゆるは第一小児の時より慣習自然に会得させざれば年長じて梗渋器をなしがたし小児の呱々乳を求る時より慈母の懐に在りて襁褓の洗滌を始め凡百日用の事爺よりはわきて親しく教誨をもうくる事なれば其母たるもの学問なければ終に其子を誤るに至るべし故に今女学校を設て婦人の学問を開き広く人の智識を増し学問の四民に洽浹するをねがふ所なり学問といへば唯書を読詩歌を作る事とのみ心得るがごときは大なる誤なり人は天地間の霊物にて人となりては其躬を護りて天地の化育をたすけ日新の智識をみがき其家を富し其身を貫くし後世までも其名を伝ふる活発々地の所則真の学問なればすべて此心得を以て天地間の霊物を空敷いたさゞる様心懸け学問は幼年の時より教を受くるの緊要なるを弁ふべし近世魯西亜に於ては婦人に海軍の操練を学ばしむときく是蓋戦の為のみにあらず婦人は深閨に生長して手荒き事に従事せぬものなるがゆへに其子たるものも亦自らこれに化して海軍などの筋骨を労する事をば動もすれば喜ばざる様に成行ものなれば母たるものをして海軍に従事せしめ襁褓中より見聞する所自然に軍事に慣習し其気勇壮に其業も駸々進歩に至らしめむとの意なるべし故に這般の主意を深く相心得女子あるものは女学校に入れ平生の行状を始め算術読み書き日用行事を学ばしめ子孫の智識を拡充し　皇国の御為其躬を護るの為を第一に胸臆に銘すべきなり

〔新23－2〕愛知県　愛知県

「学問の沙登志」
明治五年五月
愛知県　↓　各区戸長里正年寄等

一天は人の上に人を造《つく》らず人の下に人を造らずといへりされバ天より人を生ずるには万人《ばん》ハ万人皆同じ位にして生れながら貴賤《きせん》上下の差《さ》別なく万物の霊《れい》たる身と心との働《はたらき》を以て天地の間にあるよろづの物を資《と》りもつて衣食住《いしよくじう》の用を達《たつ》し自由自在互《たがひ》に他人の妨《さまたげ》をなさずして各《おの〳〵》安楽に此世を渡らしめ給《たま》ふの趣意《しゆい》なりされども今広く此人間世界を見渡すにかしこき人ありおろかなる人あり貧《まづ》しきもあり富《と》めるもあり貴《たつとき》人もあり賤《いやしき》人もありて其ありさま雲《くも》と泥《どろ》との相違《さうゐ》あるに似たるハ何ぞや其次第甚だ明《あきらか》なり実語教《じつごけう》に人学《まな》バざれバ智《ち》なし智なき者ハ愚人《ぐ》なりとありされハ賢《けん》人と愚人との別ハ学ふと学バざるとに由《より》て出来《でき》るものなり又世の中にむつかしき仕事《しごと》もありやすき仕事もあり其むつかしき仕事をする者を身分重《おも》き人と名づけやすき仕事をする者を身分軽《かる》き人といふすべて心を用ひ心配《しんぱい》する仕事ハむつかしくして手足《てあし》を用る力《ちから》役《えき》ハやすし故に医《ゐ》者《しや》学《がく》者政府《せいふ》の役人《やくにん》又ハ大なる商売をする町人夥多《あまさ》の奉公人を召使《めしつか》ふ大百姓などハ身分重《おも》くして貴《たつと》き者《もの》といふべし身分重くして貴き者《もの》といふべし身分重くし貴けれバ自から其家も富《と》ミて下々の者より見れバ及《およ》ぶべからざるやふなれども其本を尋れバ唯《さゞ》其人に学《がく》問《もん》の力《ちから》あるとなきとに由て相違《さうゐ》もできたるのミにて天より定《さだま》りたる約束《やくそく》にあらず諺《ことわざ》に云く天は富貴《ふうき》を人に与《あた》へずしてこれを其人の働《はたらき》に与ふる者なりとされバ前にもいへるとをり人は生《うま》れながらにして貴《き》賤貧富《せんひんふ》の別なし唯学問を勤《つと》めて物事をよく知る者ハ貴《き》人となり富《ふ》人となり無学なる者ハ貧《ひん》人となり賤《せん》人となるのミなり

一学問《がくもん》とハ唯《さゞ》むつかしき字を知り解《かい》し難《かた》き古文《ぶん》を読《よ》ミ和歌《わか》を詠《えい》じ詩《し》を作《つく》るなど世上にとりて益《えき》なき文学をいふにあらずこれらの文学も自から人の心を悦《よろこ》ばしめ随《ずゐ》分調法《てうはふ》なる者なれども古来世間の儒《じゆ》者和《わ》学《がく》者などのいふ如くさまであがめ貴《たつと》むべきものにあらずむかしより漢学《かんがく》者に世帯持《せたいもち》の上手《じやうず》なる者も少《すくな》く和歌《わか》をよくして商売に巧《たくみ》なる町人も稀《まれ》なりこれがため心ある町人百姓ハ其子の学問に出精《しゆつせい》するを見てやがて身代を持《も》ち崩《くづ》すならんとて親心に心配《しんぱい》する者あり無理ならぬことなり畢竟《ひつゝう》其学問の事実《じつ》に遠《とほ》くして日用のまに合ぬ証拠《しようこ》なりされバ今斯《かゝ》る実なき学問はまづ捨《すて》置き専《もつぱ》ら勤むべきハ人間普《ふ》通《つう》《アタリマエ》日用に近き実学なり譬《さとへ》バいろは四十七文字を習《なら》ひ手紙の文言《ぶんげん》帳合の仕《し》方算盤《かたそろばん》の稽古《けいこ》天秤《はかり》の取扱《とりあつか》ひ等を心得尚又進《すゝみ》て学ぶべきケ条は甚多し地理《ちり》学とハ日本国中ハ勿論《もちろん》世界万国の風土《ふうど》道案内《みちあんない》なり究理《きうり》学とハ天地万物の性質《せいしつ》を見て其働《はたらき》を知る学問なり歴史《れきし》とハ年代記のくはしき者にて万国古今の有さまを穿鑿《せんさく》する書物《しよもつ》なり経済《けいさい》学とハ一身一家の世《せ》帯《さい》より天下の世帯を説《とき》きたる

ものなり修身学《しゆうしん》とハ身の行《おこな》ひを修《をさ》め人に交《まじは》り此世を渡るべき天然《てんねん》の道理を述《のべ》たるものなり是等の学問をするに何れも西洋《せいやう》の翻訳書《ほんやくしよ》を取調《とりしら》べ大抵《てい》の事ハ日本の仮名《かな》にて用を便《べん》じ或《あるひ》は年少《わか》にして文才ある者にハ横文字をも読ませ一科《くわ》一学も実事を押《をさ》え其事に就《つ》き其物に従《しさが》ひ近く事物の道理を求《もと》めて今日の用を達すべきなり右は人間普《ふ》通《つう》《アタリマエ》の実学にて人たる者ハ貴《き》賤《せん》上下の区別《くべつ》なく皆悉《ことごと》くたしなむべき道理なれバ此心得ありて後に士農工商 各《おの〳〵》 其分を尽《つく》し銘々の家業を営《いとな》ミ身も独立《どくりつ》し家も独立し天下国家も独立すべきなり

一学問をするには分限《ぶんげん》を知ること肝要《かんよう》なり人の天然生れ付ハ繋《つな》がれず縛《しば》られず一人前の男ハ男一人前の女ハ女にて自由自在なるものなれども唯自由自在とのミ唱《とな》へて分限を知らざれバ我儘《わがまゝ》放蕩《はうたう》に陥《をちい》ること多し即ち其分限とハ天の道理に基《もとづ》き人の情《じやう》に従《したご》ひ他人の妨《さまさげ》を為《な》さずして我一身を達することなり自由と我儘《わがまゝ》との界ハ他人の妨《さまたげ》を為《な》すと為さゞるとの間にあり譬《さとへ》ハ自分の金銀を費《ついや》して為《な》すことなれバ仮令《たと》ひ酒色《しゆしよく》に耽《ふけ》り放蕩《そうとう》を尽《つく》すも自由自在なるべきに似《に》たれども決《けつ》して然《しか》らず一人の放蕩は諸《しよ》人の手本となり遂《つい》に世間の風俗《ふうぞく》を乱《みだ》りて人の教に妨《さまたげ》を為《な》すがゆへに其費《ついや》すところの金銭ハ其人のものなりとも其罪《つみ》を許《ゆる》すべからず又自由独立《どくりつ》の事ハ人の一身にあるのミならず一国《いつこく》の上にもあることなり我日本ハ亜細亜州《あじやしう》の東に離《はな》れたる一個《ひとつ》の嶋国《しまぐに》にて古来外国《ぐわいこく》と交《まじはり》を結《むす》ばず独自国《ひとりじこく》の産物《さんぶつ》のミを衣食《いしよく》して不足《ふそく》と思《をも》ひしこともなかりしが嘉永年中アメリカ人渡来《とらい》をしより外国交易《かうえき》の事始《はじま》り今日の有さまに及びしことにて開港《かいかう》の後も色々《いろ》と議論《ぎろん》多く鎖《さ》港攘夷《かうじやうい》などとやかましくいひし者もありしかども其見るところ甚狭《せま》く諺《ことわざ》にいふ井《ゐ》の底《そこ》の蛙《かわづ》にて其議論とるに足らず日本とても西洋《せいやう》諸国とても同じ天地の間にありて同じ日輪《にちりん》に照《て》らされ同じ月を眺《なが》め海を共《とも》にし空気《くうき》を共にし情合相同じき人民なれバ我に余《あま》るものハ彼《かれ》に渡し彼に余るものハ我に取り互《たがひ》に相教へ互に相学び恥ることもなく誇《ほこ》ることもなく互にその便利《べん》を達《たつ》し互にその幸《さひはい》を祈《いの》り天理《てんり》人道に従《したが》ひて互に交《まじわり》を結《むす》び理のためにハアフリカの黒奴《くろんぼう》にも恐れ入り道のためにハ英吉利亜米利加《いぎりすあめりか》の軍艦《ぐんかん》をも恐れす国の恥辱《ちじよく》とありてハ日本国中の人民一人も残《のこ》らず命《いのち》を棄《すて》て国の威光《ゐくハう》を落さゞるこそ一国の自由独立と申べきなれ然《しか》るを支那《しな》人などの如く我か国より外に国なき如く外国の人を見れば下口に夷狄《いてき》〳〵と唱《とな》へよつ足にあまく畜類《ちくるい》のよふにこれを賤《いや》しミこれを嫌《きら》ひ自国の力をも計らずして妄《みだ》りに外国人を追払《をいはら》はんとし却《かへ》つて其夷狄《そのいてき》に窘《くるし》めらるゝなどの始末《しまつ》ハ実に国の分限を知らず一人の身の上にて云へバ天然《てんねん》の自由を達《たつ》せずして我儘放蕩《わがまゝはうたう》に陥《をちい》る者といふべし王制御《わうせいご》一新以《いつしんい》来我《らいわが》日本の御制度《ごせいと》も大に改り外ハ万国の公法《こうほう》を以て外国と交《まじハ》り内ハ人民江自由独立の御趣意《ごしゆい》被レ為レ立既《すで》に平民苗字《めうじ》御免乗馬《じやうば》御許《ゆる》し等の御沙汰ありその上穢多《えさ》非人《ひにん》を平民に被二成下一皆士農工商四民の格式《かくしき》を同等《どうとう》に可レ被レ成深き思召に可レ有レ之されバ今より後ハ日本国中の人民に生れながら其身に付さる位《くらゐ》と申すものなく唯其人の才徳と其居処《きよしよ》とに由りて位もあるものと心得べし譬《たと》ハ政府《せいふ》の官吏《くハんり》を粗略《そりやく》にせざるハ当然《とうぜん》の事なれどもこハ其人の身の貴《たつと》きにあらず其人の才徳を以て其役儀《やくぎ》を勤《つと》め国民のために貴き国法を取扱《とりあつか》ふがゆへにこれを貴《さつと》ぶのミ人の貴きにあらず国法の貴きなり旧幕府《きうばくふ》の時代御茶壺《おちやつぼ》とて宇治の茶を壺に入れて東海道もち運《はこ》び往来《わうらい》の人に下坐をさせなどして道中の妨《さまたげ》をなせしこと皆人の知る処なり是らハ皆法の貴きにもあらず品物《しなもの》の貴《たつと》きにもあらず唯徒《いたづ》らに政府の威光を張《は》り人を畏《をど》し人の自由を妨《さまた》げんとする卑怯《ひきやう》なる仕方にて実なき空威《くうゐ》と

いふものなり今日に至りてハ最早《もはや》　朝廷においてハ斯《かゝ》るあさましき御処置《ごしよち》ハ無レ之筈《はづ》に付人々安心いたし苟且《かりそめ》にも官吏《くハんり》の方に不行届《ふゆきとどき》のことあらバ遠慮《えんりよ》なく是を論じ天理人情にさへ叶《かな》う事なれバ一命をも抛《なげうち》て争《あらそ》ふべきなり是即《これすなハ》ち一国一民たるものゝ分限《ぶんげん》と申すものなり

一前條にいへる通り人の一身も一国も天の道理に基《もとづき》て不羈《ふき》《ツナガレズ》自由《じゆう》なるものなれバもし此一国の自由を妨《さまた》げんとする者あらバ世界万国を敵《てき》と為《な》すとも恐るゝに足らず此一身の自由を妨げんとする者あらバ政府《せいふ》官吏《くハんり》も憚《はばか》るに足らずまして御一新《ごいつしん》以来ハ四民同等《どうとう》の御趣意《ごしゆい》も立てさせられしことなれバ何《いつ》れも安心致し唯天理に従《したが》ひて存分に事を為《な》すべしとハ申しながら凡人たるものハ夫々身分あれバ又其身分に従ひ相応《さうをう》の才徳なかるべからず身に徳を備《そな》んとするにハ物事の理を知らざるべからず物事の理を知らんとするにハ字《じ》を学《まな》バさるべからずこれ即ち学問の急務《きうむ》たる訳《わけ》なり昨今の有さまを見るに農工商の三民ハ其身分以前に百倍《ばい》しやがて士族《しぞく》と肩《かた》を並《ならぶ》るの勢《いきを》ひに至り今日にても三民の内に人物あれバ政府の上に採用《さいよう》をミるべき道既《みちすで》に開《ひら》けたることなれバよく其身を顧《かへり》ミ我身分を重《おも》きものと思ひ卑劣《ひれつ》の行状《ぎようじよう》あるべからず凡世の中に無知《むち》文盲《もんもう》の民ほど憐《あわれ》むべく又悪《にく》むべきものハあらず智恵《ちえ》なきの極《きわま》りハ恥《はぢ》を知らざるに至る己《おの》が無智を以て貧窮《ひんきう》に陥《をちい》り飢寒《きかん》に迫《せま》るときハ己が身を罪《つみ》せずして妄《みだ》りに傍《かたハら》の富《と》める人を怨《うら》ミ甚しきハ徒党《ととう》を結《むす》ひて乱暴《らんぼう》に及ふことあり恥《はぢ》を知らすとやいはん法を恐れずとやいはん天下の法度《はふと》を頼《たの》ミて其身の安全を保《たも》ち其家の渡世《とせい》を致しながら其頼むところのミを頼ミて己が私欲《しよく》の為《ため》には又これを破る前後《ぜんご》不都合《ふつがう》の次第ならずや或《あるひ》ハたま〳〵身元慥《たしか》にして相応《さうをう》の身代《しんだい》ある者も金銭を貯《たくわ》ふることを知りて子孫を教《をしゆ》ることを知らず教へざる子孫なれバ其愚《そのぐ》なるも怪《あや》しむに足らず遂《つい》にハ放蕩《はうたう》に流《なが》れ先祖の家督《かとく》をも一朝の煙《けむり》となす者少からず斯《かゝ》る愚民を支配《しはい》するには迚《とて》も道理を以て諭《さとす》べき方便なけれバ唯威《たゞゐ》を以て畏《をど》すのミ西洋《せいやう》の諺《ことわざ》に愚民《ぐみん》の上に苛《から》き政府ありとハこの事なりこハ政府の苛きにあらず愚民の自から招《まね》く災《わざわひ》なり愚民の上に苛《から》き政府あれバ良民《りやうみん》の上には寛《ゆとり》なる政府あるの理なり故に今日本国においても此人民ありて此政治あるなり仮《かり》に人民の徳義《とくぎ》今日より衰《おとろ》へて尚無学文盲《なをむがくもんもう》に沈むことあらバ政府の御法度《ごほふと》も今一段厳重《だんげんぢう》に可ニ相成一もし又人民皆学問に志《こころざ》し物事の理を知り文明に趣《をもむ》くことあらバ政府の御法も尚まさ寛仁大度《くハんじんたいど》の御場合に及ぶべし法の苛《から》きと寛《ゆる》やかなるとハ唯人民の徳不徳《とくふとく》に由て自から加減《かげん》あるものと心得べし我等官員も朝廷の御趣意を奉《ほう》じて当県を支配するものなれバ諸民の安穏《あんをん》を祈《いの》り外国の侮《あなど》りを防《ふせ》がんと欲するハ固《もと》より論を俟《まさ》ず諸民も先寛大《くハんだい》の政《まつりごと》を見て内外の恥辱《ちじよく》に遠《とお》ざからんとする固より申迄もなき事なれども今より活《いき》さる眼《まなこ》を開《ひら》き上下力を合て実学《じつがく》さに志《こころざ》し銘《めい》々の身分に相応《さうをう》すべき智《ち》見徳義《けんとくぎ》を備《そな》へて其名其実に称《かな》ふるやうありたきものなり就中各区《なかんづくかくく》戸長里《こちやうり》正年寄《せいとしより》等は其区《そのく》〳〵の支配するものにて支配の大小ハありとも其職《しよく》分ハ県《けん》の令参事《れいさんじ》始《はじめ》に異ならず加之《しかのみならず》小前の者にハ朝夕近く接《せつ》することなれバ一区中をバ一家と思ひ深切《しんせつ》に学問の世話《せわ》致しこれを小にすれバ人民一身の独立《どくりつ》これを大にすれバ大日本国の独立を助《たす》けなすべきものなり

〔新23－3〕愛知県　額田県

「告諭」

明治五年八月

→　戸長及学校幹事長

当管内村々ハ狂言手踊ノ類大ニ流行シ、郷村社ノ祭祀及ヒ堂宇ノ再建等ニハ各戸ノ子弟相集リ多分ノ金ヲ醵シテ優人ヲ雇ヒ其技ヲ伝習スルニ数十日ノ暇ヲ費ス。然ルニ其父兄タル者深ク是ヲ咎メス、啻ニ咎メサルノミナラス其ノ子弟ノ為ニ美衣ヲ裁シ冶風ヲ競ヒ、興行ノ前後ニハ一村ノ男女業ヲ廃シ、一家老若狂ノ如ク痴ノ如ク以テ一時ノ巧拙ヲ争ヒ、農ハ之カタメニ時ヲ後ル丶ヲ知ラス、商ハ之カ為ニ機ヲ失フヲ忘レ、其費用一村ヲ挙テ数百金ヲ下ラサルヘシ。其ノ間男女雑遝シ猥褻淫狎ノ弊随テ生シ風俗ヲ紊リ操行ヲ誤ルニ至ルヘク、且年少子弟一タヒ此技ヲ習フトキハ無上ノ楽トナリ、競テ優人ノ風ヲ学ヒ業ヲ忘レ職ヲ廃シ遊子空民トナル。所謂万人講仲間是ナリ。元来芝居狂言ハ、学問モセス道理ヲ弁ヘサル者ヲ善ニ導キ悪ニ遠サカラシムル為ニトテ設ケタルモノニテ、官ニテモ許シ来リシナリ。然ルニ近来作風其本意ヲ失ヒ多クハ男女ノ痴情ヲ種トスル故、看者ヲシテ却テ淫媚ノ風ヲ羨ミ慕フニイタラシメ、男女風儀ヲ敗リ其害鮮カラサルナリ。看者スラ如此シ。マシテ此技ヲ好ムモノハ害尤深シ。誠ニ見ヘシ、此技ヲ好者百人ニ一人モ行義正ク人ノ模範トナルヘキモノハアルマシ。先般教部省ヨリ優人并ニ狂言作者呼出シ、今迄ノ作風脚色ヲ一変シ事実ヲ誤ラス本意ヲ失ハサル様可致旨命セラレタリ。今日此技ヲ以テ職業トスル者スラ作風更正ノ上ナラテハ輙ク興行ヲ許サス。然ルニ其職業ニモアラス農商ノ輩之ヲ為ハ無謂事ナリ。殊ニ今度学制確定相成、一般人民ヲ教育スヘキ為市村共ニ学問所ヲ取立、八歳ヨリ壮年迄ノ者ハ勿論別ニ小児学校夜学校等ヲ設ケ、小児ハ六歳ヨリ学ニ就カシメ年長シタル者ハ職業ノ暇ニ学フヘキ為ナリ。此儀近日ヨリ施行シ、往々ハ家々学ニ就サルノ子弟ナク、国々道ヲ知ラサルノ人民ナク、風ヲ易ヘ俗ヲ移シ職業精巧ニ赴クヘキ仕方ナリ。然ルニ今日ノ狂言手踊ノ如キ風ヲ紊シ俗ヲ破リ害アリテ益ナキノ技ニアタリ日月ヲ曠フスルトキハ、学問スヘキ時ヲ誤チ数年ノ後ニハ無芸無能ノ廃人トナリ人ノ交モ出来ヌヨウニ成行ヘシ。且村々困窮ノ基ニモ相成事故、人ノ父兄タルモノハ此辺ニ注意シ、狂言手踊ニ費ス金銀ヲ以テ子弟上学ノ資トシ或ハ後来産業ノ資本トナサハ、家ヲ興シ富ヲ致ス基本トナリ彼此ノ得失論ヲ俟タサルナリ。因テ今般更テ村民ノ狂言手踊ヲ禁止セシメ候様戸長及学校幹事等精々心掛、小前一同不洩様此趣旨説諭可致モノ也。

〔新23－4〕愛知県　旧府藩県名

「就学諭言」

不明
↓

今や自主自由の権を与へ闔国の全力を以て国威を海外に輝かすべきの秋なれば各自奮起して智識を拡充し皇国の為我身の為に勉励すべし何を以てか智識を開かむ学問に如くはなし是に於てか前年来大中小学校創建の制あり小児六歳以上にして就学せざるは其父兄の越度たるべしとの御布告あり軽忽にすべからざるは固よりなり此頃或老人一子入校せしめ家に帰れば毎々注視して其成功を企望す或時其読む所の書中に未曽有之の字あるを見て何とて此処に未曽これありとあるぞと問ふ子答へて未だ曽てこれあらずと読むなりと云しに老人夫にもせよ口偏のなきは不審なりと云ひしと老人の文盲可笑と雖も其子の成功を企望するは至情と云べし凡父兄たる者子弟を看護する此老人の如くし之をして未曽有の識者となし一は祖先累代の鴻恩に報ひ一は現今未曽有の聖代に致し以て皇国の民たるに乖かざらしめむことを希ふになん

〔新24-9〕三重県　度会県

明治六年九月
参事　平川光伸　↓　各区戸長

夫レ人ハ万物ノ霊ト謂フ而シテ其霊タルユエンノモノハ何ソヤ固有之智識ヲ開達シ博ク事物ノ理ヲ察シ近ク一身一家ヲ経営シ以テ人タルノ幸福ヲ具ヘ人タルノ道ヲ存スレハナリ此故ニ人トシテ人タルノ道ヲ知ラスンハアルヘカラス而シテ此道ヲ求ムルハ学ニアラサレハ能ハス是学校ノ設アルユヘンニシテ曩ニ学制公布以来各地方ニ於テ有志ノ徒相競テ以テ学校ヲ設立タル既ニ盛ナルモノアリ此時ニ方テ特リ文化ニ後ルヽノ地方ハ其人民頑愚固陋ノ俗ヲ免レサルノミナラス其幸福ヲ享ケ其生ヲ遂ルヲ知ラス自カラ窮苦ニ陥リ竟ニ他ノ軽侮ヲ被ンヿ得テ知ルヘキナリ茲ニ当管下ノ人民イマタ文学普及ノ上旨ヲ感載セサルモノ多ク就中農商婦女子ニ至リテハ学問ハ自己ノ業ニ不係モノトシ之ヲ度外ニ措テ不顧是因襲ノ弊ニシテ自忘自棄ノ甚シキト謂ヘシ尤従前ノ学其実ヲ失ヒ大イニ方向ヲ誤リシヨリ斯ク思量スルモ故ナキニアラサレトモ当時定メラレシ所ノ学制ハ旧来ノ弊習ニ異リ専ラ実事ニ就テ日用ノ便利ニ達スルヲ旨トシ其学科モ亦頗ル許多ニテ一々枚挙ニ遑アラスト雖モ百般ノ事皆学ニアラサルモノナケレハ人々其着意スル所ニヨツテ之ヲ研求セハ生ヲ治〆産ヲ興シ業ヲ昌ニスルヲ得ヘシ殊ニ今開明ノ盛世ニ遭遇シテ四民同権ヲ得各自才力ニ応シテ其需要ヲ充タセハ賢ナルモノハ富貴ヲ致シ愚ナルモノハ貧賤ニ窮苦ス而シテ賢愚ノ別ハ何ソヤ学ブト学バザルトニアルノミ此故ニ人々自カラ奮テ学ニ従事スヘキハ欠ヘカラサルノ急務ナリ近時管内各所ニ於テ有志ノ輩奮励協力シテ漸

次学校ヲ設立セシモノアリト雖モ資金ノ方法一時ノ権術ニ出テ将来ノ目途アルモノ太タ尠ク豈遺憾ナラスヤ固ヨリ学校ハ人材成立ヲ後日ニ期スレハ予メ校費ノ基立ヲ設置セサルヘカラス抑学ハ一人ノ為ノミナラス一般ノ風俗ヲ淳良ニシ諸業ノ繁昌ヲ致シテ土地人民各其恩沢ヲ蒙ルモノナレハ其費モ亦人民一般ヨリ出サヾルヲ得ス尤土地ノ貧富ニヨリ現今或ハ力ノ及ヒ難キモノアレハ官其何分ノ費ヲ扶助スヘシト雖モ到底興学ノ資ハ官ニ依頼スヘカラサルノ趣意ニツキ更ニ今管内衆庶ヲ勧誘シテ其資本ヲ出サシメ以テ永久保続ノ方法ヲ確立シ大イニ学校ヲ興サントス苟モ前文ノ意ヲ理会シ学事ノ急務タルヲ了知セハ誰カ此挙ニ応セサルモノアランヤ然レハ乃チ独リ我管内人民ノ幸福ヲ享ルノミナラス皇国ノ裨益タル亦大イナラン仍テ各区区戸長能ク此旨ヲ体シ小民ニ至マテ普ク告諭スヘキモノ也

〔新24－10〕三重県　度会県

「丙第百四十号告諭」
明治八年一〇月三〇日
県権令　久保断三　↓　正副区戸長

丙第百四十号　　　　　　　正副区戸長

学校設立ノ儀ニ付テハ追々相達候趣モ有之所今以心得違ノ者モ不尠哉ニ相聞候ニ付別紙ヲ以及告諭候条区内無漏可触示此旨相達候事

但シ別紙告諭中芝居手躍等ノ興行差止候ニ付目今芸人傭人ノ為メ手付金等差遣シ有之向ハ取調其段可届出事

明治八年十月三十日　　度会県権令久保断三

告諭

学校《ガクカウ》の事に付ては度々《タビ〱》御布告《ゴフコク》並に文部省《モンブセウ》御布《ゴフ》達等《タツトウ》も有《ア》りて邑《ムラ》《サト》に不《フ》学《ガク》《モノシラヌ》の戸《コ》無く家《イヘ》《イエ》に不学の人無《ナ》からしめじとは朝廷《チヨウテイ》《オカミ》の厚《アツ》き御趣意《ゴシユイ》なり其故《ソノユヘ》は学問《ガクモン》は君臣《クンシン》父子《フシ》夫婦《フウフ》兄弟《ケウダイ》を始《ハジ》め世間《セケン》一般《ハン》の交《マジハ》り農工商《ナウコウシヨウ》其他《ホカ》の職業《シヨクゲフ》何《ナニ》に限《カギ》らぞ都《スベ》ての事に肝心必用《カンジンヒツヨウ》のものにして都《ト》鄙《ヒ》貴《キ》賤《セン》《ミヤコイナカカミシモ》の差別《サベツ》なく各身《オノ〱》分《ブン》に応《オウ》じ学《マナ》ばざればならざるものなればなり然《シカ》るに猶学問《ナホガクモン》は下々《シモシモ》には不用《フヨウ》のものと看做《ミナ》し又は学問はせぞとも是迄済《コレマデスミ》たる事故《コトユヘワ》我が業体《ゲフテイ》には是《コレ》にて事足《コトタ》れり抔《ナド》と心得違《コヽロエチガイ》のものも有《ア》りて終《ツヒ》に子弟《シテイ》《コドモラ》の学《マナ》ばぞして生長《セイチヨウ》の上無智無能《ムチムノウ》《ヤクニタヽズ》の徒《ト》《トモガラ》となり一生発達《ハッタツ》するを得《エ》ぞ後悔《コウクワイ》其詮《セン》なきに至《イタ》らしむるは、則《スナハ》ち父兄《フケイ》の過《アヤマチ》にて実《ジツ》に歎《ナゲ》くべき事《コト》なり今《イマ》や当県下《ケンカ》にも追々学校《オヒ〱ガクカウ》の設《マフケ》あり夫々有《ソレソレイウ》志《シ》《コヽロザシアル》の輩《トモガラ》も出《イ》でて学事《カクジ》《ガクモン》稍《ヤフヤ》く隆盛《イウセイ》《サカン》に至《イタ》るべきの萌《キザ》しありといへども未《イマ》だ充分《ジウブン》なるを得《エ》ずこれ費金《ヒキン》《イリヨウ》に乏《トボ》しき故《ユヘ》にして全《マツタ》く彼《カ》の心得違の者《モノ》の多《オホ》く費金《ヒキン》を募《ツノ》るに方《アタ》りて種々《イロ》苦情《クジヨウ》を申立る故費用多端《ヒヨウタタン》《イラミチオホキ》の折柄《オリガラ》区戸長にも強《シヒ》て如何《イカ》にともなしがたく已《ヤ》むを得《エ》ず思《オモ》ひながら時日《ジジツ》《ツキヒ》を送《オク》るに似たり然《シカ》るに近頃《チカゴロ》管内《クワンナイ》村町に於《オイ》て神社祭礼《ジンシヤサイレイ》《カミノマツリ》等《ナド》に事《コト》を寄《ヨ》せ芝居《シバ井》手踊《ヲドリ》等《ナド》興行《コウギヨウ》の願《ネガヒ》日に増加《ゾウカ》《マス》し中《ナカ》には活計《クワツケイ》を名《ナ》とするものもあれど其実何れも活計の為《タメ》にはあらずして家《イヘ》ごとに入費《ニユウヒ》を募《ツノ》り又は村内富豪《フガウ》《カネモチ》のものより出さしめ金銭《キンセン》と時日を徒《イタヅ》らに費《ツフヤ》して少しも厭《イト》はさる由遊戯《ヨシイウギ》《アソビ》の事も一時心《コヽロ》を慰《ナグサ》むる為《タメ》なれば全《マツタ》く捨《ス》つべきにもあらざれど学校の利《リ》益《エキ》に比《クラ》ぶれば日を同《オナジク》して語《カタ》るべからざるものなるに遊戯《イウキ》のためには猥《ミダ》りに費《ツフヤ》して怪《アヤ》しまず学校の費金には一銭をも惜《オシ》みて苦情《クゼヨウ》を述《ノブ》るは甚《ハナハダ》謂《イワ》れなき事にあらずや依《ヨリ》て自今各所《ジコンカクシヨ》《イマヨリトコロ〳〵》に於《オイ》て学校を設《マウ》け子弟為《シテイタル》もの学《ガク》に就《ツ》き追々《オヒ〳〵》学業《ガクゲフ》の進《スヽ》むに至《イタ》る迄《マデ》は芝居《シバ井》手踊等《テヲドリトウ》の興行一切差止《コウギヨウイツサイサシトム》る間其旨相《ソノム子アヒ》心得《コヽロエ》父兄《フケイ》たるものは子弟を勧《スヽ》めて学《ガク》に就《ツ》かしむるを己《オノレ》の責《セメ》とし子弟は学に就《ツキ》て知識《チシキ》《チエ》を磨《ミガ》くを勤《ツトメ》とし邑《イフ》に不学《フガク》の戸《コ》なく家《イヘ》に不学《フガク》の人無《ナ》からしめじとの御趣意を篤《アツ》く奉戴《ハウタイ》すべし就《ツキ》ては此後時々《コノノチヨリ〳〵》係官員《カヽリクハンイン》《ヤクニン》をして巡視《ジユンシ》《ミマハシ》せしめ学校の備《ソナヘ》も立ち生徒《セイト》も学に進《スヽ》む時《トキ》は其模様《ソノモヤウ》を斟酌《シンシヤク》して勤労《キンラウ》を慰《ナグサ》むるため遊戯《イウキ》の事も差許《サシユル》すべき間心得違致間敷此旨告諭《コヽロエチガヒイタスマジクコノム子コクユ》に及《オヨ》ぶもの也

但し各区内兼て差許置たる常小屋に於て願人限り真に活計のため興行致し候儀は従前の通り心得べし

〔新25－1〕滋賀県　犬上県

「犬上県内小学建営説諭書」
明治五年七月
犬上県庁　↓

斯《かゝ》る難有御代《ありがたきみよ》に生《うま》れながら遊惰《あそびおこたり》に安んし無智文盲《むちもんもふ》ニして空《むな》しく月日を送《おく》るハ第一御上之御恩《だいいちおかみごおん》を忘却《わすれ》し剰家業繁昌子孫《あまつさへかぎやうはんしようしそん》長久之道に暗《くら》き訳《わけ》ニ而人と生れたる甲斐《かひ》も無之歎《なげ》かハしき事ニ付追々《おひ〳〵》告諭《さとし》せし通此度小学郷校取設《きやうこうとりもふけ》管内《しはいうち》四民《士農工商》一統《いつとう》男女ニ不拘修行《かかわらずしゆきやう》せしめたく就《つい》ては毎区一校県下《くごとにいつこふけんか》九十一小学建営《たてとゝのへ》致し度候得共即今《たゞいま》手始《てはじめ》之事なれバ俄《にわか》に此十分ニ至り難《がた》き場合《ばやい》も可有之ニ付当分毎郡《とうぶんこふりごとに》小学本校《ほんこう》《もとのがくもんじよ》一ヶ所支校《しこう》《でばりのがくもん所》二三ヶ所乃至《ないし》四五ヶ所斗り地方《ちかた》之便宜《べんり》を以て取設《とりもう》くべし尤即今より本校《ほんこう》数ヶ所致建営《たてとゝのへいたし》度願出候向ハ評議《ひようぎ》之上達《たつし》し及《および》ひ候品も可有之候然《しか》

る処郷学《ところきやうがく》ハ人民共立《力を合せたつる》之学校《がくこう》ニして官費《おかみのおしむけ》を仰《もうしたつ》くべき筋《すじ》なけれバ郡惣代町年寄戸長其外都テ《こふりそうだいまちとしよりこちようそのほかすべ》郡町役前《ぐんちようやくまい》之者共速《すみやか》ニ申合《あわし》有志《ゆうし》之輩《ともがら》と調談《てうだん》し費用《ひよふ》一条《じよう》永続《なかくつゞく》之目論見《もくろみ》をたて来ル八月十五日迄ニ見込《ミこミ》之筋逐一《すじちくいち》県庁《けんちよう》江可申出六郡《ぐん》之申出し書面《しよめん》相揃《そろひ》候上ハ衆議《もうしたて》を斟酌《くみとり》し一定《いつてい》之規則《きそく》方法《しほうたて》を布告《ふこく》すべし右郷校取設《きやうこうとりもうけ》ニ付てハ長浜高宮之こときは速《すみやか》ニ庁旨《やくしよのごしゆい》を体《はまりこミ》し既《すで》に其端緒《こぐち》をひらき其他追々《そのほかおひおひ》日論見《もくろミ》等差出《さしいだ》したる村方も有之候得共此度一定《このたびいってい》之方法《ほうほう》相定《さだめ》候ニ付而者尚又見込之筋精細《こまかに》相認《したため》一区《いつく》限《かぎ》り更《さら》ニ可申出候然処是迄仕来《これまでしきたり》之家業《かぎやう》さへ勤《つと》め候へは相済《すむ》事ニいらぬ学問《がくもん》せよとハ第一家業《かぎやう》之妨《さまたげ》のミならず万一学問上達《まんいちがくもんしやうたつ》之子供《こども》出来せバ忽身代《たちまちしんたい》を持崩《もちくづ》し一家一族《かぞく》之厄害不容易《やくがいよふいならず》然るに上より学問御せよとハ実《じつ》に無理《むり》なることなり其上右ニ付出金《しゆつきん》とは此上も無き非道抔《ひどうなど》と動《やゝ》もすれハ庁旨《やくしよのごしゆい》を誤《あやま》る愚昧頑陋《おろかかたくな》之徒《ともがら》も有之哉ニ相聞《きこへ》扨々《さて〱》歎《なげ》かハしき事共ニ候乍爾《しかしながら》従来《まへまへより》学者《がくしや》之中ニも一生涯《しやうがひ》書籍《しよもつ》のミに心力を尽《つく》し口に高大無辺《こうだいむへん》の道理《どうり》を説《と》き道学《どうかく》先生と唱《とな》へ又ハ詩賦《しさく》文章《ふんしよう》を仕事《しごと》として筆端《ふでさき》花を翻《ひるかへ》す如く巧《たくミ》に綴《かきたて》りて風流才子《ふうりうさいし》と称《となへ》すれど放蕩無頼《ふらちもの》にして一身一家之上も衆人之罵言《そしり》を受《う》け日用《にちよふ》之事ハ庸人《なミのひと》にも劣《おと》り治国《くにをおさむる》之道《ミち》に迂遠《まハりとふ》ニして世《よ》の用《よう》に不立《たたさる》者も間《ま》に有之故学問《ゆえがくもん》と申せハ強《あなが》ち読難《よミがた》き書物《しよもつ》を読んで右様《ミぎよふ》之真似《まね》する事と存るも蒙昧《ミちにくらき》之下方なれバ無理《むり》ならざることなり乍爾此度取設《しかしながらこのたびとりもうけ》之学校《がくもんじやう》は右等《ミきら》之事を学《まな》ばせ候義者絶而無之《たえてこれなく》課程規則ハ追而《おつて》可相違候得ども差当《さしあた》り申せハ手習《てならい》十露盤《そろばん》請取証文《うけとりしようもん》之認方日用取遣《したためかたにちよふとりや》り之文通三枚《ぶんつうさんまい》之御高札当国郡村名府県《おんこうさつとうごくぐんそんめいふけん》之名称《となへ》歴代《れきだい》之年号《ねんごう》和漢《かきようほうと》洋《日本からせいよう》治乱《ちらん》沿革《うつりかはり》之大略其外日用不知《たいりやくそのほかにちようしらず》して不叶廉々《かなハざるかど〱》より人之人たる道《ミち》を知り身家を修斉《おさめ》し職業《しよくぎやう》《もちまへのわざ》を繁昌《はんじやう》し子孫《しそん》を長久し其才徳次第《さいとくしだい》ニ而者屹度《きつと》したる官員《やくにん》にも被備《そなへられ》候様之基《もとい》を養《やしな》ふ為《ため》なり其趣意《そのしゆゐ》ハ福沢諭吉《ふくざはゆきち》が著《あらハ》せし学問《がくもん》のすゝめと同様《どうよう》之訳《わけ》なれバ今般《こんぱん》九十一区《く》へ右之書物《しよもつ》二部宛及配賦《くばり》候条役前《じようやくまい》之者共《ものども》熟読《とつくりよむ》之上小前末《こまひすえ》々迄心得違無之様精々《〱までこころへちがひこれなきようせい〱》誘導すへし尚又郷校取設《なをまたきやうこうとりもうけ》ニ付取立《とりたて》候米金《べいきん》ハ勿論纔一銭《もちろんわづかいつせん》たり共上之費用《ついへ》に相用候義者更《さら》ニ無之候間其区内役前《くだいやくまい》ニ於て万端取締《ばんたんとりしまりいた》致し請払《うけはらひ》ハ勿論貸付方《もちろんかしつけかた》等も規則《きそく》を立永続《たてゑいぞく》之手段《てだて》を尽《つく》すべし右積立米金《つミたてべいきん》之内を以追々《おひ〱》に鰥寡孤独廃疾《やもをやもめミなしごながやミかたハ》等都《すべ》て区内之窮民《なんじゆうもの》を賑恤《めぐミ》し又ハ天災地妖《てんのわざはいちのあやしき》非常《ひじやう》救育《すくい》之手当《てあて》となし又ハ隣区隣郡《となりくとなりこうり》に難差置難渋《さしおきかたくなんじふ》有之節《せつ》ハ互《たがひ》に有無《あるなき》を通《つう》し憂楽《うれいたのしミ》を共《とも》にし子孫永久《しそんゑいきう》睦《むつま》じく暮《くら》し方相成候様一種之良法《よきみち》を設くべし畢竟民間共立《ひつきやうみんかんきようりつ》之便《へん》を以《もつて》各《おの〱》其所《そのところ》を得《ゑ》て共《とも》々全国《ぜんこく》之太平《たいへい》を保護《まもり》し奉らんと欲《ほつ》する也尚又小学開《しようがくかい》校《こう》之上ハ役前《やくまい》之者申合《あはし》時々《とき〱》罷出《まかりいで》子《し》弟《てい》之成立方《なりたちかた》ハ勿論都《もちろんすべ》て村方《むらかた》之利害《ためふため》得失を考《かんが》へ御上之為《ため》能《よ》く万事《ばんじ》集議《まうしあわせ》之場所《ばしよ》ともなし且又県庁《かつまたけんちよう》より布《ふ》告《こく》等も同所へ相達べくニ付会得《ゑとく》難致《いたしがたき》事ハ教官《きやうくわん》へ相尋《あいたづね》又ハ区内《くだい》身持不束《みもちふつゝか》之者ハ郷校《きやうこう》江呼《よび》出し役前《やくまへ》より申諭《さとし》尚《なを》も合点《がてん》致し兼《かね》候ハゝ教官《きやうくわん》より懇切《ねんころ》ニ誘導《ミちひき》せしむべし又有時《あるとき》ハ県庁《けんちよう》之官員出張《くわんいんでばり》下々之情実《じやうじつ》を聞取《きゝとり》子弟之勤怠《つとめおこたり》を考《かんが》へ村方《むらかた》江告諭《こくゆ》等も此場所《このばしよ》ニて取扱《とりあつかふ》事も可有之就てハ

一之郷校《きやうこう》出来して万事《ばんじ》都合《つごう》よく村方之仕合《しあわせ》も多《おほ》かるべし熟《つく〴〵》見よ御《ご》一新前《いつしんまへ》之景況《ありさま》華族《だいみやう》士族《さむらい》之家に生るれバ不才無智《ふさいむち》ニして役義《やくぎ》勤《つとま》り兼《かね》病身《びやうしん》弱体《じやくたい》にして戦場《せんじやう》之働《はたらき》も不叶《かなわず》治乱《ちらん》共職掌《しよくしやう》不立《たゝざる》者も矢張《やはり》高禄《こうろく》を食《はん》て遊戯《あそびたはむれ》酒色《しゆしよく》ニ日を送《おく》り中ニ儘《まゝ》廉恥《はづかしい》を知り退《しりぞい》て農商《のうしやう》之業《わざ》を営《いとな》むと欲《ほつ》するも法度《ほうど》ありて自由《じゆう》なり難し又ハ農商《のうしやう》之内ニ才智《さいち》勝《すぐ》れて天晴《あつぱれ》なる人物《じんぶつ》ありとも表立《おもてだち》たる役人《やくにん》ニも難成《なりがた》けれバ志《こころざし》を呑《のん》で朽果《くちはつ》る外手段《ほかしゆだん》も無《なか》りしが難有《ありがたく》も今日之御政体《せいたい》ニ相成てハ華族士族《くはぞくしぞく》之身分たりとも其器量《そのきりよふ》なけれバ自分存付《ぞんじつき》之儘農商《まゝのうしやう》之業勝手《わざかつて》ニ営《いとな》まれ如何程《いかほど》下賤《いやしき》之匹夫《ひつぷ》たり共《かれ》天質《うまれつき》正直《しやうしき》にして学問《がくもん》に達《たつ》し世之益《ゑき》になる人なれハ何時《なんとき》も　朝廷《ちようてい》之官員《くわんいん》となられ勅任奏任等《ちよくにんそうにんとう》尊貴《たつとき》之御役《やく》も其才徳次第《さいとくしだい》匹夫《ひつぷ》より被登道《のぼらるゝみち》を被《ひら》開たるハ誠《まこと》ニ前代未聞《これまできかぬ》之難有《ありかたき》事ニ者無之哉斯《かゝ》る難逢御代《あひかたきみよ》に生れながら学問《がくもん》せざるハ禽獣《とりけだもの》ニも劣《おと》るべしと考《かんが》へて御国恩《ごこくおん》を知る有志《ゆうし》之者下に於て申合取設《とりもうけ》たる共立《ちからを合せたてる》之学校《がくこう》他之府県諸所《ふけんしよしよ》に出来《しゆつたい》せり近《ちか》く京都府《きやうとうふ》之如き既《すて》ニ先年取設《せんねんとりもうけ》し上下両京之小学校惣計《そうけい》六十四校学生《がくせい》男女合て壱万五千百六十八人尚《なを》又当節《とうせつ》其管下《しはいした》十一郡江遍《あまね》く創建《とりたて》ニ及べり実に盛《さかんなり》といふべし往々《さき〴〵》屹度《きつと》有用《ゆうよう》之人才輩出《たくさんニいで》遂《つい》に匹夫《ひつふ》より尊き官員《くわんいん》に登《のぼ》る者も有之べくたとへ官員《くわんいん》と不成《ならざる》も銘々《めい〳〵》道理《どうり》を弁《わきま》へ家職《かしよく》に賢《かしこ》く商法正路《しようほうしやうろ》に相成都《みやこ》之風俗《ふうぞく》一変《ひとかはり》他日繁昌《たじつはんじやう》之有様《ありさま》今より想《おも》ひ見るべし然るに当《とう》県《けん》者纔《わづか》十八里之隔《へだゝり》ニて人情好悪《ひとのこころすききらひ》之不同《おなじからざる》歟今日に至り候ても尚《なを》学校《がくもん所》之取設《とりもふけ》を無益《むゑき》と存《ぞん》じ県庁《けんちよう》之説諭《せつゆ》を否《いな》ミ旧来《きうらい》之因循《いんじゆん》に安んし其日暮《ぐら》しに光陰《月日》を費《ついや》し同し人間《にんげん》ニ生《うま》れながら二三十年之後ハ遂《つい》ニ都人《みやこびと》と賢愚《かしこくおろか》之別黒白《わかちくろしろ》之如《こと》く富貴《ふうき》貧賤《ひんせん》之相違《そうゐ》ハ雲泥《くもつち》よりも甚しく永く世《よ》之嘲《あざけり》を取候様相成候而者気毒千万《きのどくせんばん》ニ者無之哉就而ハ郡町役前ハ不及中小前末々迠能々此趣意《しゆい》を味《あぢハ》ひ早速調談期《さつそくちようだんき》限無相違《げんそういなく》可申出尤下々不同意《ふどうゐ》之義《ぎ》を無理《むり》ニ押付《おしつけ》候訳《わけ》ハ毛頭《すこしも》無之ニ付難心得《こころえがたく》存候ハ、無用捨幾度《ようしやなくいくどに》も其次第逐一《ちく》ニ申出べし飽迠説諭《あくまでせつゆ》すべきもの也

〔新25－3〕滋賀県　滋賀県

「告諭管下人民」
明治六年二月八日
滋賀県令　松田道之　↓　管下人民

凡そ人天地の間に生れ抑も万物の霊《レイ》たるの天爵《テンシヤク》《くらゐ》を有《イウ》《もつ》すれハ必す其の天恩《テンオン》に答へずんハあるへからす何にをか其の天恩に答ふと請《キ》ふ能《ヨク》其人たるの道を尽《ツク》すや何をか能其人たるの道を尽すと謂ふ各其職業を勉励《ベンレイ》し小ハ一身一家の事を謀《ハカ》り大ハ国家の公《コウ》益《エキ》《をゝやけの利ゑき》世界の有用《イウヨウ》《用ニ立事》を謀るなり而

して之をなす皆其智識《チシキ》を研《ミガ》き其の方法《ハウハフ》《しかた》を究《キハ》めざれバ難《カタ》し其智識を研き其方法を究ハむるハ則《スナハ》ち学問《ガクモン》にあるなり自レ古《むかしより日本から》和漢《ワカン》此民を教《ヲシ》ゆる必す此道を以てす恐れ多くも本朝《ホンチヨウ》《日本》

歴　帝《御代〻の天子》の遺法漢土《ユイハフカンド》《おきてから》聖賢《セイケン》の教に就て考《カンガ》ふれバ其古《いにし》への教乃人事《ジンジ》《身の上へ》世　態《セイタイ》《よのありさま》に切《セツ》《しんせつ》にして其の天地の化《クワ》　育《イク》《万物をそだつる》を助《タス》くるの至大《シダイ》《をふき》なる歴〻《レキ〳〵》《あきらか》観《ミル》べし然るに後《コウ》世に至り腐儒《フジユウ》迂生《セイ》出て漫《ミダリ》に高尚迂　遠《カウシヤウエン》《けだかくまわりとを》の説《セツ》を付会《フクワイ》《こじつけ》し或ハ文《ブン》《ふでさきばかり》　華《クワ》の流　弊《リウヘイ》《はやりくせ》に陥《オチイ》り徒《イタヅ》らに詩《シ》を　賦《フ》《つくり》し文《ブン》を作《ツク》る等の事を是務《コレツト》め世に向《ムカツ》て傲　然《ガウゼン》《しまんらしく》則《スナハ》ち曰是《コレ》学問の道也聖賢の教也と甚しき哉《カナ》

歴帝の遺法聖賢の教に背《ソム》くなり所謂《イハユル》学問ハ則ち否《シカラ》ず人間必用《ヒツヨウ》たる衣食住《イシヨクジユ》を離《ハナ》れざるものにして一端《イツタン》《ひとはし》を挙《アケ》て之《コレ》を謂《ヰ》へバ農《ノウ》ハ農事の学問　工《コウ》《しよく人》は工業の学問　商《あきうど》　ハ商法の学問と謂《ヰ》ふが如く各其職其業に就《ツヰ》て必ず其学問あり則ち彼の智識を研き方法を究わめ一身一家の事より国家の公益世界の有用を謀るの大事業《しごと》を起《オコ》し遂《ツヒ》に万世《バンセ》に美名《ビメイ》を揚《ア》ぐるに至る也況《ナリイハン》や当今文明進歩世界万国と比隣《ヒリン》《となり》の交《マジハ》りを為《ナ》し凡そ百《モヽ》の学事日　新《ジツシン》《ひびあらた》月　盛《ゲツセイ》《つきにさかん》の時に　際《サイ》《あたれり》　せり学《マナ》ぶべきハ正《マサ》に此時也然るに今の父兄《フケイ》《ちゝあに》たる者眼前《ガンゼン》の愛《アイ》に溺《オボ》れ其子弟たる者をして遊惰《ユウダ》《あそび事》に日月を送《オク》らせ或ハ之を教ゆるも不文明不開化の職業に従《ジウ》《よりしたがひ》　事《ジ》いたさせ就　中《なかんづく》女の子へハ専《モツハ》ら遊芸のみを教へ動《ヤヽモ》すれバ淫《ヰン》《みだりかはしきたわれこと》　哇《ア》の風儀《フウギ》に陥《ヲチイ》らしむる等の悪弊《アクヘイ》間々有レ之開明の時節に不レ適《かなハさる》のみならす結局《ケツキヨク》《つまり》終身《シウシン》《一生》の損害《ソンガイ》と成る也実に可レ恐可レ慎故に之を教ゆるハ父兄の責《セメ》也之を学ぶハ子弟の責也之を監督保護《カントクホウゴ》《きをつけまもる》するハ官の責也此の三ツの者此の三ツの責共に免《マヌカ》るべからず為《タメ》に今数百の言を述へ懇々《コン〳〵》告　示《ねんごろつげしめす》す凡そ父兄子弟たる者此の意を　体《テイ》《こゝろえ》　し前日の旧《キウ》習《シウ》を去《サ》り日新の事業に注意《チウヰ》《きをつけ》し専《モツハ》ら実用《ジツヨウ》の学問に従事し一日も怠《オコタ》ることなかれ是管下一般各所《カクシヨ》に小学校を設《マフ》くる所以《ユヘン》《わけがら》なり

〔新25－4〕滋賀県　滋賀県

「告諭書」
明治一一年一一月一二日
滋賀県令　籠手田安定　↓

世間何レノ人ニテモ其子ヲ愛セサルモノナシ誠ニ子ハ一家ノ至　宝《ダイジノタカラ》ニシテ世間豈ニ之ニ勝レルノ宝アラン人ノ子ヲ愛スル亦宜ナラスヤ然レモ之ヲ愛スルニ其道ヲ以テセザレバ是レ真《マコト》ノ愛ニアラサルナリ凡ソ世ノ子ヲ愛スルモノ多クハ美麗《キレイ》ノ衣服《キモノ》ヲ与ヘ或ハ珍味《メヅラシキ》ノ食ヲ以テシ朝夕奔　走寒　暑《アサユウハシリアルキサムサアツサ》ヲ忍ビ孜々《ツトメ》トシテ其家業ヲ営ミ其家産《カトク》ヲ繁殖《フヤス》ナラシメ以テ田宅金銀ヲ其子孫ニ伝《ユヅル》ヘントス親ノ子ヲ愛スルノ情　切《シンセツ》ナリト云

フ可シ而メ其子或ハ奢侈《オコリ》ニ耽《フケリ》リ或ハ酒色《サケイロ》ニ溺《オボレ》レ父母ノ艱難《ナンキ》労苦ヲ思ハス産《カトク》ヲ傾ケ家ヲ破リ父母年老ヲ飢寒《ビンボウ》ニ苦ミ笑ヲ世間ニ貽《ノコ》シ恥ヲ郷党《ザイショ》ニ招クモノ少シトセズ何ゾヤ是レ父母ノ子ヲ愛スルニ其道ヲ以テセサルノ過ナリ今夫レ田宅ヲ子孫ニ分チ金銀ヲ慈子《カワユキコ》ニ与フルハ善カラザルニ非ザレ𪜈其子、自《ミ》ラ辛苦《カラキメ》シテ得《トル》ル所《トコロ》ニ非ザレバ父母ノ遺物《ユイモツ》ヲ見ル瓦礫《カハライシ》ニ均ク遊蕩《アソビ》坐食《イグ井》一朝喪失《ウシナフ》シテ残スナキニ至ル古人言ヘルヿアリ之ヲ得ル易《テヤス》ケレハ之ヲ失フ亦速《ハヤシ》ナリト是《コノコト》ニ由テ之ヲ観レバ田宅金銀ヲ遺シ子孫《コトモノ》ノ計《タメ》ヲナスハ未ダ子ヲ愛スルノ道ヲ尽スト謂フ可ラザルナリ然ラバ子孫ニ遺スニ何ヲ以テスベキヤ智識《チエ》才芸《ゲイノウ》是ナリ田宅ハ売ヲ以テ喪フベク金銀ハ使用シテ尽スヘキモ智識才芸ハ之ヲ使フ益《マス〳〵》多ケレバ益々進ミ之ヲ用フル愈《イヨ〳〵》久シケレハ愈々長ズ人之ヲ奪《トル》フ能ハズ盗之ヲ窃《ヌスム》ム能ハズ風雨《カゼアメ》之ヲ破ル能ハズ水火之ヲ傷《ソコノウ》能ハズ之ヲ一身《ジシン》ニ収《オサメ》メテ万用《ヨロヅノコト》ニ供《ソナフ》スベシ故ニ子孫ヲ愛スルモノ其智識才芸ヲ発達《ノバス》セシムルニ如クハナシ我之ヲ聞ク仏蘭西国ハ人民ノ其子ニ学バシメザルアレバ必ズ其親ヲ罰《ツミ》スト故ニ子アルモノハ之ヲ学校ニ入レ年々若干《ソコバク》ノ学資ヲ与フ然レ𪜈二十歳ニ至レバ学業已ニ卒業スルヲ以テ父母又之ニ与フルニ一片《カタワレ》ノ金銀一畝《ヒトセ》ノ田宅トヲ以テセズ子モ亦金銀田宅ヲ受クルヲ以テ己レノ恥トナシ必自《ミ》ラ学ブ処ノ学業ニ由テ能ク一家ヲ起シ父ト富《トミ》ヲ同フスルニ至ル子ヲ愛スルノ道至レリト云フ可キナリ我カ国学問ノ道廃《スタル》スル久シク学問ニ由テ家ヲ起スモノ少キニ由リ当時《イマドキ》人ノ父母タルモノ学問ハ身ヲ立テ家ヲ起スノ資本《モトデ》タルヲ察セズ学資ヲ出スヲ以テ無益ノ冗費《イラザルツイエ》トナスモノアリ是レ其父母無学《ガクモンナキ》ノ世ニ生レ無学ノ時《ジセツ》ヲ経過《スギトウル》セシニ由リ自己《ジブン》ノ耳目ニ慣《ナレ》テ今日己ニ無学ノ世ニ非サルヲ知ラザルナリ我カ管内ノ人民ヲ視ルニ一人モ其子ヲ愛セサルモノナシ而メ区々《スコシバカリ》ノ学資ニ苦情ヲ唱ヘ夫《カ》ノ智識才芸ヲ以テ子孫ニ伝フルヿヲ慮《オモンバカル》ラザルモノアルハ誠ニ痛嘆《イタミナゲキ》ニ勝ヘザルナリ子ヲ愛スルノ情《ナサケ》アリト雖𪜈之ヲ愛スルニ其道ヲ以テセザレバ猶愛セザルガ如シ子ヲ愛セザル之ヲ不慈《フジ》ト云フ親ニシテ慈《ジ》ナキハ人ニ非ルナリ慎マザルべケンヤ今管内ノ小学八百四十余校児童ノ就テ学ブモノ五万〇九百八十七人卒業シテ退校スルモノ一万三千四百六十三人合計六万四千四百五十人其学ニ就カサルモノ尚三万八千三百九十人アリ此ノ三万八千三百九十人ハ我其何郡何村何某ノ子女ニシテ其名ハ何某其年ハ幾何ナルヲ詳ニセズト雖𪜈現ニ此ノ三万八千三百九十人ノ不慈ノ父母不幸《フシアワセ》ノ子女アルヲ知ル今ノ父母タルモノ宜ク自己ノ無学ニ懲《コリ》リ其子女ヲシテ学バシメ世人《ヒト》ト同等ノ地位ヲ踏マシムベクシテ反テ些少ノ学資ヲ吝《オシミ》ミ愛スル所ノ子女ヲシテ無学ニ老ハシメ後来《ノチ〳〵》自己ノ姓名《ナマヘ》ヲ記《シルス》スル能ハズ他人《ヒト》ノ番地ヲ読ム能ハザラシムルニ至ルハ抑モ何ノ心ソヤ其子尚幼ニシテ之ヲ知ズト雖トモ数年ノ後ニ至レハ学問ノ貴重ナルヲ覚リ自己ノ学ナキヲ悲ミ或ハ其父母ヲ恨ムモノナキヲ保チ難シ其父母タルモノ将夕何ヲ以テ之ニ応ヘントス夫人トシテ字ヲ知ラザレハ盲者《メクラ》ニ均キナリ目己ニ字ヲ知ラサレバ耳亦之ヲ聞クコト能ハズ是レ聾者《ツンボ》ニ異ラズ耳己ニ之ヲ聞クヿ能ハサレハ口亦之ヲ言フヿ能ハス是レ啞者《オシ》ニ同キナリ而メ彼ノ三万八千三百九十人ナル者行々《ユク〳〵》将ニ此ノ廃人《ハイジン》《カタワ》タルヲ免《ノガレ》レザラントス我カ愛子ヲシテ廃人《カタワ》タラシメ而メ其父母毫《スコシモ》モ顧省《カヘリミス》セス其不慈豈此ノ如キモノアランヤ且ツ夫レ女子ノ如キハ目ニ丁字ヲ知ラサルモ自《ミ》ラ以テ恥トナサス人亦之ヲ怪ムナシ知ラス女子亦人ナリ長メ人ニ嫁《ヨメイリ》シ夫《オット》ヲ助ケテ家務《イヘノツトメ》ヲ経理《オサメル》セザルヲ得ス夫《オット》ニ代《カワリ》テ子女ヲ撫育《ヤシナフ》セザルヲ得ス夫出《オットイデ、》テ業《シゴト》ヲ外《ソト》ニ執ル而メ妻良《サイヨカラ》ラサレバ何ゾ其家務《イヘノシゴト》ヲ整理《オサメル》スルヲ得ンヤ何ゾ其子女ヲ撫育《ソダテル》スルヲ得ンヤ試ニ世ノ不良妻《ヨカラザルカナイ》アル人ヲ看ヨ其家貧ナラサレバ必斉《オサマラ》ハズ其子黠ナラサレハ必愚《バカ》ナリ故ニ妻ノ良否《ヨシアシ》ハ一家ノ盛衰ニ関《カヽリ》リ子孫ノ賢愚母ノ教育《オシヘ》如何ニヨラザルナシ然ラハ則女子ノ教豈忽セニスベケンヤ我又之ヲ聞ク西洋諸国ハ子女六歳ニ及ベハ必之ヲ学校ニ入ル未タ六歳ナラサルモノハ父母之ニ教フルニ日用ノ文字ト算術トヲ以スト故ニ若シ貧ニシテ学校ニ入ル能ハサルモ日用ノ文字算術トニ欠クコトナシ是母ニ学アルノ徳ナリ又村中伍《ムラヂウクミアイ》ヲ結テ稚児預所《コドモアヅケドコロ》ヲ設ケ些少《スコシ》ノ賃金ヲ出シテ隠居老婦《インキヨトシヨリノヲンナ》ヲ雇ヒ家々《イヘ〳〵》稚児六歳未満ヲ此ニ預ケ学校ニ入ルノ予習《シタヂ》ヲナシ或ハ母外ニ出ントスレバ朝《アサ》ニ往テ之ヲ預ケ帰レハ則夕《ユウベ》ニ之ヲ迎フ故ニ復タ長男長女ヲ稚児ノ看護《モリ》ニ役シ為メニ入学ヲ妨《サマタゲ》クルノ患ナシト

今管内ノ情況《アリサマ》ヲ按スルニ女子ノ学ニ就カサルモノ概《オヽカタ》子稚児ノ保護《モリ》ニ役スルニ由ル今若シ此ノ法ヲ設ケテ小児ヲ預ケ朝夕《アサユウ》ノ送迎《オクリムカヘ》ハ長子登《カツク》退校《コウノユキカヘリ》ノ時之ヲナサシメバ彼此両便《カレコレリヤウツゴウ》子女モ盲聾唖タルノ患ナク父母モ不慈ノ譏ヲ免レン管内ノ人ノ父母タルモノ以上ノ道理《ワケ》ヲ弁《ワキマ》ヘ能ク子ヲ愛スルノ道ヲ尽シ恥ヲ世人ニ招クヿナク悔ヲ後日ニ貽《ノコ》スナカレ我レ県令ノ職ニ居リ多年《トシヒサシク》心ヲ学校ニ尽スト雖𪜈蕞爾《チイサキ》タル管内尚三万八千三百九十ノ不学児《カクモンセヌコ》アリ一ハ以テ我カ職任《シヨクシヤウ》ノ挙ラザルニ懼レ一ハ以テ其父母ノ不慈ニ哀ミ一ハ以テ三万八千三百九十人ノ不学ニ終ヘンヿヲ憂フ故ニ父兄タル者深ク茲ニ注意致スヘク此旨告諭候事

〔新26-1〕京都府　京都府

「小学校設立に関する府の口諭」
明治元年一一月二〇日
学務課　↓　町役

小学校建営之事先達テ相談ニ下タシタル処快ク承諾シタル町モアリ種々難渋申立断リ出タル町モアリ下ニ於テ不同意ナラハ押テ建営セヨトノ事ニハアラサレ共若シ上之御趣意ト下ノ心得ト行違ヒニテ不同意申タルニテモアラハ其儘ニ差置ハ何共残念之事ナリ是ニ依テ今日汝等呼出シ更ニ相談ニ及フ也先ツ上下ノ趣意行違ヒト云ハ半季一分之軒金ヲ是迄ノ軒役之様ニ心得タルニテハ無ヤ左スレハ数多ノ借家ヲ持タル者ハ一人シテ多分ノ軒金ヲ出ス事ニ成ナルホド迷惑ナルヘシ

上ノ御趣意ハ全ク左ニアラス裏家住居之者モ借家住居之者モ一竈ヲ構ヘ朝夕ノ煙起ルモノハ皆半季一分ノ出金ト申事ナリ此出金ヲ上ヘ出スト心得タルカ是亦左ニアラサル也学校建営ニ就テハ上ヨリモ御金御下ケニ相成ヘキナレトモ永久セサレハ其詮ナキ故永代持続キノ仕組建セヨトノ事也又小学校江路遠クテハ馬ヤ車ノ雑踏之処小児之往来心元ナシト思ヒ断リ出タル町モアレ共是又篤ト合点ノ行ヌ故ナルヘシ小学校ハ追々ニハ一組町ニ一ヶ所宛モ取建ツヘシサレハ左程路遠キ事ニモ非ル可シ夫此小学校ノ搆ト云ハ学文而已之為ニアラス便利ノ地ニ建営シテ手跡算術読書ノ稽古場ナリ儒書講釈心学道話之教諭処也組町集議之会所ナリ又或時ハ布告之趣意ヲ此処ニテ委細ニ説キ聞セ多人数之呼出シモ態々当府ヘ罷リ出終日ノ手間隙ヲ費サス共府ヨリ此処ヘ出張シ申渡ス事モアルヘシ一ツ之小学校成就セハ数多之便利叶フヘシ況ヤ善キ

人物出来立ハ商法自ラ正路ニナリ都繁昌シ人々渡世易カルヘシ京中ノ力ヲ以テ京中ノ人ヲ取立終ニハ銘々共子孫ノ為トナルナリサレ共今日渡世ノ商売方之障リト成ト思フ者モアラン歟ナレトモ飲食遊興ニハ計ラス一分ヤ二分ハ費ル也且商法引立ノ為メ富有之者ヘハ入質ヲ以テ大金ヲモ貸渡シ小前ノ者ヘハ無利ニテ元手金貸シ渡シノ仕法ヲ此度別段ニ取立タレハ其障リモアラサラン畢竟下々ノ小児ヲ上ヨリ御世話成シ下サレ善キ人物ニ成シ遣スヘシトノ事ナリ此御趣意ヲ能々合点シタル者ハ既ニ書林共之内十人申合献金三人申合書物献納ナト申出タル者モアリ能々合点行タラハ皆如斯喜テ承諾スヘシ抑王政之御主意専ラ下々ノ渡世ヲ安カラシメ家職ヲ繁昌サセントノ事ニテ御金貸シ渡シノ仕法モ始リ窮民御救助ノ詮議モ頻リナリ如何セハ下々渡世安カラン如何セハ家職繁昌スヘキヤト種々御手段アル処第一人才乏シクテハ申出ル事モ分リ難ク御布令ノ旨モ貫ヌカス物事道理ニ疎クシテ家業ノ興隆思ヒモヨラズサレハ人才教育コソ肝要ナリト小学校ノ事始マリテ組町会所教諭所モ皆此処ニ一処ニシ小児ノ手習十露盤モノ読ム事ヨリ世ノ勤メ人之人タル道ヲ知ラセ年寄議事者ハ打寄リテ町々ノ為メ筋《ママ》御国之益ニナルヘキ事ヲ相談シ当府ヨリモ時々出張下々ノ情実聞取難渋ヲ取救ヒ御布告ヲ始メトシ御仁政ノ事ヲ諭シ一統都ノ人々ヲ引立ツヘシトノ事ナルソ斯ヲ辱キ都ニ住居ナカラ却テ諸国之人ニ劣リイツ迄モ物事迂遠ニテ済ム可キヤ一等家職ニ賢コクナリ商法正路ニ道理ヲ弁ヘ勝レシ風儀ヲ引起シ諸国ノ手本トナルナラハ家々繁昌人々渡世安クシテ都ノ栄イフ迄モナシ然レハ此度小学校建営ノ事ハ実ニ難有事ナラスヤ爾シナカラ道理至極ニテ不同意申出ル者アラハ押テ建営セヨトノ事ニハアラサレハ尚又念ノタメ今日更ニ議事ニ及フ也汝等町役トシテハ永々都ノ栄ヲ計リ町内ノ繁昌ヲ心掛諸人ノタメニ成ルヘキ心遣ヒスルコト其職掌ナレハ此旨町内ヘ無漏説聞セ懇ニ御趣意ヲ諭シ来ル廿六日マテニ何分ノ答申出ヘキモノナリ

〔新26－2〕京都府　京都府

「告諭之文」
不明
上野直右衛門　↓

習ひ性となるとは幼少の習ワせが生れつきのごとくになるといふことにて人の親たり子たるもの〻能く心得て服膺すへきいましめならすや馬の蹴るもむまのとかならずやむちや手綱もてすきまなくのりいれて足に隙のなきゆへにける事ならす故に馬の善意ハ馭御の道によるものなり幼童や少年に物学ひさするもまたこのことワりに近かるへし心や手足にひまあるゆへ遊興に増長し終にならひか性となりよからぬ心日〻に月〻に熾んになり折檻異見たひかさなれと固より文字をまなひされハ事の道理をしるよしなく却て親をののしるなとし月親の苦辛していつくしミ育てたるその子ハ稍くひと〻なれと一群の禽獣と類を同しくするのミならす無筆無学文盲にて今日の用も辨し難く学業のつ

とめハ懶くて事ニ不自由の心となりゆき人を騙しあさむきてはては御法度を背犯し心の置處もなくなりて父母兄弟に恥辱をあたへ家をやふるにいたるなりかかる悪道にふミ入るハ教なきならワせのあらたまらさる過ちならすやゆへに幼少の時よりして読書算筆すき間なく日夜朝暮に学はせて其餘暇にハ酒掃や進退給使のわさをならい心手足の隙なけれハ自然とならひ性となりとく長するに従ひて事ニ忍耐つよく成ゆき終に家も繁昌し先祖父母への孝行と人に敬ひ尊ひらる親たるものかかる道理を覚知して教の道に導くことそ子を愛するとハいふそかしこれを教へる方法ハ小学校より他に道なしかほと人間喫緊の一大重事に心付す《カ》酔生夢死の衆庶人に御憐ミをたれ給ひ先つ第一区の小学校を営業あり読書算筆の教場を置き普く子弟を教育あり其稟賦の心をうしなワす悪き岐に迷ひなく上

国恩の深きをしり下ハ五倫の階梯にのほる一家は和らき栄へ始て人の人たる道に入ん事をねかふへし

〔新26-6〕京都府　京都府

「告諭」
明治八年五月
京都府知事　長谷信篤　↓　管内

字アリテ読マサル字ナキニ同シ目アリテ視サル目ナキニ均シ邦ニシテ文字ナキ混沌野蛮ノ域ナリ人ニシテ目ナキ廃疾不具ノ人ナリ今奎運隆盛ノ邦ニ生レ天賦具足ノ人トナリ視ルヘキノ目ヲ以テ読ムヘキノ字ヲ視ス自ラ甘シテ野蛮廃疾ノ民トナル之ヲ何トカイハン故ニ老壮幼稚ノ論ナク文学算術ヲ学ヒ知量ノ開拡ヲ求メ文明ノ俗タルニ負カサランヲ要ス頃来府下学校ノ設ケ追々隆盛ニ向ヒ市郡学齢ノ児童過半学ニ就キ今ハ夜学ノ業ヲ開クニ至ル主人ハ雇人ニ時間ヲ与ヘ少壮ハ業暇ニ分陰ヲ惜ム故ニ奴僕ニシテ地球ヲ説クアリ二毛ニシテ五十韻ヲ誦スルアリ殊勝トヤイハン奇特トヤイハン夜学ノ生員現今京都ノミヲ挙クルモ三千七百人ノ多キナリ日夜学校ノ盛今ヨリ久ヲ持セハ所謂邑ニ不学ノ戸ナク家ニ不学ノ人ナキニ至リ教育ノ義務始テ将ニココニ尽ントス但夜学ノ校ハ大抵少壮ノ徒薄晩家ヲ出テ夜深テ家ヘ帰ル校則充分ノ厳密ヲ加ヘ其出入ヲ箝制スルニ非サレハ遊蕩百端弊害将ニ生セントス之カ長タル者之ヲ予防スルニ注意セザルベカラス是区長ノ責任ナリ然ルニ区長ノ篤志ナルモ或ハ不開頑陋ノ論者ノ為メニ抑制セラレ其力ヲ陳ルヲ得サルアリ又偶区長ノ権力アルモ学校取締万端ハ悉皆生徒世話掛ナドヽ唱フル者ニ委任シ一斉之ヲ顧ザルアリ尤甚キハ世話掛アルモ匿名ニテ一ニ教師ニ付託スルアリ教師ハ生徒ノ勤惰ヲ取締ル可キ理アルモ教師豈四臂四目アランヤ授業ノ傍ヲ兼テ日学校幼稚ノ出入ヲ制セントシテ猶疎脱ヲ保チ難シ況ヤ夜学校年長ノ取締ヲ兼ネシメントスルモ其勢極テ難シ更ニ甚シキハ学校番ナドヽ唱フル使役ノ者ヲシテ取締ヲ兼ネシム而シテ此人権力ナシ幼稚猶制シ難シ況ヤ年長ヲヤ若シ闔区ノ長

タル者意ヲ此ニ注セス予防ノ法其要ヲ得サルトキハ弊害必ス至リ夜学忽チ廃弛セン若一旦其勢コヽニ至レハ再ヒ之ヲ興サントスル創始ニ比スレハ百倍ノ力ヲ費サザル可カラス畢竟カヽル勢ニ陥ルモ当初校則ノ厳密ナラサル一事ヨリシテ生スルナリ凡事大小ニ論ナク草創ノ際ハ許多ノ精神ヲ用ヰサルヲ得ス区長ノ事務固ヨリ多端ナリ然ドモ人智ヲ開明ニ誘導スルハ区長義務ノ要件ナレハ多端ヲ以テ口ニ藉クニ由ナシ独リ夜学ノ校ノミナラス日学校ト雖ドモ亦然リナリ夫レ日夜学校ノ盛衰ハ区長精神ノ旺茶ニ係ル故ニ区長力ヲ教育ニ用ヰサルカ府庁之ヲ責サルヲ得ス是レ府庁ノ任ナリ区戸長及生徒掛ノ者朝廷育民ノ聖旨ヲ体認シ各自其職ヲ曠シクスルナク府庁ヲシテ人民保護ノ義務ヲ尽サシメンコトヲ希望ス

付本文イヘル如ク夜学校則ヲ厳重ニ為サントセハ先ツ時間ヲ立ツベシ遅ク上校シテ早ク帰家センヲ要ス遅カラザレハ家業ヲ妨ク早カラサレハ弊ヲ生シ易シ其時間ハ三時ヲ用ヰテ足レリトス午後七時ヨリ午後十時ニ至ル但シ時間ヲ定メハ闔区ヘ明白ニ通知スベシ既ニ時間ヲ定ム宜シク切実近要ノ学ヲ為サシメンヲ要ス故ニ仮リニ夜学課業ノ表ヲ示メシ下ニ出ス但本課卒業セハ課外ノ者ヲ受業スル勝手タルヘシ墨国ニテハ十五歳未満ノ童幼ハ仕役ニ付クト雖ドモ一年中ニ十一週間即一日ニ凡五時間就学セシメ漫リニ仕役スルヲ禁ス犯ス者ハ罰金ヲ出サシムルノ普則ヲ立ツ是レハ人民相互ニ約束シテ教育ノ普及ナランカ為メニ設クルナリ今吾邦民間未タ此ノ如キ十全ノ法ヲ立ツヲ聞カス故ニ貧人ノ子弟ハ学ブベキ年令ニテ多ク使役奴僕トナリ愚痴文盲ヲ以テ其身ヲ終ル偶主人業暇ヲ以テ其家ニテ文字算術ヲ学バシムルモ到底人間普通ノ教育ヲ受ルヲ得ス是モ亦人ノ子ナリ区長哀憫ノ情ヲ興シ僅ニ墨人規則十ノ五ヲ挙ケ得ルモ猶人民ノ幸福何モノカ之レニ如カンヤ吾府下ノ夜学雇人ノ修業スル者ナキニ非ス唯其生員甚僅少ナリ故ニ今墨人ノ規則ヲ示シ其員ヲ更ニ増加スルヲ勧誘スト云爾

右之通管内エ無洩及告諭者也

〔新27－2〕 大阪府　大阪府

明治五年四月
大阪府　→　大年寄　中年寄　少年寄

国家ノ富強ハ人材アルニ由ル、人ノ材器ヲ発達シ、智識ヲ開クハ、皆文教ニ非サルハナシ、今ヤ朝廷文部、教部ノ二省ヲ被為建候モ、唯々天下之智識ヲ開、広ク教化ヲ布カセラレタキ思召ナレハ、率土ノ浜トイヘトモ、其意ヲ体セサルヘカラス、況ヤ当地ノ如キハ、古来ヨリ日本三都ト称シ、今三府ノ一ニアリナカラ、学校ノ設ケ手薄ナルヨリ、人々時勢ト道理トニ暗ク、家業ヲ営ムモ眼前ノ利ノミニ走リ、動モスレハ失産破家ノ禍ヲ致サントス、今東西両府之学校ヲ設ル、其数一百ニ近カラントス、故ニ教化ノ道、日ヲ追テ盛ニ、智識ノ開クル月ヲ追テ進ム、唯我一府此企ナク、此儘ニシテ日月ヲ送ラハ、三都ノ称ハ名而已ニシテ、終ニ野蛮ノ笑ヲ来サントス、抑是迄学文ノ弊タル、花月ヲ翫ヒ、詩歌ニ長シ候迄ノ事ナレハ、父母モ其子弟ノ書ヲ読ムヲ嫌フモ理ハリナリ、今ノ学ハ是ニ異リ、第一智識ヲ開キ、行ヲ正シクシ、工ハ有用ノ良器ヲ発明シ、商ハ彼我有無ヲ通シ、時機ヲ察シテ宜ヲ制シ、利権ヲ他方ニ奪レサル為ナレハ、豈ニ同日ニシテ語ルヘケンヤ、サレハ一同力ヲ合セ、大ニ学校ヲ開キ、今度改革ノ地区ニ従ヒ、一区一校ヲ設、区中ノ子弟ヲ集メ、之ヲ教育セハ、智識次第ニ開ケ、土地ノ繁栄ヲ致ス事必セリ、凡人幼少ニシテ物欲ノ心情未タ萠サル内、教ヲ加フレハ、戯レ遊ヒ事ヲナス隙ニ、自ラ道理ヲ弁ヘ、義理ヲ知リ、終身ノ福ヲ自然ニ備具スルモノナレハ、学校ヲ興スハ、他人ノ為ナラス、近クハ一身一家ヲ保全シ、土地ヲ繁栄ニシ、遠キハ天下富強ノ一端ヲ補助シ、加之今日日用上ニテハ、区中ノ会議所トナリ、又或時ハ知参事已出張シテ、朝廷ノ御布告ヲ始メ、当府ヨリ申達スル次弟等説諭ノ場トナリ、旁便利ヲ生シ候事ユヘ、現今学フヘキ子ナキトテ余所ノ事ニ見傚スヲ得サルノ理リ、汝等此度衆望ニ挙ラレ、町役人ノ任ニ膺ル上ハ、速ニ前途ニ着眼シ、愚昧ノ小民ヲ誘掖懇諭シ、建校ノ企今日ノ急務タルヲ知リ、一際尽力可致モノ也、

〔新27-3〕大阪府　大阪府

（市郡制法中第四条学校建営）

明治五年四月

↓

第四条

一学校《ガクカウ》ヲ建《タツ》ルハ教化《ケウクワ》《をしへ》ヲ盛《サカン》ニシ人《ジン》才《サイ》《ひとのさえ》ヲ教《ケウ》　育《イク》《をしへそだてる》スルニアリ、蓋《ケダ》シ其教育《ソノケウイク》ト云《イフ》ハ人々心《コヽロ》ヲ諸科日《ショクワジツ》新《シン》《いろ〳〵ひにあらたまるがくもん》ノ学《ガク》ニ用《モチ》ヒ智識《チシキ》ヲ世界《セカイ》ニ求《モトム》ルニ至《イタツ》テハ、人《ヒト》ハ日ニ一日ヨリ智《チ》ヲ増《マ》シ器《キ》《どうぐ》ハ日ニ一日ヨリ巧《コウ》ニ趣《オモム》キ、物産《ブッサン》ヲ興《オコ》シ鉱山《クワウザン》《かなやま》ヲ開《ヒラ》キ貿易《ボウエキ》《こうえき》ノ利《リ》ニ通《ツウ》シ富《フ》国《コク》強《キヤウ》兵《ヘイ》《くにをとましへいをつよくすてだて》ノ術《ジュツ》ヲ尽《ツク》サバ、遂《ツヒ》ニ国家《コクカ》富強《フキヤウ》ナラサルヲ得《エ》ス、然《シカ》ルニ管下《クワンカ》《しはいした》ノ小民《セウミン》《たみ》当今《タウコン》《このごろ》ノ事体《ジタイ》ニ疎《ウト》ク、姑息因循《コソクインジュン》《いっすんのがれそれなり》ヲ固守《コシュ》《かたくまもり》シ時勢《ジセイ》《とき》ノ変《ヘン》　遷《セン》《かはりうつる》ヲ察《サツ》《みる》セサルヨリ其子《ソノコ》ヲ教育《ケウイク》スルノ道《ミチ》ヲ知《シ》ラス、学校《ガクカウ》ニ入《イ》レ教育《ケウイク》ヲ受《ウク》ル者《モノ》漸々《ヤウ〳〵》《しはいした》稀《マレ》ナリ、所謂玉《イワユルタマ》モ磨《ミガ》カサレハ光輝《クワウキ》《ひかり》ナク人モ教《ヲシヘ》サレハ石瓦《セキガ》《いしかはら》ノ如《ゴト》シト宜《ムベ》ナル哉《カナ》、人生《ヒトムマレ》テ各性《ヲノ〳〵セイ》アリ、磨励《マレイ》《みがきとく》スレハ必《カナラ》ス光輝《クワウキ》ヲ生《セイ》シ良智良能《リヤウチリヤウノウ》《よきちえよきわざ》ヲ開《ヒラ》ク、磨励《マレイ》トハ何《ナン》ソヤ曰《イハ》ク学問《ガクモン》ナリ、其学問《ソノガクモン》ノ重《ヂウ》　大《ダイ》《おもくおゝい》ナルヲ両親《リヤウシン》《ふたおや》タル者《モノ》姑息《コソク》ノ情《ジヤウ》ニ流《ナガ》レ教《ヲシヘ》サルノ罪《ツミ》、天地《テンチ》ニ対《タイ》《むかひ》シテ恥《ハヅ》ル処《トコロ》ナラスヤ、早《ハヤ》ク旧慣《キウクワン》《ふるきくせ》ヲ一洗《イッセン》《ひとあらひ》シ将来《シヤウライ》《これよりのち》ノ有益《イウエキ》ヲ察《サツ》シ、各《ヲノ〳〵》其子ヲ学校《ガクコウ》ニ入《イ》レ教育《ケウイク》ヲ加《クワ》ヘ遂《ツヒ》ニ国家有用《コクカイウヨウ》ノ人トナシ、文明開化《ブンメイカイクワ》《あきらかにひらけゆく》ノ区域《クイキ》《さかい》ニ進歩《シンポ》《すゝみ》致《イタ》シ候様深《フカ》ク相誡《アイイマシム》《をしゆ》ヘキ事、

〔新27－4〕大阪府　堺県

「学問の心得」
明治五年八月
堺県学校　→　区長

王政御維新《ワウセイゴイシン》《御かみのまつりごとあらた》にて百廃悉挙《ヒヤクハイコト〲クアガ》《なにごともあらたまり》り難レ有き御世《ミヨ》なるに唯学校《タヾガクカウ》の設《マウ》けいまだ全《マツタ》く備《ソナ》はらざるより往々《ワウ〱》頑陋《グワンロウ》《かたくな》にして智識《チシキ》《ちゑ》ひらけず才芸長《サイゲイチヨウ》《わざもぬけず》ぜざるより身《ミ》を立《タ》つるの方向《ハウカウ》《めあて》もわきまえず動《ヤヽ》もすれば家《イヘ》を破《ヤブ》り身を喪《ウシナフ》にいたる者小《モノスクナ》からずかくのごとき憫然頽廃《ビンゼンタイハイ》《あわれむべくくづれ》たる弊《ヘイ》《あしきくせ》風数百年《フウスウヒヤク子ン》の久しきも人々《ヒト〲》是《コレ》を常《ツ子》として怪《アヤシ》まず唯学問《タヾガクモン》ハ士人以上《シジンイジヤウ》《やくにん》のことにして　農《ノウ》　工《コウ》　商及女子《シヤウオヨビジヨシ》《ひやくしようしよくにんあきんど》《をなご》の如《ゴト》きハ棄《ステ》て顧《カヘリ》みず政府地頭亦殊更民《セイフヂトウマタコトサラタミ》《くにをさ》《ひと》の暗《アン》《わかわきまえなき》　愚《グ》を以《モツテ》却《カヘツ》て之《コレ》を悦《ヨロコ》べり実《ジツ》に国《コク》《くにのいきほひ》　勢《セイ》の振《フル》《つよから》ハざる所以《ユエン》にして今世界万国《イマセカイバンコク》《よのなかそとくに》日一日《ヒイチジツ》《ひにまし》より開化《カイクワ》《ひらくる》の秋《トキ》にあたり皇国《クワウコク》《にっぽん》の民《タミ》《ひと》となって豈《アニ》《さても》愧《ハヂ》ざるべけんや夫人《ソレヒト》ハ万《バン》　物《ブツ》《よろづのもの》に長《チヤウ》《かしら》たり其長《ソノチヤウ》《かしら》たるゆゑんハ言語《ゲンギヨ》《ことば》と文字《モンジ》となり此《コノ》二ツのもの無《ナ》けれバ智識才芸《チシキサイゲイ》《ちゑわざ》共《トモ》に何《ナニ》に依《ヨツ》て開《ヒラ》くべけん歟《ヤ》たとへバ火《ヒ》の熱《子ツ》《あつき》　水《ミヅ》の冷《レイ》《つめたき》　昼起《ヒルオキ》て夜《ヨ》る寝渇《イ子カツ》《かハき》して飲飢《ノミウエ》て食《クラフ》のごときハ禽《キン》　獣《ジウ》《とりけもの》同《オナ》じく知《シ》る所《トコロ》にして人と異《コト》《かハ》ならず其尊《ソノタフト》き文字《モンジ》さへ人として弁《ワキ》まへざるより持合《モチアハセ》たる良知良能《リヤウシリヤウノウ》《よきちゑよきわざ》と云《イ》ふ結構《ケツカウ》なる玉《タマ》も磨《ミガヽ》ざれば光《ヒカ》らず所謂宝《イハユルタカラ》のもちぐさりにして酔生夢死《スキセイムシ》《ゑひだおれゆめじに》して朽果《クチハツ》るハ口惜《クチオシ》き事《コト》ならずや孟子《モウシ》の飽《ア》くまで食《クラ》ひて教《ヲシヘ》と云《イフ》がなけれバ禽獣《キンジウ》にちかしと云ハれしもうべなる哉《カナ》人として知《シ》らで叶《カナ》はぬ丈《ダ》けの事《コト》ハ学《マナ》バでならぬ筈殊《ハヅコト》に我神国《ワガシンコク》ハ世界《セカイ》に冠《クワン》《かしら》たる国《クニ》なれバ学《マナ》びの道《ミチ》さへ昌《サカン》ならバ果《ハタ》して知識《チシキ》《ちゑ》の開化《カイクワ》《ひらけ》も早《ハヤ》かるべきハ言《コト》をまたざるなり此度《コノタビ》

朝廷《テウテイ》《おんかミ》厚《アツ》き御趣意《ゴシユイ》《おぼしめし》にて津々浦々迄《ツヽウラ〱マデ》学校《ガクカウ》を設《マウ》けさせられたり然《シカ》るに遠郷僻邑《エンキヤウヘキイウ》《かたいなか》の民《タミ》《ひと》御趣意《ゴシユイ》をもわきまえず却《カヘツ》て深《フカ》く是《コレ》を怪《アヤシ》む者無《モノナ》にあらず畢竟是迄《ヒツキヤウコレマデ》学問《ガクモン》といへば日用《ニチヨウ》に無益《ムエキ》《むだ》の穿鑿《センサク》《しらべ》のミにしてひたすら文字訓詁《モンジクンコ》《よみかた》の上《ウヘ》にのみ百般六ヶ敷理屈《ヒヤクパンムツカシキリクツ》《いろ〱》をならへ兎角空理虚談《トカククウリキヨタン》《おさへバのなきからりくつ》にのみ流《ナガ》れ或《アルイ》は詩文《シブン》辞《からのふミうた》に耽溺《タンデキ》《はまりこみ》しあたら光陰《クワウイン》《つきひ》を費《ツヒヤ》《つぶ》し文雅洒落《ブンカシヤラク》《たかぶりたるあそび》を務《ツトメ》としてひたすら風流才子《フウリウサイジ》《みやびたるひと》と指《ユビザヽ》れん事《コト》をのミよしとし天地間無用素餐《テンチカンムヤウソザン》《よのなかのくひつぶし》の者《モノ》となり今日一《コンニチイツ》の実功《ジツコウ》《しるし》も不レ見《ミエズ》唯学問《タヾガクモン》はかうしたものと兎角《トカク》に文字《モンジ》や或《アルヒ》は同《トウ》《いくたびいふてもおなじこと》　遍《ヘン》なる性《セイ》《こゝろのもちまえ》　理《リ》の長《ナガ》せん義《ギ》にのミ癖《ヘキ》《かたひずミ》　執《シウ》して窮《キウ》《おとろへたかく》　達《タツ》ハ命《メイ》也《ナリ》《きまりと》　貧《ヒン》《まづしきいやし》　賤《セン》を患《ウレヒ》とせずなど云事《イフコト》をあやまり解《ゲシ》《さとり》て一種《イツシユ》の陋習奇癖《ロウシフキヘキ》《ひとなミならぬたかずれしたる》の風《フウ》をよしとし竟《ツヒ》に身《ミ》を修《オサ》め得《エ》ず遊《ユウ》　惰《ダ》《ぶらつきたのミがひなき》　浮《フ》　薄《ハク》の徒《ト》となりて家産《カサン》《しんだひ》を破《ヤブ》り猶悔《ナホクユ》るを知《シ》らざる様《ヤウ》の本読《ホンヨミ》ハまのあたり世間《セケン》にいくらもあるなれバ学問《ガクモン》ハ人《ヒト》の為《タメ》には用《ヤウ》をなさゞるもの却《カヘツ》て害をなすものと自棄自暴《ジキジバウ》《すてもの》になりゆきしなり今日学校《コンニチガクカウ》の主本《シユホン》《めあて》と

なすところハ智識《チシキ》を世界《セカイ》に求《モト》め専《モツパ》ら皇基《クワウキ》《くにのちから》を振起《シンキ》《ふるハ》し従前《ジウゼン》迂闊《ウクワツ》《まゝかたまわりどほき》の教《ヲシヘ》は決然《ケツゼン》排斥《ハイセキ》《すつぱりおしりぞけ》し農《ノウ》《ひやくしやう》にあれ商《シヤウ》《あきんと》にあれ各職分《オノ〳〵シヨクブン》《ひと〴〵なりわひ》の実地《ジツチ》《ことから》に用《モチ》ひて実功《ジツコウ》《いさほし》の立処《タツトコロ》を目的《モクテキ》《めあて》とし男女共《ナンニヨトモ》六七歳より日用常行言《ニヤチウジヤウカウゲン》語筆《ギヨヒツ》算《サン》《みのおこなひことばづかひてならひそろばん》を始《ハジ》めとして一通《ヒトトホリ》ハ天地万物大体《テンチバンブツダイタイ》《なにごとのうへの》の理《リ》合《すぢあひ》をも合点《ガテン》《こころえ》し万国《バンコク》《よろづのくに》の形勢事情《ケイセイジジヤウ》《むかしよりのありさま》をも心得《ココロエ》皇漢《クワウカン》洋共片《ヤウトモカタ》《わがくによそぐに》ひずみなく人間《ニンゲン》の心得《コヽロウ》べき丈一通《ダケヒトトホ》り知《シ》るを以《モツ》て普通学《フツウガク》《ゆきわたりたるまなび》と云《イフ》なれハ十四五歳迄《サイマデ》にハ自分丈《ジブンダ》けの始末《シマツ》を出来《デキ》るほどにしてのち各其産業《オノ〳〵ソノサンゲフ》《なりわひ》を営《イトナ》ミ其余暇《ソノヨカ》《ひま》学《ガク》に就《ツキ》ます〳〵智識才芸《チシキサイゲイ》《ちゑわざ》を磨様《ミガクヤウ》にと心懸《コヽロガク》べし返《カヘ》す〴〵も従前《ジウゼン》《まへかた》の如《ゴト》くあたら歳月《サイゲツ》《つきひ》を素読《ソドク》《すよみ》の間《アヒダ》に費《ツヒヤ》すなかれ如レ此《カクノゴトク》すれバ多《オホ》くの中《ナカ》には秀才異等《シウサイイトウ》《すぐれたる》のものも出《イヅ》べければ是等《コレラ》ハ親当人共故障無《オヤタウニントモコシヤウナク》バ中学大学《チウガクダイガク》に入《イリ》専門科学《センモンクワガク》《ひとつをしらべるまなび》に就国家《ツキコクカ》《わがくに》の御為《ヲンタメ》を量《ハカ》り身《ミ》を起《オコ》すを基本《キホン》《もとひ》を立《タツ》べし古《イニ》しへ道行《ミチオコナ》はれずして夷狄《イテキ》《ゑびす》と唱《ヨバ》れし各国《カクコク》《ほかぐに》も近来《キンライ》《ちかごろ》ハ諸科《シヨクワ》日新《ニツシン》《なにごともひに〳〵ひらくる》の学《ガク》《がくもん》昌《サカン》にして大《オホヒ》に教《ケウ》化行《クワオコナ》《をしへのみち》はれ其学校《ソノガクカウ》のまうけいよ〳〵夥《オビタヾ》しく殊《コト》に欧羅巴《イヨウロツパ》の内《ウチ》フランスなどハ天下《テンガ》の人口《ジンコウ》《ひとかず》三人につき学校生徒《ガクカウセイト》《まなびするひと》一人のわり合《アヒ》にまなび居《ヲル》との事我《コトワガ》皇国《クワウコク》《みくに》いまだ人口《ジンコウ》《ひとかず》三千人に一人の生徒《セイト》《まなびびと》もあるまじと思《オモ》はる智識《チシキ》《ちゑ》と産業《サンゲフ》《わざ》と二《フタツ》のもの昌《サカン》ならざれバ国体堅牢《コクタイケンロウ》《くにがらかたく》ならず益外国《マス〳〵グワイコク》《そとぐに》の為《タメ》に辱《ハヅカ》しめらるゝに至《イタ》るべしかくのごとく民《タミ》に教《ヲシヘ》の行《オコナ》はれざるも皆従前迂遠陳腐《ジユウゼンウエンチンプ》《まへかたつまらぬふるめかしき》の学風《ガクフウ》《をしえかた》の毒《ドク》を恐《オソ》るゝよりなれバ学者《ガクシヤ》たる者第一早《モノダイイチハヤ》く眼《マナコ》をひらき時勢《ジセイ》《とき》の変遷《ヘンセン》《うつりかわり》を察《サツ》《ミ》し人々《ヒト〳〵》をして日用実学《ニチヤウジツガク》《いりやうのまなび》に導《ミチビ》き学問《ガクモン》ハ四民共《シミントモ》《ひと〴〵》に第一《ダイイチ》の財本《サイホン》《もとで》たるを注意《チウイ》《こころつく》する様《ヤウ》にと専《モツパ》ら教《ヲシ》へ導《ミチビ》かずんバあるべからず彼《カ》の窮民《キユウミン》《こじき》に陥《オチイ》り或ハ悪事《おきてやぶり》をなすの徒《ト》《もの》は皆不学無識《ミナフガクムシキ》《もののわきまへなき》よりして遊惰《ユウダ》《あそびごと》に流《ナガ》れ家産《カサン》《しんだい》を破《ヤブ》《つぶす》るよりして身を亡《ホロボ》すにいたるならずや実に恐《オソ》れざるべけんや故に学《マナバ》ずんバあるべからざるなり学《マナ》んで智識《チシキ》《ちゑ》をひらき万物《バンブツ》《よろづのものに》の霊《レイ》《すぐれ》たる名に恥《ハヂ》ざる様《ヤウ》神国《シンコク》《ミくに》の人《ヒト》をして牛馬《キウバ》《うしうま》と群《グン》《むれ》をなす如《ゴト》く鳴《トナヘ》られざる様日本魂《ヤウヤマトゴヽロ》を奮発《フンパツ》《ふりおこ》し各国《カクコク》《よそのくに》より新発明《シンハツメイ》《あたらしき》の書籍《シヨジヤク》《かきもの》や奇巧《キカウ》《くふう》を究《キハメ》し器械《キカイ》《だうぐ》等競《トウキソヒ》《われさきに》て我《ワガ》皇国《クワウコク》《ミくに》へ貢《ミツギ》するなればバ益産業《マス〳〵サンゲフ》《なりわひ》の道も開《ヒラ》け国家《コクカ》《ミくに》をして益泰《マスマスタイ》山《サン》の安《ヤス》《とざゝぬみよをことふかしむる》きに置《オク》ハ実に目前《モクゼン》《めのまへ》に有《アル》の秋《トキ》なればバ人々子《ヒト〴〵シ》孫《ソン》《こども》を鞭策《ベンサク》《はけまし》し共《トモ》ニ開化《カイクワ》《ひらけたるよの》の太平《タイヘイ》を楽《タノシ》まん事《コト》を願《子ガ》ふべき也《ナリ》

（備考）

本文は国会図書館蔵版（明治六年出板）によった。

〔新27－6〕大阪府　大阪府

（学制解訳布告趣意及び学制解訳）

明治六年一月一三日
府参事　藤村紫朗　↓

先達而海内一般之学制を被定、学問普及候様被仰出候ニ付、右御達書ニ解訳を加へ及布告候条、篤ト遂熟覧御趣意を奉戴し、各区小学未タ開校ニ至らさる向ハ、協力合心速ニ落成せしめ、既に開校成る向ハ区中之幼童一人として就学せさるもの無之様可致候、猶此旨区戸長ニ於てハ厚く体認し御主意貫徹候様、懇ニ一統之者へ可申諭事、
前条ニ付、私学といへとも右制ニ依遵し、免許を得て開業之向、中ニハ不都合之儀も不少候間、一旦悉く令廃止候条、改而相開度ものハ、当府へ申出教則等巨細伺取り、了解之上願出可受免許事、
右之趣管内無洩相達るもの也、
明治六年一月十三日
大阪府参事　藤村紫朗

学制解訳
叙
獅子ノ子ヲ生ム必ス之ヲ千仞ノ谿ニ擠スト、是其子ヲ憎ムニ非ルナリ、雉ノ卵ヲ覆フ、其野ノ焼ケルニ当リテハ、己レノ羽翼ヲ焦爛スルヲ不顧ト、是其身ヲ惜マサルニ非ルナリ、皆其子ノ成立センコトヲ思テナリ、禽獣且然リ、況ヤ万物ノ霊タル人トシテ、誰カ我子弟ノ能ク成立スルヲ願ハサルモノアランヤ、然ルニ府下従来ノ風俗、女ヲ生メハ必ス糸竹歌舞ノ業ヲ教へ、男ヲ生メハ必ス活花煎茶ノ技ヲ習ハシメ、遊治風流ニ歳月ヲ費シ、一小技中ニ一生ヲ終ル、是豈天与ノ美質ヲ全成スルモノト云ンヤ、今ヤ朝廷天下ニ学制ヲ敷キ、邑ニ不学ノ戸ナク家ニ不学ノ人ナカラシメント、是他ナシ、海内ノ人民ヲ子視セラレ、其成立センコトヲ図ラセタマフ無限ノ仁慈豈ニ感戴セサルヘケンヤ、然ルニ真ノ父母タル者、却テ眼前ノ愛ニ溺レ稚児ノ我膝下ヲ離ル、ヲ嫌ヒ、或ハ苦学ノ病ヲ生センコトヲ恐レ、或ハ学資ヲ厭フテ子弟ノ成立ヲ思ハサルモノアリ、獅子ノ愛ヲ忍ンテ其子ヲ擠シ、雉ノ卵ヲ擁シテ己レカ身ヲ焼クノ情ニ比スレハ、万物ノ霊タル所以ノモノ其レ何クニ在ルヤ、希クハ人ノ人タル道ヲ尽シ、身ヲ責テ学資ヲ助ケ愛ヲ忍テ学路ノ難ヲ履マシメ、笑ヲ禽獣ニ招カス、朝廷仁慈ノ大旨ニ負カス、子弟ヲ成立シテ一家ノ栄ヲ来サンコト、府下一般ノ人民其之ヲ思ヒヨヤ、
明治五壬申歳九月
大阪府権知事　渡辺　昇撰

学制解訳

人々自ラ其身ヲ立テ、其産ヲ治メ、其業ヲ昌ニシテ、以テ其生ヲ遂ルユヘンノモノハ、他ナシ、身ヲ修メ智ヲ開キ才芸ヲ長スルニヨレリ、而シテ身ヲ修メ智ヲ開キ才芸ヲ長スルハ、学ニアラサレハ能ハス、

解云、自トハ、他ノ力ヲカラス、一人一人ニト云コトナリ、其身ヲ立トハ、修業出精シテ吾身ヲ仕立テ上ルコトナリ、其業ヲ昌トハ、渡世家業ヲ繁昌サセルコトナリ、生ヲ遂ルトハ、一生涯ヲ安楽ニクラスコトナリ、サレハコノ御趣意ハ、凡ソ人間ニ生レタル者一人一人ニ他人ノ力ヲカラス、己カ身ヲ立派ニ仕立テ上ケ、己カ身代ヲヨクシ、己カ家業ヲ繁昌サセ、一生涯ヲ安楽ニクラス様ニスルハ外事テハナヒ、身ヲ修メ智ヲ開キ才芸ヲ長スルニ因ルナリ、其身フ修ルトハ、第一吾身ノ行ヒヲヨクシ、親ニハ孝ヲ尽シ天子様ヲ尊敬シ奉リ、カリソメニモ御政府ノ御指揮ニ背カス、兄弟睦マシク夫婦和合シ朋友ニ信ヲ失ハス、吾身ノ分限ヲ守リ万事ニ心ヲ付ケ、法外ナルコトヲセス、謹テ礼儀ヲ堅ク守ルコトナリ、智ヲ開クトハ、知恵ヲ磨クコトナリ、タトヘハ玉ハ結構ナルハ光リヲ持テトモ磨カサレハ瓦石ニ異ナラス、人ハ天ヨリ結構ナル知恵ヲ貫ヒナカラ、放埒ニ暮シ修業スルコトヲモナサス、其智恵ヲ磨カネハ、禽獣ニ劣リタルモノナリ、才芸ヲ長スルトハ天ヨリ生ミ付テ貫タ才能芸能トテ、器量仕業ヲ一寸ノ者ハ一尺ニスル様、一尺ノ者ハ一丈ニスル様ニノハスコトナリ、夫人生レナカラニシテ知ルモノニ非ス、吾身ヲ修メ吾才芸ヲノバスハ、如何スレハ出来ルソトイヘハ、何レモ皆学問テナケレハ出来ヌト云コトナリ、

是学校ノ設ケアルユヘンニシテ、日用常行言語書算ヲ初メ士官農商百工技芸及ヒ法律政治天文医療等ニ至ル迄、凡ソ人ノ営ムトコロノ事学アラサルハナシ、人能ク其才ノアルトコロニ応シ、勉励シテ之ニ従事シ、シカシテ後初メテ生ヲ治メ産ヲ興シ業ヲ昌ニスルヲ得ヘシ、

解云、日用トハ日日入用ノ品モノナリ、常行トハカネガネ定リタル仕事ヲ云ナリ、言語書算トハ毎日毎日人ニ交ルコトバヅカヒ手紙ノ文言算用ノ仕方、之ヲ手初メ学問ノコグチトシテ、役人百姓商人職人万ヅノ芸事ナリ、法律政治トハ政事ヲシテ国ヲ治ルコト、一家ヲ治ルニハ一家ノ政事アリ、一町ヲ治ルニハ一町ノ政事アリ、一区ヲ治ルニハ一区ノ政事アリ、コノ政事ノ学問ヲセネハ、区長戸長ノ役義モ勤ラストシタルモノナリ、凡ソ一人一人日日ノナス事スヘテ学問カアルニ因テ、其才ノアルトコロニ応シ、勉励シテ之ニ従事ストハ、役人ニナル器量ノアルモノハ役人ノ学問ヲナシ、商法ノ才アルモノハ商法ノ学問ヲナシ、農ハ農学、工ハ工学ヲナシ、吾器量ニ任セツトメハゲンデ学問ヲシタトコロデ、始メテ吾渡世モ安楽ニデキ、身代モ能クナリ、家業モ繁昌スルコトニナルト云御趣意ナリ、

学問ハ身ヲ立ルノ財本トモイフヘキモノニシテ、人タルモノ誰カ学ハスシテ可ナランヤ、

解云、財本トハモトデト云コトニテ、金銀ニナル種ナリ、人間万事スベテ本手ナシニ出来ル事ハ一モナシ、今学問ハ何ノ本手ニナルソトイヘハ、上ニ云如ク一生涯ヲ安楽ニクラシ、渡世実業ヲ繁昌サセル本手ナレハ、人タルモノ是非トモ学問ヲセネハナラヌト云コトナリ、

夫ノ道路ニ迷ヒ、飢餓ニ陥リ、家ヲ破リ身ヲ喪フノ徒ノ如キハ、畢竟不学ヨリシテカヽル過ヲ生スルナリ、

解云、道路ニ迷フトハ、路頭ニ立ツヲ云ヒ、飢餓ニ陥ルトハ、一粒ノ食物モナシニナルヲ云フ、凡ソ事ノ道理ニ暗ケレハ、身持放蕩ニ流レ易ク、自然家業ニ怠リ、無用ノ遊芸ニ耽リ、飲酒博奕ヲ事トシ、遂ニ家屋ヲモ典売シ、身ノ便ルヘキトコロモナク、路頭ニ迷ヒ飢ヘ凍ヘ詰リ、川沢ニ身命ヲ投スルカ、或ハ人ノ品物ヲ盗ミ御法度ニ触レ、御仕置ニ逢ヒ、父母ノ遺体ヲ失フカ、何レトモ無事ニ一生ヲ過スヲ得ス、斯クナルモノハ全ク不学ヨリシテノ間違チヤト云コトナリ、

従来学校ノ設アリテヨリ、年ヲ歴ルコト久シトイヘトモ、或ハ其道ヲ得サルヨリシテ人其方向ヲ誤リ、学問ハ士人以上ノ事トシ、農工商及婦女子ニ至リテハ之ヲ度外ニオキ学問ノ何物タルヲ弁セス、

解云、昔ヨリ今日ニ至マテ学問所ノ御設ハ、所所ニアルコトナレトモ、学問ノ仕方カ悪キユヘ、皆皆方角目的ヲ取違ヒ学問トイヘハ士分以上ノ事ニテ、農工商并婦人女子ノ輩ハ学問ハイラヌコト無用ノモノナリト了簡違ヒヲナシ、学問トハ如何ナル物ヤ更ニ其道理ヲ知ラヌト云コトナリ、

又士人以上ノ稀ニ学フ者モ、動モスレハ国家ノ為ニスト唱ヘ、身ヲ立ルノ基タルヲ知スシテ、或ハ詞章記誦ノ末ニ趨（マヽ）リ、空理虚談ノ途ニ陥リ、其論高尚ニ似タリトイヘトモ之ヲ身ニ行ヒ、事ニ施スコト能ハサルモノ少カラス、是スナハチ沿襲ノ習弊ニシテ文明普ネカラズ、才芸ノ長セスシテ貧乏破産喪家ノ徒多ユヘンナリ、

解云、士分以上ノ者カタマタマ学問ヲスルモノモ、ヤ、モスレハ心得違ヒヲナシ、御国ノ為ニ学問スルナト云テ学問ハ元来我身ヲ仕立テ上ル根本ナルコトヲ少シモ心得ス、或ハ詩ニ耽リ文ヲ嗜ミ徒ラニ暗記誦読ニ心ヲ苦シマシメ、或ハ理窟ラシキコトヲ言ヒ其口先ハ中中及ハレヌ様立派ニアレトモ、之ヲ我身ニ行ヒ実際上ニ施ストキハ何ノ用ニモ立ヌモノ数多シ、コレハ是迄ノシキタリノワルグセト云モノニシテ、世カ開ケス学問ヲシテモ己カ才能ヲ延スコトカ出来ヌユヘ、終ニハ身代ヲツフシ家業ヲ失ヒ難渋スルモノ多シ、畢竟身ヲ立テ家ヲ興ス為ノ学問カ却テ身ト家ノ害ヲナスハ、全ク是迄ノ心得違ヒナリ、此ノ如キ学問ハセヌカ万万勝リタルコトナリ、

是故ニ人タルモノハ学ハスンハアルヘカラス、之ヲ学フニハ宜シク其旨ヲ誤マルヘカラス、

解云、凡ソ人タルモノ日日ノ心得方万事ニ就テ学ハネハナラヌ、シカシナカラ是迄ノ学問ノ仕方テハ身ト家ノ害ニナルユヘ、其趣意ヲ取違ヘヌ様無用ノ学ヲセヌ様ニイタセト云コトナリ、

之ニ依テ今般文部省ニ於テ、学制ヲ定メ追追教則ヲモ改正シ布告ニ及フヘキニツキ、自今以後一般ノ人民必ス邑ニ不学ノ人ナカラシメンコトヲ期ス、

解云、之ニ依テトハ、前段ヲ承ケ、カクアル故ニト云コト、此度文部省ニ於テ学問ノ仕方ヲ御定メアラセラレ、追追教方ノ御規則ヲモ立サセラレ、御布告ニ相成ユヘ、今日ヨリノチハ華族テモ士族テモ百姓町人モ婦人女子ニ至マデ、御国ノ中ニ生レシ者ハ、如何ナル田舎ノ三軒家テモ、学問ヲセヌ家ハ一軒モナク、如何ナル津津浦浦ノ三枚敷ノ家テモ、学問ヲセヌ者ハ一人モナキ様ニ遊ハサレルト云御趣意ナ

リ、

人ノ父兄タルモノ宜シク此意ヲ体認シ、其愛育ノ情ヲ厚クシ、其子弟ヲシテ必ス学ニ従事セシメサルヘカラサルモノナリ、

解云、人ノ父ヤ兄タル者ハ此御趣意ヲ取違ヘス、厚ク相心得我子カ可愛ケレハ学問ヲサセテ、其身モ立チ家モ繁昌シテ、生涯安楽ニ暮シノ出来ル様ニ育テ上ルカ、父兄タル者ノ慈悲恩愛ト云モノユヘ、我子ヤ我弟カアレハ屹度学問ヲサセヨトノ御趣意ナリ、

高上ノ学ニ至リテハ、其人ノ機能ニ任カストイヘトモ、幼童ノ子弟ハ男女ノ別ナク小学ニ従事セシメサルモノハ其父兄ノ越度タルヘキ事、

解云、高上ノ学トハ、中学以上専門ノ学問ナリ、コノ学問ハ人人ノ器量ニ因テ違ヒアリトイヘトモ、御規則中ニハ幼童ハ六歳ヨリ男女ノ別ナク入学イタサセヨト見ユ、若入学セシメサルモノハ其父兄ノ越度トナリテ、御咎メヲモ蒙ムルヘキコトナレハ、ヨクヨク心得テ此御趣意厚ク奉戴スヘキコトナリ、

学判解訳　畢　　　巡講師　小野正巳謹述

跋

中古文物之隆、実権輿吾都、夫人所知也、権知事渡辺君、参事藤村君来准此府、俗化之厚延及文教彬々有治績、今茲明治壬申夏五月奏得制可下令各区刱建小学校凡一百処、区老商議日夜展力自秋卒冬土木将竣功、無論於棟宇壮麗器用具備督課之方法、教導之規則所以造士育才者、精到確実称為三府之甲、嗚呼盛哉、此挙上奉答聖意、下開化民心古昔之文明可数日而復都人慶福何以加焉、政愬以譾劣受乏学務、感喜之余可不公告四方以図万一之報哉、偶学制解訳刻成書其事為跋

明治五年壬申仲冬

〔新27－8〕大阪府　大阪府

（学校設立趣意についての府知事告諭）
明治六年一一月
大阪府権知事　渡辺昇　↓

今度市郡共数百ノ学校設立ノ趣意ハ、是迄学問トイヘハ都テ士分以上ノ者ノスルコトト心得テ、百姓ヤ町人婦女子ナトハイラヌモノト心得オリシコトナレトモ、天子様ノ思召ハ、日本国中ノ者ハ都鄙貴賤ノ差別ナク、幾百万ノ人タリトモ、残ラス我子同様思召サレ、愚ナ者ノ無

キ様悪行スル者無キ様ニ御育テ下サル限リナキ御慈悲ナレハ、皆々厚ク弁ヘネハナラヌコトナリ、凡ソ賢キ者ハ上ニ居リ、愚カナルモノハ下ニ居ルカ天地ノ常理ナルニ、是迄ハ上ニ大名アリ、士アリ、日本半分ニ近キ知行ヲ貰ヒ、仮令如何ナル愚カノ生質ニテモ、其家ニ生ルレハ殿様ト仰カレ武士ト奢リ、抗願坐食スル者多シ、而シテ町人ヤ百姓ハ如何ナル賢キ者カアリテモ、士ニナルコトハ出来ス、剰ヘ奴隷同様ニ軽シメ駆役セラレ又其下ニ□□□ト云テ百姓町人モ犬猫同様ニ思ヒ、畜生ト唱ヘ門内ニモ入ルコトヲ許サヌ者モアリ、是全ク古昔ヨリノ流弊ニテ、今日蒼天白日ノ御世トナリテ天子様ヨリ御覧ナサルレハ、大名モ士モ□□モ□□モ可愛ユキ子ナリ、頼母シキ臣ナリ、四民トモ同シ臣下ト思召コト疑ナシ、近頃実地取扱フ事ノ上ニ就テ、其証拠ヲ挙テ云ハンニ数ケ条アリ、然ヲ却テ下民ニテハ訳モナキ疑ヲ生シ、彼是云扱フテ外ノ府県ニテハ混雑ヲ生シ終ニハ縛ラレ殺サレルコトニ立至ルハ、実ニ可憐コト也、其辺心得違ノナキ様、試ニ二三ケ条ヲ挙テ云ンニ、右ニ云ヘル如ク上ヨリ云ヘハ、是迄殿様ト尊マレシ百万石ノ大名モ九十万石ヲ剝ラレ、唯華族ノ称呼ヲ存スルノミ、下ヨリ云ヘハ畜生ト賤シマレシ□□モ□□モ皆其称ヲ廃セラレ、四民同一ニテ賢キモノナレハ百姓町人ハ申スニ及ハス、□□□□タリトモ上ニ挙ケ、如何ナル位モ如何ナル官職モ仰付ラレ、愚カナモノナレハ仮令大名士ニテモ下ニ居テ、差図ヲ受ネハナラヌ今日ニテ、天下ニ百姓町人ヨリ興リテ立派ノ役人トナリタルモノ幾百人ソヤ、是即天地ノ常理ヲ追テ公平ヲ旨トシ、我子ニ愛憎ヲ置玉ハサル著シキ証拠ノ一ナリ、偖又戸籍調ヘト申ス事モ同様ノ訳柄ナルノ余リ厳重ニ調ヘストモヨサソフナ者ト一応ハ思フ者モアルナレト、是レモ天子様ヨリ御覧アラセラレ、我子カ幾人アルヤ、我臣カ幾人アルヤ、御承知アラセラレイテ叶ハヌ事ナリ、試ニ一家内ニシテ考ヘ見ヨ、如何程沢山ノ子アリテモ今年幾人生レ幾人死タカ、何処ヘ行クカ、何ノ商売ヲスルカ、構ヒモセヌ親ノアルヘキカ、若シアリタラハ親ノ不行届ナリ、我身ノ上ヲ考ヘテ見ルト直ニ分ルコトナレトモ天子様ノ御心配ハ事カ大キナ故、何ノ為ニナサレルコトカ分リ兼ルモノ也、又一人テモ浮浪ノ者カアリ、難儀ヲシテ居ル者ガアリハセヌカ、不幸ニシテ廃疾トナリ助ケテクレル親類モナキ孤独ノモノナキカトノ御調ナリ、是其証タル二ナリ、又徴兵令ニ付テモ是ハ難儀ナコトカ出来タ、全体百姓町人ハ耕シ商ヒサヘスレハヨキモノ、軍ハ士ノスヘキコト、徴兵ニ出レハ血ヲ取ラレルナト、訳モナキコトヲ取搔ク県々モアルコトナレ共大キナル間違ヒ、是迄ハ士カ軍シテ、百姓町人ハ公役ニ使ハレ、課金ヲ出シテスミシ者ナレ共、斯ク四民一般トナリタルハ、百姓町人ノ身分カ善クナリテ士モ同様ノ格式トナリタト云モノニテ、余程喜フヘキコト也、抑兵士ハ何ノ為ニ設クルヤ、万一悪ル者カ起テ人ノ邪魔ヲスル者カアリタトキノ用意ナリ、其邪魔ハ士ニバカリカヽル訳ハナイ、其害ヲ蒙ルハ一般ノ人々ナレハ、一般ノモノガ出テ制セネバナラヌ、ソレヲ是迄ノ様ニ士百姓ト仕事ニ区別ガアリテハ、早晩迄モ百姓ハ士ノ使ヒモノトナリテ、頭ノ揚ル時ガナイ、ソコヲ天子様ヨリハ御免ナサレテ、一般ヨリ御撰ヒニナリテ悪ル者カ人ノ害ヲナサヌ様ノ御手当ナリ、サレハ一般ノ人民一人モ残リナク、徴兵ニ出テモ然ルヘキホトノコトナレ共、実ニ難有御趣意ニハ家ニ老人ナトアリテ養フモノノナキ時ハ、出ルニ及ハス、又一人リ息子ハ出サストモヨキコトニナサレルハ、感スルニ余リアリ、是モ子供ヲ一様ニ御免ナサレル証ノ三ナリ、又地券トテ八ケ間敷コトカ起リタ、是迄ノ通リ運上サヘスレハ能キモノヲト思フコトモアルヘキナレ共、是モ人民ヲ一様ニ御愛シナサルコトニテ、是迄ハ国々ニ領主カアリテ其主ノ心任セニ年貢ヲ取立、無用ノ遊ヒコトニ散在セシモ、皆百姓ニカケテ取ル故、土地ノ善悪ヲ撰ニス、不公平ナコトカ沢山アリ、領民ニ幸不幸カ有タモノナリ、夫ヲ御覧ナサレテ此度ハ土地ノ価ノ高下ニヨリ、税ヲ御取ナサレルコトニテ、是程公平ナコトハナイ、仮令ハ暖国ニテ肥饒ノ地ハ、年ニ二作モ三作モ取レルコト故、其土地ノ価カ高ヒ、寒国ニテ磽瘠ノ地ハ一作外ハ出来ヌコト故、其価ヒカヤスイ、其直段ノ高下ニテ百分ノ三ヲ納ムルト云ヘハ、是ヨリ公平ナコトハナイ、其公平ヲ主トシテ御改革ニナリタルコトニテ、実ハ天子様ノ御取箇ハ幾万ノ増減アルヲ知ラス、タトエ御損失ニナルトモ子供ヨリモノヲ取ニ不公平ニシテ幸不幸カアリテハナラヌト思召ヨリ起リ、親ハ損シテモ子カ栄エレハ親ノ悦ヒトノ御趣意ニテ、是又証スヘキ四ナリ、斯ル著シキ莫大ノ御仁旨ヲ心得違ヒ、区戸長等ヨリ相違スル事アレハ、区戸長カ我儘ヲ言テ下々ノ困難ヲイトワヌナト、巷ニ謗ルモノモ間々アルナレ共、埒モナキ間違ニテ、是迄三百諸侯トテ大名ガ国々ヲ勝手ニ取扱フ時分ハ、国ニヨリテ人民ニ幸不幸ガアリタルモノナレ共、今日ノ御世ニナリテハ奥州ノ果モ薩州ノ隅モ同シコトニテ、皆天子様ノ御趣意ヲ戴キ、其府其県ノ知事令タルモノカ区戸長ニ差図ヲシテ、其区戸長カ人民ニ示スコトナレハ、戸長カ申スコトハ当府ニテハ拙者カ申スコト、拙者カ申ス事ハ天子様ノ仰ラル丶コト、サレハ区戸長等ノ申スコトニ違フ者ハ、則チ父ナリ君ナリノ天子様ニ背クト云モノニテ不孝ノ子不忠ノ臣ナリ、時ニ又天子様ノ思召ニナイコトヲ人民ニ示ス役人カアレハ、司法省裁判所ト云モノカアリテ、直ニ其役人ヲ糺スコト故、一ツモ人民ニテ疑ヒヲ抱クニハ及ハス、安心シテヨキハズ也、別シテ此学校等ノコトハ数万ノ子供ヲ育テ、其内ニテ才器アルモノハ抜出シテ朝廷ノ役人トナシ、或ハ区長トモ戸長トモ其器量次第ニ仰付ケラル丶、難有キ御趣意ナリ、抑亦一身一家ノ上ニトリテ考ヘ見ヨ、是迄子ヲ育テルニ、府下ノ風習トシテ唯々眼前ノ愛ニ溺レ、男児ハ花ヲ活ケ茶ノ湯ヲ上手ニシテ、女児ハ琴ヤ三味ヲ上手ニスルヲ祖父ヤ祖母ノ楽トシタモノヲ実ニ訳モナキコトナリ、凡人ノ親トナリテ次第ニ老ヒ行モノハ、必ス子ノ助ケニ頼ラネハナラヌ、然ルニ千万金ヲ積テ我子ニ遺スモ、其子愚ナレハ放蕩遊惰ノ媒トナリテ、一朝ニシテ散スルノミ、今日ハ三度ノ飯モ自由ニ喰ヘヌモノモ、其子賢ケレハ自由自在ニ老後ヲ楽シムニ至ル、サレハ一身一家ノ苦楽ハ育テル子供ノ賢愚ニアルモノナレハ、実ニ重大ノコトニ非スヤ、是等ノ御世話マテ有ラセラレテノ学校ナレハ、能々其意ヲ体シ大ニシテハ天下ノ為、小ニシテハ一家ノ為ナレハ、前後ヲ顧ミ心得違ヒノナキ様ニ、難有御趣意ヲ老弱トモ守ラネハナラヌモノナリ、口頭ニテハ兎角云違ヒモ間違ヒモアリカチノモノ故、筆ニ委セテ之ヲ示スト云爾、附言世ニ天子様カ万民ヲ子トナサレル道理ハナイ抔トイフモノモアルナレ共、形ニ附テイヘバ固ヨリ然リ、然レドモ今日迄ハ更ナリ、向後如何様ノ御改革ガアリテモ御心ニハ我子同様思召スニハ決シテ相違ナキ事ナレバ、恐多モ下ヨリハ我ガ遠キ親様ナリト思ヒ奉リテモ更ニ妨ゲナキ事ナリ、

〔新28-2〕兵庫県　兵庫県

明治四年三月一六日
兵庫県学校掛　↓

学問ハ貴賤貧富ニヨラス必ラス勉ム可キ事業ニシテ能ク之レヲ修業シ得テ仁義礼知孝悌忠信ノ道アルコトヲ知リ上ハ　御国恩ニ報シ下ハ己ノ家業相続子孫繁栄ノ基ヲ立シメン為メナレハ農工商ノ輩ト雖トモ必修業スヘキナリ

一　学問ハ能ク物ノ道理ヲ弁ヘ自ラ先ツ其行ヲ正シクシコレヲ我今日務ル所ノ職業ニ及シテ不正不明ノ事ナカランコトヲ要スルノ道ニシテタヾ六ケ敷文字ヲ読書キスルノミヲ以テ学問トハ云フヘカラスシカシ其六ケ敷文字ヲモ読習ヒ師タル人ノ講義ナトヲモ聞カサレハ其道理ヲ弁ヘ知リ難キ故ニ務メテ学問スヘキナリ

一　兵庫県ニ於テ明親館ト名ツケテ学問所ヲ設ケシハ土地ノ人民ヲ教育シテ道ニ進マシメン為ナルヲ学問ハタヾ六ツケ敷モノトノミ心得町人百姓ナトノコレヲ学フハカヘツテ家業ノ妨トナルナト云フ心得違ノ族アリテ学フ者稀ナリシハ甚歎カシキ事ナリ以来右様ノ心得違ナキヨフ銘々心掛修業スヘシ尤此度学校規則ヲモ改正シテ諸事手軽ニ修業セラルヽヨウノ仕法ヲモ設ケタレハ一家ノ主人ハ勿論丁童小者ニ至ル迄朝夕何時ト限リヲ立テス衣服モ羽織袴ナトツクルニ及ハスタヾ常ノマヽニテ苦シカラス家業手透ノ暇毎ニ学校ヘ出テ修業スヘシ

一　志アル者ハ故郷ヲ離レ遠キ国ヘ到リ師ヲ求メ修業スル者モアルヲ今己カ郷里ニ在リテ修業セラルヽハ実ニ此上モナキ幸ナレハ志アル者ハ勿論志ナキ者ヲモ勧メテ入学セシムヘシ

一　毎月二七ノ日ヲ以テ講釈日ト定メタレハ毎日出席シカタキ者ハ此ノ日ニ来テ聴聞スヘシタトヒ僅ニ一句一章ニテモ読覚ヘ一言半語ニテモ聞覚ユル時ハ夫タケノ智覚ヲ増スヘシ

一　幼童ノ輩ハ早ク手近ナル手跡ノ師家ニ入門セシメ先ツイロハ仮名ヨリ覚サセサテ学校ヘ出シテ学問ヲサスヘシ学問シテ聊カモ物ノ道理ヲ覚ユレハ空シク遊興ニ耽リテ時日ヲ費シ分限ニ応セサル衣服ヲ飾リテ金銀ヲ費ス事ナトナク自然孝弟（ママ）忠信ノ厚キニ帰シ成長ノ後ハ上ハ　御国ノ御用ニモ立チ下ハ我家業繁栄ノ基ヲモ起スニ至ルヘシ

一　国学漢学ハ勿論西洋ノ学ヲモ広ク学フヘシ当地ハ外国交際ノ港ナレハワキテ世間ノ人ヨリ早ク事物ノ学ニモ達シ他国ノ人ニ勝ルヨフニスヘシ無学文盲ニシテ西洋ノ人ナトニオトシメ侮ラルヽ事アリテハ実ニ我国ノ恥辱トナリ且ハ理ニ昧ラレケレハ何事モ損害ノミ多ク終ニ土地ノ衰微ノ基トモナルヘシサレハ農商ノ輩ト雖モ必ラス学問ハス可キナリ

一　学問ノ順序ハ先ツ手近ナル我国ノ事ヲ知リサテ漢学ヲ修業シサテ西洋窮理ノ学ニモ及ホスヘシ詩文章ハ学問ノ傍ニス可シ詩文章ノミニ

耽リテ身ヲ修メ家ヲ斉フル学問ノ本意ヲ忘ルヘカラス
右ノ条々厚ク心得各修業勉励ス可シ

〔新28－9〕兵庫県　兵庫県

不明
山岸松堂　↓

天運循環して往て還らずといふ事なし昔、王朝の盛なる淳和荘学悲田施薬院にもふけありしが、中古より騒乱うち続き世の人只武勇をのみ尊きことに思ひ、学問は地に落ちて、英雄、軍を行にも僧侶を頼みて牒状を書かしむ、慶長の頃、豊公、朝鮮を講和する時抔は抱腹にもたえぬ間違ありて、度々日本の英気をくじき、其時々、手おくれと損ばかり出来たり、殊に蔚山に圍し時は、明兵大軍を以て一時に踏潰すべし、其方力の限防戦せよと大板に書きて、城外に建てたるを、只、安國寺一人読得て、己独り遁れ去らんと、其板を隠し置しか、又明る朝も右の通りの板と建たれば、安國寺、俄に容体あしとて、宗丁二人をつれ潜行して釜山の本営に遁れいりぬ、果して其の日に至り、大軍の寄るを小勢と心得、打出でゝ狼狽し、城に遁げ入り門々にて馬と人と彌がうへに踏殺し其雑沓、言語に絶したり。かゝる大事をあやまつもみな無学にして文字の読めぬ故のことなり。まして下様の人は、一文不通にて、仁義の信実のといふことは、少しも聞きなれず、今の世になりても只軽薄にして、人の財を欺きて横取抔するを気の利きたる人柄といひ、姦黠なる事を父兄も誉める様な悪風故、後には人、其の姦を恐れて取引を聽は商法の百計尽き、貧窮より心ひがみ、父兄にも悪言を発し人にも無理をいひかけ、種々の悪たくみを設け、世間に穀盗息子といふは偏に教のなきよりおこりて、子ばかりの罪にあらず、親の罪なり。今や季運一時に循環して日新開化、古に十倍し、小港、村落迄も小学校を興し児童をして文明の人に進ましめんと、厚き御布告を見は、扁僻なる古老も、愕然目をひらき己れの子弟をして早く文字を学ばせされば、今十年に及ばすして子却て親を恨る世となること、遠国の人を写真にして見るがごとし。

一、何事も習ひ覚ゆるは児童の時にありこの時を過て急に心付一時に文学修行せんとする、百姓なれば、時季に後れて種を下し頻りに水かひ、みだりに草きりて、其豊熟をたのみ、商人なれば、流行後れたる紙呂物を、本直にせんとあせるがごとし。とても全くは出来ぬのみならず、身心疲れて病を生ずるにいたるもあり宋人の苗を抜く同日の論なり。

一、習修は成意の春になさゞれば年とりては誠になし難きものなり、如何せん、児童は誰も遊戯を好みて、成人の後に臍を噛み、一生不自由にして、人並にはなれぬといふ慾心も又慮りも無理は本よりなり、此時に能々先を思慮して、何事を欠ても、勤めて文字をおしゆるは親兄の役なり、今日までは、貧乏にして子に教へかねたりといふ言訳もあれど、忝くも小学校ある世となりては文旨《(ママ)》にそだてたため、後子に罪せらるゝとも父兄の言訳は立べからず、故に小学校の世話は、貧富とも父兄成丈け周旋すべし。

一、小学校といへば、何か子供の役にて、先今日世渡りの急務になきように思ふより、貧乏の人は、聊出金するにも大儀の事におもふ者なり、是は誠に顚倒の間違ひなり、貧窮の人は子に譲る余財も無ければ、其子の一生金儲けする種を拵へ遺るなり、此處を能々弁へ知るべし、只小児は無欲なれば手習を嫌へども、是をさとし教るは偏に親の役なり、親の親たる親役を忘るべからず。

一、世人、運、鈍、根といふことをいひて強ち智恵にては金儲はならぬとまけおしみをいふ文盲者多し、何様にも今までは、運、鈍、根をたのみにするため文盲者世に多ければ、其内には、富の札の当るように、運、鈍、者のまふけ出したにもあれと、今日文明の日々に進めば、十年の後は筆算も出来ぬものは、金なくて現金店を窺ひ廻る如くなるべし乗合乗に《(船に乗)》船り後れて独り振り残されぬやうにすべし。

一、今の故老やゝもすれば学問すると因循に落ちて商売には甚だ疎くなるといひ、または、驕慢無頼になり磊落の風（九字不明）（――掲載原本による）奢侈を極め、意には売家を唐様で書き三代目じやと、子孫に学問をさせぬ家あり、是は宗儒の道学といふべきか、または詩歌にふけり、書画を弄し、片輪者の様なる人物を画て気韻があるとかいひ、元気の真似して学者も読まぬ字を、如龍蛇、如雲煙と自誉て、あたら唐紙を反古にする生物識の生態知らすの馬鹿昔語なり、今文明の小学校にては、おしゆるに等級あり、読書に規則ありみな経済実学なり、子弟一日も早く学ばざる可からず、異論虚無の寂滅の故にあらす、権謀術数の誣言にあらず、父兄安心して入校をいそぐべし。

一、小学に登校すといへば、小数の輩、何か大惣むつかしき事の様におもへと決して左に非ず、故人も子供あらば先手習をさすべし、長じて学間に便りありと。ものは縁によりて興る、といひて、坊主の子は坊主になり、医者の子は医者になり、芸者の子は芸者になるものなり。諺にも、蛙の子は蛙になるもたとへには少しにても学問の匂をかゞすれば、その子のすき毎にて芸術に限らず十人に二三人は自らこのみて格別の親の世話もいらぬ子もあるものなり。すきこそ物の上手にて、他日博学宏大天下の耳目を驚かす人も、船頭車夫の子にも出来ぬへし始め匂ひをかゝず徒に成長せば只の爺となりて自も知らざるなり。

一、御一新以来を思へば、生れ付の盲人が奇療を得て俄然と眼を開きたるが如く実に方角も無き様なり。聞ても見ても打驚かれて気味悪きまでに思ひなさるゝが其事数月過して、皆自然の理に適ひ弁利至極の事斗なり、されとも井蛙の見にてなを種々と悪口をいふは所謂先入主となりとてまけをしみの人多し、物而飲食医薬はさらなり万法に渡りて今俄にいできたるに非す、深沈にしてしかも怜悧なる西客等か千百年間討論改定してためし来る事なると狐疑するとはいといと嗚呼かまし。只年暮衰老の人久敷隠括し中に通来るか自主の権ある身にうつりゆく難候世に逢は花の浮木の亀山や、面白く名残おしき事とは那れり、かゝる時世に逢ひ、尽力するは故老の役なり。敢て衰朽を以て残年を惜まんやと古人もいへり、早々人々因循を捨て上旨を拝戴周旋し子供に稽古を属すへし、一善を占るもの大むね年以て録され、一芸に名あるもの用ひられすといふことなしとは御一新以来の謂なるへし。

一、右の件々を思へは小学校は無くて叶はぬ宝の山なり、否、子にかゝる福を興る所なれば、人皆入校をいそぐべし、就中、兵神両港は洋客旅商輻輳の地なれば文盲の者は他邦の人とは亦　倍の損と知るべし。

〔新29-1〕奈良県　奈良県

「明治五年第四拾八号」
明治五年六月
奈良県　↓

夫レ人タル者初ヨリ貴賤貧富ノ別アルニ非ス只知識アル者ハ貴ク知識無キ者ハ賤ク知識アレハ勤労ノ義ヲ弁ヘ天然ノ道ニヨリテ思フマヽニ衣食住ノ用ヲ達シ人ノ妨ケヲナサスシテ自由安楽ニ其身ヲ立テ知識無キ者ハ徒ニ一日ノ安ヲ偸テ終身貧寠ニ陥リ其身ヲ出ス所ナシ斯ク知識アルト知識無キトノ差別ハ雲壌ノ異ルニ至ル然ニ其知識ナルモノハ学問ヨリ生シ其学問ハ幼少ノ時読書手習算術等ヨリ漸々修業致サスシテハ容易ニ成就スルコトナシ若幼少ノ時遊戯ニソノ日ヲ送リ生長ニ及ヒ自ラ貧窮ニ苦ンテ人之富貴ヲ羨ミ或ハ童ベノ侮リヲ受ケ衆ノ屈辱ヲ蒙リテ如何ニ後悔スルトモ及フベカラズ去ハ先般有志ノ者共コノ文明ノ御世ニ暫時モ坐視スベキコトニ非ストテ屹然奮発シテ願出私学校ヲ取開キ且是迄ノ学風ハ詩賦古文ニ従事シテ空言補ヒ無キニヨリコノ習風ヲ改メ人々身家ヲ立テ日用ニ益有ル学問ヲ教ヘ導ケリ已ニ其節ハ懇々説諭之布告ニ及置候処中ニハ前条ノ次第ヲ弁ヘズ心得違ノ者モ有之目前ノ愛欲ニ溺レ幼少ノ者遠方往来ハ不憫ナドヽ相唱ヘ或ハ家事等ニ事ヨセ子弟ヲ小学校ヘ差出サヾル父兄等モ有之由甚以事体ニ相悖ル事ニ候人々天ヨリ受得タル結構ナル智恵ヲ具ヘナガラ態ト之ヲ不明ニシ己レガ子弟ヲシテ無智文盲ニ導キ候訳謂ハレナキコトニアラズヤ猶又寺子屋致シ居候者之内ニモ心得違ノ者有之種々ノ事ヲ申立弟子ノ父兄ヲ惑シ陰ニ其家々ヘ筆学教導ニ相廻リ或ハ己レノ宅ヘ引付ケ区々ノ教導致シ居候者モ有之由御布告ノ趣モ顧ミズ己レノ欲ニ引レ大切ノ人子ヲソコナイ候段不埒ノ至ニ候以来心得違有之ニ於テハ厳重ニ取調ニ及ブベク候条各屹度心得違無之様可致者也

　但病気故障等ニテ入学難致向ハ其旨可届出候尤私小学校取建付存寄有之向ハ無腹臓書付ヲ以テ可申出者也

右之通奈良市中江相達候条郡中においても末々迄為心得無洩可相触もの也

〔新29-2〕奈良県　奈良県

明治六年
奈良県　↓

抑今般該所小学設立ノ御主意ハ凡ソ人タル者生テヨリ各良能知覚有ラザルハナシ然トモ其質鋭鈍ノ差アリテ見聞ト習染トニ随ヒ賢愚善悪終ニ之ガ等位テ分ツコト霄壌ノ別ヲナスニ至ル而シテ賢者稍々少ク愚者稍々多シ是畢竟見聞スルコトノ善ナラズ習染ノ悪シキガ故ニ賢ニハ進ミ難ク愚ニハ移リ易シ之ニ由テ是惟ミレバ其良能ヲ補佐シ知覚ヲ発明シ賢哲知識トナルハ学ニ就キ見聞ヲ広メ切磋琢磨ヲ経ルニ如ハナシ若シ否レバ則各其寵愛スル所ノ子弟天生自然ノ良能知覚ヲ有ツヲモ教ノナキト友ノ悪キヨリ終ニ愚昧不良ノ徒ニ陥ルニ至ラン是真ニ憫ムベキ次第ニシテ其根元ハ子弟タル者ノ罪ノミナラズ全父兄タル者ノ過ナリ故ニ朝廷屡盛旨ヲ垂レサセラレ学校ヲ建テ教師ヲ置キ衆庶ヲシテ開明ノ域ニ進入シ匹夫匹婦モ其所ヲ得ザル者無ラシメントス因テ旧来ノ学風ヲ改正シ文部ノ定則ニ随ヒ中小学区ヲ定メ教則及ビ校則等ヲ設ケ以テ管内各校ニ頒布ス教員ハ則其綱紐ナレバ殊更此ニ注意シ生徒ハ之ヲ謹守シテ専ラ学業ヲ勉励スベシ管内各地ノ人民能此旨趣ヲ弁ヘ兼テ公布ノ通リ男女トモ六歳ヨリ速ニ小学ニ就シメ十三歳迄ヲ其期トシ之卒業スル者ハ更ニ中学ニ進メ各其志ニ従ヒ専門ノ学科ニ入ラシムベシ果シテ斯ノ如ナルトキハ則各其寵愛ノ子弟賢明知識ノ人トナリ四方漸ク不学ノ輩ナク戸々ノ家業益繁栄終ニ全国富強トナルニ至ラン是朝廷学校設立ノ本旨ナレバ一般ノ人民必ズ其子弟ヲシテ幼少ノ時ヨリ学ニ就シメ空ク光陰ヲ過シ生来ノ良能知覚ヲ壅閉シ不知々々愚点不良ノ徒トナラシムコト勿レ

〔新30－3〕和歌山県　旧藩府県名

「第九号」
明治六年八月二十六日
権参事　山本誠之　↓

小学ハ人《しん》民《みん》普《ふ》通《つう》《ひとのしらねバならぬ》の学科《がくくは》《おしへ》にて近く物理を解《と》き習字算術《てならいそろはん》等いつれも必用《しらでならぬ》の業《こと》を授《おしへ》け人々身を立て家を興《をこ》すの基礎《もとい》にこれある処兎《と》角《かく》陋《ろふ》習《しう》《わるきくせ》を脱《だつ》《はなれぬ》せす農工商にハ学問を無益と相心得其子弟就学の年齢に及ぶも徒《むた》らに日月を過ごさせ遂《つまり》に子孫の無智文盲《ちへなくあきめくら》に至を憂《うれへ》ざるもの少《すくな》からず右ハ畢竟其身の不学文盲より今日の小学々科の有《いう》益《えき》《やくにたつ》なるを弁まへざる儀にて其実不慈《こをあいせぬ》の父兄たること惛《あわれ》(殢)むへく又歎《なげ》くべきの至なり

不就学《がくもんせぬ》の徒《ひと》今日の如く夥《おびたゝ》しくしてハ興学《がくこうとりたて》の御趣意《おぼしめし》も相立たす随て子弟たるもの生長の後開明の民となり其産業《なりわい》に安《やすん》ずる事なく後悔《こうくわい》するとも及ばざる次第なり因て先般布達これある通り男女共六年以上十四年以下其地方最寄《もより》の小学校村落小学校小学家塾《じく》等へ夫々入学致させ申べく正副戸長ハ勿論組合伍長等申合せ小前末々まで厚く説諭致すべく若余義なき事情《ことがら》ありて就学致させがたき者ハ其段委詳《くわしく》届出させ一小区かぎり六年以上十四年以下の男女就学不就学人員取調来る一月廿日限り届出べきものなり

但貧家の子弟及び奉公人等昼間《ひるま》就学差支の輩ハ夜学致させ精々就学行届候様説諭可致事

右之趣管内無洩及告諭者也

〔新32－4〕島根県　島根県

「第二百八十四号」
明治七年五月三〇日
権令　井関盛良　↓

夫レ父母ノ子ヲ愛育スルヤ言辞動作其見聞スル所ニ資ケ成シ漸ク長スルニ随ヒ身ヲ脩メ智ヲ開キ才芸ヲ長シ以テ精神霊妙ノ理用ヲ達シ人々其生ヲ遂ル所以ノモノハ学ニアラスンハ得ス是則学校ノ設ケアル所以ニシテ朝廷学制ヲ定メ文部省ヲ置キ既ニ明治五年七月緊要ヲ公布シ其解クコト明カナリサレハ修学ハ知識才能ヲ伸ブル又何ソ男女ノ別アルコト有ン管下昨春以来小学設立凡百三十余校ニ及フ是衆庶ノ　朝旨ヲ奉戴シ学問ノ美事タルヲ暁ル所以ニシテ実ニ県地開明ニ進ムノ験効日ヲ期シテ待ヘキモノアラン然ルニ男児ニシテ就学ノ者幾ント七千人其女子ニ於ルヤ尚十分ノ一ニ過ス抑県官学区取締戸長等ノ説諭尽力ノ至ラサル歟将タ父兄タル者ノ旧俗ヲ改メサルアツテ然ル歟凡ソ女子ハ成長ノ后人ノ嫁婦トナリ而モ一家ノ内相タリ況ヤ子アリ愛護教育ニ与ルモノヲヤ然ハ則女子ニシテ教育ノ道アルハ他日吾子ノ模範タル不俣言処嘗テ聞孟母吾子ノ教育ニ心ヲ盡スノ切ナル誰カ之ヲ嘆賞セサラン果シテ孟母ヲ他日ニ見ンヤ是学ニアラスンハ得ス豈忽ニスヘケンヤ然ルニ従来女子ノ養育タルヤ鼻近目下ノ慈愛ニ過キ一室ノ内ニ長シ学問ノ何タルヲ知ラス素ヨリ時勢ノ然ラシムル処ト雖モ尚今日ニ至リ偶女子入校ノ志アルモ却テ容貌修飾ノ弊ニ固着シ其志ヲ呑ンテ止ム等何ソ時勢ニ惑ヘルノ甚シキヤ宜ク父兄タル者定省以テ此学興起ノ美典ニ従ヒ児女教育ノ機ヲ不誤ルヘシ依テ速ニ就学セシメ将来吾子ノ教育一家ノ良相タランヲ欲シ共生ヲ遂ケシメンコト是専要ナリ

右之通管内無漏相達スル者也

〔新32－6〕島根県　島根県

明治八年一〇月一〇日
↓

凡人ノ世ニアルヤ日用常行言語書算ヨリ農商ノ職業百工ノ技芸ニ至ルマテ其之ヲ成ス皆学問ニ因ラサルナシ故ニ人学則智識開通尊栄期スヘク不学則無智固陋貧賤免レ難シ是各地小学ヲ設ケ男トナク女トナク尽ク就学セシメサルヘカラサル所以ノ者也所謂不学ノ家ナク不学ノ人ナキモノハ猶産ヲ治メサル家ナク義ヲ知ラサル人ナシト云フカ如シ家々能ク産ヲ治メ人々能ク義ニ向ヘハ国富マサラントスルモ得ヘカラス兵強カラサラントスルモ得ヘカラス故ニ欧洲各国ニ在テハ学校ノ隆替生徒ノ多寡ヲ以国ノ貧富強弱ヲ判スト聞ケリ学校ノ関係豈大且重カラスヤ本県下現在ノ小学二百八十余校生徒ヲ養フ一万六千余人人民学事帰向ノ心漸ク勃興スルモノヽ如シ然レ𪜈事猶尊創ニ属シ学舎未タ完全ナラス書籍器械未タ充備セス而学資ノ備ニ至テハ最姑息ニ渉リ大抵其時々算督募集纔ニ目前ノ急ヲ救フニ過キス学校ヲ隆盛ニスル要ハ教師ノ良ナル者ヲ撰任シ書籍器械ヲ充備シ学舎ヲ完全ニスルニアリ而此三者ヲ並致ント欲スレハ学資ノ余裕アルニ非レハ決シテ不能ナリ而今徒ニ目前ノ計ヲナシテ他日ノ予備ヲ為サス姑息因循ノ間ニ居諸ヲ費スノ際忽然凶歉或ハ非常ノ災厄ニ罹ル如キアラハ常例募集ノ金額且猶堪ル能ハス何ヲ以能ク閉校廃学ノ下策ヲ行ハス其子弟ヲシテ開知尊栄ノ志業ヲ堕サヽラシムルヲ得ンヤ因此観之ハ今日ノ急務ハ専ラ資金ヲ備ルヨリ先ナルハナシ是嚮キニ境参事管内巡回ノ日ニ方リ反覆告諭スルニ此事ヲ以テシ且三中学区ハ各金円ヲ付与シ以学資積蓄ノ根基トナシ各区適宜増殖ノ方法ヲ設ケシメント欲スル所以也蓄積ノ多寡貨殖ノ方法等各区自ラ異同無ンハアラス然レ𪜈維持ノ法則ニ至テハ全県一般確乎不抜之ヲ永遠ニ保有シ毫モ不正粗漏ノ所為アルヘカラス因テ其例則ヲ掲ケ諭達ニ附シテ相示ス者也例則略ス

〔新33－2〕岡山県　岡山県

「告諭」（さとし）
明治五年
↓

天ノ人ヲ生スルヤ形ニ男女ノ別アリ天ノ智識ヲ人ニ与フルヤ更ニ男女ノ別ナシ然ルニ男子ヲハ学校ニ入レ智識ヲ研磨セシメ女子ヲハ更ニ教ヘスシテ頑鈍ノ者ト為ラシムルハ千載ノ屈塞ト云ヘシ因テ女子ノ教ナクテ叶ハサルコトヲ広ク父母タルモノニ告諭スルコト左ノ如

シ
男ノ子ヲ養ヒ女ノ子ヲ育ツルニ父母ノ心ニハ何レヲ愛シ何レヲ悪ムト云恩愛ノ差別ハ無ク均シク愛スヘキ我子ナルニ男子ヲハ学校ヘ出シ学問サセテ義理ヲ弁ヘ人間ノ道ヲモ知ラシメ万物ノ霊タル名ニ恥サル様ニ教ユル事ヲ知レト女子ヲハ軽シメ更ニ教ニ係ラス様思ヒナシ人間ノ道ヲモ学ハセスシテ頑愚ノモノ者ト為ラシムルハ天地ノ公道トモ父母タル者ノ心トモ云ヘケンヤ都テ人間男女ノ別ナク其生レシ時ハ智恵ナシ故ニ之ニ教ヘテ人間ノ道ヲ学ハシムルナリ教ナケレハ四支五体ヲ備ヘテモ禽獣ニ異ナラス印度亜非利加ノ人モ同シ人ナレトモ野蛮トテ人ニ非サル様ニ云フコトナリ今父母タルモノ愛スヘキ女子ヲ教ヘスシテ無智頑鈍ノ者トナシ野蛮ノ姿ト為ラシムルハ真ニ子ヲ愛スルトハ云難シ故ニ文明ノ国ニ於テ女子ノ学校ヲ設ケシハ実ニ天地ノ公道ニ基キ人間普通ノ自由ヲ得セシムト云ヘシ夫世教ハ慈母ヨリ出ルモノニシテ孟母三遷ノ教皆人ノ知ル所ナリ是迄女子ノ学校ナクシテ女子ヲハ頑愚ノモノト軽シメシハ実ニ陋シキ風俗ト云ヘシ王政御一新ヨリ以来万ノ弊習日ヲ追テ除キ次第ニ開花ノ境ニ進メリ熟々天地ノ道理ニ因リテ考レハ女子ノ教育ナクテハ叶ハヌ事ナリ因テ今般学舎ヲ設ケ是ヲ教訓スル事左ノ如シ

一女子タルモノハ柔和ニシテ節操ヲ失ハサルヲ以テ第一トス故ニ行儀ヲ正フシ風俗ヲ長ナ敷スル事ヲ教ユ

一書ヲ読ムト云ハ六ケ敷事ノミヲ穿鑿シ偏屈ノ人ト為ルヲ云ニハ非ラス只手紙ノ取遣リヨリ御布告御達シ其外日用ノ事ニ差閊ヘアリテハ女子ニテモ甚不自由ナルヲ以テ当用ノ事ヲ読ミ書キスルコトヲ教ユ

一世教ハ慈母ヨリ出ルト云ハ古人ノ金言今学フ所ノ女子て頓テ他日慈母トナリ庭ノ教ノ宜シケレハ其子ノ育ツモ亦宜シ偖広ク通スル文字ハ横ノ文字ニ限レリ其横文字ヲ教ヘント思フトモ自ヲ之ヲ習ハサレハ教ユルコト能ハス因リテ横文字ヲモ兼教ユ

一縫物裁物機織ル事ヨリシテ一家ノ活計ニ至ルマテ算当立タスシテハ何事モ不自由ナリ故ニ女子トテモ数学ハ必ス習ヒ置クヘシ

〔新33－3〕岡山県　岡山県

「告諭」
明治五年一月
↓

夫レ天地ノ間草木生シ禽獣居リ虫魚育ス、日月之ヲ照シ雨露之ヲ濕シ生々育々運行流通シテ更ニ息ム時ナシ、人天地ノ正気ヲ稟ケ其間ニ生レ霊昭不昧ノ良知ヲ具備ス、故ニ是ヲ万物ノ霊ト云。夫レ草木禽獣虫魚人物ノ生育スル処ヲ五大洲トイフ、五大洲中ニ区々ノ国ヲ別ツ、文学ヲ知リ義理ヲ明カニシ人情ヲ弁ヘ風俗美ニシテ知識技能研究シ勉強刻苦心ヲ同フシ力ヲ戮セ、老少男女ノ差別ナク人々報国ノ志ヲ懐ク是ヲ名ケテ是ヲ名ケテ文明開化ノ国ト云。文字ヲ知ラズ義理人情ヲ弁ヘズ知識技能ヲ研究セズ、蠢々トシテ無智妄作禽獣蟲魚ニ異ナラズ、是ヲ名ケテ野蛮戎狄トイフ。均シク天地ノ正気ヲ稟ケ耳目鼻口四支五体ヲ備ヘ、是非曲直ヲ分別シ善ニ従フ本心ヲ具足シ、而シテ斯ノ如キノ差別アルハ何ゾヤ、教ノアルト教ノ有ラザルトヲ以テナリ。今ヤ
王政一新日ニ開化ノ境ニ進歩ス、此際ニ当リ無智文盲ニシテ一世ヲ過スハ、実ニ天地ニ対シテ恥ベク万物ノ霊タル人間ノ道ニ非ルナリ。古ヘハ士農工商ヲ別チテ、文字ヲ知リ義理ヲ明カニセシ者ヲ士ト云フ、今ヤ士農工商ノ別ナク万物ノ霊タル人間ニ、教ヲ設ケ義理ヲ明カニシ風俗ヲ正シ知識技能ヲ研究シ、勉強刻苦心ヲ同フシ力ヲ戮セ人々ヲシテ国ニ報ルノ誠ヲ懐キ開化ノ域ニ進マシムルニアリ。夫レ天地ノ間父母タル者其子ヲ愛セザルハナシ、老牛ノ犢ヲ舐リ竟ニ殺スニ至ルモ、其子ヲ愛スルヨリ出ルナリ、今人間ノ父母トシテ其子ヲ教ヘズシテ、無智頑鈍ノ者トナラシムルハ老牛ノ愛ニ異ナラズ、真ニ其子ヲ愛スルナラバ学校ニ入レ人間ノ道ヲ学バシメ、刻苦勉強シテ開化安楽ノ境ニ至ラシムベシ。
是レ天地ニ報イ朝旨ニ答ル所以ナリ。

〔新33－10〕岡山県　岡山県

「説諭之要旨」
明治一〇年八月
県令　高崎五六代理第五課長一等属兼師範学校長　太田卓　↓

抑人ノ教育ニ於ケルヤ、始母ノ胎内ニ在リテハ胎育シ、分娩スレバ膝下ニ受育シ、以テ教導ノ基礎ヲ啓発シ、六歳ニ至レバ始テ小学ニ入レ、人間普通ノ学ニ就シメ、従学八年ニシテ上下小学ノ課業ヲ終リ、中学ニ転ジ在学二年ニシテ所謂普通ノ学ヲ果シ、各自ノ望ミニ従ヒ大学ニ転ジ、在学四ヶ年ニシテ政学律学農学工学商学等一課専門ノ学ヲ果シ、而後ニ官タル農タリ工タリ又商タリ、各得ル処ノ事業ヲ以テ、小ハ身ヲ修メ家ヲ整フヨリ大ハ以テ堂々タル天下ノ大権ヲ握ルモ、皆其本教育ニ興ラザルハナシ。

然ラバ則学校ヲ設ケ子弟ヲ教育スルハ父兄タル者ノ義務ニシテ、欠グベカラザルノ一大要件タリ。然ルニ従来本県人民陋拙ニ安ンジ学事ノ度外ニ置ノミナラズ、其説ク処我等賤民タリ何ゾ文界ニ入リテ妄リニ高尚ノ学ニ就キ文墨ヲ以テ事トシ上等社会ノ人ト業ヲ一ニセシ我等野民タリ農ニ工ニ商ニ自其職業ヲ勉ムレバ仮令無智文盲ナルモ何ゾ俯仰恥ツル事アラント。是レ全ク時勢ノ変遷ヲ知ラズ、旧キニ泥ミ、只目下ノ利ニ走リ自棄自暴愚ハ倍愚ニ陥リ、文化開明ノ域ニ進ミ知識ヲ開達シ才能ヲ練磨シ弥其営業ヲ盛ニシ、所謂策妙巧以テ造化ノ妙用ヲ補弼シ天帝ノ賜タル幸福ヲ得ル能ハズ。実ニ慨嘆ノ至リナラズヤ。若シ此儘ニテ光陰ヲ送ル時ハ荏苒幾千ヲ経ルトモ終ニ開明ノ幸沢ヲ蒙ル日

アランヤ。是ニ於テ止ム事ナク政府ニ教育ノ事業ヲ興シ、上ミハ文部ヲ置、下ハ府ニ第五課ヲ置キ、多少ノ官吏ト若干ノ資金ヲ備エ以テ其事務ヲ担任セシメ、親シク下民ヲ督励シ駆テ以テ文明ノ化域ニ進入セシメントス。如之国家多事国資実ニ償ハザルノ際ト雖モ、教育ニ心ヲ用ヒラル、事切ナルヨリ、特ニ若干ノ金員ヲ投ジ委托金ト称シ子弟教育ノ資ヲ助ケ、父兄教育ノ義務ヲ尽サシメ事業ヲ大成セントス、何ゾ聖恩ノ深キ如此ナル。然リ而シテ人民ハ之ニ反シ斯ル至仁至愛ノ聖恩ヲ忘却スルノミナラズ、併セテ子弟教育ノ義務ヲ怠リ、甚シキニ至リテハ政府ヲ怨望シ頻リニ苦情ヲ訴ルニ至ル。嗚呼頑愚ノ甚シキ言語ニ絶セリ、是レ全ク無智文盲ナル賤民等思考ノ浅キヨリ発スル　事ニシテ、深ク採リ挙テ論スルモ　忍ヒザル処ナリ。然リト雖モ方今ノ人情概シテ如此然ランカ。夫レ学問ハ人々一世ヲ経営スルノ財本タリ。其財本得ント欲セハ戮力慆心弥学校ヲ盛ンニシ良師ヲ得子弟ヲ駆リテ従学勉励セシメ成業ヲ期シ自家ノ安寧幸福ヲ招クヘシ。併シナカラ農家ニ於テハ地租改正其功ヲ竣ヘ、平均税法確定セラル、ニ際シ累年ノ旱損間々収穫公租ヲ償ハシム為ニ家産ヲ破ルモノ有リ。殆困苦ニ迫リタリ、此窮迫ヲ知リナガラ就学ヲ督促スルハ其民情ヲ酌ザルモノ、如シ。然レトモ人生僅ニ五十年ニシテ前途限リアルモノナレバ、学フ時ヲ失スレハ学事ナラズ、学事ナラザレバ知識開ケズ、知識開ケザレバ家ヲ興スニ由ナシ、生涯人ニ奴使セラル独立時ナク艱苦堪サルベシ。元来小学ノ教ヘタルヤ真ニ六歳童子ヨリ授クル課業ニシテ、未タ営業ニ関ラザル前ニ於テスルモノナリ。按ズルニ仮令糊口ニ苦シム貧民ト雖モ、六歳童子ハ皆空リ遊戯セリ。之ニ因テ是ヲ観レバ全ク父兄ノ不注意ニシテ、則学ブニ時ヲ失セリ。此童子ヲ駆リテ学校ニ遊ハシメハ、若シ父兄無識所ヨリ貧寠ニ迫リ纔カニ書器筆紙墨等ヲ給与シ能ハザルモ、教師ノ働キヲ以テ或ハ書籍ハ一時貸与シ以テ授業スベシ。然ル時ハ知ラズ識ラズ善事ヲ学ベシ。固ヨリ正則教育ヲ施サ、ルモ単ニ言語ノ一モ覚悟スベシ、孟母ノ舎ヲ学校ノ傍ラニ移タルモ則此意ナリ、諺ニ曰、学校ノ雀ハ蒙求ヲ囀スルト。誠ニ鳥獣ニ於テ然リ、況ヤ天然霊妙ノ地ヲ帯ビ動物中霊長ト称ケタル人間ニ於テオヤ。況ヤ文物旺盛ノ当世ニ遭遇スル人ニ於テオヤ。父兄タル者ノ此意ヲ体シ己義務タル子弟教育ニ一廉尽力、必子弟ヲシテ無智文盲ノ禽獣界ニ陥入ラシムル勿レ。其禽獣ト雖モ教育ノ功能ニ依テハ犬ヲシテ書簡ヲ便タラシム、猿ヲシテ俳優ノ徒タラシム、或ハ諸禽獣ノ能ク芸能ヲ覚エ以テ人ノ経世ヲ助クルアリ、教エレバ禽獣ニ於テ然リ、教エサレバ人ニシテ禽獣ニ劣ルコトアリ、能ク鑑ミルヘキナリ。

往古未開ノ世ニアリテハ無智文盲ナルモ幸ニシテ一世ヲ経営シタルモ、世ノ開クルニ従ヒ決シテ然ラズ。其一例ヲ挙グルニ、今父祖ノ譲ヲ受ケ前世ノ余栄ニテ若干ノ家産ヲ有スルモ、地券売買或ハ金銭貸借等証書ノ定規ニ背クヲ以テ間々紛紜ヲ生ジ、偶公裁ヲ出願スルモ其効ナク終ニ家ニ離レ或ハ田得ヲ欺カレ或ハ金銭ノ貸借ニ於テモ許多ノ損失ヲ生スル等其他此類枚挙ニ遑アラス。是全ク無智文盲ノ致ス処ナリ。故ニ無識ハ能ク貧困ヲ招ク者ナリ。是等ハ特ニ奮発苦中ノ苦ヲ積ムトモ、能ク注意子弟ヲ教導シ置ク時ハ、終ニ子弟成人ノ後所謂勤勉ハ幸ヲ生ム母タルノ語ニ背カズ、知力ヲ回ラシ昨日ノ貧困ハ転シテ安楽ノ界ニ至ルベシ。何事モ勤勉ノ功ヲ積マハ成ラサルコトナシ。必貧困トテ教育ノ道ヲ失フコト勿レ、教ノ歌ニ曰ク。

なせば成るなさねば成らぬ何事も

成らぬといふはなさゝれはなり

ト真ニ然リ。欧米各国ノ如キハ貧民ノ為ニハ貧民ノ学校アリ、盲人ヲ教エルニハ盲人学校アリ。本県ノ如キハ此挙アラズ。偏ニ各自奮発ニ因ラザル可ラズ。又富有ノ人アリテハ之ニ反シ、学資ニ苦マザルモ一ノ悪風アリ。各自其子ヲ愛スルノ度ニ越ユルヨリ却テ文盲ニ墜シ入ル、者アリ。如何トナレバ寒暑ヲ厭ヒ就学ヲ怠リ或ハ菓物ヲ与フルノ度ニ越エルヲ以テ病痾ヲ生セシムルアリ。恰モ牝牛ノ犢ヲ愛ルノ甚シキヨリ是ヲネブリ、終ニハネブリ殺スコトアリト。是則愛ノ其度ヲ越エ却テ其子ヲ愛折スルモノ、如シ。実ニ鑑ミルヘキナリ。如此ハ我子ヲ□愛スルニ非ス却テ害スル者也。何卒父兄タル者教導ノ道ヲ失ハズ能ク誘導シテ人ノ人タル道ニ背カス上ハ聖恩ノ深キニ報ヒ下ハ各自ノ義務ヲ尽シ家ヲ興スノ基ヲ求ム可シ。命ハ限リ有リ事業ハ限リナシ須ラク注意ス可シ。予テ各自ノ知ル如キ知識ノ開達ニ於テハ際限ナキ者ナリ。是迄本邦ニ有テハ舟ヲ行ハルニハ必風ヲ待サレバ能ハス、言ヲ百里ノ外ニ通スルニハ書翰或ハ使者トテ輿ニ乗セ三、四名ニテ之ヲカツキ行サレバ事便セス、今ヤ逆風ニ飛走スル火輪船アリ、一時ニ千里ヲ行ク火輪車アリ、又万里ニ通スル電線アリ、実ニ其便利言語ニ絶セリ。是其本ヲ教育ニ採リ此精巧ヲ究ムルニ至レリ。何卒本邦ニ於テモ他年ヲ期シ人物ヲ育生シ来リ文明諸邦ニ飛越センコトヲ祈望ス。

〔新34-3〕広島県　広島県

「布第六十九号」
明治五年一一月一〇日
伊達権令　→　各大区

第二百十四号被抑出之旨モ有之教育之義ハ身ヲ修メ智ヲ開キ才芸ヲ長スル学問ニ非ンハ能ハス故ニ目今ノ急務ナル遍ク学校ヲ設立シ僻邑《トウキムラ》僻阪《カタイナカ》ニ至ル迄家ニ不学ノ子弟ナク各自学テ智識ヲ拡充シ勉テ進歩大成ヲ期スルニアリ其大成ヲ期スル時ハ大ニ家産ヲ興隆スル啻ニ本人ノミナラス其父母タル者モ福音ヲ得他日ノ栄華日ヲ数ヘテ待ヘキ也斯ノ如キ学文ヲ度外ニスル仮令ハ春夏ノ際耕耡《コウサク》ニ怠惰《ナマカワ》シ秋収ノ期歳入《ミイリ》ノ多キヲ欲スルカ如シ他日人ノ幸福ヲ羨ムトモ豈亦噬臍《コウカイサキニタヽズ》ノ感ナカランヤ殊ニ当県ニ於テハ　皇国ハ大学区之一ニシテ外国ノ教師御雇入近ク中学校御設立相成ルヘシ管内ノ人民何ノ幸カ此ニ加エン爰ニ於テ漸次各郡村ニ小学校且学区取締ノ設ナクンハアル可カラス各自奮テ此ノ御盛意ヲ体認シ四民男女ノ別チナク六歳以上ノ子弟アル者ハ文学手習算術ヲ始メ女子ノ手芸ニ至ル迄宜シク学校ニ就テ陶鋳《ソダツル》淬励《ハゲム》セシムヘシ

但シ学校御設立ニ就テハ文部省ヲイテ莫大ノ御出費ナリト雖　皇国内一般ノ人民ノ為メ遍ク学業御引立ノ義ニ付至仁至公ノ御趣意ヲ体認シ各自競テ学校隆興ヲ翼賛《トリモツ》シ　学資《ガクモンスルモトデ》ヲ醵《ダシヤイ》スル者ハ一名毎ニ褒章ヲ掲示シ公告セシムヘシ

〔新35－1〕山口県　岩国藩

「学制ノ議」
明治三年一二月
岩国藩学校 ↓

天ノ物ヲ生スル霊妙ノ器人ニ過ル者ナシ草木ノ蕃キ生アリ死アレトモ自ヲ運ヒ自ラ動ク能ハス禽獣ノ殖スル能ク運動シ能ク知覚アルトモ言語相通シ文字相資ルニ至ラス之ヲ要スルニ動物植物ノ種族凡ソ一体一用ニ局ルノミ唯人ハ然ラス霊性全具シ五官該備ル仮令従来ノ風習ニテ人々ノ身分ニハ種々ノ職業階級ヲ分チタリト雖トモ其天賦自然ノ者ニ於テハ毫モ上下貴賤ノ差別ナシ故ニ幼ヨリ壮ニ及フ迄習ニ依テ才能益達シ学ニ従フ知識愈敏シ聡明技巧四通八達限リ量ルヘカラス実ニ自ラ軽ス可ラサルモノナリ蓋シ学習ノ功ハ総テ言語文字ニ頼テ生スルモノナルニ学習ノ方法ヲ知ラサルト教導ノ至ラサルヨリシテハ斯ク至貴至重ノ器ヲ持ナカラ無智不才ハ天成ノ事ト思ヒ自ラ愚ニ甘ンシ陋ニ安シテ僅ニ能ク生息シ僅ニ能ク運動スルノミ竟ニ彼ノ蠢然知覚ナキモノト異ナラサルニ至ルハ実ニ憫ムヘキノ至ニ非スヤ此レ学校ノ設ケ人生ニ欠クヘカラサル所以ナリ嘗テ宇内ノ形勢ヲ見ルニ国ノ富強ナルヿ洋外各国ノ右ニ出ル者ナシ所謂欧米文明ヲ以テ相競フノ諸国大小学校ノ数ハ万ヲ以テ算スヘシ故ニ国民ノ内普通ノ学科ヲ終ラサル者幾希ナリ就中和蘭普魯士ノ如キハ不学者ハ十人ニ付二三人ニ過キスト聞ケリ其盛ンナルヿ知ルベシ皇国ノ古ヘ都ニ大学寮ノ設ケアリ留学生ヲ遣テ法ヲ漢土ニ取ラレシ抔古文ノ様古史ニ拠テ想ヒ見ルヘシ然ルニ中世以降封建世禄ノ勢ヲナシ用武ノ世トナリシヨリ文化遂ニ地ニ堕タリ旧幕府ノ時ニ至リ頗ル文化ヲ開ケトモ学校ノ制未タ備ハラス屹然トシテ万国ト衡ヲ争フニ至ラス今ヤ王政一新討伐ノ役纔ニ終リ闔国赤子ノ為メ厚ク後憂恤アラセラレ博ク宇内ノ学術ヲ採集シテ首ニ大学校ヲ開カセ東京ニテハ東校南校アリ西京大阪ニ在テハ中学小学アリ其他府県ニ於テハ新ニ学校ヲ開創シ士農工商ノ差別ナク皆入学ヲ得セシム則チ人々愚ニ甘シ陋ニ安スルノ憂ナク共ニ文明ノ域ニ進マントス千古ノ盛事ト謂フヘシ是ニ於テ有名ノ列藩眼孔アル者ハ専ラ学制ノ改正ヲ以テ今日ノ急務トセサルナシ当藩小ナリト雖トモ亦タ皇土ノ一区ナレハ区々トシテ僻陋ニ安スヘキモノナラス夙ク学制ヲ議定シテ興張セサルヲ得ス抑モ当藩従来学校ノ設ケ全クナキニ非レトモ講習ノヿ或ハ空虚ニ亘リ全ク事情ニ離レテ有用ノ才ニ乏シ加ルニ世禄ノ旧弊学ハ唯士族ニ限リ博ク農工商ニ及ホサス畢竟ハ従来ノ文科トスル者専ラ漢土ノ経義文章ヲ講究スルヲ主トセリ故ニ童蒙ニ課スルモ概ネ先ツ四書五経ノ如キ者ヲ以テスルニ其文字ノ体章句ノ法総テ平生ノ言語ト異ルモノナレハ容易ニ識リ得難ク通常童子七八歳ヨリ課ニ就キ漸ク十一二歳ニ至リテ其素読ヲ終フヘシ十六七歳ニ至ラサレハ能ク義ヲ解シ意ヲ領スルニ至ラス僅ニ文字章句ノ為ニ精力ヲ労シ徒ニ時日ヲ費スヿ如此且ツ畢生孜々トシテ之ヲ攻ムルトモ之ヲ事業ニ施シテ得ル所ハ果シテ幾何ソヤ是ニ由テ或ハ望洋ノ歎ヲ発シ或ハ直ニ斥シテ無用トスル者アリテ遂ニ学習ノ道開ケサルモ亦宜ナラスヤ試ニ藩内ノ人々ヲ閲スルニ士族卒八千余農商漁父七万二千余総計八万余 大概ヲ挙ルハ算シ易キヲ以テナリ実ハ八万七千余 今士卒八千ノ中ニテ可也ノ書キ読ミヲナシ

得ル者幾人ソヤ唐本ヲ読ミ得ル者ヲ算セハ千人ニ付キ五人ニモ満サルヘシ仮ニ五人ト定メハ八千ノ中ニテ四十人也農商漁夫ノ中ニテ不自由ナク仮名文字ノ書キ読ミヲ能スル者幾人ソヤ支那文字ヲ書キ読ミスル者ニ至リテハ千人ニ付テ一人ニモ足ラサルヘシ仮ニ一人ト定メハ七万二千ノ内ニテ七十二人ナリ如何ソ人々知識ヲ敏ニシ才能ヲ達スルヲ得ルト云ハンヤ人誠ニ万物ノ霊ナルニ若シ自ラ棄テ自ラ暴ヒ事物ノ理ヲ弁ヘス人間ノ分ヲ尽サヽレハ殆ント人ニシテ人ト云フヘカラサルニ似タリ牛ノ田ヲ耘キ馬ノ重キヲ担フハ一物一用天賦ノ能ヲ尽スニ較ヘテ之ヲ愧ル所少カラス固ヨリ朝廷民ノ為メスル盛意ニ負クハ勿論天ヨリ我ヲ観テ之ヲ何トカ云ン豈復和蘭抔ニ比シテ学者ノ多寡ヲ計較スルニ遑アランヤ反覆シテ其弊ヲ考フルニ是レ亦学制ノ規模亦タ宏ナラス教導学習ノ方備ハラサル所アルニ拠レリ蓋シ時運ノ未タ開ケス文物未タ全カラサル故ニテ敢テ咎ムヘキニ非ス方今藩治改革ノ秋ニ方リ謹テ朝廷ノ聖意ヲ奉体シ完ク其学制ニ遵ヒ前日ノ旧弊ヲ一洗シテ新ニ中学小学ノ両校ヲ開キ凡ソ藩内ノ士民子弟年七歳ニ至ルモノハ貴賤ニ拘ハラス士農工商ヲ論セス悉皆同一ニ入学スルヲ得セシムヘシ而シテ其学規條例別冊ノ如ク彼ノ読ミ難ク解シ難キノ繁文空論ヲ置テ先ツ日用切近ノ文字識リ易ク習ヒ易キモノヲ用ヒテ専ヲ親切着実ヲ旨トシ人生普通ノ学科ト専門学科ノ端緒ヲ示教セシメ有用ノ人才ヲ成育涵養シテ上ハ天子文明ノ化ヲ宣揚シ下ハ人々ヲシテ己レノ公憲ヲ弁ヘ以テ天賦ノ重器ヲ完セシメンヿヲ務ムベシ是レ実ニ目今ノ急務已ムヘカラサルモノニシテ今日校中ニ於テ建議スル所敢テ忌憚ヲ避サル所以ナリ且ツ学制既ニ如此立定セハ学習ノ科目固ヨリ藩内同一ナランヿヲ要ス故ニ漸ク以テ村邑ニ於テ公私ノ学ヲ置クヘシト雖𪜈其内各所ニ於テ教授センヿヲ要スルモノハ必ス先学校ニ請ヒ其免許ヲ受ケシムヘシ蓋シ力ヲ無用ニ費シテ方長ヲ誤ルヿアルヲ恐ルナリ

〔新35-3〕山口県　山口県

「学喩」
明治五年一〇月
↓

今般太政官より被　仰出の旨尚又文部省より御達示の御規則に依り学区を分て所々便利の地へ小学校を取開くへき御沙汰は唯この防長の国のみならす日本中諸府県一統の事にて人は誰もミな其知識《ちしき》を開き才芸を磨き凡そ人間の為すへく行ふへき所業《しよさ》を知り弁へさせて文盲《もんまう》の不自由を脱《のが》れ世事に拙き苦しみを見さるやう御世話なさるゝとの難有き御主意なりこれまてハ左程御手の届かぬ処よりして文盲の人や世事に拙きものハ習ひ性となりて我か身に出来ぬ事ハ人に頼みても済むやうに思ひ夫れを各別恥ともせさるあり又学問して高尚《こうしやう》《りつパ》の論にはせ無益の空《くう》談《たん》《むたはなし》に趨《はし》りて身を立て産業《さんきやう》《すきわひ》を治め家職を興す事をハ知らさるもあり此れ皆事の間違へる者にして御趣意に叶ハぬなりそも〳〵人は万物の

霊として同しく世界に生れたる上ハ士農工商の差別なく余の生類とハ異《こと》にして世界の事や万物の道理を始め人間の諸事を弁へ知るへき為め心に智識の鏡を具へ身に所業働きの出来る機関《きくわん》を得たる事に付不具《ふぐ》廃疾《はいしつ》の人に非さるよりハたとへ知行に利鈍《りとん》遅速《ちそく》の差《たか》ひあるとも均しく万物の道理を知り世界の事情を弁へ身分相応の働きを為して業を営み生界を遂るやう天より自由の権を禀《う》けたる事なれハ人の人たる所業を棄てゝ躬《みつ》から営ます他力を頼ミ坐食して今日を送り其働きの出来さるハ人に於ての恥辱なりその恥ちをも知らすして身に生界の不自由を招き却て人を尤め天をも怨みたり種々の間違ひ起れるは畢竟人の道理に暗く物の筋合分からぬゆゑなり其道理筋合の弁へ出来ぬハ悉皆《しつかい》身に学問セすして我か智恵の鏡を磨かす所業の機関を遣ふ事を知らさるに由れる訳《わけ》なれハ誰も学問を為《な》してこれを知り弁へて人の人たるに恥さるやう致す事こそ肝要なれ

一学問を従来士人以上一種の芸の如く心得て農や商は我の為すへき事とも思ハす其婦女子に至てハ士と雖も又学ふ事を知らす故を以て家毎に必す不学の人あり邑毎に必す不学の家ありて各其物理に暗《くら》く事情に踈《うと》く職業に拙《つたな》く身の利害家の損益も知らさるゆゑ人に愚民と称《とな》へられ我か身もまた其愚に安んして暗愚の習ひ俗と成り上へ願ひ申出る事ハ筋合分り難く御布令の旨ハ常に合点行かす或ハ流言なとに惑《まよ》ハされ種々の間違ひ起るなり自今は更に貴賤となく男女とも年六歳になれハ皆小学に入り書物手習算術等を学ハしむる御規則なれハ其御主意を遵奉《うけたまハり》て子弟ハ必す幼時より不学に打過ぬやうそれゝゝの修業をさせ智慧を磨て品行を善くし物事に通暁《つうきやう》して日用常行に迂《うと》からす銘々の家職に賢くなるやうに致すへし畢竟学問は我か身を立家を興す財本とも申すへき訳は御布令にも見えて其身に利分の附く事なれハ上よりの御勤めを待たす其覚悟あるへき筈なれとも従来の習弊《しうへい》ありて其筋を弁へさる而已ならす御引立といへは必す其失費までも出し下さる、様に思ふ情態《しやうたい》なれハ小学を取開くに就ても今俄に諸失費を調達する工面ハ難する者多かるへし然しなから寺院其外相応の借屋あれハ当分ハこれを借りても済む事なり又新規に造営するとも一人一家の力にて調へよと云ふにハ非す其学区内の村々相共に同心合力して取開く事なれハ左程に難き事ハ有之ましく尤とも邑村に依り家戸の多少貧富の厚薄ありて一概に云ひ難きゆゑ其取開き方につきいかにも力の足らさる所は申立に依り材木や又ハ助金等をも遣すへく夫れ等の御趣意と下の心得と万一行違ひありてハ済まさる事なり先年京都府に取建立られし六十余ヶ所の小学も最初は何歟の行違ひより種々の申し立ありたる由なりしか今日に至てハ子供の賢くなるに随ひ人に学問の無くてハ叶ハぬ道理を知り児ある者ハ其年齢に及ふを待ち兼て小学に入らしむと聞けり我か子を愛する人情は都会辺鄙の差別なけれハ生れし儘を教へすして差置くハ何とも不仁不慈残念の至りならすや辺鄙田舎の小学を京大坂の盛なるに比すへきやうはなけれとも都府《みやこ》にもまた困窮者あり田舎にも亦冨有家あり人家の多き市村は別して早くその場所を取開くへき手段を尽し申すへし然し失費の出る事なれハ下において不同意なるを押して取開けとの事にはあらされとも万一上下の趣意行違ひありて其出金を上へ出す如く心得てハ済まぬなり前にも申す如く上に於てハ種々評議の上材用又ハ助金の手段もこれありて人の無智文盲に成らぬやう生産職業の出来るやうにと飽《あく》まて御世話なさるゝなり諸府県にてもよく此の御趣意を合点セし人ハ士族を始め農工商元の穢多に至るまて身分相応に出金して学校ヲ助くるよし新聞紙に載セたる者枚挙《かそふる》に堪へす自今取開く所の小学ハ唯其稽古の為めのミならす町内村中申談し等の節ハ其集会所とも成る事なり或ハ官員巡廻して言ひ聞セ等ある節の用にも立つへく御布令其外の掲示もまた此処にて整《とゝな》ふなれハ彼此手足を運ハすして相済む事も数多あるへし人ハ物毎によく勘弁して常に反省なさゝれハ我か身の事も知れ難く飲食遊興ハ論を待たす家に年々無益の費へ廿銭三十銭にて済むましく女子に三味線なとを習ハすはハ絲其外に費ゆる金もまた少々にて済むへからすよしや費を厭ハすして右等の游芸に習熟《しうしゆく》させ京大坂の都会にも勝れる程に出来たりとも物の道理や身の職分に賢くなる儀ハ有之ましく近頃都会の様子を聞けハ日に増し文明に趣きて游芸を廃る者まことに多くしてミな人の人たる学問に向ハしむるとの噂なり凡そ女子は人に母たるへき者なれハ衣食なとの家政に与うるのミならす実に其子たるものを鞠育教養するの責ありて子の本心を誘導《いうたう》するの精純《せいしゆん》ハ教師の教と雖も及ふ可からさるの道理なり故に親の庭訓正からす其躾《しつけ》よろしからされハ教師の教も又これか為めに妨けられて大に其功を減する者なり是を以西洋には母の子を教るの実功を論して治国の君子尽忠の義士経世報国の為めに知略を運らし身を殉するよりも其功徳大なりとす人の父兄たる者斯る事をも玩味して親子の厚き情合を学問上に片寄セて成りたけ外の費を省き子孫の為めに各校の取続くやう隣里と共に尽力し学校繁昌する時ハ徃々其地の繁昌もこれか為めに増加して互に幸福を受け真に開化の人たるへし

〔新36－1〕徳島県　名東県

> 明治六年一月
> 名東県　↓

夫天《それてん》の此人類《このじんるい》を世《よ》に生《しやう》するや自然《しぜん》禽獣《きんじゆう》《とりけもの》に異《こと》なる一種《いつしゆ》の材能《さいのう》を備《そな》へ各得手ゝゝ《おの〳〵えて〳〵》ありて聊《いささか》にても世《よ》に益《えき》なき人はあらざる筈《はづ》なり然《しか》るに貴《き》　賤《せん》《とうときいやしき》といふ差別《さべつ》出来《でき》てより貴人《きにん》は自《おのつか》ら富《と》ミ賤《いや》しきものは自《おのつか》ら貧《まつし》く其貧きものは愚《ぐ》《おろか》多《おお》く貴《たつと》きものは賢《けん》《かしこい》多《おお》きは是何《これなに》ゆえぞ幼《おさな》きより学問《がくもん》して己《おのれ》か生質《せいしつ》《うまれつき》の智恵《ちゑ》を拡《ひろ》むることをなすとなさゞるとに因《よ》るなり飛脚《ひきやく》をすれば足《あし》の達者《たつしや》になり荷持《にもち》をすれば肩《かた》が強《つよ》くなる学問《がくもん》すれば智恵《ちゑ》が増《ます》と皆同様《みなおなし》の理《り》《ことハり》なれば学問《がくもん》をなして賢者《けんしや》となるは富《ふう》　貴《き》《とみとたつとき》となるの資給《もとで》にして何《なに》も余《ほか》の稽古《けいこ》には非《あらさ》るなり学問といえばとて是迄《これまで》の六《む》つかしき書籍《しよせき》やわかりがたきものをよむに非《あら》ず今迄《いままで》は先生《せんせい》と称《しやう》せられても指《さ》して富貴《ふうき》にもならず世渡《よわた》りは迂《う》　闊《かつ》《まハりどふ》になり毛唐人《けとうじん》など異名《いめう》の付《つく》を見聞《けんぶん》して嘲《あざけ》り笑ふもあるべけれど今日《こんにち》の学問といふは左《さ》にあらず御一新《いつしん》御改革《かいかく》《あらため》に因《よ》りて貴賤上下《きせんじようげ》の差別《さべつ》なく各得手《おの〳〵えて》の材能《さいのう》を働《はたら》かせ用《もち》ひ給《たま》ふなりされば当世《とうせい》の学校《がくかう》は己《おの》が身《み》の修《おさ》め方世間《かたせけん》の交《まじハ》り世帯《せたい》の持方植《もちかたうえ》もの育《そだ》てる農《のう》《ひくしやふ》　人《にん》の学問家《がくもんか》宅《たく》を作る大工《だいく》の学問筆算習《がくもんひつさんなら》ふ商人《しやうにん》《あきひと》の学問深《がくもんふか》きに至《いた》

れば天下《てんか》の政事天文地理《ごせいじてんもんちり》まで究《きわ》めざる所《ところ》なし其学《そのまな》ぶもの自分《じぶん》より生質《うまれつき》の得手《えて》を持出《もちだ》し一芸《いちげい》を研《みが》きあげなば誠《まこと》に一生《いつしやう》を安楽《あんらく》に送《おく》る基《もとゐ》とこそなるべけれ人《じん》は衣食住《いしよくぢう》の外《ほか》なしといへと衣食住《いしよくぢう》にも高下《こうげ》《たかひく》あれば無学《むがく》にして賤《いや》しきを耻《はぢ》とも思《おも》はず只仮初《ただかりそめ》に衣食住とのみ思《おも》ふは世《よ》に益《えき》なき而已《のみ》ならず果《はて》は第一《だいいち》の食《しよく》にも離《はな》れ禽獣《とりけもの》にも劣《おと》るべし禽獣《とりけもの》にても食には困《こま》らぬものなり孰《いつれ》も衣食住の営《いとな》ミとて従前平民《これまでへいみん》の子弟《してい》を丁稚奉公《てつちはうこう》に遣《つかハ》すも定《さだ》まれる筆算《ひつさん》の師匠《ししやう》なく昼《ひる》ハ使《つかひ》に追立《おつたて》られ夜《よ》ハ朋輩《ともがら》に習《なら》ふ位《くらい》終《つい》に番頭《ばんとう》に上《あが》るざま稀《まれ》なるべし当今《いまの》士族《しぞく》の商法《しやうはう》も多《おお》くは人に任《まか》せ我身《わかみ》ハ暇《いとま》ありといへとも学問《がくもん》には心《こころ》を用《もち》ひず遊惰《ゆうだ》の情《じよう》を縦《ほしい》ままにす皆富貴《みなふうき》を求《もとむ》る本街道《ほんみち》を踏《ふみ》たがふるものぞかし其遊惰《そのゆうだ》につけても一説《いつせつ》あり天地《てんち》に昼夜《ちうや》あるが如《ごと》く人も心労《しんろう》すれバ又休《やす》めざるを得《え》ず遊《あそ》びは則休息《すなはちきゆうそく》なり去迚《さりとて》春ハ凧《いかのぼり》の掛合《かけあわ》せに日《ひ》を送《おく》り秋《あき》ハ盆踊《おどり》の拵《こしらへ》より競馬《かけうま》の遊《あそ》ひに断間《たえま》なく女《おな》子《ご》ハ琴《こと》三味線《さみせん》を役儀《やくぎ》と心得或《こころえあるひ》は小《こ》児《とも》に歌舞伎《にはか》を習《なら》はせ役者同様《やくしやどうよう》に育《そだ》て上《あげ》るの類《るい》休息《やすミ》遊《あそ》ひとは云《い》ひ難《がた》からん其費《ついえ》莫大《はくたい》《たくさん》にして世《よ》にも身《み》にも少《すこ》しも益《えき》なし此費《このついへ》を集《あつ》めなば其数《かず》いかばかりなるべきぞ斯《かつ》て我身《わかみ》を始子弟達《はしめしていたち》の智恵《ちゑ》を増《まし》富貴を求《もとむ》る学問《がくもん》の雑費《いりめ》は上《かミ》より賜《たま》ふものと心得無《こころえむ》益《えき》の事《こと》に厭《いと》ひなきは大《おおひ》なる心得違《こころえちが》ひと申《もう》すべし成丈無《なるたけむ》益《えき》の雑費《いりめ》を省《はぶ》き実学《じつがく》に資給《もとで》を費《ついや》し入学為《にうがくな》さしむべき道理《どうり》なるべし外国人《がいこくじん》渡来以《とらいい》後世《ごよ》は追々《おい〳〵》に形勢替《ありさまかわ》り西洋《せいよう》諸国との交《まじハ》り文明日進《ぶんめいにつしん》をいふは今此時諸県我《いまこのときしよけんわ》れ先《さき》にと学問《がくもん》を開《ひら》くにあたり当県《わがくに》ばかり無学文盲《むがくもんもう》にては我邦同士《につほんどうし》の付合《つきあい》も出来《でき》ぬ位猶西洋人《くらいなおせいようじん》には見下《みくだ》され終《つい》に人の如《ごと》くハ思《おも》はれざるべし士族平民残《しぞくへいみんのこ》らずヶ様《かやう》の有様《ありさま》にては其身《そのみ》さへ独《ひと》り立事《たてこと》できず何《なに》を以《もつ》て
皇国《につほん》の御為《おんた》めとならん哉《や》歎《なげか》はしきことならずや唯只管《ただひたすら》に人の材能《さいのう》を育《そだ》てあくるを目的《めあて》となし力《ちから》を協《あわせ》て学校《がくこう》を興《おこ》し男女六歳以上《だんじよろくさいいじやう》のものは必《かならず》入門《にふもん》いたすべきやう常々《つね〳〵》父母《ちちはは》はいふに及はず其家長《めうへ》たる者《もの》より教《きよう》へ導《ミちび》く可《べき》ものなり

但是迄取《これまてと》り立《たて》たる戸掛銭《とかかりせん》はもとより学校《がくかう》の用《よう》に充《あて》る趣意《しゆい》なれどもこの金《きん》は多《おお》くの学校を取建及《とりたておよ》ひ其器械《きかい》等を備《そなふ》る費《ついへ》なれは生徒《せいと》の教師《きよふし》につき学ふところの受業料《じゆぎやうりやう》は異《ことな》るものと志るべし

〔新38-1〕愛媛県　香川県

明治五年四月二二日
↓

夫人ハ万物ノ霊也凡天地ノ間ニ生ル、者人ヨリ尊キハナシ人ノ禽獣ヨリ尊キハ容ノ異ナルニ非ス礼義アリ智識アルカ故ナリ人間自ラ貴賤貧富ノ別アルハ智ナルト愚ナルト勤ムルト怠ルトニアリ其礼義ヲ知リ智識ヲ広メ以テ貴ク且富ンコトヲ要スレハ学文ニ勝ル捷径ナシ仍テ郷校ヲ設テ士農工商ノ子弟ヲシテ貧富ノ差別ナク皆挙テ導キ人道礼義ヲ教ヘ文部省ヨリ東京ニ大学校ヲ置猶モ諸県ニ小学校ヲ設ケテ弘ク天下ノ人民ヲ教育セラル、御趣意ヲ遵奉シ三府始諸県争テ協合シテ郷学校ヲ開キ長幼相率テ入学ス故ニ此度此県ニ於テモ新ニ郷校ヲ設テ天ヨリ受得タル智識ヲ磨キ広メシメントス其教方ハ是迄ノ如キ迂遠ノ教ニ非ス早ク世界ノ形勢ヲ知リ物ノ理ヲ弁シ万国ノ国体人情事務ニ通シテ今日ノ活用ニ係ル事ヲ専ラニ学ハシム人々憤発シテ一寸ノ間アレハ一寸ノ学ヲ勤メ才智ヲ増シ不怠此学文ヲ励ムトキハ読所ノ文字モ聞所ノ事モ早ク心ニ悟リ皆目前ニ活用シ身分家業ノ上ニ於テモ農父ノ稼穡商買ノ売買百工ノ技術ニ至マテ新ニ工夫発明シテ利ヲ得ルニ至リ其家業モ自然盛ニ成行テ家富衣食足リ礼義自ラ正シク成リテ老後ノ安楽ハ言ニ不及中ニモ格段ニ出精スル者ハ今此御一新ノ御代ニテ人才登用ノ秋ナレハ賤シキ業ヲスル者モ乍チ上ノ御採用ニ成リ位ヲ賜リ禄ヲ戴キ衆ニ秀立身シ父母ヲ自由ニ暮サセ先祖ノ名ヲ顕シ徳ヲ子孫ニ遺ス人間一代是ニ勝ル誉ナシ今此難有御代ニ生レタル人ノ父兄タル者縦令家ハ貧シク共同シ人ト生レタル子弟ヲシテ幼年ヨリ悪シク仕立自ラ貧賤ヲ我分トシテ一生涯人ノ奴僕トナリテ身ヲ終ラシムルコト口惜キ事ニアラスヤ何分ニモ諸事ニ倹約シ不自由ヲ忍ラヘ若年ノモノニハ学文為致度モノ也今世界中国々ノ人知恵ノ開ケシハ蒸気船ニテ数千里ノ大海ヲ比隣ニ渡リ蒸気車ニテ幾千人ヲ載セ数百里ノ陸路ヲ一日ニ通行シ伝信器ニテ数千里ノ海山ヲ隔テタル国ト一時ノ間ニ音信ヲ通ス是等ヲ始山ヲ穿チ川ヲ掘溝ヲ浚ヘ又ハ糸ヲ紬キ機ヲ織リ衣類ヲ縫ヒ何ニヨラス都テ人ノスルコト皆道具仕掛ニテ労費ヲ省キテ拾人百人ノ仕事ニ三人ノ手ニナル是皆人ノ智恵ヲ以工夫シ出シタル者ニシテ実ニ智恵ハ人間ノ一番道具也然ルニ其智恵モ文字ヲ読スシテハ用ニ立難シ故ニ今茲ニ郷校ヲ開テ誰彼ノ差別ナク文字ヲ読シメテ教ヘ導キ物ノ理ヲ悟リ智識ヲ磨キ固陋ノ旧習ヲ洗除シ早ク文明開化ノ恩沢ヲ蒙ラシメテ有用ノ人トナラシメンコトヲ旨トス人々近隣ヲ鼓舞シ共ニ其子弟ヲ駆テ此校ニ入レテ学文ヲ励マシメン事ヲ懇望ス

〔新38－4〕愛媛県　神山県

「告諭」
明治六年二月二八日
↓

此度当県管内有志ノ四民早く既ニ時世ヲ知リ各所ニ学校を設ケ教育ノ道ヲ開かんとの事ハ真ニ父兄タル者ノ職分ニシテ其志神妙ナリトイフベシ県庁ハ敢テ此学校ヲ支配スル趣意ニアラサレトモ四民ノ志ヲ助成シ其便利ヲ与フテ是ヲ保護セントスルノミ　有志ノ輩ヨリ寄附セシ金ノ高別紙ノ如シ

抑学問ハ人ノ為ニアラス世間一般ノ風俗ヲ能シ商工ノ繁昌ヲ致シテ全国ノ人民各其恩沢ヲ蒙ルコトナレハ其費モ亦タ人民一般ヨリ償フヘキ筈ナリ右ノ次第ニ付進んてハ管内ノ戸毎ニ割付ケ学費ノ金ヲ出サシムル筈ナレトモ目今其至位置兼無拠有志ノ寄附金ニテ取設タレハ士農工商トモ此等ノ人ニヨリ金ヲ借用セルモノト心得ヘキナリ或ハ今日ニテモ相応ノ身代ヲ持チ朝夕ノ衣食住ニ差支ナキ者ニテ能ク事ノ理ヲ弁僅ニ一タノ酒肴ヲ倹約シ四季ニ一枚ノ衣裳ヲ省テ此学費ニ寄附スルコトアラハ独リ管内ノ人民ヘ徳ヲ蒙ラシムルノミナラス日本国内ニ生レテ日本国人タルノ名ニ恥ルコトナカルベシ

学問トハ唯六ツケ敷字ヲ読ム計リノ趣意ニアラス博ク事物ノ理ヲ知リ近ク日用ノ便利ヲ達スルタメノモノナリ士農工商ノ差別ナク手習算盤ヲ稽古シ地理究理天文歴史経済修身ノ書ヲ読ミ商買モ農業モ漁猟モ物産モ人ノ家ニ奉公スルニモ政府ニ仕官スルニモ皆コノ学問ヲ拠トナシテ一事一物モ其実ヲ押ヘ平常学ヒ得シ処ヲ活用スルノ趣意ニテ彼漢学者ノ詩ヲ作リ和学者ノ歌ヲ読ミ古文ニ溺テ世事ニ拙キ抔ノ類ニハアラサルナリ

右之趣区々無洩可触示者也

〔新38-5〕 愛媛県　愛媛県

明治六年四月二五日
↓

先般学制仰出サレ各府県ニ於テ諸学創立致ス可キ筈ニ付学区ヲ助クル扶助金全国人員一人九厘ノ割ヲ以テ府県ヘ委托セラレ且又旧石鉄旧神山両県ニ於テモ学校創立以来有志ノ輩寄附スル金高殆弐万円其他書器及土地家屋等ヲ寄附スル者数十人此上ハ教育事務一層盛大ニ至ル可ク豈人民ノ幸福ト云ハサル可ンヤ当県内大凡戸数十七万余人口七十七万余其子弟ヲシテ均シク教育ノ恩沢ニ浴シ天賦ノ智恵ヲ磨キ所有ノ才芸ヲ長シに安穏ニ一世ヲ渡ラシメント欲スル固ヨリ有限ノ扶助金寄附金等ヲ悉ク支給スヘキニ非サレハ一人前ノ人ニ生レ万物ノ霊ナル心ト身ノ働ヲ持テ徒ニ政府及有志輩ノ扶助ニ依頼スルノ理ナシ夫レ政府ノ扶助金ヲ委托スルハ専ラ民力ノ及ハサル所ヲ助ケ教育ヲシテ普及ナラシムルノ主意ナリ有志輩ノ寄附スルハ人間交際ノ道ニ基キ協同戮力衆庶ノ公益ヲ謀ラント欲ス人民タル者亦感激奮発政府ノ至恩ニ酬ヒ有志輩ノ厚意ニ応ス可シ豈袖手傍看ノ時ナランヤ依之今般学区分画ノ折柄区学保護ノ為人民家産ノ貧富ニ応シ毎戸出金ノ法ヲ設ケ布達条可及候条管内一同疲幣ヲ極メ今日ノ生計ニ苦ミ其難渋固ヨリ之察スレトモ従来教育ノ不行届ナルヨリ今日ノ困難窮迫ニ陥ル訳合ナレバ篤ト諭言三則ノ旨ヲ了解シ子弟アルモノハ勿論嗣子ヲ養ヒ家産ヲ継シムルモノト雖トモ将来均ク教育ヲ被ラシメサルヲ得サレハ成丈ケ無益ノ費ヲ省キ当

然ノ用ヲ達シ到底家業ヲ繁栄シ飢餓ノ道路ニ迷フ等ノ醜態コレナキ様心得ヘキモノナリ

諭言三則

人ノ世ニアル廃疾不具トナル之ヲ貧民ト称ス貧民救助ノ義ハ人間交際ノ節目ニシテ其仁恵ノ心人々無ル可カ可（ママ）ラスサレドモ所謂遍路順礼ナルモノハ畢竟貧民ト申訳ナリ徒ラニ大師観音ヲ念シ来世ノ禍福ヲ祈リ甚シキ座食日ヲ送リ一生ノ世帯ニ辛苦セス方俗之ヲ救助スヘキモノト思ヒ接待等ノ名目ヲ仮リ家産ノ貧富ヲ問ハス競フテ米金財物ヲ投与スル習慣トナリ右ハ仁恵ノ心ニ出スト雖ヘトモ却テ独立自立ノ道ヲ妨ケ其人ヲシテ暴棄ノ悪習ニ陥ラシム自今区学取設ケ候上ハ全ク斯ル仕来ヲ廃シ遍路順礼ヲ愛スル情合ヲ以テ我子弟ヲ愛育シ毎日一二厘ノ救助銭ヲ引除区内ノ教育費用ニ加ヘナハ子弟タルモノヲシテ他人ノ救助ヲ仰カサラシムヘキニ庶幾カランカ

飲食衣服人生一日モ欠クヘカラサルモノニシテ人々饑寒ノ為心ヲ労シ思ヲ焦シ種々渡世ヲ営ムハ世上一般ノ情態ナレトモ労焦シテ得ル所ノ金銭其消費スル所ヲ尋ヌレハ必シモ人生必用ノ為ナラサルモノ甚多シ就中煙草ノ物タル寒ヲ凌クヘカラス又饑ニ充ルヘカラス而シテ之ヲ植ル地力ヲ尽シ之ヲ製スル人力ヲ労シ之ヲ喫スル時間ヲ費スヘシ惟其消閑遣鬱ノ具タルヲ以テ衆庶ノ嗜好スル者必ミルアランサレハ一日労焦シテ得ル所ノモノ幾分ヲ煙草ニ用ユヘシ管内七十七万余人ノ人口ニ平均シ毎月之カ為メ数十百金ヲ消費セサルヲ得ス無益ヲ去リ実用ヲ務ル時合ニ当リ豈莫大ノ冗費ナラスヤサレトモ一般ノ嗜好スル所ナレハ敢テ是ヲ禁止セシムルニ非スト雖トモ亦少シク減省スル所ヲ思ハサル可カラス冀クハ自今人民毎日半時之喫煙ヲ節制シ区内ノ学費ニ当ツレハ毎戸出金其難渋ナラサルヲ覚ルヘシ

先般五節句廃セラレ此上ハ上巳端午ノ雛幟ハ無用ニ属スルナルヘシ従来上巳端午ノ幟ハ専ラ出生ノ小児ノ為メ名誉ヲ挙張セントノ婆心ヨリ起リ終ニ初節句ト称シ盛宴ヲ設ケ高金ノ雛幟ヲ飾リ立之カ為メ家産ノ消耗ヲ招ク者アリ最早五節句廃止ノ折ナレハ頑固ノ因習ヲ改メ文明ノ風化ニ靡キ雛幟ハ勿論其他伊勢講観音講ノ名目ヲ用ヒ毎家銭嚢ヲ傾ケ無益ノ所為ニ消費スルノ類ハ一切之ヲ廃止シ其幾分ヲ残シ学区ヘ納メ児童ヲシテ往々教育ニ預リ学問ニ従事セシムル様子弟ノ名誉ヲ挙張シ且ツ直チニ区内繁栄富饒ニ進ムノ基本ナラスヤ

〔新38－6〕愛媛県　愛媛県

「学事告諭文」
明治八年五月一五日
県権令　岩村高俊　↓

凡人のよにある貴賤賢愚の別ありて其貴きと賢きとは皆人の欲する所其賤きと愚かなるとは人の好まさるは人情の同しき所なり然るに其好まさる所の貧賤に苦しみ愚鈍に終り甚しきに至りては罪を犯して重きとがめを蒙るこれその一家長立たる者智識を磨き才芸を長する学問を

忌きらひ入らさる事とのみおもひ誤りたる固陋無識の心より斯なり行終に子弟の生涯を誤るまことにおもはさるの甚しきにあらすやこのゆへに人々其好める所の貴く賢からん事を欲せは子弟をして人民普通の学問たる小学の課業を出精せしめさるへからす子弟の学問なくして愚かなるは独り其子弟の恥のみならす則其父兄の恥はいふもさらなり我全国人民の父母たる
朝廷の御恥辱にして一家の安危全国盛衰のよりて生する所なり爰を以て御維新以来学制を頒布し大中小学校を設立し委托金を増加し今又府県に学務課を置き玉ひ主任の役人を置かれ学問筋の事一切同課に於て取扱候様被仰出全国一般教育行届候様との厚き
朝旨に候へは人々此儀を能々相弁へ子弟をして必す学校に入り出精せしむへく此旨告諭候事

〔新38－7〕愛媛県　愛媛県

「坤第八十八号」
明治八年五月一五日
県権令　岩村高俊　→　各区々戸長　学区取締

今般四課の外特に学務の一課を増置せらるゝ
朝旨は他なし人民教育は今日の急務たるにより該事主任の官吏を置き専ら学事普及之成功を督責せらる就ては管下区戸長学区取締等に在ても更に此盛意を服膺し教育の道進歩候様一層戮力協議あるへく抑邦国の富強は人民の智識と品行とによる所にして人民の智識と品行とは其就学に原由せさるなし故に一人の利に暗き或は全州の汚辱を胚胎し一家の学ある忽闔邦の開化を振興するの道理なれは畢竟子弟の教育は家々の私事人々の随意する所に非す即ち我　日本帝国富強の基本なり伏て惟みるに前日文部委托の金額を倍し以て学資の欠乏を助け今日県官に主任を置き以て学務の挙らさるを責らる嗚呼
朝旨の在る所此の如し苟も人民たる者尚学事を度外に置き一日も猶予する条理万々無之固より人々報国の義務に候条精々厚く説諭を加へ教育急務たるの
朝旨速に貫徹候様各尽力可有之依て別紙告諭文相添此段相達候事
（朱：別紙告諭文ハ乾第六十五号ナリ）

〔新39－3〕高知県　高知県

「告諭」
明治八年三月
高知県庁　↓　戸長

御一新以来万つ難有き御政事の中に学校の儀は殊に重き　勅旨も有之已に去明治五年御頒布の学制に見えし通り全国を八大学区に分ち各附属の中小学を置き往々村に不学の戸なく戸に不学の人無らしめんとの事なり今般文部省報告にも嚮きに小学普及の主旨を以て一年三拾万円の金額を府県に委托し学資を扶助せしむ今更に教育拡張の為半年三拾五万円ヲ配布せり父母たる者其れ克く此意を領会し子女の就学を忽にする勿れと又同省本年二月報告の中に女教の振興せさるべからす方今に在て一大要務とす故に東京府下に於て女子師範学校設立の挙あり此挙や夙に　皇后宮の嘉尚せらるゝ所となり本月第二日文部の大輔田中不二麻呂を宮中に召し女学は幼稚教育の基礎にして忽略すへからさる者なり聞此頃女子師範学校設立の挙ありと我甚た之を悦ひ内庫金五千円を加資せむとの親諭あり嗚呼世の婦女子を勧めて教育の根底を培植せしめんと欲せらるゝ特慮の懇なる邦国人民の為に祝賀せさるへけんや庶幾くは其父母たるもの心を傾け此盛意を体認し女子をして此に従事せしめ其業日に就り月に将み更に得る所を推拡し遂に幼稚の教育を善美にして以て天賦の幸福を完了せむ事をとあり偖如此迄御世話のある所以は是迄戦国覇政の余弊を受け人民生なからの階級ありて学問は専ら士人以上の事とし農工商及女子の如きは置て問はす偶学問に志す者あれバ分限を不知者の如く申立如何程賢き者ありても政府にも登用なき而已ならす総て奴隷同様に駆役せられしを今日此頑陋なる風習を改め四民一般学に就け其器量に依り何人に限らす廟堂の上にも御採用にならんとの事にて衆庶を子視し給ふ公平なる御趣意ならすや人の父兄たる者は此御趣意に基き大にしては国家の為め小にしては一家の為め各其子弟を奨励して学につけ相応其材を成就せしむへきは勿論にて已に県内に於ても一昨年来数多の小学校を設けて粗教育の端も開け真に喜はしき事也然るに遠郷僻在の民等中には御趣意のある処を誤り窃に怪しみ思う者ありて学校は官員也戸長共の好事の様に心得又従来の学風に拘泥スル輩は今の書物は仮字交りにて読に足らす抔云ひ或は吾家は父祖より半行の書も読ねとも活計に困しみし事はなしとか種々理屈を申立子弟を学に就けさる者有之皆埒もなき間違にて時勢を弁へさる不了見なり是等の輩は所謂自暴自棄にて世上の開化を妨くる者とも謂つべし又何某の子は学問にて産を失へり抔学問の人に益なき証拠に云ふ事なるか是は従然一種の漢学者の風にて唯詰屈難渋の文字に耽り空理虚談に偏執し今日の生計にも拙くして破産の徒も多く学者とさへ言へは何か畸人の如く世上に指目されし者も有しより右等の者を見聞して言事にて一通尤の事なから是は決して正真の学問にはあらす正真の学問と云は人々各自に品行を正し知識を開き芸能を修め農にあれ商にあれ其本分の職務を尽し日用衣食住をも相応立派にせむか為なり又今の書物は仮字交りとて嘲るものもあれと漢籍の四書六経抔も皆古人の言行を録し後進の品行を助くるの書にて徒に漢文の解き難きを貴ふに非す其要領は仮字にて埒の明事なり近世の風俗にて士族の子弟と生るゝ程のものは大概幼年の頃四書類を習はぬ者無れともあたら月日

を素読の間に費し其文義を会得し実地の用に立る程のものは百人の中に十人にも足らす是等の費を救はむ為小学科目の書籍は今日読て今日合点の参る様人々誰も知らて叶はさる道理を態と仮字交りにて記し殊に僅か六才より教ふる事なれは打入の書には最浅近の事を書きたるも自ら然らさるを得さる訳なり偖可成丈は小学科に限らす中学大学の科にも漸々進入し傍ら諸子百家の書にも渉り度ものなれ共其は余程の歳月を費す事故所詮人々に責る事は極々難事なるを今小学普通の学科は六七歳より十三四歳まで学へは大概成就する仕組なれば男女に限らす学に就け日用書等を始め天地万物の大体中外各国の形勢等をも荒増心得させ通例の事は自分丈の始末の成る様教育すへきは父兄たる者の逃れぬ責任なり然るに民間の慣にて唯旧俗に安んし勉強出精もせす人生再ひ来らさる貴重の光陰を閑過し生涯貧困に終らんとする者も少なからす甚嘆かはしき事なり古は広く天下の形勢万国の治乱等の理合も弁へす且　皇国は近く二十年前迄鎖国して外国の軽侮をも受けす泰平無事なりし故世ノ中はいつも安静なる者と心得自ら懶惰の風にうつりしなるへし是迄は何事も内国にて済しなれ共近来は外国の交際も開け万里の遠きも比隣の如く往来する事となりし故人民の劣弱なる国は自然外国より凌辱せらるゝ事故其国の民となりては面々勉強して世上の開化を進め富強の基を開き自国を保護する様心掛へき事也西洋人の話にも邦国の隆盛は人民各自勉強の力と正直の行と総合せる者なり我国の衰退は人民各自懶惰にして自ら私し及び穢悪の行の集合せる者なりとされは吾人一己の行と雖も一国の盛衰にも関係する程の事なれは吾身と雖も自ら私し己か勝手にはならぬ筈なり殊に学問は百業の基にて人々身を立るの資本なれは子弟を教育するは財産の種を蒔くも同様にて其結果成熟の秋に至りては各父兄の所有なれは人の父兄たる者は資材を吝ます目前の愛に溺れす子弟を駆て学に就かしめ難有御趣意ニ奉答し後来の幸福をも希はさるへけんや

〔新40－1〕福岡県　小倉県

「小学開校ニ付告諭文」
明治五年七月九日
小倉県　↓　企救郡区長

夫父母ノ道ハ子ヲ教ユルヲ以テ肝要トス我父祖ノ跡ヲ継キ今日ヲ出精シ其子ニ至リ教ナクシテ財ヲ失ヒ家ヲ破リテハ父祖ニ対シ申訳立サルノミナラス今日出精シタル甲斐モナク老テ頼ムヘキ子ヲ失ナヒ難儀ニ及フヘシ此故ニ人々其利害ヲ考ヘ今日ノ慾ヲ去リ目前ノ愛ニ惑ハス子ヲ教フルヿヲ忽ニスヘカラス誠ニ今日ノ形勢ヲ見聞スヘシ才能アリテ学問スル人ハ草莽卑賤ノ間ニ起リ　朝廷ノ官員ニ列シ大ニ国家ノ補トナリ家名ヲ顕ハシ或ハ豪富農商トナリ其幸福ヲ国家ニ及スモノ不少又其学問ヲ好マス気随我侭スルモノハ酒色ニ耽リ博奕抔ヲ好ミ終ニハ国憲ヲ犯シ刑戮ニ罹リ父母親族ニ恥辱ヲ与フルモ甚タ多シ同シ人ニ生レ斯ク栄辱ノ別アルハ惟幼少ノ時善ク之ヲ教ユルト教ヘサルトニ因ル

近ク之ヲ譬フルニ苗ヲ植付ルハ苦労ヲ厭ハス手ヲ入レ耕スヲ以テニ非スヤ又木綿ヲ染ムルニ紺屋ヲ頼ミ好キ色ニ染ムルニ非スヤ然ルニ我子ハ手入ナクシテ生長サセ其愛ニ溺レテ手染ニスルハ何ソ事ノ彼此相副ハサルヤ畢竟此理ヲ弁ヘサルハ是迄衰世ノ然ラシムル所ナリト雖𪜈最早御一新以来今日ニ至タリ徒ニ我子ヲ教サル時ハ　朝廷人智ヲ開カセ玉フ御盛意ニ戻リ又ハ父祖ノ遺体ヲ恥カシメ子孫ヲ愚ニシ其身ノ損害トナル依テ深ク此理ヲ明弁シ奮発興起其最寄々申合セ人々今日ノ小慾ニ関ハラス他年老後ノ楽ヲ期シ金穀ヲ募リ学校ヲ興シ童子七八才以上ヨリ必ス学校ニ入ルヿト定メ又人材ハ慈母ノ教ニ出ル𪜈云ヘリ随テ女学校ヲモ興スヘシ教員ノ人撰校中ノ規則等ハ官ヨリ其掛ヲ置テ専ラ沙汰スベシ現今子ナキ𪜈傍観スヘカラス又従前ノ学弊ニ懲リ今日ノ学文ヲ否ム勿レ

〔新40-2〕福岡県　福岡県

「告諭」
明治五年一〇月
塩谷参事　水野権参事　団尚静　↓

人々貴賤貧富強弱ノ差アルニ依テ其間自懸隔スル雲壌ノ如トイヘ𪜈天賦ノ性情ニ至テハ毫モ多少厚薄ノ別アルナシ故ニ思フ所ノ者欲スル所ノ事モ亦異ナラス従前封建ノ時ハ数段ノ階級ヲ立テ自由ノ権力ヲ束縛セシヨリ職業モ亦其身沿襲ノ具トナリ私ニ営ミ私ニ変スルアタハス遂ニ有為ノ生ヲ空フスルハ頗ル天理ニ戻リ人情ニ背クノ甚シキ者ト云フヘシ　王政御一新万機御改正以来曩ニ国主ト唱ヘ富貴灼々タル者モ卑賤無限穢多ト称スル者モ彼我同一ノ権ヲ得セシム尚華士族農工商之名アレ𪜈其実ハ則一民同権ノ者ニシテ旧来ノ位階門閥ニ関セス智識才芸アル者ヲ以貴キ人ト言ヒ不学無術ナル者ヲ以テ卑キ人ト云フ人々能此旨ヲ体認シテ相競相勉各其思ヲ遂ケ其志ヲ達センヿヲ要スヘシ蓋シ其思ヲ遂ケ其志ヲ達スルハ智識ヲ開キ才芸ヲ長スルニ在リ智識ヲ開キ才芸ヲ長スルハ学問ニ非サレハ能サルナリ故ニ人タル者ハ各其通義ヲ弁ヘ幼ヨリ壮ニ及フ迄字ヲ習ヒ算ヲ学ヒ天文地理究理経済修身等日用切近ノ書ヲ読ニシクハナシ蓋シ学問ハ身ヲ立テ産ヲ治業ヲ盛ニスルノ基本ニシテ一日モ欠クベカラサルモノナリ従来ノ学科又之ヲ主トセサルニアラサレ𪜈取ル所ノ者ハ全ク漢土ノ経義文章ノミニシテ要スルニ文字句読ノ間ニ精神ヲ労シ時日ヲ費スニ過ギス之ヲ身ニ行ヒ事ニ施スニ至テハ却テ功用利益少キノミナラス其妨害トナル亦多シ今日ニアリテハ徒ニ迂遠ノ教具ト云フヘシ人々真之学問ヲ為シ一身ノ独立ヲナス時ハ独リ其身ノ富貴ノミナラス国富兵強所謂文明ノ域ニ進ムヘシ嗚呼学問ノ関係大ナル者ニアラスヤ故ニ今ヨリ学ニ志ス者ハ必ス先ツ日本国ヲ一身ニ担当シテ以テ勉励従事シ若シ我学問ナラサレハ日本ノ文明遂ニナラスト心得ヘシ大凡目今ノ文明開化ト称スル者ハ衣服ノ美飲食ノ盛或ハ三絃歌舞ノ流行或ハ戯場青楼ノ繁昌等都テ逸楽怠惰謡蕩奢侈ノ事ト誤リ認　朝廷ノ御盛趣ト大ニ戻レリ夫真ノ文明開化ナル者ハ則然ラス人々礼義ヲ重ンシ廉恥ヲ尊ヒ百工商買ノ隆盛兵力器械ノ充実スル

ヲ得テ而後億兆ノ人民モ亦各其生ヲ保チ其業ニ安ンスルノ幸福ヲ得ヘシ蓋シ斯ル文明モ人々ノ独立ヨリ成リ人々ノ独立モ其学問ニナルモノナレハ県下人民タルモノ深ク此意ヲ体認スヘシ抑モ当県学校ノ設ケナキハ大ニ上下ノ欠典ト言フベシ然リト雖𪜈海西辺陬ノ地文化未タ普カラサルヨリ人々此理ヲ知ラサルモ亦深ク罪スヘキニ非ラサルナリ然レ𪜈因循姑息之ヲ度外ニ置キ人ニ方向ヲ失シ生来ヲ空スルニ至ルハ歎息スヘキノ至ナラスヤ是ニ因テ御定学校費ノ外広ク興設ノ財ヲ民間ニ募ラント欲ス人々宜シク前件ノ旨趣ヲ服膺シ倹約ヲ重ンシ冗費ヲ去リ飲食ヲ節シ衣服ヲ倹シ各其志ス所ニ随テ金銭ヲ納メ上下ノ力ヲ協合シ以テ学校ヲ興立スヘシ諺ニ云スヤ塵積ニテ山ヲ成スト些少ノ財モ又緩ニスヘカラス人々其通義ヲ達シ遂ニ日本全国ヲシテ万国ト駢立文明開化ノ域ニ進マシムルノ基本亦タ此ニアリ因テ普ク此事ヲ布告ス

〔新41-1〕佐賀県　佐賀藩

明治四年七月一七日

藩知事　↓

明代維新ノ盛業ニ体シ億兆民庶ノ保安ヲ慮テ己巳ノ春謹テ版籍ヲ奉還セシ所ノモノハ最前藩治規約ヲ以テ掲示スル旨ノ如シ神州国体ノ尊厳ハ億兆衆庶ノ保安ニアリ尊厳保安ノ基ハ政刑ノ治ルニアリ政刑ノ治ルハ人事ノ正キニアリ人事ノ正キハ人情ノ収ルニアリ人情ノ収ルハ方向ノ定ルニアリ方向ノ定ルハ文明ノ開ルニアリ文明ノ開クルハ勉強ノ力ニアリ全国中勉強ノ力ニ由ルニ非スンハ大名分ノ国体ヲ維持シ大信義之民安ヲ保全スルヲ得ンヤ大小参事ヨリ衆士族庶卒庶民ニ至ルマテ之ヲ体認セヨ恐多クモ天神天孫歴代之列聖祖明天子ノ大御心ニシテ斯道ヲ握リ斯教ヲ宰リ給ヒ億万斯年ノ後モ明示賛揚逾以　天祚ノ隆ナル猶与天壌無窮一新回復ノ事実宜シク　皇道ヲ明ニシテ大ニ天下ノ至善ヲ奨勧シ大ニ天下ノ至誠ヲ推至シ億兆蒼生ヲシテ善ハ為スンハアルヘカラス誠ハ履スンハアルヘカラサルノ方向ヲ是定敢テ勉強セサルヘケンヤ敢テ担当セサルヘケンヤ所謂天下ノ誠ト善ハ何事ソ斯　皇道ニ体認期　皇教ヲ遵奉四民共各業ノ進歩ヲ勉強協戮シテ国家経綸ノ保全ヲ謀ルノ類ナリ則チ其道トハ皇親神漏岐神漏美尊神謀リニ謀リ玉テ立サセ玉タルモノニシテ　天照大御神ノシロシメサルル道ナリ此ヲ以テ天皇ニ授ケ玉ヘリ　天皇ノ握リ宰リ玉フ是レ天下蒼生ヲ教育遊サセラルルノ特権ナリ　天皇ハ天皇ノ大御心ヲ尽セラレ在位顕要之重臣ハ重臣之職ヲ奉シ部分ニ従事スル百官ハ百官ノ職ヲ務メ三治地方ノ知事ハ知事ノ職ヲ励シ四民各其業ニ興(与)ツテ敢テ台棄スルナク忍耐久ヲ積ミ運為新ニ千歳人事ノ勉強ヲ感奮セシムル是ナリ予(吾)レ藩治ヲ改革衆庶ヲ護安セント欲ス日夜勉強ノ及サルアランヲ恐ル故日積善ノ家必有余慶積悪ノ家必有余殃ト予(吾)レ不肖ノ身ヲ以テ大政興隆ノ際幸ニ　祖先積善ノ余慶ニ由リ別シテハ先公ノ余徳ヲ恭シ知藩事ヲ拝シ地方ノ重任ヲ蒙レリ夙夜恐々大ニ思力ヲ労シ黽勉以テ其職ヲ尽サンコトヲ希フ

御誓文ノ写ニ曰ク

一、広ク会議ヲ興シ万機公論ニ決スヘシ

一、上下心ヲ一ニシテ盛ニ経綸ヲ行フヘシ

一、官武一途庶民ニ至ル迄各其志ヲ遂ケ人心ヲシテ倦サラシメンコトヲ要ス

一、旧来ノ陋習ヲ破リ天地ノ公道ニ基クヘシ

一、知識ヲ世界ニ求メ大ニ　皇道ヲ振起スヘシ

我国未曽有ノ変革ヲ為ントシ

朕躬ヲ以テ衆ニ先シ天地神明ニ誓ヒ大ニ斯国是ヲ定メ万民保全ノ道ヲ立ントス衆亦斯旨趣ニ基ツキ協心努力セヨ

朝廷ノ御旨趣ハ、実ニ衆庶ノ明知スル所ナリ、予（吾）レ重任ヲ忝シ、改革ヲ唱《となう》ル既ニ四年ノ久《ひさしき》ヲ以《もって》スルト雖モ、未タ治績ノ実ヲ奏セス、憂慮今日ニ及フ、比竟事務先後ヲ失フ耶《や》、人心ノ方向ヲ誤ル耶、将《はたま》タ衆庶ノ惑ノ解（セ）サルカ、抑予レノ不徳、衆庶ヲ感興スルニ足ラサル耶、大責在身鋭鋭志ヲ励シ、藩治ヲ更張、衆庶ヲ安堵シ、以テ　皇業ノ羽翼タランコトヲ欲ス、予カ心、天地渝ルナシ

御告文曰ク、民ハ国ノ本、其安不安ハ皇運隆替ノ関係スル所ニシテ億兆父母ノ天職夙夜御怵惕遊サレ知藩事ハ其赤子ヲ撫育スル重任ニツキ深ク　御仁恤ノ御趣意ヲ宣布シ生ヲ楽ムモ業ヲ安スルモ治化行届ク様勉強尽力可有之トノ事実ニ予カ大責ナリ大小参事ヨリ衆士族庶卒庶民ニ至ルマテ予カ憂慮スル所ノ旨ヲ大認努力セヨ予レ如何程ノ勉強ヲ以テスト雖トモ是一身ノ勉強ナリ衆庶体認努力セハ藩下三十七万五千余人ノ勉強ナリ三十七万五千余人ノ勉強アッテ予レノ勉強其信義ヲ表顕スルニ足ラン官僚各職相随テ契励ノ実ヲ尽サスンハアルヘカラス抑政庁ハ万民之保護ニシテ政庁ノ為メニ衆庶アルニ非ス衆庶アルカ為ニ政庁アレハ官僚ハ其安堵ヲ計ル衆庶ノ名代人ナリ是予カ私情ヲ以テ之ヲ論スニ非ス予カ私言ヲ以テ之ヲ告ルニアラス宜シク　朝廷ノ則ニ遵テ如此天下ノ至善ヲ奨メ天下ノ至誠ヲ推シ身ヲ以テ率由衆庶ノ艱難ニ先タチ以テ衆庶ノ疑惑ヲ解キ以テ衆庶ノ文明ヲ開キ以テ衆庶ノ方向ヲ定メ以テ衆庶ノ衣食ヲ豊ニシ以テ衆庶ノ安堵ヲ計ル是レ　天皇ノ御慈仁ヲ体シテ以テ其　恩渥ニ答ント欲ス且ハ　祖先累世ノ御霊ヲ慰メ別シテハ　先公ノ御信義ヲ顕サンヲ欲ス之ヲ勉テ上ハ　朝廷ヲ大旨ニ協ヒ下ハ衆庶ノ保護ヲ固スルヲ知藩事之職修ルトス忠ヲ　朝廷ニ尽ス在此孝ヲ　祖先ニ致ス在此六百年前ノ古ト六百年後ノ今日トハ名分事体殆ト晝夜ヲ分ツカ如ク異ナルコトヲ了解シテ今日ヨリ以往衆庶百年ノ想像ヲ換サルヲ不得古人曰接国人而止于信予レ誓テ衆庶ト約ス予レノ怠レル其之ヲ警策セヨ衆庶ノ励サル予レ之ヲ忠告セン信義ハ国家ノ舟揖勉強ハ人事ノ輗軏タリ若夫人々心々ニ向キ思々ニ行クトキハ渙敢体ヲ解ク要之ニ其疑ヲ去リ其惑ヲ解クニ非ンハ何以テ勉強久ニ耐ルノ力ヲ生センヤ而シテ疑惑トハ何ソ曰ク封建也曰群（郡）県也天下以此得失弁《このとくしつをもつてべん》アリ天下以此是非《これをもつてぜひ》ノ論アリ然ト雖トモ抑改革ハ時ノ宜ニ随フ敢テ国体ニ防障アリトセンヤ宜ク旧来固習ヲ蟬脱シテ明代ノ規謨ニ体シ奉ルヘキ事其方向ヲ是定セヨ其疑惑ヲ解除セヨ其レ億兆ノ疾苦ハ智ノ愚ヲ欺クニアリ大ノ小ヲ兼ルニアリ衆ノ寡ヲ凌クニアリ強ノ弱ヲ呑ニアリ争奪相起ルノ世皆是也明代維新ノ忝《かたじけな》キ此四患ヲ排除セント億兆保安ノ大ナルココニアリ億兆文明ノ進ム

ココニアリ嗚呼藩治規約ノ旨ヲ継キ今日ノ更張ヲ致リント欲ス曰《いわく》人安護ノ碁ノ事曰衣食ヲ豊饒ニスルノコト曰兵事ヲ協戮スルノ事曰方向ヲ是定スルノコト曰文明ヲ進歩スルノ事曰勉強力ヲ奮起スルノコト曰民産ヲ制立スルノ事此七ケ条ヲ以テ今般藩治更張ノ進歩トス而シテ是ヲ安護スルハ　皇道皇教ヲ明示シテ至善ヲ尽サシムルニアリ之ヲ豊饒ニスルハ民事ヲ緩ニセサルニアリ之ヲ協戮スルハ身自《みずから》艱難ニ先タチ節制ヲ精スルニアリ之ヲ是定スルハ政刑ヲ修メ好悪ヲ一ニスルニアリ之ヲ進歩スルハ盛ニ学校ヲ興シテ智識ヲ広スルニアリ之ヲ奮起スルハ心志ヲ決シテ疑惑ヲ生セサルニアリ之ヲ制立スルハ農ヲ起シ工ヲ奨メ商ヲ励シ各民ヲシテ物品ヲ盛大ニスルニアリ大小参事ヨリ衆士族庶卒民ニ至ル迄之ヲ体認セヨ天ハ自ラ助ル者ヲ助クルヲ云ル諺ハ確然経験シタル格言ニシテ歴《あまね》ク人事ノ実験ヲ包蔵セリト予レノ忠孝亦何ノ他事カアラン規約六ケ事ノ目的ヲ揚ケテ此七ケ条ノ運用ヲ進歩セント欲スコレヲ以テ　朝廷ニ忠事シ　祖先ニ孝祀シ藩下三十七万五千有余ノ民命ヲ維持センコトヲ希聖（望）ス予ヲシテ之ヲ為シムルハ各職官僚ノ勉強力ニアリ又衆庶ノ勉強力ニアリ予コレヲ大成シテ治績ノ進歩ヲ謀ラントス先公二十年余ノ御労苦藩治ヲ協修用度ノ継アリ衣食ノ給スルアリ済救ノ忝キアリ才能ノ育スルアリ予不徳其赤子ヲ撫育スル大任ヲ忝シ何ヲ以カ其恩偓ニ答ン家禄三分ノ二ヲ割テ公庁廨ノ費用ニ充テ衣食ノ窮乏ヲ給助以万一ヲ補益セント冀《こいねが》フ今ヨリ以往安堵ノ方法ヲ計ルハ土着ヲ以テ宜シトス而公廨ノ用度ハ額顕アリ済救ハ思惟ノ及ハサルアリ是以藩治ノ仕向ケ食ヲ足ス是今日ノ急務規約六ケ条ノ目的ヲ更張セント欲ス之ヲ更張スルハ其運用ヲ進歩スルニアリ疑惑ヲ解除スルニアリ方向ヲ是定スルニアリ故ニ勉強ノ有無ハ更張進歩ノ成否ニ関ス宜ク　朝廷ノ旨ヲ奉シ宜ク告諭ノ善ニ興テ大小参事ヨリ衆士族庶卒庶民ニ至ルマテ之ヲ体認セヨ之ヲ努力セヨ

〔新41-3〕佐賀県　長崎県

> 「甲第百十八号」（学校に対する恣意妄説を戒める告諭のこと）
> 明治一一年一〇月一八日
> 長崎県令　内海忠勝　↓

学制《がくせい》御頒布《おふれ》以来《たしこのかた》各区《かくく》学校《がくこう》を設置《たて》し人々幸福《ひとびとさいはい》を享《う》くるの基礎《もとゐ》　漸《ようやく》相立候処《あいたちそろところ》近時《ちかごろ》自由論説《じゆうろんせつ》の流行《はやり》するや放僻邪恣《わるごゝろある》の徒《ともがら》利害得失《よしあしそんとく》の如何《いかゞ》を顧《かへり》ミず世態人情《よのさまにんじやう》の何物《なにもの》たるを弁《わきま》へず私意の適する所《じまゝのこゝろにあるところ》自《みつか》ら以《もつ》て是《よきこと》なりと妄《おもひたがへ》　信じ甚《はなはだ》しきに至《いた》りてハ我儘勝手《わがまゝかつて》を為《な》すを自主自由《じしゆじゆう》と誤認《とりちがへ》し剰《あまつさ》へ学校《がくこう》ハ人民共立《じんみんもやひ》のものなるに付之《つきこれ》を立《た》つるも立《た》てざるも人民《じんみん》の自由《じゆう》なり学資金《がくしきん》を出《いだ》すも出《いだ》さゞるも亦人民《またじんみん》の自由《じゆう》なり費途多端の際《つひえのおほきときなれば》寧《いつそ》ろ之《これ》を罷《や》むるに若《し》かざる抔《など》と以《もつ》ての外《ほか》なる妄　説《まちがひこと》を唱《いひふら》へ民　心《ひとのこゝろ》を惑乱《まどはし》して人智開進《ちゑのひらくる》の障碍《さまたげ》を為《な》すもの往々有之哉《だんだんこれあるや》の趣《おもむき》相聞《あひきこへ》誠《まことに》　以不都合《もつてふつごう》の至《いた》りに候《そろ》抑《そもそもひとゝしてがくもん》　人生学文の必要《ひつよう》なるハ各自《めいめい》既《すで》に熟　知《よくしりたる》の筈《はづ》に候《さふら》へ共《とも》小学校《しやうがくこう》の如《ごと》きハ世間《せけん》普　通《あまねくつうよう》の学科《こと》を教授《おしゆる》する所《ところ》にして学校中最《がくこうちうもつと》も肝要《かんよう》なる学校《がくこう》

に有之《これある》児女《こども》将来《ゆくさき》の禍福《よしあし》ハ早《はや》く已《すで》に就学《けいこ》すると就学《けいこ》せざるとに依《より》て相決《あいけつ》し加之《しかのみならず》善良《よろしき》の教員《ししやう》を傭《やと》ひ書籍器具《しよせききかい》を完備《じうぶんそなへ》し教授上差支無之様《をしへかたさしつかへこれなきよう》維持保護《たいせつにもちこたへる》するハ人民公共《じんみんそうたい》の義務《つとめねばならぬ》たること固《もと》り言を待たず《いふまでもなし》且又《かつまた》学校《がくこう》ハ町村共立《まちむらもやひ》のものと雖《いへ》とも徒《いたづ》らに町村限《まちむらかぎ》りの意見《ぞんじより》を以《もつ》て廃立《やめたりたてたり》分合《わけたりあわせたり》するハ勿論其費用《もちろんそのいりよう》の如《ごと》きも妄《みだり》に減《へら》省すべきものにハ無之候条各自此旨《これなくそろじやうめいめいこのむね》を体認《よくよくこころえ》し殊《こと》に総代及父老《そうだいおよびとしより》の輩《ともがら》ハ一層茲《ひときはこゝ》に注意《きをつけ》し町村《まちむら》の者《もの》ども右等《みぎら》の妄説《まちがひごと》に惑《まど》ハされて家門《かもん》将来《ゆくさき》の幸福《さいわひ》を失《うしな》ハざる様常《やうつね》に告示教戒可致此旨諭《よくよくいいきかせをいたすべくこのむねゆ》達候事《たつそろこと》
但種々《ただしさまざま》の妄説《まちがひこと》を唱へ人心《いひふらしひとのこゝろ》を惑《まど》ハし候者見《そろものみ》当《あた》り候《さふら》ハヾ早速其筋《さつそくそのすち》へ可申出事《まをしいづべきこと》

〔新42－3〕長崎県　長崎県

（長崎県小学校創立告諭）
明治六年二月一〇日
県令　宮川房之　→　各区戸長

方今　皇政維新治道隆盛而天下人民方向亦漸次ニ定ル是ヲ以テ大ニ学校ヲ興シ衆庶各其知識ヲ開暢シ万国並馳ノ基礎ヲ立ルノ秋也然ルニ幼弱ノ子弟遊戯ニ生長シテ恥ヲ知ラス人ノ学業ニ刻苦スルヲ傍観冷笑シテ自ラ安逸ニ過シ教化ノ外ニ自棄シ所謂放僻邪移ノ風積年因襲ノ弊頑乎トシテ開ケズ必竟要之学校ノ設ケ周悉整厳ナラサルヨリ胚胎スル所ニシテ父兄養蒙ノ道ヲ知ラス子弟ヲシテ怠情苟安ニ陥イレ其天賦ノ才徳ヲ空クスルノミナラス遂ニ終身ノ方向ヲ誤リ破産喪家ノ徒タラシムルモ亦可憫也有志ノ人ハ愛眷姑息ノ情ヲ割キ其幼男童女ヲシテ万里ノ波涛ヲ超エ海外ニ留学セシムル者アリ又各府県ニ於テモ朝廷ノ盛意ヲ奉体シ学ヲ興シ業ヲ課シ教化ノ道日ヲ追テ盛ニ知識ノ開クル日ヲ追テ進ムノ日ニ膺リ従前ノ頽俗ヲ坐視シ向来ノ弊風ニ自縦セシムルトキハ我一方ノ民忽チ邦国衰敗ノ階梯タラン実ニ寒心スヘシ因テ殊ニ方法ヲ設ケ上下有志ノ人ト協力同心シテ遍ク学校ヲ開キ区内ノ子女ヲシテ尽ク学校ニ入レ大ニ成達スル処アラシメント欲ス抑人幼稚ノ時ニ方リテ天分純然タリ是故ニ教育方ヲ得レバ草木雨露ノ沢ヲ得テ発生暢舒華実並ヒ茂ガ如ク各其財器ヲ長シ人トナルニ及テ天下ノ良民トナリ福ヲ後昆ニ貽スル至ルベシ況乎超然傑出ノ人ニ於テヲヤ蓋シ学校ハ人才生出ノ源天下至治ノ礎ナリ従テ怠ルコトナク各其業ヲ成スニ至テハ則近クハ身ヲ興シ家ヲ立テ土地繁栄ノ福ヲ基イシ遠クハ世ヲ輔ケ国ヲ補ヒ天下富強ノ実ヲ開キ万姓至治ノ沢ヲ蒙リ四海来テ法ヲ取ルノ勢ニ至ラン人間ノ幸福何物歟此ニ比スヘケンヤ依テ文部省学制ノ大旨ニ准拠シ以テ学規ヲ設ケ自今以後管内人民貴賤貧富ノ別ナク其子女ヲシテ必ズ学課ニ勉励従事セシムベシ辺陬ノ郷愚昧ノ民ノ如キハ其人ヨリ誘掖勉諭懇々説釈シテ建校ノ企今日ノ急務タルヲ知ラシメ有志ノ者ハ家産ニ応シ更ニ創建スル処アリテ至処学校普及シ山陬海曲ノ地ニ至ルマテ大ニ文明ノ聖化ニ沾ハシムヘキ事

〔新44－1〕大分県　大分県

「さとしの文」
明治五年六月四日
↓

封建世禄の跡絶て士農工商の位平均し今日に至りては大名さむらひとても謾に貴きにあらす百姓町人とても無下に賤しむへき身分にあらす四民同等の世の中といふへしさて人の位平均して互に同等なれは其智愚も亦平均して互に同等ならさるへからすされは百姓にても町人にてもこれまでの如く無智文盲に安んして自から侮を招くへからす元来其侮を受けしは上たるものの罪にあらす己か無智文盲に由て致せしことなれは今日より活たるまなこを開き我身も日本国中の一人と思ひ身分相応の徳義を修め身分相応の智恵を研き内には一家の独立を謀り外には一国の独立を祈りこの日本国を我一身に引請しものと心得て学問致すへきなり

一　学問とは唯むつかしき字を読むばかりの趣意にあらす博く物事の理を知り近く日用の便利を達するためのものなり士農工商の差別なく手習そろばんを稽古し地理窮理天文歴史経済修身の書をよみ商売も農業も漁猟も物産も人の家に奉公するにも政府に仕官するにも皆この学問をよりところとなして一事一物も其実を押へ平生学ひ得し所を活用するの趣意にて徒に書を読み文を作り高上の趣を尚ひ文房の具に溺れ古を是とし今を非として世事に拙きなとの類にはあらさるなり

一　此度当管内有志の士民早く既に時勢を知り官に祈りて学校を設けんとのことを告けしは其志神妙なりといふへし県庁は敢てこの学校を支配するの趣意にはあらされとも士民の志を助け成し其便利をあたへてこれを保護せんとするのみ

一　有志の輩より寄付せし金の高別紙 別紙ハ五日ノ部ニテ見ツヘシ の如し先つこの金を以て相応の学校を設け尚年月を追ひ豊後全国に広く教育をおよほすの場合にいたるへし抑学問は人のためにあらす世間一般の風俗をよくし商工の繁昌を致して全国の人民各其恩沢を蒙ることなれは其費も亦人民一般より償ふへき筈なり右の次第につき追ては管内の戸毎より学資の金を出して全国の子弟に教育をおよほすへけれとも先つ此度は其義なきゆへ末々の者に至るまて当分の間は有志の輩へ金を借用せるものと心得へきなり或は今日にても相応の身代を持ち朝夕の衣食住に差支なき者にてよく事の理を弁へ僅に一夕の酒肴を倹約し四季に一枚の衣裳を省きて此学費に寄付することあらは独豊後の人民へ徳を蒙らしむるのみならす日本国内に生きて日本国人たる名に恥ることなかるへし

〔新44－2〕大分県　大分県

「建校告諭ノ文」
明治五年六月五日
↓

夫レ県治ノ要ハ風俗ノ良否ニアリ風俗ノ良否ハ人民ノ誠実ト浮薄トニアリ浮薄ヲ移シテ誠実ニ至ラシムルハ智識ヲ明ニスルニアリ智識ヲ明ニスルハ学問ニ如ハナシ古人云フ積羽舟ヲ没シ繊埃山ヲ成ストハ文明ニ進歩スル漸々ノ道ナラスヤ一人文明ニ徒レハ其功漸ク万人ニ波及シ万人文明ニ着スレハ終ニ隣端ノ標幟トモ相成ルヘキヤ必セリ是一民ノ心術千万人ヲ興起スルニ非スヤ況ンヤ当今朝廷至仁ノ　御趣意兼々及布達候通辺土僻壌ノ細民ニ至ル迄文明ノ域ニ進歩セシメ人ノ長上トナル者ハ頑梗固陋ノ識見ヲ渙散セシメ而シテ同心戮力遠通ノ差別ナク開化致サセ度トノ厚キ
御仁恵ノ　御旨趣追々遐壌ニ光被シ候ヘトモ元来当県下ハ国ノ西陲ニ当リ　輦轂ノ下ヲ距ルコト数百里ニシテ日進文明ノ景況ヲ目撃セサルヨリ旧習ヲ脱却スルコト亦遅緩ナリ幸哉今度別紙有志ノ者共私金ヲ投シ建校ノ挙願出神妙ノ事ニ付因テ之ヲ聴用シ第三大区ニハ中学校自余ノ毎大区ニハ小学校開建致スヘク候条右有志ノ者ヲ嚆矢トシ人材ヲ成育シ頑梗固陋ノ弊習ヲシテ速ニ文明ノ域ニ転徙セシムルノ捷径ハ別紙人名ト同心協力セハ国光ヲ増益スルノ速ナル積羽繊埃ノ舟ヲ没シ山ヲ成スノ久シキニ勝ルヤ万々然リト雖モ県庁ヨリ強テ民財ヲ徴募シ求メテ事ヲ夸大ニスルハ開化ノ意ニ無之候条厚キ
御趣意ヲ感符シ皇恩ノ万一ヲモ奉謝致シ子孫ヲシテ倫理ヲ明ニシ綱常ヲ知ラシメ職業隆昌ナサシメ度有志ノ者ハ丹誠ヲ抽テ区々建校ノ儀拮据尽力セハ学課ノ規則人材成育ノ方法ハ伺済ノ上可下渡候条速ニ学校取建ノ儀能々注意可致事（後略）

〔新44－3〕大分県　大分県

「甲第三〇号」
明治七年五月七日
大分県権令　森下景端
↓

人々自ラ其身ヲ立テ其産ヲ治メ其業ヲ昌ニシ　以テ其生ヲ遂ル所以ノモノ他ナシ　身ヲ修メ智ヲ開キ才芸ヲ長スルニヨルナリ　而シテ其身ヲ修メ智ヲ開キ才芸ヲ長スルハ学ニ非ラサレハ能ハス　是レ学校ノ設アル所以ナリト学制巻首ニモ之レアリ　文部ノ此ノ設アル一般人民ヲシテ邑ニ不学ノ戸ナク家ニ不学ノ人ナカラシメ日用常行ノ言語書算ヨリ士官農商百工技芸及ヒ法律政治天文医術ニ至ル迄　凡ソ人ノ生ヲ常

ミ産ヲ興シ業ヲ昌ニスル所以ノモノ幼穉ヨリ小学ニ遊焉シ陶冶鍛錬シテ他日其器ヲ成サシムルノ御旨趣ニ候得共　人ノ父兄タルモノ能々体認シ其愛育ノ情ヲ尽シ子弟ヲシテ必ス学ニ従事致サスヘキモノナリ　故ニ学校設立ノ義ハ毎度布達ニ及候処　既ニ百四十余校ハ建設相成候得共　旧習ノ久シキ今日実地有用ノ学ヲ以テ昔日迂腐不急ノ学ト見做シ御旨趣貫徹致サル区モ往々有之相済サル事ニ候　県庁ニ於テモ大ニ視ル所アルモ置県以来庶政繁劇急務ヲ先ニス　学事ノ如キハ日就月将悠久ニ緝凞セシメント欲ス　然ルニ当春以来文部ノ督責モ有之県務モ稍ク就緒ニ付　殊ニ学事ニ従事シ師範学校教員一名御差向相願近々参県可致ニ付　県下ニ於テ教員伝習所相設一般教則行届候様更張ノ筈ニ候　付テハ不日官員派出実地ニ就テ区分ヲ聠合シ　六才以上就学ノ者便宜ヲ察シ建校ノ義夫々処分ニ及ヘク候条　上ハ朝廷ノ御旨趣ヲ遵奉シ下ハ各自立身興業ノ基本相立テ候様厚ク可心得此旨布達候事

〔新44－5〕大分県　大分県

「学第三号」（学制頒布の主旨徹底の達）
明治一一年二月一日
県令　→　区戸長　学区取締

学制ノ頒布アリシヨリ以来　人智日ニ開ラケ人心学ニ向ヒ文運ノ盛殆ド全国ニ及ブモノアリ　即チ我管内ノ如キモ学校ノ建設ハ日ヲ迫テ増加シ　生徒ノ就学ハ月ニ多キヲ加フ　都鄙轡（ママ）□ヲ子駸々乎トシテ日ニ文明ノ域ニ進マントス　然リ而テ教育ノ如キハ其用大ニシテ其功速カナラサルモノアリ　其用大故ニ小民望ンデ茫洋ノ歎ナキコト能ハス　其功速カナラス　故ニ小民視テ以テ不急ナリトスルノ弊アルコトヲ免カレス　況ヤ我国従来ノ如キハ武門ノ専政ニシテ門閥ノ風習アリ　所謂教育ナル者ハ概ネ士人以上ニ止マリ　他ノ人民ニ至ツテハ脳底嘗テ学問ノ二字無ク　因循ノ久シキ今日ノ盛猶其何物タルヲ解セザルモノアルヲ致ス　是蓋シ其勢自ズカラ然ラサルヲ得ザルモノアレバ　官亦之レガ為メニ誘導ノ術ヲ尽サヽルベカラス　是即チ地方第五課ノ設ケアル所以ナリ　抑誘導ノ道タル其術固ヨリ多岐　然レドモ其最心ヲ用ユヘキモノハ人民ヲシテ教育ノ急務タルヲ信孚セシムルニアリ　人民ヲシテ学資ヲ負担スルノ義務ヲ尽サシムルニアリ　教員ノ学術ヲ鍛錬シ以テ生徒ノ進歩ヲ計ルニアリ　是三ノ者ハ真一ノ常ニ意ヲ労シ思ヲ煩ハシ以テ其実効ヲ奏シ以テ其隆盛ヲ致サント欲スル所ロナリ　故ニ入県ノ初首トシテ学務ノ委員ヲ派出シ　自分モ巡回誘導スベキノ旨意ヲ諭達シ尋テ大ニ着手ニ及バントスルノ際ニ当リ　不幸ニシテ西南賊徒侵入ノ警アリ　管内土寇蜂起ノ変アリ県庁多事管内干戈ヲ尋キ　亦教育ノ一点ヲ顧ミルベキノ暇勿ラシメ　学校ノ残破人心ノ解馳誠ニ甚シキノ極ニ至ラシム　夫レ教育ノ人心ニ入リ難キ其勢彼ガ加フルニ非常ノ変難ヲ蒙ル其惨此ノ如キニ至ル　今ニシテ頽瀾ヲ挽回シ人心ヲ奐起スルニアラズンバ　教育ノ事亦来各県ト並ビ馳ルコト能ハズシテ　管内七十万人民ノ知識他日遥カニ各県人民ノ下風ニ出ルモノアラバ

人民ノ不幸タル果シテ如何ゾ哉　真一苟モ牧民ノ職ニ居リ朝廷ニ対シ其責ヲ免ルベカラズシテ　又如此惨痛ノ事ヲ見ルニハ忍ビザルナリ是ヲ以テ今般第五課各員ヲシテ之ヲ各地ニ派駐セシメ　各其管理ヲ定メ其実地ニ就キ適宜誘導奨励スルノ権力ヲ与ヘ　人民ヲシテ教育ノ急務ニシテ学資ノ負担スベキ義務アルヲ知ラシメ　其子弟ヲ挙ゲ悉ク之ヲ学ニ就カシメ　以テ児童教育ヲ受クベキノ権利ヲ保護シ　以テ一層ノ盛大ヲ期シ　別ニ巡回訓導ナル者ヲ置キ教員ノ授業ヲ整理シ教員ノ学術ヲ鍛錬セシメ　以テ生徒ノ進歩ヲ計ラントスルナリ　凡ソ此数ノ者ハ即チ真一入県ノ初念ニシテ之レヲ今日ニ実施スル所以ナレバ　区戸長学区取締ニ於テハ毎事派駐官員ノ指示ヲ受ケ協心戮力益人智ノ開発ヲ勧メ益文明ノ真域ニ進マシシムルハ　今日真一ノ切ニ区戸長学区取締ニ望ム所ロナレバ　篤ト此旨意ヲ体認シ小前一同無漏様諭達可致候事

〔新45－5〕宮崎県　宮崎県

「説諭二則」
明治六年四月一六日
宮崎県学務掛　↓

世ニ子宝ト云諺モアリテ子ホド可愛者ハナシ其子十二三歳位ニテ家ノ加勢ニナルトキハ親ハ如何計リノ楽ミゾヤ子ガ可愛コトナラバ早ク学校ニ出スベシ人間僅ニ五十年今日明日ト徒ラニ過ル間ニ身ハ土トナリ子ハ杖ヲ用ル時ニ至ルベシ日月ハ止メ難シ二千五百三十三年四月十六日ト云今日ハ一生涯ノ間又再ビ逢難シ真ニ惜ムベキコトニアラズヤ若シ万一此筋合ヲ弁マヘズ今ノ儘ニテ過シナバ有リ難キ朝廷ノ御布令モ読メズ世間ノ模様モ分リ兼ネ生涯不自由多カルベシ其不自由ハ偖置キ此近方ハ追々平民ニ至ル迄子供ニ学問サセル故今マデ門閥士族ト唱フル者モ不遠彼等ヨリ牛馬同様ニ使ハルベシ其ハ如何トナレバ今ノ御世ハ是迄ト事変リ知識開ケタル人ナレバ百姓町人又乞食ノ子迄モ朝廷ノ御用ニ召仕ハレ無学ニテ知識ノ開ケヌ人ハ華族士族モ御用ヒナシ現在東京ノ町人ニテ立派ナル官員トナレル人アリト聞ク重ネ々モ子供ガ可愛コトナレバ我子ノ人ヨリ誉メラル、コソ楽シケレ人ニ笑ハル、ハ口惜シテコトナラズヤ

○我日本ノ外、西洋各国ノ強クシテ富メルト云ハ、人ノ知識ガ開ケタレバナリ、知識ノ開ケタル原ハ学問盛ナレバナリ。蒸気船、蒸気車、電信機、其他人ノ知レル利口発明ノ事ヲ工夫スルハ皆西洋ナリ。西洋人モ神ヤ仏ニハ非ズ。只、学問シテ知識ノ開ケタル人ノ多キ故、便利ノ事ヲ工夫シテ斯ク盛ニナレルナリ。各方油断セバ、前ニ云ヘル通リ、人ヨリ笑ハルルノミナラズ外国人ノ下人ニ使ハルコトトナレルモ計リ難シ。其時ハ、我一身ノ恥ナラズ、親先祖ノ恥ナラズ、御国ノ御恥トナルコトニテ不忠不孝ノ限リナリ。

〔新47-2〕沖縄県　沖縄県

（就学告諭）
明治一二年一二月二〇日
沖縄県令　鍋島直彬　↓

学問ハ身ヲ立テ産ヲ興シ生ヲ遂グルノ基礎ニシテ修身政治天文地理算術等ヨリ百工技芸日用常行ニ至ル迄一トシテ学アラザルモノナシ古ヨリ身ヲ立テ産ヲ興シ生ヲ安ニスルハ学問ノ力ニ因ラサルハナク身ヲ破リ産ヲ失ヒ遂クル能ハサルハ不学ノ故ニ因ラザルハナシサレバ学問ハ一生ノ資本トモ云フ可キモノニシテ貴トナク賤トナク人々自ラ奮発シテ学校ニ入リ勉励致スヘキハ勿論ナレドモ多クハ其方ヲ誤リ其一端ヲ知ル人アルモ唐土ノ詩書ヲ講スルニアラサレハ真正ノ学ニアラストナシ甚敷ハ詞章記誦ノ末ニ走リ農商百工其他ノ学術ハ之ヲ排斥シ之ヲ度外視シテ顧ミズ以テ学問ノ要領ヲ知レリトスルモノモ亦少ナキニアラズ、此従前制度ノ宜シキヲ得サルト教育ノ普ク及ハサルトニ因ルト雖モ抑モ亦大ナル誤ナラスヤ人タルモノハ凡百学術中ニ其方ノ長スル所ニ従ヒ一術一芸ニテモ其蘊奥ヲ極メハ家産ヲ興シ生涯ヲ遂グルコト心志ヲ労スルニ足ラズ然レドモ之ヲ研究スルノ道自ラ順序アリ直チニ其奥ヲ極メント欲スレハ徒ラニ心ヲ苦シムルコト多クシテ功ヲ成スコト少シ是学ニ大中小ノ設アリテ又等級ノ次第アル所以ナリ是故ニ人ノ父兄タルモノハ仮令身賤ク家貧キト雖モ目前ノ難渋ヲ憂ヘス子弟ヲシテ余念ナク学問ニ従事セシメハ智識ヲ開達シ才芸ヲ伸張シ家産ヲシテ繁昌ナラシムルハ期シテ俟ツベク父兄タルモノモ又其義務ヲ尽セリト云フヘシ若シ之ニ反シテ朝夕目前ノ使用ニ叱駆シ教ヘス誡メス遂ニ子弟ヲシテ終身貧窶ノ域ニ陥リ痴騃ノ譏ヲ免レサラシムルハ父兄タルモノ愛育ノ情ニ於テ果シテ如何ソヤ今ヨリ後ハ寒村僻邑ニ至ルマデ前条ノ趣ヲ了解シ村ニ学ハサルノ家ナク家ニ学ハサルノ人ナカラシメ候様可心懸此旨管内ヘ諭達候事

資料編一覧表凡例

一　都道府県番号は、JIS X 0401（都道府県コード）に準じた。

二　資料編一覧表には都道府県番号と新旧両方の資料番号を付している。旧資料番号は荒井明夫編著『近代黎明期における「就学告諭」の研究』（東信堂、二〇〇八年）に掲載した資料編一覧表の番号である。新資料番号は、第二次就学告諭研究会において再度資料の検討を行った結果、新たに付した番号である。例えば、本文中〔新資1－1〕とある場合は、北海道の新資料番号の1番目の資料を示す。また、この新資料番号は資料編とも対応している。

三　旧資料番号のうち、二つの県の資料に同一の就学告諭が掲載されている場合は、原則として若い県番号の新資料番号に統合した。ただし、旧資料番号の情報は一覧表にそのまま残し、備考欄に統合先の新資料番号を記した。

四　旧藩府県名は資料によって確認できるものを記載した。また、旧藩府県域が現在の都道府県域と異なったり複数県にまたがる場合は、出典に記載している資料、刊行物の自治体などを基準として配列した。

五　資料件名は、出典記載の資料名または通称名として使用されているものを記したが、それを欠くときは資料の冒頭を引用して資料名に替えた。

　例　「資料名」（通称名）
　　　冒頭部分の引用

六　資料編一覧表に掲載している資料は時系列で配列した。ただし、発信年月日が特定できない場合には、その限りではない。

七　年号は、資料に記載されているままとし、和暦年とした。

八　発信者と受信者は、資料中に明記されていない場合でも、資料前後の記述から想定できる場合は記入した。

九　出典には府県史料、県庁文書、私家文書、自治体史等の名称を記した。

一〇　出典に記載している資料、刊行物は、編集上の便宜から括弧を使用せずそのまま表記した。また、日付、巻・号についても原典の情報を損なわないと判断した場合にはアラビア数字を使用することを原則とした。

一一　備考欄には、その他必要となる事項を記載している。

一二　一覧表左端の＊は、資料本文を本書資料編に収録したものを示す。

発信対象	出典	備考
対雁村 札幌苗穂丘珠篠路 円山琴似手稲発寒 平岸月寒白石	明治五年壬申九月ヨリ至十一月　市在諸達留　民事局 北海道教育史　全道編1	
	明治七年　人民布達書 開拓使事業報告附録　布令類聚　下編 北海道教育史　全道編1	3つめの出典では「奨学告諭」（根室支庁）とある。
管内	函館支庁日誌　明治八年自壱号至三号 北海道教育史　全道編1 北海道教育沿革誌	部下布達達録　記録課　無号之部　明治八年（簿書01304、北海道立文書館蔵）に案あり。
郡長	万日記　七戸町史第4巻	万日記自体はみあたらず。
	青森県歴史8 青森県史第6巻	
各支庁長官	青森県歴史8 青森県史第6巻	
学校掛	明治六年五月議場日誌 三沢市史下巻	本告諭に続いて、岡田七等出仕他3名による告諭あり。
正副戸長	吉村日誌　黒石市史通史編Ⅱ	吉村日誌自体はみあたらず。
	青森県史料8	
	青森県史料8	
	和徳尋常小学校沿革志下巻 新編弘前市史資料編4	
官学校設置無之市村	青森県歴史8 青森県史第7巻	
各大区区長	管内布令留1　青森県史第7巻	
一小区事務所	田名部町誌	
	青森県日誌　明治十年第二十二日分（第九十七号布達） 学田調医学校ニ係ル諸学校ニ係ル書類 青森県教育史第3巻	
	青森県史料8 青森県史第6巻	明治5年3月に大蔵省へ提出の「管内学校従来入費伺」所収。
	県庁目録　明治四年未年従正月五日至十一月十七日 岩手県教育史資料第2集	
	岩手近代教育史第1巻	
	水沢県治類聚附録　自辛未十月起筆至壬申十二月止	
	一関藩二関村塩屋文書　岩手県史第7巻	
正副区長・同戸長	管内布達　明治六年　文書掛 岩手県教育史資料第2集	
各区戸長	岩手近代教育史第1巻	
	明治六年管内達留磐井県第一課　岩手近代教育史第1巻	
正副区長	管内布達綴明治七年文書課　岩手県教育史資料第2集	

資料編収録	新番号 都道府県番号	新番号 資料番号	旧資料番号	都道府県名	旧藩府県名	「資料件名」(通称名) or 資料冒頭部分	年月日	発信元
	1	1	1	北海道	開墾局	今般各村エ筆算教師ヲ被置広く教化ヲ施候条一同御趣意ヲ体認し	明治5年11月18日	開墾局
	1	2	2	北海道	根室支庁	小学〔七年〕五月達　夫人ハ勤ル事アリテ年ヲ終ル迄飲食ヲ安ンスルヲ得	明治7年5月	根室支庁
*	1	3	3	北海道	函館支庁	去ル壬申七月学制御創定以来全国之学事皆此制ニ拠ラサルナク	明治8年3月5日	函館支庁
	2	1	12	青森県	弘前県	郡長江	不明(明治4年9月か)	弘前県七戸庁
*	2	2	1	青森県	青森県	同月二十一日私立学校設立之儀ニ付左之通告諭候事	明治4年12月21日	青森県
	2	3	2	青森県	青森県	一月日欠　当県管内へ私立学校ヲ設ケ	明治5年1月	
	2	4	3	青森県	青森県	小学を設立するは方今の要務たる	明治6年5月25日	県権令　菱田重禧
	2	5	4	青森県	青森県	先般本庁会議之節	明治6年7月	第二大区区長　唐牛桃里
	2	6	5	青森県	青森県	七月日欠当青森町正覚寺へ仮小学校ヲ設ケ左之通相達候事	明治6年7月	
*	2	7	6	青森県	青森県	十月日欠学資募金之儀ニ付左之通管内へ告諭候事	明治6年10月	青森県
	2	8	7	青森県	青森県	小学校則	明治6年10月	青森県
	2	9	8	青森県	青森県	同月十二日官学校設置無之市村へ私塾開業之儀ニ付左之通相達候事	明治7年5月12日	
	2		9	青森県	青森県	各大区々長　小学校ハ子弟教育之地	明治8年9月14日	参事　塩谷良翰
	2	10	10	青森県	青森県	方今厚キ御世話ヲ以テ学事御引立之儀	明治10年2月6日	第六大区区務所
*	2	11	11	青森県	青森県	「九月二十二日分〔第九十七号布達〕学田告諭書」	明治10年9月	県令　山田秀典
	2	12	13	青森県	斗南県	右学科ノ書目ハ	不明(明治5年3月以前)	
	3	1	1	岩手県	盛岡県	如今文明開化之運ニ応シ遍ク	明治3年12月	
	3		2	岩手県	胆沢県	郷学校ニツキ布告	明治4年3月	審理局
	3	2	3	岩手県	水沢県	人ノ禽獣ト異ナル所以ハ礼義アリ	明治5年6月	水沢県参事　増田繁幸
	3		4	岩手県	水沢県	急キ順達	明治6年1月4日	学校監督　伊藤敬
	3		5	岩手県	岩手県	先般学制被仰出候ニ付管内一般江追而小学校設立相成筈ニ	明治6年3月20日	権令　島惟精 権大属　清田直清
	3	3	6	岩手県	水沢県	今般一小区毎ニ小学校ヲ創立スル原由ハ	明治6年4月2日	七等出仕　岡谷繁実
	3		7	岩手県	水沢県	小学校規則	明治6年5月	
	3	4	8	岩手県	岩手県	本県第七十二号　小学開校之儀に付	明治7年3月29日	岩手県令　島惟精

発信対象	出典	備考
	大迫町史教育文化篇	
各区村町	管内布達綴明治八年文書課	
区長兼学区取締・専任学区取締	管下布達受決簿明治八年磐井県第五課 岩手県教育史資料第３集	
旧仙台城下の区長・戸長	明治５年学校諸綴　宮城県教育百年史	
戸長	県限布達２月より 庶務課 宮城県教育百年史	
各大区区長	御布告文集明治六年二月三月分　小牛田町史	
区長　戸長	御布告文集明治六年七月八月分 管内限達布達　明治六年七月ヨリ　庶務課	
区長・戸長・学区取締	布告文集　明治七年六月　宮城県教育百年史	
	宮城県教育百年史	
毛馬内町　市長 大湯町　市長	毛馬内寸陰館記録　鹿角市史第３巻	
区	明治５年管内布達控　秋田県教育史第１巻	
	小笠原家文書　秋田県教育史第１巻	
	明治５年学校関係綴　秋田県教育史第１巻	
	内閣文庫　秋田県史料２　秋田県教育史第１巻	
	明治５年管内布達　秋田県教育史第１巻	
	東山文庫　秋田県教育史第１巻	
	亀田小学校沿革誌　秋田県学制史研究	
	明治６年管内布達留　秋田県教育史第１巻	
伍長惣代中江	松橋家文書　秋田県教育史第１巻	
	明治九年十月第四百一番より十二月第五百番まで　本県触示留　広告告諭附す	
	酒田市史改訂版下巻	
	日本教育史資料１　山形県史資料編 19 近現代史料１	
	大山町史　山形県教育史資料第１巻	
	山形県史料 11	
	山形県史料 11	
	山形県史料 11	

資料編収録	新番号 都道府県番号	新番号 資料番号	旧資料番号	都道府県名	旧藩府県名	「資料件名」（通称名）or 資料冒頭部分	年月日	発信元
*	3	5		岩手県	岩手県	「説諭」	明治7年12月23日	第八区区長　田口藤成
	3	6		岩手県	岩手県	本県第弐百拾六号　甲	明治8年9月14日	県令島惟精代理　岩手県七等出仕廣瀬範治
	3	7	9	岩手県	水沢県	夜学開設ノ義ニ付仮規則幷御達案共伺	明治8年10月14日	水沢県権令　増田繁幸
	4	1	1	宮城県	宮城県	今般新ニ小学校相設ケ、普ク教化ヲ施シ、万民ヲシテ方向ヲ知ラシメ、	明治5年7月	宮城県
	4		2	宮城県	宮城県	今般、学制御改正ノ儀ニツキ別紙ノ通り出ダサレ候フ間	明治5年9月	宮城県
	4		3	宮城県		中小学区之儀ニ付先般御規則御頒布	明治6年2月	県参事遠藤温
	4	2	4	宮城県	宮城県	学校ヲ興シ教育ノ道ヲ尽サルヽハ全国人民ヲシテ	明治6年8月	県参事宮城時亮
	4	3	5	宮城県	宮城県	第四十九号（鶏告諭）	明治7年6月20日	宮城県権参事遠藤温
	4		6	宮城県		学齢生徒中就学ヲ比較スルニ、或ハ半ニ及バズ	明治8年10月	
	5		1	秋田県	江刺県	今般当所へ郷学校設けられ候条、士農工商を論ぜず	明治4年6月	教頭補
	5		2	秋田県	秋田県	第廿一番	明治5年4月	秋田県庁
	5		3	秋田県	秋田県	今般本庁学校掛出張旧県庁ヲ以郷校ニ御取設相成候ニ付而ハ	明治5年6月	郷校　郷舎長
	5	1	4	秋田県	秋田県	夫修身斉家道（それしゅうしんせいかみち）を正うするは学問に阿（あ）り	明治5年6月	
*	5	2	5	秋田県	秋田県	学問ハ士農工商貴賤男女ヲ分タス	明治5年9月	
	5	3	6	秋田県	秋田県	今般文部省に於而学制被相定追々教則をも御改正	明治5年9月	秋田県
*	5	4	7	秋田県	秋田県	「本県小学校告諭」	明治6年3月	
*	5	5	8	秋田県	秋田県	「布令」	明治6年9月	副区長　鵜沼国蒙
*	5	6	9	秋田県	秋田県	「告諭」（就学告諭）	明治6年9月13日	
	5		10	秋田県	秋田県	今般当区五十目村ニ小学校設立許可ニ相成候ニ付	明治7年5月7日	副区長　学区取締兼務　神澤繁
	5	7		秋田県	秋田県	夫れ国家の隆替は教育の得失に由り教育の得失は家訓の善否に由る	明治9年10月19日	秋田県権令石田英吉
	6	1	1	山形県	酒田県	酒田港において学校相建てたく候間	明治2年6月	酒田民生局長官　西岡周碩
	6	2	2	山形県	米沢県	今般学校従前の体裁を改め、四民一途人材教育之制度相立候間	明治4年9月	県庁
	6	3	3	山形県	酒田県	学制之儀ニ付テハ兼而太政官御布告並文部省布達ヲ以一同奉承知候通之	明治6年	参事　松平親懐
	6		4	山形県	置賜県	太政維シ明萬機維シ新ナル今日小民婦女児ニ至ル迄御布告ノ御趣意奉戴	明治6年11月11日	
	6		5	山形県	置賜県	神州ノ邦タル即神国ニシテ天孫承継万世一統海内協同民心統一専ラ神祇先王ヲ崇重ス	明治6年12月13日	
	6	4	6	山形県	置賜県	各区巡回趣意書取	明治7年1月7日	

発信対象	出典	備考
	山形県教育史資料第 1 巻	
戸長　副戸長　学校書生徒		
	若松県管内布告　福島県教育史第 1 巻	
	福島県史料 17	
磐前県権令　村上光雄	福島県史料 18	
	福島県史料 18	
正副戸長並用係	福島県史料 19	
	下妻市史（下）	
	茨城県史料　近代政治社会編 I	
	茨城県史料　近代政治社会編 I	
	阿見町史	
	茨城県史料 7	
中小学区取締 各区三長	茨城県史料　近代政治社会編 I	
区戸長	茨城県史料　近代政治社会編 I	
	茨城県史料 4	
管下	栃木県史料 60	
管内	栃木県史料 49	
	日本教育史資料 1	
	群馬県史料 16　群馬県史 4	旧 11-7 と同文のため 10-2（新旧同番号）へ統合。
官吏及ヒ管民	群馬県史料 16　群馬県史 4	
区々内社寺	横野村誌　宮田御用留	
区長戸長	伊勢崎市史資料編 4 近現代 I	
	日本教育史資料書 5　群馬県史 4	旧 11-11 と同文のため旧 10-6（新 10-5）へ統合。
	太田市教育史上巻	
	沼田市史資料編 3 近現代	
岩氷村　水沼村 戸長役場　戸長 保護役	倉渕村誌	
御役所	三郷市史第 4 巻近代史料編	

資料編収録	新番号 都道府県番号	新番号 資料番号	旧資料番号	都道府県名	旧藩府県名	「資料件名」(通称名) or 資料冒頭部分	年月日	発信元
	6	5	7	山形県	置賜県	女教ノ振興セサル可ラサル方今ニ在テ一大要務トス	明治8年2月20日	権令　新荘厚信
＊	7	1		福島県	若松県	学校之儀者人材教育之急務ニ付	明治5年5月17日	学校
＊	7	2	1	福島県	若松県	「第三一号」	明治6年2月	県令　鷲尾隆聚
＊	7	3		福島県	若松県	当県下之義ハ戊辰之兵乱以来文学之道殆ンド廃シ人民之智識随ツテ狭ク	明治6年4月13日	若松県参事　岡部綱紀
	7		2	福島県	磐前県	学区取締中村貫建言セリ夫国ハ	明治6年7月	
	7		3	福島県	磐前県	第四大区小三四区戸長佐久間昌言外二人連署建言	明治6年8月	戸長　副戸長
	7		4	福島県	磐前県	小学校設立ニ付テハ学資金幷入校	明治6年8月8日	磐前県権令　村上光雄
	7		5	福島県	磐前県	「管内布達」	明治6年11月10日	磐前県権令　村上光雄
	8		1	茨城県	下妻県	御維新以来賢才被為在御登用随テ	明治4年10月	下妻県庁
	8	1	2	茨城県	茨城県	先般御布告ニ依而従来相設置候学校	明治5年8月	
＊	8	2	3	茨城県	茨城県	「第四十一号」	明治5年10月	茨城県参事 渡辺徹
	8	3	4	茨城県	新治県	先般仮学校ヲ設立シ	明治5年11月	中山新治県参事　大木新治県権参事
	8	4	5	茨城県	新治県	是月、二十校ヲ開キ、各教員ヲ命シ	明治6年3月	
	8		6	茨城県	茨城県	夫レ士ハ学問シテ道ヲ知リ	明治7年1月	茨城県参事 関新平
＊	8	5	7	茨城県	茨城県	「第弐百八拾九号」(子女就学奨励の件達)	明治8年11月29日	県権令 中山信安
	8		8	茨城県	茨城県	「学問奨励方法」	明治9年3月	
	9	1	1	栃木県	宇都宮県	仮学校ヲ庁下宇都宮街ニ設立スルノ意旨ヲ管下ニ告諭ス	明治5年6月2日	宇都宮県
	9		2	栃木県	栃木県	太政官布告勧学ノ告諭学制ノ序ニ載スヲ管内ニ布達	明治5年9月3日	栃木県
＊	10	1	1	群馬県	館林藩	凡人タルモノ教ナクシテ	明治2年5月	
＊	10	2	2	群馬県	群馬県	夫レ人タル者	明治5年10月	
	10	3	3	群馬県		学校ノ要具タル	明治5年10月	群馬県
	10		4	群馬県	群馬県	今般学制御改定相成	明治5年10月24日	県令　青山　貞 七等出仕　加藤祖一
	10	4	5	群馬県	群馬県	「第十七号」	明治6年2月	県令　河瀬秀治
＊	10	5	6	群馬県	群馬県	近古ノ弊風ニテ	明治6年12月18日	
	10		7	群馬県	栃木県	教育ノ急務タルハ	明治6年12月	栃木県学務掛
	10		8	群馬県		(不就学説諭)	明治9年10月7日	第十八大区三小区 利根郡下久屋村　惣役人 上久屋村　惣役人 横塚村　惣役人
＊	10	6	9	群馬県	群馬県	「達第四十七号」	明治12年7月	碓井郡長　古川浩平
	11		1	埼玉県	小菅県	今般仮学校取建、別紙之通規則相立候条	明治2年6月25日	小菅県

発信対象	出典	備考
領内一般	日本教育史資料 3	旧 24-3（新 24-5）と同一資料のため削除。
	埼玉県史料 14　埼玉県史料叢書 2　埼玉県教育史第 3 巻	
	埼玉県教育史第 3 巻	旧 11-4 は旧 12-2（新 12-1）の一部分のためそちらへ統合。
各区戸長副	寄居町史近・現代資料編	
	埼玉県教育史第 3 巻	旧 11-8 とほぼ同文のためこちらへ統合。
	埼玉県教育史第 3 巻	旧 10-2（新同番号）と同文のためそちらへ統合。
	埼玉県史料 14　埼玉県史料叢書 2	旧 11-6（新 11-2）とほぼ同文のためそちらへ統合。
第五大区各小区戸長副　村々役人	坂戸市史近代史料編	
南第四大区 副区長正副戸長	鶴ヶ島町史近現代資料編	
各区戸長他	埼玉県教育史第 3 巻	旧 10-6（新 10-5）と同文のためそちらへ統合。
教員　区長　学区取締	埼玉県教育史第 3 巻	
	埼玉県教育史第 3 巻	
	埼玉県史料 14　埼玉県史料叢書 2	
各区正副戸長	県行政文書 明 190 号　埼玉県教育史第 3 巻	
学校保護	東松山市史資料編第 4 巻	
	新編埼玉県史資料編 25	
	千葉県教育史第 2 巻	
	千葉県教育百年史第 3 巻史料編（明治）	旧 11-4 は旧 12-2（新 12-1）の一部分のためこちらへ統合。
	千葉県教育百年史第 3 巻史料編（明治）	
	千葉県教育百年史第 3 巻史料編（明治）	
学区取締、区長	鴨川市史資料編 2	
	千葉県史料 15	
	太政類典第 1 編　自慶応 3 年至明治 4 年 7 月第 117 巻	
	調布市史研究資料Ⅴ行政史料に見る調布の近代	布田郷学校入校につき勧奨
	世田谷区教育史資料編 1	品川県庁勧学の布告
	太政類典第 2 編　自明治 4 年 8 月至明治 10 年 12 月第 245 巻	

資料編収録	新番号 都道府県番号	新番号 資料番号	旧資料番号	都道府県名	旧藩府県名	「資料件名」（通称名） or 資料冒頭部分	年月日	発信元
	11		2	埼玉県	伊勢国朝明郡忍藩領	今般学校御開校ニ相成候	明治3年	藩主
*	11	1	3	埼玉県	埼玉県	此度太政官ヨリ被仰出タル御主旨ハ人民教育ノ道ヲ厚クセシメンガタメ	明治5年8月	埼玉県庁
	11		4	埼玉県	印旛県	人生一般学業之離ルヘカラザル今更言ヲ不待	明治5年9月	印旛県
	11		5	埼玉県	入間県	告諭	明治5年11月	学事務
	11	2	6	埼玉県	埼玉県	凡人民教育ノ道ハ学校ニ及ブモノアラズ既ニ先般告論スル所ニシテ	明治5年11月	埼玉県庁
	11		7	埼玉県	入間県	夫人タル者自ラ其身ヲ立テ其産ヲ治メ其業ヲ昌ニシテ以テ	明治5年11月5日	入間県庁
	11		8	埼玉県	埼玉県	凡、人民教育ノ道ハ学問ニ及フモノ有ラス	明治5年12月	
	11		9	埼玉県	入間県	学校建築の義ニ付是迄村々ニ於て筆学読書師家の名前至急入用ニ付	明治6年1月	入間県
	11		10	埼玉県		小学校設立之義者人智曽進歩ニ関シ	明治6年8月10日	暢発学校 学務掛
	11		11	埼玉県	熊谷県	近古ノ弊風ニテ	明治6年12月18日	県令　河瀬秀治
*	11	3	12	埼玉県	埼玉県	盛哉文明ノ化ヤ八大学二百五十六中学五万三千七百六十小学	明治7年4月	県権令　白根多助
	11		13	埼玉県	埼玉県	一一六休暇日ヲ以テ使雇子傅其他尋常小学ニ就テ教授ヲ受難キ者ヲ教導ス	明治7年8月19日	庶務課
	11		14	埼玉県	埼玉県	各校生徒日々増益シ其進歩モ亦遅々ナラス	明治8年2月14日	
	11		15	埼玉県	熊谷県	上意ヲ下連シ下情ヲ上通スルハ専ラ区戸長ノ担任スル所ニシテ	明治8年11月14日	熊谷県権令　揖取素彦
	11		16	埼玉県		生徒督促ヲ請フ	明治9年12月	小林謙介
	11	4	17	埼玉県	埼玉県	華士族平民、満六年ヨリ満十四年ニ至ルノ子女（しぢょ）（こども）ハ、	明治11年1月7日	県令　白根多助
	12		1	千葉県	木更津県	管下達書	明治5年8月	木更津県
*	12	1	2	千葉県	印旛県	「明治五年九月印旛県達」	明治5年9月	
	12	2	3	千葉県	新治県	明治五年十一月　新治県庁第十七号達	明治5年11月	
	12	3	4	千葉県	木更津県	学資金戸別人別配賦ノ概方	明治5年11月15日	
	12		5	千葉県	千葉県	第二百二十一号	明治7年5月19日	千葉県令柴原和代理千葉県権参事　岩佐為春
*	12	4	6	千葉県	千葉県	「学資規則ノ儀ニ付人民へ演達」	明治7年11月9日	
	13		1	東京都	東京府	東京府下ニ算学稽古所ヲ設ケ市民ノ子弟ヲ教導ス	明治元年7月	東京府
	13	1	2	東京都	品川県	夫人は学せされハ父子兄弟親私の道を弁へす	明治4年3月29日	品川県庁
	13	2	3	東京都	品川県	夫人は学ばざれば父子兄弟親和の道を弁へす	明治4年5月25日	品川県庁
	13		4	東京都	東京府	府下ニ於テ共立小学校並洋学校ヲ開キ志願ノ者ハ学資ヲ入レ入学セシム	明治4年12月23日	文部省

発信対象	出典	備考
各区戸長	東京府史料 26　府県史料教育 5	
各区戸長	東京府史料 26　府県史料教育 5	
	法令類纂巻之 86　東京都教育史資料総覧 第 2 巻	旧 13-6 と同文
村用掛	世田谷区教育史資料編 2	
	日本教育史資料 3	
	日本教育史資料 3	
	神奈川県史料 9	
	神奈川県史料 9	
管下一同	神奈川県誌 政治之部 学校 自明治元年至七年　神奈川県教育史通史編上巻	
正副区長 正副戸長	神奈川県史 附録 旧足柄県之部 学校附医務取締局　神奈川県教育史通史編上巻	旧 22-9 と同文のためこちらへ統合。
区長副区長	神奈川県教育史資料編第 1 巻	
各区正副区長 学区取締 正副戸長	行政史料に見る調布の近代	ほぼ確実に旧 14-9 と同一資料（日付・発信者・受け取り側、文言が同じ)。ただし『調布の近代』は「庶第 54 号」となっている（神奈川県教育史は「庶第 57 号」。調布の方の誤植か。
各区正副区長 学区取締 正副戸長	神奈川県教育史資料編第 1 巻	
	神奈川県史 附録 旧足柄県之部 学校附医務取締局	
各大区　正副区長 学区取締　戸長副	神奈川県教育史資料編第 1 巻	
大肝煎　町年寄中	柏崎市史資料集近現代 2	
藩中	日本教育史資料 2	
	長岡市史資料編 4 近代 1	
	新潟県史資料編 14 近代 2	
善三郎　ほか 38 名	柏崎市史史料編近現代編 2	
月番庄屋	水原町編年史 2	
文部省	新潟県史資料編 14 近代 2	
澤根管下	新潟県史料 118	
相川町々	佐渡相川の歴史資料編 6	
管下	新潟県史料 118	
大区長副併小区総代	新潟県史資料編 14 近代 2	

資料編収録	新番号 都道府県番号	新番号 資料番号	旧資料番号	都道府県名	旧藩府県名	「資料件名」（通称名）or 資料冒頭部分	年月日	発信元
	13		5	東京都	東京府	従前私学家塾等開業罷在候者	明治6年1月	
	13		6	東京都	東京府	太政官御布告ノ御旨趣ニ基キ	明治6年2月	
	13		7	東京都	東京府	坤十八号	明治6年2月7日	東京府知事　大久保一翁
*	13	3	8	東京都	東京府	夫レ小学校ヲ設立シ小童ヲシテ就学セシメ	明治7年1月4日	拾番組
	14		1	神奈川県	神奈川県	方今人才養育急務ノ秋	明治4年7月	
	14		2	神奈川県	神奈川県	郷党議定	明治4年8月	
*	14	1	3	神奈川県	足柄県	方今国勢皇張百度維新	明治5年4月	足柄県
	14	2	4	神奈川県	足柄県	学問ハ倫理綱常ヲ明ニシ人材ヲ教育シ	明治5年7月	足柄県
*	14	3	5	神奈川県	神奈川県	「告諭文」	明治6年2月	神奈川県
	14	4	6	神奈川県	足柄県	先般学制御確定相成第二百十四号御布令ニ付則致頒布置候通	明治6年3月	足柄県
	14		7	神奈川県	神奈川県	小学舎設立之義ニ付兼而相達し置候	明治6年5月5日	神奈川県権令　大江卓
	14		8	神奈川県	神奈川県	小学校之儀ニ付テハ度々太政官文部省ヨリ御布告之趣モ有之	明治7年10月17日	神奈川県令　中島信行
	14		9	神奈川県	神奈川県	就学の督励と学費のため桑茶等栽培奨励のこと	明治7年10月17日	神奈川県令　中島信行
	14	5	10	神奈川県	足柄県	人材教養ノ急務ナル瞬時モ欠クヘカラサル	明治8年2月22日	足柄県
	14		11	神奈川県	神奈川県	庶第四十壱号	明治8年2月24日	神奈川県令　中島信行代理 神奈川県参事　山東直砥
	15		1	新潟県	柏崎県	「学校規則」	明治2年3月	民政局
	15		2	新潟県	新発田藩	藩中へ	明治2年9月	
	15		3	新潟県	長岡藩	「国漢学校制度私議」	明治3年5月	田中春回
	15		4	新潟県	柏崎県	学校ノ設ケ闕可サル者ニ候得共	明治3年6月13日	柏崎県庁
	15	1	5	新潟県	柏崎県	男女の道ハ人の大倫	明治3年12月	柏崎県庁
	15	2		新潟県	水原県	人として学問なけれハ義理に暗く智見も開く事あたわざる故	明治4年1月17日	水原局
	15		6	新潟県	相川県	「相川県管内学校ノ儀ニ付上申候書付」	明治5年3月	相川県参事
	15		7	新潟県	相川県	区内及ビ近村ノ徒入校勉励スベキヲ告示ス	明治5年11月	相川県
	15		8	新潟県	相川県	西洋学之儀者開化進歩之捷径ニ付	明治6年2月	相川県権参事　加藤敬頼 相川県参事　鈴木重嶺
	15		9	新潟県	相川県	少長入校実学ヲ勉ムヘキヲ告示ス	明治6年3月	相川県参事　鈴木重嶺
	15	3	10	新潟県	柏崎県	兼テ被　仰出候学制之儀ニ付テハ	明治6年5月	権参事　石川昌三郎

発信対象	出典	備考
相川町々	新潟県史料 118	
	新潟県史資料編 14 近代 2	
西壱之丁弐之丁　上原右戸前中	十日町市史資料編 6 近・現代 1	
	水原町編年史第 2 巻	
戸長　用掛	十日町市史資料編 6 近・現代 1	
	稿本新潟県史第 7 巻	
	石川県史料 90	石川県の旧 17-7 としていたものをこちらへ移動。
管下正副戸長　学区取締へ	越中史料 4　富山県史史料編Ⅵ近代上	
	日本教育史資料書 5　富山県の教育史	発信者名にかかわらず、『富山県の教育史』によれば、新川県とされている。しかしともに間違いで、『日本教育史資料書』第五輯に記述されていた出典を確認したところ、宮崎県の告諭と判明し、新 45-5 として移動。
婦負射水礪波三郡正副区長 第十一十二十三中学区学区取締	富山県史史料編Ⅵ近代上	
庁掌 一同	日本教育史資料 2	
士族	日本教育史資料 2	
	石川県教育史 1	
	輪島市史	旧 17-3 の部分。
	日本教育史資料 3　金沢市史資料編 15 学芸	
管下	石川県史料 21、75　石川県史料第 2 巻	
	石川県史料 90　富山県史資料編 6 近代上	新 16-1 へ移動。
	石川県史第 4 編	
	稿本金沢市史学事篇第 3　石川県教育史 1	
	稿本金沢市史学事篇第 3　石川県教育史 1	
	石川県志雄町史	
	石川県志雄町史	
	岡部七松家文書　羽咋市史現代編	
	岡部七松家文書　羽咋市史現代編	
	上田家文書　鈴木家文書　福井県教育百年史第 3 巻史料編 1	
	上田家文書　鈴木家文書　福井県教育百年史第 3 巻史料編 1	
	足羽県期布達写帳 坪川家文書　福井市史資料編 10 近現代 1	
	敦賀県布令書　福井市史資料編 10 近現代 1	

資料編収録	新番号 都道府県番号	新番号 資料番号	旧資料番号	都道府県名	旧藩府県名	「資料件名」(通称名) or 資料冒頭部分	年月日	発信元
	15	4	11	新潟県	相川県	学問思弁之効者今更縷陳ニ不及候ヘトモ	明治6年11月	相川県参事　鈴木重嶺 相川県権参事　磯部最信
	15	5		新潟県	柏崎県	予テ小学校設為御達ニ基付	明治7年1月	戸長
	15		12	新潟県	柏崎県	学校之儀兼々御手厚之御趣意も在之難有奉存	明治7年10月1日	三番組用掛
	15	6	13	新潟県	新潟県	方今学校設立人民教育之道被為立	明治8年3月31日	戸長
	15		14	新潟県	柏崎県	「書生勤怠簿」	明治8年5月31日	九番小学教師
	15		15	新潟県	新潟県	「第二百八十三号（甲）」	明治9年7月12日	新潟県令　永山盛輝
	16	1		富山県		今般学制ヲ発行シ普ク子弟ヲシテ	明治6年1月	
	16	2	1	富山県	新川県	「第百四十二番」	明治6年7月13日	権令　山田秀典
	16		2	富山県	新川県	（説諭二則）	明治7年	富山県学務係
＊	16	3	3	富山県	新川県	「新川県学規」	明治9年4月15日	県令　山田秀典
	17		1	石川県	金沢藩	今般学政改革更ニ	明治3年11月	
	17	1	2	石川県	石川県	従来学校ヲ設置スル所以ノモノハ	明治4年10月29日	石川県
	17		3	石川県	石川県	（区学校設立の布告）	明治5年5月	
	17		4	石川県	石川県	（布告）	明治5年5月	
	17		5	石川県	石川県	（石川県区学校規則）	明治5年8月	
＊	17	2	6	石川県	石川県	（就学奨励の布達）	明治5年8月	石川県
	17		7	石川県	石川県	今般学制ヲ発行シ普ク子弟ヲシテ	明治6年1月	
	17	3	8	石川県	石川県	（石川県下小学校教則大意）	明治6年2月	
＊	17	4	9	石川県	石川県	人ノ父兄タル者、其子弟ヲ教誨シ	明治6年2月5日	石川県権令　内田政風
＊	17	5	10	石川県	石川県	方今文部省学制ニ依レバ	明治6年2月5日	石川県権令　内田政風
	17	6	11	石川県	石川県	学問ハ国家ノ盛衰ニ関シ	明治6年5月	
	17		12	石川県	石川県	習字家塾或ハ読書或ハ算術家塾ト称シテ	明治6年12月12日	
	17		14	石川県	石川県	抑小学校ハ銘々ノ子弟ヲシテ	明治8年	
	17		13	石川県	石川県	学校ハ固ヨリ民有ノ共有物	明治8年（か）	
＊	18	1	1	福井県	福井藩	「坊長肆長心得書」	明治3年9月	
＊	18	2	2	福井県	福井藩	「郷学教諭大意」	明治3年9月	
＊	18	3	3	福井県	足羽県	「農商小学大意」	明治5年10月	参事　村田氏寿
	18		4	福井県	敦賀県	「小学規則」	明治5年11月	

発信対象	出典	備考
郡中惣代　各区戸長副戸長	足羽県期布達写帳 坪川家文書 福井市史資料編 10 近現代 1	学制公布、学校設置につき県達二件
各小区	敦賀県布令書　福井県教育百年史第 3 巻史料編 1	
管内	敦賀県歴史政治部学校十一　福井市史資料編 10 近現代 1	学校費用と授業料の負担につき県達
	撮要新聞第九号附録　福井市史資料編 10 近現代 1	女児小学校の規則
	敦賀県布令書　福井県教育百年史第 3 巻史料編 1	
	敦賀県布令書　福井県教育百年史第 3 巻史料編 1	
	敦賀県布令書　福井県教育百年史第 3 巻史料編 1	
	敦賀県布令書	
	敦賀県布令書	
各地出張の巡査	学事備忘記録　福井県教育百年史第 3 巻史料編 1	巡査学齢児童就学に協力のこと
各戸長へ演達（鯖江）	郡達　福井県教育百年史第 3 巻史料編 1	知事より教育の振興について戸長へ要望のこと
郡役所　戸長役場	訓示内訓書　福井県教育百年史第 3 巻史料編 1	教育令改正布告の趣意徹底のこと
第一区、第二区戸長副戸長	甲州文庫	
区長　戸長	山梨県史料 13　山梨県史 3	
	甲州文庫　山梨県史 3　甲府新聞第 23 号明治 6 年第 8 月	
県下各区村の開校に臨み群衆に向かって	甲州文庫	
	高森町史下　豊丘村誌	
	長野県史料 4	
	長野県教育史 7 史料編 1	
	大町市文化財センター栗林（輪違）家文書	
	長野県史料 4	
	豊平村誌	
戸長副	長野県教育史 9 史料編 3	
	長野県教育史 9 史料編 3	
	木曽福島町史 2 現代 1	
	長野県教育史 9 史料編 3	
	長野県教育史 9 史料編 3	
	永田村郷土誌	
	長野県教育史 9 史料編 3	

資料編収録	新番号 都道府県番号	資料番号	旧資料番号	都道府県名	旧藩府県名	「資料件名」(通称名) or 資料冒頭部分	年月日	発信元
	18		5	福井県	足羽県	今般文部省学制ニ基キ管内一般教則致改正ニ就テハ	明治5年11月7日・8日	参事　村田氏寿 権参事　千本久信
	18		6	福井県	敦賀県	学校ノ義ハ人民一般教育ノ本タルヲ以テ官ヨリ厚ク御世話モ有之	明治6年1月5日	参事　藤井勉三 権参事　寺島　直
	18		7	福井県	敦賀県	先般太政官第二百十四号被仰出ニ付	明治6年1月7日	
	18	4	8	福井県	敦賀県	一月八日私立第二番女児小学開校式	明治6年1月8日	学校掛
	18	5	9	福井県	敦賀県	学問之急務タルハ	明治6年6月	県権令　藤井勉三
	18		10	福井県	敦賀県	嚮キニ小学創剏ノ際管下一般学資トシテ	明治8年2月22日	権令　山田武甫
	18	6	11	福井県	敦賀県	「県三十七号」	明治8年3月23日	権令　山田武甫
	18		12	福井県	敦賀県	改正学区取締職制幷事務取扱章程	明治8年12月	
	18		13	福井県	敦賀県	「公学規則」	明治8年12月4日	権令　山田武甫
	18		14	福井県	敦賀県	各地出張ノ巡査ハ別紙ノ通リ相達シ	明治9年5月17日	長官
	18		15	福井県	福井県	石黒県令鯖江ニ於テ各戸長ヘ演達ノ大意	明治18年	県令　石黒　務
	18		16	福井県	福井県	先般第二十三号布告ヲ以テ教育令改正	明治18年9月8日	県令　石黒　務
	19		1	山梨県	山梨県	「小学校御布令」	明治5年11月24日	山梨県庁
	19		2	山梨県	山梨県	小学校設立ノ儀ハ兼テ相達置候次第モ有之候処	明治6年3月30日	山梨縣権令　藤村紫朗
*	19	1	3	山梨県	山梨県	「学制解訳」	明治6年6月28日	山梨県権令　藤村紫朗　学務官　三谷恒
*	19	2	4	山梨県	山梨県	「学問のもとすゑ」	明治6年10月	学務課員　小野泉
	20	1	1	長野県	伊那県	「学校御取建」	明治3年10月6日	伊那県御役所
	20		2	長野県	長野県	追日学校を振起することを予め布達	明治4年9月27日	
	20	2	3	長野県	筑摩県	「学校創立告諭書」	明治5年2月20日	筑摩県庁
	20	3		長野県	筑摩県	開校之日	明治5年4月か	
	20		4	長野県	長野県	同二十三日管下ニ令シテ学校生徒ヲ勧奨ス	明治5年5月23日	
	20	4	5	長野県	筑摩県	学校の儀は官費を仰がずなるたけ公費を募り設立の儀に付	明治5年7月21日	筑摩県庁
*	20	5	6	長野県	筑摩県	「学問普及の為申諭し書」	明治5年9月	筑摩県庁
	20		7	長野県	筑摩県	「第十六号」	明治6年3月3日	県参事　永山盛輝
	20	6	8	長野県	筑摩県	当県創置以来、追々有志者ヲ募リ私費学校ヲ施設シ、当分毎区小校第百番ニ及バントス。	明治6年3月24日	筑摩県
	20	7	9	長野県	筑摩県	「第二十一号」	明治6年4月	筑摩県権令　永山盛輝
	20		10	長野県	筑摩県	学校之義ニ付而ハ壬申年学制御発行以来	明治6年10月29日	筑摩県権令　永山盛輝
	20		11	長野県	長野県	御布告類村吏の外末々に至り兎角貫徹致し候より	明治6年12月	
	20	8	13	長野県	筑摩県	逐日耕耘之時節ニ相成候ニ付農民之子弟専学ニ従事スル能ハサルハ	明治7年4月27日	永山権令代理　筑摩県参事　高木惟矩

発信対象	出典	備考
	名古屋大学教育学部図書室　長野県教育史9史料編3	
学区取締　正副戸長	高島小学校所蔵文書　永田村郷土誌　豊平村誌	
大区長 学区取締 正副戸長	長野県教育史9史料編3	
	豊平村誌	
用課市川藤吉ほか8人	長野県教育史9史料編3	
	豊田村誌	
	岡山村史	
	永田村郷土誌	
村々役人	岐阜県史史料編近代1	
村々役人	岐阜県史史料編近代1	
文部省	岐阜県史料16	
区長戸長副	角竹文庫教育11飛驒高山まちの博物館	
	岐阜県史料16	
各小区戸長	明治六年十二月ヨリ同七年十二月ニ至学校事件高山陣屋文書岐阜県歴史資料館	
	岐阜県史料16	
文部省	岐阜県史料15	
戸長、学務委員	岐阜県史料15	
	日本教育史資料1	
	日本教育史資料1	
大目付御勘定頭郡奉行町奉行社寺取扱懸御目付	静岡県史資料編16近現代1	
	日本教育史資料1	
末島村より浦川村迄	静岡県史資料編16近現代1	
	静岡県史資料編16近現代1	
	御触書控 川田金右衛門所蔵　静岡県史資料編16近現代1	
	静岡県教育史資料編上	
	静岡県史料8	旧14-6（新14-4）と同文のためそちらへ統合。
	沼津市歴史民俗資料館　西浦・久料　久保田敬男文書	

資料編収録	新番号 都道府県番号	資料番号	旧資料番号	都道府県名	旧藩府県名	「資料件名」(通称名) or 資料冒頭部分	年月日	発信元
	20	9	14	長野県	筑摩県	「学区取締事務仮章程」	明治7年6月29日	筑摩県権令　永山盛輝
	20	10	12	長野県	筑摩県	学制御頒布以降僻郷巡是ニ至迄小学校普及ニ付テハ勿論六歳以上之者ハ総テ修学可致筈之所	明治6年3月(長野)明治7年8月22日(筑摩)	筑摩県権令　永山盛輝
	20	11	15	長野県	筑摩県	「第百十六号」	明治7年9月7日	筑摩県権令　永山盛輝
	20		16	長野県	筑摩県	小学校令の者入校仕度内廃疾又は格別貧困にて生活相立難きに付	明治8年	筑摩県
	20	12	17	長野県	長野県	太政官より兼而被仰出も有之候通り、	明治9年1月28日	長野学校
	20	13	18	長野県	長野県	今般寛大ノ御仁恵御趣旨トシテ各区ニ小学校設立候様被命奉敬承候	不明	
	20	14	19	長野県	長野県	天地間ニ生ヲ受クルモノ人ヲ霊トス、其霊タル所以ハ道ヲ知ルニアリ、	不明	佐藤実成
	20		20	長野県	長野県	礼儀廉恥は人の羅とて尤も大切のものなり	不明	
	21	1		岐阜県	高山県	飽食煖衣、逸居而無教則	明治元年7月1日	梅村速水
*	21	2		岐阜県	高山県	教莫大於彝倫、治莫先於名分	明治元年7月1日	梅村速水
	21		1	岐阜県	岐阜県	学校設立ノ儀ニ付当七月	明治5年11月15日	岐阜県
	21	3		岐阜県	高山県	別紙御報告相成候ニ付テハ	明治6年10月19日	筑摩県権令　永山盛輝
	21		2	岐阜県	岐阜県	去ル壬申年学制頒布セラレシ	明治7年	
	21	4		岐阜県	高山県	夫学校ノ設タルヤ	明治7年4月24日	区長　船坂雅平
	21		3	岐阜県	岐阜県	変則中学校設置ノ事	明治11年	
	21		4	岐阜県	岐阜県	学齢児童ヲ事故理由ナク	明治15年9月13日	岐阜県
	21		5	岐阜県	岐阜県	学齢児童ニシテ俳優鑑札ヲ受ケ	明治15年10月2日	岐阜県
	22		1	静岡県	静岡藩	明治三年八月十五日徳川家達本地到着其九月八日左ノ布令アリ	明治元年9月8日	
	22		2	静岡県	静岡藩	十月十二日学校移転ニ付左ノ布令アリ	明治元年10月12日	
	22		3	静岡県		学問所にて洋学教授開始に付達	明治元年11月	
	22		4	静岡県	静岡藩	十一月五日洋学開校ニ付左ノ布令アリ	明治元年11月5日	
	22		5	静岡県	静岡藩	中泉表西岸寺に仮小学校開設方達	明治2年6月23日	中泉奉行所
	22		6	静岡県	静岡藩	此度沼津兵学校ニおいて生徒御入人有之候ニ付、	明治2年11月17日	
	22		7	静岡県	静岡藩	乍恐以書付奉願上候	明治2年11月17日	駿州志多郡中物代
*	22	1	8	静岡県	浜松県	「女子教育趣意書」	明治6年3月	県令　林厚徳
	22		9	静岡県	静岡県	先般学制御確定相成リ第貳百拾四号御布令ニ付則致頒布候通	明治6年3月	静岡県
	22		10	静岡県	足柄県	「学校漁業規則書」	明治6年3月	豆州君沢郡久料村戸長　副戸長　百姓代

発信対象	出典	備考
	掛川市史資料編近現代	
	静岡県史料8	
	静岡県史料8	
	静岡県史資料編16近現代1	
静岡県令　大迫貞清	沼津市史史料編近代Ⅰ	
	愛知県史料16	
	愛知県教育史第3巻	
各区戸長里正年寄等	愛知県発行	
戸長及学校幹事長		
	東書文庫目録1655	井関盛良著
	愛知県教育史第3巻	
	日本教育史資料書第5	
	宇治山田市史資料教育編壱　三重県教育史第1巻	
四日市濱田濱一色〔村〕	浦田家旧蔵資料1644	
	宇治山田市史資料教育編壱	
	明治二年巳巳正月　御布告　神祇兼学校曹	
	三重県史料8	
領内一般	日本教育史資料3	
親々	日本教育史資料1	
各村	日本教育史資料1	
区郷	久居義塾日誌　三重県教育史第1巻	
第六区小一ノ区ゟ六ノ区迄　仮戸長中	越賀文書三　明治初期における三重県の外語学校	
各区戸長	越賀文書三　三重県教育史第1巻	
正副区戸長	度会県布達類明治八年丙No. 101～184　三重県史資料編近代4	
	日本教育史資料1	
	学校起立記滋賀県立図書館　新修大津市史中部地域第8巻	
	外村文書彦根市立図書館	第4章第2節（396頁以下）に掲載。
管内	滋賀県史19	
管下人民	滋賀県歴史的文書　新修大津市史中部地域第8巻	
	里内文庫栗東歴史民俗博物館	
洛中洛外	京都府史学政類　京都府百年の資料5教育編	

資料編収録	新番号		旧資料番号	都道府県名	旧藩府県名	「資料件名」(通称名) or 資料冒頭部分	年月日	発信元
	都道府県番号	資料番号						
	22	2	11	静岡県	浜松県	「第百二十五号」	明治6年6月10日	浜松県権参事　石黒務
＊	22	3	12	静岡県	静岡県	就学ノ義ニ付テハ度々相達候	明治7年10月	静岡県
	22	4	13	静岡県	足柄県	各地学事ノ日ニ進ミ月ニ奨ムハ人ニ已ニ聞見スル処ニシテ	明治8年11月14日	足柄県
	22		14	静岡県		静岡県に女学校を設立すべし	明治9年10月7日	
	22		15	静岡県	静岡県	「夜学建設願書」	明治11年10月19日	区長兼学区取締　末吉孫蔵 副区長兼学区取締　山形敬雄
	23		1	愛知県		一人材登用ノ御布告モ有之候ニ付	明治2年3月	
＊	23	1	2	愛知県	名古屋県	人の智識を増すは学問の勉強にあり	明治4年9月	名古屋県
＊	23	2	3	愛知県	愛知県	「学問の沙登志」	明治5年5月	愛知県
＊	23	3	4	愛知県	額田県	「告諭」	明治5年8月	
	23		5	愛知県	愛知県	(愛知県児童就学ニツキ触書)	明治6年	
	23		6	愛知県	愛知県	第一中学区内ヨリ第十中学区内ニ於テ現今六百八十二小学出来有之候処	明治7年1月	
＊	23	4	7	愛知県		「就学諭言」	不明	
	24		1	三重県	度会府	今般太政御一新ニ付	明治元年10月	度会府
	24	1		三重県	度会府	学問と申者其身を修メ君父ニ事る道を始として人之人たる筋を心得ル事ニ	明治元年11月	度会府
	24	2		三重県	度会府	今般林崎宮崎温故堂之三学校取建	明治元年11月	度会府
	24	3		三重県	度会県	近古(なかむかし)以来之制ハ民を教化(おしゆる)するの方なく	明治2年2月2日	度会府
	24	4	2	三重県	亀山藩	経国ノ道学問ノ基礎タル古今ノ通理	明治2年10月	藩知事 石川成之
	24	5	3	三重県	忍藩	今般学校御開校ニ相成候御趣意ハ郡中村々ノ童幼八歳ヨリ入校	明治3年	藩主
	24		4	三重県	鳥羽藩	「明治三年庚午十月五日達」	明治3年10月5日	藩学校
	24	6	5	三重県	久居藩	「諭達」	明治4年2月	久居藩庁
	24	7	6	三重県	久居県	「区郷エ布告」	明治4年11月	久居県庁
	24	8	7	三重県	度会県	先般宇治山田市中仮戸長以下有志之者	明治5年8月	度会県庁
＊	24	9	8	三重県	度会県	夫レ人ハ万物ノ霊ト謂フ而シテ其霊タルユエンノモノハ何ソヤ	明治6年9月	参事　平川光伸
＊	24	10	9	三重県	度会県	「丙第百四十号告諭」	明治8年10月30日	県権令　久保断三
	25		1	滋賀県	山上藩	今般文武館設置	明治2年	
	25		2	滋賀県	滋賀県	「小学校御建営勧諭ノ大意」	明治5年3月	勧諭者
＊	25	1	3	滋賀県	犬上県	「犬上県内小学建営説諭書」	明治5年7月	犬上県庁
	25	2	4	滋賀県	滋賀県	凡ソ子弟之有者眼前ノ愛ニ	明治5年9月	滋賀県
＊	25	3	5	滋賀県	滋賀県	「告諭管下人民」	明治6年2月8日	滋賀県令　松田道之
＊	25	4		滋賀県	滋賀県	「告諭書」	明治11年11月12日	滋賀県令　籠手田安定
	26		1	京都府	京都府	先達テ小学校取建之儀ニ付衆議公論ヲ致採用度	明治元年10月8日	京都府

発信対象	出典	備考
町役	京都府史学政類　京都府百年の資料５教育編	
洛中洛外	府庁文書布令書　京都府百年の資料５教育編	
	久美浜県庁各藩集会議事一件誌稿	
山城国中華族士族卒社寺	京都府史学政類 京都府史料 24 京都府百年の資料５教育編	
郡中	京都府史学政類　京都府百年の資料５教育編	
	郡中小学校記	
	郡中小学校記	
管内	府庁文書布令書　京都府百年の資料５教育編	
	京都府史料 24	
管内	府庁文書丹後一圓丹波天田布令原書 京都府史料 24 京都府百年の資料５教育編	旧 26-8 と同一のため旧 26-8 へ統合。
管内区戸長	府庁文書布令書 京都府史料 25　京都府百年の資料５教育編	
管内	京都府史学政類　京都府百年の資料５教育編	
京都府知事　長谷信篤	京都府史学政類　京都府百年の資料５教育編	
文部大輔　田中不二麿殿代理 文部大丞　九鬼隆一	府庁文書布令書 京都府史料 25　京都府百年の資料５教育編	
管内区戸長	京都府史学政類　京都府百年の資料５教育編	
村々	羽曳野市史６　史料編４	
	大阪府教育百年史２史料編１	
村々役人	大阪府教育百年史２史料編１	
大年寄　中年寄　少年寄	大阪府布令集１　大阪府教育百年史２史料編１　西区史３	
	大阪府教育百年史２史料編１	
	四条畷市史１	
区長	岸和田市史８	国会図書館に明治６年版がある。
	大阪府教育百年史２史料編１	
	大阪府教育百年史２史料編１	
	大阪府教育百年史２史料編１	
	大阪府史料 47	
市中学区取締	大阪府教育百年史２史料編１	
	大阪府教育百年史２史料編１	
	大阪府教育百年史２史料編１	
	大阪府教育百年史２史料編１	

資料編収録	新番号 都道府県番号	新番号 資料番号	旧資料番号	都道府県名	旧藩府県名	「資料件名」（通称名）or 資料冒頭部分	年月日	発信元
*	26	1	2	京都府	京都府	「小学校設立に関する府の口諭」	明治元年11月20日	学務課
	26		3	京都府	京都府	小学校建営ニ付議事ニ下し候竈別出金之儀	明治元年12月18日	京都府
	26		4	京都府	久美浜県	（三丹会議）	明治2年	政務局
	26		5	京都府	京都府	国ノ盛衰ハ人材ノ有無ニヨル人材ノ成否ハ幼児ヨリノ教育ニアリ	明治4年9月	京都府
	26		6	京都府	京都府	府下各郡小学校建営心得告示	明治4年11月	京都府
*	26	2	15	京都府	京都府	「告諭之文」	不明	上野右衛門
	26	3	16	京都府	京都府	「告諭」	明治5年2月	
	26		7	京都府	京都府	（学制発布に伴う告示）	明治5年10月	京都府知事　長谷信篤
	26	4	8	京都府	京都府	（就学について告示）	明治6年12月20日	
	26		9	京都府	京都府	「第九号」	明治7年1月	京都府知事　長谷信篤代理 京都府七等出仕　国重正文
	26	5	10	京都府	京都府	管内区戸長江布告	明治8年1月	京都府知事　長谷信篤
*	26	6	11	京都府	京都府	「告論」	明治8年5月	京都府知事　長谷信篤
	26		12	京都府	京都府	小民豹馬ノ心ヲ以テ井蛙ノ愚慮ヲ顧ズ	明治8年6月	下京第二八小学校教師　清水栄造
	26		13	京都府	京都府	「学第五十四号」（強促就学法ノ儀）	明治9年4月29日	京都府権知事　槙村正直
	26		14	京都府	京都府	「第二百八十三号」	明治9年7月1日	京都府権知事　槙村正直
	27		1	大阪府	堺県	尚々早々御順達之上	明治4年3月23日	野中村庄屋　林猪七郎
	27	1		大阪府	堺県	（堺天神社に郷学校開校就学奨励）	明治4年5月9日	惣年寄
	27		2	大阪府	堺県	（和泉国和田谷上村小学校建営）	明治4年6月18日	堺県学校懸
*	27	2	3	大阪府	大阪府	国家ノ富強ハ人材アルニ由ル	明治5年4月	大阪府
*	27	3		大阪府	大阪府	（市郡制法中第四条学校建営）	明治5年4月	
	27		4	大阪府	堺県	（規則）	明治5年6月	
*	27	4	5	大阪府	堺県	「学問の心得」	明治5年8月	堺県学校
	27	5	6	大阪府	堺県	「十八区郷学規則」	明治5年9月	区長
*	27	6	7	大阪府	大阪府	（学制解訳布告趣意及び学制解訳）	明治6年1月13日	府参事 藤村紫朗
	27	7	8	大阪府	大阪府	（就学勧誘旨趣）	明治6年6月8日	府権知事　渡辺昇
	27		9	大阪府	堺県	小学校ノ儀ハ凡人口六百ニ	明治6年7月	堺県庁
	27		10	大阪府	大阪府	（小学校就学勧奨の件）	明治6年9月	府権知事　渡辺昇
*	27	8		大阪府	大阪府	（学校設立趣意についての府知事告諭）	明治6年11月	大阪府権知事　渡辺昇
	27		11	大阪府	大阪府	（夜学、女工学規則方法）	明治7年1月	府権知事　渡辺昇
	27	9		大阪府	大阪府	（学齢児童の不就学は父兄の越度たること）	明治8年10月3日	大阪府権知事　渡辺昇

発信対象	出典	備考
	兵庫県史料 14	
家老共	日本教育史資料 1	
	日本教育史資料 2	旧 28-3 と同じ、そちらへ統合。
市中江	兵庫県史資料編幕末維新 2	旧 28-4 と同じ、こちらへ統合。
	日本教育史資料 2	
	日本教育史資料 2	
中市長	豊岡市史史料編下巻・兵庫県教育史	旧 28-8 と同じ、こちらへ統合。
中市長	日本教育史資料 2	旧 28-6 と同じ、そちちへ統合。
	日本教育史資料 2	
	兵庫県史料 14	
	兵庫県史料 14	
	兵庫県史料 14	
	兵庫県史料 14	
	姫路市史資料叢書 1 飾磨県布達 9	
	太子町史第 4 巻	
	姫路市史資料叢書 1 飾磨県布達 1	
	姫路市史資料叢書 1 飾磨県布達 1	
	豊岡市史史料編下巻	
	伊丹資料叢書 7 伊丹教育史料	
各校　教員　幹事　世話掛	伊丹資料叢書 7 伊丹教育史料	
	創立六拾周年記念沿革史（明親小学校）	学制後の文章。
	創立六拾周年記念沿革史（明親小学校）	
	御布告留　奈良県教育百二十年史資料編	
	日新記聞第三六号　奈良県教育百二十年史資料編	
	和歌山県史料 1	旧 30-2 と同一のためこちらへ統合。
	和歌山県史料 1	旧 30-1 と同一のためそちらへ統合。
	和歌山県史近現代史料 8	
	和歌山県史近現代史料 8	
学区取締　区戸長　小学教員	和歌山県史近現代史料 8	
	鳥取県史料 4　鳥取県史近代 5 資料編	
管下	鳥取県史料 4	変則中学校設立についての告諭。
変則中学の生徒	鳥取県史料 4　鳥取県史近代 5 資料編	変則中学校について、再び告諭。
	島根県史料 1	藩校を振起するための勧学告諭。
	島根県歴史　島根県近代教育史 3	

資料編収録	新番号 都道府県番号	新番号 資料番号	旧資料番号	都道府県名	旧藩府県名	「資料件名」（通称名）or 資料冒頭部分	年月日	発信元
	28		1	兵庫県	兵庫県	兵庫切戸町旧幕府函館会所ヲ以テ学舎ト為シ	慶応4年6月2日	兵庫県
	28		2	兵庫県	尼ヶ崎藩	学問ハ貴賤ニヨラス	明治元年9月	藩主
	28		4	兵庫県	出石藩	女学 上 士族徒士以上 下 足軽以下平民 校開設ノ事ヲ布告ス	明治3年1月	
	28		3	兵庫県	出石藩	今般藩政御一新ニ付淫乱御厳禁被仰出候得共	明治3年1月18日	小川少参事
	28	1	5	兵庫県	篠山藩	「明治三年三月布令」	明治3年3月	
	28		7	兵庫県	豊岡藩	「明治三年六月二日藩庁布令」	明治3年6月2日	
	28		6	兵庫県	豊岡藩	近者文運日ニ盛相成候ニ付テハ	明治3年6月27日	豊岡藩
	28		8	兵庫県	豊岡藩	「司民局ヨリ市街ヘ達」	明治3年6月27日	司民局
	28		9	兵庫県	出石藩	「市郷校学規」	明治3年11月	
*	28	2	10	兵庫県	兵庫県	学問ハ人倫ノ道ヲ正フセシメ	明治4年3月16日	兵庫県学校掛
	28		11	兵庫県	兵庫県	今般仮洋学校ヲ相開	明治4年5月16日	兵庫県庁
	28		12	兵庫県	兵庫県	「開黌社法記」	明治4年6月	
	28		13	兵庫県	兵庫県	洋籍ノ我邦ニ舶来スルヤ	明治4年8月	兵庫県洋学校掛
	28	3		兵庫県	飾磨県	（学校・演武場平民にも出席許可）	明治4年10月29日	大庄屋
	28	4		兵庫県	飾磨県	「郷校開社概言」	明治5年5月	円尾貞斉・児玉一檝
	28	5	14	兵庫県	飾磨県	「諭告」	明治5年8月	飾磨県
	28	6		兵庫県	飾磨県	「壬申第五十一号」	明治5年11月	飾磨県参事 森岡昌純
	28	7		兵庫県	豊岡県	「豊岡県学事章程」	明治6年か	
	28		15	兵庫県	兵庫県	（小学校開校の通達）	明治6年3月	区長
	28	8	16	兵庫県	兵庫県	学区取締より不就学江説論写し書	明治8年6月	学区取締 久保松照英
*	28	9	17	兵庫県	兵庫県	天運循環して往て還らずといふ事なし昔	不明	山岸松堂
	28		18	兵庫県	兵庫県	「明親館学則」	不明	
*	29	1	1	奈良県	奈良県	「明治五年第四拾八号」	明治5年6月	奈良県
*	29	2	2	奈良県	奈良県	抑今般該所小学設立ノ御主意ハ	明治6年	奈良県
	30	1	1	和歌山県	和歌山藩	此度御政体御改革人才教育ニ付学制御一新	明治2年4月	
	30		2	和歌山県	和歌山藩	此度御政体御改革人材教育ニ付	明治2年4月	
	30	2	3	和歌山県	和歌山県	先般太政官より御布告の通り	明治5年11月	権令 北嶋秀朝
*	30	3		和歌山県	和歌山県	「第九号」	明治6年8月26日	権参事 山本誠之
	30	4		和歌山県	和歌山県	学校ハ人智ヲ開達シ産業ヲ繁盛スルノ基ニシテ	明治8年7月24日	県令神山郡廉代理県参事 河野通
	31		1	鳥取県	鳥取県	今般別紙ノ通被 仰出候学制ノ儀ハ	明治5年9月	
	31		2	鳥取県	鳥取県	小学校全備不致内ハ中学取立不相成	明治6年10月22日	鳥取県参事 三吉周亮
	31	1	3	鳥取県	鳥取県	「告諭」	明治6年10月28日	鳥取県参事 三吉周亮
	32		1	島根県	広瀬藩	文武ハ治国ノ大道必ラス相資テ其用ヲ成ス者ニシテ	明治2年6月	
	32		2	島根県	松江藩	修道館内稽古日士列ハ重ノ日大徒以下ハ	明治2年8月6日	

発信対象	出典	備考
	島根県史料 1	
	島根県歴史　島根県史料 1	
	島根県史料 1	
邇摩郡詰 神埜大属 美濃郡詰 長埜大属 邑智郡詰 塩屋大属 那賀郡詰 神田権大属 鹿足郡詰 小柴権大属	浜田県史料	
	島根県近代教育史 3	学制布告書に今後は文部省から追って布達がある旨、島根県の名前で付加したもの。
	島根県歴史　島根県近代教育史 3	
	島根県近代教育史 1	
六郡の正副戸長	浜田県史料	
	旭町誌	旧 32-10 の一部として扱われていたが、別資料。
六郡の正副戸長	旭町史	旧 32 の 9 とほぼ同文である。
	島根県史料 2	旧 32-12（新 32-4）とほぼ同文である。
	島根県近代教育史 3	旧 32-11（新 32-3）とほぼ同文である。
	島根県史料 2	教員伝習所の生徒募集。
	島根県史料 2	
	島根県史料 2	学校資金についての告諭。
武士	岡山県教育史中巻	
	阿部家文書写	旧 34-2 と同一のためこちらへ統合。
	岡山県史料 45 県治紀事補遺　岡山県教育史中巻	
	岡山県教育史中巻	
	府県史料・旧小田県歴史　禁令布達	
区戸長	玉置文書	
	岡山県教育史	
	和気郡史資料編上巻	
第 17 大区小 4 区人民	金光町史史料編	
	玉置文書	
	岡山県教育史中巻	
	西阿知町史	
	府県史料・旧小田県歴史　禁令布達	太政官布告の写しと小田県小学校規条
	府県史料・旧小田県歴史　禁令布達	
	岡山県史 30 巻	
副区長	岡山県史料学校 17　岡山県教育史中巻	
	岡山県史教育文化	

資料編収録	新番号 都道府県番号	資料番号	旧資料番号	都道府県名	旧藩府県名	「資料件名」(通称名) or 資料冒頭部分	年月日	発信元
	32		3	島根県	松江藩	「学則」	明治4年5月4日	松江藩
	32	1	4	島根県	松江藩	「教導所学則」	明治4年5月4日	松江藩
	32	2	5	島根県	松江県	天先成テ地後ニ定リ陰陽並立テ万物ヲ生スル事	明治4年10月5日	松江県
	32		6	島根県	浜田県	当所学校へ入学之志願有之者ハ	明治5年7月25日	渡辺権参事官
	32		7	島根県	島根県	(学事奨励に関する被仰出書のこと)	明治5年9月	島根県
	32		8	島根県	島根県	(修身開智は学よりのこと)	明治5年9月15日	島根県
	32		15	島根県	島根県	(参事による巡回説諭)	明治5年11月	
	32		9	島根県	浜田県	(小学校建設督促のこと)	明治6年5月15日	権令　佐藤信寛
	32			島根県	浜田県	小学校ノ基礎完全ナラシメンタメ	明治6年5月20日	
	32		10	島根県	浜田県	学校建設ノ御趣旨、イヅレモ承知候処	明治6年6月2日	権令　佐藤信寛
	32	3	11	島根県	島根県	夫父母ノ其子ヲ愛育スルヤ	明治7年4月29日	
*	32	4	12	島根県	島根県	「第二百八十四号」	明治7年5月30日	権令　井関盛良
	32	5	13	島根県	島根県	夫国ノ貧富強弱ハ人民ノ賢愚ニ由ル	明治7年7月18日	
	32		14	島根県	島根県	女教ノ振興セサルヘカラサル	明治8年1月28日	
*	32	6	16	島根県	島根県	凡人ノ世ニアルヤ	明治8年10月10日	
	33		1	岡山県	岡山県	「定」	明治4年正月	岡山藩
	33	1	2	岡山県	小田県	天地開闢国アレハ人有リ、人有レハ必ス言語有リ、	明治4年1月	
*	33	2	3	岡山県	岡山県	「告諭」(さとし)	明治5年	
*	33	3	4	岡山県	岡山県	「告諭」	明治5年1月	
	33	4	5	岡山県	小田県	夫人ノ世ニ生ル丶ヤ国富家栄へ	明治5年6月15日	
	33	5	6	岡山県	北条県	「論達」	明治5年8月18日	北条県
	33		7	岡山県	小田県	(小田県布達)	明治5年10月15日	
	33	6	8	岡山県	岡山県	小学校取建之趣意	明治5年11月	和気郡他3郡有志
	33		9	岡山県	小田県	「廻文留」(就学児童調査)	明治6年	妹尾一三郎
	33		10	岡山県	北条県	「女学校設立願」	明治6年1月	
	33	7	11	岡山県	北条県	(北条県布達)	明治6年1月	北条県
	33		12	岡山県	小田県	「論達」(啓蒙所規則)	明治6年1月	
	33		13	岡山県	小田県	人々自ラ其身ヲ立テ	明治6年1月	
	33	8	14	岡山県	小田県	御一新以来学問ヲ興シ風俗ヲ改メ	明治6年2月3日	
	33	9	15	岡山県	北条県	小学校設立の儀は全国の市民開化文明の智識進歩せしめん為	明治6年7年24日	北条県参事　小野立誠 北条県七等出仕　樺山資之
	33		16	岡山県	岡山県	学事勧奨達文	明治8年4月12日	岡山縣参事　石部誠中
*	33	10	17	岡山県	岡山県	「説諭之要旨」	明治10年8月	岡山県令　高崎五六代理　第五課長一等属兼師範学校長　太田卓

発信対象	出典	備考
割庄屋与合村々庄屋共	三原市史第6巻資料編3	
	日本教育史資料4	
	日本教育史資料4・広島県史近代現代資料編Ⅲ	旧33-2と同一のため旧33-2（新33-1）へ統合。
各区	広島県報布告帳　広島県史近代現代資料編Ⅲ	
各大区	広島県報布告帳　広島県史近代現代資料編Ⅲ・新修広島市史第7巻資料編その2・大竹市史史料編第3巻	広島県史近代現代資料編Ⅲ（S51）では「学事奨励の達」、新修広島市史第7巻資料編その2（S35）では「学校設立をすすめる布達」、大竹市史史料編第3巻（S33）では「学校設立をすゝめる達」。
各大区	広島県報布告帳（明治五年四月～六年一月）	
	広島県報布告帳　広島県史近代現代資料編Ⅲ	
	広島県報布告帳　広島県史近代現代資料編Ⅲ	
二小区　八小区　用係	御布告書　三原市史第6巻資料編3	
	広島県史料16　広島県史近代現代資料編Ⅲ	
	広島県布達集　新修広島市史第7巻資料編その2	
区長　戸長 学区取締　同補助	広島県報布告帳　広島県史近代現代資料編Ⅲ	
区長	広島県報布告帳　広島県史近代現代資料編Ⅲ	
区長	広島県報布告帳　広島県史近代現代資料編Ⅲ	
	日本教育史資料2　岩国市史史料編2近世	
	日本教育史資料2	
	岩国市史史料編2近世	
	岩国徴古館蔵　日本教育史資料2　山口県教育史（下） 岩国市史史料編2近世	活板冊子体。
	山口県庁布達達書三 五年下	学制布告書に山口県庁が付加した文書。
	明治期山口県布達類六　山口県史史料編近代Ⅰ	
学区取締　岩国豊浦各部共壱人宛ニシテ以上二十人	明治五年本県達布令後全二冊 明治期山口県布達類六　山口県史史料編近代Ⅰ	
	山口県文書館所蔵	原本には年月日の記載はないが、研究書類で特定されている。
	明治五年本県達布令後全二冊 明治期山口県布達類六　山口県史史料編近代Ⅰ	
	山口県史料20	
	山口県史料20	
郡代	日本教育史資料3	

資料編収録	新番号 都道府県番号	新番号 資料番号	旧資料番号	都道府県名	旧藩府県名	「資料件名」(通称名) or 資料冒頭部分	年月日	発信元
	34	1		広島県	広島藩	学問者為人之道研究シ	明治2年6月25日	三原分代官　丹羽競 同　佃丹蔵
	34	2	1	広島県	福山藩	「学制改革告示」	明治3年8月	
	34		2	広島県	福山藩	「啓蒙所大意並規則」	明治4年1月	
	34		3	広島県	広島県	「各区へ布令」	明治5年10月23日	県権令伊達宗興
*	34	3	4	広島県	広島県	「布第六十九号」	明治5年11月10日	伊達権令
	34	4	5	広島県	広島県	「布第百四号」	明治5年11月29日	県権令　伊達宗興
	34		6	広島県	広島県	「布第百四十八号」	明治6年1月	県権令　伊達宗興
	34		7	広島県	広島県	「布第二百六号」	明治6年3月	白浜権参事
	34		8	広島県	広島県	学事引立筋之儀者	明治6年3月19日	石井成亮
	34		9	広島県	広島県	「県第十三号」	明治7年1月29日	
	34	5	10	広島県	広島県	学問ハ身ヲ立テ家ヲ興シ安穏ニ世ヲ渡リ	明治7年3月5日	広島県権令　伊達宗興
	34		11	広島県	広島県	「受業料毎月取立章程」	明治7年4月7日	広島県権令　伊達宗興
	34	6	12	広島県	広島県	「県第九拾八号」	明治7年6月8日	広島県権令　伊達宗興代理 広島県権参事　白浜貫礼
	34		13	広島県	広島県	「県第百五十二号」	明治7年9月27日	広島県権令　伊達宗興代理 広島県権参事　白浜貫礼
*	35	1	1	山口県	岩国藩	「学制ノ議」	明治3年12月	岩国藩学校
	35		2	山口県	岩国藩	「辛未正月喩告」	明治4年1月	知事
	35		3	山口県	岩国藩	「書岩国藩学制改正議後」	明治4年2月6日	民部権大丞　玉乃世履
	35		4	山口県	岩国藩	「女校ノ議」	明治4年9月	岩国県学校
	35	2		山口県	山口県	右之通被　仰出候につゐては管内の士民遍ねく	明治5年□月10日	県庁
	35		5	山口県	山口県	今般文部省ヨリ御達之趣ニ付	明治5年9月	県庁
	35		6	山口県	山口県	今般太政官ヨリ被仰出ノ旨ヲ体認シ	明治5年10月	山口県
*	35	3	8	山口県	山口県	「学喩」	明治5年10月	
	35	4	7	山口県	山口県	別紙之通各地境ニ小学ヲ取建ツ	明治5年10月20日	山口県
	35	5	9	山口県	山口県	学制頒布以来各地小学粗其体裁ヲナシ	明治11年3月27日	山口県
	35	6	10	山口県	山口県	小学教則之儀ハ学制頒布以来	明治11年11月11日	山口県
	36		1	徳島県	徳島藩	百姓町人末々ノ者ニ至ル迄	明治元年9月18日	藩主

発信対象	出典	備考
組頭庄屋	日本教育史資料 3	
諸宗寺院	御触帳（2）（武田家文書タケタ-112） 日本教育史資料 2	
	露口家文書（ツユク-269） 徳島県教育沿革史	「別紙之通学校御興立学問之道行届候様［平出］朝廷ヨリ御法御触出シニ相成候ニ付テハ御趣意ヲ受ケ戴キ人々芸能成就ヲ専一ニ可心懸候乍併別紙ニモ御諭之通入学中ノ諸雑費［平出］上ヨリ賜フヲ当然ト心得候ハ謂ハレナキ因襲ニ候得者左ニ其ノ訳ヲ説キ聞セ候」という前書きあり。
	明治六年管内布達記録係 香川県史第 11 巻資料編近代・現代史料 1	旧 37-1 と同一のためこちらへ統合。
	明治六年管内布達記録係 香川県史第 11 巻資料編近代・現代史料 1	旧 36-5 と同一のためそちらへ統合。
	新修財田町誌	資料件名は出典による。全文は未確認。「村中の有志者は勿論富家豪戸爰に奮発して財嚢を繙き潤沢に資金を献納し小民に至りては竹木縄薪夫刀をも寄付し・・・」とある。
	愛媛県史料 31　香川県史　香川県史第 11 巻資料編近代・現代史料 I	
	神山県紀第一　愛媛県史資料編・近代 I	
	神山県布達達書　神山県紀第一　愛媛県史料 45 愛媛県史資料編近代 I	
	神山県布達達書	
	石鉄県布達達　愛媛県史資料編・近代 I	
	愛媛県史料 31	
	石鉄県布達達　愛媛県史資料編・近代 I	
	石鉄県紀第一　愛媛県史料 43　愛媛県史資料編・近代 I	
	神山県紀第一　神山県布達達書　愛媛県史料 45 愛媛県史資料編・近代 I	
	愛媛県紀　愛媛県布達達書 愛媛県史資料編・近代 I	愛媛県史料 48 にも同日付の資料が掲載されているが、文章はかなり異なっている。
松山今治西條小松貫属	愛媛県紀第二　愛媛県史料 48　愛媛県史資料編　近代 I	
	愛媛県布達達書　国史稿本第三次　愛媛県史料 4 愛媛県史資料編近代 I	乾第六十五号として発信。
各区々戸長学区取締	愛媛県布達達書　国史稿本第三次　愛媛県史料 4 愛媛県史資料編近代 I	本文中に朱で記されている「別紙告諭文」とは、新資 38-6 である。
	愛媛県布達達書　愛媛県史資料編近代 I	
	愛媛県布達達書	
	高知県史料 23	
	高知藩教育沿革取調　近代高知県教育史　日本教育史資料 2	

資料編収録	新番号 都道府県番号	資料番号	旧資料番号	都道府県名	旧藩府県名	「資料件名」（通称名）or 資料冒頭部分	年月日	発信元
	36		2	徳島県	徳島藩	「申触覚」	明治元年11月5日	
	36		3	徳島県	徳島藩	（諸宗寺院江達書）	明治4年4月15日	西民政掛
*	36	1	4	徳島県	名東県	夫天ノ此ノ人類ヲ世ニ生スルヤ自然禽獣ニ異ナル一種ノ才能ヲ備へ	明治6年1月	名東県
	36	2	5	徳島県	名東県	「第四百三十一号」	明治6年8月31日	名東県権令　林茂平
	37		1	香川県	名東県	「第四百三十一号」	明治6年8月31日	名東県権令　林茂平
	37		2	香川県	愛媛県	（学校新築を勧むる諭言）	明治9年12月	
*	38	1	1	愛媛県	香川県	夫人ハ万物ノ霊也	明治5年4月22日	
	38		2	愛媛県	神山県	今般別紙ノ通学制被仰出候処	明治5年9月	
	38		3	愛媛県	神山県	夫人ハ四民ノ差別ナク各職業ヲ出精シ学問ヲ相励ミ	明治5年10月	
	38		4	愛媛県	神山県	先般学制被　仰出及布告の通追々市郷へも設立ニ相成	明治5年11月11日	
	38		5	愛媛県	石鉄県	「十二号」	明治6年1月	
	38		6	愛媛県	香川県	勧学ノ朝旨ヲ奉体シ各区已ニ数校ヲ興シ	明治6年1月27日	
	38	2	7	愛媛県	石鉄県	「第三十六号」	明治6年2月	
	38	3	8	愛媛県	石鉄県	凡人民ノ知慮ヲ開キ芸能ヲ長スル所以ノ者学ニ非サル得ル	明治6年2月	
*	38	4	9	愛媛県	神山県	「告諭」	明治6年2月28日	
*	38	5	10	愛媛県	愛媛県	先般学制仰出サレ各府県ニ於テ諸学創立致ス可キ筈ニ付	明治6年4月25日	
	38		11	愛媛県	愛媛県	先般学制御頒布以来各所ニ学校ヲ設ケ	明治6年9月	
*	38	6	12	愛媛県	愛媛県	「学事告諭文」	明治8年5月15日	愛媛県権令　岩村高俊
*	38	7		愛媛県	愛媛県	「坤第八十八号」	明治8年5月15日	愛媛県権令　岩村高俊
	38	8	13	愛媛県	愛媛県	「乾第百二十六号」	明治9年9月21日	愛媛県権令　岩村高俊
	38	9	14	愛媛県	愛媛県	「甲第百一号」	明治10年8月14日	愛媛県権令　岩村高俊
	39		1	高知県	高知藩	人材御教育尤急務ニ付	明治元年4月21日	
	39	1	2	高知県	高知藩	夫人間ハ天地間活動物ノ最モ貴重ナルモノニテ	明治3年12月	高知藩庁

発信対象	出典	備考
	高知県史料 26　日本教育史資料 3	
戸長	皆山集 61　近代高知県教育史	
	高知県史料 9	
戸長	高知県史料 9　近代高知県教育史	
企救郡区長	福岡県史料 17　福岡県教育百年史第 1 巻資料編	発信・受信は福岡県教育百年史第 1 巻資料編による。
	福岡県史料 17	
	久留米市史第 10 巻資料編近代	
	福岡県史料 15　福岡県教育史	発信は福岡県教育史による。
	久留米市史第 10 巻資料編近代	
	久留米市史第 10 巻資料編近代	
	福岡県史料 17	
	福岡県史料 17	
市在区戸長	福岡県教育百年史第 1 巻資料編	
各区　区戸長	福岡県史近代資料編三潴県行政 久留米市史第 10 巻資料編近代	
	武雄市史中巻	
	武雄市史中巻	
	日本教育史資料書 5　佐賀県教育史第 4 巻	
	佐賀県教育史第 1 巻資料編 1	
	日本教育史資料 3	
	波佐見史下巻	
	日本教育史資料 3	
長崎市中戸長	長崎県史料 1	
各区戸長	長崎県教育史上巻	
戸長	長崎県史料 1	
各大区　区戸長	長崎県教育史上巻	
第一大区学区取締	長崎県教育史上巻	
小頭	琴海町史	
区長　学区取締　戸長 教員	長崎県教育史上巻	
各区戸長	熊本県公文類纂雑款明治五年全（モコア 17-1）	
	津留蓑田家文書白川県各種布告綴明治六年	
	高橋家文書明治四年未年正月ヨリ諸達	
	大分県史料 26　大分県教育百年史第 3 巻資料編 1	
	大分県史料 26　大分県教育百年史第 3 巻資料編 1	

資料編収録	新番号 都道府県番号	資料番号	旧資料番号	都道府県名	旧藩府県名	「資料件名」（通称名）or 資料冒頭部分	年月日	発信元
	39		3	高知県	高知藩	藩庁ノ布告ニ云各所ニ学校ヲ興スヘキ	明治4年8月	
	39	2	4	高知県	高知県	今般学制御改革ニ相成別紙	明治5年9月14日	
	39		5	高知県	高知県	「告諭」	明治8年1月4日	高知県庁
*	39	3	6	高知県	高知県	「告諭」	明治8年3月	高知県庁
*	40	1	1	福岡県	小倉県	（小学校開校ニ付告諭文）	明治5年7月9日	小倉県
	40		2	福岡県	小倉県	本県達　別紙御布告ノ義ハ	明治5年9月	
	40		3	福岡県	三潴県	国ノ盛衰ハ只人民ノ勤惰ニ在ノミ	明治5年9月4日	三潴県庁
*	40	2	4	福岡県	福岡県	「告諭」（告諭大意）	明治5年10月	塩谷参事　水野権参事団　尚静
	40		5	福岡県	三潴県	学制改正被仰出候ニ付	明治5年10月8日	三潴県庁
	40		6	福岡県	三潴県	「告諭」	明治6年11月5日	三潴県参事 水原久雄
	40		7	福岡県	小倉県	本県達　今般医学校病院教官雇入相成候ニ付テハ	明治7年6月22日	
	40		8	福岡県	小倉県	本県達　別紙ノ通管内各小学教官助教へ	明治7年10月12日	
	40	3	9	福岡県	小倉県	「小倉県第百三十六号」	明治7年11月7日	権令　小幡高政
	40	4	10	福岡県	三潴県	「甲第一一一号」（女児就学ニ付注意）	明治8年2月28日	三潴県権令　岡村義昌代理 参事　水原久雄
*	41	1	1	佐賀県	佐賀藩	明代維新ノ盛業ニ体シ億兆民庶ノ	明治4年7月17日	藩知事
	41		2	佐賀県	佐賀県	「告諭書」	明治4年7月24日	前佐賀藩知事
	41	2	3	佐賀県	佐賀県	此度御確定の学問の仕方と言ふは	明治6年5月	
*	41	3	4	佐賀県	長崎県	「甲第百十八号」（学校に対する恣意妄説を戒める告諭のこと）	明治11年10月18日	長崎県令　内海忠勝
	42		1	長崎県	島原藩	明治三年一月 学校建設ノ時 布令	明治3年1月	
	42	1	2	長崎県	大村藩	国ノ学校アルハ	明治3年11月	大村藩
	42		3	長崎県	厳原藩	四民ヲ諭セス入校就学セシムルコトヲ令ス	明治4年2月	
	42	2	4	長崎県	長崎県	各府県ノ士民競テ社ヲ結ヒ	明治6年	
*	42	3	5	長崎県	長崎県	（長崎県小学校創立告諭）	明治6年2月10日	県令　宮川房之
	42	4	6	長崎県	長崎県	賢愚智案ハ平素ノ学業ニ関スル	明治6年3月15日	
	42		7	長崎県	長崎県	「第七十九号」	明治6年9月22日	県令　宮川房之
	42		8	長崎県	長崎県	小学教則ハ幼童ノ必ス	明治7年5月	県令　宮川房之
	42		9	長崎県	長崎県	先般及説諭候小学校	明治7年6月4日	会所
	42	5	10	長崎県	長崎県	「第百五十四号」	明治8年5月24日	長崎県令宮川房之代理参事　渡辺徹
	43	1		熊本県	八代県	学制御布告之通ニ付	明治5年10月5日	八代県
	43	2		熊本県	白川県	四民教育之儀ハ	明治6年4月5日	天草出張所
	43	3		熊本県	白川県	右之通被仰出候旨	明治6年5月	白川県権参事　嘉悦氏房
*	44	1	1	大分県	大分県	「さとしの文」	明治5年6月4日	
*	44	2	2	大分県	大分県	「建校告諭ノ文」	明治5年6月5日	

発信対象	出典	備考
	大分県史料 26	
	大分県史料 26　大分県教育百年史第 3 巻資料編 1	
	大分県教育百年史第 3 巻資料編 1	
区戸長・学区取締	大分県教育百年史第 3 巻資料編 1	
区戸長・学区取締	大分県史料 16　大分県教育百年史第 3 巻資料編 1	発信・受信者は大分県教育百年史第 3 巻資料編 1 による。
	日本教育史資料 3	
	日向国史下巻 1973 年復刻版 稿本都城市史下巻平成元年復刻	
	稿本都城市史下巻平成元年復刻	
	宮崎県史史料編近・現代 2	
	新聞雑誌 236 号	旧 16-2 を含む。富山県の告諭と扱われていたが、出典によると宮崎県の告諭であることが判明。発信日付は文面から。
	宮崎県史史料編近・現代 2	
宮崎県参事　福山健偉	宮崎県史史料編近・現代 2	
各区小学	宮崎県史料 45	
	沖縄県史第 4 巻各論編 3	
	沖縄県史第 4 巻各論編 3	

資料編収録	新番号 都道府県番号	新番号 資料番号	旧資料番号	都道府県名	旧藩府県名	「資料件名」（通称名）or 資料冒頭部分	年月日	発信元
	44		3	大分県	大分県	第三大区一小区士族増澤近篤学資出金願書並ニ指令文	明治5年6月9日	県知事大給近説親族 第三大区一小区士族 増沢近篤
	44		4	大分県	大分県	夫レ封建ノ世タルヤ四民各其分ヲ異ニス	明治5年10月23日	
＊	44	3	5	大分県	大分県	「甲第三〇号」	明治7年5月7日	権令　森下景端
	44	4	6	大分県	大分県	「学第三三号」	明治9年11月13日	県令
＊	44	5	7	大分県	大分県	「学第三号」（学制頒布の主旨徹底の達）	明治11年2月1日	県令
	45	1	1	宮崎県	飫肥藩	明治三年十二月ノ達シ	明治3年12月	
	45	2		宮崎県	都城県	一　郡政則	明治5年3月25日	
	45	3		宮崎県	都城県	文明発達の世に当り、人材を教育する、	明治5年4月	都城県庁
	45	4	2	宮崎県	宮崎県	別紙数条ノ御布告旧県代遍ク布達ニ及ヒ置候へ共	明治6年3月	県参事　福山健偉 県権参事上村行徴
＊	45	5		宮崎県	宮崎県	「説諭二則」	明治6年4月16日	宮崎県学務掛
	45		3	宮崎県	宮崎県	（宮崎県小学校則並課業表伺窺書）	明治6年10月11日	県参事　福山健偉 県権参事　上村行徴
	45		4	宮崎県	宮崎県	当大区二小区市街子弟学齢内外ニ不拘昼間家業ニ追ハレ	明治8年3月31日	第二大区在勤学区取締　野村彦四郎
	45		5	宮崎県	鹿児島県	学事ノ重キハ固ヨリ言ヲ待タス	明治9年9月26日	鹿児島県令大山綱良 代理参事　田畑常秋
	46			鹿児島県				
	47	1	1	沖縄県	沖縄県	教育ノ忽ニ可カラザルハ	明治12年7月	県令　鍋島直彬
＊	47	2	2	沖縄県	沖縄県	（就学告諭）	明治12年12月20日	県令　鍋島直彬

あとがき

第一次就学告諭研究会の研究成果を『近代黎明期における「就学告諭」の研究』として上梓したのは二〇〇八年、それから数年にして再びこのような成果を問えるまで研究を進められたことを、第一次、第二次研究会のメンバー全員で率直に喜びたい。

前著を上梓した翌年、川村肇を代表として日本学術振興会の科学研究費補助金を申請し、幸いにして二〇一〇年から四年間にわたって補助を得ることができた。研究課題は「民衆の学びをめぐる史的交渉についての実証的地域研究―就学告諭を結節点として―」（課題番号二二三三〇二一八）とした。そして一年をはさみ同振興会の出版助成も得ることができて、本書をお手許にお届けできる運びとなった。

第一次研究会からのメンバーは、荒井明夫を引き続き研究会の代表として、川村肇、熊澤恵里子、大矢一人、三木一司、高瀬幸恵、杉村美佳、軽部勝一郎、大間敏行の各氏九名が残り、新たに、竹中暉雄、宮坂朋幸、森田智幸、池田雅則、長谷部圭彦、杉浦由香里、塩原佳典の各氏七名が加わった。

第二次研究会のメンバーのうち竹中暉雄氏は第二次研究会発足前後から学制研究に力を注ぎ、所属大学の紀要などに次々と研究成果を発表、二〇一三年それらをまとめて『明治五年「学制」―通説の再検討』（ナカニシヤ出版）を上梓した。研究会では数度竹中氏の研究を検討の俎上にのぼせたが、残念なことに竹中氏は体調を崩し、途中から研究会に出席することが難しくなった。それゆえ、本書には竹中氏の論考は収録されていない。しかし、竹中氏の研究に触発され、そこから研究成果を貪欲に吸収し、それをどのように批判的に乗り越えて行けるのかが第二次研究会の一つの基調になったことは、本書を通読されれば諒解戴けることと思う。同時に、竹中氏の研究成果をめぐって、近年、氏と湯川嘉津美氏との間で論争が展開されている。論点は多岐にわたっており、場合によっては本書の執筆内容に関する論点もある。しかしながら、研究会としてこの論争の論点へのコミットは考えなかった。執筆者が、この論争の成果から何をひきとり、どのように整理・展開するか、それはあくまで執筆者個人の判断を尊重した。

第二次研究会は、第一次研究会の収集・整理した全国各地の就学告諭を再点検するところから研究を出発させた。そこから多くの誤記、収集漏れ、判断ミスその他が見つかり、その度に研究会で改めて「就学告諭とは何か」が話題になった。そしてそれが話題になる度に、議論は紛糾した。必ず催された研究会後の懇親会にも議論は持ち越され、談論風発、しかし少しずつ共通の合意を形成して行った。研究会の新しいメンバーも最初から熱心に議論に加わった。第一次研究会がもう一〇年以上前、やや静かに始まったことを思い起こすと、対照的な印象であった。

本書のタイトルを決めるにあたっても議論はかなり沸騰した。最終的には第一次研究会メンバーであった寺﨑昌男先生にアドバイスを求めた。単なる旧メンバーの一員という以上に、寺﨑先生と就学告諭研究には深い繋がりがあるが、それは前著の「あとがき」（荒井執筆）に詳しい。そして得たタイトルに、それまでに私たちで考えていた副題とを合体させることにした。「近代教育の形成」とは壮大なタイトルではあるが、就学告諭をめぐる各地域での史的交渉は、まさに日本の近代教育を地域において創出する胎動そのものである。その胎動を就学勧奨と学校創設という観点から研究したのが本書であれば、この壮大なタイトルもあながち羊頭狗肉ではあるまい。

一次・二次の両研究会を通じて、比較的短期間に学制と就学告諭に関する研究書を二冊、世に送り出すことが来たが、残された課題は多い。就学告諭の資料収集と整理の点では、本書によって一応の満足のできる到達を得たと自負しているが、国際的視点からの分析は本書の中で論稿がまだ少なく、明治維新や学制を国際社会の中において評価するには程遠い。目を国内に転じて、地域研究も就学告諭を軸にしながら進めた検討は、第一次研究会の成果を入れても、まだ都道府県の三分の一にも及ばない。就学告諭や学制布告書の論理的検討も、未解決の課題がかなりある。現時点で第三次研究会についての合意はないが、静かに本書を繙きながら、研究の継続を模索して行きたい。

研究会に新たに加わったメンバーの数名は、本書の上梓までの間に大学に職を得て大学院を離れ、別の数名は所属を変更した。大学改革が進む中で研究者の就職問題は引き続き深刻だが、その研究力量は本書所収の各論考によって示されている。常勤職にないメンバーも、ほどなく新たな活躍場所を見出して行くことであろう。

第二次研究会の就学告諭収集作業は、第一次史料にかなり近づいて収集できたものも多い。その過程で、全国各地の図書館、文書館、資料館で大変お世話になった。あまりにその数が多いため、ここに一々お名前を記すことはできないが、研究会メンバー一同、深甚の感謝を捧げる。

右に記したように、寺﨑先生には本書のタイトルを案出していただいた。壮大なタイトルはさらなる研究の前進への期待も込められたものと思う。また、本書は、日本学術振興会平成二七年度科学研究費補助金・研究成果公開促進費の助成を受けたが、その事務は、川村の勤務する獨協大学の教育研究推進課の手を煩わせた。第二次研究会も第一次研究会同様、そのほとんどを大東文化大学を会場として行われた。荒井ゼミに所属している学生の皆さんにたびたび会場設営や資料複写でお世話になった。ここに記して感謝する。

最後に、東京大学出版会の後藤健介さんには、仕事をご一緒したことがある川村が企画を持ちかけ、社内の企画会議を通して戴いた。後藤さんがいらっしゃらなかったら、本書は誕生できなかった。後藤さんの丁寧な本作りは本書随所に見られる通りである。東京大学出版会と後藤さんに心からお礼を申し上げる。

二〇一五年五月

編　者　荒井明夫・川村　肇

執筆者紹介・執筆分担（五十音順）

荒井明夫（あらい・あきお）1955年生まれ。東京大学大学院教育学研究科博士課程修了。博士（教育学）。大東文化大学文学部教授。編者／はしがき、第一部第五章、あとがき執筆。
『近代日本黎明期における「就学告諭」の研究』東信堂、2008年（編著）。『明治国家と地域教育―府県管理中学校の研究―』吉川弘文館、2011年。「日本における国家の近代化と教育の近代化」『日本の教育史学』第54集、2011年、ほか。

池田雅則（いけだ・まさのり）1980年生まれ。東京大学大学院教育学研究科博士課程修了。博士（教育学）。兵庫県立大学看護学部准教授。第二部第三章執筆。
『各種学校の歴史的研究―明治東京・私立学校の原風景―』東京大学出版会、2008年（共著）。『近世日本における「学び」の時間と空間』溪水社、2010年（共著）。『私塾の近代―越後・長善館と民の近代教育の原風景―』東京大学出版会、2014年、ほか。

大矢一人（おおや・かずと）1961年生まれ。広島大学大学院教育学研究科博士課程中退。藤女子大学文学部教授。第一部第四章執筆。
『近代日本黎明期における「就学告諭」の研究』東信堂、2008年（共著）。「占領初期における軍政組織の教育施策―「軍政（ナンバーMG）レポート」を中心にして―」『日本の教育史学』第51集、2008年。『軍政レポート―1946年7月〜1947年3月―』現代史料出版、2010年（資料集、編集・解説）、ほか。

軽部勝一郎（かるべ・かついちろう）1974年生まれ。筑波大学大学院博士課程人間総合科学研究科単位取得満期退学。熊本学園大学経済学部准教授。第二部第六章執筆。
「自由民権期における近代学校成立過程の研究―岩手県遠野地方を事例として―」『日本の教育史学』第47集、2004年。『近代日本黎明期における「就学告諭」の研究』東信堂、2008年（共著）。「明治前期における熊本県の初等教育政策に関する一考察」『熊本学園大学論集総合科学』第15巻第1号、2008年、ほか。

川村　肇（かわむら・はじめ）1960年生まれ。東京大学大学院教育学研究科博士課程中退。博士（教育学）。獨協大学国際教養学部教授。編者／はしがき、第一部第三章、第一部附論二、あとがき執筆。
『在村知識人の儒学』思文閣出版、1996年。『戦時下学問の統制と動員―日本諸学振興委員会の研究―』東京大学出版会、2011年（共編著）。『識字と学びの社会史―日本におけるリテラシーの諸相―』思文閣出版、2014年（共著）、ほか。

熊澤恵里子（くまざわ・えりこ）早稲田大学大学院文学研究科博士課程単位取得退学。博士（文学）。東京農業大学教職・学術情報課程教授。第二部附論二執筆。
『幕末維新期における教育の近代化に関する研究―近代学校教育の生成過程―』風間書房、2007年。“Making Citizens in Modern Fukui: An Aborted Attempt at Local Citizens' Cultivation” *Educational Studies in Japan International Yearbook* 7. 2013.「経験知から科

学知へ—高等農学教育における英国流からドイツ流の選択—」『近代学問の起源と編成』勉誠出版、2014年、ほか。

塩原佳典（しおはら・よしのり）1981年生まれ。京都大学大学院教育学研究科博士後期課程修了。博士（教育学）。日本学術振興会特別研究員。第二部第四章執筆。
「「学制」期における学事担当者の生成過程—松本藩体制解体による地域秩序再編に着目して—」『日本教育史研究』第32号、2013年。「筑摩（長野）県の教育をめぐる名望家層の位相—民権派教員との関わりから—」『日本の教育史学』第56集、2013年。『名望家と〈開化〉の時代—地域秩序の再編と学校教育—』京都大学学術出版会、2014年、ほか。

杉浦由香里（すぎうら・ゆかり）1982年生まれ。名古屋大学大学院教育発達科学研究科博士課程後期課程修了。博士（教育学）。滋賀県立大学人間文化学部准教授。第二部第一章執筆。
「三新法制定後の専務学区取締設置に関する一考察—三重県を中心として—」『日本の教育史学』第51集、2008年。「1880年の三重県会における「学監配置建議案」の検討—教育行政の独立と専門性の視点から—」『日本教育行政学会年報』No. 37、2011年。「明治維新期度会府（県）における学校の設立と廃止—財政基盤に着目して—」『地方教育史研究』第33号、2012年、ほか。

杉村美佳（すぎむら・みか）1974生まれ。上智大学大学院文学研究科教育学専攻博士課程修了。博士（教育学）。上智大学短期大学部英語科准教授。第一部第六章執筆。
「明治初期における『教場指令法』の成立—J. ボールドウィンのSchool Tacticsの受容を中心に—」『日本の教育史学』第44集、2001年。「明治初期新潟県における一斉教授法の受容過程—「教場指令法」を中心に—」『地方教育史研究』第30号、2009年。『明治初期における一斉教授法受容過程の研究』風間書房、2010年、ほか。

大間敏行（だいま・としゆき）1977年生まれ。筑波大学大学院博士課程人間総合科学研究科教育学専攻単位取得満期退学。武蔵野美術大学非常勤講師。第一部第一章、第一部附論一執筆。
「江藤新平の教育構想—「道芸二学ヲ開ク」の展開と帰結—」『日本の教育史学』2006年。『近代日本黎明期における「就学告諭」の研究』東信堂、2008年（共著）。「『内外教育新報』にみる初期教育雑誌の一様態—沿革・発行部数・流通実態に焦点をあてて—」『教育学論集』2009年、ほか。

高瀬幸恵（たかせ・ゆきえ）1975年生まれ。桜美林大学大学院博士課程単位取得満期退学。立教女学院短期大学幼児教育科准教授。第二部扉、第二部第五章執筆。
「1930年代における小学校訓育と神社参拝—美濃ミッション事件を事例として—」『日本の教育史学』第50集、2007年。『キリスト教学校教育同盟百年史』教文館、2012年（共著）。「戦時下のキリスト教系高等女学校における国策への対応と宗教教育—立教女学院を事例として—」日本キリスト教教育学会『キリスト教教育論集』第23号、2015

年、ほか。

長谷部圭彦（はせべ・きよひこ）1975年生まれ。東京大学大学院人文社会系研究科博士課程修了。博士（文学）。早稲田大学イスラーム地域研究機構次席研究員。第一部第七章執筆。
「オスマン帝国における「公教育」と非ムスリム―共学・審議会・視学官―」鈴木董編『オスマン帝国史の諸相』山川出版社、2012年。「オスマン帝国の「大学」―イスタンブル大学前史―」『大学史研究』25、2013年。"An Ottoman Attempt for the Control of Christian Education: Plan of Fünûn Mektebi (School of Sciences) in the Early Tanzimat Period," *The Journal of Ottoman Studies* 41, 2013, ほか。

三木一司（みき・かずし）1968年生まれ。九州大学大学院教育学研究科博士後期課程単位取得退学。近畿大学九州短期大学保育科教授。第二部附論一執筆。
「明治10（1880）年代の佐賀県における中学校統廃合に関する一考察」『近畿大学九州短期大学研究紀要』第37号、2007年。『近代黎明期における「就学告諭」の研究』東信堂、2008年（共著）。「鹿島英語学校に関する一考察―学校設置及び入学希望者と退学者の動向を中心に―」『1880年代におけるエリート養成機能形成過程の研究―高等中学校成立史を中心に―』（研究成果報告書 研究代表者荒井明夫）、2014年、ほか。

宮坂朋幸（みやさか・ともゆき）1973年生まれ。同志社大学大学院文学研究科教育学専攻博士後期課程修了。博士（教育学）。大阪商業大学准教授。第一部扉、第一部第二章執筆。
「教職者の呼称の変化に表れた教職者像に関する研究―明治初期筑摩県伊那地方を事例として―」『日本教育史研究』第22号、2003年。「明治10年代における教職者像の諸相―民権派教職者に対する評価に注目して―」『関西教育学会研究紀要』第6号、2006年。「明治初年の開校式―京都府を事例として―」『教育文化』第22号、2013年、ほか。

森田智幸（もりた・ともゆき）1982年生まれ。東京大学大学院教育学研究科博士課程単位取得退学。山形大学大学院教育実践研究科准教授。第一部附論三、第二部第二章執筆。
「「学制」以前に設立された「郷学」における中等教育レベルの教育課程の構想」『日本の教育史学』第53集、2010年。「『日本教育史資料』における「郷学」概念の成立と変容」『東京大学大学院教育学研究科紀要』第51巻、2012年。『学校文化の史的探究―中等諸学校の『校友会雑誌』を手がかりとして―』東京大学出版会、2015年（共著）、ほか。

人名索引

な　行

は　行

ま　行

や　行

ら行・わ行

資料索引

旧資料番号

新資料番号

就学告諭と近代教育の形成
勧奨の論理と学校創設

2016年2月29日　初　版

［検印廃止］

編　者　川村　肇・荒井明夫

発行所　一般財団法人　東京大学出版会
代表者　古田元夫
153-0041 東京都目黒区駒場 4-5-29
http://www.utp.or.jp/
電話 03-6407-1069　Fax 03-6407-1991
振替 00160-6-59964

印刷所　株式会社三陽社
製本所　誠製本株式会社

ISBN 978-4-13-056224-9　Printed in Japan